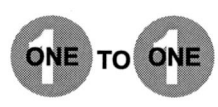

ONE TO ONE

AF010817

Bilingual Dictionary

English-Amharic
Amharic-English
Dictionary

Compiled by
Girum Asanke

STAR Foreign Language BOOKS

© Publishers
ISBN : 978 1 912826 01 8

All rights reserved with the Publishers. No part of this publication may be reproduced or transmitted in any form or by any means, electronic, mechanical, photocopying, recording or otherwise, without the prior written permission of the Publishers.

This Edition:2025

Published by
STAR Foreign Language BOOKS
a unit of
Star Books
56, Langland Crescent
Stanmore HA7 1NG, U.K.
info@starbooksuk.com
www.bilingualbooks.co.uk

Printed in India at
Star Print-O-Bind, New Delhi-110 020

About this Dictionary

Developments in science and technology today have narrowed down distances between countries, and have made the world a small place. A person living thousands of miles away can learn and understand the culture and lifestyle of another country with ease and without travelling to that country. Languages play an important role as facilitators of communication in this respect.

To promote such an understanding, **STAR Foreign Language BOOKS** has planned to bring out a series of bilingual dictionaries in which important English words have been translated into other languages, with Roman transliteration in case of languages that have different scripts. This is a humble attempt to bring people of the word closer through the medium of language, thus making communication easy and convenient.

Under this series of *one-to-one dictionaries*, we have published almost 62 languages, the list of which has been given in the opening pages. These have all been compiled and edited by teachers and scholars of the relative languages.

Publishers

Bilingual Dictionaries in this Series

English-Afrikaans / Afrikaans-English	Abraham Venter
English-Albanian / Albanian-English	Theodhora Blushi
English-Amharic / Amharic-English	Girun Asanke
English-Arabic / Arabic-English	Rania-al-Qass
English-Bengali / Bengali-English	Amit Majumdar
English-Bosnian / Bosnian-English	Boris Kazanegra
English-Bulgarian / Bulgarian-English	Vladka Kocheshkova
English-Burmese (Myanmar) / Burmese (Myanmar)-English	Kyaw Swar Aung
English-Cambodian / Cambodian-English	Engly Sok
English-Cantonese / Cantonese-English	Nisa Yang
English-Chinese (Mandarin) / Chinese (Mandarin)-Eng	Y. Shang & R. Yao
English-Croatian / Croatain-English	Vesna Kazanegra
English-Czech / Czech-English	Jindriska Poulova
English-Danish / Danish-English	Rikke Wend Hartung
English-Dari / Dari-English	Amir Khan
English-Dutch / Dutch-English	Lisanne Vogel
English-Estonian / Estonian-English	Lana Haleta
English-Farsi / Farsi-English	Maryam Zaman Khani
English-French / French-English	Aurélie Colin
English-Georgian / Georgina-English	Eka Goderdzishvili
English-Gujarati / Gujarati-English	Sujata Basaria
English-German / German-English	Bicskei Hedwig
English-Greek / Greek-English	Lina Stergiou
English-Hindi / Hindi-English	Sudhakar Chaturvedi
English-Hungarian / Hungarian-English	Lucy Mallows
English-Italian / Italian-English	Eni Lamllari
English-Japanese / Japanese-English	Miruka Arai & Hiroko Nishimura
English-Kinyawanda / Kinyarwanda-English	Irakoze Shammah La Grace
English-Korean / Korean-English	Mihee Song
English-Kurdish / Kurdish-English	Shivan Alhussein
English-Latvian / Latvian-English	Julija Baranovska
English-Levantine Arabic / Levantine Arabic-English	Ayman Khalaf
English-Lithuanian / Lithuanian-English	Regina Kazakeviciute
English-Malay / Malay-English	Azimah Husna
English-Malayalam - Malayalam-English	Anjumol Babu
English-Nepali / Nepali-English	Anil Mandal
English-Norwegian / Norwegian-English	Samuele Narcisi
English-Pashto / Pashto-English	Amir Khan
English-Polish / Polish-English	Magdalena Herok
English-Portuguese / Portuguese-English	Dina Teresa
English-Punjabi / Punjabi-English	Teja Singh Chatwal
English-Romanian / Romanian-English	Georgeta Laura Dutulescu
English-Russian / Russian-English	Katerina Volobuyeva
English-Serbian / Serbian-English	Vesna Kazanegra
English-Shona / Shona-English	Victorious Tshuma
English-Sinhalese / Sinhalese-English	Naseer Salahudeen
English-Slovak / Slovak-English	Zuzana Horvathova
English-Slovenian / Slovenian-English	Tanja Turk
English-Somali / Somali-English	Ali Mohamud Omer
English-Spanish / Spanish-English	Cristina Rodriguez
English-Swahili / Swahili-English	Abdul Rauf Hassan Kinga
English-Swedish / Swedish-English	Madelene Axelsson
English-Tagalog / Tagalog-English	Jefferson Bantayan
English-Tamil / Tamil-English	Sandhya Mahadevan
English-Thai / Thai-English	Suwan Kaewkongpan
English-Tigrigna / Tigrigna-English	Tsegazeab Hailegebriel
English-Turkish / Turkish-English	Nagme Yazgin
English-Twi / Twi-English	Nathaniel Alonsi Apadu
English-Ukrainian / Ukrainian-English	Katerina Volobuyeva
English-Urdu / Urdu-English	S. A. Rahman
English-Vietnamese / Vietnamese-English	Hoa Hoang
English-Yoruba / Yoruba-English	O. A. Temitope

STAR Foreign Language BOOKS

English - Amharic

A

a *a.* አንድ anid
aback *adv.* መደንገጥ medeniget
abaction *n* የእንስሳት ስርቆት yeeinisisat siriqot
abactor *n* የእንስሳ ሌባ yeeinisisa leba
abandon *v.t.* ተወ tewe
abase *v.t.* አዋረደ awarede
abasement *n* ዉርደት wuridet
abash *v.t.* አሳፈረ asafere
abate *v.t.* ቀነሰ qenese
abatement *n.* መቀነስ meqenes
abbey *n.* ገዳም gedam
abbreviate *v.t.* ቃላት አሳጠረ qalat asatere
abbreviation *n* ምህፃረ ቃል mihitsare qal
abdicate *v.t,* ስልጣን ለቀቀ silitan leqeqe
abdication *n* ስልጣን መልቀቅ silitan meliqeq
abdomen *n* ሆድ hod
abdominal *a.* የሆድ yehod
abduct *v.t.* ጠለፈ telefe
abduction *n* ጠለፋ telefa
abed *adv.* ተኝቶ መቆየት tenyito meqoyet
aberrance *n.* የተለየ ሁኔታ yeteleye huneta
abet *v.t.* አበረታ abereta
abetment *n.* መበርታት meberitat
abeyance *n.* እገዳ eigeda
abhor *v.t.* ጠላ tela
abhorrence *n.* ጥላቻ tilacha
abide *v.i* ታገሰ tagese
abiding *a* መታገስ metages
ability *n* ችሎታ chilota
abject *a.* እጅግ የተዋረደ eijig yetewarede
ablaze *adv.* ማብለጭለጭ mabilechilech
ablactate *v. t* አጠባች atebach
ablactation *n* መጥባት metibat
able *a* ቻይ chay
ablepsy *n* አይነስውርነት ayinesiwirinet
ablush *adv* መደንገጥ medeniget
ablution *n* መታጠብ metateb
abnegate *v. t* ካደ kade
abnegation *n* መካድ mekad
abnormal *a* እንግዳ ነገር einigida neger
aboard *adv* አውሮፕላን ላይ የተሳፈሩ awiropilan lay yetesaferu
abode *n* መኖርያ menoriya
abolish *v.t* አጠፋ atefa
abolition *v* ማጥፋት matifat
abominable *a* ዘግናኝ zeginany
aboriginal *a* ጥንታዊ ነዋሪ tinitawi newari
aborigines *n. pl* ጥንታዊ ነዋሪ tinitawi newari
abort *v.i* ጨነገፈ chenegefe
abortion *n* ውርጃ wirija
abortive *adv* የተጨናገፈ yetechenagefe
abound *v.i.* መትረፍረፍ metirefiref
about *adv* ያህል yahil
about *prep* ስለ sile
above *adv* ላይ lay
above *prep.* በላይ belay
abreast *adv* ጎን ለጎን gon legon
abridge *v.t* ማሳጠር masater
abridgement *n* ያጠረ ጥሁፍ yatere tihuf
abroad *adv* ውጭ አገር wich ager
abrogate *v. t.* ሻረ share
abrupt *a* ድንገተኛ dinigetenya

abruption *n* ድንገተኛ መቋረጥ dinigetenya meqwaret
abscess *n* መግል የቋጠረ ዕባጭ megil yeqwatere eibach
absonant *adj* ተቃዋሚ teqawami
abscond *v.i* አመለጠ amelete
absence *n* መቅረት meqiret
absent *a* የቀረ yeqere
absent *v.t* ቀረ qere
absolute *a* እንከን የሌለበት einiken yelelebet
absolutely *adv* ፈፅሞ fetsimo
absolve *v.t* ከጥፋት ነፃ ወጣ ketifat netsa weta
absorb *v.t* መጠጠ metete
abstain *v.i.* ድምፅ ከመስጠት ተቆጠበ dimits kemesitet teqotebe
abstract *a* ረቂቅ reqiq
abstract *n* የነገር ስም yeneger sim
abstract *v.t* አሳጠረ asatere
abstraction *n.* ረቂቅነት reqiqinet
absurd *a* ስሜት የማይሰጥ simet yemayiset
absurdity *n* ስሜት የማይሰጥ ነገር simet yemayiset neger
abundance *n* መትረፍረፍ metirefiref
abundant *a* የተትረፈረፈ yetetireferefe
abuse *v.t.* አጎሳቆለ agosaqole
abuse *n* ማጎሳቆል magosaqol
abusive *a* ተሳዳቢ tesadabi
abutted *v* ጎረቤት gorebet
abyss *n* ገደል gedel
academic *a* የትምህርት yetimihirit
academy *n* አካዳሚ akadami
acarpous *adj.* ፍሬ የማያፈራ fire yemayafera
accede *v.t.* ከፍተኛ ደረጃ መያዝ kefitenya dereja meyaz
accelerate *v.t* ፍጥነት ጨመረ fitinet chemere
acceleration *n* ፍጥነት fitinet
accent *n* የንግግር ዘዬ yenigigir zeye
accent *v.t* አጎላ agola
accept *&* መቀበል meqebel
acceptable *a* ተቀባይነት ያለው teqebayinet yalew
acceptance *n* ተቀባይነት teqebayinet
access *n* ዘዴ zede
accession *n* የንግስና ማእረግ ማግኘት yenigisina maeireg maginyet
accessory *n* መለዋወጫ melewawecha
accident *n* አደጋ adega
accidental *a* ድንገተኛ dinigetenya
acclaim *v.t* አወደሰ awedese
acclaim *n* በደስታ መቀበል bedesita meqebel
acclamation *n* ሞቅ ያለ አቀባበል moq yale aqebabel
acclimatise *v.t* ለመደ lemede
accommodate *v.t* ስፍራን ሰጠ sifiran sete
accommodation *n.* መኖሪያ ቤት menoriya bet
accompaniment *n* ተከታይ teketay
accompany *v.t.* አብሮ ሆነ abiro hone
accomplice *n* ተባባሪ tebabari
accomplish *v.t.* አከናወነ akenawene
accomplished *a* ሙያ ያለው muya yalew
accomplishment *n.* ፍፃሜ fitsame
accord *v.t.* ሰጠ sete
accord *n.* ስምምነት simiminet
accordingly *adv.* ስለዚህ silezih

account *n.* ተቀማጭ ሂሳብ teqemach hisab
account *v.t.* ማብራሪያ ሰጠ mabirariya sete
accountable *a* ተጠያቂ teteyaqi
accountancy *n.* የሂሳብ ስራ yehisab sira
accountant *n.* የሂሳብ ሰራተኛ yehisab seratenya
accredit *v.t.* ተቀባይነት አገኘ teqebayinet agenye
accrementition *n* መብቀል mebiqel
accrete *v.t.* አብሮ አደገ abiro adege
accrue *v.i.* አደገ adege
accumulate *v.t.* አከማቸ akemache
accumulation *n* ማከማቸት makemachet
accuracy *n.* ትክክለኛነት tikikilenyanet
accurate *a.* ትክክል tikikil
accursed *a.* የተረገመ yeteregeme
accusation *n* ክስ kis
accuse *v.t.* መወንጀል mewenijel
accused *n.* ተከሳሽ tekesash
accustom *v.t.* መልመድ melimed
accustomed *a.* የተለመደ yetelemede
ace *n* ከፍ ያለ ችሎታ ያለው ሰው kef yale chilota yalew sew
acentric *adj* መካከል ያልሆነ mekakel yalihone
acephalous *adj.* ጭንቅላት የሌለው chiniqilat yelelew
acephalus *n.* ጭንቅላት የሌለው እንስሳ chiniqilat yelelew einisesa
acetify *v.* መራራ ሆነ merara hone
ache *n.* ውጋት wigat
ache *v.i.* ውጋት wigat
achieve *v.t.* አከናወነ akenawene
achievement *n.* ስኬት siket
achromatic *adj* የማይለይ yemayiley
acid *a* አሲድ asid
acid *n* አሲድ asid
acidity *n.* አሲድነት asidinet
acknowledge *v.* አምኖ ተቀበለ amino teqebele
acknowledgement *n.* ምስጋና misigana
acne *n* የቆዳ በሽታ yeqoda beshita
acorn *n.* ዋርካ warika
acoustic *a* ከድምፅ ጋር የተያያዘ kedimits gar yeteyayaze
acoustics *n.* የድምፅ ሳይንስ yedimits sayinis
acquaint *v.t.* አሳወቀ asaweqe
acquaintance *n.* እውቂያ eiwiqiya
acquest *n* መግዛት megizat
acquiesce መቀበል meqebel
acquiescence *n.* ስምምነት simiminet
acquire *v.t.* አገኘ agenye
acquirement *n.* እውቀት ማግኘት eiwiqet maginyet
acquisition *n.* ማግኘት maginyet
acquit *v.t.* ከወንጀል ነፃ መሆኑን ማሳወቅ kewenijel netsa mehonun masaweq
acquittal *n.* ከወንጀል ነፃ መሆኑን የሚያረጋግጥ ፍርድ kewenijel netsa mehonun yemiyaregagit firid
acre *n.* የመሬት ስፋት yemeret sifat
acreage *n.* ለተወሰነ አላማ የሚውል መሬት letewesene alama yemiwil meret
acrimony *n* መበሳጨት mebesachet
acrobat *n.* አክሮባት akirobat
across *adv.* ከዳር እስከዳር kedar eisikedar

across *prep.* ከ . . . ባሻገር ke . . . bashager
act *n.* መተግበር metegiber
act *v.i.* ተጫወተ techawete
acting *n.* ተጠባባቂ tetebabaqi
action *n.* ተግባር tegibar
activate *v.t.* ማነቃቃት maneqaqat
active *a.* ቀልጣፋ qelitafa
activity *n.* እንቅስቃሴ einiqisiqase
actor *n.* ተዋናይ tewanay
actress *n.* ተዋናይት tewanayit
actual *a.* እውነተኛ eiwinetenya
actually *adv.* በእውነት beeiwinet
acumen *n.* ቶሎ የመወሰን ችሎታ tolo yemewesen chilota
acute *a.* ጽኑ tsinu
adage *n.* ምሳሌያዊ አባባል misaleyawi ababal
adamant *a.* ግትር gitir
adamant *n.* ግትር ሰው gitir sew
adapt *v.t.* ማላመድ malamed
adaptation *n.* መላመድ melamed
adays *adv* በቀን በቀን beqen beqen
add *v.t.* መጨመር mechemer
addict *v.t.* ሱሰኛ susenya
addict *n.* ሱሰኛ ሰው susenya sew
addiction *n.* ሱስ sus
addition *n.* መደመር medemer
additional *a.* ተጨማሪ techemari
addle *adj* አደናጋሪ adenagari
address *v.t.* ንግግር አደረገ nigigir aderege
address *n.* አድራሻ adirasha
addressee *n.* ተደራሽ tederash
adduce *v.t.* ምሳሌ ማቅረብ misale maqireb
adept *n.* ባለሙያ balemuya
adept *a.* አክስፐርት akisiperit
adequacy *n.* ብቃት biqat
adequate *a.* በቂ beqi
adhere *v.i.* ጠበቀ tebeqe
adherence *n.* ደጋፊነት degafinet
adhesion *n.* የመጣበቅ ችሎታ yemetabeq chilota
adhesive *n.* ማጣበቂያ matabeqiya
adhesive *a.* የማጣበቅ yematabeq
adhibit *v.t.* ተቀበለ teqebele
adieu *n.* ሽኝት shinyit
adieu *interj.* የመሸኛ ንግግር yemeshenya nigigir
adjacent *a.* ጎን ለጎን gon legon
adjective *n.* ቅፅል qitsil
adjoin *v.t.* ተዋሰነ tewasene
adjourn *v.t.* በተነ betene
adjournment *n.* ቀጠሮ qetero
adjudge *v.t.* ዳኛ ያልሆነ danya yalihone
adjunct *n.* እንደ አባሪ የሚጨመር einide abari yemichemer
adjuration *n* መተማመን metemamen
adjust *v.t.* ማስተካከል masitekakel
adjustment *n.* ማስተካከያ masitekakeya
administer *v.t.* ማስተዳደር masitedader
administration *n.* አስተዳደር asitedader
administrative *a.* የአስተዳደር yeasitedader
administrator *n.* አስተዳዳሪ asitedadari
admirable *a.* አስደናቂ asidenaqi
admiral *n.* የባህር ሃይል ከፍተኛ መኮንን yebahir hayil kefitenya mekonin
admiration *n.* አድናቆት adinaqot
admire *v.t.* ማወደስ mawedes
admissible *a.* ሊቀበሉት የሚገባ liqebelut yemigeba
admission *n.* መግቢያ megibiya
admit *v.t.* አመነ amene
admittance *n.* የመግባት ፈቃድ yemegibat feqad

admonish *v.t.* ገሠጸ gesetse
admonition *n.* ተግሣጽ tegisats
adnascent *adj.* ማደግ madeg
ado *n.* ድካም dikam
adobe *n.* በፀሃይ የደረቀ ጡብ betsehay yedereqe tub
adolescence *n.* የጉርምስና ጊዜ yegurimisina gize
adolescent *a.* ጉርምስና gurimisina
adopt *v.t.* ማደጎ ወሰደ madego wesede
adoption *n* ማደጎ መውሰድ madego mewised
adorable *a.* ተወዳጅ tewedaj
adoration *n.* ታላቅ ፍቅር talaq fiqir
adore *v.t.* ማወደስ mawedes
adorn *v.t.* ማጌጥ maget
adscititious *adj* የተጨመረ yetechemere
adscript *adj.* የተጨመረ ፊደል yetechemere fidel
adulation *n* ማድነቅ madineq
adult *a* ዐዋቂ awaqi
adult *n.* ዐዋቂ ሰው awaqi sew
adulterate *v.t.* አደባለቀ adebaleqe
adulteration *n.* ማደባለቅ madebaleq
adultery *n.* ዝሙት zimut
advance *v.t.* በቅድሚያ ከፈለ beqidimiya kefele
advance *n.* እርምጃ eirimija
advancement *n.* መሻሻል meshashal
advantage *n.* ጥቅም tiqim
advantage *v.t.* ጠቀመ teqeme
advantageous *a.* ጠቃሚ teqami
advent *n.* መድረስ medires
adventure *n* ጀብዱ jebidu
adventurous *a.* ደፋር defar
adverb *n.* ተውሳከ ግስ tewisake gis
adverbial *a.* የተውሳከ ግስ yetewisake gis
adversary *n.* ጠላት telat
adverse *a* ተቃራኒ teqarani
adversity *n.* ችግር chigir
advert *v.* ማስተዋወቅ masitewaweq
advertise *v.t.* አስተዋወቀ asitewaweqe
advertisement *n* ማስታወቂያ masitaweqiya
advice *n* ምክር mikir
advisable *a.* የሚመከር yemimeker
advisability *n* የሚመከር ሁኔታ yemimeker huneta
advise *v.t.* መከረ mekere
advocacy *n.* ድጋፍ መስጠት digaf mesitet
advocate *n* ጠበቃ tebeqa
advocate *v.t.* ደግፎ ተናገረ degifo tenagere
aerial *a.* ከአየር ላይ keayer lay
aerial *n.* አንቴና anitena
aeriform *adj.* የአየር yeayer
aerify *v.t.* ተነነ tenene
aerodrome *n* የአይሮፕላን ማረፊያ yeayiropilan marefiya
aeronautics *n.pl.* የአይሮፕላን በረራ ሳይንሳዊ ትምህርት yeayiropilan berera sayinisawi timihirit
aeroplane *n.* አውሮፕላን awiropilan
aesthetic *a.* የውበት yewibet
aesthetics *n.pl.* የውበት ጥናት yewibet tinat
aestival *adj* የበጋ yebega
afar *adv.* በሩቅ beruq
affable *a.* ተወዳጅ tewedaj
affair *n.* ጉዳይ guday
affect *v.t.* ተፅእኖ አደረገ tetsieino aderege

affectation *n* የውሸት ባህሪ yewishet bahiri
affection *n.* ፍቅር fiqir
affectionate *a.* ተወዳጅ tewedaj
affidavit *n* ለፍርድ ቤት የቀረበ የመሃላ ቃል lefirid bet yeqerebe yemehala qal
affiliation *n.* ግንኙነት gininyunet
affinity *n* ጠበቅ ያለ ግንኙነት tebeq yale gininyunet
affirm *v.t.* አረጋገጠ aregagete
affirmation *n* ማረጋገጥ maregaget
affirmative *a* አዎንታ awonita
affix *v.t.* ለጠፈ letefe
afflict *v.t.* አስጨነቀ asicheneqe
affliction *n.* ስቃይ siqay
affluence *n.* ብልፅግና bilitsigina
affluent *a.* ሀብታም habitam
afford *v.t.* አወጣ aweta
afforest *v.t.* ደን አለበሰ den alebese
affray *n* ብጥብጥ bitibit
affront *v.t.* አስቀየመ asiqeyeme
affront *n* ስድብ sidib
afield *adv.* ከተመደቡበት ቦታ መራቅ ketemedebubet bota meraq
aflame *adv.* በመነቃቃት bemeneqaqat
afloat *adv.* የሚንሳፈፍ yeminisafef
afoot *adv.* በእርምጃ beeirimija
afore *prep.* በፊት befit
afraid *a.* በፍርሃት የተሞላ befirihat yetemola
afresh *adv.* እንደገና መጀመር einidegena mejemer
after *prep.* ከ . . . በኋላ ke . . . behwala
after *adv* በኋላ behwala
after *conj.* ከ . . . በኋላ ke . . . behwala
after *a* በኋላ behwala
afterwards *adv.* ኂላ hwala
again *adv.* እንደገና einidegena
against *prep.* ፀር tser
agamist *n* ጋብቻን የሚቃወም ያላገባ ሰው gabichan yemiqawem yalageba sew
agape *adv.,* በመገረም አፍ መክፈት bemegerem af mekifet
agaze *adv* በመገረም ማየት bemegerem mayet
age *n.* እድሜ eidime
aged *a.* ያረጀ yareje
agency *n.* ድርጅት dirijit
agenda *n.* አጀንዳ ajenida
agent *n* ወኪል wekil
aggravate *v.t.* አባባሰ ababase
aggravation *n.* መባባስ mebabas
aggregate *v.t.* አጠቃላይ ድምር ateqalay dimir
aggression *n* ጥላቻ tilacha
aggressive *a.* ጥል የሚወድ til yemiwed
aggressor *n.* ወራሪ werari
aggrieve *v.t.* አሳዘነ asazene
aghast *a.* በፍርሃት መሞላት befirihat memolat
agile *a.* ንቁ niqu
agility *n.* ቅልጥፍና qilitifina
agitate *v.t.* መቀስቀስ meqesiqes
agitation *n* ቅስቀሳ qisiqesa
agist *v.t.* በቅልጥፍና ላይ የተመሰረተ አድልኦ beqilitifina lay yetemeserete adilio
aglow *adv.* የሚያበራ yemiyabera
ago *adv.* ከ . . . በፊት ke . . . befit
agog *adj.* ጉጉ gugu
agonist *n* ተፎካካሪ tefokakari
agonize *v.t.* አሰቃየ aseqaye
agony *n.* ስቃይ siqay
agronomy *n.* የእርሻ ሳይንስ yeeirisha sayinis

agoraphobia *n.* የቦታ ፍርሀት yebota firihat
agrarian *a.* ከእርሻ ጋር የተያያዘ keeirisha gar yeteyayaze
agree *v.i.* መስማማት mesimamat
agreeable *a.* ሊስማሙበት የሚቻል lisimamubet yemichal
agreement *n.* ስምምነት simiminet
agricultural *a* የግብርና yegibirina
agriculture *n* ግብርና gibirina
agriculturist *n.* የግብርና ተመራማሪ yegibirina temeramari
ague *n* ትኩሳት tikusat
ahead *adv.* ወደፊት wedefit
aheap *adv* ወደላይ wedelay
aid *n* እርዳታ eiridata
aid *v.t* ረዳ reda
aigrette *n* ላባ laba
ail *v.t.* መታመም metamem
ailment *n.* በሽታ beshita
aim *n.* ግብ gib
aim *v.i.* አነጣጠረ anetatere
air *n* አየር ayer
aircraft *n.* አውሮፕላን awiropilan
airy *a.* ነፋሻማ nefashama
ajar *adv.* ገርበብ ያለ geribeb yale
akin *a.* ተመሳሳይ temesasay
alacrious *adj* የአበባ ጉንጉን yeabeba gunigun
alacrity *n.* በጉጉትና በፍጥነት begugutina befitinet
alamort *adj.* ሟችነት mwachinet
alarm *n* ማስጠንቀቂያ masiteniqeqiya
alarm *v.t* አስጠነቀቀ asiteneqeqe
alas *interj.* ወይኔ! weyine!
albeit *conj.* ምንም እንኳ minim einikwa
albion *n* የእንግሊዝ የድሮ ስም yeeinigiliz yediro sim
album *n.* የፎቶ ማስቀመጫ yefoto masiqemecha
albumen *n* የፕሮቲን አይነት yepirotin ayinet
alchemy *n.* የመገናኛ ሁኔታ yemegenanya huneta
alcohol *n* አስካሪ ኬሚካል asikari kemikal
ale *n* ቢራ bira
alert *a.* ንቁ niqu
alertness *n.* ንቃት niqat
algebra *n.* አልጀብራ alijebira
alias *n.* የሀሰት ስም yehaset sim
alias *adv.* በሌላ ስፍራ belela sifira
alibi *n.* ምስክር misikir
alien *a.* የውጭ ዜጋ yewich zega
alienate *v.t.* አጣላ atala
aliferous *adj.* ክንፍ ያለው kinif yalew
alight *v.i.* አረፈ arefe
align *v.t.* አሰለፈ aselefe
alignment *n.* በመስመር መስተካከል bemesimer mesitekakel
alike *a.* ተመሳሳይ temesasay
alike *adv* በእኩል beeikul
aliment *n.* ምግብነት ያለው migibinet yalew
alimony *n.* ከፍች በኋላ አንዱ ለሌላው የሚከፍለው ገንዘብ kefich behwala anidu lelelaw yemikefilew genizeb
alive *a* በሕይወት ያለ behiyiwet yale
alkali *n* አልካሊ alikali
all *a.* ሁሉ hulu
all *n* ሁሉ ሰው hulu sew
all *adv* በሁሉም behulum
all *pron* ሁሉም ሰው hulum sew
allay *v.t.* አስታገሰ asitagese
allegation *n.* ውንጀላ winijela
allege *v.t.* ያለማስረጃ ወነጀለ yalemasireja wenejele
allegiance *n.* ታማኝነት tamanyinet
allegorical *a.* ምሳሌያዊ misaleyawi

allegory *n.* ምሳሌ misale
allergy *n.* የሰውነት መቆጣት yesewinet meqotat
alleviate *v.t.* አስታገሰ asitagese
alleviation *n.* ማስታገስ masitages
alley *n.* ጠባብ መንገድ tebab meniged
alliance *n.* ህብረት hibiret
alligator *n* የአዞ ዝርያ yeazo ziriya
alliterate *v.* ግጥም gitim
alliteration *n.* መግጠም megitem
allocate *v.t.* ዐደለ adele
allocation *n.* ድልደላ dilidela
allot *v.t.* አከፋፈለ akefafele
allotment *n.* ማከፋፈል makefafel
allow *v.t.* ፈቀደ feqede
allowance *n.* አበል abel
alloy *n.* ድብልቅ ብረት dibiliq biret
allude *v.i.* በአሽሙር ተናገረ beashimur tenagere
allure *v.t.* ማረከ mareke
allurement *n* መማረከ memareke
allusion *n* በአሽሙር ንግግር beashimur nigigir
allusive *a.* የአሽሙር yeashimur
ally *v.t.* ተባበረ tebabere
ally *n.* ተባባሪ ጓደኛ tebabari gwadenya
almanac *n.* ቀን መቁጠሪያ qen mequteriya
almighty *a.* ሐያል hayal
almond *n.* ለውዝ lewiz
almost *adv.* ምንም ያህል minim yahil
alms *n.* ምጽዋት mitsiwat
aloft *adv.* በአየር ላይ beayer lay
alone *a.* ለብቻ lebicha
along *adv.* በ … በኩል be … bekul
along *prep.* ከመጀመሪያው እስከ መጨረሻው kemejemeriyaw eisike mechereshaw
aloof *adv.* ገለልተኛ gelelitenya
aloud *adv.* ጮክ ብሎ chok bilo
alp *n.* ተራራ terara
alpha *n* የመጀመሪያ yemejemeriya
alphabet *n.* ፊደል fidel
alphabetical *a.* የፊደል yefidel
alpinist *n* ተራራ የሚወጣ ሰው terara yemiweta sew
already *adv.* ቀደም ብሎየሆነ/የተደረገ qedem biloyehone
also *adv.* ደግሞ degimo
altar *n.* መሰዊያ mesewiya
alter *v.t.* ለወጠ lewete
alteration *n* ለውጥ lewit
altercation *n.* ጭቅጭቅ chiqichiq
alternate *a.* ተፈራራቂ teferaraqi
alternate *v.t.* አፈራረቀ aferareqe
alternative *n.* አማራጭ amarach
alternative *a.* አማራጭ amarach
although *conj.* ምንም እንኳ minim einikwa
altimeter *n* የከፍታ መለኪያ መሳሪያ yekefita melekiya mesariya
altitude *n.* ከፍታ kefita
alto *n* ዝቅተኛ የሴት ድምጽ ziqitenya yeset dimits
altogether *adv.* በአጠቃላይ beateqalay
aluminium *n.* አልሙኒየም alimuniyem
alumna *n* የቀድሞ ምሩቅ yeqedimo miruq
always *adv* ሁልጊዜ huligize
alveary *n* ለብቻ lebicha
alvine *adj.* የሆድ yehod
am ጠዋት tewat
amalgam *n* የተዋሀደ yetewahade
amalgamate *v.t.* አዋሀደ awahade
amalgamation *n* ማዋሀድ mawahad
amass *v.t.* አከማቸ akemache

amateur *n.* በሙያው ያልሰለጠነ bemuyaw yaliseletene
amatory *adj* የፍቅር yefiqir
amauriosis *n* የዓይን መጥፋት yeayin metifat
amaze *v.t.* አስደነቀ asideneqe
amazement *n.* መደነቅ medeneq
ambassador *n.* አምባሳደር amibasader
ambient *adj.* ከባቢ. kebabi
ambiguity *n.* አሻሚነት ashaminet
ambiguous *a.* አሻሚ ashami
ambition *n.* ፍላጎት filagot
ambitious *a.* ጉጉ gugu
ambulance *n.* አምቡላንስ amibulanis
ambulant *adj* መራመድ meramed
ambulate *v.t* ተራመደ teramede
ambush *n.* ደፈጣ defeta
ameliorate *v.t.* ማሻሻል mashashal
amelioration *n.* መሻሻል meshashal
amen *interj.* አሜን amen
amenable *a* የማይቃወም yemayiqawem
amend *v.t.* አሻሻለ ashashale
amendment *n.* የማሻሻያ ሐሳብ yemashashaya hasab
amends *n.pl.* ካሳ kasa
amenorrhoea *n* የወር አበባ መቆም yewer abeba meqom
amiability *n.* ተወዳጅነት tewedajinet
amiable *a.* ተወዳጅ tewedaj
amicable *adj.* የወዳጅነት yewedajinet
amid *prep.* በመሀል bemehal
amiss *adv.* የተሳሳተ yetesasate
amity *n.* ወዳጅነት wedajinet
ammunition *n.* ጥይት tiyit
amnesia *n* ራስን መሳት rasin mesat

amnesty *n.* ምሕረት mihiret
among *prep.* ከ . . . መሀከል ke . . . mehakel
amongst *prep.* ከ . . . መሀከል ke . . . mehakel
amoral *a.* ስነ-ስርአት የጎደለው sine-siriat yegodelew
amount *n* መጠን meten
amount *v.i* አከለ akele
amount *v.* ተቆጠረ teqotere
amorous *a.* የፍቅር yefiqir
amour *n* ድብቅ ፍቅር dibiq fiqir
ampere *n* የኤሌትሪክ መጠን yeeletirik meten
amphibious *adj* በመሬትና በባህር የሚኖር bemeretina bebahir yeminor
amphitheatre *n* ክብ ጣራ አልባ አዳራሽ kib tara aliba adarash
ample *a.* ከበቂ በላይ kebeqi belay
amplification *n* ማብዛት mabizat
amplifier *n* ድምፅ ማጉያ dimits maguya
amplify *v.t.* አጎላ agola
amuck *adv.* ከቁጥጥር ውጭ kequtitir wich
amulet *n.* ክታብ kitab
amuse *v.t.* አስደሰተ asidesete
amusement *n* ጨዋታ chewata
an *art* አንድ anid
anabaptism *n* በሁለተኛ ጥምቀት የሚያምን behuletenya timiqet yemiyamin
anachronism *n* ያለ ጊዜው የሚኖር yale gizew yeminor
anaclisis *n* በሌላ ሰው የሚደገፍ belela sew yemidegef
anadem *n* ጉንጉን አበባ gunigun abeba
anaemia *n* የደም ማነስ በሽታ yedem manes beshita
anaesthesia *n* ራስን መሳት rasin mesat

anaesthetic *n.* ማደንዘዣ madenizezha
anal *adj.* የፊንጢጣ yefinitita
analogous *a.* ተመሳሳይ temesasay
analogy *n.* ማመሳሰል mamesasel
analyse *v.t.* ተነተነ tenetene
analysis *n.* ትንታኔ tinitane
analyst *n* ተንታኝ tenitany
analytical *a* የትንታኔ yetinitane
anamnesis *n* ማስታወስ masitawes
anarchism *n.* ገዢ የሌለበት አገር gezhi yelelebet ager
anarchist *n* ገዢ የሌለበት አገር gezhi yelelebet ager
anarchy *n* ስርአት የለሽ siriat yelesh
anatomy *n.* የሰውነት ክፍሎች ጥናት yesewinet kifiloch tinat
ancestor *n.* የዘር ሀረግ yezer hareg
ancestral *a.* የዘር ሀረጋዊ yezer haregawi
ancestry *n.* ቅድመ አያቶች qidime ayatoch
anchor *n.* መልህቅ melihiq
anchorage *n* ማጽናት matsinat
ancient *a.* በጣም ያረጀ betam yareje
and *conj.* እና eina
androphagi *n.* ሰው በላ sew bela
anecdote *n.* አጋጣሚያዊ ተረት መሳይ ትረካ agatamiyawi teret mesay tireka
anemometer *n* የንፋስ ግፊት መጠን መለኪያ yenifas gifit meten melekiya
anew *adv.* እንደገና einidegena
anfractuous *adj* ጠምዛዛ temizaza
angel *n* መልአክ meliak
anger *n.* ቁጣ quta
angina *n* አስም asim
angle *n.* ማእዘን maeizen
angle *n* እይታ eiyita
angry *a.* ቁጣ quta
anguish *n.* ጭንቀት chiniqet
angular *a.* ማእዘናዊ maeizenawi
anigh *adv.* ቅርብ qirib
animal *n.* እንስሳ einisesa
animate *v.t.* ሕይወት ሰጠ hiyiwet sete
animate *a.* ሕይወት ያለው hiyiwet yalew
animation *n* ሕይወት መስጠት hiyiwet mesitet
animosity *n* ከፍተኛ ጥላቻ kefitenya tilacha
animus *n* ጥላቻ tilacha
ankle *n.* ቁርጭምጭሚት qurichimichimit
anklet *n* አልቦ alibo
annalist *n.* የታሪክ ጸሐፊ yetarik tsehafi
annals *n.pl.* አያሌ ክስተቶች ayale kisitetoch
annectant *adj.* የተገናኘ yetegenanye
annex *v.t.* ቀላቀለ qelaqele
annexation *n* መቀላቀል meqelaqel
annihilate *v.t.* ፈፅሞ ደመሰሰ fetsimo demesese
annihilation *n* ፈፅሞ መደምሰስ fetsimo medemises
anniversary *n.* መታሰቢያ metasebiya
announce *v.t.* አስታወቀ asitaweqe
announcement *n.* ማስታወቂያ masitaweqiya
annoy *v.t.* አስከፋ asikefa
annoyance *n.* የሚያስቆጣ yemiyasiqota
annual *a.* አመታዊ ametawi
annuitant *n* አመታዊ ክፍያ የሚቀበል ሰው ametawi kifiya yemiqebel sew

annuity *n.* አመታዊ ክፍያ ametawi kifiya
annul *v.t.* ሰረዘ sereze
annulet *n* መሰረዝ meserez
anoint *v.t.* ቀባ qeba
anomalous *a* እንግዳ einigida
anomaly *n* ያልተለመደ yalitelemede
anon *adv.* በሌላ ጊዜ belela gize
anonymity *n.* ስምን መደበቅ simin medebeq
anonymity *n.* ስምን መደበቅ simin medebeq
anonymous *a.* የማይታወቅ yemayitaweq
another *a* ሌላ lela
answer *n* መልስ melis
answer *v.t* መለሰ melese
answerable *a.* የሚመለስ yemimeles
ant *n* ጉንዳን gunidan
antacid *adj.* አሲድን የሚቀንስ asidin yemiqenis
antagonism *n* ጥላቻ tilacha
antagonist *n.* ጠላቶች telatoch
antagonize *v.t.* ጠላ tela
antarctic *a.* አንታርቲክ anitaritik
antecede *v.t.* ቀደመ qedeme
antecedent *n.* ቀድሞ የነበረ qedimo yenebere
antecedent *a.* ያለፈ yalefe
antedate *n* ቀድሞ የነበረ qedimo yenebere
antelope *n.* ድኩላ dikula
antenatal *adj.* የእርግዝና yeeirigizina
antennae *n.* አንቴና anitena
antenuptial *adj.* ከትዳር በፊት ያለ ጊዜ ketidar befit yale gize
anthem *n* የሕዝብ መዝሙር yehizib mezimur
anthology *n.* ምርጥ የተለያዩ ደራሲያን ስራዎች ስብስብ mirit yeteleyayu derasiyan sirawoch sibisib
anthropoid *adj.* ሰው የሚመስል sew yemimesil
anti *pref.* በተቃራኒ አንፃር beteqarani anitsar
anti-aircraft *a.* የአየር መቃወሚያ yeayer meqawemiya
antic *n* መቦረቅ meboreq
anticipate *v.t.* ገመተ gemete
anticipation *n.* ተስፋ ማድረግ tesifa madireg
antidote *n.* ማርከሻ marikesha
antinomy *n.* ተቃራኒ ሐሳቦች teqarani hasaboch
antipathy *n.* ጥላቻ tilacha
antiphony *n.* እየተፈራረቁ መዘመር eiyeteferarequ mezemer
antipodes *n.* ተቃራኒ ቦታዎች teqarani botawoch
antiquarian *a.* የጥንት እቃዎች ሰብሳቢ yetinit eiqawoch sebisabi
antiquarian *n* የጥንት እቃዎች yetinit eiqawoch
antiquary *n.* የጥንት እቃዎች አዋቂ yetinit eiqawoch awaqi
antiquated *a.* ጥንታዊ tinitawi
antique *a.* ጥንታዊ tinitawi
antiquity *n.* የጥንት ዘመን እቃ yetinit zemen eiqa
antiseptic *n.* የፀረ-ህዋሳት መድሀኒት yetsere-hiwasat medihanit
antiseptic *a.* ንጹህ nitsuh
antithesis *n.* ተቃርኖ teqarino
antitheist *n* በእግዚአብሔር መኖር የማያምን beeigiziabiher menor yemayamin

antler *n.* የአጋዘን ቀንድ yeagazen qenid
antonym *n.* ተቃራኒ ቃል teqarani qal
anus *n.* ፊንጢጣ finitita
anvil *n.* የብረት መቀጥቀጫ yebiret meqetiqecha
anxiety *a* ጭንቀት chiniqet
anxious *a.* ጭንቀታም chiniqetam
any *a.* ማንኛውም maninyawim
any *adv.* ማንም manim
anyhow *adv.* ሆኖም honom
apace *adv.* በፍጥነት befitinet
apart *adv.* ተለያይቶ teleyayito
apartment *n.* የመኖሪያ ህንፃ yemenoriya hinitsa
apathy *n.* ደንታ ቢስነት denita bisinet
ape *n* ዝንጀሮ zinijero
ape *v.t.* መኮረጅ mekorej
aperture *n.* ቀዳዳ qedada
apex *n.* ድምድማት dimidimat
aphorism *n* አባባል ababal
apiary *n.* የንብ ቀፎ yenib qefo
apiculture *n.* የንብ እርባታ yenib eiribata
apish *a.* ዝንጀሮ የሚመስል zinijero yemimesil
apnoea *n* ትንፋሽ መቆም tinifash meqom
apologize *v.i.* ይቅርታ ጠየቀ yiqirita teyeqe
apologue *n* ተረት teret
apology *n.* ይቅርታ yiqirita
apostle *n.* ሐዋርያ hawariya
apostrophe *n.* አፖስትሮፍ apositirof
apotheosis *n.* ጥሩ ምሳሌ tiru misale
apparatus *n.* እቃ eiqa
apparel *n.* ምርጥ ልብስ mirit libis
apparel *v.t.* አለበሰ alebese
apparent *a.* ግልፅ የሆነ gilits yehone
appeal *n.* ይግባኝ yigibany
appeal *v.t.* ይግባኝ አለ yigibany ale
appear *v.i.* ብቅ አለ biq ale
appearance *n* መታየት metayet
appease *v.t.* አስደሰተ asidesete
appellant *n.* ይግባኝ ባይ yigibany bay
append *v.t.* አያያዘ ayayaze
appendage *n.* የተጣበቀ ነገር yetetabeqe neger
appendicitis *n.* የትርፍ አንጀት ህመም yetirif anijet himem
appendix *n.* ተጨማሪ techemari
appendix *n.* ትርፍ አንጀት tirif anijet
appetence *n.* ፍላጎት filagot
appetent *adj.* ከፍተኛ ፍላጎት kefitenya filagot
appetite *n.* ፍላጎት filagot
appetite *n.* የምግብ ፍላጎት yemigib filagot
appetizer *n* የምግብ ፍላጎት የሚከፍት ነገር yemigib filagot yemikefit neger
applaud *v.t.* አጨበጨበ achebechebe
applause *n.* ጭብጨባ chibicheba
apple *n.* ፖም pom
appliance *n.* መሳሪያ mesariya
applicable *a.* ሊሰራ የሚችል lisera yemichil
applicant *n.* አመልካች amelikach
application *n.* ማመልከቻ mamelikecha
apply *v.t.* በስራ ላይ አዋለ besira lay awale
appoint *v.t.* ሾመ shome
appointment *n.* ቀጠሮ qetero
apportion *v.t.* አከፋፈለ akefafele

apposite *adj* ተገቢና ወቅታዊ tegebina weqitawi
apposite *a.* የወቅቱ yeweqitu
appositely *adv* በተገቢ ሁኔታ betegebi huneta
approbate *v.t* ተቀበለ teqebele
appraise *v.t.* ገመተ gemete
appreciable *a.* የሚደነቅ yemideneq
appreciate *v.t.* አደነቀ adeneqe
appreciation *n.* አድናቆት adinaqot
apprehend *v.t.* ያዘ yaze
apprehension *n.* ጭንቀት chiniqet
apprehensive *a.* የስጋት yesigat
apprentice *n.* የሙያ ሰልጣኝ ተማሪ yemuya selitany temari
apprise *v.t.* አሳወቀ asaweqe
approach *v.t.* ቀረበ qerebe
approach *n.* አቀራረብ aqerareb
approbation *n.* መደገፍ medegef
appropriate *v.t.* ያለአግባብ ወሰደ yaleagibab wesede
appropriate *a.* ተገቢ tegebi
appropriation *n.* ተቀማጭ ገንዘብ teqemach genizeb
approval *n.* ማፅደቅ matsideq
approve *v.t.* አፀደቀ atsedeqe
approximate *a.* በግምት የሆነ begimit yehone
apricot *n.* ኮክ kok
appurtenance *n* ተጨማሪ እቃዎች techemari eiqawoch
apron *n.* ሽርጥ shirit
apt *a.* ንቁ niqu
aptitude *n.* ችሎታ chilota
aquarium *n.* የአሳ ገንዳ yeasa genida
aquarius *n.* አኳሪየስ akwariyes
aqueduct *n* የውሃ ቧንቧ yewiha bwanibwa
arable *adj* የሚታረስ yemitares
arbiter *n.* ዳኛ danya
arbitrary *a.* በጭፍን bechifin
arbitrate *v.t.* አስታረቀ asitareqe
arbitration *n.* እርቅ eiriq
arbitrator *n.* አስታራቂ asitaraqi
arc *n.* ግማሽ ክብ gimash kib
arcade *n* መተላለፊያ metelalefiya
arch *n.* ቅስት qisit
arch *v.t.* ቅስት ሰራ qisit sera
arch *a* ንቀት የሚያሳይ niqet yemiyasay
archaic *a.* ያረጀ ያፈጀ yareje yafeje
archangel *n* የመላእክት አለቃ yemelaeikit aleqa
archbishop *n.* ሊቀ ጳጳስ liqe papas
archer *n* ቀስተኛ qesitenya
architect *n.* የህንፃ ነዳፊ yehinitsa nedafi
architecture *n.* የህንፃ ጥበብ yehinitsa tibeb
archives *n.pl.* የቆዩ ፅሁፋዊ ሰነዶች yeqoyu tsihufawi senedoch
Arctic *n* አርክቲክ arikitik
ardent *a.* ታታሪ tatari
ardour *n.* የጋለ ስሜት yegale simet
arduous *a.* አድካሚ adikami
area *n* ስፍራ sifira
areca *n* ዘንባባ zenibaba
arefaction *n* መድረቅ medireq
arena *n* የስፖርት ውድድር ቦታ yesiporit wididir bota
argil *n* ኖራ nora
argue *v.t.* ተጨቃጨቀ techeqacheqe
argument *n.* ጭቅጭቅ chiqichiq
argute *adj* ጎበዝ gobez
arid *adj.* ደረቅ dereq
aries *n* አሪስ aris
aright *adv* በትክክል betikikil
aright *adv.* በትክክል betikikil

arise *v.i.* ተከሰተ tekesete
aristocracy *n.* መኳንንት mekwaninit
aristocrat *n.* ባላባት balabat
arithmetic *n.* ሒሳብ hisab
arithmetical *a.* የሒሳብ yehisab
ark *n* ታቦት tabot
arm *n.* ክንድ kinid
arm *v.t.* አስታጠቀ asitateqe
armada *n.* የጦር መርከቦች ፍጥነት yetor merikeboch fitinet
armament *n.* የጦር መሳሪያ yetor mesariya
armature *n.* የሽቦ ጥቅል yeshibo tiqil
armistice *n.* የተኩስ አቁም ስምምነት yetekus aqum simiminet
armlet *a* የእጅ ጌጥ yeeij get
armour *n.* ጥሩር tirur
armoury *n.* የመሳሪያ ግምጃ ቤት yemesariya gimija bet
army *n.* ጦር ሰራዊት tor serawit
around *prep.* ዙሪያ zuriya
around *adv* አካባቢ akababi
arouse *v.t.* ቀሰቀሰ qeseqese
arraign *v.* ክሱን ሰማ kisun sema
arrange *v.t.* አዘጋጀ azegaje
arrangement *n.* ዝግጅት zigijit
arrant *n.* ያልተማረ yalitemare
array *v.t.* ደረደረ deredere
array *n.* የተደረደረ yetederedere
arrears *n.pl.* የዘገየ ክፍያ yezegeye kifiya
arrest *v.t.* አሰረ asere
arrest *n.* ማሰር maser
arrival *n.* መድረስ medires
arrive *v.i.* ደረሰ derese
arrogance *n.* እብሪት eibirit
arrogant *a.* እብሪተኛ eibiritenya
arrow *n* ፍላፃ filatsa
arrowroot *n.* ስኳር ድንች sikwar dinich
arsenal *n.* ማከማቻ makemacha
arsenic *n* መርዝ meriz
arson *n* የሰው ንብረት ማቃጠል yesew nibiret maqatel
art *n.* ኪነ-ጥበብ kine-tibeb
artery *n.* ደምቅዳ demiqida
artful *a.* አራዳ arada
arthritis *n* የአጥንት መገጣጠሚያ በሽታ yeatinit megetatemiya beshita
artichoke *n.* የሚበላ ተክል yemibela tekil
article *n* ቁሳቁስ qusaqus
articulate *a.* አንደበተ ርቱዕ anidebete ritue
artifice *n.* ዘዴ zede
artificial *a.* ሰው ሰራሽ sew serash
artillery *n.* የጦር መሳሪያ yetor mesariya
artisan *n.* ባለሙያ balemuya
artist *n.* አርቲስት aritisit
artistic *a.* ጥበባዊ tibebawi
artless *a.* ተፈጥሮአዊ tefetiroawi
as *adv.* እንደ einide
as *conj.* ስለ sile
as *pron.* እንደ einide
asbestos *n.* አስቤስቶስ asibesitos
ascend *v.t.* ወደላይ ወጣ wedelay weta
ascent *n.* ወደላይ መውጣት wedelay mewitat
ascertain *v.t.* አረጋገጠ aregagete
ascetic *n.* ባህታዊ bahitawi
ascetic *a.* የባህታዊ ሕይወት yebahitawi hiyiwet
ascribe *v.t.* የራሱ አደረገ yerasu aderege
ash *n.* አመድ amed
ashamed *a.* ማፈር mafer
ashore *adv.* በባህር ዳርቻ bebahir daricha
aside *adv.* የጎንዮሽ yegoniyosh

aside *n.* ሹክሹክታ shukishukita
asinine *adj.* ጅል jil
ask *v.t.* ጠየቀ teyeqe
asleep *adv.* የተኛ yetenya
aspect *n.* እይታ eiyita
asperse *v.* የሐሰት ክስ yehaset kis
aspirant *n.* ከፍተኛ ስሜት ያለው kefitenya simet yalew
aspiration *n.* ከፍተኛ ስሜት kefitenya simet
aspire *v.t.* ተመኘ temenye
ass *n.* አህያ ahiya
assail *v.* አጠቃ ateqa
assassin *n.* ነፍሰ ገዳይ nefise geday
assassinate *v.t.* በፖለቲካ ምክንያት ገደለ bepoletika mikiniyat gedele
assassination *n* በፖለቲካ ምክንያት የሚገድል bepoletika mikiniyat yemigedil
assault *n.* ወረራ werera
assault *v.t.* ወረረ werere
assemble *v.t.* ሰበሰበ sebesebe
assembly *n.* ስብሰባ sibiseba
assent *v.i.* ተስማማ tesimama
assent *n.* ስምምነት simiminet
assert *v.t.* አረጋገጠ aregagete
assess *v.t.* መረመረ meremere
assessment *n.* ለአንድ ስራ መመደብ leanid sira memedeb
asset *n.* ንብረት nibiret
assign *v.t.* መደበ medebe
assignee *n.* የተመደበ yetemedebe
assimilate *v.* አዋሀደ awahade
assimilation *n* መዋሀድ mewahad
assist *v.t.* ረዳ reda
assistance *n.* እርዳታ eiridata
assistant *n.* ረዳት redat
associate *v.t.* ተባበረ tebabere
associate *a.* ተባባሪ tebabari
associate *n.* ትብብር tibibir
association *n.* ማህበር mahiber
assoil *v.t.* ነፃ ለቀቀ netsa leqeqe
assort *v.t.* ለየ leye
assuage *v.t.* አረጋጋ aregaga
assume *v.t.* ገመተ gemete
assumption *n.* መገመት megemet
assurance *n.* ማረጋገጫ maregagecha
assure *v.t.* አረጋገጠ aregagete
astatic *adj.* ያልተረጋጋ yaliteregaga
asterisk *n.* የኮከብ ምልክት yekokeb milikit
asterism *n.* የኮከብ ስብስብ yekokeb sibisib
asteroid *adj.* አስትሮይድ asitiroyid
asthma *n.* አስም asim
astir *adv.* መሄድ mehed
astonish *v.t.* ተደነቀ tedeneqe
astonishment *n.* መደነቅ medeneq
astound *v.t* አስደነቀ asideneqe
astray *adv.,* የተሳሳተ አቅጣጫ መወሰድ yetesasate aqitacha mewesed
astrologer *n.* ኮከብ ቆጣሪ kokeb qotari
astrology *n.* ኮከብ ቆጠራ kokeb qotera
astronaut *n.* ጠፈርተኛ teferitenya
astronomer *n.* የጠፈር ተመራማሪ yetefer temeramari
astronomy *n.* የጠፈር ጥናት yetefer tinat
asunder *adv.* በርቀት beriqet
asylum *n* ጥገኝነት tigenyinet
at *prep.* በ ... be ...
atheism *n* በእግዚአብሄር መኖር አለማመን beeigiziabiher menor alemamen
atheist *n* በእግዚአብሄር መኖር የማያምን ሰው beeigiziabiher menor yemayamin sew

athirst *adj.* ከፍተኛ ፍላጎት kefitenya filagot
athlete *n.* አትሌት atilet
athletic *a.* ቀልጣፋ qelitafa
athletics *n.* አትሌቲክስ atiletikis
athwart *prep.* ተሻግሮ teshagiro
atlas *n.* ካርታዎች የያዘ መጽሐፍ karitawoch yeyaze metsihaf
atmosphere *n.* ከባቢ አየር kebabi ayer
atoll *n.* ከባህር መሀከል ውሀ የከበበ አለት kebahir mehakel wiha yekebebe alet
atom *n.* አተም atem
atomic *a.* የአተም yeatem
atone *v.i.* ንስሀ ገባ nisiha geba
atonement *n.* ቤዛ beza
atrocious *a.* አሰቃቂ aseqaqi
atrocity *n* አሰቃቂ ድርጊት aseqaqi dirigit
attach *v.t.* አያያዘ ayayaze
attache *n.* ዲፕሎማት dipilomat
attachment *n.* መጣበቅ metabeq
attack *n.* ማጥቃት matiqat
attack *v.t.* አጠቃ ateqa
attain *v.t.* ደረሰ derese
attainment *n.* መድረስ medires
attaint *v.t.* አሳፈረ asafere
attempt *v.t.* ሞከረ mokere
attempt *n.* ሙከራ mukera
attend *v.t.* ተገኘ tegenye
attendance *n.* መገኘት megenyet
attendant *n.* ጠባቂ tebaqi
attention *n.* ትኩረት tikuret
attentive *a.* ትጉ tigu
attest *v.t.* አረጋገጠ aregagete
attire *n.* ልብስ libis
attire *v.t.* ለበሰ lebese
attitude *n.* ጠባይ tebay
attorney *n.* አቃቤ ህግ aqabe hig
attract *v.t.* ሳበ sabe
attraction *n.* መሳብ mesab
attractive *a.* ማራኪ maraki
attribute *v.t.* ሰጠ sete
attribute *n.* ባህሪይ bahiriy
auction *n* ሀራጅ haraj
auction *v.t.* በሀራጅ ሸጠ beharaj shete
audible *a* የሚሰማ yemisema
audience *n.* ተመልካች temelikach
audit *n.* የሂሳብ ቁጥጥር yehisab qutitir
audit *v.t.* መረመረ meremere
auditive *adj.* የምርመራ yemirimera
auditor *n.* የሂሳብ ተቆጣጣሪ yehisab teqotatari
auditorium *n.* የስብሰባ አዳራሽ yesibiseba adarash
auger *n.* መሰርሰሪያ meseriseriya
aught *n.* የማይረባ ነገር yemayireba neger
augment *v.t.* ጨመረ chemere
augmentation *n.* መጨመር mechemer
August *n.* ነሀሴ nehase
august *n* የተከበረ yetekebere
aunt *n.* አክስት akisit
auriform *adj.* ጆሮ የሚመስል joro yemimesil
aurilave *n.* የጆሮ ኩክ ማውጫ yejoro kuk mawicha
aurora *n* የጠዋት ጀንበር yetewat jeniber
auspicate *v.t.* ምልክት ሰጠ milikit sete
auspice *n.* ምልክት መስጠት milikit mesitet
auspicious *a.* እድለኛ eidilenya
austere *a.* ልሙጥ limut
authentic *a.* እውነተኛ eiwinetenya
author *n.* ደራሲ derasi
authoritative *a.* ትእዛዛዊ tieizazawi

authority *n.* ስልጣን silitan
authorize *v.t.* ስልጣን ሰጠ silitan sete
autobiography *n.* ግለ ታሪክ gile tarik
autocracy *n* የአምባገነንነት ስርአት yeamibageneninet siriat
autocrat *n* አምባገነን amibagenen
autocratic *a* የአምባገነን yeamibagenen
autograph *n.* የታወቀ ሰው ፊርማ yetaweqe sew firima
automatic *a.* አውቶማቲክ awitomatik
automobile *n.* መኪና mekina
autonomous *a* ራሱን የሚያስተዳድር rasun yemiyasitedadir
autumn *n.* መከር meker
auxiliary *a.* ተጨማሪ techemari
auxiliary *n.* ረዳት redat
avale *v.t.* ዝቅ አደረገ ziq aderege
avail *v.t.* ጠቀመ teqeme
available *a* የሚገኝ yemigeny
avarice *n.* ንፉግነት nifuginet
avenge *v.t.* ተበቀለ tebeqele
avenue *n.* ጎዳና godana
average *n.* መካከለኛ mekakelenya
average *a.* አማካይ amakay
average *v.t.* አማካይ አገኘ amakay agenye
averse *a.* የሚጠላ yemitela
aversion *n.* ጥላቻ tilacha
avert *v.t.* አሸሸ asheshe
aviary *n.* የወፎች ቤት yewefoch bet
aviation *n.* የበረራ ጥበብ ሳይንስ yeberera tibeb sayinis
aviator *n.* የበረራ ውስጥ ሰራተኛ yeberera wisit seratenya
avid *adj.* ከፍተኛ ጉጉት ያለው kefitenya gugut yalew
avidity *adv.* ጉጉት gugut
avidly *adv* በጉጉት begugut
avoid *v.t.* ሸሸ sheshe
avoidance *n.* መሸሽ meshesh
avow *v.t.* ተነናዘዘ tenenazeze
avulsion *n.* የአፈር መደርመስ yeafer mederimes
await *v.t.* ጠበቀ tebeqe
awake *v.t.* መንቃት meniqat
awake *a* የነቃ yeneqa
award *v.t.* ሽልማት ሰጠ shilimat sete
award *n.* ሽልማት shilimat
aware *a.* የሚያውቅ yemiyawiq
away *adv.* በሩቅ beruq
awe *n.* አክብሮት akibirot
awful *a.* በጣም አስፈሪ betam asiferi
awhile *adv.* ለአጭር ጊዜ leachir gize
awkward *a.* አስቸጋሪ asichegari
axe *n.* መጥረቢያ metirebiya
axis *n.* እንዝርት einizirit
axle *n.* መዘወሪያ mezeweriya

B

babble *n.* መንተባተብ menitebateb
babble *v.i.* ተንተባተበ tenitebatebe
babe *n.* ህፃን hitsan
babel *n* ሁካታ hukata
baboon *n.* ዝንጀሮ zinijero
baby *n.* ህፃን hitsan
bachelor *n.* ወንደ ላጤ wenide late
back *n.* ጀርባ jeriba
back *adv.* በኋላ behwala
backbite *v.t.* አጉማማ agumama
backbone *n.* አከርካሪ akerikari

background *n.* መነሻ menesha
backhand *n.* በጀርባ መመለስ bejeriba memeles
backslide *v.i.* ወደጥፋት ተመለሰ wedetifat temelese
backward *a.* ወደ ኋላ wede hala
backward *adv.* ኋላ ቀር hala qer
bacon *n.* የአሳማ ስጋ yeasama siga
bacteria *n.* ረቂቅ ተህዋስ reqiq tehiwas
bad *a.* ክፉ kifu
badge *n.* አርማ arima
badger *n.* ፋደት መሳይ fadet mesay
badly *adv.* የከፋ yekefa
badminton *n.* የላባ ኳስ ጨዋታ yelaba kwas chewata
baffle *v. t.* ግራ አገባ gira ageba
bag *n.* ቦርሳ borisa
bag *v. i.* ያዘ yaze
baggage *n.* ጓዝ gwaz
bail *n.* ዋስትና wasitina
bail *v. t.* በዋስትና መለቀቅ bewasitina meleqeq
bailable *a.* የሚዋስ yemiwas
bailiff *n.* ፍርድ አስፈፃሚ firid asifetsami
bait *n* ማታለያ ነገር mataleya neger
bait *v.t.* በማታለያ አጠመደ bemataleya atemede
bake *v.t.* ጋገረ gagere
baker *n.* ጋጋሪ gagari
bakery *n* ዳቦ ቤት dabo bet
balance *n.* ሚዛን mizan
balance *v.t.* አመጣጠነ ametatene
balcony *n.* ሰገነት segenet
bald *a.* ራሰ በራ rase bera
bale *n.* እስር eisir
bale *v.t.* አሰረ asere
baleful *a.* ሰይጣናዊ seyitanawi
ball *n.* ካሰ kase
ballad *n.* የፍቅር ዘፈን yefiqir zefen
ballet *sn.* ባሌት balet
balloon *n.* ፊኛ finya
ballot *n* የምርጫ ካርድ yemiricha karid
ballot *v.i.* በሚስጥር ድምፅ ሰጠ bemisitir dimits sete
balm *n.* ለፈውስ የሚቀባ ሽቶ lefewis yemiqeba shito
balsam *n.* የሽቶ ተክል yeshito tekil
bam *n.* ድንገተኛ ድምፅ dinigetenya dimits
bamboo *n.* ሸለቆ sheleqo
ban *n.* ማገድ maged
ban *n* ማግለል magilel
banal *a.* የተለመደ yetelemede
banana *n.* ሙዝ muz
band *n.* የሙዚቃ ቡድን yemuziqa budin
bandage ~*n.* ፋሻ fasha
bandage *v.t* ጠቀለለ teqelele
bandit *n.* ሽፍታ shifita
bang *v.t.* አጋጨ agache
bang *n.* ግጭት gichit
bangle *n.* አምባር amibar
banish *v.t.* ሰደደ sedede
banishment *n.* ስደት sidet
banjo *n.* የክር የሙዚቃ መሳሪያ yekir yemuziqa mesariya
bank *n.* ባንክ banik
bank *v.t.* ገንዘብ አስቀመጠ genizeb asiqemete
banker *n.* ባለ ባንክ bale banik
bankrupt *n.* የከሰረ yekesere
bankruptcy *n.* መክሰር mekiser
banner *n.* ሰንደቅ ዓላማ senideq alama
banquet *n.* ድግስ digis
banquet *v.t.* ድግስ ደገሰ digis degese

bantam *n.* ትንሽ የዶሮ ዝርያ tinish yedoro ziriya
banter *v.t.* ቀለደ qelede
banter *n.* ቀልድ qelid
bantling *n.* ጨቅላ cheqila
banyan *n.* የህንድ ዛፍ yehinid zaf
baptism *n.* ጥምቀት timiqet
baptize +*v.t.* አጠመቀ atemeqe
bar *n.* ቡና ቤት buna bet
bar *v.t* ከለከለ kelekele
barb *n.* የጦር ጫፍ yetor chaf
barbarian *a.* አረመኔ aremene
barbarian *n.* አረመኔ ሰው aremene sew
barbarism *n.* አረመኔነት aremenenet
barbarity *n* አረመኔነት aremenenet
barbarous *a.* አረመኔ aremene
barbed *a.* እሾህ ያለው eishoh yalew
barber *n.* ፀጉር አስተካካይ tsegur asitekakay
bard *n.* ባለቅኔ baleqine
bare *a.* እራቁት eiraqut
bare *v.t.* ተራቆተ teraqote
barely *adv.* በጥቂት betiqit
bargain *n.* ጥሩ ግዢ tiru gizhi
bargain *v.t.* ተከራከረ tekerakere
barge *n.* የጭነት መርከብ yechinet merikeb
bark *n.* ጩኸት chuhet
bark *v.t.* ጮኸ chohe
barley *n.* ገብስ gebis
barn *n.* ጎተራ gotera
barnacles *n* ትንሽ የባህር አሶች tinish yebahir asoch
barometer *n* የአየር ግፊት መለኪያ yeayer gifit melekiya
barouche *n.* ጋሪ gari
barrack *n.* የወታደሮች ቤት yewetaderoch bet
barrage *n.* ግድብ gidib
barrator *ns.* ጉበኛ gubenya
barrel *n.* በርሜል berimel
barren *n* መካን mekan
barricade *n.* መንገድ መዝጊያ meniged mezigiya
barrier *n.* ገደብ gedeb
barrister *n.* ከፍተኛ ጠበቃ kefitenya tebeqa
barter1 *v.t.* ለወጠ lewete
barter2 *n.* መለወጥ melewet
barton *n.* በእርሻ አካባቢ ያለ ቦታ beeirisha akababi yale bota
basal *adj.* መሠረታዊ meseretawi
base *n.* መሠረት meseret
base *a.* ፀያፍ tseyaf
base *v.t.* መሠረተ meserete
baseless *a.* መሠረተ ቢስ meserete bis
basement *n.* ምድር ቤት midir bet
bashful *a.* አይናፋር ayinafar
basial *n.* መሠረት meseret
basic *a.* መሠረታዊ meseretawi
basil *n.* ጥሩ መአዛ ያለው ተክል tiru meaza yalew tekil
basin *n.* ጎድጓዳ ሳህን godigwada sahin
basis *n.* መሠረት meseret
bask *v.i.* ተደሰተ tedesete
basket *n.* ቅርጫት qirichat
bass *n.* የዝማሬ ዝቅተኛ ድምፅ yezimare ziqitenya dimits
bastard *n.* ዲቃላ diqala
bastard *a* አታላይ atalay
bat *n* የለሊት ወፍ yelelit wef
bat *n* ረጅም የመጫወቻ ዱላ rejim yemechawecha dula
bat *v. i* ለጋ lega
batch *n* ክምችት kimichit
bath *n* የገላ መታጠቢያ yegela metatebiya
bathe *v. t* ታጠበ tatebe

baton *n* በትር betir
batsman *n.* በክሪኬት የዱላ ተጫዋች bekiriket yedula techawach
battalion *n* የሻለቃ ጦር yeshaleqa tor
battery *n* ባትሪ ድንጋይ batiri dinigay
battle *n* ጦርነት torinet
battle *v. i.* ተዋጋ tewaga
bawd *n.* የሴተኛ አዳሪዎች ቤት ጠባቂ yesetenya adariwoch bet tebaqi
bawl *n.i.* ጮኸ chohe
bawn *n.* በረት beret
bay *n* ባህር bahir
bayard *n.* ደፋር defar
bayonet *n* ሳንጃ sanija
be *v.t.* ሆነ hone
be *pref.* መሆን mehon
beach *n* የባህር ዳርቻ yebahir daricha
beacon *n* የእሳት ምልክት yeeisat milikit
bead *n* ዶቃ doqa
beadle *n.* አጋፋሪ agafari
beak *n* የወፍ አፍ yewef af
beaker *n* እጀታ የሌለው ሲኒ eijeta yelelew sini
beam *n* አውታር awitar
beam *v. i* ፈገግታ fegegita
bean *n.* ባቄላ baqela
bear *n* ድብ dib
bear *v.t* ተሸከመ teshekeme
beard *n* ጺም tsim
bearing *n* መሸከም meshekem
beast *n* አውሬ awire
beastly *a* አውሬነት awirenet
beat *v. t.* ደበደበ debedebe
beat *n* መደበኛ medebenya
beautiful *a* ቆንጆ qonijo
beautify *v. t* አስጌጠ asigete

beauty *n* ውበት wibet
beaver *n* የአይጥ ዝርያ yeayit ziriya
because *conj.* ምክንያቱም mikiniyatum
beck *n.* ምልክት መስጠት milikit mesitet
beckon *v.t.* ምልክት ሰጠ milikit sete
beckon *v. t* ግባ አለ giba ale
become *v. i* ሆነ hone
becoming *a* የሚሆን yemihon
bed *n* አልጋ aliga
bedevil *v. t* ተማረረ temarere
bedding *n.* ያልጋ ልብስ yaliga libis
bedight *v.t.* አስጌጠ asigete
bed-time *n.* የመኝታ ሰአት yemenyita seat
bee *n.* ንብ nib
beef *n* የከብት ስጋ yekebit siga
beehive *n.* የንብ ቀፎ yenib qefo
beer *n* ቢራ bira
beet *n* ቀይ ስር qey sir
beetle *n* ጢንዚዛ tiniziza
befall *v. t* አጋጠመ agateme
before *prep* ከ...በፊት ke...befit
before *adv.* ከዚህ በፊት kezih befit
before *conj* ከ ke
beforehand *adv.* አስቀድሞ asiqedimo
befriend *v. t.* ወዳጅነት አደረገ wedajinet aderege
beg *v. t.* ለመነ lemene
beget *v. t* ወለደ welede
beggar *n* ለማኝ lemany
begin *n* ጀመረ jemere
beginning *n.* መጀመሪያ mejemeriya
begird *v.t.* አሰረ asere
beguile *v. t* አታለለ atalele

behalf *n* ሰለ sele
behave *v. i.* መልካም ምግባር አደረገ melikam migibar aderege
behaviour *n* ፀባይ tsebay
behead *v. t.* ታረደ tarede
behind *adv* ከ...ኋላ ke...hwala
behind *prep* በኂላ behwala
behold *v. t* እነሆ eineho
being *n* ፍጥረት fitiret
belabour *v. t* አጠቃ ateqa
belated *adj.* የዘገየ yezegeye
belch *v. t* አገሣ agesa
belch *n* ማግሳት magisat
belief *n* እምነት eiminet
believe *v. t* አመነ amene
bell *n* ደወል dewel
belle *n* ቆንጆ qonijo
bellicose *a* ለጦርነት የተዛገጀ letorinet yetezageje
belligerency *n* ጠብ ወዳጅ teb wedaj
belligerent *a* የጠብ ባህሪ ያለው yeteb bahiri yalew
belligerent *n* ጠበኛ ሰው tebenya sew
bellow *v. i* አጓራ agwara
bellows *n.* ወናፍ wenaf
belly *n* ሆድ hod
belong *v. i* የ…ነው ye…new
belongings *n.* ንብረት nibiret
beloved *a* የሚወደድ yemiweded
beloved *n* ተወዳጅ tewedaj
below *adv* ከዚህ በታች kezih betach
below *prep* ከ...በታች ke...betach
belt *n* ቀበቶ qebeto
belvedere *n* ጥላ ቦታ tila bota
bemask *v. t* ሸፈነ shefene
bemire *v. t* በጭቃ ረጨ bechiqa reche
bemuse *v. t* አደናገረ adenagere
bench *n* አገግዳሚ ወንበር agegidami weniber
bend *n* ጎባጣ gobata
bend *v. t* አጎበጠ agobete
beneath *adv* መታች metach
beneath *prep* ከ…ስር ke…sir
benefaction *n.* ልግስና ligisina
benefice *n* ችሮታ chirota
beneficial *a* ጠቃሚ teqami
benefit *n* ጥቅም tiqim
benefit *v. t.* ጠቀመ teqeme
benevolence *n* ቅንነት qininet
benevolent *a* በጎ አድራጊ bego adiragi
benight *v. t* አጨለመ acheleme
benign *adj* ተስማማ tesimama
benignly *adv* የሚስማማ yemisimama
benison *n* ምርቃት miriqat
bent *n* ተሰጥዎ tesetiwo
bequeath *v. t.* አወረሰ awerese
bereave *v. t.* የሞተበት yemotebet
bereavement *n* ሀዘን hazen
berth *n* ቆጥ qot
beside *prep.* ከ…ጎን ke…gon
besides *prep* ከ…ሌላ ke…lela
besides *adv* ከዚያም ሌላ keziyam lela
besiege *v. t* ከበበ kebebe
bestow *v. t* ሸለመ sheleme
bestrew *v. t* በተነ betene
bet *v.i* ተወራረደ tewerarede
bet *n* ውርርድ wiririd
betel *n* የእስያ ቅመም yeeisiya qimem
betray *v.t.* ከዳ keda
betrayal *n* ክደት kidet
betroth *v. t* አጨ ache
betrothal *n.* ማጨት machet
better *a* የተሻለ yeteshale
better *adv.* በተሻለ ሁኔታ beteshale huneta

better *v. t* አሻሻለ ashashale
betterment *n* መሻሻል meshashal
between *prep* ከሁለት መሀከል kehulet mehakel
beverage *n* መጠጥ metet
bewail *v. t* ተፀፀተ tetsetsete
beware *v.i.* ተጠነቀቀ teteneqeqe
bewilder *v. t* ግራ አጋባ gira agaba
bewitch *v.t* መተት አደረገ metet aderege
beyond *prep.* ከ…ባሻገር ke… bashager
beyond *adv.* በርቀት beriqet
bi *pref* ሁለት hulet
biangular *adj.* ባለሁለት ጫፍ balehulet chaf
bias *n* አደልዎ adeliwo
bias *v. t* አደላ adela
biaxial *adj* ባለሁለት ስለት balehulet silet
bibber *n* የደረት መሀረብ yederet mehareb
bible *n* መፅሐፍ ቅዱስ metsihaf qidus
bibliography +*n* ዋቢ መፅሐፍት wabi metsihafit
bibliographer *n* የዋቢ መፅሐፍት ባለሙያ yewabi metsihafit balemuya
bicentenary *adj* የሁለት መቶኛ አመት yehulet metonya amet
biceps *n* የክንድ ጡንቻ yekinid tunicha
bicker *v. t* ለማይረባ ነገር መከራከር lemayireba neger mekeraker
bicycle *n.* ብስክሌት bisikilet
bid *v.t* ተጫረተ techarete
bid *n* የጨረታ ዋጋ yechereta waga
bidder *n* ተጫራች techarach
bide *v. t* ጠበቀ tebeqe
biennial *adj* በየሁለት አመቱ የሚከሰት beyehulet ametu yemikeset
bier *n* ቃሬዛ qareza
big *a* ትልቅ tiliq
bigamy *n* መደረብ medereb
bight *n* የባህር ወሽመጥ yebahir weshimet
bigot *n* አክራሪ akirari
bigotry *n* አክራሪነት akirarinet
bile *n* ሀሞት hamot
bilingual *a* ሁለት ቋንቋ የሚችል hulet qwaniqwa yemichil
bill *n* ሒሳብ መጠየቂያ hisab meteyeqiya
billion *n* ቢሊዮን biliyon
billow *n* ማእበል maeibel
billow *v.i* ተገፋ tegefa
biliteral *adj* ባለ ሁለት ፊደል ቃል bale hulet fidel qal
bilk *v. t.* አታለለ atalele
bimonthly *adj.* በወር ሁለቴ የሚዘጋጅ bewer hulete yemizegaj
binary *adj* የሁለት yehulet
bind *v.t* አሰረ asere
binding *a* ጽኑ tsinu
binocular *n.* አቅራቢ መነጽር aqirabi menetsir
biographer *n* የሰው ህይወት ታሪክ yesew hiyiwet tarik
biography *n* የህይወት ታሪክ yehiyiwet tarik
biologist *n* የስነ ህይወት ተመራማሪ yesine hiyiwet temeramari
biology *n* ባዮሎጂ bayoloji
bioscope *n* የድሮ ፊልም ማሳያ yediro filim masaya
biped *n* ባለሁለት እግር እንስሳት balehulet eigir einisesat
birch *n.* ልምጭ limich

bird *n* ወፍ wef
birdlime *n* ወፍ ለማጥመድ የሚደረግ ማጣበቂያ wef lematimed yemidereg matabeqiya
birth *n.* ልደት lidet
biscuit *n* ብስኩት bisikut
bisect *v. t* በሁለት ቆረጠ behulet qorete
bisexual *adj.* ወደ ሁለቱ ጾታ የሚወስደው wede huletu tsota yemiwesidew
bishop *n* ጳጳስ papas
bison *n* ጎሽ gosh
bisque *n* ከአሳ የሚሰራ ሾርባ keasa yemisera shoriba
bit *n* ትንሽ tinish
bitch *n* ሴት ውሻ set wisha
bite *v. t.* ነከሰ nekese
bite *n* ንክሻ nikisha
bitter *a* መራራ merara
bi-weekly *adj* በሳምንት ሁለት besaminit hulet
bizarre *adj* እንግዳ ነገር einigida neger
blab *v. t. & i* አወራ awera
black *a* ጥቁር tiqur
blacken *v. t.* አጠቆረ ateqore
blackmail *n* አስፈራርቶ መጠቀም asiferarito meteqem
blackmail *v.t* አስፈራርቶ ተጠቀመ asiferarito teteqeme
blacksmith *n* አንጥረኛ anitirenya
bladder *n* ፊኛ finya
blade *n.* ስለት silet
blain *n* ቁስል qusil
blame *v. t* ወቀሰ weqese
blame *n* ወቀሳ weqesa
blanch *v. t. & i* ነጭ አደረገ nech aderege
bland *adj.* ቅመም የሌለው qimem yelelew
blank *a* ባዶ bado
blank *n* ባዶ ቦታ bado bota
blanket *n* ብርድ ልብስ birid libis
blare *v. t* ጩኸት chuhet
blast *n* ፍንዳታ finidata
blast *v.i* አፈነዳ afeneda
blaze *n* ቃጠሎ qatelo
blaze *v.i* አሸበረቀ ashebereqe
bleach *v. t* ነፃ netsa
blear *v. t* የፈዘዘ yefezeze
bleat *n* የበግ ጩኸት yebeg chuhet
bleat *v. i* እንደ በግ ጮኸ einide beg chohe
bleb *n* እብጠት eibitet
bleed *v. i* ደማ dema
blemish *n* ጉድለት gudilet
blend *v. t* ቀየጠ qeyete
blend *n* ቅይጥ qiyit
bless *v. t* ባረከ bareke
blether *v. i* ተመለከተ temelekete
blight *n* የሚያናድድ yemiyanadid
blind *a* ዓይነ ስውር ayine siwir
blindage *n* ምሽግ mishig
blindfold *v. t* ዓይን በጨርቅ ሸፈነ ayin becheriq shefene
blindness *n* ዕውርነት eiwirinet
blink *v. t. & i* ብልጭልጭ አለ bilichilich ale
bliss *n* ፈንጠዝያ feniteziya
blister *n* ውሃ የቋጠረ ቆዳ wiha yeqwatere qoda
blizzard *n* ኃይለኛ ነፋስ hayilenya nefas
bloc *n* የአገሮች ህብረት yeageroch hibiret
block *n* ግንድ ginid
block *v.t* መንገድ ዘጋ meniged zega
blockade *n* መዝጋት mezigat
blockhead *n* ደደብ ሰው dedeb sew
blood *n* ደም dem

bloodshed *n* ደም መፍሰስ dem mefises
bloody *a* በደም የተበከለ bedem yetebekele
bloom *n* እምቡጥ eimibut
bloom *v.i.* አበበ abebe
blossom *n* አበባ abeba
blossom *v.i* አበበ abebe
blot *n.* ነጠብጣብ netebitab
blot *v. t* አንጠባጠበ anitebatebe
blouse *n* ሸሚዝ shemiz
blow *v.i.* ነፈሰ nefese
blow *n* ምት mit
blue *n* ሰማያዊ semayawi
blue *a* ሰማያዊ semayawi
bluff *v. t* አታለለ atalele
bluff *n* ማታለል matalel
blunder *n* ስህተት sihitet
blunder *v.i* ተሳሳተ tesasate
blunt *a* የደነዘ yedeneze
blur *n* ድብዛዛ debizaza
blurt *v. t* ዘከዘከ zekezeke
blush *n* በእፍረት መቅላት beeifiret meqilat
blush *v.i* በእፍረት ቀላ beeifiret qela
boar *n* የዱር አሳማ yedur asama
board *n* ሳንቃ saniqa
board *v. t.* በሳንቃ ሸፈነ besaniqa shefene
boast *v.i* ጎረረ gorere
boast *n* ጉራ gura
boat *n* ጀልባ jeliba
boat *v.i* በጀልባ ተጓዘ bejeliba tegwaze
bodice *n* የቀሚስ የላይኛው ክፍል yeqemis yelayinyaw kifil
bodily *a* የሰውነት yesewinet
bodily *adv.* በድፍረት bedifiret
body *n* አካል akal
bodyguard *n.* ዐጃቢ ajabi
bog *n* ረግረግ regireg
bog *v.i* ወደኋላ ቀረ wedehwala qere
bogus *a* የሚያሳስት yemiyasasit
boil *n* መፍላት mefilat
boil *v.i.* አፈላ afela
boiler *n* ውሃ ማፍያ wiha mafiya
bold *a.* ደፋር defar
boldness *n* ደፋርነት defarinet
bolt *n* ብሎን bilon
bolt *v. t* ቀረቀረ qereqere
bomb *n* ፈንጂ feniji
bomb *v. t* በፈንጂ ደበደበ befeniji debedebe
bombard *v. t* በፈንጂ ደበደበ befeniji debedebe
bombardment *n* የፈንጂ ድብደባ yefeniji dibideba
bomber *n* ቦንብ ጣይ bonib tay
bonafide *adv* በእምነት beeiminet
bonafide *a* ከቅን ልቦና የመነጨ keqin libona yemeneche
bond *n* ስምምነት simiminet
bondage *n* ባርነት barinet
bone *n.* አጥንት atinit
bonfire *n* ደመራ demera
bonnet *n* የሴቶች ቆብ yesetoch qob
bonus *n* ጭማሪ chimari
book *n* መጽሐፍ metsihaf
book *v. t.* መዘገበ mezegebe
book-keeper *n* የሒሳብ ሰራተኛ yehisab seratenya
book-mark *n.* የገጽ ማስታወሻ yegets masitawesha
book-seller *n* መጽሐፍ ሻጭ metsihaf shach
book-worm *n* መጽሐፍ የሚበላ ትል metsihaf yemibela til
bookish *n.* መጽሐፍ አንባቢነት metsihaf anibabinet
booklet *n* ትንሽ መጽሐፍ tinish metsihaf

boon *n* ቸር cher
boor *n* ባለጌ ሰው balege sew
boost *n* ጭማሪ chimari
boost *v. t* ጨመረ chemere
boot *n* ቦት ጫማ bot chama
booth *n* ዳስ das
booty *n* ምርኮ miriko
booze *v. i* በጣም መጠጥ ጠጣ betam metet teta
border *n* ድንበር diniber
border *v.t* አዋሰነ awasene
bore *v. t* አሰለቸ aseleche
bore *n* አሰልቺ aselichi
born *v.* ተወለደ tewelede
borne *adj.* የታዘለ yetazele
borrow *v. t* ተበደረ tebedere
bosom *n* ጡት tut
boss *n* አለቃ aleqa
botany *n* ስነ እፅዋት sine eitsiwat
botch *v. t* አበላሸ abelashe
both *a* የሁለቱም yehuletum
both *pron* ሁለቱም huletum
both *conj* ሁለቱ huletu
bother *v. t* አስቸገረ asichegere
botheration *n* ማስቸገር masicheger
bottle *n* ጠርሙስ terimus
bottler *n* ጠርሙስ አምራች terimus amirach
bottom *n* ስር sir
bough *n* ቅርንጫፍ qirinichaf
boulder *n* ቋጥኝ qwatiny
bouncer *n* የስብሰባ ተቆጣጣሪ yesibiseba teqotatari
bound *n.* ዝላይ zilay
boundary *n* ድንበር diniber
bountiful *a* ለጋስ legas
bounty *n* ቸርነት cherinet
bouquet *n* እቅፍ አበባ eiqif abeba
bout *n* ውድድር wididir
bow *v. t* እጅ ነሳ eij nesa
bow *n* ደጋን degan
bow *n* እጅ መንሳት eij menisat
bowel *n.* አንጀት anijet
bower *n* ዳስ das
bowl *n* ጎድጓዳ ሳህን godigwada sahin
bowl *v.i* ቦውሊንግ መጫወት bowilinig mechawet
box *n* ሳጥን satin
boxing *n* የቡጢ ስፖርት yebuti siporit
boy *n* ወንድ ልጅ wenid lij
boycott *v. t.* አድማ መታ adima meta
boycott *n* አድማ መምታት adima memitat
boyhood *n* ልጅነት lijinet
brace *n* ማስደገፊያ masidegefiya
bracelet *n* አንባር anibar
brag *v. i* ተመካ temeka
brag *n* ጉራ gura
braille *n* የአይነ ስውራን ስርአት ፅህፈት yeayine siwiran siriat tsihifet
brain *n* አንጎል anigol
brake *n* ፍሬን firen
brake *v. t* ፍሬን ያዘ firen yaze
branch *n* ቅርንጫፍ qirinichaf
brand *n* ዓይነት ayinet
brandy *n* የአልኮል መጠጥ yealikol metet
brangle *v. t* ተጨቃጨቀ techeqacheqe
brass *n.* ነሃስ nehas
brave *a* ደፋር defar
bravery *n* ጀግንነት jegininet
brawl *v. i. & n* ረብሻ rebisha
bray *n* ማናፋት manafat
bray *v. i* አናፋ anafa
breach *n* መጣስ metas
bread *n* ዳቦ dabo
breaden *v. t. & i* ዳቦ ጋገረ dabo gagere

breadth *n* ስፋት sifat
break *v. t* ሰበረ sebere
break *n* መስበር mesiber
breakage *n* መስበር mesiber
breakdown *n* መበላሸት mebelashet
breakfast *n* ቁርስ quris
breakneck *n* ከፍተኛ ፍጥነት kefitenya fitinet
breast *n* ጡት tut
breath *n* ትንፋሽ tinifash
breathe *v. i.* ተነፈሰ tenefese
breeches *n.* ጠባብ ሱሪ tebab suri
breed *v.t* አፈራ afera
breed *n* ዝርያ ziriya
breeze *n* የነፋስ ሽውታ yenefas shiwita
breviary *n.* የቅዳሴ መጽሐፍ yeqidase metsihaf
brevity *n* የጊዜ እጥረት yegize eitiret
brew *v. t.* ጠመቀ temeqe
brewery *n* የቢራ መጥመቂያ yebira metimeqiya
bribe *n* ጉቦ gubo
bribe *v. t.* ጉቦ ሰጠ gubo sete
brick *n* ሸክላ shekila
bride *n* ሴት ሙሽራ set mushira
bridegroom *n.* ወንድ ሙሽራ wenid mushira
bridge *n* ድልድይ dilidiy
bridle *n* ልጓም ligwam
brief *a.* የአጭር ጊዜ yeachir gize
brigade *n.* የጦር ብርጌድ yetor biriged
brigadier *n* የጦር መኮንን yetor mekonin
bright *a* ብሩህ biruh
brighten *v. t* አበራ abera
brilliance *n* ብልህነት bilihinet
brilliant *a* ብልህ bilih
brim *n* አፍ af
brine *n* ጨዋማ ውሃ chewama wiha
bring *v. t* አመጣ ameta
brinjal *n* ብሪንጃል birinijal
brink *n.* ጠርዝ teriz
brisk *adj* ፈጠን ያለ feten yale
bristle *n* አጭር የቆመ ፀጉር achir yeqome tsegur
british *adj* የብሪታኒያ yebiritaniya
brittle *a.* በቀላሉ የሚሰበር beqelalu yemiseber
broad *a* ሰፊ sefi
broadcast *n* ማስተላለፍ masitelalef
broadcast *v. t* አስተላለፈ asitelalefe
brocade *n* ያጌጠ ልብስ yagete libis
broccoli *n.* አበባ ጎመን abeba gomen
brochure *n* በራሪ ወረቀት berari wereqet
broker *n* ደላላ delala
brood *n* ጫጩት chachut
brook *n.* ጅረት jiret
broom *n* መጥረጊያ metiregiya
bronze *n. & adj* ነሀስ nehas
broth *n* መረቅ mereq
brothel *n* የሽርሙጥና ቤት yeshirimutina bet
brother *n* ወንድም wenidim
brotherhood *n* ወንድማማችነት wenidimamachinet
brow *n* ሽፋሽፍት shifashifit
brown *a* ቡናማ bunama
brown *n* ቡና አይነት buna ayinet
browse *n* ላይ ላዩን ማየት lay layin mayet
bruise *n* ሰንበር seniber
bruit *n* ወሬ were
brush *n* ብሩሽ birush
brustle *v. t* አንቋቋ aniqwaqwa
brutal *a* ጨካኝ chekany

brute *n* ጨካኝ ሰው chekany sew
bubble *n* አረፋ arefa
bucket *n* ባልዲ balidi
buckle *n* ዘለበት zelebet
bud *n* የአበባ እንቡጥ yeabeba einibut
budge *v. i. & n* አነቃነቀ aneqaneqe
budget *n* የገንዘብ መጠን yegenizeb meten
buff *n* ቢጫ ቀለም bicha qelem
buffalo *n.* ጎሽ gosh
buffoon *n* ድል dil
bug *n.* ትንንሽ ነፍሳት tininish nefisat
bugle *n* ጡሩንባ መሰል turuniba mesel
build *v. t* ገነባ geneba
build *n* መጠን meten
building *n* ሕፃን hitsan
bulb *n.* አምፑል amipul
bulk *n* ትልቁ ክፍል tiliqu kifil
bulky *a* ትልቅ tiliq
bull *n* ኮርማ በሬ korima bere
bulldog *n* ውሻ wisha
bull's eye *n* የኢላማ ማነጣጠሪያ መሀከለኛ ነጥብ yeilama manetateriya mehakelenya netib
bullet *n* ጥይት tiyit
bulletin *n* መጽሔት metsihet
bullock *n* ቅጥቅጥ በሬ qitiqit bere
bully *n* ደካሞችን የሚያስፈራራ dekamochin yemiyasiferara
bully *v. t.* አስፈራራ asiferara
bulwark *n* ግድብ gidib
bumper *n.* ፈረፋንጎ ferefanigo
bumpy *adj* አባጣ ጎርባጣ abata goribata
bunch *n* እስር eisir
bundle *n* ጥቅል tiqil
bungalow *n* አነስተኛ ቤት anesitenya bet
bungle *v. t* አድበስብሶ ሰራ adibesibiso sera
bungle *n* ተድበስብሶ የተሰራ ስራ tedibesibiso yetesera sira
bunk *n* የተደራረበ አልጋ yetederarebe aliga
bunker *n* ጉድጓድ gudigwad
buoy *n* ተንሳፋፊ ምልክት tenisafafi milikit
buoyancy *n* የመንሳፈፍ ኃይል yemenisafef hayil
burden *n* ሸክም shekim
burden *v. t* ጫነ chane
burdensome *a* ከባድ kebad
bureau *n.* ቢሮ biro
Bureacuracy *n.* ቢሮክራሲ birokirasi
bureaucrat *n* ቢሮክራሲ የሚወድ birokirasi yemiwed
burglar *n* ሰርሳሪ ሌባ serisari leba
burglary *n* ቤት ሰርሳሪነት bet serisarinet
burial *n* የቀብር ስነ ስርአት yeqebir sine siriat
burn *v. t* አቃጠለ aqatele
burn *n* ቃጠሎ qatelo
burrow *n* ጉድጓድ gudigwad
burst *v. i.* ፈነዳ feneda
burst *n* ፍንዳታ finidata
bury *v. t.* ቀበረ qebere
bus *n* አውቶቡስ awitobus
bush *n* ቁጥቋጦ qutiqwato
business *n* ንግድ nigid
businessman *n* ነጋዴ negade
bustle *v. t* ተንጎራደደ tenigoradede
busy *a* ስራ የበዛበት sira yebezabet
but *prep* ብቻ bicha
but *conj.* ነገር ግን neger gin
butcher *n* ስጋ ነጋዴ siga negade
butcher *v. t* ገደለ gedele
butter *n* ቅቤ qibe

butter *v. t* ቅቤ ቀባ qibe qeba
butterfly *n* ቢራቢሮ birabiro
buttermilk *n* አራራ arara
buttock *n* ቂጥ qit
button *n* ቁልፍ qulif
button *v. t.* ቆለፈ qolefe
buy *v. t.* ገዢ gezhi
buyer *n.* ገዢ gezhi
buzz *v. i* ጥዝ አለ tiz ale
buzz *n.* ድምጽ dimits
by *prep* ቅርብ qirib
by *adv* በቅርብ beqirib
bye-bye *interj.* ደህና ዋል dehina wal
by-election *n* በምርጫ bemiricha
bylaw, bye-law *n* ውስጠ ደንብ wisite denib
bypass *n* በጎ አለፈ bego alefe
by-product *n* ተረፈ ምርት terefe mirit
byre *n* በረት beret
byword *n* ምሳሌ መሆን misale mehon

C

cab *n.* ታክሲ takisi
cabaret *n.* በሆቴል ውስጥ መዝናናት behotel wisit mezinanat
cabbage *n.* ጥቅል ጎመን tiqil gomen
cabin *n.* የመርከብ ክፍል yemerikeb kifil
cabinet *n.* ቁም ሳጥን qum satin
cable *n.* የኤሌትሪክ ሽቦ yeeletirik shibo
cable *v. t.* በሽቦ አሰረ beshibo asere
cache *n* ስውር መጋዘን siwir megazen
cachet *n* ልዩ ምልክት liyu milikit
cackle *v. i* አስካካ asikaka
cactus *n.* ቁልቋል quliqwal
cad *n* ታማኝ ያልሆነ tamany yalihone
cadet *n.* እጩ መኮንን eichu mekonin
cadge *v. i* ለመነ lemene
cadmium *n* ካድሚየም kadimiyem
cafe *n.* ቡና ቤት buna bet
cage *n.* የሽቦ ቤት yeshibo bet
cain *n* ቃየል qayel
cake *n.* ኬክ kek
calamity *n.* አደጋ adega
calcium *n* ካልሲየም kalisiyem
calculate *v. t.* አሰላ asela
calculator *n* የሂሳብ ማሽን yehisab mashin
calculation *n.* ሂሳብ hisab
calendar *n.* ቀን መቁጠሪያ qen mequteriya
calf *n.* ጥጃ tija
call *v. t.* ጠራ tera
call *n.* ጥሪ tiri
caller *n* ጠሪ teri
calligraphy *n* የቁም ጽህፈት yequm tsihifet
calling *n.* መጥራት metirat
callow *adj* ልምድ የሌለው limid yelelew
callous *a.* ርህራሄ የሌለው rihirahe yelelew
calm *n.* እርጋታ eirigata
calm *n.* ፀጥታ tsetita
calm *v. t.* አረጋጋ aregaga
calmative *adj* የረጋ yerega
calorie *n.* ካሎሪ kalori
calumniate *v. t.* ስም አጠፋ sim atefa
camel *n.* ግመል gimel
camera *n.* ፎቶ ማንሻ foto manisha

camlet *n* ከሀርና ከግመል ፀጉር የሚሰራ ጨርቅ keharina kegimel tsegur yemisera cheriq
camp *n.* የጦር ሰፈር yetor sefer
camp *v. i.* ሰፈረ sefere
campaign *n.* ዘመቻ zemecha
can *n.* ቆርቆሮ qoriqoro
can *v. t.* ቻለ chale
can *v.* መቻል mechal
canal *n.* መስኖ mesino
canard *n* ማታለል matalel
cancel *v. t.* ሰረዘ sereze
cancellation *n* መሰረዝ meserez
cancer *n.* ነቀርሳ neqerisa
candid *a.* የዋህ yewah
candidate *n.* እጩ eichu
candle *n.* ሻማ shama
candour *n.* የዋህነት yewahinet
candy *n.* ከረሜላ keremela
candy *v. t.* በከረሜላ ሸፈነ bekeremela shefene
cane *n.* ከዘራ kezera
cane *v. t.* በአርጩሜ ገረፈ bearichume gerefe
canister *n.* ክብ የብረት ሳጥን kib yebiret satin
cannon *n.* መድፍ medif
cannonade *n. v. & t* የከባድ መሳሪያ ተኩስ yekebad mesariya tekus
canon *n* ህግ hig
canopy *n.* አጎበር agober
canteen *n.* ኮዳ koda
canter *n* ሶምሶማ somisoma
canton *n* ክፍለ ሀገር kifile hager
cantonment *n.* የጦር ሰፈር yetor sefer
canvas *n.* ሸራ shera
canvass *v. t.* አሰሰ asese
cap *n.* ኮፍያ kofiya
cap *v. t.* ሸፈነ shefene
capability *n.* ችሎታ chilota
capable *a.* ችሎታ ያለው chilota yalew
capacious *a.* አቅም ያለው aqim yalew
capacity *n.* ችሎታ chilota
cape *n.* ካባ kaba
capital *n.* ዋና ከተማ wana ketema
capital *a.* እጅግ መልካም eijig melikam
capitalist *n.* ካፒታሊዝም kapitalizim
capitulate *v. t* ተረታ tereta
caprice *n.* የፍላጎት መቀየር yefilagot meqeyer
capricious *a.* ቀዥባራ qezhibara
Capricorn *n* ካፕሪኮርን kapirikorin
capsize *v. i.* ወደኋላ ተገለበጠ wedehwala tegelebete
capsular *adj* የብልቃጥ yebiliqat
captain *n.* አዛዥ azazh
captaincy *n.* የአዛዥ ስልጣን yeazazh silitan
caption *n.* የፅሁፍ መግለጫ yetsihuf megilecha
captivate *v. t.* ማረከ mareke
captive *n.* የተማረከ ሰው yetemareke sew
captive *a.* ምርኮኛ mirikonya
captivity *n.* መታሰር metaser
capture *v. t.* ያዘ yaze
capture *n.* መያዝ meyaz
car *n.* መኪና mekina
carat *n.* የወርቅ ደረጃ መለኪያ yeweriq dereja melekiya
caravan *n.* በመኪና የሚንቀሳቀስ ቤት bemekina yeminiqesaqes bet
carbide *n.* ትንሽ ጠመንጃ tinish temenija
carbon *n.* ካርቦን karibon
card *n.* ካርድ karid
cardamom *n.* ጥሩ መአዛ ያለው ቅመም tiru meaza yalew qimem
cardboard *n.* ካርቶን kariton

cardiacal *adjs* የልብ yelib
cardinal *a.* አብይ abiy
cardinal *n.* ቄስ qes
care *n.* ጥንቃቄ tiniqaqe
care *v. i.* ተጠነቀቀ teteneqeqe
career *n.* ስራ sira
careful *a* ጠንቃቃ teniqaqa
careless *a.* ቸልተኛ chelitenya
caress *v. t.* ዳበሰ dabese
cargo *n.* ጭነት chinet
caricature *n.* አስቂኝ ምስል asiqiny misil
carious *adj* የጥርስ ብልሽት yetiris bilishit
carnage *n* የጅምላ ግድያ yejimila gidiya
carnival *n* ህዝባዊ በአል hizibawi beal
carol *n* የገና መዝሙር yegena mezimur
carpenter *n.* አናጢ anati
carpentry *n.* አናጢነት anatinet
carpet *n.* ስጋጃ sigaja
carriage *n.* ሰረገላ seregela
carrier *n.* ተሸካሚ teshekami
carrot *n.* ካሮት karot
carry *v. t.* ተሸካሚ teshekami
cart *n.* ጋሪ gari
cartage *n.* በጋሪ ወስዶ መድፋት begari wesido medifat
carton *n* ካርቶን kariton
cartoon *n.* አስቂኝ ስዕል asiqiny sieil
cartridge *n.* ጥይት tiyit
carve *v. t.* ጠረበ terebe
cascade *n.* ፏፏቴ fwafwate
case *n.* ጉዳይ guday
cash *n.* ጥሬ ገንዘብ tire genizeb
cash *v. t.* መነዘረ menezere
cashier *n.* ገንዘብ ተቀባይ genizeb teqebay
casing *n.* ሽፋን shifan
cask *n* በርሜል berimel
casket *n* ትንሽ ሳጥን tinish satin
cassette *n.* ካሴት kaset
cast *v. t.* ወረወረ werewere
cast *n.* መወርወር meweriwer
caste *n* የሕብረተሰብ ክፍል yehibireteseb kifil
castigate *v. t.* ቅጣት ጣለ qitat tale
casting *n* ቅርጽ ማውጣት qirits mawitat
cast-iron *n* የልተጣራ ብረት yelitetara biret
castle *n.* ግንብ ginib
castor oil *n.* የጉሎ ዘይት yegulo zeyit
casual *a.* ድንገተኛ dinigetenya
casualty *n.* ባደጋው የተጎዳ badegaw yetegoda
cat *n.* ድመት dimet
catalogue *n.* መዘርዘሪያ mezerizeriya
cataract *n.* የአይን በሞራ መሸፈን yeayin bemora meshefen
catch *v. t.* ያዘ yaze
catch *n.* መያዝ meyaze
categorical *a.* በምድብ bemidib
category *n.* ምድብ midib
cater *v. i* ደገሰ degese
caterpillar *n* አባ ጨጓሬ aba chegware
cathedral *n.* ካቴድራል katediral
catholic *a.* ካቶሊካዊ katolikawi
cattle *n.* ከብት kebit
cauliflower *n.* አበባ ጎመን abeba gomen
causal *adj.* ምክንያታዊ mikiniyatawi
causality *n* ምክንያታዊነት mikiniyatawinet
cause *n.* ምክንያት mikiniyat
cause *v.t* ምክንያት ሆነ mikiniyat hone

causeway *n* ከውሀ ከፍያለ መንገድ kewiha kefiyale meniged
caustic *a.* መራራ merara
caution *n.* ጥንቃቄ tiniqaqe
caution *v. t.* አስጠነቀቀ asiteneqeqe
cautious *a.* ጠንቃቃ teniqaqa
cavalry *n.* ፈረሰኛ feresenya
cave *n.* ዋሻ washa
cavern *n.* ትልቅ ዋሻ tiliq washa
cavil *v. t* አማረረ amarere
cavity *n.* ጉድጓድ gudigwad
caw *n.* የቁራ ጩኸት yequra chuhet
caw *v. i.* እንደ ቁራ ጮኸ einide qura chohe
cease *v. i.* አቆመ aqome
ceaseless *~a.* የማያልቅ yemayaliq
cedar *n.* የጥድ ዛፍ yetid zaf
ceiling *n.* ኮርኒስ korinis
celebrate *v. t. & i.* አከበረ akebere
celebration *n.* በአል beal
celebrity *n* ዝነኛ ሰው zinenya sew
celestial *adj* ሰማያዊ semayawi
celibacy *n.* ላጤነት latenet
celibacy *n.* ላጤነት latenet
cell *n.* ሕዋስ hiwas
cellar *n* ምድር ቤት midir bet
cellular *adj* የሕዋስ yehiwas
cement *n.* ሲሚንቶ siminito
cement *v. t.* አጣበቀ atabeqe
cemetery *n.* መካነ መቃብር mekane meqabir
cense *v. t* አጠነ atene
censer *n* ማጠንት matenit
censor *n.* ሳንሱር sanisur
censor *v. t.* ሳንሱር አደረገ sanisur aderege
censorship *n.* ሳንሱር sanisur
censure *n.* ተግሳፅ tegisats
censure *v. t.* ገሰፀ gesetse
census *n.* የሕዝብ ቆጠራ yehizib qotera
cent *n* ሳንቲም sanitim
centenarian *n* ከመቶ አመት በላይ የሆነ kemeto amet belay yehone
centenary *n.* መቶኛ አመት በአል metonya amet beal
centennial *adj.* መቶኛ አመት metonya amet
center *n* መሃል mehal
centigrade *a.* የሙቀት መለኪያ yemuqet melekiya
centipede *n.* መቶ እግር ያለው ትል meto eigir yalew til
central *a.* ማእከላዊ maeikelawi
centre *n* መሃል mehal
centrifugal *adj.* ከመሃል የሚሸሽ kemehal yemishesh
centuple *n. & adj* መቶ እጥፍ meto eitif
century *n.* መቶ አመት meto amet
ceramics *n* የሸክላ ስራ yeshekila sira
cerated *adj.* ሰም የተቀባ sem yeteqeba
cereal *n.* ጥራጥሬ tiratire
cereal *a* የጥራጥሬ yetiratire
cerebral *adj* የአንጎል yeanigol
ceremonial *a.* ስነ ስርዓታዊ sine siriatawi
ceremonious *a.* ስነ ስርዓታዊ sine siriatawi
ceremony *n.* ስነ ስርአት sine siriat
certain *a* እርግጠኛ eirigitenya
certainly *adv.* በእርግጥ beeirigit
certainty *n.* እርግጠኝነት eirigitenyinet
certificate *n.* የምስክር ወረቀት yemisikir wereqet
certify *v. t.* አረጋገጠ aregagete
cerumen *n* የጆሮ ኩክ yejoro kuk
cesspool *n.* የፍሳሽ ማስወገጃ ጉድጓድ yefisash masiwegeja gudigwad

chain *n* ሰንሰለት seniselet
chair *n.* ወንበር weniber
chairman *n* ሊቀመንበር liqemeniber
chaise *n* የፈረስ ጋሪ yeferes gari
challenge *n.* የግጥሚያ ጥሪ yegitimiya tiri
challenge *v. t.* ለግጥሚያ ጠራ legitimiya tera
chamber *n.* ክፍል kifil
chamberlain *n* እልፍኝ አስከልካይ eilifiny asikelikay
champion *n.* አሸናፊ ashenafi
champion *v. t.* ተከራከረ tekerakere
chance *n.* አጋጣሚ agatami
chancellor *n.* ጠቅላይ ሚኒስተር teqilay minisiter
chancery *n* ምክር ቤት mikir bet
change *v. t.* ለወጠ lewete
change *n.* ለውጥ lewit
channel *n* የባህር ሰላጤ yebahir selate
chant *n* አዜመ azeme
chaos *n.* ትርምስ tirimis
chaotic *adv.* በትርምስ betirimis
chapel *n.* የፀሎት ቤት yetselot bet
chapter *n.* ምዕራፍ mieiraf
character *n.* ባህሪ bahiri
charge *v. t.* አስከፈለ asikefele
charge *n.* ዋጋ waga
chariot *n* ሰረገላ seregela
charitable *a.* በጎ አድራጊ bego adiragi
charity *n.* ልግስና ligisina
charm1 *n.* ውበት wibet
charm2 *v. t.* ማረከ mareke
chart *n.* ካርታ karita
charter *n* ሕገ መንግስት hige menigisit
chase1 *v. t.* አሳደደ asadede
chase2 *n.* ማሳደድ masaded
chaste *a.* ድንግል dinigil
chastity *n.* ድንግልና dinigilina
chat1 *n.* ጭውውት chiwiwit
chat2 *v. i.* ተጫወተ techawete
chatter *v. t.* ለፈለፈ lefelefe
chauffeur *n.* ሾፌር shofer
cheap *a* ርካሽ rikash
cheapen *v. t.* አራከሰ arakese
cheat *v. t.* አታለለ atalele
cheat *n.* ማታለል matalel
check *v. t.* አጣራ atara
check *n* ማጣራት matarat
checkmate *n* ማሸነፍ mashenef
cheek *n* ጉንጭ gunich
cheep *v. i* የወፍ ጩኸት ጮኸ yewef chuhet chohe
cheer *n.* ደስታ desita
cheer *v. t.* አደነቀ adeneqe
cheerful *a.* አስደሳች asidesach
cheerless *a* ደስ የማይል des yemayil
cheese *n.* አይብ ayib
chemical *a.* የኬሚካል yekemikal
chemical *n.* ኬሚካል kemikal
chemise *n* የውስጥ ልብስ yewisit libis
chemist *n.* የኬሚካል ባለሙያ yekemikal balemuya
chemistry *n.* ኬሚስትሪ kemisitiri
cheque *n.* ቼክ chek
cherish *v. t.* ተንከባከበ tenikebakebe
cheroot *n* ሲጋራ sigara
chess *n.* የቼዝ ጨዋታ yechez chewata
chest *n* ደረት deret
chestnut *n.* የሚበላ ደረቅ ፍሬ yemibela dereq fire
chew *v. t* አላመጠ alamete
chevalier *n* ለአለባበስ የሚጨነቅ lealebabes yemicheneq
chicken *n.* ዶሮ doro
chide *v. t.* ገሰፀ gesetse

chief *a.* ዋና wana
chieftain *n.* አለቃ aleqa
child *n* ህፃን hitsan
childhood *n.* ልጅነት lijinet
childish *a.* እንደ ህፃን einide hitsan
chill *n.* ብርድ birid
chilli *n.* ሚጥሚጣ mitimita
chilly *a* ቀዝቃዛ qeziqaza
chiliad *n.* አንድ ሺህ anid shih
chimney *n.* የጭስ ማውጫ yechis mawicha
chimpanzee *n.* ሰው የሚመስል ዝንጀሮ sew yemimesil zinijero
chin *n.* አገጭ agech
china *n.* ቻይና chayina
chirp *v.i.* ጭው ጭው አለ chiw chiw ale
chirp *n* ጫጫታ chachata
chisel *n* መሮ mero
chisel *v. t.* ቀረጸ qeretse
chit *n.* የማትከበር ሴት yematikeber set
chivalrous *a.* አክባሪ akibari
chivalry *n.* አክብሮት akibirot
chlorine *n* ክሎሪን kilorin
chloroform *n* አደንዛዥ adenizazh
choice *n.* ምርጫ miricha
choir *n* መዘምራን mezemiran
choke *v. t.* አነቀ aneqe
cholera *n.* ኮሌራ kolera
chocolate *n* ቸኮላታ chekolata
choose *v. t.* መረጠ merete
chop *v. t* ቆረጠ qorete
chord *n.* የሙዚቃ መሳሪያ ገመድ yemuziqa mesariya gemed
choroid *n* ኮሮይድ koroyid
chorus *n.* የዝማሮች ጉባኤ yezimaroch gubae
Christ *n.* ክርስቶስ kirisitos
Christendom *n.* የክርስቲያን አገር yekirisitiyan ager
Christian *n* ክርስቲያን kirisitiyan
Christian *a.* ክርስቲያን kirisitiyan
Christianity *n.* ክርስትና kirisitina
Christmas *n* ገና gena
chrome *n* የክሮምየም ቀለም yekiromiyem qelem
chronic *a.* ስር የሰደደ sir yesedede
chronicle *n.* ዜና መዋዕል zena mewaeil
chronology *n.* የታሪክ ጊዜያት ትምህርት yetarik gizeyat timihirit
chronograph *n* ትክክለኛ ሰአት tikikilenya seat
chuckle *v. i* ፈገግ አለ fegeg ale
chum *n* የልብ ጓደኛ yelib gwadenya
church *n.* ቤተክርስቲያን betekirisitiyan
churchyard *n.* ቤተክርስቲያን ግቢ betekirisitiyan gibi
churl *n* ክፉ ሰው kifu sew
churn *v. t. & i.* ናጠ nate
churn *n.* መናጫ menacha
cigar *n.* የትንባሆ ቅጠል yetinibaho qitel
cigarette *n.* ሲጃራ sijara
cinema *n.* ሲኒማ ቤት sinima bet
cinnabar *n* ሲናባር sinabar
cinnamon *n* ቀረፋ qerefa
cipher, cipher *n.* የቁጥር ምልክት yequtir milikit
circle *n.* ክብ kib
circuit *n.* ዙሪያ zuriya
circumfluence *n.* መክበብ mekibeb
circumspect *adj.* በጥንቃቄ የተሰራ betiniqaqe yetesera
circular *a* ክብ kib
circular *n.* ክብ kib
circulate *v. i.* ተዘዋወረ tezewawere
circulation *n* ዝውውር ziwiwir

circumference *n.* መጠነዙሪያ metenezuriya
circumstance *n* ሁኔታ huneta
circus *n.* ሰርከስ serikes
cist *n* መሸፈኛ meshefenya
citadel *n.* በወታደር የሚጠበቅ ቦታ bewetader yemitebeq bota
cite *v. t* ጠቀሰ teqese
citizen *n* ዜጋ zega
citizenship *n* ዜግነት zeginet
citric *adj.* ሲትሪክ sitirik
city *n* ከተማ ketema
civic *a* የዜግነት yezeginet
civics *n* የዜግነት ትምህርት yezeginet timihirit
civil *a* ሕዝባዊ hizibawi
civilian *n* ሰላማዊ selamawi
civilization *n.* ሰልጣኔ selitane
civilize *v. t* አሰለጠነ aseletene
clack *n. & v. i* የሳህን ግጭት ጩኸት yesahin gichit chuhet
claim *n* ይገባኛል ማለት yigebanyal malet
claim *v. t* የኔነው አለ yenenew ale
claimant *n* የሚፈለግ yemifeleg
clamber *v. i* በችግር ወጣ bechigir weta
clamour *n* ጩኸት chuhet
clamour *v. i.* ጩኸት አሰማ chuhet asema
clamp *n* ማያያዝ mayayaz
clandestine *adj.* ሚስጥራዊ misitirawi
clap *v. i.* አጨበጨበ achebechebe
clap *n* ማጨብጨብ machebicheb
clarify *v. t* አብራራ abirara
clarification *n* ማብራራት mabirarat
clarion *n.* ክላሪዮን kilariyon
clarity *n* ግልጽነት gilitsinet
clash *n.* ግጭት gichit
clash *v. t.* አጋጨ agache
clasp *n* መያዣ meyazha
class *n* ማዕረግ maeireg
classic *a* የተለየ yeteleye
classic *n* የተለየ ጥበብ yeteleye tibeb
classical *a* የቀድሞ ከፍተኛ ጥበብ yeqedimo kefitenya tibeb
classification *n* ድልድል dilidil
classify *v. t* ለያየ leyaye
clause *n* አንቀጽ aniqets
claw *n* የእንስሳ ጥፍር yeeinisisa tifir
clay *n* ሸክላ shekila
clean ንጹህ nitsuh
clean *v. t* አጸዳ atseda
cleanliness *n* ንጽህና nitsihina
cleanse *v. t* አነጻ anetsa
clear *a* ግልጽ gilits
clear *v. t* አስወገደ asiwegede
clearance *n* ማስወገድ masiweged
clearly *adv* በግልጽ begilits
cleft *n* ስንጥቅ sinitiq
clergy *n* ቀሳውስት qesawisit
clerical *a* የፅህፈት yetsihifet
clerk *n* ፀሀፊ tsehafi
clever *a.* ብልህ bilih
clew *n.* የፈትል ኳስ yefetil kwas
click *n.* ማቃጨል maqachel
client *n..* ደንበኛ denibenya
cliff *n.* ገደል gedel
climate *n.* የዓየር ፀባይ yeayer tsebay
climax *n.* ማክተሚያ makitemiya
climb1 *n.* መውጣት mewitat
climb *v.i* ወጣ weta
cling *v. i.* ተጣበቀ tetabeqe
clinic *n.* ክሊኒክ kilinik
clink *n.* ማቃጨል maqachel
cloak *n.* ካባ kaba
clock *n.* ሰዓት seat
clod *n.* ጅል jil
cloister *n.* ገዳም gedam

close *n.* መዝጋት mezigat
close *a.* የተዘጋ yetezega
close *v. t* ዘጋ zega
closet *n.* ቁምሳጥን qumisatin
closure *n.* ፍፃሜ fitsame
clot *n.* የረጋ yerega
clot *v. t* ረጋ rega
cloth *n* ልብስ libis
clothe *v. t* አለበሰ alebese
clothes *n.* አልባሳት alibasat
clothing *n* ልብስ libis
cloud *n.* ደመና demena
cloudy *a* ደመናማ demenama
clove *n* ቅርንፉድ qirinifud
clown *n* አስቂኝ ተዋናኝ asiqiny tewanany
club *n* ክበብ kibeb
clue *n* ፍንጭ finich
clumsy *a* ቀርፋፋ qerifafa
cluster *n* የተሰበሰቡ yetesebesebu
cluster *v. i.* ተሰበሰበ tesebesebe
clutch *n* መጨበጥ mechebet
clutter *v. t* ጨበጠ chebete
coach *n* ማሰልጠን maseliten
coachman *n* አሰልጣኝ aselitany
coal *n* የድንጋይ ከሰል yedinigay kesel
coalition *n* ህብረት hibiret
coarse *a* ሸካራ shekara
coast *n* የባህር ጠረፍ yebahir teref
coat *n* ኮት kot
coating *n* የሚቀባ ነገር yemiqeba neger
coax *v. t* አሳመነ asamene
cobalt *n* ነጭ ብረት nech biret
cobbler *n* ጫማ chama
cobra *n* መርዘኛ እባብ merizenya eibab
cobweb *n* የሸረሪት ድር yeshererit dir
cocaine *n* አደንዛዥ ዕፅ adenizazh eits

cock *n* አውራ ዶሮ awira doro
cock-pit *n.* የአውሮፕላን አብራሪው ክፍል yeawiropilan abirariw kifil
cockroach *n* በረሮ berero
coconut *n* ኮኮናት kokonat
code *n* ህግ hig
co-education *n.* የወንድም የሴትም ትምህርት ቤት yewenidim yesetim timihirit bet
coefficient *n.* የማይቀያር ቁጥር yemayiqeyar qutir
co-exist *v. i* አብሮ ኖረ abiro nore
co-existence *n* አብሮ መኖር abiro menor
coffee *n* ቡና buna
coffin *n* የሬሳ ሳጥን yeresa satin
cog *n* የመሽከርከሪት ጥርስ yemeshikerikerit tiris
cogent *adj.* አጥጋቢ ምክንያት atigabi mikiniyat
cognate *adj* የሚዛመድ yemizamed
cognizance *n* ማወቅ maweq
cohabit *v. t* ሳይጋቡ አብሮ መኖር sayigabu abiro menor
coherent *a* የተጣራ yetetara
cohesive *adj* የሚጣበቅ yemitabeq
coif *n* የፀጉር አሰራር yetsegur aserar
coin *n* ፍራንክ firanik
coinage *n* አዲስ ቃላት መፍጠር adis qalat mefiter
coincide *v. i* ተጋጠመ tegateme
coir *n* የኮኮናት የውጭ ሽፋን yekokonat yewich shifan
coke *v. t* ወደ ካርቦን ነዳጅነት ተለወጠ wede karibon nedajinet telewete
cold *a* በራድ berad
cold *n* ብርድ birid
collaborate *v. i* ተረዳዳ teredada

collaboration *n* መረዳዳት meredadat
collapse *v. i* ፈረሰ ferese
collar *n* የአንገት ልብስ yeaniget libis
colleague *n* የስራ ባልደረባ yesira balidereba
collect *v. t* ሰበሰበ sebesebe
collection *n* ስብስብ sibisib
collective *a* ያጋራ yagara
collector *n* ሰበብሳቢ sebebisabi
college *n* ኮሌጅ kolej
collide *v. i.* ተጋጨ tegache
collision *n* ግጭት gichit
collusion *n* የሚስጥር ስምምነት yemisitir simiminet
colon *n* ድርብ ሰረዝ dirib serez
colon *n* ትልቁ አንገት tiliqu aniget
colonel *n.* ኮሎኔል kolonel
colonial *a* የቅኝ ግዛት yeqiny gizat
colony *n* ቅኝ ግዛት qiny gizat
colour *n* ቀለም qelem
colour *v. t* ቀለም ቀባ qelem qeba
column *n* አምድ amid
coma *n.* ህሊና መሳት hilina mesat
comb *n* ማበጠሪያ mabeteriya
combat1 *n* ውጊያ wigiya
combat *v. t.* ተዋጋ tewaga
combatant1 *n* ተዋጊ ሰው tewagi sew
combatant *a.* ተዋጊ tewagi
combination *n* ቅንጅት qinijit
combine *v. t* አጣመረ atamere
come *v. i.* መጣ meta
comedian *n.* ቀልደኛ qelidenya
comedy *n.* ቀልድ qelid
comet *n* ጅራታም ኮከብ jiratam kokeb
comfit *n.* የኦቾሎኒ ከረሜላ yeocholoni keremela
comfort1 *n.* ምቾት michot
comfort *v. t* አጽናና atsinana
comfortable *a* ምቹ michu
comic *a* አስቂኝ asiqiny
comic *n* ቀልደኛ ሰው qelidenya sew
comical *a* አስቂኝ asiqiny
comma *n* ነጠላ ሰረዝ netela serez
command *n* ትእዛዝ tieizaz
command *v. t* አዘዘ azeze
commandant *n* ትእዛዝ ተቀባይ tieizaz teqebay
commander *n* አዛዥ azazh
commemorate *v. t.* አስታወሰ asitawese
commemoration *n.* ማስታወስ masitawes
commence *v. t* ጀመረ jemere
commencement *n* መጀመር mejemer
commend *v. t* አመሰገነ amesegene
commendable *a.* የሚመስገን yemimesigen
commendation *n* ማመስገን mamesigen
comment *v. i* አስተያየት ሰጠ asiteyayet sete
comment *n* አስተያየት asiteyayet
commentary *n* ሀተታ hateta
commentator *n* ሀተታ ሰጪ hateta sechi
commerce *n* ንግድ nigid
commercial *a* የንግድ yenigid
commiserate *v. t* አዘዘ azeze
commission *n.* ተግባር tegibar
commissioner *n.* ባለ ስልጣን bale silitan
commissure *n.* መጋጠሚያ megatemiya
commit *v. t.* ፈፀመ fetseme
committee *n* ኮሚቴ komite
commodity *n.* ሸቀጥ sheqet

common *a.* የተለመደ yetelemede
commoner *n.* ተራ ሰው tera sew
commonplace *a.* የተለመደ ሁኔታ yetelemede huneta
commonwealth *n.* በአንድ መንግስት የሚተዳደሩ አገሮች beanid menigisit yemitedaderu ageroch
commotion *n* ሁካታ hukata
commove *v. t* ሁካታ ፈጠረ hukata fetere
communal *a* የህብረት yehibiret
commune *v. t* ግንኙነት አለው gininyunet alew
communicate *v. t* አስተላለፈ asitelalefe
communication *n.* መገናኛ megenanya
communiqué *n.* መግለጫ megilecha
communism *n* ኮሚኒዝም kominizim
community *n.* ማህበረሰብ mahibereseb
commute *v. t* ተመላለሰ temelalese
compact *a.* ጥብቅ ያለ tibiq yale
compact *n.* የተጠቀጠቀ yeteteqeteqe
companion *n.* ጓደኛ gwadenya
company *n.* ኩባንያ kubaniya
comparative *a* የሚመሳሰል yemimesasel
compare *v. t* አመሳሰለ amesasele
comparison *n* ማወዳደር mawedader
compartment *n.* ክፍል kifil
compass *n* ኮምፓስ komipas
compassion *n* ርህራሄ rihirahe
compel *v. t* አስገደደ asigedede
compensate *v.t* ካሰ kase
compensation *n* ካሳ kasa
compete *v. i* ተወዳደረ tewedadere
competence *n* ብቁነት biqunet
competent *a.* ብቁ biqu
competition *n.* ውድድር wididir
competitive *a* ተወዳዳሪ tewedadari
compile *v. t* አዘጋጀ azegaje
complacent *adj.* በራሱ የሚተማመን berasu yemitemamen
complain *v. i* አማረረ amarere
complaint *n* ቅሬታ qireta
complaisance *n.* ደስ ማሰኘት des masenyet
complaisant *adj.* ደስ የሚያሰኝ des yemiyaseny
complement *n* ማሟያ mamwaya
complementary *a* የሚያሟላ yemiyamwala
complete *a* ሙሉ mulu
complete *v. t* ጨረሰ cherese
completion ፍፃሜ fitsame
complex *a* የተወሳሰበ yetewesasebe
complex *n* ውስብስብ wisibisib
complexion *n* መልክ melik
compliance *n.* መስማማት mesimamat
compliant *adj.* ታዛዥ tazazh
complicate *v. t* አወሳሰበ awesasebe
complication *n.* የተወሳሰበ ነገር yetewesasebe neger
compliment *n.* ምስጋና misigana
compliment *v. t* አመሰገነ amesegene
comply *v. i* ተስማማ tesimama
component *adj.* አካል akal
compose *v. t* አጠናቀረ atenaqere
composition *n* ድርሰት diriset
compositor አጠናቃሪ atenaqari
compost *n* ከብስባሽ የሚሰራ ማዳበሪያ kebisibash yemisera madaberiya

composure *n.* እርጋታ eirigata
compound *n* አጥር ጊቢ atir gibi
compound *a* የተደባለቀ yetedebaleqe
compound *n* ድብልቅ dibiliq
compound *v. i* ደባለቀ debaleqe
compounder *n.* የተደባለቀ ነገር yetedebaleqe neger
comprehend *v. t* ተረዳ tereda
comprehension *n* ማስተዋል masitewal
comprehensive *a* አጠቃላይ ateqalay
compress *v. t.* አመቀ ameqe
compromise *n* መስማማት mesimamat
compromise *v. t* ተደራደረ tederadere
compulsion *n* ግዳጅ gidaj
compulsory *a* የግዴታ yegideta
compunction *n.* መፀፀት metsetset
computation *n.* አቀጣጠር aqetater
compute *v.t.* ሂሳብ አሰበ hisab asebe
comrade *n.* ጓደኛ gwadenya
conation *n.* ትግል tigil
concave *adj.* ወደ ውስጥ የጎበጠ wede wisit yegobete
conceal *v. t.* ሸሸገ sheshege
concede *v.t.* አመነ amene
conceit *n* ትዕቢተኛ tieibitenya
conceive *v. t* አረገዘች aregezech
concentrate *v. t* አተኮረ atekore
concentration *n.* ትኩረት tikuret
concept *n* ሀሳብ hasab
conception *n* ማመንጨት mamenichet
concern *v. t* አሳሰበ asasebe
concern *n* የሚመለከት yemimeleket
concert *n.* የሙዚቃ ትርኢት yemuziqa tiriit
concert2 *v. t* በስውር አዘጋጀ besiwir azegaje
concession *n* መተው metew
conch *n.* ስሩ የሚበላ ተክል siru yemibela tekil
conciliate *v.t.* አስታረቀ asitareqe
concise *a* እጥር ምጥን ያለ eitir mitin yale
conclude *v. t* ደመደመ demedeme
conclusion *n.* መደምደሚያ ሀሳብ medemidemiya hasab
conclusive *a* መደምደሚያ medemidemiya
concoct *v. t* አዘጋጀ azegaje
concoction *n.* ማዘጋጀት mazegajet
concord *n.* ስምምነት simiminet
concrescence *n.* ህብረት hibiret
concrete *n* ሲሚንቶ siminito
concrete *a* የጨበጠ yechebete
concrete *v. t* በሲሚንቶ ሸፈነ besiminito shefene
concubinage *n.* ሳይጋቡ አብሮ መኖር sayigabu abiro menor
concubine *n* ዕቁባት eiqubat
conculcate *v.t.* ረገጠ regete
condemn *v. t.* አወገዘ awegeze
condemnation *n* መወገዘ mewegeze
condense *v. t* አሳጠረ asatere
condite *v.t.* ጠበቀ tebeqe
condition *n* ሁኔታ huneta
conditional *a* ሁኔታዊ hunetawi
condole *v. i.* አጽናና atsinana
condolence *n* የሀዘን መግለጫ yehazen megilecha
condonation *n.* ይቅር ማለት yiqir malet
conduct *n* ምግባር migibar
conduct *v. t* አካሄደ akahede
conductor *n* መሪ meri

cone *n.* ከአንዱ ወደ ሌላው እያበጠ የሚሄድ keanidu wede lelaw eiyabete yemihed
confectioner *n* አጣፋጭ atafach
confectionery *n* ጣፋጭ የሚሸጥ ሰው tafach yemishet sew
confer *v. i* ሰጠ sete
conference *n* ስብሰባ sibiseba
confess *v. t.* ተናዘዘ tenazeze
confession *n* መናዘዝ menazez
confidant *n* ሚስጥረኛ misitirenya
confide *v. i* ሚስጢር ነገር misitir neger
confidence *n* እምነት eiminet
confident *a.* እርግጠኛ eirigitenya
confidential *a.* ሚስጢራዊ misitirawi
confine *v. t* ወሰነ wesene
confinement *n.* መወሰን mewesen
confirm *v. t* አረጋገጠ aregagete
confirmation *n* ማረጋገጫ maregagecha
confiscate *v. t* ወረሰ werese
confiscation *n* መውረስ mewires
conflict *n.* ትግል tigil
conflict *v. i* ተጋጨ tegache
confluence *n* መገናኛ ቦታ megenanya bota
confluent *adj.* አብሮ የሚፈስ abiro yemifes
conformity *n.* መስማማት mesimamat
conformity *n.* በ…መሰረት be… meseret
confraternity *n.* ዝምድና zimidina
confrontation *n.* መጋፈጥ megafet
confuse *v. t* ግራ አጋባ gira agaba
confusion *n* ግራ መጋባት gira megabat
confute *v.t.* ሀሰተኛን አጋለጠ hasetenyan agalete
conge *n.* ለመለያየት መስማማት lemeleyayet mesimamat
congenial *a* የሚስማማ yemisimama
congratulate *v. t* መልካም ምኞቱን ገለፀ melikam minyotun geletse
congratulation *n* እንኳን ደስ ያለህ einikwan des yaleh
congress *n* ጉባኤ gubae
conjecture *n* ግምት gimit
conjecture *v. t* ገመተ gemete
conjugal *a* የመጋባት yemegabat
conjugate *v.t. & i.* አረባ areba
conjunct *adj.* የተጣመረ yetetamere
conjunctiva *n.* ኮንጀክቲቫ konijekitiva
conjuncture *n.* ጥምረት timiret
conjure *v.t.* ምትሀት ሰራ mitihat sera
conjure *v.i.* ለመነ lemene
connect *v. t.* አገናኘ agenanye
connection *n* ግንኙነት gininyunet
connivance *n.* መስማማት mesimamat
conquer *v. t* አሸነፈ ashenefe
conquest *n* ድል ማድረግ dil madireg
conscience *n* ኅሊና halina
conscious *a* ራሱን አወቀ rasun aweqe
consecrate *v.t.* ስለት አገባ silet ageba
consecutive *adj.* ተከታታይ teketatay
consecutively *adv* በተከታታይ beteketatay
consensus *n.* ስምምነት simiminet
consent *n.* መስማማት mesimamat
consent *v. i* ተስማማ tesimama
consent3 *v.t.* አስማማ asimama
consequence *n* ውጤት witet

consequent *a* ያስከተለ yasiketele
conservative *a* ወግ የሚጠብቅ weg yemitebiq
conservative *n* ወግ አጥባቂ weg atibaqi
conserve *v. t* ጠበቀ tebeqe
consider *v. t* አሰበ asebe
considerable *a* በጣም ትልቅ betam tiliq
considerate *a.* ለሰው አሳቢ lesew asabi
consideration *n* አሳቢነት asabinet
considering *prep.* በማሰብ bemaseb
consign *v.t.* አደራ ሰጠ adera sete
consign *v. t.* በአድራሻ ላከ beadirasha lake
consignment *n.* አሳልፎ መስጠት asalifo mesitet
consist *v. i* አካተተ akatete
consistence,-cy *n.* ዘላቂነት zelaqinet
consistent *a* ዘላቂ zelaqi
consolation *n* ማፅናኛ matsinanya
console *v. t* አፅናና atsinana
consolidate *v. t.* አጠነከረ atenekere
consolidation *n* ማጠናከር matenaker
consonance *n.* የድምጽ መስማማት yedimits mesimamat
consonant *n.* ተናባቢ tenababi
consort *n.* የሙዚቃ ስልት yemuziqa silit
conspectus *n.* ማጠቃለያ mateqaleya
conspicuous *a.* ጉልህ gulih
conspiracy *n.* ሴራ sera
conspirator *n.* ሴረኛ serenya
conspire *v. i.* አሴረ asere
constable *n* ፖሊስ polis
constant *a* የማይቋረጥ yemayiqwaret
constellation *n.* ኅብረ ኮከብ habire kokeb
constipation *n.* የሆድ ድርቀት yehod diriqet
constituency *n* የአንድ አካባቢ መራጭ ህዝብ yeanid akababi merach hizib
constituent *n.* የአንድ ነገር ክፍል yeanid neger kifil
constituent *adj.* ለመሳሪያነት የሚረዳ lemesariyanet yemireda
constitute *v. t* ሾመ shome
constitution *n* ሕገ መንግስት hige menigisit
constrict *v.t.* አጠበበ atebebe
construct *v. t.* ሰራ sera
construction *n* ግንባታ ginibata
consult *v. t* አማከረ amakere
consultation *n* ማማከር mamaker
consume *v. t* በላ bela
consumption *n* መጠቀም meteqem
consumption *n* አጠቃቀም ateqaqem
contact *n.* ግንኙነት gininyunet
contact *v. t* ተገናኘ tegenanye
contagious *a* ተላላፊ telalafi
contain *v.t.* ያዘ yaze
contaminate *v.t.* በከለ bekele
contemplate *v. t* አሰላሰለ aselasele
contemplation *n* ማሰላሰል maselasel
contemporary *a* ዘመናዊ zemenawi
contempt *n* ንቀት niqet
contemptuous *a* ጥላቻ tilacha
contend *v. i* ተፎካከረ tefokakere
content *a.* ደስተኛ desitenya
content *v. t* ደስ አለው des alew
content *n* ይዞታ yizota
content *n.* ፍሬ ነገር fire neger

contention *n* ፉክክር fukikir
contentment *n* የልብ ጥጋብ yelib tigab
contest *v. t* ተከራከረ tekerakere
contest *n.* ውድድር wididir
context *n* የቃል አገባብ yeqal agebab
continent *n* አህጉር ahigur
continental *a* የአህጉር yeahigur
contingency *n.* ድንገተኛ ነገር dinigetenya neger
continual *adj.* የማያቋርጥ yemayaqwarit
continuation *n.* የቀጠለ yeqetele
continue *v. i.* ቀጠለ qetele
continuity *n* ቀጣይነት qetayinet
continuous *a* ቀጣይ qetay
contour *n* መልክአ ምድር melikia midir
contra *pref.* ተቃዋሚ teqawami
contraception *n.* እርግዝና መከላከል eirigizina mekelakel
contract *n* ውል wil
contract *v. t* አኮማተረ akomatere
contrapose *v.t.* ተቃራኒ ሆነ teqarani hone
contractor *n* ስራ ተቋራጭ sira teqwarach
contradict *v. t* ተቃወመ teqaweme
contradiction *n* ተቃራኒነት teqaraninet
contrary *a* በተቃራኒ beteqarani
contrast *v. t* አነጻጸረ anetsatsere
contrast *n* ማነጻጸር manetsatser
contribute *v. t* አዋጣ awata
contribution *n* መዋጮ mewacho
control *n* ቁጥጥር qutitir
control *v. t* ተቆጣጠረ teqotatere
controller *n.* ተቆጣጣሪ teqotatari
controversy *n* ክርክር kirikir
contuse *v.t.* ቀጠቀጠ qeteqete

conundrum *n.* እንቆቅልሽ einiqoqilish
convene *v. t* ሰበሰበ sebesebe
convener *n* ሰብሳሪ sebisari
convenience *n.* ምቾት michot
convenient *a* ምቹ michu
convent *n* ገዳም gedam
convention *n.* ስብሰባ sibiseba
conversant *a* የተለመደ yetelemede
conversant *adj.* እዋቂ eiwaqi
conversation *n* ጭውውት chiwiwit
converse *v.t.* ተወያየ teweyaye
conversion *n* መለወጥ melewet
convert *v. t* ለወጠ lewete
convert *n* መለወጥ melewet
convey *v. t.* አስተላለፈ asitelalefe
conveyance *n* ማሳለፊያ masalefiya
convict *v. t.* ፈረደበት feredebet
convict *n* የተፈረደበት ወንጀለኛ yeteferedebet wenijelenya
conviction *n* እምነት eiminet
convince *v. t* አሳመነ asamene
convivial *adj.* ደስተኛ desitenya
convocation *n.* ስብሰባ sibiseba
convoke *v.t.* ስብሰባ ጠራ sibiseba tera
convolve *v.t.* ጠላለፈ telalefe
coo *n* የእርግብ ድምፅ yeeirigib dimits
coo *v. i* እንደ እርግብ አለቀሰ einide eirigib aleqese
cook *v. t* አበሰለ abesele
cook *n* ወጥ ቤት ሰራተኛ wet bet seratenya
cooker *n* ምግብ አብሳይ migib abisay
cool *a* ቀዝቃዛ qeziqaza
cool *v. i.* ቀዘቀዘ qezeqeze
cooler *n* ማቀዝቀዣ maqeziqezha

coolie *n* የቀን ሰራተኛ yeqen seratenya
co-operate *v. i* ተባበረ tebabere
co-operation *n* ትብብር tibibir
co-operative *a* የህብረት yehibiret
co-ordinate *a.* በእኩል ያለ beeikul yale
co-ordinate *v. t* አቀናጀ aqenaje
co-ordination *n* መቀናጀት meqenajet
coot *n.* የውሃ ዶሮ yewiha doro
co-partner *n* ሸሪክ sherik
cope *v. i* ተቋቋመ teqwaqwame
coper *n.* የሚቋቋም yemiqwaqwam
copper *n* መዳብ medab
coppice *n.* የተጠቀጠቀ ቁጥቋጦ yeteteqeteqe qutiqwato
copulate *v.i.* ግብረስጋ ግንኙነት ፈፀመ gibiresiga gininyunet fetseme
copy *n* ቅጂ qiji
copy *v. t* ገለበጠ gelebete
coral *n* ዛጎል zagol
cord *n* ገመድ gemed
cordial *a* ልባዊ libawi
cordate *adj.* ልብ መሳይ ቅርጽያለው lib mesay qiritsiyalew
core *n.* ውስጥ wisit
coriander *n.* ድንብላል dinibilal
Corinth *n.* ኮርንዝ koriniz
cork *n.* ቡሽ bush
cormorant *n.* የባህር ወፍ yebahir wef
corn *n* በቆሎ beqolo
cornea *n* የአይን ነጭ ክፍል yeayin nech kifil
corner *n* ማዕዘን maeizen
cornet *n.* የሙዚቃ መሳሪያ yemuziqa mesariya
coronation *n* የዘውድ በአል yezewid beal
coronet *n.* ትንሽ ዘውድ tinish zewid
corporal *a* የአስር አለቃ yeasir aleqa
corporate *adj.* ለአንድ አላማ የተስማማ leanid alama yetesimama
corporation *n* ኩባንያ kubaniya
corps *n* ንድ nid
corpse *n* ሬሳ resa
correct *a* ትክክለኛ tikikilenya
correct *v. t* አረመ areme
correction *n* እርማት eirimat
correlate *v.t.* አዛመደ azamede
correlation *n.* መዛመድ mezamed
correspond *v. i* ተመሳሰለ temesasele
correspondence *n.* ተመሳሳይነት temesasayinet
correspondent *n.* ቃል አቀባይ qal aqebay
corridor *n.* መተላለፊያ metelalefiya
corroborate *v.t.* አረጋገጠ aregagete
corrosive *adj.* የሚዝግ yemizig
corrupt *v. t.* አበላሸ abelashe
corrupt *a.* ምግባረ ብልሹ migibare bilishu
corruption *n.* ብልሽት bilishit
cosier *n.* የሚመች ቦታ yemimech bota
cosmetic *a.* የመዋቢያ yemewabiya
cosmetic *n.* መዋቢያ ቅባቶች mewabiya qibatoch
cosmic *adj.* የህዋ yehiwa
cost *v.t.* አስወጣ asiweta
cost *n.* ወጪ wechi
costal *adj.* የጎን yegon
cote *n.* የእንስሳት ቤት yeeinisisat bet

costly *a.* ውድ wid
costume *n.* ልብስ libis
cosy *a.* ሙቅና ምቹ ቦታ muqina michu bota
cot *n.* የህፃን አልጋ yehitsan aliga
cottage *n* ጎጆ gojo
cotton *n.* ጥጥ tit
couch *n.* ሶፋ sofa
cough *n.* ሳል sal
cough *v. i.* ሳለ sale
council *n.* ምክር ቤት mikir bet
councillor *n.* የምክር ቤት አባል yemikir bet abal
counsel *n.* ምክር mikir
counsel *v. t.* መከረ mekere
counsellor *n.* አማካሪ amakari
count *n.* ቆጠራ qotera
count *v. t.* ቆጠረ qotere
countenance *n.* ተቀባይነት ማግኘት teqebayinet maginyet
counter *n.* ትኬት መሸጫ tiket meshecha
counter *v. t* አፀፋውን መለሰ atsefawin melese
counteract *v.t.* ከለከለ kelekele
countercharge *n.* ክስ መከላከያ kis mekelakeya
counterfeit *a.* የውሸት yewishet
counterfeiter *n.* አስመሳይ asimesay
countermand *v.t.* ትእዛዝ ሽሮ አዲስ ነገር አዘዘ tieizaz shiro adis neger azeze
counterpart *n.* ተመሳሳይ temesasay
countersign *v. t.* ምስክር ሆነ misikir hone
countess *n.* የተከበረች ሴት yetekeberech set
countless *a.* ቁጥር የሌለው qutir yelelew
country *n.* ሀገር hager
county *n.* የግዛት ክፍልፋይ yegizat kifilifay
coup *n.* መንግስት ግልበጣ menigisit gilibeta
couple *n* ጥንድ tinid
couple *v. t* አያያዘ ayayaz
couplet *n.* ተመሳሳይ ነገሮች temesasay negeroch
coupon *n.* ቲኬት tiket
courage *n.* ጀግንነት jegininet
courageous *a.* ጀግና jegina
courier *n.* መልእክተኛ melieikitenya
course *n.* ሂደት hidet
court *n.* ፍርድ ቤት firid bet
court *v. t.* አሽኮረመመ ashikorememe
courteous *a.* ትሁት tihut
courtesan *n.* ጋለሞታ galemota
courtesy *n.* ትህትና tihitina
courtier *n.* ባለሟል balemwal
courtship *n.* ሴትን ለትዳር ማግባባት setin letidar magibabat
courtyard *n.* የታጠረ ጊቢ yetatere gibi
cousin *n.* የአጎት ልጅ yeagot lij
covenant *n.* ቃልኪዳን qalikidan
cover *v. t.* ከደነ kedene
cover *n.* የሚዳብር yemidabir
coverlet *n.* የአልጋ ልብስ yealiga libis
covet *v.t.* ተመኘ temenye
cow *n.* ላም lam
cow *v. t.* አስፈራራ asiferara
coward *n.* ፈሪ feri
cowardice *n.* ፈሪነት ferinet
cower *v.i.* አፈገፈገ afegefege
cozy ተመልከት temeliket
crab *n* ሸርጣን sheritan
crack *n* ንቃቃት niqaqat
crack *v. i* ሰነጠቀ seneteqe
cracker *n* ደረቅ ብስኩት dereq bisikut

crackle *v.t.* አንቋቋ aniqwaqwa
cradle *n* የሕፃን አልጋ yehitsan aliga
craft *n* የእጅ ሙያ yeeij muya
craftsman *n* ባለሙያ balemuya
crafty *a* ብልጥ bilit
cram *v. t* አጨቀ acheqe
crambo *n.* የቃላት ጨዋታ yeqalat chewata
crane *n* ከባድ እቃ ማንሻ kebad eiqa manisha
crankle *v.t.* አጠፈ atefe
crash *v. i* ተሰበረ tesebere
crash *n* ግጭት gichit
crass *adj.* ፍፁም fitsum
crate *n.* ሳጥን satin
crave *v.t.* ጎመጀ gomeje
craw *n.* ቋት qwat
crawl *v. t* ተሳበ tesabe
crawl *n* መሳብ mesab
craze *n* ፍላጎት filagot
crazy *a* እብድ eibid
creak *v. i* ሲጢጥ አለ sitit ale
creak *n* ተንቋቋ teniqwaqwa
cream *n* ስልባቦት silibabot
crease *n* የፊት ላይ መስመር yefit lay mesimer
create *v. t* ፈጠረ fetere
creation *n* ፍጥረታት fitiretat
creative *adj.* የፈጠራ ችሎታ yefetera chilota
creator *n* ፈጣሪ fetari
creature *n* ፍጥረት fitiret
credible *a* የሚታመን yemitamen
credit *n* ዱቤ dube
creditable *a* አድናቆት የሚገባው adinaqot yemigebaw
creditor *n* አበዳሪ abedari
credulity *adj.* በቀላሉ የሚያምን beqelalu yemiyamin
creed *n.* እምነት eiminet
creed *n* ፀሎተ ሀይማኖት tselote hayimanot
creek *n.* ጅረት jiret
creep *v. i* ተሳበ tesabe
creeper *n* ተሳቢ tesabi
cremate *v. t* በድን አቃጠለ bedin aqatele
cremation *n* በድን ማቃጠል bedin maqatel
crest *n* ጉትዮ gutiyo
crevet *n.* የአንጥረኛ ማቅለጫ ሳህን yeanitirenya maqilecha sahin
crew *n.* ሠራተኛ seratenya
crib *n.* ጎተራ gotera
cricket *n* ክሪኬት kiriket
crime *n* ወንጀል wenijel
crimp *n* የታጠፈ ቅርፅ yetatefe qirits
crimple *v.t.* አጠፈ atefe
criminal *n* ወንጀለኛ wenijelenya
criminal *a* የወንጀል yewenijel
crimson *n* ብሩህ ቀይ biruh qey
cringe *v. i.* ተሸማቀቀ teshemaqeqe
cripple *n* የአካል ጉዳተኛ yeakal gudatenya
crisis *n* ብጥብጥ bitibit
crisp *a* ኩርሽም የሚል kurishim yemil
criterion *n* መመዘኛ memezenya
critic *n* ተቺ techi
critical *a* አስጊ asigi
criticism *n* ትችት tichit
criticize *v. t* ነቀፈ neqefe
croak *n.* ጮኸ chohe
crockery *n.* የመመገቢያ እቃዎች yememegebiya eiqawoch
crocodile *n* አዞ azo
croesus *n.* ሀብታም ሰው habitam sew
crook *a* የታመመ yetameme
crop *n* አዝመራ azimera
cross *v. t* ተሻገረ teshagere
cross *n* መስቀል mesiqel

cross *a* ብስጩ bisichu
crossing *n.* ማቋረጥ maqwaret
crotchet *n.* ግትር ሰው gitir sew
crouch *v. i.* አደፈጠ adefete
crow *n* ቁራ qura
crow *v. i* ጮኸ chohe
crowd *n* ሕዝብ hizib
crown *n* ዘውድ zewid
crown *v. t* ዘውድ ጫነ zewid chane
crucial *adj.* በጣም ወሳኝ betam wesany
crude *a* ያልተጣራ yalitetara
cruel *a* ጨካኝ chekany
cruelty *n* ጨካኝነት chekanyinet
cruise *v.i.* ተዘዋወረ tezewawere
cruiser *n* የመርከብ ሽርሽር yemerikeb shirishir
crumb *n* ፍርፋሪ firifari
crumble *v. t* ፈረፈረ ferefere
crump *adj.* የፍንዳታ ጩኸት yefinidata chuhet
crusade *n* ተጋድሎ tegadilo
crush *v. t* አደቀቀ adeqeqe
crust *n.* ቅርፊት qirifit
crutch *n* ምርኩዝ mirikuz
cry *n* ጩኸት chuhet
cry *v. i* አለቀሰ aleqese
cryptography *n.* በኮድ መፃፍ bekod metsaf
crystal *n* እንደ መስታወት ያለ ማዕድን einide mesitawet yale maeidin
cub *n* ግልገል giligel
cube *n* ባለ ስድስት ጎን bale sidisit gon
cubical *a* የባለ ስድስት ጎን yebale sidisit gon
cubiform *adj.* የባለ ስድስት ጎን yebale sidisit gon
cuckold *n.* ሚስቱ ወዳጅ የያዘችበት misitu wedaj yeyazechibet
cuckoo *n* ወፍ wef
cucumber *n* ኩከምበር kukemiber
cudgel *n* በትር betir
cue *n* ምልክት milikit
cuff *n* እጅጌ eijige
cuff *v. t* እጅጌ ሰራ eijige sera
cuisine *n.* የምግብ አሰራር ዘዴ yemigib aserar zede
cullet *n.* የመስታወት ስብርባሪ yemesitawet sibiribari
culminate *v.i.* ደመደመ demedeme
culpable *a* ጥፋተኛ tifatenya
culprit *n* ወንጀለኛ wenijelenya
cult *n* አምልኮ amiliko
cultivate *v. t* አረሳ aresa
cultrate *adj.* ሹል ጫፍ shul chaf
cultural *a* የባህል yebahil
culture *n* ባህል bahil
culvert *n.* የውሃ ማስተላለፊያ yewiha masitelalefiya
cunning *a* ብልህ bilih
cunning *n* ብልሀት bilihat
cup *n.* ስኒ sini
cupboard *n* ቁምሳጥን qumisatin
Cupid *n* የፍቅር ምልክት yefiqir milikit
cupidity *n* ስስት sisit
curable *a* ሊድን የሚችል lidin yemichil
curative *a* የሚያድን yemiyadin
curb *n* የመንገድ ጠርዝ yemeniged teriz
curb *v. t* ገታ geta
curcuma *n.* የእስያ ተክል yeeisiya tekil
curd *n* እርጎ eirigo
cure *n* መድሃኒት medihanit
cure *v. t.* አዳነ adane
curfew *n* ሰአት እላፊ seat eilafi
curiosity *n* ጉጉት gugut
curious *a* ጉጉ gugu
curl *n.* ጥቅልል ፀጉር tiqilil tsegur

currant *n.* ዘቢብ zebib
currency *n* ገንዘብ genizeb
current *n* ኮረንቲ koreniti
current *a* የአሁን yeahun
curriculum *n* ስርአተ ትምህርት siriate timihirit
curse *n* እርግማን eirigiman
curse *v. t* ረገመ regeme
cursory *a* ችኩል chikul
curt *a* ቸልተኛ chelitenya
curtail *v. t* ቆረጠ qorete
curtain *n* መጋረጃ megareja
curve *n* ኩርባ kuriba
curve *v. t* አጎበጠ agobete
cushion *n* ትራስ tiras
cushion *v. t* ከግጭት ተከላከለ kegichit tekelakele
custard *n* ከእንቁላልና ከወተት የሚሰራ ምግብ keeiniqulalina kewetet yemisera migib
custodian *n* አቃቢ aqabi
custody *v* አደራ adera
custom *n.* ልማድ limad
customary *a* የተለመደ yetelemede
customer *n* ደንበኛ denibenya
cut *v. t* ቆረጠ qorete
cut *n* ቁስል qusil
cutis *n.* የሰውነት ሽፋን yesewinet shifan
cuvette *n.* የላብራቶሪ ፍሳሽ መያዣ yelabiratori fisash meyazha
cycle *n* ብስክሌት bisikilet
cyclic *a* ተደጋጋሚ tedegagami
cyclist *n* ብስክሌት የሚነዳ ሰው bisikilet yemineda sew
cyclone *n.* አውሎ ነፋስ awilo nefas
cyclostyle *n* በማባዣ የተባዘ ጽሁፍ bemabazha yetebaze tsihuf
cyclostyle *v. t* በማባዣ ጽሁፍ አባዛ bemabazha tsihuf abaza
cylinder *n* ሲሊንደር silinider
cynic *n* ተጠራጣሪ teteratari
cypher *n* የማይረባ ሰው yemayireba sew
cypress ጥድ tid

D

dabble *v. i.* በውሀ ተንቦጫረቀ bewiha tenibochareqe
dacoit *n.* ሽፍታ shifita
dacoity *n.* ዝርፊያ zirifiya
dad, daddy *n* አባቴ abate
daffodil *n.* ቢጫ አበባ bicha abeba
daft *adj.* ጅላጅል+ jilajil
dagger *n.* ጩቤ chube
daily *a* የቀን yeqen
daily *adv.* በቀን በቀን beqen beqen
daily *n.* በየቀኑ የሚታተም ጋዜጣ beyeqenu yemitatem gazeta
dainty *a.* ቅምጥል qimitil
dainty *n.* ተመራጭ ምግብ temerach migib
dairy *n* የወተት ፋብሪካ yewetet fabirika
dais *n.* ትንሽ የእንጨት መድረክ tinish yeeinichet medirek
daisy *n* ነጭ አበባ nech abeba
dale *n* ሸለቆ sheleqo
dam *n* የውሃ ግድብ yewiha gidib
damage *n.* ጉዳት gudat
damage *v. t.* አበላሸ abelashe
dame *n.* ልእልት lieilit
damn *v. t.* ኮነነ konene
damnation *n.* ኩነኔ kunene
damp *a* ርጥብ ritib
damp *n* ርጥበት ritibet
damp *v. t.* አረጠበ aretebe

damsel *n.* ልጃገረድ lijagered
dance *n* ጭፈራ chifera
dance *v. t.* ጨፈረ chefere
dandelion *n.* አደይ አበባ adey abeba
dandle *v.t.* አወዛወዘ awezaweze
dandruff *n* ፎረፎር forefor
dandy *n* ሽቅርቅ ወንድ shiqiriq wenid
danger *n.* አደጋ adega
dangerous *a* አደገኛ adegenya
dangle *v. t* አወዛወዘ awezaweze
dank *adj.* ቀዝቃዛ qeziqaza
dap *v.i.* ነከረ nekere
dare *v. i.* ደፈረ defere
daring *n.* ድፍረት difiret
daring *a* አዲስ adis
dark *a* ጥቁር tiqur
dark *n* ጨለማ chelema
darkle *v.i.* አጨለመ acheleme
darling *n* የሚወደድ ሰው yemiweded sew
darling *a* ተወዳጅ tewedaj
dart *n.* ትንሽ ቀስት tinish qesit
dash *v. i.* ከሰከሰ kesekese
dash *n* ጭረት chiret
date *n* ቀን qen
date *v. t* ቀኑን ፃፈ qenun tsafe
daub *n.* ጭቃ መስሪያ chiqa mesiriya
daub *v. t.* መረገ merege
daughter *n* ሴት ልጅ set lij
daunt *v. t* አስፈራ asifera
dauntless *a* ፍርሀት የሌለው firihat yelelew
dawdle *v.i.* ተንቀራፈፈ teniqerafefe
dawn *n* ንጋት nigat
dawn *v. i.* ነጋ nega
day *n* ቀን qen
daze *n* ግራ መጋባት gira megabat
daze *v. t* ተደነቀ tedeneqe
dazzle *n* በጣም ጎበዝ betam gobez
dazzle *v. t.* አጭበረበረ achiberebere
deacon *n.* ዲያቆን diyaqon
dead *a* የሞተ yemote
deadlock *n* መስማማት አለመቻል mesimamat alemechal
deadly *a* የሚገድል yemigedil
deaf *a* መስማት የተሳነው mesimat yetesanew
deal *n* ንግድ nigid
deal *v. i* ነገደ negede
dealer *n* ነጋዴ negade
dealing *n.* አድራጎት adiragot
dean *n.* የተማሪዎች ጉዳይ ሐላፊ yetemariwoch guday halafi
dear *a* ተወዳጅ tewedaj
dearth *n* እጥረት eitiret
death *n* ሞት mot
debar *v. t.* ከለከለ kelekele
debase *v. t.* አረከሰ arekese
debate *n.* ክርክር kirikir
debate *v. t.* ተከራከረ tekerakere
debauch *v. t.* አበላሸ abelashe
debauch *n* ስካር sikar
debauchee *n* ሰካራም sekaram
debauchery *n* ስጋዊ ፈቃድን መፈፀም sigawi feqadin mefetsem
debility *n* ድካም dikam
debit *n* እዳ eida
debit *v. t* ገንዘብ ቀነሰ genizeb qenese
debris *n* ፍርስራሽ firisirash
debt *n* ብድር bidir
debtor *n* አበዳሪ abedari
decade *n* አስር አመት asir amet
decadent *a* በመውደቅ ላይ ያለ bemewideq lay yale
decamp *v. i* ለቆ ሔደ leqo hede
decay መበስበስ mebesibes
decay *v. i* አበሰበሰ abesebese

decease *n* የሰው ሞት yesew mot
decease *v. i* ሞተ mote
deceit *n* መዋሸት mewashet
deceive *v. t* አታለለ atalele
december *n* ታህሳስ tahisas
decency *n* ጥሩ ፀባይ tiru tsebay
decennary *n.* የአስር አመት yeasir amet
decent *a* ጨዋ chewa
deception *n* ማጭበርበር machiberiber
decide *v. t* ወሰነ wesene
decillion *n.* ዲሲሊዮን disiliyon
decimal *a* የእስር ቤት yeeisir bet
decimate *v.t.* የአብዛኛውን ክፍል አጠፋ yeabizanyawin kifil atefa
decision *n* ውሳኔ wisane
decisive *a* ቁጥር ያለ qutir yale
deck *n* የመርከብ ወኪል yemerikeb wekil
deck *v. t* ሲያዩት የሚያምር siyayut yemiyamir
declaration *n* አዋጅ awaj
declare *v. t.* በይፋ አወጀ beyifa aweje
decline *n* መዳከም medakem
decline *v. t.* አልተቀበለም aliteqebelem
declivous *adj.* ቁልቁለት quliqulet
decompose *v. t.* በሰበሰ besebese
decomposition *n.* መበስበስ mebesibes
decontrol *v.t.* ነፃ ሆነ netsa hone
decorate *v. t* አስጌጠ asigete
decoration *n* ጌጥ get
decorum *n* ጥሩ ፀባይ ያለው tiru tsebay yalew
decrease *v. t* ቀነሰ qenese
decrease *n* መቀነስ meqenes
decree *n* አዋጅ awaj
decree *v. i* አወጀ aweje
decrement *n.* መቀነስ meqenes
dedicate *v. t.* አዋለ awale
dedication *n* ለአላማ መሰዋት lealama mesewat
deduct *v.t.* ቀነሰ qenese
deed *n* ተግባር tegibar
deem *v.i.* አሰበ asebe
deep *a.* ጥልቅ tiliq
deer *n* አጋዘን agazen
defamation *n* የስም ማጥፋት ወንጀል yesim matifat wenijel
defame *v. t.* ስምን አጠፋ simin atefa
default *n.* ህግ መጣስ hig metas
defeat *n* መሸነፍ meshenef
defeat *v. t.* ድል መታ dil meta
defect *n* ብልሽት bilishit
defence *n* መከላከያ mekelakeya
defend *v. t* ተከላከለ tekelakele
defendant *n* ተከሳሽ tekesash
defensive *adv.* የመከላከያ yemekelakeya
deference *n* አክብሮት akibirot
defiance *n* በግላፅ መቃወም begilats meqawem
deficit *n* እጥረት eitiret
deficient *adj.* የጎደለ yegodele
defile *n.* መበከል mebekel
define *v. t* ፍች ሰጠ fich sete
definite *a* እርግጠኛ eirigitenya
definition *n* ትርጉም tirigum
deflation *n.* የመግዛት አቅም መጨመር yemegizat aqim mechemer
deflect *v.t. & i.* ሀሳቡን ቀየረ hasabun qeyere
deft *adj.* ቀልጣፍ qelitaf
degrade *v. t* አዋረደ awarede
degree *n* ደረጃ dereja
deist *n.* እግዚአብሄር ፈጥሮ እንደተወው የሚያምን eigiziabiher fetiro einidetewew yemiyamin

deity *n.* አለምን የሚቆጣጠር አምላክ alemin yemiqotater amilak
deject *v. t* አሳዘነ asazene
dejection *n* ሀዘን hazen
delay *v.t. & i.* አቆየ aqoye
delibate *v.t.* ከለከለ kelekele
deligate1 *n* መልእክተኛ melieikitenya
delegate *v. t* ወከለ wekele
delegation *n* መወከል mewekel
delete *v. t* ሰረዘ sereze
deliberate *v. i* በጥንቃቄ አሰበ betiniqaqe asebe
deliberate *a* በጥንቃቄ betiniqaqe
deliberation *n* ውይይት wiyiyit
delicate *a* አደጋ የማይችል adega yemayichil
delicious *a* ጣፋጭ tafach
delight *n* ደስታ desita
delight *v. t.* አስደሰተ asidesete
deliver *v. t* አስረከበ asirekebe
delivery *n* ርክክብ rikikib
delta *n* ዲልታ dilita
delude *n.t.* አታለለ atalele
delusion *n.* ማታለል matalel
demand *n* መጠየቅ meteyeq
demand *v. t* ጠየቅ teyeq
demarcation *n.* የድንበር መስመር yediniber mesimer
dement *v.t* አበሳጨ abesache
demerit *n* ስህተት sihitet
democracy *n* ዲሞክራሲ dimokirasi
democratic *a* የህዝብ እኩልነት የሚደግፍ yehizib eikulinet yemidegif
demolish *v. t.* አወደመ awedeme
demon *n.* ሰይጣን seyitan
demonetize *v.t.* የገንዘብ ዋጋ መቀነስ yegenizeb waga meqenes
demonstrate *v. t* አሳየ asaye
demonstration *n.* ማሳየት masayet
demoralize *v. t.* ሞራል ሰበረ moral sebere
demur *n* መጠራጠር meterater
demur *v. t* ጥርጣሬን ገለፀ tiritaren geletse
demurrage *n.* የዘገየ መርከብ መቀጮ yezegeye merikeb meqecho
den *n* ዋሻ washa
dengue *n.* እንደ ወባ ያለ በሽታ einide weba yale besheta
denial *n* መካድ mekad
denote *v. i* አመለከተ amelekete
denounce *v. t* አወገዘ awegeze
dense *a* የተጠቀጠቀ yeteteqeteqe
density *n* ዴንሲቲ denisiti
dentist *n* የጥርስ ሐኪም yetiris hakim
denude *v.t.* ወሰደ wesede
denunciation *n.* መወንጀል mewenijel
deny *v. t.* ካደ kade
depart *v. i.* ተለየ teleye
department *n* ክፍል kifil
departure *n* መሄድ mehed
depauperate *v.t.* አደኸየ adeheye
depend *v. i.* ተማመነ temamene
dependant *n* ጥገኛ tigenya
dependence *n* መመኪያ memekiya
dependent *a* ጥገኛ tigenya
depict *v. t.* ገለጸ geletse
deplorable *a* አሳዛኝ asazany
deploy *v.t.* አሰለፈ aselefe
deponent *n.* የፍርድ ቤት ሕግ አስፈፃሚ yefirid bet hig asifetsami
deport *v.t.* ካገር አስወጣ kager asiweta
depose *v. t* ከዙፋን አወረደ kezufan awerede

deposit *n.* ተቀማጭ ገንዘብ teqemach genizeb
deposit *v. t* አስቀመጠ asiqemete
depot *n* መጋዘን megazen
depreciate *v.t.i.* ዋጋው ቀነሰ wagaw qenese
depredate *v.t.* አጠፋ atefa
depress *v. t* ቅር አሰኘ qir asenye
depression *n* መከፋት mekefat
deprive *v. t* ከለከለ kelekele
depth *n* ጥልቀት tiliqet
deputation *n* ተወካዮች tewekayoch
depute *v. t* ስልጣን አስተላለፈ silitan asitelalefe
deputy *n* ምክትል mikitil
derail *v. t.* የሀዲዱን አቅጣጫ እንዲከት አደረገ yehadidun aqitacha einidiket aderege
derive *v. t.* አገኘ agenye
descend *v. i.* ወረደ werede
descendant *n* የትውልድ ዘር yetiwilid zer
descent *n.* ወደ ታች መውረድ wede tach mewired
describe *v. t* አስረዳ asireda
description *n* መግለጫ megilecha
descriptive *a* ገላጭ gelach
desert *v. t.* ተወ tewe
desert *n* በረሃ bereha
deserve *v. t.* ተገባ tegeba
design *v. t.* አቀደ aqede
design *n.* ንድፍ nidif
desirable *a* ተፈላጊ tefelagi
desire *n* ፍላጎት filagot
desire *v.t* ፈለገ felege
desirous *a* የሚፈለግ yemifeleg
desk *n* ዴስክ desik
despair *n* ተስፋ መቁረጥ tesifa mequret
despair *v. i* ተስፋ ቆረጠ tesifa qorete
desperate *a* ተስፋ ቢስ tesifa bis
despicable *a* የሚናቅ yeminaq
despise *v. t* ናቀ naqe
despot *n* አምባገነን መሪ amibagenen meri
destination *n* መድረሻ mediresha
destiny *n* እጣ ፈንታ eita fenita
destroy *v. t* አወደመ awedeme
destruction *n* ጥፋት tifat
detach *v. t* ለያየ leyaye
detachment *n* ገለልተኝነት gelelitenyinet
detail *n* ዝርዝር zirizir
detail *v. t* ዘረዘረ zerezere
detain *v. t* አቆየ aqoye
detect *v. t* መረመረ meremere
detective *a* የወንጀል ምርመራ yewenijel mirimera
detective *n.* ወንጀል መርማሪ wenijel merimari
determination *n.* ቁርጥ ሀሳብ qurit hasab
determine *v. t* ወሰነ wesene
dethrone *v. t* ከስልጣን ወረደ kesilitan werede
develop *v. t.* አደገ adege
development *n.* እድገት eidiget
deviate *v. i* ራቀ raqe
deviation *n* ከተለመደው ወጣ ማለት ketelemedew weta malet
device *n* መሳሪያ mesariya
devil *n* ሰይጣን seyitan
devise *v. t* ፈጠረ fetere
devoid *a* ባዶ bado
devote *v. t* አዋለ awale
devotee *n* ከፍተኛ ፍላጎት ያለው ሰው kefitenya filagot yalew sew
devotion *n* ታማኝነት tamanyinet
devour *v. t* ጎሰጎሰ gosegose
dew *n.* ጤዛ teza
diabetes *n* የስኳር በሽታ yesikwar beshita

diagnose *v. t* መረመረ meremere
diagnosis *n* ምርመራ mirimera
diagram *n* ስእላዊ መግለጫ sieilawi megilecha
dial *n.* የስልክ ማዞሪያ yesilik mazoriya
dialect *n* የቋንቋ ዘዬ yeqwaniqwa zeye
dialogue *n* ውይይት wiyiyit
diameter *n* የክብ አጋማሽ መስመር yekib agamash mesimer
diamond *n* አልማዝ alimaz
diarrhoea *n* ተቅማጥ teqimat
diary *n* የእለት ማስታወሻ yeeilet masitawesha
dice *n.* ዳይ day
dice *v. i.* ዳይ ወረወረ day werewere
dictate *v. t* አፃፈ atsafe
dictation *n* የቃል ፅሁፈት yeqal tsihifet
dictator *n* አምባገነን amibagenen
diction *n* የአነጋገር ዘይቤ yeanegager zeyibe
dictionary *n* መዝገበ ቃላት mezigebe qalat
dictum *n* የባለስልጣን ንግግር yebalesilitan nigigir
didactic *a* ትምህርት አዘል timihirit azel
die *v. i* ሞተ mote
die *n* ቅርፅ ማውጫ qirits mawicha
diet *n* ምግብ migib
differ *v. i* ተለየ teleye
difference *n* ልዩነት liyunet
different *a* የተለየ yeteleye
difficult *a* አስቸጋሪ asichegari
difficulty *n* ችግር chigir
dig *n* መቆፈር meqofer
dig *v.t.* ቆፈረ qofere
digest *v. t.* አዋሐደ awahade
digest *n.* አጭር መግለጫ achir megilecha
digestion *n* የምግብ መንሸራሸር yemigib menisherasher
digit *n* ቁጥር qutir
dignify *v.t* አስከበረ asikebere
dignity *n* ክብር kibir
dilemma *n* አጣብቂኝ atabiqiny
diligence *n* ትጋት tigat
diligent *a* ትጉህ tiguh
dilute *v. t* አቀጠነ aqetene
dilute *a* የቀጠነ yeqetene
dim *a* ደብዛዛ debizaza
dim *v. t* አደበዘዘ adebezeze
dimension *n* ወርድና ስፋት weridina sifat
diminish *v. t* አሳነሰ asanese
din *n* ሁካታ hukata
dine *v. t.* እራት በላ eirat bela
dinner *n* እራት eirat
dip *n.* መንከር meniker
dip *v. t* አጠቀሰ ateqese
diploma *n* የምስክር ወረቀት yemisikir wereqet
diplomacy *n* ዲፕሎማሲ dipilomasi
diplomat *n* ዲፕሎማት dipilomat
diplomatic *a* የዲፕሎማሲ yedipilomasi
dire *a* አሳሳቢ asasabi
direct *a* ቀጥተኛ qetitenya
direct *v. t* መራ mera
direction *n* አቅጣጫ aqitacha
director *n.* አዘጋጅ azegaj
directory *n* ማውጫ mawicha
dirt *n* ቆሻሻ qoshasha
dirty *a* የቆሸሸ yeqosheshe
disability *n* ጉድለት gudilet
disable *v. t* አካለ ስንኩል አደረገ akale sinikul aderege
disabled *a* የአካለ ስንኩል yeakale sinikul

disadvantage *n* ጉዳት gudat
disagree *v. i* አልተስማማም alitesimamam
disagreeable *a.* ደስ የማይል des yemayil
disagreement *n.* አለመስማማት alemesimamat
disappear *v. i* ተሰወረ tesewere
disappearance *n* መሰወር mesewer
disappoint *v. t.* ቅር አሰኘ qir asenye
disapproval *n* መቃወም meqawem
disapprove *v. t* ተቃወመ teqaweme
disarm *v. t* የጦር መሳሪያ ቀነሰ yetor mesariya qenese
disarmament *n.* የጦር መሳሪያ መቀነስ yetor mesariya meqenes
disaster *n* መአት meat
disastrous *a* አሰቃቂ aseqaqi
disc *n.* ዲስክ disik
discard *v. t* አስወገደ asiwegede
discharge *v. t* ለቀቀ leqeqe
discharge *n.* መልቀቅ meliqeq
disciple *n* ደቀመዝሙር deqemezimur
discipline *n* ስነስርአት sinesiriat
disclose *v. t* አጋለጠ agalete
discomfort *n* ችግር chigir
disconnect *v. t* ቆረጠ qorete
discontent *n* አለመርካት alemerikat
discontinue *v. t* አቋረጠ aqwarete
discord *n* አለመስማማት alemesimamat
discount *n* የዋጋ ቅናሽ yewaga qinash
discourage *v. t.* ተስፋ አስቆረጠ tesifa asiqorete
discourse *n* ንግግር nigigir
discourteous *a* ባለጌ balege
discover *v. t* አገኘ agenye
discovery *n.* ግኝት ginyit
discretion *n* መለየት meleyet
discriminate *v. t.* አደላ adela
discrimination *n* የዘር ልዩነት yezer liyunet
discuss *v. t.* ተወያየ teweyaye
disdain *n* ንቀት niqet
disdain *v. t.* ናቀ naqe
disease *n* በሽታ beshita
disguise *n* መደበቂያ medebeqiya
disguise *v. t* ደበቀ debeqe
dish *n* ሳህን sahin
dishearten *v. t* ተስፋ አስቆረጠ tesifa asiqorete
dishonest *a* አታላይ atalay
dishonesty *n.* ማታለል matalel
dishonour *v. t* አዋረደ awarede
dishonour *n* ውርደት wiridet
dislike *v. t* ጠላ tela
dislike *n* ጥላቻ tilacha
disloyal *a* የማይታመን yemayitamen
dismiss *v. t.* አስወገደ asiwegede
dismissal *n* መወገድ meweged
disobey *v. t* አልተታዘዝም አሉ alitetazezim alu
disorder *n* ትርምስምስ tirimisimis
disparity *n* አለመመጣጠን alememetaten
dispensary *n* የህክምና ክፍል yehikimina kifil
disperse *v. t* በታተነ betatene
displace *v. t* አፈናቀለ afenaqele
display *v. t* አሳየ asaye
display *n* ትዕይንት tieiyinit
displease *v. t* አስከፋ asikefa
displeasure *n* ቅሬታ qireta
disposal *n* ማስወገድ masiweged
dispose *v. t* አስወገደ asiwegede

disprove *v. t* ሐሰት መሆኑን አስረዳ haset mehonun asireda
dispute *n* ክርክር kirikir
dispute *v. i* ተከራከረ tekerakere
disqualification *n* አለመቻል alemechal
disqualify *v. t.* ውድቅ አደረገ widiq aderege
disquiet *n* ፊት ነሳ fit nesa
disregard *n* ቸል ማለት chel malet
disregard *v. t* ቸል አለ chel ale
disrepute *n* ወራዳ werada
disrespect *n* አለማክበር alemakiber
disrupt *v. t* በጠበጠ betebete
dissatisfaction *n* አለመርካት alemerikat
dissatisfy *v. t.* አላረካም alarekam
dissect *v. t* ሰነጠቀ seneteqe
dissection *n* መበለት mebelet
dissimilar *a* የተለያየ yeteleyaye
dissolve *v.t* አሟሟ amwamwa
dissuade *v. t* እንቢ አሰኘ einibi asenye
distance *n* ርቀት riqet
distant *a* የሩቅ yeruq
distil *v. t* አጣራ atara
distillery *n* ማጣሪያ ቦታ matariya bota
distinct *a* የተለየ yeteleye
distinction *n* ልዩነት liyunet
distinguish *v. i* ለየ leye
distort *v. t* አጣመመ atameme
distress *n* ስቃይ siqay
distress *v. t* አሰቃይ aseqay
distribute *v. t* አከፋፈለ akefafele
distribution *n* ማከፋፈል makefafel
district *n* ወረዳ wereda
distrust *n* ጥርጣሬ tiritare
distrust *v. t.* ተጠራጠረ teteratere
disturb *v. t* ረበሸ rebeshe
ditch *n* ጉድጓድ gudigwad
ditto *n.* የተመሳሳይ ምልክት yetemesasay milikit
dive *v. i* ጠለቀ teleqe
dive *n* ውል ውስጥ ሶቶ መግባት wil wisit soto megibat
diverse *a* የተለያየ yeteleyaye
divert *v. t* አቅጣጫ ለወጠ aqitacha lewete
divide *v. t* ከፈለ kefele
divine *a* መለኮታዊ melekotawi
divinity *n* መለኮት melekot
division *n* ክፍፍል kififil
divorce *n* ፍቺ fichi
divorce *v. t* ፈታ feta
divulge *v. t* ሚስጥር አወጣ misitir aweta
do *v. t* ማድረግ madireg
docile *a* ታዛዥ tazazh
dock *n.* የመርከብ ማራገፊያ yemerikeb maragefiya
doctor *n* ሀኪም hakim
doctorate *n* ዶክትሬት dokitiret
doctrine *n* ህግ hig
document *n* ሰነድ sened
dodge *n* ማምለጥ mamilet
dodge *v. t* አመለጠ amelete
doe *n* ሴት አጋዘን set agazen
dog *n* ውሻ wisha
dog *v. t* ለመያዝ ሮጠ lemeyaz rote
dogma *n* ህግ hig
dogmatic *a* የስርአት yesiriat
doll *n* አሻንጉሊት ashanigulit
dollar *n* ዶላር dolar
domain *n* ግዛት gizat
dome *n* ጉልላት gulilat
domestic *a* የቤት yebet
domestic *n* የቤት ሰራተኛ yebet seratenya
domicile *n* መኖሪያ menoriya
dominant *a* ጎልቶ የሚታይ golito yemitay

dominate *v. t* ገዛ geza
domination *n* አገዛዝ agezaz
dominion *n* ግዛት gizat
donate *v. t* ለገሰ legese
donation *n.* እርዳታ eiridata
donkey *n* አህያ ahiya
donor *n* ለጋሽ legash
doom *n* ፍርድ firid
doom *v. t.* ፈረደ ferede
door *n* በር ber
dose *n* የመድሀኒት መጠን yemedihanit meten
dot *n* ነጥብ netib
dot *v. t* ነጥብ አደረገ netib aderege
double *a* እጥፍ eitif
double *v. t.* እጥፍ አደረገ eitif aderege
double *n* ሁለት እጥፍ hulet eitif
doubt *v. i* ተጠራጠረ teteratere
doubt *n* መጠራጠር meterater
dough *n* ሊጥ lit
dove *n* ርግብ rigib
down *adv* ወደ ታች wede tach
down *prep* ታች tach
down *v. t* ወደቀ wedeqe
downfall *n* ውድቀት widiqet
downpour *n* ከባድ ዝናብ kebad zinab
downright *adv* ሙሉ በሙሉ mulu bemulu
downright *a* የተሟላ yetemwala
downward *a* ወደ ታች ያለ wede tach yale
downward *adv* ወደ ታች wede tach
downwards *adv* ወደ ታች wede tach
dowry *n* ጥሎሽ tilosh
doze *n.* ማሸለብ masheleb
doze *v. i* አሸለበ ashelebe
dozen *n* ደርዘን derizen
draft *v. t* አረቀቀ areqeqe
draft *n* ረቂቅ ጽሁፍ reqiq tsihuf
draftsman *a* የንድፍ ባለሙያ yenidif balemuya
drag *n* መሳብ mesab
drag *v. t* ሳበ sabe
dragon *n* ድራጎን diragon
drain *n* የእጣቢ መውረጃ yeeitabi mewireja
drain *v. t* አፈሰሰ afesese
drainage *n* ፍሳሽ fisash
dram *n* የአርመን ገንዘብ yearimen genizeb
drama *n* ተውኔት tewinet
dramatic *a* ተውኔታዊ tewinetawi
dramatist *n* ተውኔት tewinet
draper *n* መጋረጃ megareja
drastic *a* ጥብቅ tibiq
draught *n* መሳብ mesab
draw *v.t* ሳለ sale
draw *n* ስዕል መሳል sieil mesal
drawback *n* ችግር chigir
drawer *n* መሳቢያ mesabiya
drawing *n* ስዕል sieil
drawing-room *n* ንድፈ ክፍል nidife kifil
dread *n* ስጋት sigat
dread *v.t* ፈራ fera
dread *a* ፈሪ feri
dream *n* ህልም hilim
dream *v. i.* አለመ aleme
drench *v. t* አበሰበሰ abesebese
dress *n* ሸሚዝ shemiz
dress *v. t* ለበሰ lebese
dressing *n* የቁስል ፋሻ yequsil fasha
drill *n* መሰርሰሪያ መሳሪያ meseriseriya mesariya
drill *v. t.* ሰረሰረ seresere
drink *n* መጠጥ metet
drink *v. t* ጠጣ teta
drip *n* ጠብታ tebita
drip *v. i* ተንጠባጠበ tenitebatebe

drive *v. t* ነዳ neda
drive *n* መንዳት menidat
driver *n* ሹፌር shufer
drizzle *n* ካፊያ kafiya
drizzle *v. i* አካፋ akafa
drop *n* ጠብታ tebita
drop *v. i* ጣለ tale
drought *n* ድርቅ diriq
drown *v.i* ሰጠመ seteme
drug *n* መድሀኒት medihanit
druggist *n* መድሀኒት ቀማሚ medihanit qemami
drum *n* ከበሮ kebero
drum *v.i.* ከበሮ መታ kebero meta
drunkard *n* ሰካራም sekaram
dry *a* ደረቅ dereq
dry *v. i.* አደረቀ adereqe
dual *a* ጥንድ tinid
duck *n.* ዳክዬ dakiye
duck *v.i.* አጎነበሰ agonebese
due *a* ተገቢ tegebi
due *n* ድርሻ dirisha
due *adv* በትክክል betikikil
duel *n* የከረረ ጠብ yekerere teb
duel *v. i* ተጠላ tetela
duke *n* መስፍን mesifin
dull *a* የደነዘ yedeneze
dull *v. t.* አደነዘ adeneze
duly *adv* በሚገባ bemigeba
dumb *a* ዲዳ dida
dunce *n* ጅል jil
dung *n* እበት eibet
duplicate *a* በጣም የሚመሳሰል betam yemimesasel
duplicate *n* ግልባጭ gilibach
duplicate *v. t* አበዛ abeza
duplicity *n* አታላይ atalay
durable *a* ዘላቂ zelaqi
duration *n* የጊዜ መጠን yegize meten
during *prep* በ…ጊዜ be…gize
dusk *n* ላይን ሲይዝ layin siyiz
dust *n* አቧራ abwara
dust *v.t.* ጠረገ terege
duster *n* የጽዳት ልብስ yetsidat libis
dutiful *a* ታዛዥ tazazh
duty *n* ተግባር tegibar
dwarf *n* ድንክ dinik
dwell *v. i* ኖረ nore
dwelling *n* መኖሪያ ቤት menoriya bet
dwindle *v. t* መነመነ menemene
dye *v. t* ቀለም ነከረ qelem nekere
dye *n* መንከሪያ menikeriya
dynamic *a* ታታሪ tatari
dynamics *n.* እንቅስቃሴ einiqisiqase
dynamite *n* ድማሚት dimamit
dynamo *n* ዲናሞ dinamo
dynasty *n* ስርወ መንግስት siriwe menigisit
dysentery *n* የተቅማጥ በሽታ yeteqimat beshita

E

each *a* እያንዳንዱ eiyanidanidu
each *pron.* እያንዳንዱ eiyanidanidu
eager *a* ጉጉ gugu
eagle *n* ንስር nisir
ear *n* ጆሮ joro
early *adv* ቀደም ብሎ qedem bilo
early *a* የቀድሞ yeqedimo
earn *v. t* አገኘ agenye
earnest *a* ቅን qin
earth *n* መሬት meret
earthen *a* የሸክላ yeshekila
earthly *a* ምድራዊ midirawi
earthquake *n* የመሬት መንቀጥቀጥ yemeret meniqetiqet

ease *n* ተዝናና tezinana
ease *v. t* አስታገሰ asitagese
east *n* ምስራቅ misiraq
east *adv* ከምስራቅ kemisiraq
east *a* ምስራቃዊ misiraqawi
easter *n* ፋሲካ fasika
eastern *a* የምስራቅ yemisiraq
easy *a* ቀላል qelal
eat *v. t* በላ bela
eatable *n.* የሚበላ ምግብ yemibela migib
eatable *a* የሚበላ yemibela
ebb *n* መፍሰስ mefises
ebb *v. i* ሸሸ sheshe
ebony *n* ጠንካራ ጥቁር እንጨት tenikara tiqur einichet
echo *n* የገደል ማሚቶ yegedel mamito
echo *v. t* አስተጋባ asitegaba
eclipse *n* ግርዶሽ giridosh
economic *a* የኢኮኖሚ yeikonomi
economical *a* ቆጣቢ qotabi
economics *n.* ኢኮኖሚክስ ikonomikis
economy *n* ምጣኔ ሀብት mitane habit
edge *n* ጠርዝ teriz
edible *a* የሚበላ yemibela
edifice *n* ህንጻ hinitsa
edit *v. t* አዘጋጀ azegaje
edition *n* እትም eitim
editor *n* አዘጋጅ azegaj
editorial *a* የአዘጋጁ yeazegaju
editorial *n* ርእስ አንቀጽ rieis aniqets
educate *v. t* አስተማረ asitemari
education *n* ትምህርት timihirit
efface *v. t* አጠፋ atefa
effect *n* ውጤት witet
effect *v. t* አስከተለ asiketele
effective *a* አጥጋቢ atigabi
effeminate *a* የሴት yeset
efficacy *n* ውጤታማነት witetamanet
efficiency *n* ቅልጥፍና qilitifina
efficient *a* ቀልጣፋ qelitafa
effigy *n* ምስል misil
effort *n* ጥረት tiret
egg *n* እንቁላል einiqulal
ego *n* ለራስ ያለ ከፍተኛ ግምት leras yale kefitenya gimit
egotism *n* ራስን ማክበር rasin makiber
eight *n* ስምምነት simiminet
eighteen *a* አስራ ስምንት asira siminit
eighty *n* ሰማኒያ semaniya
either *a.,* ከሁለቱ አንዱ kehuletu anidu
either *adv.* እንደዛው einidezaw
eject *v. t.* አስወጣ asiweta
elaborate *v. t* አብራራ abirara
elaborate *a* ረቂቅ reqiq
elapse *v. t* አለፈ alefe
elastic *a* የሚለጠጥ yemiletet
elbow *n* ክርን kirin
elder *a* ታላቅ talaq
elder *n* ሽማግሌ shimagile
elderly *a* በእድሜ የገፋ beeidime yegefa
elect *v. t* መረጠ merete
election *n* ምርጫ miricha
electorate *n* መራጮች merachoch
electric *a* ኤሌክትሪክ elekitirik
electricity *n* የኤሌክትሪክ ሀይል yeelekitirik hayil
electrify *v. t* በኤሌክትሪክ አሰራ beelekitirik asera
elegance *n* ውበት wibet
elegant *adj* ያሸበረቀ yashebereqe
elegy *n* የሀዘን እንጉርጉሮ yehazen einiguriguro
element *n* ንጥረ ነገር nitire neger
elementary *a* የጀማሪዎች yejemariwoch

elephant *n* ዝሆን zihon
elevate *v. t* ከፍ አደረገ kef aderege
elevation *n* ከፍታ kefita
eleven *n* አስራ አንድ asira anid
elf *n* አፈታሪክ ውስጥ ያለ afetarik wisit yale
eligible *a* ብቁ የሆነ biqu yehone
eliminate *v. t* አስወገደ asiwegede
elimination *n* ማስወገድ masiweged
elope *v. i* ኮበለለ kobelele
eloquence *n* አንደበተ ርቱእነት anidebete ritueinet
eloquent *a* አንደበተ ርቱእ anidebete ritue
else *a* ካልሆነ kalihone
else *adv* ያለበለዚያ yalebeleziya
elucidate *v. t* አብራራ abirara
elude *v. t* አመለጠ amelete
elusion *n* ማምለጥ mamilet
elusive *a* አልጨበጥ አለ alichebet ale
emancipation *n.* ነፃ መውጣት netsa mewitat
embalm *v. t* በድን እንዳይበሰብስ አደረገ bedin einidayibesebis aderege
embankment *n* ግንብ ginib
embark *v. t* ተሳፈረ tesafere
embarrass *v. t* አሳፈረ asafere
embassy *n* ኤምባሲ. emibasi
embitter *v. t* ተማረረ temarere
emblem *n* አርማ arima
embodiment *n* አርአያነት ariayanet
embody *v. t. ያዘ* yaze
embolden *v. t.* አደፋፈረ adefafere
embrace *v. t.* አቀፈ aqefe
embrace *n* ማቀፍ maqef
embroidery *n* ማስጌጥ masiget
embryo *n* ፅንስ tsinis
emerald *n* አረንጓዴ የከበረ ድንጋይ arenigwade yekebere dinigay

emerge *v. i* ብቅ አለ biq ale
emergency *n* አስቸኳይ ሁኔታ asichekway huneta
eminent *a* ዝነኛ zinenya
emissary *n* የመንግስት መልክተኛ yemenigisit melikitenya
emit *v. t* አወጣ aweta
emolument *n* ደመወዝ demewez
emotion *n* ስሜት simet
emotional *a* ስሜታዊ የሆነ simetawi yehone
emperor *n* ንጉስ nigus
emphasis *n* አፅንኦት መስጠት atsiniot mesitet
emphasize *v. t* ትኩረት ሰጠ tikuret sete
emphatic *a* የጎላ yegola
empire *n* የንጉስ ግዛት yenigus gizat
employ *v. t* ቀጠረ qetere
employee *n* ተቀጣሪ teqetari
employer *n* ቀጣሪ qetari
employment *n* መቅጠር meqiter
empower *v. t* ስልጣን ሰጠ silitan sete
empress *n* ንግስት nigisit
empty *a* ባዶ bado
empty *v* ባዶ አደረገ bado aderege
emulate *v. t* ተቀዳዳ teqedada
enable *v. t* አስቻለ asichale
enact *v. t* አሳለፈ asalefe
enamel *n* የጥርስ የላይኛው ጠንካራ yetiris yelayinyaw tenikara
enamour *v. t* ወደደ wedede
encase *v. t* ሙሉ በሙሉ ሸፈነ mulu bemulu shefene
enchant *v. t* አስደሰተ asidesete
encircle *v. t.* ከበባ kebeba
enclose *v. t* አያይዞ ላከ ayayizo lake
enclosure *n.* ቅጥር qitir
encompass *v. t* ከበበ kebebe

encounter *n.* መገናኘት megenanyet
encounter *v. t* አጋጠመው agatemew
encourage *v. t* አበረታታ aberetata
encroach *v. i* ወሰን ተላለፈ wesen telalefe
encumber *v. t.* አስቸገረ asichegere
encyclopaedia *n.* አውደ ጥበብ awide tibeb
end *v. t* ደመደመ demedeme
end *n.* መጨረሻ mecheresha
endanger *v. t.* አደጋ ላይ ጣለ adega lay tale
endear *v.t* ተወዳጅ አደረገ tewedaj aderege
endearment *n.* የፍቅር መግለጫ yefiqir megilecha
endeavour *n* ጥረት tiret
endeavour *v.i* ተጣጣረ tetatare
endorse *v. t.* አፀደቀ atsedeqe
endow *v. t* ችሮታ አደረገ chirota aderege
endurable *a* የማይቻል yemayichal
endurance *n.* ትእግስት tieigisit
endure *v.t.* ታገሰ tagese
enemy *n* ጠላት telat
energetic *a* ታታሪ tatari
energy *n.* ጉልጠት gulitet
enfeeble *v. t.* አደከመ adekeme
enforce *v. t.* አጠነከረ atenekere
enfranchise *v.t.* የፖለቲካ መብት ሰጠ yepoletika mebit sete
engage *v. t* አሳተፈ asatefe
engagement *n.* መተጫጨት metechachet
engine *n* ሞተር moter
engineer *n* መሀንዲስ mehanidis
English *n* እንግሊዝኛ ቋንቋ einigilizinya qwaniqwa
engrave *v. t* ቀረፀ qeretse
engross *v.t* ትኩረት ሳበ tikuret sabe
engulf *v.t* ዋጠ wate
enigma *n* ሚስጢር misitir
enjoy *v. t* ተደሰተ tedesete
enjoyment *n* ደስታ desita
enlarge *v. t* አሰፋ asefa
enlighten *v. t.* አስረዳ asireda
enlist *v. t* መለመለ melemele
enliven *v. t.* አደመቀ ademeqe
enmity *n* ጠላትነት telatinet
ennoble *v. t.* አስከበረ asikebere
enormous *a* በጣም ትልቅ betam tiliq
enough *a* በቂ beqi
enough *adv* በበቂ bebeqi
enrage *v. t* አስቆጣ asiqota
enrapture *v. t* ተደሰተ tedesete
enrich *v. t* አበለፀገ abeletsege
enrol *v. t* መዘገበ mezegebe
enshrine *v. t* በቅዱስ ስፍራ አስቀመጠ beqidus sifira asiqemete
enslave *v.t.* ባሪያ አደረገ bariya aderege
ensue *v.i* ተከተለ teketele
ensure *v. t* አረጋገጠ aregagete
entangle *v. t* ተጠመጠመ tetemeteme
enter *v. t* ገባ geba
enterprise *n* የንግድ ድርጅት yenigid dirijit
entertain *v. t* አስተናገደ asitenagede
entertainment *n.* የሚያዝናና ነገር yemiyazinana neger
enthrone *v. t* ዙፋን ላይ አስቀመጠ zufan lay asiqemete
enthusiasm *n* የጋለ ስሜት yegale simet
enthusiastic *a* ያንን yanin
entice *v. t.* አባበለ ababele

entire *a* ጠቅላላ teqilala
entirely *adv* ሙሉ በሙሉ mulu bemulu
entitle *v. t.* መብት ሰጠ mebit sete
entity *n* አካል akal
entomology *n.* የነፍሳት ጥናት yenefisat tinat
entrails *n.* ሆድ እቃ hod eiqa
entrance *n* መግቢያ megibiya
entrap *v. t.* አጠመደ atemede
entreat *v. t.* ለመነ lemene
entreaty *n.* ልመና limena
entrust *v. t* አደራ ሰጠ adera sete
entry *n* አገባብ agebab
enumerate *v. t.* ዘረዘረ zerezere
envelop *v. t* ጠቀለለ teqelele
envelope *n* የወረቀት ከረጢት yewereqet keretit
enviable *a* የሚያስቀና yemiyasiqena
envious *a* በቅናት የተሞላ beqinat yetemola
environment *n.* አካባቢ akababi
envy *v* ቅናት qinat
envy *v. t* ቀና qena
epic *n* ጀብድ የተሞላ jebid yetemola
epidemic *n* ወረርሽኝ wererishiny
epigram *n* ተረብ tereb
epilepsy *n* የሚጥል በሽታ yemitil beshita
epilogue *n* ዝክረ ታሪክ zikire tarik
episode *n* ምዕራፍ mieiraf
epitaph *n* የመቃብር yemeqabir
epoch *n* ዘመን zemen
equal *a* እኩል eikul
equal *v. t* እኩል ሆነ eikul hone
equal *n* እኩያ eikuya
equality *n* እኩልነት eikulinet
equalize *v. t.* አስተካከለ asitekakele
equate *v. t* እኩል አደረገ eikul aderege
equation *n* የሒሳብ ቀመር yehisab qemer
equator *n* የምድር መቀነት yemidir meqenet
equilateral *a* እኩል ጎኖች ያሉት eikul gonoch yalut
equip *v. t* አሰስታጠቀ asesitateqe
equipment *n* መሳሪያ mesariya
equitable *a* ትክክለኛ tikikilenya
equivalent *a* ተመጣጣኝ temetatany
equivocal *a* አጠራጣሪ ateratari
era *n* ዘመን zemen
eradicate *v. t* አስወገደ asiwegede
erase *v. t* አጠፋ atefa
erect *v. t* አቆመ aqome
erect *a* የቆመ yeqome
erection *n* መቆም meqom
erode *v. t* ሸረሸረ shereshere
erosion *n* መሸርሸር mesherisher
erotic *a* ወሲብን የሚያነሳሳ wesibin yemiyanesasa
err *v. i* ተሳሳተ tesasate
errand *n* መልእክት melieikit
erroneous *a* የተሳሳተ yetesasate
error *n* ስህተት sihitet
erupt *v. i* ፈነዳ feneda
eruption *n* ፍንዳታ finidata
escape *n* ማምለጫ mamilecha
escape *v.i* አመለጠ amelete
escort *n* አጀብ ajeb
escort *v. t* አጀበ ajebe
especial *a* የተለየ yeteleye
essay *n.* ድርሰት diriset
es+say *v. t.* ሞከረ mokere
essayist *n* ደራሲ derasi
essence *n* መሰረት meseret
essential *a* ዋና wana
establish *v. t.* መሰረት meseret

establishment *n* መመሰረት memeseret
estate *n* ርስት risit
esteem *n* ከፍተኛ ጣእም kefitenya taeim
esteem *v. t* አከበረ akebere
estimate *n.* ግምት gimit
estimate *v. t* ገመተ gemete
estimation *n* ግምት gimit
etcetera የመሳሰሉት ሌሎችም yemesaselut lelochim
eternal ዘላለማዊ zelalemawi
eternity *n* ዘላለማዊነት zelalemawinet
ether *n* ማደንዘዣ መድሀኒት madenizezha medihanit
ethical *a* የስነ ምግባር yesine migibar
ethics *n.* የስነ ምግባር ትምህርት yesine migibar timihirit
etiquette *n* ስነ ምግባር sine migibar
etymology *n.* የቃላት ስነ መሠረት yeqalat sine meseret
eunuch *n* ጆንደረባ jenidereba
evacuate *v. t* አስለቀቀ asileqeqe
evacuation *n* ቦታ ማስለቀቅ bota masileqeq
evade *v. t* አመለጠ amelete
evaluate *v. t* ገመገመ gemegeme
evaporate *v. i* ተነነ tenene
evasion *n* ማድበስበስ madibesibes
even *a* ሰጥ ያለ set yale
even *v. t* እኩል አደረገ eikul aderege
even *adv* እንኳን einikwan
evening *n* ምሽት mishit
event *n* ሁኔታ huneta
eventually *adv.* በመጨረሻ bemecheresha
ever *adv* መቼም mechem
evergreen *a* አመቱን ሙሉ የሚያፈራ ametun mulu yemiyafera
evergreen *n* አመቱን ሙሉ የሚያፈራ ተክል ametun mulu yemiyafera tekil
everlasting *a.* ዘላለማዊ zelalemawi
every *a* እያንዳዱ eiyanidadu
evict *v. t* አስወጣ asiweta
eviction *n* ማስወጣት masiwetat
evidence *n* መረጃ mereja
evident *a.* ግልጽ gilits
evil *n* መጥፎ metifo
evil *a* ክፉ kifu
evoke *v. t* አስታወሰ asitawese
evolution *n* ዝግመታዊ ለውጥ zigimetawi lewit
evolve *v.t* ፈጠረ fetere
ewe *n* ሴት በግ set beg
exact *a* ትክክለኛ tikikilenya
exaggerate *v. t.* አጋነነ agagenene
exaggeration *n.* ማግነን maginen
exalt *v. t* አወደሰ awedese
examination *n.* ፈተና fetena
examine *v. t* ፈተነ fetene
examinee *n* ተፈታኝ tefetany
examiner *n* ፈታኝ fetany
example *n* ምሳሌ misale
excavate *v. t.* ቆፈረ qofere
excavation *n.* ቁፋሮ qufaro
exceed *v.t* በለጠ belete
excel *v.i* ላቀ laqe
excellence *n.* ከፍተኛ ችሎታ kefitenya chilota
excellency *n* ክቡር kibur
excellent *a.* እጅግ በጣም ጥሩ eijig betam tiru
except *v. t* ውጭ አደረገ wich aderege

except *prep* ከ...በስተቀር ke... besiteqer
exception *n* ውጭ መሆን wich mehon
excess *n* ከመጠን በላይ kemeten belay
excess *a* ትርፍ tirif
exchange *n* ለውጥ lewit
exchange *v. t* ለወጠ lewete
excise *n* ቀረጥ qeret
excite *v. t* አስደሰተ asidesete
exclaim *v.i* በደስታ ተናገረ bedesita tenagere
exclamation *n* ቃለ አጋኖ qale agano
exclude *v. t* አስቀረ asiqere
exclusive *a* የተለየ yeteleye
excommunicate *v. t.* አወገዘ awegeze
excursion *n.* ሽርሽር shirishir
excuse *v.t* ይቅርታ አደረገ yiqirita aderege
excuse *n* ይቅርታ yiqirita
execute *v. t* በሞት ቀጣ bemot qeta
execution *n* የሞት ቅጣት yemot qitat
executioner *n.* የሞት የሚቀጣ yemot yemiqeta
exempt *v. t.* ነፃ አደረገ netsa aderege
exempt ነፃ netsa
exercise *n.* ልምምድ limimid
exercise *v. t* ልምምድ አደረገ limimid aderege
exhaust *v. t.* ሙሉ በሙሉ ጨረሰ mulu bemulu cherese
exhibit *n.* ለህዝብ ማሳየት lehizib masayet
exhibit *v. t* ለህዝብ አሳየ lehizib asaye
exhibition *n.* ትርዒት tiriit
exile *n.* ስደት sidet
exile *v. t* ሰደደ sedede
exist *v.i* ኖረ nore
existence *n* መኖር menor
exit *n.* መውጫ mewicha
expand *v.t.* አስፋፋ asifafa
expansion *n.* መስፋፋት mesifafat
ex-parte *a* በአንድ በኩል ያለ beanid bekul yale
ex-parte *adv* በአንድ በኩል beanid bekul
expect *v. t* ጠበቀ tebeqe
expectation *n.* ግምት gimit
expedient *a* ለአላማ የሚጠቅም lealama yemiteqim
expedite *v. t.* አፋጠነ afatene
expedition *n* ዘመቻ zemecha
expel *v. t.* አስወጣ asiweta
expend *v. t* ተጠቀመ teteqeme
expenditure *n* ወጪ wechi
expense *n.* ወጪ wechi
expensive *a* ውድ wid
experience *n* ልምድ limid
experience *v. t.* አጋጠመው agatemew
experiment *n* ሙከራ mukera
expert *a* ጥልቅ tiliq
expert *n* አዋቂ awaqi
expire *v.i.* ጊዜ አለቀ gize aleqe
expiry *n* መጨረሻ mecheresha
explain *v. t.* አብራራ abirara
explanation *n* ማብራሪያ mabirariya
explicit *a.* ግልጽ gilits
explode *v. t.* አፈነዳ afeneda
exploit *n* ጀብዱ jebidu
exploit *v. t* በጥቅም ላይ አዋለ betiqim lay awale
exploration *n* መፈተሽ mefetesh
explore *v.t* መረመረ meremere
explosion *n.* ፍንዳታ finidata
explosive *n.* ፈንጂ feniji
explosive *a* የሚፈነዳ yemifeneda

exponent *n* የሚያስረዳ ሰው yemiyasireda sew
export *n* ወደ ውጭ መላክ wede wich melak
export *v. t.* ወደ ውጭ አገር ላከ wede wich ager lake
expose *v. t* አሳየ asaye
express *v. t.* ተናገር tenager
express *a* ግልጽ gilits
express *n* ፈጣን ባቡር fetan babur
expression *n.* አባባል ababal
expressive *a.* ትርጉም ያለው tirigum yalew
expulsion *n.* መባረር mebarer
extend *v. t* ዘረጋ zerega
extent *n.* መጠን meten
external *a* የውጭ yewich
extinct *a* ዝርያው ከምድር የጠፋ ziriyaw kemidir yetefa
extinguish *v.t* አጠፋ atefa
extol *v. t.* አሞገሰ amogese
extra *a* ተጨማሪ techemari
extra *adv* በተጨማሪ betechemari
extract *n* የተውጣጣ ምንባብ yetewitata minibab
extract *v. t* አመጣ ameta
extraordinary *a.* ያልተለመደ yalitelemede
extravagance *n* ገንዘብ አባካኝነት genizeb abakanyinet
extravagant *a* ገንዘብ አባካኝ genizeb abakany
extreme *a* ኃይለኛ hayilenya
extreme *n* ተቃራኒ teqarani
extremist *n* አክራሪ akirari
exult *v. i* ፈነደቀ fenedeqe
eye *n* አይን ayin
eyeball *n* አይን ካስ ayin kase
eyelash *n* ቅንድብ qinidib
eyelet *n* ቀዳዳ qedada
eyewash *n* የአይን ማጠቢያ yeayin matebiya

F

fable *n.* ተረት teret
fabric *n* ጨርቅ cheriq
fabricate *v.t* ፈጠረ fetere
fabrication *n* ፈጠራ fetera
fabulous *a* ድንቅ diniq
facade *n* የቤት ፊት ለፊት yebet fit lefit
face *n* ፊት fit
face *v.t* ገጠመ geteme
facet *n* ከብዙ ገጽታዎች አንዱ kebizu getsitawoch anidu
facial *a* የፊት yefit
facile *a* ቀላል qelal
facilitate *v.t* አመቻቸ amechache
facility *n* አስፈላጊ ግልጋሎት asifelagi giligalot
fac-simile *n* ተመሳሳይ temesasay
fact *n* የተጨበጠ ነገር yetechebete neger
faction *n* ወገን wegen
factious *a* የማይስማማ yemayisimama
factor *n* ምክንያት mikiniyat
factory *n* ፋብሪካ fabirika
faculty *n* ፋኩልቲ fakuliti
fad *n* ወረት weret
fade *v.i* ለቀቀ leqeqe
faggot *n* ድቡልቡል ትራስ dibulibul tiras
fail *v.i* ወደቀ wedeqe
failure *n* ውድቀት widiqet
faint *a* ህሊና መሳት hilina mesat
faint *v.i* ህሊናውን ሳተ hilinawin sate
fair *a* ደህና dehina
fair *n.* ትርኢት tiriit
fairly *adv.* በትክክል betikikil

fairy *n* በተረት ውስጥ ያሉ መናፍስት beteret wisit yalu menafisit
faith *n* እምነት eiminet
faithful *a* ታማኝ tamany
falcon *n* አዳኝ አሞራ adany amora
fall *v.i.* ወደቀ wedeqe
fall *n* ፏፏቴ fwafwate
fallacy *n* የተሳሳተ ሀሳብ yetesasate hasab
fallow *n* እዳሪ eidari
false *a* የውሸት yewishet
falter *v.i* ደከመ dekeme
fame *n* ዝና zina
familiar *a* የተለመደ yetelemede
family *n* ቤተሰብ beteseb
famine *n* ድርቅ diriq
famous *a* ዝነኛ zinenya
fan *n* ማራገቢያ maragebiya
fanatic *a* አክራሪ akirari
fanatic *n* ወግ አጥባቂ ሰው weg atibaqi sew
fancy *n* ምኞት minyot
fancy *v.t* ተመኘ temenye
fantastic *a* እፁብ ድንቅ eitsub diniq
far *adv.* ሩቅ ruq
far *a* የሩቅ yeruq
far *n* ሩቅ ቦታ ruq bota
farce *n* ቀልድ qelid
fare *n* የጉዞ ዋጋ yeguzo waga
farewell *n* ስንብት sinibit
farewell *interj.* ማሰናበት masenabet
farm *n* እርሻ ቦታ eirisha bota
farmer *n* ገበሬ gebere
fascinate *v.t* ማረከ mareke
fascination *n.* መማረክ memarek
fashion *n* ፋሽን fashin
fashionable *a* ዘመናዊ zemenawi
fast *a* ፈጣን fetan
fast *adv* በፍጥነት befitinet
fast *n* ጾም tsom
fast *v.i* ፆመ tsome
fasten *v.t* አሰረ asere
fat *a* ወፍራም wefiram
fat *n* ሞራ mora
fatal *a* ለሞት የሚያደርስ lemot yemiyaderis
fate *n* እድል eidil
father *n* አባት abat
fathom *v.t* የባህር ጥልቀት ለካ yebahir tiliqet leka
fathom *n* የባህር ጥልቀት መለኪያ yebahir tiliqet melekiya
fatigue *n* ድካም dikam
fatigue *v.t* አደከመ adekeme
fault *n* ስህተት sihitet
faulty *a* የተበላሸ yetebelashe
fauna *n* እንስሳት einisisat
favour *n* ውለታ wileta
favour *v.t* ውለታ ዋለ wileta wale
favourable *a* አመቺ amechi
favourite *a* ተወዳጅ tewedaj
favourite *n* አብልጠው የሚወዱት abilitew yemiwedut
fear *n* ፍርሃት firihat
fear *v.i* ፈራ fera
fearful *a.* አስስፈሪ asesiferi
feasible *a* ሊተገበር የሚችል litegeber yemichil
feast *n* ድግስ digis
feast *v.i* ድግስ አበላ digis abela
feat *n* ጀብዱ jebidu
feather *n* ላባ laba
feature *n* መልክ melik
February *n* የካቲት yekatit
federal *a* ፌደራላዊ federalawi
federation *n* መቀናጀት meqenajet
fee *n* ክፍያ kifiya
feeble *a* ደከካማ dekekama
feed *v.t* መገበ megebe
feed *n* ምግብ migib

feel *v.t* ዳሰሰ dasese
feeling *n* ስሜት simet
feign *v.t* አስመሰለ asimesele
felicitate *v.t* የምስራች አለ yemisirach ale
felicity *n* ደስታ desita
fell *v.t* ጣለ tale
fellow *n* ጓደኛ gwadenya
female *a* የሴት yeset
female *n* ሴት set
feminine *a* የሴት yeset
fence *n* አጥር atir
fence *v.t* አጠረ atere
fend *v.t* ራሱን ቻለ rasun chale
ferment *n* ፈላ fela
ferment *v.t* ቦካ boka
fermentation *n* መብላላት mebilalat
ferocious *a* አስፈሪ asiferi
ferry *n* የመመላለሻ ጀልባ yememelalesha jeliba
ferry *v.t* አጓጓዘ agwagwaze
fertile *a* ለም lem
fertility *n* መውለድ መቻል mewiled mechal
fertilize *v.t* አዳበረ adabere
fertilizer *n* የመሬት ማዳበሪያ yemeret madaberiya
fervent *a* ከልብ kelib
fervour *n* በስሜት የተሞላ besimet yetemola
festival *n* በአል beal
festive *a* የበአል yebeal
festivity *n* በአል ማክበር beal makiber
festoon *n* አጌጠ agete
fetch *v.t* ሄዶ አመጣ hedo ameta
fetter *n* በሰንሰለት ማሰር beseniselet maser
fetter *v.t* በሰንሰለት አሰረ beseniselet asere
feud *n.* የከረረ ፀብ yekerere tseb
feudal *a* የባላባት yebalabat
fever *n* ትኩሳት tikusat
few *a* ጥቂት tiqit
fiasco *n* ኪሳራ kisara
fibre *n* ክር kir
fickle *a* ተለዋዋጭ telewawach
fiction *n* ልብ ወለድ lib weled
fictitious *a* የፈጠራ yefetera
fiddle *n* ማጭበርበር machiberiber
fiddle *v.i* ማጭበርበር አገኘ machiberiber agenye
fidelity *n* ታማኝነት tamanyinet
fie *interj* አለመቀበል alemeqebel
field *n* ሜዳ meda
fiend *n* ጨካኝ ሰው chekany sew
fierce *a* የተቆጣ yeteqota
fiery *a* የሚንበለበል yeminibelebel
fifteen *n* አስራ አምስት asira amisit
fifty *n.* ሀምሳ hamisa
fig *n* የሾላ ፍሬ yeshola fire
fight *n* ጠብ teb
fight *v.t* ተጣላ tetala
figment *n* ምናባዊ ነገር minabawi neger
figurative *a* ምሳሌያዊ misaleyawi
figure *n* ቁጥር qutir
figure *v.t* አሰላ asela
file *n* ዶሴ dose
file *v.t* ዶሴ ውስጥ አስቀመጠ dose wisit asiqemete
file *n* መክሰስ mekises
file *v.t* ከሰሰ kesese
file *n* መሰለፍ meselef
file *v.i.* ተሰለፈ teselefe
fill *v.t* ሞላ mola
film *n* ፊልም filim
film *v.t* ፊልም አነሳ filim anesa
filter *n* ማጣሪያ matariya
filter *v.t* አጣራ atara
filth *n* ቆሻሻ qoshasha
filthy *a* የቆሸሸ yeqosheshe

fin *n* ክንፍ kinif
final *a* የመጨረሻ yemecheresha
finance *n* ገንዘብ genizeb
finance *v.t* በገንዘብ ረዳ begenizeb reda
financial *a* የገንዘብ yegenizeb
financier *n* ባለ ሀብት bale habit
find *v.t* አገኘ agenye
fine *n* መቀጫ meqecha
fine *v.t* ቀጣ qeta
fine *a* ረቂቅ reqiq
finger *n* ጣት tat
finger *v.t* በጣት ነካ betat neka
finish *v.t* ጨረሰ cherese
finish *n* መጨረስ mecheres
finite *a* የተወሰነ yetewesene
fir *n* የዛፍ አይነት yezaf ayinet
fire *n* እሳት eisat
fire *v.t* አቃጠለ aqatele
firm *a* ጠንካራ tenikara
firm *n.* የንግድ ድርጅት yenigid dirijit
first *a* የመጀመሪያ yemejemeriya
first *n* አንደኛ anidenya
first *adv* በመጀመሪያ bemejemeriya
fiscal *a* የመንግስት yemenigisit
fish *n* አሳ asa
fish *v.i* አሳ አጠመደ asa atemede
fisherman *n* አሳ አጥማጅ asa atimaj
fissure *n* ስንጥቅ sinitiq
fist *n* ቡጢ buti
fistula *n* የሰውነት ያልተለመደ ክፍተት yesewinet yalitelemede kifitet
fit *v.t* አስተካከለ asitekakele
fit ተስማሚ tesimami
fit *n* የሚጥል በሽታ yemitil beshita
fitful *a* ለአጭር ጊዜ leachir gize
fitter *n* ገጣጣሚ getatami
five *n* አምስት amisit
fix *v.t* ገጠመ geteme
fix *n* መገጣጠም megetatem
flabby *a* ልፍስፍስ lifisifis
flag *n* ባንዲራ banidira
flagrant *a* ደፋር defar
flame *n* ነበልባል nebelibal
flame *v.i* ነደደ nedede
flannel *n* ሙገሳ mugesa
flare *v.i* ቦግ አለ bog ale
flare *n* ብልጭታ bilichita
flash *n* ብልጭታ bilichita
flash *v.t* አበራ abera
flask *n* ኮዳ koda
flat *a* ለጥያለ letiyale
flat *n* ጠፍጣፋ ክፍል tefitafa kifil
flatter *v.t* አወደሰ awedese
flattery *n* ሽንገላ shinigela
flavour *n* ጣእም taeim
flaw *n* እንከን einiken
flea *n.* ቁንጫ qunicha
flee *v.i* ሸሸ sheshe
fleece *n* የበግ ፀጉር yebeg tsegur
fleece *v.t* ሸለተ shelete
fleet *n* የጦር መርከቦች yetor merikeboch
flesh *n* ስጋ siga
flexible *a* ተለማጭ telemach
flicker *n* ብልጭ ድርግም ማለት bilich dirigim malet
flicker *v.t* በፍጥነት ነደደ befitinet nedede
flight *n* በረራ berera
flimsy *a* ደቃቅ deqaq
fling *v.t* አዋከበ awakebe
flippancy *n* ስርአት የለሽ siriat yelesh
flirt *n* መዳራት medarat
flirt *v.i* ተዳራ tedara
float *v.i* ተንሳፈፈ tenisafefe
flock *n* መንጋ meniga
flock *v.i* ጎረፈ gorefe

flog *v.t* ገረፈ gerefe
flood *n* ጎርፍ gorif
flood *v.t* በውሃ ተጥለቀለቀ bewiha tetileqeleqe
floor *n* ወለል welel
floor *v.t* ወለል ሰራ welel sera
flora *n* እፅዋት eitsiwat
florist *n* አበባ ሻጭ abeba shach
flour *n* ዱቄት duqet
flourish *v.i* በለፀገ beletsege
flow *n* ፍሰት fiset
flow *v.i* ፈሰሰ fesese
flower *n* አበባ abeba
flowery *a* አበባማ abebama
fluent *a* አንደበተ ርቱዕ anidebete ritue
fluid *a* የሚፈስ yemifes
fluid *n* ፈሳሽ fesash
flush *v.i* ፊቱ ቀላ fitu qela
flush *n* መናደድ menaded
flute *n* ዋሽንት washinit
flute *v.i* መሀሉን ቦረቦረ mehalun borebore
flutter *n* መርገብገብ merigebigeb
flutter *v.t* ተርገበገበ terigebegebe
fly *n* ዝምብ zimib
fly *v.i* በረረ berere
foam *n* አረፋ arefa
foam *v.t* አረፋ አወጣ arefa aweta
focal *a* የትኩረት yetikuret
focus *n* ትኩረት tikuret
focus *v.t* አነጣጠረ anetatere
fodder *n* ድርቆሽ diriqosh
foe *n* ጠላት telat
fog *n* ጉም gum
foil *v.t* አከሸፈ akeshefe
fold *n* እጥፋት eitifat
fold *v.t* ታጠፈ tatefe
foliage *n* ቅጠላ ቅጠል qitela qitel
follow *v.t* ተከተለ teketele
follower *n* ተከታይ teketay
folly *n* ቂል qil
foment *v.t* አነሳሳ anesasa
fond *a* የፍቅር yefiqir
fondle *v.t* ደባበሰ debabese
food *n* ምግብ migib
fool *n* ሞኝ mony
foolish *a* ቂላቂል qilaqil
foolscap *n* ትልቅ ወረቀት tiliq wereqet
foot *n* እግር eigir
for *prep* ስለ sile
for *conj.* …ና …na
forbid *v.t* ከለከለ kelekele
force *n* ሀይል hayil
force *v.t* አስገደደ asigedede
forceful *a* ጠንካራ tenikara
forcible *a* በሀይል behayil
forearm *n* ክክንድ kekinid
forearm *v.t* ተከላከለ tekelakele
forecast *n* ትንበያ tinibeya
forecast *v.t* ተነበየ tenebeye
forefather *n* አባቶች abatoch
forefinger *n* ሌባ ጣት leba tat
forehead *n* ግንባር ginibar
foreign *a* የውጭ አገር yewich ager
foreigner *n* የውጭ አገር ዜጋ yewich ager zega
foreknowledge *n.* አስቀድሞ ማወቅ asiqedimo maweq
foreleg *n* የፊት እግር yefit eigir
forelock *n* ግንባር ላይ የተኛ ፀጉር ginibar lay yetenya tsegur
foreman *n* አሰሪ aseri
foremost *a* ግንባር ቀደም ginibar qedem
forenoon *n* ጠዋት tewat
forerunner *n* ከፊት የተላከ መልክተኛ kefit yetelake melikitenya
foresee *v.t* አስቀድሞ አወቀ asiqedimo aweqe

foresight *n* አርቆ አስተዋይነት ariqo asitewayinet
forest *n* ጫካ chaka
forestall *v.t* አሰናከለ asenakele
forester *n* ደን ጠባቂ den tebaqi
forestry *n* የደን ሳይንስ yeden sayinis
foretell *v.t* ተነበየ tenebeye
forethought *n* እቅድ eiqid
forever *adv* ሁልጊዜ huligize
forewarn *v.t* በቅድሚያ አስጠነቀቀ beqidimiya asiteneqeqe
foreword *n* መቅደም meqidem
forfeit *v.t* አቆመ aqome
forfeit *n* ካሳ ክፍያ kasa kifiya
forfeiture *n* ካሳ ክፍያ kasa kifiya
forge *n* ብረት መሳሪያ biret mesariya
forge *v.t* ብረት ቀጠቀጠ biret qeteqete
forgery *n* አስመስሎ መስራት asimesilo mesirat
forget *v.t* ዘነሃ zeneha
forgetful *a* የሚረሳ yemiresa
forgive *v.t* ይቅር አለ yiqir ale
forgo *v.t* ተወ tewe
forlorn *a* የተጣራ yetetara
form *n* ቅርፅ qirits
form *v.t.* መሰረተ meserete
formal *a* መደበኛ medebenya
format *n* ቅርፅ qirits
formation *n* አፈጣጠር afetater
former *a* የቀድሞ yeqedimo
former *pron* የቀድሞ yeqedimo
formerly *adv* ቀድሞ qedimo
formidable *a* አዳጋች adagach
formula *n* ፎርሙላ forimula
formulate *v.t* አዘጋጀ azegaje
forsake *v.t.* ጣለ tale
forswear *v.t.* መጥፎ ልማድን ተወ metifo limadin tewe
fort *n.* ምሽግ mishig
fort *n.* በደንብ የሚችሉት ስራ bedenib yemichilut sira
forth *adv.* ጀምሮ jemiro
forthcoming *a.* ወደፊት የሚመጣ wedefit yemimeta
forthwith *adv.* ወዲያውኑ wediyawinu
fortify *v.t.* መሸገ meshege
fortitude *n.* ብርታት biritat
fort-night *n.* አስራ አምስት ቀን asira amisit qen
fortress *n.* ትልቅ ምሽግ tiliq mishig
fortunate *a.* እድለኛ eidilenya
fortune *n.* እድል eidil
forty *n.* አርባ ariba
forum *n.* ሸንጎ shenigo
forward *a.* የወደፊት yewedefit
forward *adv* ወደፊት wedefit
forward *v.t* አስተላለፈ asitelalefe
fossil *n.* ቅሪተ አካል qirite akal
foster *v.t.* አሳደገ asadege
foul *a.* የተበላሸ yetebelashe
found *v.t.* መሰረተ meserete
foundation *n.* መሰረተ meserete
founder *n.* መስራች mesirach
foundry *n.* የብረት ማቅለጫ yebiret maqilecha
fountain *n.* ምንጭ minich
four *n.* አራት arat
fourteen *n.* አስራ አራት asira arat
fowl *n.* አዕዋፍ aeiwaf
fowler *n.* የዱር ወፍ አድኖ የሚመገብ ሰው yedur wef adino yemimegeb sew
fox *n.* ቀበሮ qebero
fraction *n.* ክፍልፋይ kifilifay
fracture *n.* ብስራት bisirat
fracture *v.t* ተሰበረ tesebere
fragile *a.* ተሰባሪ tesebebari
fragment *n.* ስባሪ sibari

fragrance *n.* ጥሩ መአዛ tiru meaza
fragrant *a.* ጥሩ መአዛ ያለው tiru meaza yalew
frail *a.* ደካማ dekama
frame *v.t.* መስታወት ውስጥ አስገባ mesitawet wisit asigeba
frame *n* ክፈፍ kifef
frachise *n.* ልዩ ፈቃድ liyu feqad
frank *a.* ግልፅ gilits
frantic *a.* የጭንቀት yechiniqet
fraternal *a.* የወንድምነት yewenidiminet
fraternity *n.* ወንድማማችነት wenidimamachinet
fratricide *n.* ወንድም/እህት መግደል wenidimi/eihit megidel
fraud *n.* ማጭበርበር machiberiber
fraudulent *a.* የሀሰት yehaset
fraught *a.* ጥሩ ያልሆነ tiru yalihone
fray *n* ጥል til
free *a.* ነፃ netsa
free *v.t* ነፃ ማውጣት netsa mawitat
freedom *n.* ነፃነት netsanet
freeze *v.i.* ቀዘቀዘ qezeqeze
freight *n.* ጭነት chinet
French *a.* የፈረንሳይ yeferenisay
French *n* ፈረንሳይ ferenisay
frenzy *n.* ሀይለኛ ስሜት hayilenya simet
frequency *n.* ድግግሞሽ digigimosh
frequent *n.* የተለመደ yetelemede
fresh *a.* ትኩስ tikus
fret *n.* መጨነቅ mecheneq
fret *v.t.* ተጨነቀ techeneqe
friction *n.* ሰበቃ sebeqa
Friday *n.* አርብ arib
fridge *n.* ማቀዝቀዣ maqeziqezha
friend *n.* ጓደኛ gwadenya

fright *n.* ፍርሃት firihat
frighten *v.t.* አስፈራራ asiferara
frigid *a.* የቀዘቀዘ yeqezeqeze
frill *n.* ዘርፍ zerif
fringe *n.* ዘርፍ zerif
fringe *v.t* ዘርፍ ሰራ zerif sera
frivolous *a.* ዋጋ ቢስ waga bis
frock *n.* ቀሚስ qemis
frog *n.* እንቁራሪት einiqurarit
frolic *n.* መፈንጠዝ mefenitez
frolic *v.i.* ፈነጠዘ feneteze
from *prep.* ከ... ke...
front *n.* ደጃፍ dejaf
front *a* ፊተኛ fitenya
front *v.t* ፊት ለፊት ሆነ fit lefit hone
frontier *n.* ወሰን wesen
frost *n.* ውርጭ wirich
frown *n.* መቆጣት meqotat
frown *v.i* ተቆጣ teqota
frugal *a.* ቆጣቢ qotabi
fruit *n.* ፍሬ fire
fruitful *a.* ፍሬያማ fireyama
frustrate *v.t.* አሰናከለ asenakele
frustration *n.* ተስፋ መቁረጥ tesifa mequret
fry *v.t.* ጠበሰ tebese
fry *n* መጥበብ metibeb
fuel *n.* ነዳጅ nedaj
fugitive *a.* የኮበለለ yekobelele
fugitive *n.* ኮብላይ kobilay
fulfil *v.t.* ፈፀመ fetseme
fulfilment *n.* ፍፃሜ fitsame
full *a.* ሙሉ mulu
full *adv.* በሙሉ bemulu
fullness *n.* ሙላት mulat
fully *adv.* ሙሉ በሙሉ mulu bemulu
fumble *v.i.* ዳበሰ dabese
fun *n.* ደስታ desita
function *n.* ተግባር tegibar
function *v.i* ሰራ sera

functionary *n.* ሰራተኛ seratenya
fund *n.* መዋጮ mewacho
fundamental *a.* መሰረታዊ meseretawi
funeral *n.* ስርአተ ቀብር siriate qebir
fungus *n.* ሻጋታ shagata
funny *n.* አስቂኝ asiqiny
fur *n.* ጸጉር tsegur
furious *a.* የተናደደ yetenadede
furl *v.t.* ጠቀለለ teqelele
furlong *n.* የርዝመት መለኪያ yerizimet melekiya
furnace *n.* ምድጃ midija
furnish *v.t.* እቃ አስገባ eiqa asigeba
furniture *n.* የቤት እቃ yebet eiqa
furrow *n.* ትልም tilim
further *adv.* ከዚያ ወዲያ keziya wediya
further *a* የራቀ yeraqe
further *v.t* እንዲከፋፋ አደረገ einidikefafa aderege
fury *n.* ቁጣ qutu
fuse *v.t.* አቅልጦ አያያዘ aqilito ayayaze
fuse *n* ማቀጣጠያ maqetateya
fusion *n.* ማዋሃድ mawahad
fuss *n.* ትርምስ tirimis
fuss *v.i* ተነዛነዘ tenezaneze
futile *a.* ከንቱ kenitu
futility *n.* ከንቱነት kenitunet
future *a.* የወደፊት yewedefit
future *n* የወደፊት ጊዜ yewedefit gize

G

gabble *v.i.* ተንተባተበ tenitebatebe
gadfly *n.* ዝንብ zinib
gag *v.t.* አፈነ afene
gag *n.* ተረት teret
gaiety *n.* በደስታ መፈንደቅ bedesita mefenideq
gain *v.t.* አገኘ agenye
gain *n* ማግኘት maginyet
gainsay *v.t.* ተቃወመ teqaweme
gait *n.* አረማመድ aremamed
galaxy *n.* ከዋክብት kewakibit
gale *n.* አውሎ ንፋስ awilo nifas
gallant *a.* ጨዋ chewa
gallant *n* ጨዋ ሰው chewa sew
gallantry *n.* ትህትና tihitina
gallery *n.* የስዕል አዳራሽ yesieil adarash
gallon *n.* ጋሎን galon
gallop *n.* ሽምጥ መጋለብ shimit megaleb
gallop *v.t.* ሽምጥ ጋለበ shimit galebe
gallows *n.* . ሰው መስቀያ እንጨት sew mesiqeya einichet
galore *adv.* በብዛት bebizat
galvanize *v.t.* አስደነገጠ asidenegete
gamble *v.i.* ቆመረ qomere
gamble *n* ቁማር qumar
gambler *n.* ቁማርተኛ qumaritenya
game *n.* ጨዋታ chewata
game *v.i* ተጫወተ techawete
gander *n.* አተኩሮ መመልከት atekuro memeliket
gang *n.* ቡድን budin
gangster *n.* ወሮበላ werobela
gap *n* ክፍት ቦታ kifit bota
gape *v.i.* አፉን ከፈተ afun kefete
garage *n.* ጋራዥ garazh
garb *n.* የስራ ልብስ yesira libis
garb *v.t* ልብስ ለበሰ libis lebese
garbage *n.* ቆሻሻ qoshasha

garden *n.* የአትክልት ቦታ yeatikilit bota
gardener *n.* አትክልተኛ atikilitenya
gargle *v.i.* ተጉመጠመጠ tegumetemete
garland *n.* የአበባ ጉንጉን yeabeba gunigun
garland *v.t.* በአበባ አስጌጠ beabeba asigete
garlic *n.* ነጭ ሽንኩርት nech shinikurit
garment *n.* ልብስ libis
garter *n.* የእግር ሹራብ yeeigir shurab
gas *n.* ጋዝ gaz
gasket *n.* ጋስኬት gasiket
gasp *n.* ማቃተት maqatet
gasp *v.i* አቃተተ aqatete
gassy *a.* ጋዝ የሞላው gaz yemolaw
gastric *a.* የጨጓራ yechegwara
gate *n.* በር ber
gather *v.t.* ሰበሰበ sebesebe
gaudy *a.* ብልጭልጭ bilichilich
gauge *n.* መለኪያ melekiya
gauntlet *n.* ጓንት gwanit
gay *a.* ግብረ ሰዶማዊ gibire sedomawi
gaze *v.t.* አተኮረ atekore
gaze *n* ማተኮር matekor
gazette *n.* ጋዜጣ gazeta
gear *n.* ማርሽ marish
geld *v.t.* አኮላሸ akolashe
gem *n* የከበረ ድንጋይ yekebere dinigay
gender *n.* ፆታ tsota
general *a.* አጠቃላይ ateqalay
generally *adv.* በአጠቃላይ beateqalay
generate *v.t.* አመነጨ ameneche
generation *n.* ትውልድ tiwilid
generator *n.* ጄኔሬተር jenereter
generosity *n.* ልግሳ ligesa
generous *a.* ለጋስ legas
genius *n.* ልዩ የአይምሮ ችሎታ liyu yeayimiro chilota
gentle *a.* ጨዋ chewa
gentleman *n.* ጨዋ ሰው chewa sew
gentry *n.* መኳንንት mekwaninit
genuine *a.* እውነተኛ eiwinetenya
geographer *n.* ስለ ጂኦግራፊ የሚያጠና sile jiografi yemiyatena
geographical *a.* ጂኦግራፊካዊ jiografikawi
geography *n.* ጂኦግራፊ jiografi
geological *a.* የስነ ምድር yesine midir
geologist *n.* የስነ ምድር ተመራማሪ yesine midir temeramari
geology *n.* ስነ ምድር sine midir
geometrical *a.* የጂኦሜትሪ yejiometiri
geometry *n.* ጂኦሜትሪ jiometiri
germ *n.* ረቂቅ ህዋሳት reqiq hiwasat
germicide *n.* ተባይ ማጥፊያ tebay matifiya
germinate *v.i.* በቀለ beqele
germination *n.* መብቀል mebiqel
gerund *n.* አንቀጽ aniqets
gesture *n.* ምልክት milikit
get *v.t.* አገኘ agenye
ghastly *a.* አስፈሪ asiferi
ghost *n.* ጣረ ሞት tare mot
giant *n.* ትልቅ tiliq
gibbon *n.* ጦጣ tota
gibe *v.i.* አቃለለ aqalele
gibe *n* ማቃለል maqalel
giddy *a.* የራስ ምታት yeras mitat
gift *n.* ስጦታ sitota
gifted *a.* ስጦታ ያለው sitota yalew

gigantic *a.* ግዙፍ gizuf
giggle *v.i.* ተንከተከተ teniketekete
gild *v.t.* በስስ ወርቅ ለበጠ besis weriq lebete
gilt *a.* ወርቅ ቅብ weriq qib
ginger *n.* ዝንጅብል zinijibil
giraffe *n.* ቀጭኔ qechine
gird *v.t.* ከበበ kebebe
girder *n.* ምሰሶ miseso
girdle *n.* ቀበቶ qebeto
girdle *v.t* ታጠቀ tateqe
girl *n.* ሴት ልጅ set lij
girlish *a.* እንደ ሴት ልጅ einide set lij
gist *n.* ወዋና ሃሳብ wewana hasab
give *v.t.* ሰጠ sete
glacier *n.* ብርዳማ biridama
glad *a.* የሚያስደስት yemiyasidesit
gladden *v.t.* ደስ አሰኘ des asenye
glamour *n.* ውበት wibet
glance *n.* መልከት ማድረግ meliket madireg
glance *v.i.* ተመለከተ temelekete
gland *n.* እጢ eiti
glare *n.* ነፀብራቅ netsebiraq
glare *v.i* አንፀባረቀ anitsebareqe
glass *n.* መስታወት mesitawet
glaucoma *n.* የአይን በሽታ yeayin beshita
glaze *v.t.* መስታወት አስገባ mesitawet asigeba
glaze *n* መስታወት mesitawet
glazier *n.* መስታወት ሰራተኛ mesitawet seratenya
glee *n.* መፈንደቅ mefenideq
glide *v.t.* ተንሸራተተ tenisheratete
glider *n.* ተንሸራታች tenisheratach
glimpse *n.* አየት ማድረግ ayet madireg
glitter *v.i.* አንፀባረቀ anitsebareqe
glitter *n* አንፀባራቂ anitsebaraqi
global *a.* አለም አቀፍ alem aqef
globe *n.* አለም alem
gloom *n.* ጨለማለም ማለት chelemalem malet
gloomy *a.* የጨለመ yecheleme
glorification *n.* ማመስገን mamesigen
glorify *v.t.* አመሰገነ amesegene
glorious *a.* የተከበረ yetekebere
glory *n.* ክብር kibir
gloss *n.* የሚያንፀባርቅ ለስላሳ ነገር yemiyanitsebariq lesilasa neger
glossary *n.* አጭር መዝገበ ቃላት achir mezigebe qalat
glossy *a.* የሚያንፀባርቅ yemiyanitsebariq
glove *n.* የእጅ ጓንት yeeij gwanit
glow *v.i.* አበራ abera
glow *n* ብርሃን birihan
glucose *n.* ስኳር sikwar
glue *n.* ማጣበቂያ matabeqiya
glut *v.t.* አትረፈረፈ atireferefe
glut *n* መትረፍረፍ metirefiref
glutton *n.* ሆዳም hodam
gluttony *n.* ሆዳምነት hodaminet
glycerine *n.* ከቅባት እህሎች የሚሰራ ፈሳሽ keqibat eihiloch yemisera fesash
go *v.i.* ሄደ hede
goad *n.* ከበብት መንጃ አርጩሜ kebebit menija arichume
goad *v.t* ገፋፋ gefafa
goal *n.* ዓላማ alama
goat *n.* ፍየል fiyel
gobble *n.* በላ bela
goblet *n.* ዋንጫ wanicha
god *n.* አምላክ amilak
goddess *n.* እንስት አምላክ einisit amilak
godhead *n.* አብወልድ መንፈስ ቅዱስ abiwelid menifes qidus
godly *a.* የእግዚአብሔር yeeigiziabiher

godown *n.* ግምጃ ቤት gimija bet
godsend *n.* ድንገተኛ እድል dinigetenya eidil
goggles *n.* የዋና መነፅር yewana menetsir
gold *n.* ወርቅ weriq
golden *a.* ወርቃማ weriqama
goldsmith *n.* ወርቅ ሰሪ weriq seri
golf *n.* ጎልፍ golif
gong *n.* ደወል dewel
good *a.* ጥሩ tiru
good *n* ጥሩ ነገር tiru neger
good-bye *interj.* ደህና ሁን dehina hun
goodness *n.* ጥሩነት tirunet
goodwill *n.* በጎ ፈቃድ bego feqad
goose *n.* ዝይ ziy
gooseberry *n.* ጉስቤሪ gusiberi
gorgeous *a.* ውብ wib
gorilla *n.* ዝንጀሮ zinijero
gospel *n.* ወንጌል wenigel
gossip *n.* አሉባልታ alubalita
gourd *n.* ቅን qin
gout *n.* የእግር ጣት ህመም yeeigir tat himem
govern *v.t.* ገዛ geza
governance *n.* አገዛዝ agezaz
governess *n.* ሴት አስተማሪ set asitemari
government *n.* መንግስት menigisit
governor *n.* አገረ ገዢ agere gezhi
gown *n.* ልብስ libis
grab *v.t.* ወሰደ wesede
grace *n.* ጸጋ tsega
grace *v.t.* አሳመረ asamere
gracious *a.* ደግ deg
gradation *n.* እድገት eidiget
grade *n.* ደረጃ dereja
grade *v.t* በደረጃ አስቀመጠ bedereja asiqemete
gradual *a.* ቀስ በቀስ qes beqes
graduate *v.i.* ተመረቀ temereqe
graduate *n* ምሩቅ miruq
graft *n.* ጉቦ gubo
graft *v.t* አዳቀለ adaqele
grain *n.* እህል eihil
grammar *n.* ሰዋሰው sewasew
grammarian *n.* የሰዋሰው ሊቅ yesewasew liq
gramme *n.* የክብደት መለኪያ yekibidet melekiya
gramophone *n.* ዘፈን ማጫወት zefen machawet
grand *a.* ትልቅ tiliq
grandeur *n.* ታላቅነት talaqinet
grant *v.t.* ሰጠ sete
grant *n* እርዳታ eiridata
grape *n.* ወይን weyin
graph *n.* ግራፍ giraf
graphic *a.* ስእላዊ sieilawi
grapple *n.* መቆንጠጫ meqonitecha
grapple *v.i.* አጥብቆ ያዘ atibiqo yaze
grasp *v.t.* ተረዳ tereda
grasp *n* መረዳት meredat
grass *n* ሳር sar
grate *n.* የብረት መክደኛ yebiret mekidenya
grate *v.t* ፈቀፈቀ feqefeqe
grateful *a.* ውለታ የማይረሳ wileta yemayiresa
gratification *n.* መደሰት medeset
gratis *adv.* በነፃ benetsa
gratitude *n.* ምስጋና misigana
gratuity *n.* ጉርሻ gurisha
grave *n.* መቃብር meqabir
grave *a.* ከባድ kebad
gravitate *v.i.* ተሳበ tesabe
gravitation *n.* ስበት sibet
gravity *n.* ስበት sibet
graze *v.i.* ጋጠ gate

graze *n* መጋጥ megat
grease *n* ቅባት qibat
grease *v.t* መቀባት meqebat
greasy *a.* በቅባት የተሸፈነ beqibat yeteshefene
great *a* ትልቅ tiliq
greed *n.* ስግብግብነት sigibigibinet
greedy *a.* ስግብግብ sigibigib
Greek *n.* ግሪክ girik
Greek *a* የግሪክ yegirik
green *a.* አረንጓዴ arenigwade
green *n* አረንጓዴ arenigwade
greenery *n.* አረንጓዴ እፅዋት arenigwade eitsiwat
greet *v.t.* ሰላምታ ሰጠ selamita sete
grenade *n.* የእጅ ቦንብ yeeij bonib
grey *a.* ግራጫ giracha
greyhound *n.* ረጅምና ሾጣጣ ውሻ rejimina shotata wisha
grief *n.* ጥልቅ ሀዘን tiliq hazen
grievance *n.* ቅሬታ qireta
grieve *v.t.* አሳዘነ asazene
grievous *a.* አሳዛኝ asazany
grind *v.i.* ፈጨ feche
grinder *n.* መፍጫ meficha
grip *v.t.* አጥብቆ ያዘ atibiqo yaze
grip *n* አያያዝ ayayaz
groan *v.i.* አቃተተ aqatete
groan *n* ማቃሰት maqaset
grocer *n.* ምግብ ሻጭ migib shach
grocery *n.* የምግብ መደብር yemigib medebir
groom *n.* ሙሽራ mushira
groom *v.t* አሰለጠነ aseletene
groove *n.* ቡርቡር buribur
groove *v.t* ቦረቦረ borebore
grope *v.t.* ዳበሰ dabese
gross *n.* አስራ ሁለት ደርዘን asira hulet derizen
gross *a* ጠቅላላ teqilala
grotesque *a.* አስደናቂ asidenaqi
ground *n.* መሬት meret
group *n.* ቡድን budin
group *v.t.* መደበ medebe
grow *v.t.* አደነ adene
grower *n.* እፅዋትን የሚያሳድግ eitsiwatin yemiyasadig
growl *v.i.* አጉረመረመ aguremereme
growl *n* ማጉረምረም maguremirem
growth *n.* እድገት eidiget
grudge *v.t.* ቀና qena
grudge *n* ቂም qim
grumble *v.i.* ተቆጣ teqota
grunt *n.* የአሳማ ጩኸት yeasama chuhet
grunt *v.i.* አጉተመተመ agutemeteme
guarantee *n.* ዋስትና wasitina
guarantee *v.t* ዋስ ሆነ was hone
guard *v.i.* ጠበቃ tebeqa
guard ጥበቃ tibeqa
guardian *n.* ጠባቂ tebaqi
guava *n.* ጉአቫ guava
guerilla *n.* የደፈጣ ተዋጊ yedefeta tewagi
guess *n.* ግምት gimit
guess *v.i* ገመተ gemete
guest *n.* እንግዳ einigida
guidance *n.* መመሪያ memeriya
guide *v.t.* መራ mera
guide *n.* መሪ meri
guild *n.* ማህበር mahiber
guile *n.* ተንኮል tenikol
guilt *n.* ጥፋት tifat
guilty *a.* ጥፋተኛ tifatenya
guise *n.* ማስመሰል masimesel
guitar *n.* ጊታር gitar
gulf *n.* ባህረ ሰላጤ bahire selate
gull *n.* የባህር ወፍ yebahir wef
gull *n* ማሞኘት mamonyet
gull *v.t* አሞኘ amonye

gulp *n.* ተስገብግቦ ዋጠ tesigebigibo wate
gum *n.* ማስቲካ masitika
gun *n.* ጠመንጃ temenija
gust *n.* ኃይለኛ ነፋስ hayilenya nefas
gutter *n.* አሸንዳ ashenida
guttural *a.* የጉሮሮ yeguroro
gymnasium *n.* የስፖርት አዳራሽ yesiporit adarash
gymnast *n.* የሰውነት እንቅስቃሴ ባለሙያ yesewinet einiqisiqase balemuya
gymnastic *a.* የሰውነት እንቅስቃሴ yesewinet einiqisiqase
gymnastics *n.* የሰውነት እንቅስቃሴ yesewinet einiqisiqase

H

habeas corpus *n.* መብት mebit
habit *n.* ልምድ limid
habitable *a.* ለመኖሪያ የሚመች lemenoriya yemimech
habitat *n.* የተፈጥሮ መኖሪያ yetefetiro menoriya
habitation *n.* መኖሪያ menoriya
habituate *v. t.* ለመደ lemede
hack *v.t.* በዘፈቀደ bezefeqede
hag *n.* ክፉ አሮጊት kifu arogit
haggard *a.* የከሳ yekesa
haggle *v.i.* ተከራከረ tekerakere
hail *n.* በረዶ beredo
hail *v.i* በረዶ ጣለ beredo tale
hail *v.t* ጠራ tera
hair *n* ፀጉር tsegur
hale *a.* ጤናማ tenama
half *n.* ግማሽ gimash
half *a* የግማሽ yegimash
hall *n.* አዳራሽ adarash
hallmark *n.* መለዮ meleyo
hallow *v.t.* የሀይማኖት ስነስርአት አካሄደ yehayimanot sinesiriat akahede
halt *v. t.* አቋረጠ aqwarete
halt *n* መቋረጥ meqwaret
halve *v.t.* እኩል ከፈለ eikul kefele
hamlet *n.* ትንሽ መንደር tinish menider
hammer *n.* መዶሻ medosha
hammer *v.t* በመዶሻ መታ bemedosha meta
hand *n* እጅ eij
hand *v.t* አቀበለ aqebele
handbill *n.* ትንሽ ማስታወቂያ tinish masitaweqiya
handbook *n.* የመመሪያ ማስታወቂያ yememeriya masitaweqiya
handcuff *n.* ካቴና katena
handcuff *v.t* በካቴና ታሰረ bekatena tasere
handful *n.* እፍኝ eifiny
handicap *v.t.* መሰናክል ሆነ mesenakil hone
handicap *n* መሰናክል mesenakil
handicraft *n.* የእጅ ስራ yeeij sira
handiwork *n.* የእጅ ስራ yeeij sira
handkerchief *n.* መሀረብ mehareb
handle *n.* እጀታ eijeta
handle *v.t* ያዘ yaze
handsome *a.* መልከ መልካም melike melikam
handy *a.* ባለሙያ balemuya
hang *v.t.* አንጠለጠለ aniteletele
hanker *v.i.* መፈለግ mefeleg
haphazard *a.* ያልተፈቀደ yalitefeqede
happen *v.t.* ሆነ hone

happening *n.* ድርጊት dirigit
happiness *n.* ደስተኝነት desitenyinet
happy *a.* ደስተኛ desitenya
harass *v.t.* አስጨነቀ asicheneqe
harassment *n.* ማስጨነቅ masicheneq
harbour *n.* ወደብ wedeb
harbour *v.t* ደበቀ debeqe
hard *a.* ጠንካራ tenikara
harden *v.t.* አጠነከረ atenekere
hardihood *n.* ድፍረት difiret
hardly *adv.* ምንም ያህል minim yahil
hardship *n.* ችግር chigir
hardy *adj.* ብርቱ biritu
hare *n.* ጥንቸል tinichel
harm *n.* ጉዳት gudat
harm *v.t* ጎዳ goda
harmonious *a.* በስምምነት የሚኖር besimiminet yeminor
harmonium *n.* አርሞኒካ arimonika
harmony *n.* ስምምነት simiminet
harness *n.* ልጓም ligwam
harness *v.t* የተፈጥሮ ሀይልን ተጠቀመ yetefetiro hayilin teteqeme
harp *n.* በገና begena
harsh *a.* አስቸጋሪ asichegari
harvest *n.* አዝመራ መሰብሰብ azimera mesebiseb
haverster *n.* አዝመራ ሰብሳቢ azimera sebisabi
haste *n.* ችኮላ chikola
hasten *v.i.* አፋጠነ afatene
hasty *a.* የተቻኮለ yetechakole
hat *n.* ኮፍያ kofiya
hatchet *n.* መጥረቢያ metirebiya
hate *n.* ጥላቻ tilacha
hate *v.t.* ጠላ tela
haughty *a.* የትዕቢት yetieibit
haunt *v.t.* አዘወተረ azewetere
haunt *n* በተደጋጋሚ የሚሄዱበት ቦታ betedegagami yemihedubet bota
have *v.t.* አለው alew
haven *n.* ማረፊያ marefiya
havoc *n.* ጥፋት tifat
hawk *n* ጭልፊት chilifit
hawker *n* ተዘዋዋሪ ነጋዴ tezewawari negade
hawthorn *n.* ትንሽ ባለአበባ ዛፍ tinish baleabeba zaf
hay *n.* የሳር ድርቆሽ yesar diriqosh
hazard *n.* አደጋ adega
hazard *v.t* አደጋ ላይ ጣለ adega lay tale
haze *n.* ጭጋግ chigag
hazy *a.* ጭጋጋማ chigagama
he *pron.* እሱ eisu
head *n.* ራስ ras
head *v.t* መራ mera
headache *n.* የራስ ምታት yeras mitat
heading *n.* ርእስ rieis
headlong *adv.* በድንገት bediniget
headstrong *a.* ሐሳበ ግትር hasabe gitir
heal *v.i.* ዳነ dane
health *n.* ጤና tena
healthy *a.* ጤነኛ tenenya
heap *n.* ክምር kimir
heap *v.t* ከመረ kemere
hear *v.t.* ሰማ sema
hearsay *n.* የሰሚ ሰሚ yesemi semi
heart *n.* ልብ lib
hearth *n.* ምድጃ midija
heartily *adv.* ከልብ kelib
heat *n.* ሙቀት muqet
heat *v.t* አሞቀ amoqe
heave *v.i.* ተነሳ tenesa

heaven *n.* ሰማይ semay
heavenly *a.* የሰማያዊ yesemayawi
hedge *n.* አጥር atir
hedge *v.t* አጠረ atere
heed *v.t.* አደመጠ ademete
heed *n* መስማት mesimat
heel *n.* ተረከዝ terekez
hefty *a.* በጣም ትልቅ betam tiliq
height *n.* ከፍታ kefita
heighten *v.t.* ጨመረ chemere
heinous *a.* አሰቃቂ aseqaqi
heir *n.* ወራሽ werash
hell *a.* ሲኦል siol
helm *n.* የመርከብ መሪ yemerikeb meri
helmet *n.* የራስ ቁር yeras qur
help *v.t.* ረዳ reda
help *n* እርዳታ eiridata
helpful *a.* ረዳት redat
helpless *a.* ረዳት የሌለው redat yelelew
helpmate *n.* ረዳት redat
hemisphere *n.* ክፍለ አለም kifile alem
hemp *n.* የቃጫ ተክል yeqacha tekil
hen *n.* ዶሮ doro
hence *adv.* ከ…በኋላ ke…behwala
henceforth *adv.* ከአሁን በኋላ keahun behwala
henceforward *adv.* ከአሁን በኋላ keahun behwala
henchman *n.* የወንጀለኛ ረዳት yewenijelenya redat
henpecked *a.* ጉትጎታ gutigota
her *pron.* የእርሷ yeeiri□
her *a* የሷ ye□
herald *n.* አብሳሪ abisari
herald *v.t* አበሰረ abesere
herb *n.* እፅ eits
herculean *a.* ጠንካራ tenikara
herd *n.* መንጋ meniga
herdsman *n.* እረኛ eirenya
here *adv.* እዚህ eizih
hereabouts *adv.* እዚህ ገደማ eizih gedema
hereafter *adv.* ከእንግዲህ keeinigidih
hereditary *n.* ከዘር ተላለፈ kezer telalefe
heredity *n.* ከዘር የተሰወረ kezer yetesewere
heritable *a.* የሚወረስ yemiweres
heritage *n.* ቅርስ qiris
hermit *n.* መናኝ menany
hermitage *n.* ገዳም gedam
hernia *n.* ቡቃ buqa
hero *n.* ጀግና jegina
heroic *a.* የጀግንነት yejegininet
heroine *n.* አደንዛዥ እፅ adenizazh eits
heroism *n.* ጀግንነት jegininet
herring *n.* የባህር አሳ yebahir asa
hesitant *a.* የሚያመነታ yemiyameneta
hesitate *v.i.* አመነታ ameneta
hesitation *n.* ማመንታት mamenitat
hew *v.t.* ጠረበ terebe
heyday *n.* የአፍላ ጊዜ yeafila gize
hibernation *n.* ክረምትን በእንቅልፍ ማሳለፍ kiremitin beeiniqilif masalef
hiccup *n.* ስርቅታ siriqita
hide *n.* ቆዳ qoda
hide *v.t* ደበቀ debeqe
hideous *a.* መልከ ጥፉ melike tifu
hierarchy *n.* የስልጣን ተዋረድ yesilitan tewared
high *a.* ከፍተኛ kefitenya
highly *adv.* በጣም betam
Highness *n.* ልኡልነት liulinet
highway *n.* አውራ ጎዳና awira godana

hilarious *a.* የሚያስቅ yemiyasiq
hilarity *n.* ደስተኝነት desitenyinet
hill *n.* ኮረብታ korebita
hillock *n.* ጉብታ gubita
him *pron.* እሱን eisun
hinder *v.t.* አደናቀፈ adenaqefe
hindrance *n.* መሰናክል mesenakil
hint *n.* ምክር mikir
hint *v.i* አመለከተ amelekete
hip *n* ዳሌ dale
hire *n.* መቅጠር meqiter
hire *v.t* ቀጠረ qetere
hireling *n.* የተቀጠረ ባለሙያ yeteqetere balemuya
his *pron.* የእርሱ yeeirisu
hiss *n* በተቃውሞ ማፏጨት beteqawimo mafwachet
hiss *v.i* አፏጨ afwache
historian *n.* የታሪክ ምሁር yetarik mihur
historic *a .* ታሪካዊ tarikawi
historical *a.* ታሪካዊ tarikawi
history *n.* ታሪክ tarik
hit *v.t.* መታ meta
hit *n* ምት mit
hitch *n.* መሰናክል mesenakil
hither *adv.* እዚህ ቦታ eizih bota
hitherto *adv.* እስካሁን ድረስ eisikahun dires
hive *n.* የንብ ቀፎ yenib qefo
hoarse *a.* ጎርናና gorinana
hoax *n.* ማሞኘት mamonyet
hoax *v.t* አምኘ aminye
hobby *n.* የትርፍ ጊዜ ማሳለፊያ yetirif gize masalefiya
hobby-horse *n.* የተለመደ አርዕስት yetelemede arieisit
hockey *n.* የገና ጨዋታ yegena chewata
hoist *v.t.* አነሳ anesa
hold *n.* ተፅእኖ ማሳደር tetsieino masader
hold *v.t* ያዘ yaze
hole *n* ቀዳዳ qedada
hole *v.t* ጉድጓድ ቆፈረ gudigwad qofere
holiday *n.* በአል beal
hollow *a.* ባዶ bado
hollow *n.* ጉድጓድ gudigwad
hollow *v.t* ቦረቦረ borebore
holocaust *n.* በእሳት መጥፋት beeisat metifat
holy *a.* ቅዱስ qidus
homage *n.* አክብሮት akibirot
home *n.* ቤት bet
homicide *n.* የነፍስ ግድያ yenefis gidiya
homogeneous *a.* ተመሳሳይ temesasay
honest *a.* ቅን qin
honesty *n.* ቅንነት qininet
honey *n.* ማር mar
honeycomb *n.* የማር እንጀራ yemar einijera
honeymoon *n.* የጫጉላ ሽርሽር yechagula shirishir
honorarium *n.* ጉርሻ gurisha
honorary *a.* የክብር yekibir
honour *n.* ክብር kibir
honour *v. t* አከበረ akebere
honourable *a.* የሚያስከብር yemiyasikebir
hood *n.* ቆብ qob
hoodwink *v.t.* አታለለ atalele
hoof *n.* ኮቴ kote
hook *n.* መንጠቆ meniteqo
hooligan *n.* ወሮ በላ wero bela
hoot *n.* የጉጉት ጩኸት yegugut chuhet
hoot *v.i* ጮኸ chohe
hop *v. i* ጡብ ጡብ አለ tub tub ale
hop *n* ጡብ ጡብ ማለት tub tub malet
hope *v.t.* ተስፋ አደረገ tesifa aderege

hope *n* ተስፋ ማድረግ tesifa madireg
hopeful *a.* ተስፋ ያለው tesifa yalew
hopeless *a.* ተስፋ የሚያስቆርጥ tesifa yemiyasiqorit
horde *n.* የሰዎች ስብስብ yesewoch sibisib
horizon *n.* አድማስ adimas
horn *n.* ቀንድ qenid
hornet *n.* ተርብ terib
horrible *a.* አስከፊ asikefi
horrify *v.t.* አስፈራራ asiferara
horror *n.* ድንጋጤ dinigate
horse *n.* ፈረስ feres
horticulture *n.* የአትክልት ሳይንስ yeatikilit sayinis
hose *n.* ቧንቧ bwanibwa
hosiery *n.* ካልሲ kalisi
hospitable *a.* እንግዳ ተቀባይ einigida teqebay
hospital *n.* ሀኪም ቤት hakim bet
hospitality *n.* እንግዳ ተቀባይነት einigida teqebayinet
host *n.* አስተናጋጅ asitenagaj
hostage *n.* መያዣ meyazha
hostel *n.* ማረፊያ marefiya
hostile *a.* የጠላት yetelat
hostility *n.* ጥላቻ tilacha
hot *a.* ሙቅ muq
hotchpotch *n.* ድብልቅልቅ dibiliqiliq
hotel *n.* ሆቴል ቤት hotel bet
hound *n.* አዳኝ ውሻ adany wisha
hour *n.* ሰአት seat
house *n* ቤት bet
house *v.t* አነኖረ anenore
how *adv.* እንዴት einidet
however *adv.* የሆነ ሆኖ yehone hono
however *conj* ነገር ግን neger gin
howl *v.t.* ጮኸ chohe
howl *n* ጩኸት chuhet
hub *n.* የአንድ ነገር መሀል yeanid neger mehal
hubbub *n.* ሁካታ hukata
huge *a.* ግዙፍ gizuf
hum *v. i* አንጎራጎረ anigoragore
hum *n* ማንጎራጎር manigoragor
human *a.* ሰብአዊ sebiawi
humane *a.* ሩህሩህ ruhiruh
humanitarian *a* በጎ አድራጊ bego adiragi
humanity *n.* የሰው ልጅ yesew lij
humanize *v.t.* ሰዋዊ አደረገ sewawi aderege
humble *a.* ትሁት tihut
humdrum *a.* አሰልቺ aselichi
humid *a.* እርጥበት ያለው eiritibet yalew
humidity *n.* እርጥበት eiritibet
humiliate *v.t.* አዋረደ awarede
humiliation *n.* ውርደት wiridet
humility *n.* ትህትና tihitina
humorist *n.* ቀልደኛ qelidenya
humorous *a.* አስቂኝ asiqiny
humour *n.* ቀልድ qelid
hunch *n.* ግምት gimit
hundred *n.* መቶ meto
hunger *n* ረሀብ rehab
hungry *a.* የተራበ yeterabe
hunt *v.t.* አደነ adene
hunt *n* አደን aden
hunter *n.* አዳኝ adany
huntsman *n.* መሰናክል mesenakil
hurdle1 *n.* መሰናክል mesenakil
hurdle2 *v.t* መሰናክል ዘለለ mesenakil zelele
hurl *v.t.* ወረወረ werewere
hurrah *interj.* የደስታ ጩኸት yedesita chuhet
hurricane *n.* አውሎ ነፋስ awilo nefas
hurry *v.t.* ተጣደፈ tetadefe

hurry *n* መጣደፍ metadef
hurt *v.t.* ጎዳ goda
hurt *n* ጉዳት gudat
husband *n* ባል bal
husbandry *n.* እርሻ eirisha
hush *n* ጸጥታ tsetita
hush *v.i* ዝም አለ zim ale
husk *n.* ገለባ geleba
husky *a.* ጎርናና gorinana
hut *n.* ጎጆ gojo
hyaena, hyena *n.* ጅብ jib
hybrid *a.* የተደባለቀ yetedebaleqe
hybrid *n* ዲቃላ diqala
hydrogen *n.* ሀይድሮጅን hayidirojin
hygiene *n.* ጤና አጠባበቅ tena atebabeq
hygienic *a.* ንጽህናውን የጠበቀ nitsihinawin yetebeqe
hymn *n.* መዝሙር mezimur
hyperbole *n.* ማጋነን maganen
hypnotism *n.* ሰመመንን ለህክምና መጠቀም sememenin lehikimina meteqem
hypnotize *v.t.* ሰመመን ውስጥ አስገባ sememen wisit asigeba
hypocrisy *n.* ግብዝነት gibizinet
hypocrite *n.* ግብዝ gibiz
hypocritical *a.* የግብዝ yegibiz
hypothesis *n.* መላምት melamit
hypothetical *a.* መላምታዊ melamitawi
hysteria *n.* የአይምሮ መረበሽ በሽታ yeayimiro merebesh beshita
hysterical *a.* የአይምሮ መረበሽ yeayimiro merebesh

I

I *pron.* እኔ eine
ice *n.* በረዶ beredo
iceberg *n.* የበረዶ አለት yeberedo alet
icicle *n.* የሾለ በረዶ yeshole beredo
icy *a.* በጣም ቀዝቃዛ betam qeziqaza
idea *n.* ሀሳብ hasab
ideal *a.* ዓይነተኛ ayinetenya
ideal *n* ዓይነተኛ አርአያ ayinetenya ariaya
idealism *n.* የሐሳብ ኑሮ yehasab nuro
idealist *n.* የሐሳብ ሰው yehasab sew
idealistic *a.* የሐሳብ yehasab
idealize *v.t.* አሰበ asebe
identical *a.* አንድ አይነት anid ayinet
indentification *n.* መታወቂያ ወረቀት metaweqiya wereqet
identify *v.t.* ለየ leye
identity *n.* መለየት meleyet
ideocy *n.* የአእምሮ ዘገምተኛ ሰው yeaeimiro zegemitenya sew
idiom *n.* ፈሊጣዊ አነጋገር felitawi anegager
idiomatic *a.* ፈሊጣዊ felitawi
idiot *n.* ደደብ dedeb
idiotic *a.* ደደብ dedeb
idle *a.* ስራ ፈት sira fet
idleness *n.* ስራ ፈትነት sira fetinet
idler *n.* ስራ ፈት sira fet
idol *n.* ጣኦት taot
idolater *n.* ጣኦት አምላኪ taot amilaki

if *conj.* ቢሆን bihon
ignoble *a.* ወራዳ werada
ignorance *n.* አላዋቂነት alawaqinet
ignorant *a.* አላዋቂ alawaqi
ignore *v.t.* ችላ አለ chila ale
ill *a.* በሽተኛ beshitenya
ill *adv.* በመጥፎ ሁኔታ bemetifo huneta
ill *n* በሽታ beshita
illegal *a.* ህገ ወጥ hige wet
illegibility *n.* የማይነበብ ፅሁፍ yemayinebeb tsihuf
illegible *a.* ማይነበብ mayinebeb
illegitimate *a.* ህገ ወጥ hige wet
illicit *a.* የተከለከለ yetekelekele
illiteracy *n.* መሀይምነት mehayiminet
illiterate *a.* መሀይም mehayim
illness *n.* ህመም himem
illogical *a.* ተገቢ ያልሆነ tegebi yalihone
illuminate *v.t.* አበራ abera
illumination *n.* ማብራት mabirat
illusion *n.* የተሳሳተ እምነት yetesasate eiminet
illustrate *v.t.* በምሳሌ አስረዳ bemisale asireda
illustration *n.* ማብራሪያ mabirariya
image *n.* ምስል misil
imagery *n.* ምስል ከሳች ቃላት misil kesach qalat
imaginary *a.* ምናባዊ minabawi
imagination *n.* ዓይነ ህሊና ayine hilina
imaginative *a.* የዓይነ ህሊና yeayine hilina
imagine *v.t.* በዓይነ ህሊናው አየ beayine hilinaw aye
imitate *v.t.* አስመሰለ asimesele
imitation *n.* ማስመሰል masimesel
imitator *n.* አስመስሎ የሚሰራ asimesilo yemisera
immaterial *a.* ግድ የማይሰጥ gid yemayiset
immature *a.* ያልበሰለ yalibesele
immaturity *n.* አለመብሰል alemebisel
immeasurable *a.* የማይለካ yemayileka
immediate *a* አፋጣኝ afatany
immemorial *a.* የማያስታውሱት yemayasitawisut
immense *a.* እጅግ ታላቅ eijig talaq
immensity *n.* ልክ አለመኖር lik alemenor
immerse *v.t.* ነከረ nekere
immersion *n.* መንከር meniker
immigrant *n.* ስደተኛ sidetenya
immigrate *v.i.* ተደሰተ tedesete
immigration *n.* ስደት sidet
imminent *a.* አይቀሬ ayiqere
immodest *a.* ትህትና የጎደለው tihitina yegodelew
immodesty *n.* ድፍረት difiret
immoral *a.* ባለጌ balege
immorality *n.* የስነ ምግባር ጉድለት yesine migibar gudilet
immortal *a.* የማይሞት yemayimot
immortality *n.* አለመሞት alememot
immortalize *v.t.* መታሰቢያ አደረገ metasebiya aderege
immovable *a.* የማይበገር yemayibeger
immune *a.* በሽታ የማይዘው beshita yemayizew
immunity *n.* በሽታን የመከላከል አቅም beshitan yemekelakel aqim
immunize *v.t.* ከተበ ketebe

impact *n.* ተፅእኖ tetsieino
impart *v.t.* አካፈለ akafele
impartial *a.* ገለልተኛ gelelitenya
impartiality *n.* ሚዛናዊነት mizanawinet
impassable *a.* የሚያስኬድ yemiyasiked
impasse *n.* መውጫ መንገድ የሌበት mewicha meniged yelebet
impatience *n.* ትዕግስት ማጣት tieigisit matat
impatient *a.* ችኩል chikul
impeach *v.t.* ከሰሰ kesese
impeachment *n.* ክስ kis
impede *v.t.* አገደ agede
impediment *n.* መሰናክል mesenakil
impenetrable *a.* የማይበሳ yemayibesa
imperative *a.* ትዕዛዛዊ tieizazawi
imperfect *a.* ያልተሟላ yalitemwala
imperfection *n.* ፍፁም ያለመሆን fitsum yalemehon
imperial *a.* ንጉሳዊ nigusawi
imperialism *n.* ኢምፔሪያሊዝም imiperiyalizim
imperil *v.t.* አደጋ ላይ ጣለ adega lay tale
imperishable *a.* የማይበላሽ yemayibelash
impersonal *a.* አካል የሌለው akal yelelew
impersonate *v.t.* አስመሰለ asimesele
impersonation *n.* ማስመሰል masimesel
impertinence *n.* ስደነት sidenet
impertinent *a.* ስድ sid
impetuosity *n.* የችኮላ እርምጃ yechikola eirimija
impetuous *a.* ችኩል chikul
implement *n.* መተግበር metegiber
implement *v.t.* ተገበረ tegebere
implicate *v.t.* ጠቆመ teqome
implication *n.* ጥቆማ tiqoma
implicit *a.* በውስጥ ታዋቂነት bewisit tawaqinet
implore *v.t.* ተለማመጠ telemamete
imply *v.t.* አመለከተ amelekete
impolite *a.* ትህትና የጎደለው tihitina yegodelew
import *v.t.* አስመጣ asimeta
import *n.* ከውጭ የመጡ እቃዎች kewich yemetu eiqawoch
importance *n.* አስፈላጊ asifelagi
important *a.* አስፈላጊ asifelagi
impose *v.t.* ጣለ tale
imposing *a.* ማራኪ maraki
imposition *n.* ድንጋጌ dinigage
impossibility *n.* አለመቻል alemechal
impossible *a.* የማይቻል yemayichal
impostor *n.* አጭበርባሪ achiberibari
imposture *n.* የማጭበርበር ስራ yemachiberiber sira
impotence *n.* አለመቻል alemechal
impotent *a.* ሐይል የሌለው hayil yelelew
impoverish *v.t.* አደኸየ adeheye
impracticability *n.* ሊደረግ የማይቻል lidereg yemayichal
impracticable *a.* ተግባራዊ የማይሆን tegibarawi yemayihon
impress *v.t.* አስደነቀ asideneqe
impression *n.* ግንዛቤ ginizabe
impressive *a.* የሚደነቅ yemideneq

imprint *v.t.* አተመ ateme
imprint *n.* ምልክት milikit
imprison *v.t.* አሰረ asere
improper *a.* ተገቢ ያልሆነ tegebi yalihone
impropriety *n.* ትክክል ያልሆነ ነገር tikikil yalihone neger
improve *v.t.* አሻሻለ ashashale
improvement *n.* መሻሻል meshashal
imprudence *n.* ግዴለሽነት gideleshinet
imprudent *a.* ግዴለሽ gidelesh
impulse *n.* ግፊት gifit
impulsive *a.* በስሜት የሚገፋፋ besimet yemigefafa
impunity *n.* አለመቀጣት alemeqetat
impure *a.* ቆሻሻ qoshasha
impurity *n.* ቆሻሻ ነገር qoshasha neger
impute *v.t.* አሳበበ asabebe
in *prep.* ውስጥ wisit
inability *n.* አለመቻል alemechal
inaccurate *a.* ትክክለኛ ያልሆነ tikikilenya yalihone
inaction *n.* ስራ መፍታት sira mefitat
inactive *a.* የማይንቀሳቀስ yemayiniqesaqes
inadmissible *a.* የማይቀበሉት yemayiqebelut
inanimate *a.* ግዑዝ giuz
inapplicable *a.* የማይተገበር yemayitegeber
inattentive *a.* ሀሳቡ የተበታተነ hasabu yetebetatene
inaudible *a.* ድምፁ የማይሰማ dimitsu yemayisema
inaugural *a.* የምረቃ yemireqa
inauguration *n.* ምረቃ mireqa
inauspicious *a.* እድለ ቢስ eidile bis

inborn *a.* የተፈጥሮ yetefetiro
incalculable *a.* ለሰካ የማይችል leseka yemayichil
incapable *a.* የማይችል yemayichil
incapacity *n.* አለመቻል alemechal
incarnate *a.* በሰው አምሳል besew amisal
incarnate *v.t.* እውነት አደረገ eiwinet aderege
incarnation *n.* ስጋ መልበስ siga melibes
incense *v.t.* አጠነ atene
incense *n.* እጣን eitan
incentive *n.* ማበረታቻ maberetacha
inception *n.* ውጥን witin
inch *n.* ኢንች inich
incident *n.* ድርጊት dirigit
incidental *a.* ልዩ liyu
incite *v.t.* አነሳሳ anesasa
inclination *n.* ዝንባሌ zinibale
incline *v.i.* አዘነበለ azenebele
include *v.t.* አጠቃለለ ateqalele
inclusion *n.* ማጠቃለል mateqalel
inclusive *a.* ሁሉንም ያካተተ hulunim yakatete
incoherent *a.* ያልተያያዘ yaliteyayaze
income *n.* ገቢ gebi
incomparable *a.* ተወዳዳሪ የሌለው tewedadari yelelew
incompetent *a.* ብቃት የሌለው biqat yelelew
incomplete *a.* ያልተሟላ yalitemwala
inconsiderate *a.* ይሉኝታ የሌለው yilunyita yelelew
inconvenient *a.* የማይመች yemayimech
incorporate *v.t.* አካተተ akatete

incorporate *a.* የሚካተት yemikatet
incorporation *n.* ህብረት hibiret
incorrect *a.* የተሳሳተ yetesasate
incorrigible *a.* የማይታረም yemayitarem
incorruptible *a.* ለሙስና የማይመች lemusina yemayimech
increase *v.t.* ጨመረ chemere
increase *n* ጭማሪ chimari
incredible *a.* የማይታመን yemayitamen
increment *n.* ጭማሪ chimari
incriminate *v.t.* ከሰሰ kesese
incubate *v.i.* አቀፈች aqefech
inculcate *v.t.* ሀሳብን አሰረፀ hasabin aseretse
incumbent *n.* ባለስልጣን balesilitan
incumbent *a* የሀላፊነት ግዴታ yehalafinet gideta
incur *v.t.* አመጣ ameta
incurable *a.* የማይድን yemayidin
indebted *a.* ባለዕዳ baleeida
indecency *n.* ብልግና biligina
indecent *a.* ባለጌ balege
indecision *n.* መወሰን አመቻል mewesen amechal
indeed *adv.* በእውነት beeiwinet
indefensible *a.* ሊከላከሉት የማይችል likelakelut yemayichil
indefinite *a.* ያልተወሰነ yalitewesene
indemnity *n.* ካሳ kasa
independence *n.* ነፃነት netsanet
independent *a.* ነፃ netsa
indescribable *a.* ሊገለፅ የማይቻል ligelets yemayichal
index *n.* ማውጫ mawicha
Indian *a.* የህንድ yehinid
indicate *v.t.* አመለከተ amelekete
indication *n.* ማመልከት mameliket
indicative *a.* የሚያመለክት yemiyamelekit
indicator *n.* አመልካች amelikach
indict *v.t.* ከሰሰ kesese
indictment *n.* ክስ kis
indifference *n.* ግድየለሽነት gidiyeleshinet
indifferent *a.* ግድየለሽ gidiyelesh
indigenous *a.* ተወዳጅ tewedaj
indigestible *a.* በቀላሉ የማይፈጭ ምግብ beqelalu yemayifech migib
indigestion *n.* የምግብ አለመንሸራሸር yemigib alemenisherasher
indignant *a.* የሚቆጣ yemiqota
indignation *n.* ቁጣ quta
indigo *n.* ጥቁር ሰማያዊ tiqur semayawi
indirect *a.* በተዘዋዋሪ betezewawari
indiscipline *n.* ስርአት አልባ siriat aliba
indiscreet *a.* የማይጠነቀቅ yemayiteneqeq
indiscretion *n.* አለመጠንቀቅ alemeteniqeq
indiscriminate *a.* ያልተለየ yaliteleye
indispensable *a.* አስፈላጊ asifelagi
indisposed *a.* ታማሚ tamami
indisputable *a.* የማያከራክር yemayakerakir
indistinct *a.* ግልፅ ያልሆነ gilits yalihone
individual *a.* የግለሰብ yegileseb
individualism *n.* ግለኝነት gilenyinet

individuality *n.* በተናጠል betenatel
indivisible *a.* ሊከፈል የማይችል likefel yemayichil
indolent *a.* ሰነፍ senef
indomitable *a.* የማይሸነፍ yemayishenef
indoor *a.* የቤት ውስጥ yebet wisit
indoors *adv.* በቤት ውስጥ bebet wisit
induce *v.t.* ገፋፋ gefafa
inducement *n.* ለስራ የሚገፋፋ lesira yemigefafa
induct *v.t.* አስገባ asigeba
induction *n.* መግቢያ megibiya
indulge *v.t.* ፈቀደ feqede
indulgence *n.* ማሞላቀቅ mamolaqeq
indulgent *a.* ልል lil
industrial *a.* የኢንዱስትሪ yeinidusitiri
industrious *a.* ትጉህ tiguh
industry *n.* ኢንዱስትሪ inidusitiri
ineffective *a.* ውጤት አልባ witet aliba
inert *a.* የማይንቀሳቀስ yemayiniqesaqes
inertia *n.* ያለመለወጥ ሁኔታ yalemelewet huneta
inevitable *a.* የማይቀር yemayiqer
inexact *a.* ትክክል ያልሆነ tikikil yalihone
inexorable *a.* የማያቋርጥ yemayaqwarit
inexpensive *a.* ርካሽ rikash
inexperience *n.* ልምድ የሌለው limid yelelew
inexplicable *a.* ሊብራራ የማይችል libirara yemayichil
infallible *a.* ፍፁም fitsum
infamous *a.* አስከፊ asikefi
infamy *n.* ነውር newir
infancy *n.* ልጅነት lijinet
infant *n.* ህፃን hitsan
infanticide *n.* ህፃን ገዳይ hitsan geday
infantile *a.* የህፃን yehitsan
infantry *n.* የእግረኛ ጦር yeeigirenya tor
infatuate *v.t.* ማረከ mareke
infatuation *n.* የወረት ፍቅር yeweret fiqir
infect *v.t.* መረዘ mereze
infection *n.* የቁስል መመርቀዝ yequsil memeriqez
infectious *a.* የሚተላለፍ yemitelalef
infer *v.t.* አመለከተ amelekete
inference *n.* ከመረጃዎች በመነሳት መወሰን kemerejawoch bemenesat mewesen
inferior *a.* ዝቅተኛ ziqitenya
inferiority *n.* የበታችነት ስሜት yebetachinet simet
infernal *a.* የገሀነም yegehanem
infinite *a.* መጠን የሌለው meten yelelew
infinity *n.* መጨረሻ የሌለው mecheresha yelelew
infirm *a.* ደካማ dekama
infirmity *n.* ድካም dikam
inflame *v.t.* አናደደ anadede
inflammable *a.* የሚቀጣጠል yemiqetatel
inflammation *n.* እብጠት eibitet
inflammatory *a.* የሚያስቆጣ yemiyasiqota
inflation *n.* የዋጋ ግሽበት yewaga gishibet
inflexible *a.* ንቅንቅ የማይል niqiniq yemayil
inflict *v.t.* አሰቃየ aseqaye
influence *n.* ተፅእኖ ማሳደግ tetsieino masadeg

influence *v.t.* ተፅእኖ አሳደረ tetsieino asadere
influential *a.* ተደማጭነት ያለው tedemachinet yalew
influenza *n.* ኢንፍሉዌንዛ inifiluweniza
influx *n.* በብዛት መግባት bebizat megibat
inform *v.t.* አሳወቀ asaweqe
informal *a.* ስርአት ያልተከተለ siriat yaliteketele
information *n.* መረጃ mereja
informative *a.* አስተዋዋቂ asitewawaqi
informer *n.* ወሬ አቀባይ were aqebay
infringe *v.t.* ጣሳ tasa
infringement *n.* መጣስ metas
infuriate *v.t.* አናደደ anadede
infuse *v.t.* ዘፈዘፈ zefezefe
infusion *n.* በመዘፍዘፍ የተዘጋጀ መጠጥ bemezefizef yetezegaje metet
ingrained *a.* ስር የሰደደ sir yesedede
ingratitude *n.* ምስጋና ቢስነት misigana bisinet
ingredient *n.* ቅመማ ቅመም qimema qimem
inhabit *v.t.* ኖረ nore
inhabitable *a.* የሚኖርበት yeminoribet
inhabitant *n.* ነዋሪ newari
inhale *v.i.* አየር ወደ ውስጥ ሳበ ayer wede wisit sabe
inherent *a.* የተፈጥሮ yetefetiro
inherit *v.t.* ወረሰ werese
inheritance *n.* ውርስ wiris
inhibit *v.t.* ከለከለ kelekele
inhibition *n.* እንቅፋት einiqifat
inhospitable *a.* የማይመች yemayimech
inhuman *a.* ሰብአዊ ያልሆነ sebiawi yalihone
inimical *a.* የጥላቻ yetilacha
inimitable *a.* ሊኮረጅ የማይችል likorej yemayichil
initial *a.* የመጀመሪያ yemejemeriya
initial *n.* የስም የመጀመሪያ ፊደል yesim yemejemeriya fidel
initial *v.t* ፈረመ fereme
initiate *v.t.* ሀሳብ አመነጨ hasab ameneche
initiative *n.* ሀሳብ አመንጭነት hasab amenichinet
inject *v.t.* መርፌ ወጋ merife wega
injection *n.* ክትባት kitibat
injudicious *a.* ማስተዋል የጎደለው masitewal yegodelew
injunction *n.* ትዕዛዝ tieizaz
injure *v.t.* ጎዳ goda
injurious *a.* የሚጎዳ yemigoda
injury *n.* ጉዳት gudat
injustice *n.* በደል bedel
ink *n.* ቀለም qelem
inkling *n.* ፍንጭ finich
inland *a.* የአገር ውስጥ yeager wisit
inland *adv.* ወደ መሀል አገር wede mehal ager
in-laws *n.* አማቾች amachoch
inmate *n.* እስረኛ eisirenya
inmost *a.* የውስጥ yewisit
inn *n.* ትንሽ ሆቴል tinish hotel
innate *a.* የተፈጥሮ yetefetiro
inner *a.* ውስጣዊ wisitawi
innermost *a.* በጣም ጥልቅ betam tiliq
innings *n.* የክሪኬት ጨዋታ ተራ yekiriket chewata tera
innocence *n.* ንፅህና nitsihina
innocent *a.* የዋህ yewah

innovate *v.t.* አዲስ ነገር ፈጠረ adis neger fetere
innovation *n.* ፈጠራ fetera
innovator *n.* የፈጠራ ሰው yefetera sew
innumerable *a.* የማይቆም yemayiqom
inoculate *v.t.* ከተበ ketebe
inoculation *n.* ክትባት kitibat
inoperative *a.* ከአገልግሎት ውጭ የሆነ keageligilot wich yehone
inopportune *a.* የማይመች yemayimech
input *n.* ተጨማሪ ነገር techemari neger
inquest *n.* ምርመራ mirimera
inquire *v.t.* ጠየቀ teyeqe
inquiry *n.* መመርመር memerimer
inquisition *n.* ምርመራ mirimera
inquisitive *a.* ተመራማሪ temeramari
insane *a.* እብድ eibid
insanity *n.* እብደት eibidet
insatiable *a.* የማይረባ yemayireba
inscribe *v.t.* ቀረፀ qeretse
inscription *n.* ጽሁፍ tsihuf
insect *n.* ተባይ tebay
insecticide *n.* ተባይ ማጥፊያ tebay matifiya
insecure *a.* የሚያስተማምን yemiyasitemamin
insecurity *n.* አለመተማመን alemetemamen
insensibility *n.* ስሜት አልባነት simet alibanet
insensible *a.* ስሜት አልባ simet aliba
inseparable *a.* የማይለይ yemayiley
insert *v.t.* አስገባ asigeba
insertion *n.* ማስገባት masigebat
inside *n.* ውስጥ ያለ ነገር wisit yale neger
inside *prep.* ውስጥ wisit
inside *a* የውስጥ yewisit
inside *adv.* ወደ ውስጥ wede wisit
insight *n.* አስተዋይነት asitewayinet
insignificance *n.* አነስተኛ መሆን anesitenya mehon
insignificant *a.* አነስተኛ anesitenya
insincere *a.* ከልብ ያልሆነ kelib yalihone
insincerity *n.* ከልብ ያልሆነ ድርጊት kelib yalihone dirigit
insinuate *v.t.* እራሱን አስተዋወቀ eirasun asitewaweqe
insinuation *n.* እራሱን የሚያስተዋውቅ ሰው eirasun yemiyasitewawiq sew
insipid *a.* ጣዕም የሌለው taeim yelelew
insipidity *n.* ጣዕም ማጣት taeim matat
insist *v.t.* ድርቅ አለ diriq ale
insistence *n.* ችክ ማለት chik malet
insistent *a.* ትኩረት የሚያሻው tikuret yemiyashaw
insolence *n.* ብልግና biligina
insolent *a.* ባለጌ balege
insoluble *n.* የማይሟሟ yemayimwamwa
insolvency *n.* እዳውን መክፈል አለመቻል eidawin mekifel alemechal
insolvent *a.* እዳውን መክፈል የማይችል eidawin mekifel yemayichil
inspect *v.t.* መረመረ meremere
inspection *n.* ምርመራ mirimera

inspector *n.* መርማሪ merimari
inspiration *n.* የሚያነሳሳ መንፈስ yemiyanesasa menifes
inspire *v.t.* አነሳሳ anesasa
instability *n.* አለመረጋጋት alemeregagat
install *v.t.* ገጠመ geteme
installation *n.* መገጣጠም megetatem
instalment *n.* ለረጅም ግዜ የሚከፈል ክፍያ lerejim gize yemikefel kifiya
instance *n.* ማስረጃ masireja
instant *n.* ወዲያው wediyaw
instant *a.* ፈጣን fetan
instantaneous *a.* ወዲያውኑ የሚሆን wediyawinu yemihon
instantly *adv.* ወዲያውኑ wediyawinu
instigate *v.t.* አነሳሳ anesasa
instigation *n.* ማነሳሳት manesasat
instil *v.t.* ቀስ በቀስ አስተማረ qes beqes asitemare
instinct *n.* ደመነፍስ demenefis
instinctive *a.* ደመ ነፍሳዊ deme nefisawi
institute *n.* የትምህርት ድርጅት yetimihirit dirijit
institution *n.* ተቋም teqwam
instruct *v.t.* አስተማረ asitemare
instruction *n.* መመሪያ memeriya
instructor *n.* አስተማሪ asitemari
instrument *n.* መሳሪያ mesariya
instrumental *a.* በሙዚቃ መሳሪያ ብቻ የተቀነባበረ bemuziqa mesariya bicha yeteqenebabere
instrumentalist *n.* ሙዚቃ መሳሪያ ተጫዋች muziqa mesariya techawach
insubordinate *a.* የማይታዘዝ yemayitazez
insubordination *n.* አለመታዘዝ alemetazez
insufficient *a.* በቂ ያልሆነ beqi yalihone
insular *a.* የደሴት yedeset
insularity *n.* ጠባብ አስተሳሰብ tebab asitesaseb
insulate *v.t.* ተከላከለ tekelakele
insulation *n.* መከላከል mekelakel
insulator *n.* ኤሌትሪክ የማያስተላልፍ ነገር eletirik yemayasitelalif neger
insult *n.* ስድብ sidib
insult *v.t.* ሰደበ sedebe
insupportable *a.* የማይደገፍ yemayidegef
insurance *n.* ዋስትና wasitina
insure *v.t.* ዋስትና አስገባ wasitina asigeba
insurgent *a.* አመፀኛ ametsenya
insurgent *n.* የአመፅ ተካፋይ ሰው yeamets tekafay sew
insurmountable *a.* የማይሸነፍ yemayishenef
insurrection *n.* አመፅ amets
intact *a.* ሙሉ mulu
intangible *a.* የማይዳሰስ yemayidases
integral *a.* አስፈላጊ asifelagi
integrity *n.* አንድነት anidinet
intellect *n.* የማሰብ ችሎታ yemaseb chilota
intellectual *a.* የአእምሮ yeaeimiro
intellectual *n.* ምሁር mihur
intelligence *n.* የማሰብ ችሎታ yemaseb chilota
intelligent *a.* ብልህ bilih
intelligentsia *n.* ምሁራን mihuran
intelligible *a.* ለመረዳት የሚቻል lemeredat yemichal
intend *v.t.* አሰበ asebe

intense *a.* ሀይለኛ hayilenya
intensify *v.t.* አባባሰ ababase
intensity *n.* ማባባስ mababas
intensive *a.* በጥልቀት betiliqet
intent *n.* ዓላማ alama
intent *a.* የፍላጎት yefilagot
intention *n.* ሀሳብ hasab
intentional *a.* የታሰበ yetasebe
intercept *v.t.* አጨናገፈ achenagefe
interception *n.* ማጨናገፍ machenagef
interchange *n.* መለወጥ melewet
interchange *v.* ተለዋወጠ telewawete
intercourse *n.* ወሲባዊ ግንኙነት wesibawi gininyunet
interdependence *n.* እርስ በርስ መደጋገፍ eiris beris medegagef
interdependent *a.* እርስ በርሱ የሚደጋገፍ eiris berisu yemidegagef
interest *n.* ፍላጎት filagot
interested *a.* የሚፈልግ yemifelig
interesting *a.* የሚያስደስት yemiyasidesit
interfere *v.i.* ጣልቃ ገባ taliqa geba
interference *n.* ጣልቃ ገብነት taliqa gebinet
interim *n.* ጊዜአዊ gizeawi
interior *a.* የውስጥ yewisit
interior *n.* ውስጥ wisit
interjection *n.* ቃለ አጋኖ qale agano
interlock *v.t.* ጠላለፈ telalefe
interlude *n.* አጭር እረፍት achir eirefit
intermediary *n.* አስታራቂ asitaraqi
intermediate *a.* መካከለኛ mekakelenya
interminable *a.* የተንዛዛ yetenizaza
intermingle *v.t.* አደባለቀ adebaleqe
intern *v.t.* አስጠበቀ asitebeqe
internal *a.* የውስጥ yewisit
international *a.* አለም አቀፍ alem aqef
interplay *n.* የውህደት ውጤት yewihidet witet
interpret *v.t.* አስተረጎመ asiteregome
interpreter *n.* አስተርጓሚ asiterigwami
interrogate *v.t.* ጠየቀ teyeqe
interrogation *n.* ምርመራ mirimera
interrogative *a.* የምርመራ yemirimera
interrogative *n* ምርመራ mirimera
interrupt *v.t.* አቋረጠ aqwarete
interruption *n.* መቋረጥ meqwaret
intersect *v.t.* ተገናኘ tegenanye
intersection *n.* መስቀለኛ መንገድ mesiqelenya meniged
interval *n.* ዕረፍት eirefit
intervene *v.i.* ጣልቃ ገባ taliqa geba
intervention *n.* ጣልቃ መግባት taliqa megibat
interview *n.* የቃል ጥያቄ yeqal tiyaqe
interview *v.t.* የቃል ጥያቄ አቀረበ yeqal tiyaqe aqerebe
intestinal *a.* ያንጀት yanijet
intestine *n.* አንጀት anijet
intimacy *n.* የጠበቀ ግንኙነት yetebeqe gininyunet
intimate *a.* የቅርብ yeqirib
intimate *v.t.* ጠቆመ teqome

intimation *n.* ምልክት milikit
intimidate *v.t.* አስፈራራ asiferara
intimidation *n.* ማስፈራራት masiferarat
into *prep.* ወደ wede
intolerable *a.* መታገስ የማይቻል metages yemayichal
intolerance *n.* አለመቻል alemechal
intolerant *a.* የማይታገስ yemayitages
intoxicant *n.* የሚያሰክር yemiyasekir
intoxicate *v.t.* አሰከረ asekere
intoxication *n.* ስካር sikar
intransitive *a. (verb)* የማይሻገር yemayishager
interpid *a.* ደፋር defar
intrepidity *n.* ድፍረት difiret
intricate *a.* የተወሳሰበ yetewesasebe
intrigue *v.t.* አሴረ asere
intrigue *n* ሴራ sera
intrinsic *a.* የተፈጥሮ ስጦታ yetefetiro sitota
introduce *v.t.* አስተዋወቀ asitewaweqe
introduction *n.* መግቢያ megibiya
introductory *a.* የመግቢያ yemegibiya
introspect *v.i.* ራሱን መረመረ rasun meremere
introspection *n.* ራሱን መመርመር rasun memerimer
intrude *v.t.* ጣልቃ ገባ taliqa geba
intrusion *n.* ጣልቃ መግባት taliqa megibat
intuition *n.* በደመ ነፍስ ማወቅ bedeme nefis maweq
intuitive *a.* የደመ ነፍስ እውቀት yedeme nefis eiwiqet

invade *v.t.* ወረረ werere
invalid *a.* አካለ ስንኩል akale sinikul
invalid *a.* የተሻረ yeteshare
invalid *n* አካለ ስንኩል ሰው akale sinikul sew
invalidate *v.t.* ሻረ share
invaluable *a.* እጅግ የከበረ eijig yekebere
invasion *n.* ወረራ werera
invective *n.* ስድብ sidib
invent *v.t.* ፈጠረ fetere
invention *n.* ፈጠራ fetera
inventive *a.* ፈጣሪ fetari
inventor *n.* የፈጠራ ሰው yefetera sew
invert *v.t.* ገለበጠ gelebete
invest *v.t.* አዋለ awale
investigate *v.t.* መረመረ meremere
investigation *n.* ምርመራ mirimera
investment *n.* ገንዘብ ለራስ ማዋል genizeb leras mawal
invigilate *v.t.* ተፈታኝ ተቆጣጠረ tefetany teqotatere
invigilation *n.* ተፈታኝ መቆጣጠር tefetany meqotater
invigilator *n.* ፈተና ተቆጣጣሪ fetena teqotatari
invincible *a.* የማይበገር yemayibeger
inviolable *a.* የማይጣስ yemayitas
invisible *a.* የማይታይ yemayitay
invitation *v.* ግብዣ gibizha
invite *v.t.* ጋበዘ gabeze
invocation *n.* መለመን melemen
invoice *n.* ፋክቱር fakitur
invoke *v.t.* ለመነ lemene
involve *v.t.* አሳተፈ asatefe
inward *a.* ውስጣዊ wisitawi
inwards *adv.* ወደ ውስጥ wede wisit

irate *a.* የተቆጣ yeteqota
ire *n.* ቁጣ quta
Irish *a.* የአየርላንድ yeayerilanid
Irish *n.* አየርላንድ ayerilanid
irksome *a.* የሚያሰለች yemiyaselech
iron *n.* ብረት biret
iron *v.t.* ተኮሰ tekose
ironical *a.* አሽሙራዊ ashimurawi
irony *n.* ምፀት mitset
irradiate *v.i.* ፈነጠቀ feneteqe
irrational *a.* መሰረተ ቢስ meserete bis
irreconcilable *a.* ሊታረቅ የማይችል litareq yemayichil
irrecoverable *a.* የማይመለስ yemayimeles
irrefutable *a.* የማይካድ yemayikad
irregular *a.* መደበኛ ያልሆነ medebenya yalihone
irregularity *n.* መደበኛ አለመሆን medebenya alemehon
irrelevant *a.* ከጉዳዩ ያልተያያዘ kegudayu yaliteyayaze
irrespective *a.* ሳይለይ sayiley
irresponsible *a.* ሀላፊነት የማይሰማው halafinet yemayisemaw
irrigate *v.t.* በመስኖ አጠጣ bemesino ateta
irrigation *n.* መስኖ mesino
irritable *a.* ግፍተኛ gifitenya
irritant *a.* የሚያበሳጭ yemiyabesach
irritant *n.* የሚያበሳጭ ነገር yemiyabesach neger
irritate *v.t.* አበሳጨ abesache
irritation *n.* ማበሳጨት mabesachet
irruption *n.* ድንገት መግባባት diniget megibabat
island *n.* ደሴት deset
isle *n.* ትንሽ ደሴት tinish deset
isobar *n.* አይሶባር ayisobar
isolate *v.t.* ለብቻ ነጠለ lebicha netele
isolation *n.* ለብቻ መሆን lebicha mehon
issue *v.i.* አወጣ aweta
issue *n.* ጉዳይ guday
it *pron.* የነገሩ yenegeru
Italian *a.* የጣሊያን yetaliyan
Italian *n.* ጣሊያን taliyan
italic *a.* ዘመም ያለ አፃፃፍ zemem yale atsatsaf
italics *n.* ዘመም ያለ ፊደል zemem yale fidel
itch *n.* እከክ eikek
itch *v.i.* አከከ akeke
item *n.* እቃ eiqa
ivory *n.* የዝሆን ጥርስ yezihon tiris
ivy *n* ሀረግ hareg

J

jab *v.t.* ጠቅ አደረገ teq aderege
jabber *v.t.* በችኮላ ተንተባተበ bechikola tenitebatebe
jack *n.* ክሪክ kirik
jack *v.t.* በክሪክ አነሳ bekirik anesa
jackal *n.* ቀበሮ qebero
jacket *n.* ጃኬት jaket
jade *n.* ምንም የማይጥመው minim yemayitimew
jail *n.* እስር ቤት eisir bet
jailer *n.* እስር ቤት ጠባቂ eisir bet tebaqi
jam *n.* መጨናነቅ mechenaneq

jam *v.t.* አጨናነቀ achenaneqe
jar *n.* ገንቦ genibo
jargon *n.* ሙያዊ የመግባቢያ ቃላት muyawi yemegibabiya qalat
jasmine, jessamine *n.* ጥሩ ቃና ያለው አበባ tiru qana yalew abeba
jaundice *n.* የወፍ በሽታ yewef beshita
jaundice *v.t.* በወፍ በሽታ ታመመ bewef beshita tameme
javelin *n.* ጦር ውርወራ tor wiriwera
jaw *n.* መንጋጋ menigaga
jay *n.* የቁራ ዘር yequra zer
jealous *a.* መቅናት meqinat
jealousy *n.* ቅናት qinat
jean *n.* ጂንስ jinis
jeer *v.i.* ማፌዝ mafez
jelly *n.* ዝልግልግ ፈሳሽ ziligilig fesash
jeopardize *v.t.* አደጋ ላይ ጣለ adega lay tale
jeopardy *n.* አደጋ adega
jerk *n.* መገፋተር megefater
jerkin *n.* ሰደርያ sederiya
jerky *a.* አስቸገረ(ለጉዞ) asichegere(leguzo)
jersey *n.* ሹራብ(ማልያ) shurabi(maliya)
jest *n.* ቀልድ qelid
jest *v.i.* የቀልድ yeqelid
jet *n.* ጄት አይሮፕላን jet ayiropilan
Jew *n.* አይሁድ ayihud
jewel *n.* እንቁ einiqu
jewel *v.t.* እንቁ einiqu
jeweller *n.* ጌጣጌጥ ነጋዴ getaget negade
jewellery *n.* ጌጣጌጥ getaget
jingle *n.* ማንቃጨል maniqachel
jingle *v.i.* ቀላል ግጥም qelal gitim
job *n.* ስራ sira
jobber *n.* ጅምላ ነጋዴ jimila negade
jobbery *n.* ሙስና musina
jocular *a.* ቀልደኛ qelidenya
jog *v.t.* ሶምሶማ ሮጠ somisoma rote
join *v.t.* መገናኘት megenanyet
joiner *n.* አናጢ anati
joint *n.* መገጣጠሚያ megetatemiya
jointly *adv.* በጋራ begara
joke *n.* ቀልድ qelid
joke *v.i.* መቀለድ meqeled
joker *n.* ቀልደኛ qelidenya
jollity *n.* ደስተኝነት desitenyinet
jolly *a.* ዘናጭ zenach
jolt *n.* መንዘፍዘፍ menizefizef
jolt *v.t.* ተንዘፈዘፈ tenizefezefe
jostle *n.* መጋፋት megafat
jostle *v.t.* ተጋፋ tegafa
jot *n.* ቅንጣት qinitat
jot *v.t.* ቶሎቶሎ መፃፍ tolotolo metsaf
journal *n.* የሙያ መፅሄት yemuya metsihet
journalism *n.* ጋዜጠኝነት gazetenyinet
journalist *n.* ጋዜጠኛ gazetenya
journey *n.* ረጅም ጉዞ rejim guzo
journey *v.i.* ተጓዘ tegwaze
jovial *a.* ተግባቢ tegibabi
joviality *n.* መግባባት megibabat
joy *n.* ደስታ desita
joyful, joyous *n.* ደስተኛ desitenya
jubilant *a.* ፈነጠዘ feneteze
jubilation *n.* ታላቅ ደስታ talaq desita
jubilee *n.* ኢዮቤልዩ iyobeliyu
judge *n.* ዳኛ danya
judge *v.i.* መዳኘት medanyet

judgement *n.* ፍርድ firid
judicature *n.* የፍትህ አካላት yefitih akalat
judicial *a.* ሕጋዊ higawi
judiciary *n.* የፍትህ አካላት yefitih akalat
judicious *a.* አመዛዛኝ amezazany
jug *n.* ደምበጃን demibejan
juggle *v.t.* ከሶስት በላይ ኳሶች ቅብብሎሽ kesosit belay kwasoch qibibilosh
juggler *n.* ከሶስት በላይ ኳሶች ቅብብሎሽ መጫወት kesosit belay kwasoch qibibilosh mechawet
juice *n* ጭማቂ chimaqi
juicy *a.* ብዙ ፈሳሽ ያለበት bizu fesash yalebet
jumble *n.* ምስቅልቅል misiqiliqil
jumble *v.t.* መግተልተል megitelitel
jump *n.* መዝለል mezilel
jump *v.i* ዘለለ zelele
junction *n.* መገጣጠሚያ megetatemiya
juncture *n.* አስፈላጊ የሆነ ወቅት asifelagi yehone weqit
jungle *n.* ጫካ chaka
junior *a.* ታናሽ tanash
junior *n.* ትንሽነት tinishinet
junk *n.* ውዳቂ ነገር widaqi neger
jupiter *n.* ጁፒተር jupiter
jurisdiction *n.* ስልጣን silitan
jurisprudence *n.* ስነ ህግ sine hig
jurist *n.* የሕግ አዋቂ yehig awaqi
juror *n.* ከዳኞች አንዱ አባል kedanyoch anidu abal
jury *n.* የተሰየሙ ዳኞች yeteseyemu danyoch
juryman *n.* የተሰየመ ዳኛ yeteseyeme danya
just *a.* ትክክል tikikil
just *adv.* በትክክል betikikil
justice *n.* ፍትህ fitih
justifiable *a.* ሊያሳምን የሚችል liyasamin yemichil
justification *n.* አሳማኝ የሆነ ምክንያት asamany yehone mikiniyat
justify *v.t.* አረጋገጠ aregagete
justly *adv.* በእርግጥ beeirigit
jute *n.* ቃጫ qacha
juvenile *a.* ወጣት wetat

K

keen *a.* ጉጉ gugu
keenness *n.* መጓጓት megwagwat
keep *v.t.* ያዘ yaze
keeper *n.* ጠባቂ tebaqi
keepsake *n.* ማስታወሻ masitawesha
kennel *n.* የውሻ ቤት yewisha bet
kerchief *n.* ሻሽ shash
kernel *n.* ፍሬ fire
kerosene *n.* ነጭ ጋዝ nech gaz
ketchup *n.* የቲማቲም ድልህ yetimatim dilih
kettle *n.* የሻይ ጀበና yeshay jebena
key *n.* ቁልፍ qulif
key *v.t* ቆለፈ qolefe
kick *n.* መርገጥ meriget
kick *v.t.* ረገጠ regete
kid *n.* ግልግል giligil
kidnap *v.t.* ጠለፈ telefe
kidney *n.* ኩላሊት kulalit
kill *v.t.* ገደለ gedele
kill *n.* መግደል megidel
kiln *n.* ሸክላ መጥበሻ shekila metibesha

kin *n.* ቤተሰብ beteseb
kind *n.* ደግነት deginet
kind *a* ደግ deg
kindergarten ; *n.* ምዋለ ህፃናት miwale hitsanat
kindle *v.t.* አነደደ anedede
kindly *adv.* በትህትና betihitina
king *n.* ንጉስ nigus
kingdom *n.* መንግስት menigisit
kinship *n.* ዝምድና zimidina
kiss *n.* መሳም mesam
kiss *v.t.* ሳመ same
kit *n.* ለጉዞ የተዘጋጀ እቃ leguzo yetezegaje eiqa
kitchen *n.* ወጥ ቤት wet bet
kite *n.* ጭልፊት chilifit
kith *n.* ወዳጅ ዘመድ wedaj zemed
kitten *n.* የድመት ግልገል yedimet giligel
knave *n.* የሚታመን ሰው yemitamen sew
knavery *n.* የማይረባ ባህሪ yemayireba bahiri
knee *n.* ጉልበት gulibet
kneel *v.i.* ተንበረከከ teniberekeke
knife *n.* ቢላዋ bilawa
knight *n.* ፈረሰኛ feresenya
knight *v.t.* ፈረሰኛ ሆነ feresenya hone
knit *v.t.* ሹራብ ሰራ shurab sera
knock *v.t.* አንኳኳ anikwakwa
knot *n.* ቋጠሮ qwatero
knot *v.t.* ቋጠረ qwatere
know *v.t.* ዐወቀ aweqe
knowledge *n.* ዕውቀት eiwiqet

L

label *n.* ምልክት milikit

label *v.t.* ምልክት አደረገ milikit aderege
labial *a.* የከንፈር yekenifer
laboratory *n.* ቤተ ሙከራ bete mukera
laborious *a.* አድካሚ adikami
labour *n.* ስራ sira
labour *v.i.* ሰራ sera
laboured *a.* የጉልበት yegulibet
labourer *n.* ሰራተኛ seratenya
labyrinth *n.* ውስብስብ መንገድ wisibisib meniged
lac, lakh *n* እጦት eitot
lace *n.* ጫማ ማሰሪያ chama maseriya
lace *v.t.* ጫማ አሰረ chama asere
lacerate *v.t.* አቆሰለ aqosele
lachrymose *a.* የሚያስለቅስ yemiyasileqis
lack *n.* እጦት eitot
lack *v.t.* አጣ ata
lackey *n.* ወንድ አሽከር wenid ashiker
lacklustre *a.* እውቀት የሌለው eiwiqet yelelew
laconic *a.* አጥር ምጥን ያለ atir mitin yale
lactate *v.i.* ወተት አጋተች wetet agatech
lactometer *n.* የወተት ጥራት መለኪያ yewetet tirat melekiya
lactose *n.* ስኳር sikwar
lacuna *n.* ክፍተት kifitet
lacy *a.* የዳንቴል yedanitel
lad *n.* ወንድ ልጅ wenid lij
ladder *n.* መሰላል meselal
lade *v.t.* ጫነ chane
ladle *n.* ጭልፋ chilifa
ladle *v.t.* ጨለፈ chelefe
lady *n.* ሴት set
lag *v.i.* ወደ ኋላ ቀረ wede hwala qere

laggard *n.* ወደ ኋላ መቅረት wede hwala meqiret
lagoon *n.* ኩሬ kure
lair *n.* ጎሬ gore
lake *n.* ሀይቅ hayiq
lama *n.* ላማ lama
lamb *n.* ጠቦት tebot
lambaste *v.t.* በዱላ መታ bedula meta
lame *a.* አንካሳ anikasa
lame *v.t.* አስነከሰ asinekese
lament *v.i.* አለቀሰ aleqese
lament *n* ለቅሶ leqiso
lamentable *a.* የሚያሳዝን yemiyasazin
lamentation *n.* ለቅሶ leqiso
lambkin *n.* ትንሽ ጠቦት tinish tebot
laminate *v.t.* በፕላስቲክ ሸፈነ bepilasitik shefene
lamp *n.* ፋኖስ fanos
lampoon *n.* የነቀፋ ጽሁፍ yeneqefa tsihuf
lampoon *v.t.* ነቀፈ neqefe
lance *n.* ጦር tor
lance *v.t.* ጦር በሳ tor besa
lancer *n.* ጦረኛ torenya
lancet *a.* ወረንጦ werenito
land *n.* መሬት meret
land *v.i.* አረፈ arefe
landing *n.* ማረፊያ marefiya
landscape *n.* ገፀ ምድር getse midir
lane *n.* ጠባብ መንገድ tebab meniged
language *n.* ቋንቋ qwaniqwa
languish *v.i.* ማቀቀ maqeqe
lank *a.* የከሳ yekesa
lantern *n.* ፋኖስ fanos
lap *n.* ጭን chin
lapse *v.i.* ተረሳ teresa
lapse *n* ቀላል ስህተት qelal sihitet
lard *n.* የአሳማ ቅቤ yeasama qibe
large *a.* ትልቅ tiliq
largesse *n.* የገንዘብ ስጦታ yegenizeb sitota
lark *n.* ባለ ረጅም ጭራ ዘማሪ ወፍ bale rejim chira zemari wef
lascivious *a.* ለዝሙት የሚያነሳሳ lezimut yemiyanesasa
lash *a.* የጅራፍ yejiraf
lash *n* ጅራፍ jiraf
lass *n.* ወጣት ሴት wetat set
last1 *a.* የመጨረሻው yemechereshaw
last *adv.* በመጨረሻ bemecheresha
last *v.i.* ቆየ qoye
last *n* መጨረሻ mecheresha
lastly *adv.* በመጨረሻ bemecheresha
lasting *a.* ዘላቂ zelaqi
latch *n.* መወርወሪያ meweriweriya
late *a.* የመጨረሻ yemecheresha
late *adv.* ዘግይቶ zegiyito
lately በቅርቡ beqiribu
latent *a.* ሽፍንፍን shifinifin
lath *n.* ሳንቃ saniqa
lathe *n.* ቅርጽ ማውጫ መሳሪያ qirits mawicha mesariya
lather *n.* የሳሙና አረፋ yesamuna arefa
latitude *n.* ኬንትሮስ kenitiros
latrine *n.* መፀዳጃ metsedaja
latter *a.* የኋለኛ yehwalenya
lattice *n.* ሱቅ suq
laud *v.t.* አመሰገነ amesegene
laud *n* ምስጋና misigana
laudable *a.* የሚመሰገን yemimesegen
laugh *n.* መሳቅ mesaq
laugh *v.i* ሳቀ saqe
laughable *a.* የሚያስቅ yemiyasiq
laughter *n.* ሳቀ saqe

launch *v.t.* ጀመረ jemere
launch *n.* መጀመር mejemer
launder *v.t.* አጠበ atebe
laundress *n.* ለልብስ አጣቢ ሴት lelibis atabi set
laundry *n.* ልብስ ማጠቢያ ቦታ libis matebiya bota
laurel *n.* ለምለም ሳር lemilem sar
laureate *a.* ክብር የሚገባው kibir yemigebaw
laureate *n* ሎሬት loret
lava *n.* የቀለጠ ድንጋይ yeqelete dinigay
lavatory *n.* መፀዳጃ ቤት metsedaja bet
lavender *n.* ወይን ጠጅ ቀለም weyin tej qelem
lavish *a.* አባካኝ abakany
lavish *v.t.* አባከነ abakene
law *n.* ህግ hig
lawful *a.* ህጋዊ higawi
lawless *a.* ህገወጥ higewet
lawn *n.* የግቢ መስክ yegibi mesik
lawyer *n.* ጠበቃ tebeqa
lax *a.* ግድየለሽ gidiyelesh
laxative *n.* የሚያስቀምጥ መድሀኒት yemiyasiqemit medihanit
laxative *a* የሚያስቀምጥ yemiyasiqemit
laxity *n.* መላላት melalat
lay *v.t.* አስቀመጠ asiqemete
lay *a.* የተራ ሰው yetera sew
lay *n* በዘፈን ግጥም bezefen gitim
layer *n.* ንብርብር nibiribir
layman *n.* ተራሰው terasew
laze *v.i.* በስንፍና ተቀመጠ besinifina teqemete
laziness *n.* ስንፍና sinifina
lazy *n.* ሰነፍ senef
lea *n.* የርዝመት መለኪያ yerizimet melekiya
leach *v.t.* አበጠ abete
lead *n.* ቀዳሚ qedami
lead *v.t.* መራ mera
lead *n.* ፍንጭ finich
leaden *a.* ከእርሳስ የተሰራ keeirisas yetesera
leader *n.* መሪ meri
leadership *n.* መሪነት merinet
leaf *n.* ቅጠል qitel
leaflet *n.* በራሪ ጽሁፍ berari tsihuf
leafy *a.* በቅጠል የተሸፈነ beqitel yeteshefene
league *n.* ሊግ lig
leak *n.* ቀዳዳ qedada
leak *v.i.* ፈሰሰ fesese
leakage *n.* ፍሳሽ fisash
lean *n.* ቀጭን qechin
lean *v.i.* አዘነበ azenebe
leap *v.i.* ዘለለ zelele
leap *n* መዝለል mezilel
learn *v.i.* ተማረ temare
learned *a.* የተማረ yetemare
learner *n.* ጀማሪ jemari
learning *n.* ትምህርት timihirit
lease *n.* ኪራይ kiray
lease *v.t.* ተከራየ tekeraye
least *a.* ትንሽ tinish
least *adv.* በጣም ትንሹ betam tinishu
leather *n.* ቆዳ qoda
leave *n.* ፈቃድ feqad
leave *v.t.* ለቀቀ leqeqe
lecture *n.* ንግግር nigigir
lecture *v* ትምህርት ሰጠ timihirit sete
lecturer *n.* አስተማሪ asitemari
ledger *n.* መዝገብ mezigeb
lee *n.* መጠለያ meteleya
leech *n.* አልቅት aliqit
leek *n.* ባሮ ሽንኩርት baro shinikurit

left *a.* ግራ gira
left *n.* በግራ በኩል begira bekul
leftist *n* የግራ ክንፈኛ yegira kinifenya
leg *n.* እግር eigir
legacy *n.* ቅርስ qiris
legal *a.* ህጋዊ higawi
legality *n.* ህጋዊነት higawinet
legalize *v.t.* ህጋዊ አደረገ higawi aderege
legend *n.* አፈታሪክ afetarik
legendary *a.* አፈታሪካዊ afetarikawi
leghorn *n.* ኮፍያ kofiya
legible *a.* የሚነበብ yeminebeb
legibly *adv.* በሚነበብ beminebeb
legion *n.* ክፍለ ጦር kifile tor
legionary *n.* የክፍል ጦር አባል yekifil tor abal
legislate *v.i.* ህግ አወጣ hig aweta
legislation *n.* ህግ hig
legislative *a.* የህግ yehig
legislator *n.* ህግ አውጭ ክፍል hig awich kifil
legislature *n.* የህግ አውጭ ክፍል yehig awich kifil
legitimacy *n.* ህጋዊነት higawinet
legitimate *a.* ህጋዊ higawi
leisure *n.* ትርፍ ጊዜ tirif gize
leisure *a* የትርፍ ጊዜ yetirif gize
leisurely *a.* የማይጣደፍ yemayitadef
leisurely *adv.* በርጋታ berigata
lemon *n.* ሎሚ lomi
lemonade *n.* ከሎሚ የሚሰራ kelomi yemisera
lend *v.t.* አበደረ abedere
length *n.* ርዝመት rizimet
lengthen *v.t.* አረዘመ arezeme
lengthy *a.* ረጅም rejim
lenience, leniency *n.* ልልነት lilinet
lenient *a.* ልል lil
lens *n.* ምስሬት misiret
lentil *n.* ምክር mikir
Leo *n.* ሊዮ liyo
leonine *a* የአንበሳ yeanibesa
leopard *n.* አቦ ሸማኔ abo shemane
leper *n.* የስጋ ደዌ በሽተኛ yesiga dewe beshitenya
leprosy *n.* የስጋ ደዌ በሽታ yesiga dewe beshita
leprous *a.* የስጋ ደዌ yesiga dewe
less *a.* ያነሰ yanese
less *n* ያነሰ yanese
less *adv.* በትንሽ betinish
less *prep.* ትንሽ tinish
lessee *n.* ተከራይ tekeray
lessen *v.t* ቀነሰ qenese
lesser *a.* አነስተኛ anesitenya
lesson *n.* ትምህርት timihirit
lest *conj.* እንዳጥሆን einidatihon
let *v.t.* አከራየ akeraye
lethal *a.* የሚገድል yemigedil
lethargic *a.* ልፍስፍስ lifisifis
lethargy *n.* መልፈስፈስ melifesifes
letter *n* ደብዳቤ debidabe
level *n.* ደረጃ dereja
level *a* የተስተካከለ yetesitekakele
level *v.t.* አስተካከለ asitekakele
lever *n.* ማንሻ manisha
lever *v.t.* አንቀሳቀሰ aniqesaqese
leverage *n.* አጋጣሚን መጠቀም agatamin meteqem
levity *n.* ቧልት bwalit
levy *v.t.* ቀረጠ qerete
levy *n.* ቀረጥ qeret
lewd *a.* ሴሰኛ sesenya
lexicography *n.* መዝገበ ቃላት ማዘጋጀት mezigebe qalat mazegajet

lexicon *n.* መዝገበ ቃላት mezigebe qalat
liability *n.* ወጪና ኪሳራ wechina kisara
liable *a.* ተጠያቂ teteyaqi
liaison *n.* አገናኝ agenany
liar *n.* ውሸታም wishetam
libel *n.* ስም ማጥፋት sim matifat
libel *v.t.* ስም አጠፋ sim atefa
liberal *a.* ለጋስ legas
liberalism *n.* ሊብራሊዝም libiralizim
liberality *n.* ለጋስነት legasinet
liberate *v.t.* ነፃ አወጣ netsa aweta
liberation *n.* ነፃ ማውጣት netsa mawitat
liberator *n.* ነፃ አውጭ netsa awich
libertine *n.* ባለጌ balege
liberty *n.* ነፃነት netsanet
librarian *n.* የቤተ መጽሀፍት ባለሙያ yebete metsihafit balemuya
library *n.* ቤተ መጽሀፍት bete metsihafit
licence *n.* ፈቃድ feqad
license *v.t.* ፈቃድ መስጠት feqad mesitet
licensee *n.* ፈቃድ ያለው feqad yalew
licentious *a.* ሴሰኛ sesenya
lick *v.t.* ላሰ lase
lick *n* መላስ melas
lid *n.* መክደኛ mekidenya
lie *v.i.* ዋሻ washa
lie *v.i* ተንጋለለ tenigalele
lie *n* ውሸት wishet
lien *n.* ማስያዥያ masiyazhiya
lieu *n.* ስፍራ sifira
lieutenant *n.* መቶ አለቃ meto aleqa
life *n* ህይወት hiyiwet
lifeless *a.* ህይወት አልባ hiyiwet aliba
lifelong *a.* የእድሜ ልክ yeeidime lik
lift *n.* አሳንሰር asaniser
lift *v.t.* አነሳ anesa
light *n.* ብርሀን birihan
light *a* ቀላል qelal
light *v.t.* አቀጣጠለ aqetatele
lighten *v.i.* አበራ abera
lighter *n.* ማቀጣጠያ maqetateya
lightly *adv.* በቀላሉ beqelalu
lightening *n.* መብረቅ mebireq
lignite *n.* ሊግናይት liginayit
like *a.* ተመሳሳይ temesasay
like *n.* ሌላውን የሚወክል lelawin yemiwekil
like *v.t.* ወደደ wedede
like *prep* እንደ anide
likelihood *n.* መምሰል memisel
likely *a.* ምናልባት minalibat
liken *v.t.* አመሳሰለ amesasele
likeness *n.* መመሳሰል memesasel
likewise *adv.* በተመሳሳይ ሁኔታ betemesasay huneta
liking *n.* መውደድ mewided
lilac *n.* የአበባ ተክል yeabeba tekil
lily *n.* የአበባ አይነት yeabeba ayinet
limb *n.* ክንድ kinid
limber *v.t.* አፍታታ afitata
limber *n* በቀላሉ የሚታጠፍ beqelalu yemitatef
lime *n.* ኖራ nora
lime *v.t* ኖራ ጨመረ nora chemere
lime *n.* ሎሚ lomi
limelight *n.* ታዋቂነት tawaqinet
limit *n.* ገደብ gedeb
limit *v.t.* ገደበ gedebe
limitation *n.* ገደብ gedeb
limited *a.* የተወሰነ yetewesene

limitless *a.* ገደብ የለሽ gedeb yelesh

line *n.* መስመር mesimer

line *v.t.* አሰመረ asemere

line *v.t.* አሰለፈ aselefe

lineage *n.* ዘዝ zez

linen *n.* ላይነን layinen

linger *v.i.* ዘገየ zegeye

lingo *n.* የውጭ ቋንቋ yewich qwaniqwa

lingua franca *n.* በጋራ የሚነገር ቋንቋ begara yemineger qwaniqwa

lingual *a.* የቋንቋ yeqwaniqwa

linguist *n.* የቋንቋ አዋቂ yeqwaniqwa awaqi

linguistic *a.* የቋንቋ yeqwaniqwa

linguistics *n.* የቋንቋዎች ጥናት yeqwaniqwawoch tinat

lining *n* ገበር geber

link *n.* ማያያዣ mayayazha

link *v.t* አያያዥ ayayazh

linseed *n.* ተልባ teliba

lintel *n.* አጎበር agober

lion *n* አንበሳ anibesa

lioness *n.* ሴት አንበሳ set anibesa

lip *n.* ከንፈር kenifer

liquefy *v.t.* አቀለጠ aqelete

liquid *a.* ፈሳሽ fesash

liquid *n* ፈሳሽ ነገር fesash neger

liquidate *v.t.* ዕዳውን ከፈለ eidawin kefele

liquidation *n.* ድርጅትን መዝጋት dirijitin mezigat

liquor *n.* የአልኮል መጠጥ yealikol metet

lisp *v.t.* ተኮላተፈ tekolatefe

lisp *n* መኮላተፍ mekolatef

list *n.* ዝርዝር zirizir

list *v.t.* ዘረዘረ zerezere

listen *v.i.* አዳመጠ adamete

listener *n.* አድማጭ adimach

listless *a.* የፈዘዘ yefezeze

lists *n.* ዝርዝሮች ziriziroch

literacy *n.* ማንበብና መፃፍ manibebina metsaf

literal *a.* ቃል በቃል qal beqal

literary *a.* የስነ ፅሁፍ yesine tsihuf

literate *a.* የተማረ yetemare

literature *n.* ስነ ፅሁፍ sine tsihuf

litigant *n.* ሙግት mugit

litigate *v.t.* ተሟገተ temwagete

litigation *n.* መሟገት memwaget

litre *n.* የፈሳሽ መለኪያ yefesash melekiya

litter *n.* ቆሻሻ qoshasha

litter *v.t.* አቆሸሸ aqosheshe

litterateur *n.* ደራሲ derasi

little *a.* ትንሽ tinish

little *adv.* በትንሹ betinishu

little *n.* ትንሽ ነገር tinish neger

littoral *a.* የባህር ዳርቻ yebahir daricha

liturgical *a.* የሀይማኖት ስርዐት yehayimanot siriat

live *v.i.* ኖረ nore

live *a.* ሕይወት ያለው hiyiwet yalew

livelihood *n.* ገቢ gebi

lively *a.* ንቁ niqu

liver *n.* ጉበት gubet

livery *n.* መለያ ልብስ meleya libis

living *a.* ኑሮ nuro

living *n* አኗኗር a□□r

lizard *n.* እንሽላሊት einishilalit

load *n.* ጭነት chinet

load *v.t.* ጫነ chane

loadstar *n.* አርአያ ariaya

loadstone *n.* ማግኔትነት ያለው ብረት maginetinet yalew biret

loaf *n.* ዳቦ dabo

loaf *v.i.* አላገጠ alagete

loafer *n.* ስራ ፈት sira fet

loan *n.* ብድር bidir
loan *v.t.* ተበደረ tebedere
loath *a.* ፍላጎት ያለው filagot yalew
loathe *v.t.* ጠላ tela
loathsome *a.* የሚያቅለሸልሽ yemiyaqileshelish
lobby *n.* መተላለፊያ metelalefiya
lobe *n.* በረንዳ berenida
lobster *n.* የባህር እንስሳ yebahir einisisa
local *a.* የአገር ውስጥ yeager wisit
locale *n.* ስፍራ sifira
locality *n.* ወረዳ wereda
localize *v.t.* ቦታ ለየ bota leye
locate *v.t.* ፈልጎ አገኘ feligo agenye
location *n.* ቦታ bota
lock *n.* መቆለፍያ meqolefiya
lock *v.t* ቆለፈ qolefe
lock *n* የተያዘ ነገር yeteyaze neger
locker *n.* ሳጥን satin
locket *n.* ያንገት ጌጥ yaniget get
locomotive *n.* ባቡር babur
locus *n.* አንድ ድርጊት የተፈፀመበት ቦታ anid dirigit yetefetsemebet bota
locust *n.* አንበጣ anibeta
locution *n.* ዘይቤያዊ ንግግር zeyibeyawi nigigir
lodge *n.* ጊዜያዊ ማረፊያ gizeyawi marefiya
lodge *v.t.* ማረፊያ ሰጠ marefiya sete
lodging *n.* ማረፊያ marefiya
loft *n.* ክፍል kifil
lofty *a.* ከፍተኛ kefitenya
log *n.* ግንድ ginid
logarithim *n.* ሎጋሪዝም logarizim
loggerhead *n.* የባሕር ኤሊ yebahir eli
logic *n.* ምርምር mirimir
logical *a.* ተገቢ አስተሳሰብ ያለው tegebi asitesaseb yalew
logician *n.* ተመራማሪ temeramari
loin *n.* ወገብ wegeb
loiter *v.i.* ያለ ስራ ዞረ yale sira zore
loll *v.i.* ስራ ፈት sira fet
lollipop *n.* ሎሊፖፕ lolipop
lone *a.* ብቸኛ bichenya
loneliness *n.* ብቸኛነት bichenyanet
lonely *a.* የብቸኛነት yebichenyanet
lonesome *a.* ብቸኛ bichenya
long *a.* ረዥም rezhim
long *adv* ለረጅም ግዜ lerejim gize
long *v.i* ጓጓ gwagwa
longevity *n.* ረጅም እድሜ rejim eidime
longing *n.* ጉጉት gugut
longitude *n.* ኬክሮስ kekiros
look *v.i* ተመለከተ temelekete
look *a* መልክ melik
loom *n* የሸማኔ እቃ yeshemane eiqa
loom *v.i.* ታየ taye
loop *n.* የቀለበት ቅርጽ yeqelebet qirits
loop-hole *n.* ማምለጫ መንገድ mamilecha meniged
loose *a.* ልል lil
loose *v.t.* አለላ alela
loosen *v.t.* ፈታ feta
loot *n.* የተዘረፈ እቃ yetezerefe eiqa
loot *v.i.* ዘረፈ zerefe
lop *v.t.* ቆረጠ qorete
lop *n.* መቁረጥ mequret
lord *n.* ጌታ geta
lordly *a.* ለአለቃ የሚመች lealeqa yemimech

lordship *n.* ጌትነት getinet
lore *n.* ወጣ weta
lorry *n.* የጭነት መኪና yechinet mekina
lose *v.t.* አጠፋ atefa
loss *n.* ኪሳራ kisara
lot *n.* ዕጣ eita
lot *n* መሬት meret
lotion *n.* ቅባት qibat
lottery *n.* ሎተሪ loteri
lotus *n.* የባህር ዳር አበባ yebahir dar abeba
loud *a.* የጎላ ድምፅ yegola dimits
lounge *v.i.* ጊዜ አጠፋ gize atefa
lounge *n.* ማረፊያ ክፍል marefiya kifil
louse *n.* ቅማል qimal
lovable *a.* ተወዳጅ tewedaj
love *n* ፍቅር fiqir
love *v.t.* ወደደ wedede
lovely *a.* አስደሳች asidesach
lover *n.* ወዳጅ wedaj
loving *a.* የሚወድ yemiwed
low *a.* ዝቅተኛ ziqitenya
low *adv.* በዝቅተኛ መጠን beziqitenya meten
low *v.i.* በዝቅታ ተናገረ beziqita tenagere
low *n.* ዝቅተኛ መጠን ziqitenya meten
lower *v.t.* ቀነሰ qenese
lowliness *n.* ዝቅተኝነት ስሜት ziqitenyinet simet
lowly *a.* የተዋረደ yetewarede
loyal *a.* ታማኝ tamany
loyalist *n.* ታማኝ ሰው tamany sew
loyalty *n.* ታማኝነት tamanyinet
lubricant *n.* ቅባት qibat
lubricate *v.t.* ቅባት አጠጣ qibat ateta
lubrication *n.* በቅባት ማለስለስ beqibat malesiles
lucent *a.* የሚያንፀባርቅ yemiyanitsebariq
lucid *a.* ግልፅ gilits
lucidity *n.* ግልፅነት gilitsinet
luck *n.* እድል eidil
luckily *adv.* ደግነቱ deginetu
luckless *a.* እድለ ቢስ eidile bis
lucky *a.* እድለኛ eidilenya
lucrative *a.* የሚያተርፍ yemiyaterif
lucre *n.* ትርፍ tirif
luggage *n.* ጓዝ gwaz
lukewarm *a.* ለብ ያለ leb yale
lull *v.t.* ፀጥ አለ tset ale
lull *n.* ፀጥታ tsetita
lullaby *n.* እሹሩሩ ማለት eishururu malet
luminary *n.* መብራት mebirat
luminous *a.* የሚያበራ yemiyabera
lump *n.* አንኳር anikwar
lump *v.t.* አጠቃለለ ateqalele
lunacy *n.* እብደት eibidet
lunar *a.* የጨረቃ yechereqa
lunatic *n.* እብድ eibid
lunatic *a.* ያበደ yabede
lunch *n.* ምሳ misa
lunch *v.i.* ምሳ በላ misa bela
lung *n* ሳምባ samiba
lunge *n.* ወደፊት መሔድ wedefit mehed
lunge *v.i* ወደፊት ሔደ wedefit hede
lurch *n.* መንገዳገድ menigedaged
lurch *v.i.* እየተንገዳገደ ሄደ eiyetenigedagede hede
lure *n.* የመማረክ ዘዴ yememarek zede
lure *v.t.* አግባባ agibaba
lurk *v.i.* አደባ adeba
luscious *a.* ጣፋጭ tafach
lush *a.* የለመለመ yelemeleme

lust *n.* ከፍተኛ የወሲብ ፍላጎት kefitenya yewesib filagot
lustful *a.* ከፍተኛ የወሲብ ፍላጎት ያለው kefitenya yewesib filagot yalew
lustre *n.* ማንፀባረቅ manitsebareq
lustrous *a.* የሚያንፀባርቅ yemiyanitsebariq
lusty *a.* ደስ የሚል des yemil
lute *n.* ክራር መሰል kirar mesel
luxuriance *n.* ውብ wib
luxuriant *a.* የተዋበ yetewabe
luxurious *a.* የድሎት yedilot
luxury *n.* ድሎት dilot
lynch *v.t.* በዱላ ገደለ bedula gedele
lyre *n.* ክራር kirar
lyric *a.* የሚዘፍን yemizefin
lyric *n.* የዘፈን ግጥም yezefen gitim
lyrical *a.* ስሜታዊ simetawi
lyricist *n.* ገጣሚ getami

M

magical *a.* አስማታዊ asimatawi
magician *n.* አስማተኛ asimatenya
magisterial *a.* ባለስልጣናት balesilitanat
magistracy *n.* ባለስልጣንነት balesilitaninet
magistrate *n.* ባለስልጣን balesilitan
magnanimity *n.* ደግነት deginet
magnanimous *a.* ደግ deg
magnate *n.* ሀብታም ነጋዴ habitam negade
magnet *n.* መግነጢስ meginetis
magnetic *a.* መግነጢሳዊ meginetisawi
magnetism *n.* የመግነጢስ ሀይል yemeginetis hayil
magnificent *a.* አስገራሚ asigerami
magnify *v.t.* አጎላ agola
magnitude *n.* መጠን meten
magpie *n.* ነጭና ጥቁር ወፍ nechina tiqur wef
mahogany *n.* ጥቁር ቡኒ እንጨት tiqur buni einichet
mahout *n.* የዝሆን ባለቤት yezihon balebet
maid *n.* ገረድ gered
maiden *n.* ልጃገረድ lijagered
maiden *a* የመጀመሪያ ልምድ yemejemeriya limid
mail *n.* ደብዳቤዎች debidabewoch
mail *v.t.* በፖስታ ላከ beposita lake
mail *n* ፖስታ posita
main *a* ዋና wana
main *n* ታላቅነት talaqinet
mainly *adv.* አብዛኛውን ግዜ abizanyawin gize
mainstay *n.* ምሰሶ miseso
maintain *v.t.* ጠገነ tegene
maintenance *n.* ጥገና tigena
maize *n.* በቆሎ beqolo
majestic *a.* ባለግርማ balegirima
majesty *n.* ግርማዊ girimawi
major *a.* ዋና wana
major *n* ሻለቃ shaleqa
majority *n.* አብዛኞች abizanyoch
make *v.t.* ሰራ sera
make *n* የተሰራበት yeteserabet
maker *n.* ሰሪ seri
mal adjustment *n.* ከአካባቢው አለመስማማት keakababiw alemesimamat
mal administration *n.* የተዛባ አስተዳደር yetezaba asitedader
malady *n.* በሽታ beshita

malaria *n.* ወባ weba
maladroit *a.* ግድ የለሽ gid yelesh
malcontent *a.* ረባሽ rebash
malcontent *n* ረባሽ ሰው rebash sew
male *a.* የወንዶች yewenidoch
male *n* ወንድ wenid
malediction *n.* እርግማን eirigiman
malefactor *n.* ወንጀለኛ wenijelenya
maleficent *a.* ጎጂ goji
malice *n.* ክፋት kifat
malicious *a.* ተንኮለኛ tenikolenya
malign *v.t.* አማ ama
malign *a* ሀሜት hamet
malignancy *n.* ምቀኝነት miqenyinet
malignant *a.* አደገኛ adegenya
malignity *n.* የምቀኝነት ስሜት yemiqenyinet simet
malleable *a.* ለስላሳ lesilasa
malmsey *n.* ጣፋጭ ወይን tafach weyin
malnutrition *n.* የምግብ እጥረት yemigib eitiret
malpractice *n.* አላግባብ መጠቀም alagibab meteqem
malt *n.* ብቅል biqil
mal-treatment *n.* መበደል mebedel
mamma *n.* እማማ eimama
mammal *n.* ጡት አጥቢ እንስሳ tut atibi einisesa
mammary *a.* የጡት እንስሳ yetut einisesa
mammon *n.* ገንዘብ genizeb
mammoth *n.* የጥንት ዝሆን yetinit zihon
mammoth *a* በጣም ትልቅ betam tiliq
man *n.* ሰው sew
man *v.t.* ለሰው ሰጠ lesew sete
manage *v.t.* አስተዳደረ asitedadere
manageable *a.* ሊሰራ የሚችል lisera yemichil
management *n.* አስተዳደር asitedader
manager *n.* አስተዳዳሪ asitedadari
managerial *a.* የአስተዳደር yeasitedader
mandate *n.* ሐላፊነት halafinet
mandatory *a.* የግዴታ yegideta
mane *n.* ጋማ gama
manes *n.* ጋማ gama
manful *a.* ወንዳወንድ wenidawenid
manganese *n.* ማንጋኒዝ maniganiz
manger *n.* ግርግም girigim
mangle *v.t.* ጨመቀ chemeqe
mango *n* ማንጎ manigo
manhandle *v.t.* አጎሳቆለ agosaqole
manhole *n.* ጉድጓድ gudigwad
manhood *n.* ለአካለመጠን የደረሰ ወንድ leakalemeten yederese wenid
mania *n* ከካኪ ወረቀት kekaki wereqet
maniac *n.* እብድ eibid
manicure *n.* ጥፍር የመንከባከብ ስራ tifir yemenikebakeb sira
manifest *a.* የተገለጸ yetegeletse
manifest *v.t.* ገለጸ geletse
manifestation *n.* መግለጫ megilecha
manifesto *n.* የፖርቲ መግለጫ yeporiti megilecha
manifold *a.* ዘርፈ ብዙ zerife bizu
manipulate *v.t.* በዘበዘ bezebeze
manipulation *n.* ብዝበዛ bizibeza
mankind *n.* የሰው ልጅ yesew lij

manlike *a.* ሰው መሰል sew mesel
manliness *n* ወንድነት wenidinet
manly *a.* ወንዳወንድ wenidawenid
manna *n.* መና mena
mannequin *n.* አሻንጉሊት ashanigulit
manner *n.* ፀባይ tsebay
mannerism *n.* አጉል ልማድ agul limad
mannerly *a.* ጨዋ chewa
manoeuvre *n.* የወታደር ልምምድ yewetader limimid
manoeuvre *v.i.* ስልታዊ እንቅስቃሴ አደረገ silitawi einiqisiqase aderege
manor *n.* መሬት meret
manorial *a.* የመሬት yemeret
mansion *n.* አዳራሽ adarash
mantel *n.* ማንቴል manitel
mantle *n* ሽፋን shifan
mantle *v.t* ለበሰ lebese
manual *a.* የእጅ yeeij
manual *n* መመሪያ memeriya
manufacture *v.t.* ሰራ sera
manufacture *n* ማምረት mamiret
manufacturer *n* አምራች amirach
manumission *n.* ከባርነት ነጻ ማውጣት kebarinet netsa mawitat
manumit *v.t.* ከባርነት ነጻ አወጣ kebarinet netsa aweta
manure *n.* ፍግ fig
manure *v.t.* ፍግ fig
manuscript *n.* የእጅ ፅሁፍ yeeij tsihuf
many *a.* ብዙ bizu
map *n* ካርታ karita
map *v.t.* ካርታ ሰራ karita sera
mar *v.t.* አበላሸ abelashe
marathon *n.* ማራቶን maraton
maraud *v.i.* ዘረፈ zerefe
marauder *n.* ዘራፊ zerafi
marble *n.* እምነ በረድ eimine bered
march *n* መጋቢት megabit
march *n.* ጉዞ guzo
march *v.i* ተጓዘ tegwaze
mare *n.* ባዝራ bazira
margarine *n.* የዳቦ ቅቤ yedabo qibe
margin *n.* ሕዳግ hidag
marginal *a.* በሕዳግ የተፃፈ behidag yetetsafe
marigold *n.* ባለ ቢጫ አበባ ተክል bale bicha abeba tekil
marine *a.* የባህርህ yebahirih
mariner *n.* መርከበኛ merikebenya
marionette *n.* የክር አሻንጉሊት yekir ashanigulit
marital *a.* የጋብቻ yegabicha
maritime *a.* የባህር yebahir
mark *n.* ምልክት milikit
mark *v.t* ምልክት አደረገ milikit aderege
marker *n.* ምልክት milikit
market *n* ገበያ gebeya
market *v.t* ለገበያ አቀረበ legebeya aqerebe
marketable *a.* የሚሸጥ yemishet
marksman *n.* ለምልክት የሚወረወር lemilikit yemiwerewer
marl *n.* አፈር afer
marmalade *n.* ማርማላት marimalat
maroon *n.* ቀይ-ቡኒ ቀለም qeyi-buni qelem
maroon *a* ቀይ-ቡኒ qeyi-buni
maroon *v.t* አስፈሪ ቦታ ጥሎ ሄደ asiferi bota tilo hede
marriage *n.* ጋብቻ gabicha
marriageable *a.* ለትዳር የደረሰች letidar yederesech

marry *v.t.* አገባ ageba
Mars *n* ማርስ maris
marsh *n.* ረግረግ regireg
marshal *n* የጦር ባለስልጣን yetor balesilitan
marshal *v.t* ማዕረግ ሰጠ maeireg sete
marshy *a.* ረግረግ regireg
marsupial *n.* ባለኮሮጆ እንስሳት balekorojo einisisat
mart *n.* ገበያ gebeya
marten *n.* ስጋ በል ትንንሽ አውሬዎች siga bel tininish awirewoch
martial *a.* የጦር yetor
martinet *n.* አክራሪ akirari
martyr *n.* ሰማእት semaeit
martyrdom *n.* ሰማእትነት semaeitinet
marvel *n.* ተአምር teamir
marvel *v.i* ተደነቀ tedeneqe
marvellous *a.* ድንቅ diniq
mascot *n.* ምልክት milikit
masculine *a.* የወንድ yewenid
mash *n.* የተፈጨ yetefeche □
mash *v.t* ፈጨ feche
mask *n.* ፊትን መሸፈን fitin meshefen
mask *v.t.* ፊትን ሸፈነ fitin shefene
mason *n.* ግንበኛ ginibenya
masonry *n.* ግንበኝነት ginibenyinet
masquerade *n.* ማታለል matalel
mass *n.* ብዛት bizat
mass *v.i* ህብረት አደረገ hibiret aderege
massacre *n.* ጭፍጨፋ chifichefa
massacre *v.t.* ጨፈጨፈ chefechefe
massage *n.* መታሸት metashet
massage *v.t.* ታሸ tashe
masseur *n.* ሰው የሚያሽ sew yemiyash
massive *a.* ግዙፍ gizuf
massy *a.* ግዙፍ gizuf
mast *n.* የመርከብ ምሰሶ yemerikeb miseso
master *n.* ጌታ geta
master *v.t.* ጠንቅቆ አወቀ teniqiqo aweqe
masterly *a.* የጠቢብ yetebib
masterpiece *n.* የፈጠራ ውጤት yefetera witet
mastery *n.* ችሎታ chilota
masticate *v.t.* አላመጠ alamete
masturbate *v.i.* ሴጋ መታ sega meta
mat *n.* ምንጣፍ minitaf
matador *n .* ኮርማ በሬ በትግል የገደለ korima bere betigil yegedele
match *n.* ክብሪት kibirit
match *v.i.* መጠነ metene
match *n* ተመሳሳይ temesasay
matchless *a.* አቻ የሌለው acha yelelew
mate *n.* የስራ ረዳት yesira redat
mate *v.t.* ሰረረ serere
mate *n* የትዳር ጓደኛ yetidar gwadenya
mate *v.t.* አገናኘ agenanye
material *a.* ጠቃሚ teqami
material *n* ጨርቅ cheriq
materialism *n.* መንፈስን የሚክድ እምነት menifesin yemikid eiminet
materialize *v.t.* ከፍፃሜ አደረሰ kefitsame aderese
maternal *a.* የእናት yeeinat
maternity *n.* እናትነት einatinet
mathematical *a.* የሒሳብ yehisab
mathematician *n.* የሒሳብ ሱቅ yehisab suq
mathematics *n* የሒሳብ ትምህርት yehisab timihirit

matinee *n.* ትያትር tiyatir
matriarch *n.* ሴት አስተዳዳሪ set asitedadari
matricidal *a.* እናት ገዳይ einat geday
matricide *n.* እናትን መግደል einatin megidel
matriculate *v.t.* ኮሌጅ ገባ kolej geba
matriculation *n.* ኮሌጅ መግባት kolej megibat
matrimonial *a.* የጋብቻ yegabicha
matrimony *n.* ጋብቻ gabicha
matrix *n* ቅርፅ ማውጫ qirits mawicha
matron *n.* የነርሶች አለቃ yenerisoch aleqa
matter *n.* ቁስ አካል qus akal
matter *v.i.* አስፈላጊ asifelagi
mattock *n.* ዶማ doma
mattress *n.* ፍራሽ firash
mature *a.* በሳል besal
mature *v.i* በሰለ besele
maturity *n.* መብሰል mebisel
maudlin *a* ከልብ ያልሆነ ስሜት kelib yalihone simet
maul *n.* ትልቅ መዶሻ tiliq medosha
maul *v.t* ቦጫጨቀ bochacheqe
maulstick *n.* የቀለም ቡሩሽ እንጨት yeqelem burush einichet
maunder *v.t.* ተነጫነጨ tenechaneche
mausoleum *n.* ትልቅ የቀብር ስፍራ tiliq yeqebir sifira
mawkish *a.* የውሸት አዛኝ yewishet azany
maxilla *n.* መንጋጋ menigaga
maxim *n.* ምሳሌ misale
maximize *v.t.* አተለቀ ateleqe
maximum *a.* ከፍተኛ kefitenya
maximum *n* መጨረሻ mecheresha
May *n.* ግንቦት ginibot
may *v* ምናልባት minalibat
mayor *n.* ከንቲባ kenitiba
maze *n.* ውስብስብ መንገድ wisibisib meniged
me *pron.* እኔ eine
mead *n.* ጠጅ tej
meadow *n.* መስክ mesik
meagre *a.* በቂ ያልሆነ beqi yalihone
meal *n.* ምግብ migib
mealy *a.* የምግብ yemigib
mean *a.* መካከለኛ mekakelenya
mean *n.* አማካይ amakay
mean *v.t* ለማለት ፈለገ lemalet felege
meander *v.i.* ተንከራተተ tenikeratete
meaning *n.* ትርጉም tirigum
meaningful *a.* ትርጉም ያለው tirigum yalew
meaningless *a.* ዋጋ የሌለው waga yelelew
meanness *n.* ክፉ መሆን kifu mehon
means *n* ዘዴ zede
meanwhile *adv.* እስከዛው eisikezaw
measles *n* ኩፍኝ kufiny
measurable *a.* የሚለካ yemileka
measure *n.* መጠን meten
measure *v.t* ለካ leka
measureless *a.* የማይለካ yemayileka
measurement *n.* መለኪያ melekiya
meat *n.* ስጋ siga
mechanic *n.* መካኒክ mekanik
mechanic *a* የመካኒክ yemekanik
mechanical *a.* የመካኒክ yemekanik

mechanics *n.* ስነ እንቅስቃሴ ሀይል sine einiqisiqase hayil
mechanism *n.* የአሰራር ዘዴ yeaserar zede
medal *n.* ሜዳሊያ medaliya
medallist *n.* ማዳሊያ ተሸላሚ madaliya teshelami
maddle *v.i.* ጣልቃ ገባ taliqa geba
medieval *a.* የመካከለኛ ዘመን yemekakelenya zemen
medieval *a.* የድሮ yediro
median *a.* መሀከለኛ mehakelenya
mediate *v.i.* አማለደ amalede
mediation *n.* ማስታረቅ masitareq
mediator *n.* አማላጅ amalaj
medical *a.* የህክምና yehikimina
medicament *n.* መድሀኒት medihanit
medicinal *a.* የህክምና yehikimina
medicine *n.* መድሀኒት medihanit
medico *n.* ሀኪም hakim
mediocre *a.* መካከለኛ mekakelenya
mediocrity *n.* መካከለኛነት mekakelenyinet
meditate *v.t.* ተመሰጠ temesete
mediation *n.* መመሰጥ memeset
meditative *a.* የሚመስጥ yemimesit
medium *n* ዘዴ zede
medium *a* መካከለኛ mekakelenya
meek *a.* የዋህ yewah
meet *n.* መሰብሰብ mesebiseb
meet *v.t.* ተገናኘ tegenanye
meeting *n.* ስብሰባ sibiseba
megalith *n.* ትልቅ ድንጋይ tiliq dinigay
megalithic *a.* ከትልቅ ድንጋይ የተሰራ ketiliq dinigay yetesera
megaphone *n.* ድምፅ ማጉያ dimits maguya
melancholia *n.* የአእምሮ መረበሽ yeaeimiro merebesh
melancholic *a.* አሳዛኝ asazany
melancholy *n.* ጥልቅ ሀዘን tiliq hazen
melancholy *adj* የሀዘን yehazen
melee *n.* ትርምስ tirimis
meliorate *v.t.* አሻሻለ ashashale
mellow *a.* ለዛ ያለው leza yalew
melodious *a.* ቅኝት ያለው qinyit yalew
melodrama *n.* በድርጊት የተሞላ ድራማ bedirigit yetemola dirama
melodramatic *a.* መጥፎ ስሜት የሚያነሳሳ metifo simet yemiyanesasa
melody *n.* ዘፈን zefen
melon *n.* ሀብሀብ habihab
melt *v.i.* ቀለጠ qelete
member *n.* አባል abal
membership *n.* አባልነት abalinet
membrane *n.* ገለፈት gelefet
memento *n.* መታሰቢያ metasebiya
memoir *n.* የራስን ታሪክ መፃፍ yerasin tarik metsaf
memorable *a.* የሚታወስ yemitawes
memorandum *n* የስምምነት ውል yesimiminet wil
memorial *n.* መታሰቢያ metasebiya
memorial *a* የመታሰቢያ yemetasebiya
memory *n.* የማስታወስ ችሎታ yemasitawes chilota
menace *n* መስጋት mesigat
menace *v.t* አሰጋ asega
mend *v.t.* ጠገነ tegene
mendacious *a.* ውሸታም wishetam
menial *a.* ዝቅተኛ ziqitenya
menial *n* ዝቅተኛ ክፍያ ziqitenya kifiya

meningitis *n.* እብጠት eibitet
menopause *n.* ማረጥ maret
menses *n.* የወር አበባ yewer abeba
menstrual *a.* የወር አበባ yewer abeba
menstruation *n.* የወር አበባ ጊዜ yewer abeba gize
mental *a.* የአእምሮ yeaeimiro
mentality *n.* አስተሳሰብ asitesaseb
mention *n.* መናገር menager
mention *v.t.* ተናገረ tenagere
mentor *n.* መካሪ mekari
menu *n.* የምግብ ዝርዝር yemigib zirizir
mercantile *a.* የነጋዴ yenegade
mercenary *a.* ቅጥር ወታደር qitir wetader
mercerise *v.t.* አጠነከረ atenekere
merchandise *n.* ሸቀጣ ሸቀጥ sheqeta sheqet
merchant *n.* ነጋዴ negade
merciful *a.* መሐሪ mehari
merciless *adj.* ጨካኝ chekany
mercurial *a.* ስሜቱ ቶሎ ቶሎ የሚለዋወጥ simetu tolo tolo yemilewawet
mercury *n.* ባዙቃ bazuqa
mercy *n.* ምህረት mihiret
mere *a.* ኩሬ kure
merge *v.t.* ቀላቀለ qelaqele
merger *n.* መዋሀድ mewahad
meridian *a.* መሪዲያን meridiyan
merit *n.* መልካም ስራ melikam sira
merit *v.t* ለሽልማት በቃ leshilimat beqa
meritorious *a.* የሚያሸልም yemiyashelim
mermaid *n.* ግማሽ ሴት ግማሽ አሳ gimash set gimash asa
merman *n.* ግማሽ ወንድ ግማሽ አሳ gimash wenid gimash asa
merriment *n.* ደስታ desita
merry *a* ደስተኛ desitenya
mesh *n.* መረብ mereb
mesh *v.t* አብሮ ሰራ abiro sera
mesmerism *n.* መማረክ memarek
mesmerize *v.t.* ማረከ mareke
mess *n.* ቆሻሻ qoshasha
mess *v.i* አዘባረቀ azebareqe
message *n.* መልእክት melieikit
messenger *n.* መልእክተኛ melieikitenya
messiah *n.* መሲህ mesih
Messrs *n.* አቶ ato
metabolism *n.* ህይወት ያለው ነገር መገንባትና መፍረስ hiyiwet yalew neger megenibatina mefires
metal *n.* ብረት biret
metallic *a.* የብረት yebiret
metallurgy *n.* የብረታ ብረት ጥናት yebireta biret tinat
metamorphosis *n.* ሙሉ የቅርፅ ለውጥ mulu yeqirits lewit
metaphor *n.* ዘይቤያዊ አነጋገር zeyibeyawi anegager
metaphysical *a.* እውቀትን የሚያጠና eiwiqetin yemiyatena
metaphysics *n.* እውቀትን የሚያጠና የፍልስፍና ዘርፍ eiwiqetin yemiyatena yefilisifina zerif
mete *v.t* ለካ leka
meteor *n.* በራሪ ኮከብ berari kokeb
meteoric *a.* የበራሪ ኮከብ yeberari kokeb
meteorologist *n.* የስነ አየር ሊቅ yesine ayer liq
meteorology *n.* ስነ አየር sine ayer
meter *n.* ሜትር metir
method *n.* ዘዴ zede

methodical *a.* ዘዴ ያለው zede yalew
metre *n.* ሜትር metir
metric *a.* የሜትር yemetir
metrical *a.* ግጥም gitim
metropolis *n.* ዋና ከተማ wana ketema
metropolitan *a.* የትልቅ ከተማ yetiliq ketema
metropolitan *n.* ትልቅ ከተማ tiliq ketema
mettle *n.* ድፍረት difiret
mettlesome *a.* ጀግና jegina
mew *v.i.* እንደ ድመት ጮኸ einide dimet chohe
mew *n.* የድመት ጩኸት yedimet chuhet
mezzanine *n.* የመጀመሪያው ፎቅ በረንዳ yemejemeriyaw foq berenida
mica *n.* ማይካ mayika
microfilm *n.* ፎቶ foto
micrology *n.* የደቃቅ ነገሮች ጥናት yedeqaq negeroch tinat
micrometer *n.* ደቃቅ ነገሮች የሚለካበት deqaq negeroch yemilekabet
microphone *n.* ድምፅ ማጉያ dimits maguya
microscope *n.* አጉልቶ የሚያሳይ መሳሪያ agulito yemiyasay mesariya
microscopic *a.* በአይን የማይታዩ beayin yemayitayu
microwave *n.* ማብሰያ mabiseya
mid *a.* አጋማሽ agamash
midday *n.* እኩለ ቀን eikule qen
middle *a.* መካከለኛ mekakelenya
middle *n* መካከል mekakel
middleman *n.* ደላላ delala
middling *a.* መካከለኛ mekakelenya
midget *n.* አጭር ሰው achir sew
midland *n.* መሀል አገር mehal ager
midnight *n.* እኩለ ለሊት eikule lelit
mid-off *n.* ሚድ-ኦፍ midi-of
mid-on *n.* ሚድ-ኦን midi-on
midriff *n.* ሆድ hod
midst መሀከል mehakel
midsummer *n.* የበጋ እኩሌታ yebega eikuleta
midwife *n.* አዋላጅ awalaj
might *n.* ኃይል hayil
mighty *adj.* ሀያል hayal
migraine *n.* የራስ ምታት በሽታ yeras mitat beshita
migrant *n.* ስደተኛ sidetenya
migrate *v.i.* ተሰደደ tesedede
migration *n.* መሰደድ meseded
milch *a.* የሚታለብ yemitaleb
mild *a.* ገር ger
mildew *n.* ሻጋታ shagata
mile *n.* ማይል mayil
mileage *n.* የጉዞ መጠን yeguzo meten
milestone *n.* ወሳኝ ድርጊት wesany dirigit
milieu *n.* አካባቢ akababi
militant *a.* አማፂ amatsi
militant *n* አመፀኛ ametsenya
military *a.* ወታደራዊ wetaderawi
military *n* ወታደር wetader
militate *v.i.* ከለከለ kelekele
militia *n.* ወታደሮች wetaderoch
milk *n.* ወተት wetet
milk *v.t.* አለበ alebe
milky *a.* የወተት yewetet
mill *n.* ወፍጮ weficho
mill *v.t.* ፈጨ feche
millennium *n.* አንድ ሺህ አመት anid shih amet
miller *n.* ባለወፍጮ ቤት baleweficho bet

millet *n.* ማሽላ mashila
milliner *n.* የኮፍያ ሰራተኛና ሻጭ yekofiya seratenyana shach
millinery *n.* የኮፍያ ሱቅ yekofiya suq
million *n.* ሚሊዮን miliyon
millionaire *n.* ሀብታም habitam
millipede *n.* መቶ እግር meto eigir
mime *n.* በእንቅስቃሴ የሚሰራ ቲያትር beeiniqisiqase yemisera tiyatir
mime *v.i* በእንቅስቃሴ አሳየ beeiniqisiqase asaye
mimesis *n.* ሰውኛ sewinya
mimic *a.* የተቀዳ yeteqeda
mimic *n* መቅዳት meqidat
mimic *v.t* ቀዳ qeda
mimicry *n* መመሳሰል memesasel
minaret *n.* የመስጊድ ማማ yemesigid mama
mince *v.t.* ከተፈ ketefe
mind *n.* አእምሮ aeimiro
mind *v.t.* ተጠነቀቀ teteneqeqe
mindful *a.* የሚጠነቀቅ yemiteneqeq
mindless *a.* ግድ የለሽ gid yelesh
mine *pron.* የእኔ yeeine
mine *n* ማዕረግ maeireg
miner *n.* ማዕረግ አውጪ maeireg awichi
mineral *n.* ንጥረ ነገር nitire neger
mineral *a* የንጥረ ነገር yenitire neger
mineralogist *n.* የማእድን ተመራማሪ yemaeidin temeramari
mineralogy *n.* ስነ ማእድን sine maeidin
mingle *v.t.* ቀላቀለ qelaqele
miniature *n.* ታናሽነት tanashinet
miniature *a.* ትንሽ tinish
minim *n.* የፈሳሽ መጠን መለኪያ yefesash meten melekiya
minimal *a.* ዝቅተኛ ziqitenya
minimize *v.t.* ቀነሰ qenese
minimum *n.* ዝቅተኛ ziqitenya
minimum *a* ትንሽ tinish
minion *n.* ተላላኪ telalaki
minister *n.* ሚኒስተር minisiter
minister *v.i.* አገለገለ agelegele
ministrant *a.* ረዳት redat
ministry *n.* አገልግሎት ageligilot
mink *n.* ፍልፈል filifel
minor *a.* አነስተኛ anesitenya
minor *n* ለአካለ መጠን ያልደረሰ ሰው leakale meten yaliderese sew
minority *n.* በቁጥር አነስተኛ የሆነ ህዝብ bequtir anesitenya yehone hizib
minster *n.* ትልቅ ቤተክርስቲያን tiliq betekirisitiyan
mint *n.* ሳንቲም የሚሰራበት ቦታ sanitim yemiserabet bota
mint *n* ጥሩ መአዛ ያለው ተክል tiru meaza yalew tekil
mint *v.t.* ቀረፀ qeretse
minus *prep.* ሲቀንስ siqenis
minus *a* ከዜሮ በታች kezero betach
minus *n* መቀነስ meqenes
minuscule *a.* በጣም ትንሽ betam tinish
minute *a.* ደቂቃ deqiqa
minute *n.* ደቂቃ deqiqa
minutely *adv.* በዝርዝር bezirizir
minx *n.* ጮሌ chole
miracle *n.* ተአምር teamir
miraculous *a.* ተአምራዊ teamirawi
mirage *n.* ከሩቅ ውሀ ያለ የሚመስል keruq wiha yale yemimesil

mire *n.* ረግረግ regireg
mire *v.t.* በጭቃ ተያዘ bechiqa teyaze
mirror *n* መስታወት mesitawet
mirror *v.t.* መሰለ mesele
mirth *n.* መደሰት medeset
mirthful *a.* የደስታ yedesita
misadventure *n.* መጥፎ አጋጣሚ metifo agatami
misalliance *n.* ያላቻ ጋብቻ yalacha gabicha
misanthrope *n.* ጥላቻ tilacha
misapplication *n.* ያላግባብ yalagibab
misapprehend *v.t.* አልተረዳም aliteredam
misapprehension *n* አለመረዳት alemeredat
misappropriate *v.t.* ዘረፈ zerefe
misappropriation *n.* ዘረፋ zerefa
misbehave *v.i.* ባለገ balege
misbehaviour *n.* አጓጉል ፀባይ agwagul tsebay
misbelief *n.* አለማመን alemamen
miscalculate *v.t.* አሳስቶ አሰላ asasito asela
miscalculation *n.* የተሳሳተ ስሌት yetesasate silet
miscall *v.t.* የልተነሳ የስልክ ጥሪ yelitenesa yesilik tiri
miscarriage *n.* ማስወረድ masiwered
miscarry *v.i.* አስወረደች asiweredech
miscellaneous *a.* ልዩ ልዩ liyu liyu
miscellany *n.* የተጠረቃቀመ ዕቃ yetetereqaqeme eiqa
mischance *n.* መጥፎ እድል metifo eidil
mischief *n* ተንኮል tenikol
mischievous *a.* የተንኮል yetenikol
misconceive *v.t.* የተሳሳተ ውጥን ያለው yetesasate witin yalew
misconception *n.* የተሳሳተ አመለካከት yetesasate amelekaket
misconduct *n.* ጥፋት tifat
misconstrue *v.t.* በስህተት ተረጎመ besihitet teregome
miscreant *n.* ወሮበላ werobela
misdeed *n.* ወንጀል wenijel
misdemeanour *n.* ቀላል ወንጀል qelal wenijel
misdirect *v.t.* አሳስቶ መራ asasito mera
misdirection *n.* የተሳሳተ መንገድ yetesasate meniged
miser *n.* ንፉግ ሰው nifug sew
miserable *a.* አሰቃቂ aseqaqi
miserly *a.* ስስታም sisitam
misery *n.* መከራ mekera
misfire *v.i.* ከሸፈ keshefe
misfit *n.* የማይገጥም yemayigetim
misfortune *n.* መጥፎ እድል metifo eidil
misgive *v.t.* አጠራጠረ ateratere
misgiving *n.* መጠራጠር meterater
misguide *v.t.* አሳሳተ asasate
mishap *n.* አደጋ adega
misjudge *v.t.* በስህተት ገመተ besihitet gemete
mislead *v.t.* አሳሳተ asasate
mismanagement *n.* የተሳሳተ አመራር yetesasate amerar
mismatch *v.t.* አልተጣጣመም alitetatamem
misnomer *n.* የተሳሳተ ስም yetesasate sim
misplace *v.t.* ያለቦታው አስቀመጠ yalebotaw asiqemete
misprint *n.* የእትም ስህተት yeeitim sihitet
misprint *v.t.* በስህተት አተመ besihitet ateme

misrepresent *v.t.* በተሳሳተ ሁኔታ አቀረበ betesasate huneta aqerebe
misrule *n.* ብልሹ አመራር bilishu amerar
miss *n.* ወርውሮ መሳት weriwiro mesat
miss *v.t.* ሳተ sate
missile *n.* ተወንጫፊ የጦር መሳሪያ tewenichafi yetor mesariya
mission *n.* ተልእኮ telieiko
missionary *n.* የወንጌል ሰባኪ yewenigel sebaki
missis, missus *n..* ሚስቴ misite
missive *n.* ደብዳቤ debidabe
mist *n.* ጉም gum
mistake *n.* ስህተት sihitet
mistake *v.t.* ተሳሳተ tesasate
mister *n.* አቶ ato
mistreat *d* በደለ bedele
mistress *n.* እመቤት eimebet
mistrust *n.* መጠራጠር meterater
mistrust *v.t.* ተጠራጠረ teteratere
misty *a.* ጭጋግማ chigagima
misunderstand *v.t.* አልተረዳም aliteredam
misunderstanding *n.* አለመረዳት alemeredat
misuse *n.* መጎሳቆል megosaqol
misuse *v.t.* አጎሰቆለ agoseqole
mite *n.* ትንሽ ነገር tinish neger
mite *n* ትንሽ አስተዋፅዎ tinish asitewatsiwo
mithridate *n.* ማርከሻ marikesha
mitigate *v.t.* አሻሻለ ashashale
mitigation *n.* ማቅለል maqilel
mitre *n.* ቆብ qob
mitten *n.* ጓንት gwanit
mix *v.i* ቀላቀለ qelaqele
mixture *n.* ቅልቅል qiliqil
moan *v.i.* አቃሳተ aqasate
moan *n.* ማቃሰት maqaset
moat *n.* የውሀ ቱቦ ምሽግ yewiha tubo mishig
moat *v.t.* የውሀ ቱቦ ምሽግ ሰራ yewiha tubo mishig sera
mob *n.* ሽብር shibir
mob *v.t.* ጨፈለቀ chefeleqe
mobile *a.* የሚንቀሳቀስ yeminiqesaqes
mobility *n.* መንቀሳቀስ meniqesaqes
mobilize *v.t.* አስከተተ asiketete
mock *v.i.* አላገጠ alagete
mock *adj* የቀልድ yeqelid
mockery *n.* ቀልድ qelid
modality *n.* አመለካከት amelekaket
mode *n.* ዘዴ zede
model *n.* አርአያ ariaya
model *v.t.* ቅርፅ አወጣ qirits aweta
moderate *a.* መሀከለኛ mehakelenya
moderate *v.t.* አለሳለሰ alesalese
moderation *n.* ማረጋጋት maregagat
modern *a.* ዘመናዊ zemenawi
modernity *n.* ዘመናዊነት zemenawinet
modernize *v.t.* ዘመናዊ አደረገ zemenawi aderege
modest *a.* ትሁት tihut
modesty *n* ትህትና tihitina
modicum *n.* ትንሽ tinish
modification *n.* መለወጥ melewet
modify *v.t.* ለወጠ lewete
modulate *v.t.* ድምፅ አስተካከለ dimits asitekakele
moil *v.i.* ተግቶ መስራት tegito mesirat
moist *a.* እርጥብ eiritib
moisten *v.t.* አረጠበ aretebe
moisture *n.* ርጥበት ritibet

molar *n.* መንጋጋ menigaga
molar *a* የመንጋጋ yemenigaga
molasses *n* የሸንኮራ አገዳ yeshenikora ageda
mole *n.* ፍልፍል filifil
molecular *a.* የሞሎኪዉል yemolokiwil
molecule *n.* ሞሎኪዉል molokiwil
molest *v.t.* አስጨነቀ asicheneqe
molestation *n.* ማስጨነቅ masicheneq
molten *a.* የቀለጠ yeqelete
moment *n.* ቅፅበት qitsibet
momentary *a.* ጊዜአዊ gizeawi
momentous *a.* በጣም አስፈላጊ betam asifelagi
momentum *n.* እንቀሳቃሽ ሀይል aniqesaqash hayil
monarch *n.* ንጉሰ ነገስት niguse negesit
monarchy *n.* ንጉሳዊ አገዛዝ nigusawi agezaz
monastery *n.* ገዳም gedam
monasticism *n* ምንኩስና minikusina
Monday *n.* ሰኞ senyo
monetary *a.* የገንዘብ yegenizeb
money *n.* ገንዘብ genizeb
monger *n.* ነጋዴ negade
mongoose *n.* ሸለምጥማጥ shelemitimat
mongrel *a* የተዳለቀ yetedaleqe
monitor *n.* አለቃ aleqa
monitory *a.* የምክር yemikir
monk *n.* መነኩሴ menekuse
monkey *n.* ዝንጀሮ zinijero
monochromatic *a.* ከለር የመለየት ችግር keler yemeleyet chigir
monocle *n.* የአንድ ዓይን መነፅር yeanid ayin menetsir
monocular *a.* የአንድ ዓይን yeanid ayin
monody *n.* የአንድ ድምፅ ዘፈን yeanid dimits zefen
monogamy *n.* አንድ ሴት ማግባት anid set magibat
monogram *n.* በስም መጀመሪያ ፊደላት የተሰራ ቅርፅ besim mejemeriya fidelat yetesera qirits
monograph *n.* ለአንድ ሙያ የተዘጋጀ መጽሐፍ leanid muya yetezegaje metsihaf
monogynous *a.* አንድ ሚስት ብቻ ያለው anid misit bicha yalew
monolatry *n.* አንድ አምላክ ብቻ የሚያመልክ anid amilak bicha yemiyamelik
monolith *n.* ከአንድ ድንጋይ የተሰራ ሀውልት keanid dinigay yetesera hawilit
monologue *n.* ማንበብ manibeb
monopolist *n.* ማጠቃለል mateqalel
monopolize *v.t.* አጠቃለለ ateqalele
monopoly *n.* መቆጣጠር meqotater
monosyllable *n.* አጭርና ቁርጥ ያለ achirina qurit yale
monosyllabic *a.* የቃል yeqal
monotheism *n.* በአንድ አምላክ ማመን beanid amilak mamen
monotheist *n.* በአንድ አምላክ የሚያምን beanid amilak yemiyamin
monotonous *a.* አሰልቺ aselichi
monotony *n* ድግምግሞሽ digimigimosh
monsoon *n.* ንፋስ nifas
monster *n.* ትልቅ ፍጡር tiliq fitur
monstrous *a.* የሚያስፈራ yemiyasifera

monostrous *n.* አስደንጋጭ asidenigach
month *n.* ወር wer
monthly *a.* ወርሃዊ werihawi
monthly *adv* በየወሩ beyeweru
monthly *n* ወርሀዊ ህትመት werihawi hitimet
monument *n.* ሀውልት hawilit
monumental *a.* ታሪካዊ tarikawi
moo *v.i* እንደ ላም ጮኸ einide lam chohe
mood *n.* ሁኔታ huneta
moody *a.* ተለዋዋጭ ስሜት telewawach simet
moon *n.* ጨረቃ chereqa
moor *n.* ጥሻ tisha
moor *v.t* ጀልባ ወንዝ ዳር አሰረ jeliba weniz dar asere
moorings *n.* ማሰር maser
moot *n.* አከራካሪ akerakari
mop *n.* መወልወያ meweliweya
mop *v.t.* ወለወለ welewele
mope *v.i.* ተከፋ tekefa
moral *a.* የስነ ምግባር yesine migibar
moral *n.* ስነ ምግባር sine migibar
morale *n.* በስራ መተማመን besira metemamen
moralist *n.* አስተማሪ asitemari
morality *n.* ቅንነት qininet
moralize *v.t.* ስነ ምግባር አስተማረ sine migibar asitemare
morbid *a.* የበሽታ yebeshita
morbidity *n* ልክፍት likifit
more *a.* ተጨማሪ techemari
more *adv* በይበልጥ beyibelit
moreover *adv.* በተጨማሪ betechemari
morganatic *a.* ያላቻ ጋብቻ yalacha gabicha
morgue *n.* የአስከሬን ክፍል yeasikeren kifil
moribund *a.* ሞተ mote
morning *n.* ጠዋት tewat
moron *n.* ደደብ dedeb
morose *a.* የከፋው yekefaw
morphia *n.* ማስታገሻ masitagesha
morrow *n.* ነጋ nega
morsel *n.* ቁራሽ qurash
mortal *a.* ሟች mwach
mortal *n* ሰው sew
mortality *n.* ሟችነት mwachinet
mortar *v.t.* በሲሚንቶ መረገ besiminito merege
mortgage *n.* ንብረት ማስያዘ nibiret masiyaze
mortgage *v.t.* ንብረት አስያዘ nibiret asiyaze
mortagagee *n.* ንብረት ይዞ የሚያበድር nibiret yizo yemiyabedir
mortify *v.t.* አስቆጣ asiqota
mortuary *n.* አስከሬን ማቆያ asikeren maqoya
mosaic *n.* የጠጠር ስዕል yeteter sieil
mosque *n.* መስኪድ mesikid
mosquito *n.* የወባ ትንኝ yeweba tininy
moss *n.* የድንጋይ ሽበት yedinigay shibet
most *a.* በብዛት bebizat
most *adv.* ብዙ bizu
most *n* ትንሽ tinish
mote *n.* ሆቴል hotel
motel *n.* ነቀዝ neqez
moth *n.* እናት einat
mother *n* ተንከባከበ tenikebakebe
mother *v.t.* እናትነት einatinet
motherhood *n.* እናትነት einatinet
motherlike *a.* እንደ እናት einide einat
motherly *a.* የእናትነት yeeinatinet
motif *n.* ዓላማ alama

motion *n.* እንቅስቃሴ einiqisiqase
motion *v.i.* ምልክት ሰጠ milikit sete
motionless *a.* የማይንቀሳቀስ yemayiniqesaqes
motivate *v* አነሳሳ anesasa
motivation *n.* ማበረታቻ maberetacha
motive *n.* ምክንያት mikiniyat
motley *a.* ዥንጉርጉር zhinigurigur
motor *n.* ሞተር moter
motor *v.i.* ሞተር ነዳ moter neda
motorist *n.* ሞተር ነጂ moter neji
mottle *n.* ዥንጉርጉር zhinigurigur
motto *n.* መምሪያ memiriya
mould *n.* ሻጋታ shagata
mould *v.t.* ቅርፅ አመጣ qirits ameta
mould *n* ቅርፅ ማውጫ qirits mawicha
mould *n* ለስላሳ አፈር lesilasa afer
mouldy *a.* የሻገተ yeshagete
moult *v.i.* ተገፈፈ tegefefe
mound *n.* የአፈር ቁልል yeafer qulil
mount *n.* ፈረስ መጋለቢያ feres megalebiya
mount *v.t.* ወጣ weta
mount *n* ተራራ terara
mountain *n.* ተራራ terara
mountaineer *n.* ተራራ ወጪ terara wechi
mountainous *a.* ተራራማ terarama
mourn *v.i.* አዘነ azene
mourner *n.* ሀዘንተኛ hazenitenya
mournful *n.* አሳዘነ asazene
mourning *n.* ለቅሶ leqiso
mouse *n.* አይጥ ayit
moustache *n.* ፂም tsim
mouth *n.* አፍ af
mouth *v.t.* ከንፈርን ያለድማፅ አንቀሳቀሰ keniferin yaledimats aniqesaqese
mouthful *n.* ጉርሻ gurisha
movable *a.* ተንቀሳቃሽ teniqesaqash
movables *n.* ተንቀሳቃሽ እቃዎች teniqesaqash eiqawoch
move *n.* መንቀሳቀስ meniqesaqes
move *v.t.* አንቀሳቀሰ aniqesaqese
movement *n.* እንቅስቃሴ einiqisiqase
mover *n.* እቃ አመላላሽ eiqa amelalash
movies *n.* ፊልም filim
mow *v.t.* ሳር አጨደ sar achede
much *a* ብዙ bizu
much *adv* በጣም betam
mucilage *n.* ማጣበቂያ matabeqiya
muck *n.* ጭቃ chiqa
mucous *a.* የንፍጥ yenifit
mucus *n.* ንፍጥ nifit
mud *n.* ጭቃ chiqa
muddle *n.* ዝብርቅርቅ zibiriqiriq
muddle *v.t.* ዘበራረቀ zeberareqe
muffle *v.t.* አፈነ afene
muffler *n.* ማፈኛ mafenya
mug *n.* ኩባያ kubaya
muggy *a.* ርጥብ ወባቃም አየር ritib webaqam ayer
mulatto *n.* ከጥቁርና ነጭ ወላጆች የተወለደ ልጅ ketiqurina nech welajoch yetewelede lij
mulberry *n.* የእንጆሪ ዘር yeeinijori zer
mule *n.* በቅሎ beqilo
mulish *a.* ግትር gitir
mull *n.* የባህር ዳር yebahir dar
mull *v.t.* አሰላሰለ aselasele
mullah *n.* የመስኪድ ሐላፊ yemesikid halafi
mullion *n.* የመስታወት አቃፊ yemesitawet aqafi

multifarious *a.* የተለያየ አይነት yeteleyaye ayinet
multiform *n.* የተለያየ መልክ yeteleyaye melik
multilateral *a.* የተለያየ ክፍል ያለው yeteleyaye kifil yalew
multiparous *a.* በአንዴ ብዙ ልጅ የሚወልድ beanide bizu lij yemiwelid
multiple *a.* ብዙ bizu
multiple *n* ብዜት bizet
multiped *n.* ብዙ እግር ያለው bizu eigir yalew
multiplex *a.* የተለያየ yeteleyaye
multiplicand *n.* የሚባዛ ቁጥር yemibaza qutir
multiplication *n.* ማባዛት mabazat
multiplicity *n.* የተለያዩ አይነት yeteleyayu ayinet
multiply *v.t.* አባዛ abaza
multitude *n.* ብዛት bizat
mum *a.* ዝም zim
mum *n* እናት einat
mumble *v.i.* አጉረመረመ aguremereme
mummer *n.* በምልክት የሚተውን ተዋናኝ bemilikit yemitewin tewanany
mummy *n.* አስከሬን asikeren
mummy *n* እናት einat
mumps *n.* ጆሮ ደግፍ joro degif
munch *v.t.* ቆረጠመ qoreteme
mundane *a.* የተለመደ yetelemede
municipal *a.* የማዘጋጃ ቤት yemazegaja bet
municipality *n.* ማዘጋጃ ቤት mazegaja bet
munificent *a.* ለጋስ legas
muniment *n.* የባለቤትነት መብት yebalebetinet mebit
munitions *n.* ትጥቅና ስንቅ titiqina siniq
mural *a.* የግድግዳ yegidigida
mural *n.* የግድግዳ ስእል yegidigida sieil
murder *n.* ገዳይነት gedayinet
murder *v.t.* ገደለ gedele
murderer *n.* ነፍሰ ገዳይ nefise geday
murderous *a.* ሊገድል የሚችል ligedil yemichil
murmur *n.* ማጉረምረም maguremirem
murmur *v.t.* አጉረመረመ aguremereme
muscle *n.* ጡንቻ tunicha
muscovite *n.* ሙስኮቫይት musikovayit
muscular *a.* ጡንቻማ tunichama
muse *v.i.* ተመሰጠ temesete
muse *n* የሚመራ መንፈስ yemimera menifes
museum *n.* ቤተ መዘክር bete mezekir
mush *n.* ገንፎ genifo
mushroom *n.* እንጉዳይ einiguday
music *n.* ሙዚቃ muziqa
musical *a.* የሙዚቃ yemuziqa
musician *n.* ሙዚቀኛ muziqenya
musk *n.* ዝባድ zibad
musket *n.* ጠበንጃ tebenija
musketeer *n.* ነፍጠኛ nefitenya
muslin *n.* ነጠላ netela
must *v.* መሆን ያለበት mehon yalebet
must *n.* ጭማቂ chimaqi
must *n* አስፈላጊ ነገር asifelagi neger
mustache *n.* ሪዝ riz
mustang *n.* ትንሽ ፈረስ tinish feres
mustard *n.* ሰናፍጭ senafich
muster *v.t.* ሰበሰበ sebesebe
muster *n* ስብሰባ sibiseba

musty *a.* የሻገተ yeshagete
mutation *n.* ለውጥ lewit
mutative *a.* የሚለውጥ yemilewit
mute *a.* ዝምታ zimita
mute *n.* የማይናገር ሰው yemayinager sew
mutilate *v.t.* አሰቃየ aseqaye
mutilation *n.* የአካል ጉዳት yeakal gudat
mutinous *a.* እንቢተኛ einibitenya
mutiny *n.* አመፅ amets
mutiny *v. i* አመፀ ametse
mutter *v.i.* አጉረመረመ aguremereme
mutton *n.* የበግ ስጋ yebeg siga
mutual *a.* የጋራ yegara
muzzle *n.* አፍ af
muzzle *v.t* አፉን አሰረ afun asere
my *a.* የእኔ yeeine
myalgia *n.* የጡንቻ ህመም yetunicha himem
myopia *n.* የሩቅ አለማየት yeruq alemayet
myopic *a.* ሩቅ የማያይ ruq yemayay
myosis *n.* ውጋት wigat
myriad *n.* ከፍተኛ ቁጥር kefitenya qutir
myriad *a* በጣም ብዙ betam bizu
myrrh *n.* ከርቤ keribe
myrtle *n.* ቁጥቋጦ qutiqwato
myself *pron.* ራሴ rase
mysterious *a.* ምስጢራዊ misitirawi
mystery *n.* ምስጢር misitir
mystic *a.* ረቂቅ reqiq
mystic *n* በረቂቅ ነገሮች የሚያምን bereqiq negeroch yemiyamin
mysticism *n.* ሀይማኖት hayimanot
mystify *v.t.* አደናገረ adenagere
myth *n.* አፈ ታሪክ afe tarik
mythical *a.* የአፈ ታሪክ yeafe tarik
mythological *a.* አፈ ታሪካዊ afe tarikawi
mythology *n.* የአፈ ታሪክ ጥናት yeafe tarik tinat

N

nab *v.t.* ያዘ yaze
nabob *n.* ሀብታም ሰው habitam sew
nadir *n.* ተስፋ መቁረጥ tesifa mequret
nag *n.* ጨቅጫቃ cheqichaqa
nag *v.t.* ጨቀጨቀ cheqecheqe
nail *n.* ሚስማር misimar
nail *v.t.* ሚስማር መታ misimar meta
naive *a.* ገራገር gerager
naivete *n.* ገርነት gerinet
naivety *n.* ገራገርነት geragerinet
naked *a.* እራቁት eiraqut
name *n.* ስም sim
name *v.t.* ሰየመ seyeme
namely *adv.* ይኸውም yihewim
namesake *n.* ሞክሼ mokishe
nap *v.i.* ተኛ tenya
nap *n.* ሸለብታ shelebita
nap *n* የቆዳ ለስላሳው ክፍል yeqoda lesilasaw kifil
nape *n.* ማጅራት majirat
napkin *n.* የእጅ ፎጣ yeeij fota
narcissism *n.* ራስን ማምለክ rasin mamilek
narcissus *n* አደይ አበባ adey abeba
narcosis *n.* ራስን መሳት rasin mesat
narcotic *n.* አደንዛዥ እፅ adenizazh eits

narrate *v.t.* ተረከ tereke
narration *n.* ትረካ tireka
narrative *n.* ገጠመኝ getemeny
narrative *a.* የትረካ yetireka
narrator *n.* ተራኪ teraki
narrow *a.* ጠባብ tebab
narrow *v.t.* አጠበበ atebebe
nasal *a.* የአፍንጫ yeafinicha
nasal *n* በአፍንጫ የሚፈጠር ድምፅ beafinicha yemifeter dimits
nascent *a.* በማቆጥቆጥ ላይ ያለ bemaqotiqot lay yale
nasty *a.* አስቀያሚ asiqeyami
natal *a.* የልደት yelidet
natant *a.* መዋኘት mewanyet
nation *n.* አገር ager
national *a.* ብሔራዊ biherawi
nationalism *n.* ብሔራዊ ስሜት biherawi simet
nationalist *n.* ብሔራዊ ስሜት ያለው ሰው biherawi simet yalew sew
nationality *n.* ዜግነት zeginet
nationalization *n.* ብሔራዊ መሆን biherawi mehon
nationalize *v.t.* ብሔራዊ አደረገ biherawi aderege
native *a.* የተወለዱበት yeteweledubet
native *n* ተወላጅ tewelaj
nativity *n.* የክርስቶስ ልደት yekirisitos lidet
natural *a.* የተፈጥሮ yetefetiro
naturalist *n.* የተፈጥሮ ተመራማሪ yetefetiro temeramari
naturalize *v.t.* ዜግነት ሰጠ zeginet sete
naturally *adv.* በተፈጥሮ betefetiro
nature *n.* ተፈጥሮ tefetiro
naughty *a.* ባለጌ balege
nausea *n.* ማቅለሽለሽ maqileshilesh
nautic(al) *a.* የመርከብ yemerikeb
naval *a.* የባህር yebahir
nave *n.* መቅደስ meqides
navigable *a.* ለመጓዝ የሚችል lemegwaz yemichil
navigate *v.i.* አቅጣጫን መራ aqitachan mera
navigation *n.* አቅጣጫ መራ aqitacha mera
navigator *n.* አቅጣጫ መሪ aqitacha meri
navy *n.* የባህር ሀይል yebahir hayil
nay *adv.* አይደለም ayidelem
neap *a.* ደካማ ማዕበል dekama maeibel
near *a.* ቅርብ qirib
near *prep.* በ...አጠገብ be...ategeb
near *adv.* በቅርብ beqirib
near *v.i.* ተቃረበ teqarebe
nearly *adv.* በአብዛኛው beabizanyaw
neat *a.* ንፁህ nitsuh
nebula *n.* የሚረጭ መድሐኒት yemirech medihanit
necessary *n.* ተፈላጊ ነገር tefelagi neger
necessary *a* ተፈላጊ tefelagi
necessitate *v.t.* አስገደደ asigedede
necessity *n.* አስፈላጊ ነገር asifelagi neger
neck *n.* አንገት aniget
necklace *n.* የአንገት ጌጥ yeaniget get
necklet *n.* የአንገት ጌጥ yeaniget get
necromancer *n.* ጠንቋይ teniqway
necropolis *n.* መቃብር meqabir
nectar *n.* የአበባ ጣፋጭ ፈሳሽ yeabeba tafach fesash
need *n.* ፍላጎት filagot

need *v.t.* አስፈለገ asifelege
needful *a.* አስፈላጊ asifelagi
needle *n.* መርፌ merife
needless *a.* ተገቢ ያልሆነ tegebi yalihone
needs *adv.* ተገቢ. tegebi
needy *a.* ችግረኛ chigirenya
nefandous *a.* ነውር newir
nefarious *a.* አሰቃቂ aseqaqi
negation *n.* መቃወም meqawem
negative *a.* ያሉታ yaluta
negative *n.* አሉታ aluta
negative *v.t.* ተቃወመ teqaweme
neglect *v.t.* ቸል አለ chel ale
neglect *n* ቸልታ chelita
negligence *n.* ቸልተኝነት chelitenyinet
negligent *a.* ቸልተኛ chelitenya
negligible *a.* እምብዛም eimibizam
negotiable *a.* መደራደሪያ mederaderiya
negotiate *v.t.* ተደራደረ tederadere
nagotiation *n.* መደራደር mederader
negotiator *n.* አደራዳሪ aderadari
negress *n.* ጥቁር ሴት tiqur set
negro *n.* ጥቁር tiqur
neigh *v.i.* አሽካካ ashikaka
neigh *n.* የፈረስ ድምፅ yeferes dimits
neighbour *n.* ጎረቤት gorebet
neighbourhood *n.* አካባቢ akababi
neighbourly *a.* መልካም ጉርብትና melikam guribitina
neither *conj.* ከሁለት አንዱም ያልሆነ kehulet anidum yalihone
nemesis *n.* ተገቢ ቅጣት tegebi qitat
neolithic *a.* የድንጋይ ዘመን yedinigay zemen
neon *n.* ኒዮን niyon

nephew *n.* የወንድም ልጅ yewenidim lij
nepotism *n.* ለዘመድ የሚደረግ አድልኦ lezemed yemidereg adilio
Neptune *n.* ኔፕቲዮን nepitiyon
Nerve *n.* ነርቭ neri⬜
nerveless *a.* ስሜት የለሽ simet yelesh
nervous *a.* ድንጉጥ dinigut
nescience *n.* አለማወቅ alemaweq
nest *n.* የወፍ ጎጆ yewef gojo
nest *v.t.* የወፍ ጎጆ ሰራ yewef gojo sera
nether *a.* ዝቅተኛ ziqitenya
nestle *v.i.* አረፈ arefe
nestling *n.* ክንፍ ያላወጣ ወፍ kinif yalaweta wef
net *n.* መረብ mereb
net *v.t.* መረብ ሰራ mereb sera
net *a* የተጣራ yetetara
net *v.t.* አጣራ atara
nettle *n.* ሳማ sama
nettle *v.t.* አስቆጣ asiqota
network *n.* አውታር awitar
neurologist *n.* የነርቭ ሀኪም yeneri⬜ hakim
neurology *n.* የነርቭ ሳይንስ yeneri⬜ sayinis
neurosis *n.* የድብርት በሽታ yedibirit beshita
neuter *a.* ግኡዝ giuz
neuter *n* ፆታ የሌለው tsota yelelew
neutral *a.* ገለልተኛ gelelitenya
neutralize *v.t.* ከጦርነት ነፃ ሆነ ketorinet netsa hone
neutron *n.* ኒውትሮን niwitiron
never *adv.* ፈጽሞ fetsimo
nevertheless *conj.* የሆነ ሆኖ yehone hono
new *a.* አዲስ adis

news *n.* ዜና zena
next *a.* የሚመጣ yemimeta
next *adv.* ቀጥሎ qetilo
nib *n.* የብእር ጫፍ yebieir chaf
nibble *v.t.* ሸራረፈ sherarefe
nibble *n* ትንሽ ጉርሻ tinish gurisha
nice *a.* ጥሩ tiru
nicety *n.* በደንብ bedenib
niche *n.* ለቦታው ተስማሚ ሰው lebotaw tesimami sew
nick *n.* ጭረት chiret
nickel *n.* ኒኬል nikel
nickname *n.* የቅጽል ስም yeqitsil sim
nickname *v.t.* ቅጽል ስም አወጣ qitsil sim aweta
nicotine *n.* ኒኮቲን nikotin
niece *n.* የወንድም ሴት ልጅ yewenidim set lij
niggard *n.* ቆንቋና ሰው qoniqwana sew
niggardly *a.* ቆንቋና qoniqwana
nigger *n.* ጥቁር ሰው tiqur sew
nigh *adv.* በቅርብ beqirib
nigh *prep.* ቅርብ qirib
night *n.* ማታ mata
nightingale *n.* የምሽት ዘማሪ ወፍ yemishit zemari wef
nightly *adv.* በምሽቱ bemishitu
nightmare *n.* ቅዠት qizhet
nightie *n.* የሌሊት ልብስ yelelit libis
nihilism *n.* ጥሩ ነገር የለም ብሎ የሚያምን ሰው tiru neger yelem bilo yemiyamin sew
nil *n.* ባዶ bado
nimble *a.* ብቁ biqu
nimbus *n.* ጥቁር ደመና tiqur demena
nine *n.* ዘጠኝ zeteny
nineteen *n.* አስራ ዘጠኝ asira zeteny
nineteenth *a.* አስራ ዘጠነኛ asira zetenenya
ninetieth *a.* ዘጠናኛ zetenanya
ninth *a.* ዘጠነኛ zetenenya
ninety *n.* ዘጠና zetena
nip *v.t* ቆነጠጠ qonetete
nipple *n.* የጡት ጫፍ yetut chaf
nitrogen *n.* ናይትሮጂን nayitirojin
no *a.* አይ ay
no *adv.* የለም yelem
no *n* አይሆንም ayihonim
nobility *n.* ትልቅነት tiliqinet
noble *a.* ትልቅ tiliq
noble *n.* መኳንንት mekwaninit
nobleman *n.* መኳንንት mekwaninit
nobody *pron.* ማንም ሰው manim sew
nocturnal *a.* የሌሊት yelelit
nod *v.i.* ራሱን ነቀነቀ rasun neqeneqe
node *n.* መጋጠሚያ megatemiya
noise *n.* ድምጽ dimits
noisy *a.* ጫጫ cwahi
nomad *n.* ዘላን zelan
nomadic *a.* የዘላን yezelan
nomenclature *n.* የስም አወጣጥ yesim awetat
nominal *a.* በጣም ትንሽ betam tinish
nominate *v.t.* ለእጩነት አቀረበ leeichunet aqerebe
nomination *n.* ጥቆማ tiqoma
nominee *n* ለውድድር የታጨ ሰው lewididir yetache sew
non-alignment *n.* የማይገጥም yemayigetim
nonchalance *n.* ግዴለሽነት gideleshinet
nonchalant *a.* ግድየለሽ gidiyelesh
none *pron.* ማንም manim

none *adv.* በጣም ያልሆነ betam yalihone
nonentity *n.* ሀሳባዊ ነገሮች hasabawi negeroch
nonetheless *adv.* ዳሩ ግን daru gin
nonpareil *a.* የማይወዳደር ትልቅ yemayiwedader tiliq
nonpareil *n.* ልክ የሌለው ምሳሌ lik yelelew misale
nonplus *v.t.* ግራ ተጋባ gira tegaba
nonsense *n.* የማይረባ ነገር yemayireba neger
nonsensical *a.* ትርጉም የለሽ tirigum yelesh
nook *n.* ስርቻ siricha
noon *n.* ቀትር qetir
noose *n.* ሸምበቆ shemibeqo
noose *v.t.* ሸመቀቀ shemeqeqe
nor *conj* …ን …n
norm *n.* ልማድ limad
norm *n.* አካባቢ akababi
normal *a.* የተለመደ yetelemede
normalcy *n.* የተለመደ ሁኔታ yetelemede huneta
normalize *v.t.* የተለመደ ሆነ yetelemede hone
north *n.* ሰሜን semen
north *a* የሰሜን yesemen
north *adv.* ወደ ሰሜን wede semen
northerly *a.* የሰሜን yesemen
northerly *adv.* ወደ ሰሜን wede semen
northern *a.* ሰሜናዊ semenawi
nose *n.* አፍንጫ afinicha
nose *v.t* በቀስታ ወደ ፊት ሄደ beqesita wede fit hede
nosegay *n.* የስጦታ አበባ yesitota abeba
nosey *a.* ብርበራ biribera
nosy *a.* ወሬ የሚወድ were yemiwed
nostalgia *n.* ናፍቆት nafiqot
nostril *n.* የአፍንጫ ቀዳዳ yeafinicha qedada
nostrum *n.* ለሁሉም በሽታ የሚሆን መድሀኒት lehulum beshita yemihon medihanit
not *adv.* አይደለም ayidelem
notability *n.* ምሳሌ የሚሆን ሰው misale yemihon sew
notable *a.* የታወቀ yetaweqe
notary *n.* ሰነድ ማረጋገጥ sened maregaget
notation *n.* ምልክት milikit
notch *n.* መቀንጠብ meqeniteb
note *n.* ማስታወሻ masitawesha
note *v.t.* ማስታወሻ ያዘ masitawesha yaze
noteworthy *a.* የሚደነቅ yemideneq
nothing *n.* ምንም የማይጠቅም minim yemayiteqim
nothing *adv.* ምንም ነገር minim neger
notice *a.* የማስተዋል yemasitewal
notice *v.t.* አስተዋለ asitewale
notification *n.* ማስታወቅ masitaweq
notify *v.t.* አስታወቀ asitaweqe
notion *n.* የመረዳት ችሎታ yemeredat chilota
notional *a.* ግምታዊ gimitawi
notoriety *n.* መጥፎ ስም metifo sim
notorious *a.* የማይወደድ yemayiweded
notwithstanding *prep.* በማንኛውም ሁኔታ bemaninyawim huneta
notwithstanding *adv.* ለማንኛውም lemaninyawim

notwithstanding *conj.* ቢሆንም bihonim
nought *n.* ምንም minim
noun *n.* ስም sim
nourish *v.t.* መገበ megebe
nourishment *n.* ምግብ migib
novel *a.* አዲስ adis
novel *n* ለልብ ወለድ lelib weled
novelette *n.* መካከለኛ ልብ ወለድ mekakelenya lib weled
novelist *n.* ልብ ወለድ ደራሲ lib weled derasi
novelty *n.* አዲስነት adisinet
november *n.* ሕዳር hidar
novice *n.* ጀማሪ jemari
now *adv.* አሁን ahun
now *conj.* በአሁን ጊዜ beahun gize
nowhere *adv.* የትም ቦታ yetim bota
noxious *a.* ጤና የሚጎዳ tena yemigoda
nozzle *n.* የቧንቧ ጫፍ yebwanibwa chaf
nuance *n.* በቀላሉ የማይለይ beqelalu yemayiley
nubile *a.* ለጋብቻ የደረሰች legabicha yederesech
nuclear *a.* የአተም መሀከለኛ ክፍል yeatem mehakelenya kifil
nucleus *n.* ማዕከላዊ ክፍል maeikelawi kifil
nude *a.* እርቃን eiriqan
nude` *n* እርቃን የሆነ የሰው ስዕል eiriqan yehone yesew sieil
nudity *n.* እርቃንነት eiriqaninet
nudge *v.t.* ጎነተለ gonetele
nugget *n.* ውድ ማዕድኖች wid maeidinoch
nuisance *n.* አናዳጅ anadaj
null *a.* ዋጋቢስ wagabis
nullification *n.* ዋጋ ማሳጣት waga masatat
nullify *v.t.* ዋጋ አሳጣ waga asata
numb *a.* የደነዘዘ yedenezeze
number *n.* ቁጥር qutir
number *v.t.* ቁጥር ሰጠ qutir sete
numberless *a.* በጣም ብዙ betam bizu
numeral *a.* አሀዝ ahaz
numerator *n.* ተካፋይ tekafay
numerical *a.* በቁጥር የተገለፀ bequtir yetegeletse
numerous *a.* አያሌ ayale
nun *n.* መነኩሲት menekusit
nunnery *n.* የሴት መነኮሳት ገዳም yeset menekosat gedam
nuptial *a.* የሠርግ yeserig
nuptials *n.* ሠርግ serig
nurse *n.* ነርስ neris
nurse *v.t* በሽተኞችን ተንከባከበ beshitenyochin tenikebakebe
nursery *n.* የልጆች መጫወቻ ክፍል yelijoch mechawecha kifil
nurture *n.* ማበረታታት maberetatat
nurture *v.t.* አሳደገ asadege
nut *n* ለውዝ lewiz
nutrition *n.* የምግብ ጥናት yemigib tinat
nutritious *a.* አልሚነት ያለው ምግብ aliminet yalew migib
nutritive *a.* አልሚነት aliminet
nuzzle *v.* በአፍንጫ ታከከ beafinicha takeke
nylon *n.* ላይነን layinen
nymph *n.* ወጣት ቆንጆ ሴት wetat qonijo set

O

oak *n.* የዛፍ ዓይነት yezaf ayinet
oar *n.* የጀልባ መቅዘፊያ yejeliba meqizefiya
oarsman *n.* የጀልባ ቀዛፊ yejeliba qezafi
oasis *n.* የበረሀ ውሀ yebereha wiha
oat *n.* አጃ aja
oath *n.* መሐላ mehala
obduracy *n.* ግትርነት gitirinet
obdurate *a.* ግትር gitir
obedience *n.* መታዘዝ metazez
obedient *a.* ታዛዥ tazazh
obeisance *n.* አንገትን ዝቅ ማድረግ anigetin ziq madireg
obesity *n.* ከፍተኛ ውፍረት kefitenya wifiret
obey *v.t.* ታዘዘ tazeze
obituary *a.* ዜና እረፍት zena eirefit
object *n.* አላማ alama
object *v.t.* ተቃወመ teqaweme
objection *n.* ተቃውሞ teqawimo
objectionable *a.* የሚቃወሙት yemiqawemut
objective *n.* ዓላማ alama
objective *a.* የሚታየው አለም yemitayew alem
oblation *n.* ስጦታ sitota
obligation *n.* ግዴታ gideta
obligatory *a.* አስገዳጅ asigedaj
oblige *v.t.* አስገደደ asigedede
oblique *a.* ሰያፍ seyaf
obliterate *v.t.* ማጥፋት matifat
obliteration *n.* መጥፋት metifat
oblivion *n.* መዘንጋት mezenigat
oblivious *a.* ዝንጉ zinigu
oblong *a.* ቅጠል የሚመስል qitel yemimesil
oblong *n.* ሞላላ ሁለት ጎኑ በርዝመት የሚመሳሰል molala hulet gonu berizimet yemimesasel
obnoxious *a.* የሚያበሳጭ yemiyabesach
obscene *a.* አፀያፊ atseyafi
obscenity *n.* አፀያፊ ድርጊት atseyafi dirigit
obscure *a.* ግልፅ ያልሆነ gilits yalihone
obscure *v.t.* ግራ አጋባ gira agaba
obscurity *n.* ግልፅ ያልሆነ gilits yalihone
observance *n.* መመልከት memeliket
observant *a.* ታዛቢ tazabi
observation *n.* መታዘብ metazeb
observatory *n.* የጠፈር ምርምር ጣቢያ yetefer mirimir tabiya
observe *v.t.* አስተዋለ asitewale
obsess *v.t.* በአንድ ሀሳብ ተወሰደ beanid hasab tewesede
obsession *n.* መመልከት memeliket
obsolete *a.* ጊዜ ያለፈበት gize yalefebet
obstacle *n.* እንቅፋት einiqifat
obstinacy *n.* ግትርነት gitirinet
obstinate *a.* ግትር gitir
obstruct *v.t.* አደናቀፈ adenaqefe
obstruction *n.* ማደናቀፍ madenaqef
obstructive *a.* የሚያሰናክል yemiyasenakil
obtain *v.t.* አገኘ agenye
obtainable *a.* የሚገኝ yemigeny
obtuse *a.* ፊዛዛ fezaza
obvious *a.* ግልፅ gilits
occasion *n.* በዓል beal

occasion *v.t* ምክንያት ሆነ mikiniyat hone
occasional *a.* አልፎ አልፎ alifo alifo
occasionally *adv.* አልፎ አልፎ alifo alifo
occident *n.* አውሮፓና አሜሪካ awiropana amerika
occidental *a.* የአውሮፓና አሜሪካ አገሮች yeawiropana amerika ageroch
occult *a.* የማይታይ yemayitay
occupancy *n.* መኖር menor
occupant *n.* ነዋሪ newari
occupation *n.* ስራ sira
occupier *n.* ነዋሪ newari
occupy *v.t.* ያዘ yaze
occur *v.i.* ተከሰተ tekesete
occurrence *n.* ክስተት kisitet
ocean *n.* ውቅያኖስ wiqiyanos
oceanic *a.* የውቅያኖስ yewiqiyanos
octagon *n.* ባለ ስምንት ማዕዘን ቅርፅ bale siminit maeizen qirits
octangular *a.* ባለ ስምንት ማዕዘን ቅርፅ ያለው bale siminit maeizen qirits yalew
octave *n.* ስምንት ስንኝ ያለው ግጥም siminit sininy yalew gitim
October *n.* ጥቅምት tiqimit
octogenarian *a.* በእድሜው 80-90 የሆነ ሰው beeidimew 80-90 yehone sew
octogenarian *a* በሰማኒያዎቹ እድሜ ክልል የሚገኝ besemaniyawochu eidime kilil yemigeny
octroi *n.* ቀረጥ qeret
ocular *a.* የአይን yeayin
oculist *n.* የአይን ሀኪም yeayin hakim
odd *a.* ለየት ያለ leyet yale
oddity *n.* የተለየ ልማድ yeteleye limad
odds *n.* የመሆን ወይም ያለመሆን እድል yemehon weyim yalemehon eidil
ode *n.* ረዘም ያለ ግጥም rezem yale gitim
odious *a.* እንጉርጉሮ einiguriguro
odium *n.* ከፍተኛ ጥላቻ kefitenya tilacha
odorous *a.* የሚሸት yemishet
odour *n.* ሽታ shita
offence *n.* ሕግ መጣስ hig metas
offend *v.t.* አናደደ anadede
offender *n.* አናዳጅ anadaj
offensive *a.* የሚያስቀይም yemiyasiqeyim
offensive *n* ማናደድ manaded
offer *v.t.* ስጦታ ሰጠ sitota sete
offer *n* መስጠት mesitet
offering *n.* ስጦታ sitota
office *n.* ቢሮ biro
officer *n.* መኮንን mekonin
official *a.* የቢሮ yebiro
official *n* ባለስልጣን balesilitan
officially *adv.* በይፋ beyifa
officiate *v.i.* ሕጋዊ ሥራ ማከናወን higawi sira makenawen
officious *a.* እርዳታ ለመስጠት ዝግጁ የሆነ eiridata lemesitet zigiju yehone
offing *n.* በቅርብ ሊሆን የሚችል beqirib lihon yemichil
offset *v.t.* አመዛዘነ amezazene
offset *n* መዘነ mezene
offshoot *n.* ቅርንጫፍ qirinichaf
offspring *n.* ግልግል giligil
oft *adv.* ብዙ ጊዜ bizu gize
often *adv.* በተደጋጋሚ betedegagami

ogle *v.t.* በፍቅር አይን መመልከት befiqir ayin memeliket
ogle *n* መጎምጀት megomijet
oil *n.* ዘይት zeyit
oil *v.t* ዘይት ቀባ zeyit qeba
oily *a.* ዘይታማ zeyitama
ointment *n.* መታሻ ቅባት metasha qibat
old *a.* አሮጌ aroge
oligarchy *n.* የተወሰኑ ሰዎች ስልጣን የሚይዙበት ዓይነት yetewesenu sewoch silitan yemiyizubet ayinet
olive *n.* የወይራ ዛፍ yeweyira zaf
olympiad *n.* የኦሎምፒክ ጨዋታ yeolomipik chewata
omega *n.* የግሪኮች የመጨረሻ ፊደል yegirikoch yemecheresha fidel
omelette *n.* የእንቁላል ጥብስ yeeiniqulal tibis
omen *n.* ምልክት milikit
ominous *a.* አስፈሪ asiferi
omission *n.* የተተወ ነገር yetetewe neger
omit *v.t.* ተወ tewe
omnipotence *n.* ሁሉን ቻይነት hulun chayinet
omnipotent *a.* ሁሉን ቻይ hulun chay
omnipresence *n.* ሀሉም ቦታ መገኘት halum bota megenyet
omnipresent *a.* ሀሉም ቦታ የሚገኝ halum bota yemigeny
omniscience *n.* ሁሉን ማወቅ hulun maweq
omniscient *a.* ሁሉን አዋቂ hulun awaqi
on *prep.* በ...ላይ be...lay
on *adv.* ወደፊት wedefit
once *adv.* በአንድ ጊዜ beanid gize
one *a.* አንድ anid
one *pron.* የአንድ yeanid
oneness *n.* አንድነት anidinet
onerous *a.* አስቸጋሪ asichegari
onion *n.* ቀይ ሽንኩርት qey shinikurit
on-looker *n.* ተመልካች temelikach
only *a.* ምርጥ mirit
only *adv.* ለብቻ lebicha
only *conj.* ብቻ bicha
onomatopoeia *n.* የቃላት ድምጽ በጽሁፍ yeqalat dimits betsihuf
onrush *n.* ጠንካራ እንቅስቃሴ tenikara einiqisiqase
onset *n.* መጀመሪያ mejemeriya
onslaught *n.* ድንገተኛ ጥቃት dinigetenya tiqat
onus *n.* ኃላፊነት halafinet
onward *a.* ወደፊት wedefit
onwards *adv.* ወደፊት wedefit
ooze *n.* የላቆጠ ጭቃ yelaqote chiqa
ooze *v.i.* በዝግታ ፈሰሰ bezigita fesese
opacity *n.* መጋረድ megared
opal *n.* ኦፓል opal
opaque *a.* በውስጡ አሳልፎ የሚያሳይ bewisitu asalifo yemiyasay
open *a.* የተከፈተ yetekefete
open *v.t.* ከፈተ kefete
opening *n.* ክፍተት kifitet
openly *adv.* በግልፅ begilits
op+A9249era *n.* የሙዚቃ ተውኔት yemuziqa tewinet
operate *v.t.* ሥራ አሰራ sira asera
operation *n.* ስራ sira
operative *a.* ተግባራዊ tegibarawi
operator *n.* ማሽን የሚያንቀሳቅስ mashin yemiyaniqesaqis
opine *v.t.* በግልፅ ተናገረ begilits tenagere

opinion *n.* አስተያየት asiteyayet
opium *n.* አደንዥ ዕፅ adenizh eits
opponent *n.* ተፎካካሪ tefokakari
opportune *a.* በተገቢው ጊዜ መገኘት betegebiw gize megenyet
opportunism *n.* በተገኘው አጋጣሚ መጠቀም betegenyew agatami meteqem
opportunity *n.* ምቹ ሁኔታ michu huneta
oppose *v.t.* ተቃወመ teqaweme
opposite *a.* ተቃራኒ teqarani
opposition *n.* መቃወም meqawem
oppress *v.t.* ጨቆነ cheqone
oppression *n.* መጨቆን mecheqon
oppressive *a.* ጨካኝ chekany
oppressor *n.* ጨቋኝ cheqwany
opt *v.i.* መረጠ merete
optic *a.* የአይን yeayin
optician *n.* የአይን መነፅር የሚሰራ yeayin menetsir yemisera
optimism *n.* መልካም ነገር መጠበቅ melikam neger metebeq
optimist *n.* አስተሳሰበ ቀና ሰው asitesasebe qena sew
optimistic *a.* የቀና አስተሳሰብ yeqena asitesaseb
optimum *n.* ምቹ ሁኔታ michu huneta
optimum *a* በጣም ምቹ betam michu
option *n.* አማራጭ amarach
optional *a.* አስገዳጅ ያልሆነ asigedaj yalihone
opulence *n.* የድሎት ኑሮ yedilot nuro
opulent *a.* የድሎት yedilot
oracle *n.* ጠቢብ ሰው tebib sew
oracular *a.* የጥበብ yetibeb
oral *a.* የቃል yeqal
orally *adv.* በቃሉ beqalu
orange *n.* ብርቱካን biritukan
orange *a* ብርቱካንማ biritukanima
oration *n.* የሕዝብ ንግግር yehizib nigigir
orator *n.* ንግግር የሚችል ሰው nigigir yemichil sew
oratorical *a.* ንግግር የሚችል nigigir yemichil
oratory *n.* ንግግር የማቅረብ ጥበብ nigigir yemaqireb tibeb
orb *n.* ክብ ዓይነት kib ayinet
orbit *n.* ምህዋር mihiwar
orchard *n.* የፍራፍሬ ተክል የሚያድግበት ቦታ yefirafire tekil yemiyadigibet bota
orchestra *n.* የሙዚቃ ቡድን yemuziqa budin
orchestral *a.* የሙዚቃ ቡድን yemuziqa budin
ordeal *n.* መከራ mekera
order *n.* ስርአት siriat
order *v.t* ትዕዛዝ ሰጠ tieizaz sete
orderly *a.* የተደረደረ yetederedere
orderly *n.* የሆስፒታል ረዳት yehosipital redat
ordinance *n.* የመንግስት ትዕዛዝ yemenigisit tieizaz
ordinarily *adv.* በተለምዶ betelemido
ordinary *a.* የተለመደ yetelemede
ordnance *n.* የጦር መሳሪያ yetor mesariya
ore *n.* ብረት የሚወጣበት አለት biret yemiwetabet alet
organ *n.* የሰውነት ክፍል yesewinet kifil
organic *a.* ሕይወት ያለው hiyiwet yalew
organism *n.* ሕይወት ያለው ነገር hiyiwet yalew neger

organization *n.* ድርጅት dirijit
organize *v.t.* አደራጀ aderaje
orient *n.* የምስራቅ ክፍል yemisiraq kifil
orient *v.t.* አመለከተ amelekete
oriental *a.* ምስራቃዊ misiraqawi
oriental *n* ምስራቃዊ ክፍል misiraqawi kifil
orientate *v.t.* ለአንድ አላማ አስተካከለ leanid alama asitekakele
origin *n.* ስረ ነገር sire neger
original *a.* ዋናው wanaw
original *n* ዋና ሥራ wana sira
originality *n.* ዋናነት wananet
originate *v.t.* አመነጨ ameneche
originator *n.* አመንጪ amenichi
ornament *n.* ማስዋቢያ masiwabiya
ornament *v.t.* አስጌጠ asigete
ornamental *a.* የመዋቢያ yemewabiya
ornamentation *n.* መዋብ mewab
orphan *n.* የሙት ልጅ yemut lij
orphan *v.t* እናትና አባቱን አጣ einatina abatun ata
orphanage *n.* ወላጅ ያጡ ልጆች ማሳደጊያ welaj yatu lijoch masadegiya
orthodox *a.* የተለመደ yetelemede
orthodoxy *n.* መለመድ melemed
oscillate *v.i.* ተወዛወዘ tewezaweze
oscillation *n.* መወዛወዝ mewezawez
ossify *v.t.* ደረቀ dereqe
ostracize *v.t.* አገለለ agelele
ostrich *n.* ሰጎን segon
other *a.* ሌላ lela
other *pron.* የሌላ yelela
otherwise *adv.* በተለየ መንገድ beteleye meniged
otherwise *conj.* አለበለዚያ alebeleziya
otter *n.* አሳ አዳኝ እንስሳ asa adany einisesa
ottoman *n.* በርጩማ berichuma
ounce *n.* 28 ግራም 28 giram
our *pron.* የኛ yenya
oust *v.t.* አስወገደ asiwegede
out *adv.* ውጭ wich
out-balance *v.t.* አስበለጠ asibelete
outbid *v.t.* ከፍተኛ ዋጋ ማቅረብ kefitenya waga maqireb
outbreak *n.* ወረርሽኝ wererishiny
outburst *n.* መገንፈል megenifel
outcast *n.* መገለል megelel
outcast *a* የተጠላ yetetela
outcome *n.* ውጤት witet
outcry *a.* የተቃውሞ ጩኸት yeteqawimo chuhet
outdated *a.* ያለፈበት yalefebet
outdo *v.t.* የተሻለ ስራ ሆነ yeteshele sira hone
outdoor *a.* ከቤት ውጭ የተሰራ kebet wich yetesera
outer *a.* የውጭ yewich
outfit *n.* ሙሉ ትጥቅ mulu titiq
outfit *v.t* አስታጠቀ asitateqe
outgrow *v.t.* አደገ adege
outhouse *n.* ከትልቅ ቤት ቀጥላ ያለች ትንሽ ቤት ketiliq bet qetila yalech tinish bet
outing *n.* ሽርሽር shirishir
outlandish *a.* ያልተለመደ yalitelemede
outlaw *n.* ሽፍታ shifita
outlaw *v.t* ሕገ ወጥ እንደሆነ ተናገረ hige wet einidehone tenagere
outline *n.* ዋና ዋና ሃሳብ wana wana hasab
outline *v.t.* ዋና ሃሳቡን አወጣ wana hasabun aweta

outlive *v.i.* ለረጅም ጊዜ ኖረ lerejim gize nore
outlook *n.* አመለካከት amelekaket
outmoded *a.* ፋሽኑ ያለፈ fashinu yalefe
outnumber *v.t.* ከቁጥር በለጠ kequtir belete
outpatient *n.* ተመላላሽ ታካሚ temelalash takami
outpost *n.* ከከተማ የራቀ የጦር ሰፈር keketema yeraqe yetor sefer
output *n.* ውጤት witet
outrage *n.* የጭካኔ ድርጊት yechikane dirigit
outrage *v.t.* ስስሜትን በጣም ጎዳ sesimetin betam goda
outright *adv.* ግልፅ gilits
outright *a* በግልፅ begilits
outrun *v.t.* በፍጥነት ሮጠ befitinet rote
outset *n.* መጀመሪያ ሰአት mejemeriya seat
outshine *v.t.* በኃይል አንፀባረቀ behayil anitsebareqe
outside *a.* የውጭ yewich
outside *n* ውጭ wich
outside *adv* በውጭ bewich
outside *prep* ከ…ውጪ ke…wichi
outsider *n.* አባል ያልሆነ ሰው abal yalihone sew
outsize *a.* ቦርቃቃ boriqaqa
outskirts *n.pl.* ዳርቻ daricha
outspoken *a.* የሚስማማውን የሚገልፅ yemisimamawin yemigelits
outstanding *a.* ድንቅ diniq
outward *a.* ውጫዊ wichawi
outward *adv* ወደ ውጭ የሚሄድ wede wich yemihed
outwards *adv* ወደ ውጭ wede wich
outwardly *adv.* የውጫዊ yewichawi
outweigh *v.t.* በለጠ belete
outwit *v.t.* ላቀ laqe
oval *a.* ሞላላ ቅርፅ ያለው molala qirits yalew
oval *n* ሞላላ molala
ovary *n.* እንቁላል የሚያመነጭ የሴት አካል einiqulal yemiyamenech yeset akal
ovation *n.* የሞቀ አቀባበል yemoqe aqebabel
oven *n.* ምድጃ midija
over *prep.* ከላይ kelay
over *adv* በላይ belay
over *n* ላይ ያለ ነገር lay yale neger
overact *v.t.* ከእውነታ የራቀ ነገር አሳየ keeiwineta yeraqe neger asaye
overall *n.* በአጠቃላይ beateqalay
overall *a* ሁሉን ነገር የሚያካትት hulun neger yemiyakatit
overawe *v.t.* ፀጥ አሰኘ tset asenye
overboard *adv.* ከጀልባ መውደቅ kejeliba mewideq
overburden *v.t.* ብዙ እንዲሸከም አደረገ bizu einidishekem aderege
overcast *a.* ደመናማ demenama
overcharge *v.t.* አስወደደ asiwedede
overcharge *n* ተወደደ tewedede
overcoat *n.* ካፖርት kaporit
overcome *v.t.* አሸነፈ ashenefe
overdo *v.t.* ብዙ ተጠቀመ bizu teteqeme
overdose *n.* ከመጠን በላይ መድሃኒት መውሰድ kemeten belay medihanit mewised
overdose *v.t.* ከመጠን በላይ መድሃኒት ወሰደ kemeten belay medihanit wesede

overdraft *n.* የሚንቀሳቀስ የባንክ ብድር yeminiqesaqes yebanik bidir
overdraw *v.t.* ከተቀማጭ ገንዘብ በላይ ማውጣት keteqemach genizeb belay mawitat
overdue *a.* ውዝፍ ዕዳ wizif eida
overhaul *v.t.* በሚገባ አደሰ bemigeba adese
overhaul *n.* እድሳት eidisat
overhear *v.t.* ሌሎች ሰዎች የሚነጋገሩትን አደመጠ leloch sewoch yeminegagerutin ademete
overjoyed *a* በደስታ የተሞላ bedesita yetemola
overlap *v.t.* ተደራረበ tederarebe
overlap *n* መደራረብ mederareb
overleaf *adv.* በግልባጩ begilibachu
overload *v.t.* ከመጠን በላይ ጫነ kemeten belay chane
overload *n* ከመጠን በላይ መጫን kemeten belay mechan
overlook *v.t.* ቸል አለ chel ale
overnight *adv.* ሌሊቱን በሙሉ lelitun bemulu
overnight *a* በድንገት bediniget
overpower *v.t.* አሸነፈ/በጉልበት ashenefe/begulibet
overrate *v.t.* አጋኖ ገመተ agano gemete
overrule *v.t.* ተሻረ teshare
overrun *v.t* ወረረ werere
oversee *v.t.* ተቆጣጠረ teqotatere
overseer *n.* ተቆጣጣሪ teqotatari
overshadow *v.t.* አደበዘዘ adebezeze
oversight *n.* ግድፈት gidifet
overt *a.* ግልፅ የሆነ gilits yehone
overtake *v.t.* ቀደመ qedeme
overthrow *v.t.* ከስልጣን አወረደ kesilitan awerede
overthrow *n* ከስልጣን ማውረድ kesilitan mawired
overtime *adv.* ከስራ ሰአት በላይ kesira seat belay
overtime *n* ትርፍ ሰአት tirif seat
overture *n.* የሙዚቃ መግቢያ yemuziqa megibiya
overwhelm *v.t.* ስሜትን ነካ simetin neka
overwork *v.i.* በጣም ሰራ betam sera
overwork *n.* ብዙ ስራ መስራት bizu sira mesirat
owe *v.t* ባለ እዳ ሆነ bale eida hone
owl *n.* ጉጉት gugut
own *a.* የባለቤት yebalebet
own *v.t.* ባለቤት ሆነ balebet hone
owner *n.* ባለቤት balebet
ownership *n.* ባለቤትነት balebetinet
ox *n.* በሬ bere
oxygen *n.* ኦክስጅን okisijin
oyster *n.* የአሳ ዘር yeasa zer

P

pace *n* አንድ እርምጃ anid eirimija
pace *v.i.* ተንጎራደደ tenigoradede
pacific *a.* ፀጥ ያለ tset yale
pacify *v.t.* ሰላም ፈጠረ selam fetere
pack *n.* ማሸግ masheg
pack *v.t.* አሸገ ashege
package *n.* ጥቅል tiqil
packet *n.* ፓኮ pako
packing *n.* ማሸግ masheg

pact *n.* ውል wil
pad *n.* የተጠረዙ ወረቀቶች yeteterezu wereqetoch
pad *v.t.* በጨርቅ ጠቀለለ becheriq teqelele
padding *n.* የማሸጊያ ጉዝጓዝ yemashegiya guzigwaz
paddle *v.i.* ቀዘፈ qezefe
paddle *n* መቅዘፊያ meqizefiya
paddy *n.* የሩዝ ማሳ yeruz masa
page *n.* ገፅ gets
page *v.t.* በድምፅ ማጉያ ጠራ bedimits maguya tera
pageant *n.* የህዝብ መዝናኛ በአል yehizib mezinanya beal
pageantry *n.* ሰዎች በልብስ የሚያጌጡበት በአል sewoch belibis yemiyagetubet beal
pagoda *n.* የእስያዉያን ምኩራብ yeeisiyawuyan mikurab
pail *n.* ባልዲ balidi
pain *n.* ህመም himem
pain *v.t.* አሳመመ asameme
painful *a.* የሚያሰቃይ yemiyaseqay
painstaking *a.* ስራ የሚወድ sira yemiwed
paint *n.* ቀለም qelem
paint *v.t.* ስእል ሳለ sieil sale
painter *n.* ሰአሊ seali
painting *n.* ስእል sieil
pair *n.* ጥንድ tinid
pair *v.t.* ጥንድ ሆነ tinid hone
pal *n.* የቅርብ ጓደኛ yeqirib gwadenya
palace *n.* ቤተመንግስት betemenigisit
palanquin *n.* አራት ሰዎች የሚሸከሙት ሳጥን arat sewoch yemishekemut satin
palatable *a.* የሚጥም yemitim
palatal *a.* የላንቃ yelaniqa
palate *n.* ላንቃ laniqa
palatial *a.* ቤተመንግስት የመሰለ betemenigisit yemesele
pale *n.* አመድማ amedima
pale *a* የገረጣ yegereta
pale *v.i.* ገረጣ gereta
palette *n.* የሰአሊያን ቀለም መቀቢያ ሰሌዳ yesealiyan qelem meqebiya seleda
palm *n.* የእጅ መዳፍ yeeij medaf
palm *v.t.* ኳስ በመዳፍ መታ kwas bemedaf meta
palm *n.* የዘንባባ ዝንጣፊ yezenibaba zinitafi
palmist *n.* የመዳፍ አንባቢ yemedaf anibabi
palmistry *n.* የመዳፍ ጥንቆላ yemedaf tiniqola
palpable *a.* የሚዳሰስ yemidases
palpitate *v.i.* ከበሮ መታ kebero meta
palpitation *n.* ከፍተኛ የልብ ምት kefitenya yelib mit
palsy *n.* የእጅ መንቀጥቀጥ yeeij meniqetiqet
paltry *a.* አናሳ anasa
pamper *v.t.* አሞላቀቀ amolaqeqe
pamphlet *n.* በራሪ ወረቀት berari wereqet
pamphleteer *n.* በራሪ ወረቀት የሚፅፍ ሰው berari wereqet yemitsif sew
panacea *n.* ሁሉን በሽታ የሚያድን hulun beshita yemiyadin
pandemonium *n.* ሁከት huket
pane *n.* መስታወት mesitawet
panegyric *n.* የሙገሳ ንግግር yemugesa nigigir
panel *n.* የበር ማስዋቢያ yeber masiwabiya
panel *v.t.* በርን አስጌጠ berin asigete

pang *n.* ውጋት wigat

panic *n.* ጭንቅ chiniq

panorama *n.* በተደጋጋሚ የሚለዋወጡ betedegagami yemilewawetu

pant *v.i.* አለከለከ alekeleke

pant *n.* ማለክለክ malekilek

pantaloon *n.* የድሮ ሱሪ yediro suri

pantheism *n.* ሁሉን ነገር ማምለክ hulun neger mamilek

pantheist *n.* ሁሉን ነገር የሚያመልክ hulun neger yemiyamelik

panther *n.* ጥቁር ግስላ tiqur gisila

pantomime *n.* ድምፅ አልባ dimits aliba

pantry *n.* ጓዳ gwada

papacy *n.* የጳጳስ ስልጣን ye□□s silitan

papal *a.* የጳጳስ ye□□s

paper *n.* ወረቀት wereqet

par *n.* የዋጋ ተመን መስተካከል yewaga temen mesitekakel

parable *n.* ተረት teret

parachute *n.* መዝለያ ዣንጥላ mezileya zhanitila

parachutist *n.* በመዝለያ ዣንጥላ የሚወርድ ሰው bemezileya zhanitila yemiwerid sew

parade *n.* የወታደር ሰልፍ yewetader selif

parade *v.t.* ለቆጠራ ተሰበሰበ leqotera tesebesebe

paradise *n.* ገነት genet

paradox *n.* ተፃራሪ ሐሳብ tetsarari hasab

paradoxical *a.* ተፃራሪ tetsarari

paraffin *n.* ከነዳጅ የሚገኝ ላምባ kenedaj yemigeny lamiba

paragon *n.* ጥሩ የሆነ ሰው tiru yehone sew

paragraph *n.* አንቀፅ aniqets

parallel *a.* እኩል የሆነ eikul yehone

parallel *v.t.* ተመሳሳይ ተፃራሪ የሆነ temesasay tetsarari yehone

parallelism *n.* ተመሳሳይነት temesasayinet

parallelogram *n.* ፓራሌሎግራም paralelogiram

paralyse *v.t.* መንቀሳቀስ አቃተው meniqesaqes aqatew

paralysis *n.* ሽባነት shibanet

paralytic *a.* ሰካራም sekaram

paramount *n.* ከፍተኛ ጠቃሚነት ያለው kefitenya teqaminet yalew

paramour *n.* ሴት ወዳጅ set wedaj

paraphernalia *n. pl* የስፖርት ዕቃዎች yesiporit eiqawoch

paraphrase *n.* መልሶ መፃፍ meliso metsaf

paraphrase *v.t.* መልሶ ፃፈ meliso tsafe

parasite *n.* ጥገኛ እንስሳ tigenya einisisa

parcel *n.* የተጠቀለለ እቃ yeteteqelele eiqa

parcel *v.t.* ጠቀለለ teqelele

parch *v.t.* አደረቀ adereqe

pardon *v.t.* ይቅር አለ yiqir ale

pardon *n.* ይቅርታ ማድረግ yiqirita madireg

pardonable *a.* ይቅርታ የሚደረግለት yiqirita yemideregilet

parent *n.* ወላጅ welaj

parentage *n.* ዘር zer

parental *a.* የወላጅ yewelaj

parenthesis *n.* ቅንፍ qinif

parish *n.* ከማህበረሰቡ መገለል kemahiberesebu megelel
parity *n.* አቻ acha
park *n.* መናፈሻ ቦታ menafesha bota
park *v.t.* መኪና አቆመ mekina aqome
parlance *n.* የአነጋገር ዘዬ yeanegager zeye
parley *n.* ከጠላት ጋር የሚደረግ ድርድር ketelat gar yemidereg diridir
parley *v.i* ከጠላት ጋር ተደራደረ ketelat gar tederadere
parliament *n.* ምክር ቤት mikir bet
parliamentarian *n.* የምክር ቤት አባል yemikir bet abal
parliamentary *a.* የምክር ቤት yemikir bet
parlour *n.* እንግዳ መቀበያ einigida meqebeya
parody *n.* በአስቂኝ መንገድ መኮረጅ beasiqiny meniged mekorej
parody *v.t.* በአስቂኝ መንገድ ኮረጀ beasiqiny meniged koreje
parole *n.* ለመታረም ቃል መግባት lemetarem qal megibat
parole *v.t.* ከእስር ተለቀቀ keeisir teleqeqe
parricide *n.* አባትና እናቱን የገደለ ወንጀለኛ abatina einatun yegedele wenijelenya
parrot *n.* በቀቀን beqeqen
parry *v.t.* ተከላከለ tekelakele
parry *n.* መከላከል mekelakel
parson *n.* የአንድ ሰበካ ቄስ yeanid sebeka qes
part *n.* ክፍል kifil
part *v.t.* ተገነጠለ tegenetele
partake *v.i.* ተካፈለ tekafele
partial *a.* በከፊል bekefil
partiality *n.* አድሎአዊነት adiloawinet
participate *v.i.* ተሳተፈ tesatefe
participant *n.* ተሳታፊ tesatafi
participation *n.* ተሳትፎ tesatifo
particle *a.* ትንሽ ነገር tinish neger
particular *a.* የተለየ yeteleye
particular *n.* መረጃ mereja
partisan *n.* ስሜታዊ ደጋፊ simetawi degafi
partisan *a.* ደጋፊ degafi
partition *n.* ክፍሎችን የሚለያይ ግድግዳ kifilochin yemileyay gidigida
partition *v.t.* ተከፋፈለ tekefafele
partner *n.* አብሮ የሚሰራ abiro yemisera
partnership *n.* አብሮ መስራት abiro mesirat
party *n.* ግብዣ gibizha
pass *v.i.* አለፈ alefe
pass *n* ፈተና ማለፍ fetena malef
passage *n.* ምንባብ minibab
passenger *n.* መንገደኛ menigedenya
passion *n.* ጥልቅ ፍቅር tiliq fiqir
passionate *a.* ጥልቅ ስሜት የሚያሳይ tiliq simet yemiyasay
passive *a.* የማይቃወም yemayiqawem
passport *n.* የይለፍ ወረቀት yeyilef wereqet
past *a.* የለፈ ጊዜ yelefe gize
past *n.* ድሮ diro
past *prep.* በኃላ behala
paste *n.* ማጣበቂያ matabeqiya
paste *v.t.* አጣበቀ atabeqe
pastel *n.* ባለቀለም ጠመኔ baleqelem temene
pastime *n.* ጊዜ ማሳለፊያ gize masalefiya

pastoral *a.* የእረኛነት yeeirenyanet
pasture *n.* የግጦሽ መሬት yegitosh meret
pasture *v.t.* ወደ ግጦሽ አሰማራ wede gitosh asemara
pat *v.t.* በዝግታ bezigita
pat *n* ቸብ ሲደረግ የሚሰማ ድምጽ cheb sidereg yemisema dimits
pat *adv* ያለማወላወል yalemawelawel
patch *v.t.* ጨርቅ ጣፈ cheriq tafe
patch *n* መጣፊያ ጨርቅ metafiya cheriq
patent *a.* መብት አገኘ mebit agenye
patent *n* የፈጠራ ባለቤትነት ማረጋገጫ yefetera balebetinet maregagecha
patent *v.t.* መብት ያለው mebit yalew
paternal *a.* በአባት የሚዛመድ beabat yemizamed
path *n.* መንገድ meniged
pathetic *a.* የሚያሳዝን yemiyasazin
pathos *n.* አሳዛኝ ፅሁፍ asazany tsihuf
patience *n.* ትእግስት tieigisit
patient *a.* ታጋሽ tagash
patient *n* በሽተኛ beshitenya
patricide *n.* አባቱን የገደለ ሰው abatun yegedele sew
patrimony *n.* የውርስ እቃ yewiris eiqa
patriot *n.* ጀግና jegina
patriotic *a.* የጀግንነት yejegininet
partiotism *n.* ጀግንነት jegininet
patrol *v.i.* እየተዘዋወረ ጠበቀ eiyetezewawere tebeqe
patrol *n* ቁጥጥር qutitir
patron *n.* ደንበኛ denibenya
patronage *n.* መደገፍ medegef
patronize *v.t.* ደገፈ degefe
pattern *n.* ንድፍ nidif
paucity *n.* ጥቂትነት tiqitinet
pauper *n.* ደሃ ሰው deha sew
pause *n.* አጭር እረፍት achir eirefit
pause *v.i.* አረፈ arefe
pave *v.t.* መንገድ አስተካከለ meniged asitekakele
pavement *n.* ድንጋይ የተነጠፈበት የእግረኛ መንገድ dinigay yetenetefebet yeeigirenya meniged
pavilion *n.* ድንኳን dinikwan
paw *n.* መዳፍ medaf
paw *v.t.* በመዳፍ መታ bemedaf meta
pay *v.t.* ከፈለ kefele
pay *n* ክፍያ kifiya
payable *a.* የሚከፈል yemikefel
payee *n.* ከፋይ kefay
payment *n.* ክፍያ kifiya
pea *n.* አተር ater
peace *n.* ሰላም selam
peaceable *a.* ጥል የማይሻ til yemayisha
peaceful *a.* ሰላማዊ selamawi
peach *n.* የኮክ ዛፍ yekok zaf
peacock *n.* ጣዎስ tawos
peahen *n.* ሴት ጣዎስ set tawos
peak *n.* ጫፍ chaf
pear *n.* ሸክኒት shekinit
pearl *n.* ሉል lul
peasant *n.* ገበሬ gebere
peasantry *n.* ገበሬዎች geberewoch
pebble *n.* ትንንሽ ክብ ድንጋይ tininish kib dinigay
peck *n.* በፍጥነት መሳም befitinet mesam
peck *v.i.* በፍጥነት ሳመ befitinet same

peculiar *a.* የተለየ yeteleye
peculiarity *n.* ልዩ ፀባይ liyu tsebay
pecuniary *a.* የገንዘብ yegenizeb
pedagogue *n.* መምህር memihir
pedagogy *n.* የማስተማር ዘዴ ሳይንስ yemasitemar zede sayinis
pedal *n.* በእግር የሚሰራ ማረሻ beeigir yemisera maresha
pedal *v.t.* ቢስክሌት ነዳ bisikilet neda
pedant *n.* ጠንቃቃ ሰው teniqaqa sew
pedantic *n.* ለጥቃቅን ነገር የሚጨነቅ letiqaqin neger yemicheneq
pedantry *n.* ለጥቃቅን ነገር መጨነቅ letiqaqin neger mecheneq
pedestal *n.* የቋሚ ምሰሶ መሰረት yeqwami miseso meseret
pedestrian *n.* እግረኛ eigirenya
pedigree *n.* የዘር ሀረግ yezer hareg
peel *v.t.* ላጠ late
peel *n.* ልጣጭ litach
peep *v.i.* ተደብቆ ማሾለቅ tedebiqo masholeq
peep *n* ፈጣን እይታ fetan eiyita
peer *n.* ማንኳኳት manikwakwat
peerless *a.* እኩያ የሌለው eikuya yelelew
peg *n.* ማንጠልጠያ maniteliteya
peg *v.t.* አያያዘ ayayaze
pelf *n.* ገንዘብ genizeb
pell-mell *adv.* መንጋጋት menigagat
pen *n.* እስኪሪቢቶ eisikiribito
pen *v.t.* ፃፈ tsafe
penal *a.* የቅጣት yeqitat
penalize *v.t.* ተቀጣ teqeta
penalty *n.* ቅጣት qitat
pencil *n.* እርሳስ eirisas
pencil *v.t.* በእርሳስ ሳለ beeirisas sale
pending *prep.* የሚጠባበቅ yemitebabeq
pending *a* በእንጥልጥል ያለ beeinitilitil yale
pendulum *n.* ዥዋዥዌ zhiwazhiwe
penetrate *v.t.* በአንድ ነገር ውስጥ አለፈ beanid neger wisit alefe
penetration *n.* በአንድ ነገር ውስጥ ማለፍ beanid neger wisit malef
penis *n.* ቁላ qula
penniless *a.* ያጣ የነጣ yata yeneta
penny *n.* ሳንቲም sanitim
pension *n.* የጡረታ አበል yetureta abel
pension *v.t.* ጡረታ ከፈለ tureta kefele
pensioner *n.* ጡረተኛ turetenya
pensive *a.* በጥልቀት ማሰብ betiliqet maseb
pentagon *n.* አምስት ጎኖች ያሉት ቅርፅ amisit gonoch yalut qirits
peon *n.* የጉልበት ሰራተኛ yegulibet seratenya
people *n.* ህዝብ hizib
people *v.t.* ህዝብ ሞላ hizib mola
pepper *n.* በርበሬ beribere
pepper *v.t.* በርበሬ መጨመር beribere mechemer
per *prep.* ለእያንዳንዱ leeiyanidanidu
perambulator *n.* ተንሸራሸረ tenisherashere
perceive *v.t.* ተገነዘበ tegenezebe
perceptible *adj* በስሜት ህዋሳት የሚታይ besimet hiwasat yemitay

per cent *adv.* መቶኛ metonya
percentage *n.* ከመቶኛ kemetonya
perception *n.* የመረዳት ችሎታ yemeredat chilota
perceptive *a.* ነገሮችን ፈጥኖ የሚረዳ negerochin fetino yemireda
perch *n.* የወፎች ማረፊያ yewefoch marefiya
perch *v.i.* አደገኛ ቦታ ላይ አስቀመጠ adegenya bota lay asiqemete
perennial *a.* ለረጅም ጊዜ የሚቆይ lerejim gize yemiqoy
perennial *n.* የሚቆይ ተክል yemiqoy tekil
perfect *a.* ትክክል tikikil
perfect *v.t.* አሟላ amwala
perfection *n.* የተሟላ ማድረግ yetemwala madireg
perfidy *n.* ሸፍጥ shefit
perforate *v.t.* በመስመር በሳ bemesimer besa
perforce *adv.* መሆኑ የማይቀር mehonu yemayiqer
perform *v.t.* ሰራ sera
performance *n.* አፈፃፀም afetsatsem
performer *n.* ተጫዋች techawach
perfume *n.* ሽቶ shito
perfume *v.t.* ሽቶ ቀባ shito qeba
perhaps *adv.* ምናልባት minalibat
peril *n.* አደገኛ adegenya
peril *v.t.* አስፈራራ asiferara
perilous *a.* በጣም አደገኛ betam adegenya
period *n.* የጊዜ ርዝመት yegize rizimet
periodical *n.* በተወሰነ ጊዜ betewesene gize
periodical *a.* በተወሰነ ጊዜ የሚታተም betewesene gize yemitatem
periphery *n.* ጠርዝ teriz
perish *v.i.* ጠፋ tefa
perishable *a.* በቀላሉ የሚበላሽ beqelalu yemibelash
perjure *v.i.* ፍርድ ቤት በሀሰት መሰከረ firid bet behaset mesekere
perjury *n.* በሀሰት መመስከር behaset memesiker
permanence *n.* ቋሚነት qwaminet
permanent *a.* ቋሚ qwami
permissible *a.* የተፈቀደ yetefeqede
permission *n.* ፈቃድ feqad
permit *v.t.* ፈቀደ feqede
permit *n.* የፈቃድ ወረቀት yefeqad wereqet
permutation *n.* ነገሮችን በተለያየ መልኩ እያቀናጁ ማስቀመጥ negerochin beteleyaye meliku eiyaqenaje masiqemet
pernicious *a.* ጎጂ የሆነ goji yehone
perpendicular *a.* ቀጥ ያለ qet yale
perpendicular *n.* ቋሚ መስመር qwami mesimer
perpetual *a.* ቋሚ qwami
perpetuate *v.t.* ቀጣይ እንዲሆን አደረገ qetay einidihon aderege
perplex *v.t.* ግራ ተጋባ gira tegaba
perplexity *n.* መወሳሰብ mewesaseb
persecute *v.t.* አሰቃየ aseqaye
persecution *n.* ጭፍጨፋ chifichefa
perseverance *n.* ለዓላማ ተግቶ መስራት lealama tegito mesirat

persevere *v.i.* በፅናት መስራት betsinat mesirat

persist *v.i.* በፅናት መቀጠል betsinat meqetel

persistence *n.* በአቋም መፅናት beaqwam metsinat

persistent *a.* ያለ ማቋረጥ yale maqwaret

person *n.* ሰው sew

personage *n.* ታዋቂ ሰው tawaqi sew

personal *a.* የግል yegil

personality *n.* የሰው ማንነት yesew maninet

personification *n.* ሰውኛ sewinya

personify *v.t.* ጥሩ ምሳሌ ሆነ tiru misale hone

personnel *n.* ሠራተኛ አስተዳዳሪ seratenya asitedadari

perspective *n.* ገፅታ getsita

perspiration *n.* ላብ lab

perspire *v.i.* ላብ ማውጣት lab mawitat

persuade *v.t.* አሳመነ asamene

persuasion *n.* አሳማኝ asamany

pertain *v.i.* ተገቢ ሆነ tegebi hone

pertinent *a.* ከጉዳዩ ጋር የተያያዘ kegudayu gar yeteyayaze

perturb *v.t.* ረበሸ rebeshe

perusal *n.* በጥንቃቄ ማንበብ betiniqaqe manibeb

peruse *v.t.* በጥንቃቄ አነበበ betiniqaqe anebebe

pervade *v.t.* ተስፋፋ tesifafa

perverse *a.* ላለመስራት የወሰነ lalemesirat yewesene

perversion *n.* ማጣመም matamem

perversity *n.* መጥመም metimem

pervert *v.t.* አጣመመ atameme

pessimism *n.* ክፉ ይሆናል ብሎ ማሰብ kifu yihonal bilo maseb

pessimist *n.* ክፉ አሳቢ ሰው kifu asabi sew

pessimistic *a.* በአስተሳሰቡ አሉታዊ የሆነ beasitesasebu alutawi yehone

pest *n.* ተባይ tebay

pesticide *n.* ፀረ ተባይ tsere tebay

pestilence *n.* ወረርሽኝ wererishiny

pet *n.* ለማዳ አጫዋች እንስሳ lemada achawach einisesa

pet *v.t.* ተሳሳበ tesasabe

petal *n.* መልካም አበባ melikam abeba

petition *n.* አቤቱታ abetuta

petition *v.t.* አቤቱታ አቀረበ abetuta aqerebe

petitioner *n.* አቤቱታ አቅራቢ abetuta aqirabi

petrol *n.* ቤንዚን benizin

petroleum *n.* ድፍድፍ ዘይት difidif zeyit

petticoat *n.* ጉርድ የውስጥ ልብስ gurid yewisit libis

petty *a.* ጠባብ አስተሳሰብ ያለው tebab asitesaseb yalew

petulance *n.* ያለ ምክንያት መነጫነጭ yale mikiniyat menechanech

petulant *a.* በቀላሉ የሚበሳጭ beqelalu yemibesach

phantom *n.* መድሃኒት ቤት medihanit bet

pharmacy *n.* ምዕራፍ mieiraf

phase *n.* የክስተት yekisitet

phenomenal *a.* ያልተለመደ ድርጊት yalitelemede dirigit

phenomenon *n.* ብልቃጥ biliqat

phial *n.* ለበጎ አድራጎት የተነሳሳ lebego adiragot yetenesasa

philanthropic *a.* በጎ አድራጊ bego adiragi

philanthropist *n.* በጎ አድራጎት bego adiragot
philanthropy *n.* በጎ አድራጊነት bego adiraginet
philological *a.* የቋንቋ ምሁር yeqwaniqwa mihur
philologist *n.* የቋንቋ ታሪክና እድገት ጥናት yeqwaniqwa tarikina eidiget tinat
philology *n.* ፈለሰፈ felesefe
philosopher *n.* ተፈላሳፊ tefelasafi
philosophical *a.* የፍልስፍና yefilisifina
philosophy *n.* ፍልስፍና filisifina
phone *n.* ስልክ silik
phonetic *a.* የድምፅ yedimits
phonetics *n.* የድምፅ ልሳናት ጥናት yedimits lisanat tinat
phosphate *n.* ማንኛውም ጨው maninyawim chew
phosphorus *n.* ድኝ diny
photo *n* ፎቶ foto
photograph *v.t.* ፎቶ ግራፍ አነሳ foto giraf anesa
photograph *n* ፎቶ ግራፍ foto giraf
photographer *n.* ፎቶ አንሺ foto anishi
photographic *a.* የፎቶ ግራፍ yefoto giraf
photography *n.* ፎቶ ግራፍ አነሳስ ጥበብ foto giraf anesas tibeb
phrase *n.* ራስን የመግለፅ ዘዴ rasin yemegilets zede
phrase *v.t.* በቃላት ገለፀ beqalat geletse
phraseology *n.* አነጋገር ጥበብ anegager tibeb
physic *n.* ውስጠ መሬት wisite meret
physic *v.t.* አዳነ adane
physical *a.* አካላዊ akalawi
physician *n.* ሀኪም hakim
physicist *n.* የፊዚክስ ሊቅ yefizikis liq
physics *n.* ፊዚክስ fizikis
physiognomy *n.* የሰው ፊት ቅርፅ yesew fit qirits
physique *n.* የሰውነት ቅርፅ yesewinet qirits
pianist *n.* ፒያኖ የሚጫወት ሰው piyano yemichawet sew
piano *n.* ፒያኖ piyano
pick *v.t.* መረጠ merete
pick *n.* የተመረጠ ሰው yetemerete sew
picket *n.* አካባቢ ጠባቂ akababi tebaqi
picket *v.t.* አካባቢ ጠበቀ akababi tebeqe
pickle *n.* በኮምጣጤ የተደባለቀ ቅጠላ ቅጠል bekomitate yetedebaleqe qitela qitel
pickle *v.t* ቅጠላ ቅጠሉን በኮምጣጤ በመዘፍዘፍ አቆየ qitela qitelun bekomitate bemezefizef aqoye
picnic *n.* ሽርሽር shirishir
picnic *v.i.* ተንሸራሸረ tenisherashere
pictorical *a.* ስዕላዊ sieilawi
picture *n.* ስዕል sieil
picture *v.t.* ሳለ sale
picturesque *a.* ውብ wib
piece *n.* ቅንጣቢ qinitabi
piece *v.t.* አገናኘ agenany
pierce *v.t.* መውጋት mewigat
piety *n.* ሃይማኖት አጥባቂ hayimanot atibaqi
pig *n.* አሳማ asama
pigeon *n.* እርግብ eirigib
pigmy *n.* ትንሽ ሰው tinish sew
pile *n.* ቁልል qulil
pile *v.t.* መቆለል meqolel
piles *n.* ብዛት bizat

pilfer *v.t.* ሰረቀ sereqe
pilgrim *n.* ወደ ሃይማኖታዊ ቦታዎች የሚጓዝ ሰው wede hayimanotawi botawoch yemigwaz sew
pilgrimage *n.* ወደ ቅዱስ ቦታዎች የሚደረግ ጉዞ wede qidus botawoch yemidereg guzo
pill *n.* ክኒን kinin
pillar *n.* ምሰሶ miseso
pillow *n* ትራስ tiras
pillow *v.t.* ተንተራሰ teniterase
pilot *n.* አውሮፕላን አብራሪ awiropilan abirari
pilot *v.t.* አውሮፕላን አበረረ awiropilan aberere
pimple *n.* እባጭ eibach
pin *n.* ስፒል sipil
pin *v.t.* አጣበቀ atabeqe
pinch *v.t.* ቆነጠጠ qonetete
pinch *v.* ያለፈቃድ መውሰድ yalefeqad mewised
pine *n.* ጥድ tid
pine *v.i.* የሌለ ሰው ናፈቀ yelele sew nafeqe
pineapple *n.* አናናስ ananas
pink *n.* ጣፋጭ መአዛ ያለው አበባ tafach meaza yalew abeba
pink *a* ቀላ ያለ qela yale
pinkish *a.* ቀላ ያለ qela yale
pinnacle *n.* የመጨረሻ ነጥብ yemecheresha netib
pioneer *n.* ፈር ቀዳጅ fer qedaj
pioneer *v.t.* ጀመረ jemere
pious *a.* ሀይማኖተኛ hayimanotenya
pipe *n.* ቱቦ tubo
pipe *v.i* በቱቦ አስተላለፈ betubo asitelalefe
piquant *a.* ግሩም ጣእም ያለው girum taeim yalew
piracy *n.* የሙዚቃ ስርቆት yemuziqa siriqot
pirate *n.* የባህር ወንበዴዎች yebahir wenibedewoch
pirate *v.t* በህገ ወጥ መንገድ ተጠቀመ behige wet meniged teteqeme
pistol *n.* የእጅ ሽጉጥ yeeij shigut
piston *n.* መቂናጥ meqinat
pit *n.* ጉድጓድ gudigwad
pit *v.t.* በሳሳ besasa
pitch *n.* መወርወር meweriwer
pitch *v.t.* በሀይል ወረወረ behayil werewere
pitcher *n.* እንስራ einisira
piteous *a.* አሳዛኝ asazany
pitfall *n.* እንቅፋት einiqifat
pitiable *a.* የሚያሳዛን yemiyasazan
pitiful *a.* አሳዛኝ asazany
pitiless *a.* ርህራሄ የሌለው rihirahe yelelew
pitman *n.* የድንጋይ ከሰል ሰራተኛ yedinigay kesel seratenya
pittance *n.* የማይበቃ ክፍያ yemayibeqa kifiya
pity *n.* ርህራሄ rihirahe
pity *v.t.* አዘነለት azenelet
pivot *n.* መሽከርከሪያ meshikerikeriya
pivot *v.t.* አሽከረከረ ashikerekere
playcard *n.* የመጫወቻ ካርድ yemechawecha karid
place *n.* ቦታ bota
place *v.t.* አስቀመጠ asiqemete
placid *a.* ጸጥ ያለ tset yale
plague *a.* የሚያስጨንቅ yemiyasicheniq
plague *v.t.* አስጨነቀ asicheneqe
plain *a.* ግልፅ gilits
plain *n.* ለጥ ያለ ሰፊ ሜዳ let yale sefi meda
plaintiff *n.* ከሳሽ kesash
plan *n.* የሕንፃ ንድፍ yehinitsa nidif

plan *v.t.* ንድፍ አወጣ nidif aweta
plane *n.* ጠፍጣፋ ወለል tefitafa welel
plane *v.t.* እንጨት ላገ einichet lage
plane *a.* ዝርግ zirig
plane *n* ጠፍጣፋ tefitafa
planet *n.* ፕላኔት pilanet
planetary *a.* የፕላኔት yepilanet
plank *n.* ጣውላ tawila
plank *v.t.* በጣውላ ሸፈነ betawila shefene
plant *n.* ተክል tekil
plant *v.t.* ተከለ tekele
plantain *n.* የሙዝ ተክል yemuz tekil
plantation *n.* ሰፊ የእርሻ መሬት sefi yeeirisha meret
plaster *n.* የቁስል ማሸጊያ yequsil mashegiya
plaster *v.t.* መለሰን melesen
plate *n.* ሳህን sahin
plate *v.t.* በብረት ሸፈነ bebiret shefene
plateau *n.* ከፍ ያለ ጠፍጣፋ ቦታ kef yale tefitafa bota
platform *n.* መድረክ medirek
platonic *a.* ጥልቅ የሆነ ፍቅር tiliq yehone fiqir
platoon *n.* የወታደሮች ቡድን yewetaderoch budin
play *n.* ጨዋታ chewata
play *v.i.* መጫወት mechawet
player *n.* ተጫዋች techawach
plea *n.* የክስ መልስ yekis melis
plead *v.i.* የክስ መልስ ሰጠ yekis melis sete
pleader *n.* ጠበቃ tebeqa
pleasant *a.* አስደሳች asidesach
pleasantry *n.* የጓደኝነት ቀልድ yegwadenyinet qelid
please *v.t.* እባክህ eibakih
pleasure *n.* ምቾት michot
plebiscite *n.* ድምፅ መስጠት dimits mesitet
pledge *n.* ቃል ኪዳን qal kidan
pledge *v.t.* ቃል ኪዳን ገባ qal kidan geba
plenty *n.* ብዙ bizu
plight *n.* ከባድና አስቸጋሪ ሁኔታ kebadina asichegari huneta
plod *v.i.* ቀስ ብሎ መሄድ qes bilo mehed
plot *n.* ሴራ sera
plot *v.t.* መደሰት medeset
plough *n.* ማረስ mares
plough *v.i* ማረሻ maresha
ploughman *n.* አራሽ arash
pluck *v.t.* ላባ ነጨ laba neche
pluck *n* ብርታት biritat
plug *n.* የኤሌትሪክ ሶኬት yeeletirik soket
plug *v.t.* የኤሌትሪክ ሶኬት ሰካ yeeletirik soket seka
plum *n.* የፍራፍሬ ዐይነት yefirafire ayinet
plumber *n.* ቧንቧ ሠራተኛ bwanibwa seratenya
plunder *v.t.* መዝረፍ meziref
plunder *n* የተዘረፈ ዕቃ yetezerefe eiqa
plunge *v.t.* ገባ geba
plunge *n* መግባት megibat
plural *a.* ብዙ ቁጥር bizu qutir
plurality *n.* አብዛኛው abizanyaw
plus *a.* ተጨማሪ techemari
plus *n* የድምፅ ምልክት yedimits milikit
ply *v.t.* መመላለስ memelales
ply *n* የቃጫ ክር yeqacha kir
pneumonia የሳምባ ምች yesamiba mich
pocket *n.* ኪስ kis
pocket *v.t.* ኪስ ገባ kis geba

pod *n.* ዝንቡጥ zinibut
poem *n.* ግጥም gitim
poesy *n.* ግጥም gitim
poet *n.* ገጣሚ getami
poetaster *n.* ያልሰለጠነ ገጣሚ yaliseletene getami
poetess *n.* ሴት ገጣሚ set getami
poetic *a.* የግጥም ይዘት ያለው yegitim yizet yalew
poetics *n.* የግጥም ጥናት yegitim tinat
poetry *n.* ግጥም gitim
poignacy *n.* ጥልቅ ሀዘን tiliq hazen
poignant *a.* አሳዛኝ asazany
point *n.* ነጥብ netib
point *v.t.* አመለከተ amelekete
poise *v.t.* ሚዛን ጠበቀ mizan tebeqe
poise *n* ሚዛን መጠበቅ mizan metebeq
poison *n.* መርዝ meriz
poison *v.t.* መረዘ mereze
poisonous *a.* መርዛማ merizama
poke *v.t.* ወጋጋ wegaga
poke *n.* መውጋት mewigat
polar *n.* ዋልታ walita
pole *n.* ምሰሶ miseso
police *n.* ፖሊስ polis
policeman *n.* ወንድ ፖሊስ wenid polis
policy *n.* መመሪያ memeriya
polish *v.t.* ወለወለ welewele
polish *n* መወልወል meweliwel
polite *a.* ትሁት tihut
politeness *n.* ትህትና tihitina
politic *a.* የፖለቲካ yepoletika
political *a.* የፖለቲካ yepoletika
politician *n.* የፖለቲካ ሰው yepoletika sew
politics *n.* ፖለቲካ poletika
polity *n.* የፖለቲካ ፓርቲ yepoletika pariti
poll *n.* የምርጫ ድምፅ አሰጣጥ yemiricha dimits asetat
poll *v.t.* የምርጫ ድምፅ ሰጠ yemiricha dimits sete
pollen *n.* የአበባ ዱቄት yeabeba duqet
pollute *v.t.* አካባቢን በከለ akababin bekele
pollution *n.* ብክለት bikilet
polo *n.* በፈረስ ላይ ሆኖ የገና ጨዋታ beferes lay hono yegena chewata
polygamous *a.* ከአንድ በላይ ሚስት ያለው keanid belay misit yalew
polygamy *n.* ከአንድ በላይ ሚስት የማግባት ልማድ keanid belay misit yemagibat limad
polyglot1 *n.* ብዙ ቋንቋዎች የሚችል ሰው bizu qwaniqwawoch yemichil sew
polyglot2 *a.* ብዙ ቋንቋዎች የሚችል bizu qwaniqwawoch yemichil
polytechnic *a.* የቴክኒክ yetekinik
polytechnic *n.* የቴክኒክ ትምህርት ቤት yetekinik timihirit bet
polytheism *n.* የብዙ አማልክት አምልኮ yebizu amalikit amiliko
polytheist *n.* ብዙ አማልክት የሚመልክ ሰው bizu amalikit yemimelik sew
polytheistic *a.* የብዙ አማልክት አምላኪ yebizu amalikit amilaki
pomp *n.* ትዕቢት tieibit
pomposity *n.* ትዕቢተኝነት tieibitenyinet
pompous *a.* ትዕቢተኛ tieibitenya
pond *n.* ኩሬ kure
ponder *v.t.* ተመሰጠ temesete
pony *n.* ትንሽ ፈረስ tinish feres

poor *a.* ደሀ deha
pop *v.i.* የፍንዳታ ድምፅ አሰማ yefinidata dimits asema
pop *n* የፍንዳታ ድምፅ yefinidata dimits
pope *n.* የሮማ ሊቀጳጳስ yeroma liqepapas
poplar *n.* ቶሎ የሚያድግ ረጅም የዛፍ አይነት tolo yemiyadig rejim yezaf ayinet
poplin *n.* የጥጥ ጨርቅ yetit cheriq
populace *n.* ሰፊው ሕዝብ sefiw hizib
popular *a.* ታዋቂ tawaqi
popularity *n.* ታዋቂነት tawaqinet
popularize *v.t.* በሕዝቡ ዘንድ አስታወቀ behizibu zenid asitaweqe
populate *v.t.* አኖረ anore
population *n.* የሕዝብ ብዛት yehizib bizat
populous *a.* ብዙ ሕዝብ የሚኖርበት bizu hizib yeminoribet
porcelain *n.* ጀበና jebena
porch *n.* በረንዳ berenida
pore *n.* ትንንሽ ቀዳዳ tininish qedada
pork *n.* የአሳማ ስጋ yeasama siga
porridge *n.* ገንፎ genifo
port *n.* ወደብ wedeb
portable *a.* ተንቀሳሽ teniqesash
portage *n.* ዕቃ ማሸከም eiqa mashekem
portal *n.* ትልቅ በር tiliq ber
portend *v.t.* ስለ ወደፊቱ አስጠነቀቀ sile wedefitu asiteneqeqe
porter *n.* ወዝአደር weziader
portfolio *n.* የፈጠራ ስራዎች ስብስብ yefetera sirawoch sibisib
portico *n.* ክፍት ኮሪደር kifit korider
portion *n* ክፍል kifil
portion *v.t.* ክፍሎ ሰጠ kifilo sete
portrait *n.* በቃላት መግለፅ beqalat megilets
portraiture *n.* በቃላት መግለፅ beqalat megilets
portray *v.t.* አንድን ነገር ገለፀ anidin neger geletse
portrayal *n.* በቃላት መግለፅ beqalat megilets
pose *v.i.* አስመሰለ asimelese
pose *n.* ማስመሰል masimesel
position *n.* ቦታ bota
position *v.t.* አስቀመጠ asiqemete
positive *a.* እርግጠኛ eirigitenya
possess *v.t.* የራስ አደረገ yeras aderege
possession *n.* ባለቤትነት balebetinet
possibility *n.* ሊሆን የሚችል ክስተት lihon yemichil kisitet
possible *a.* ሊሆን የሚችል lihon yemichil
post *n.* ስራ sira
post *v.t.* የሥራ መደብ yesira medeb
post *n* ደብዳቤ debidabe
post *v.t.* ደብዳቤ መላክ debidabe melak
post *adv.* በደብዳቤ bedebidabe
postage *n.* ደብዳቤ ለመላክ የሚከፈል ገንዘብ debidabe lemelak yemikefel genizeb
postal *a.* የፖስታ yeposita
post-date *v.t.* ቀን ፃፈ qen tsafe
poster *n.* የሚለጠፍ ማስታወቂያ yemiletef masitaweqiya
posterity *n.* የሚመጣው ትውልድ yemimetaw tiwilid

posthumous *a.* ሰው ከሞተ በኋላ የሚታተም መፅሐፍ sew kemote behwala yemitatem metsihaf
postman *n.* ፖስታ አዳይ posita aday
postmaster *n.* የፖስታ ቤት ኃላፊ yeposita bet halafi
post-mortem *a.* ከሞት በኃላ የሚሰራ kemot behala yemisera
post-mortem *n.* የአስከሬን ምርመራ yeasikeren mirimera
post-office *n.* ፖስታ ቤት posita bet
postpone *v.t.* አስተላለፈ asitelalefe
postponement *n.* ማስተላለፍ masitelalef
postscript *n.* ደብዳቤ ከፈረሙ በኃላ መልክት መጨመር debidabe keferemu behala melikit mechemer
posture *n.* ቅርፅ qirits
pot *n.* ማሰሮ masero
pot *v.t.* በማሰሮ ተከለ bemasero tekele
potash *n.* ፖታሽ potash
potassium *n.* ፖታሽየም potashiyem
potato *n.* ድንች dinich
potency *n.* ሥልጣን silitan
potent *a.* ሃይል ያለው hayil yalew
potential *a.* ሊሆን የሚችል lihon yemichil
potential *n.* የሚሆን ነገር yemihon neger
pontentiality *n.* ለመሆን አቅም ያለው lemehon aqim yalew
potter *n.* ሸክላ ሰሪ shekila seri
pottery *n.* የሸክላ ጥበብ ሥራ yeshekila tibeb sira
pouch *n.* ትንሽ ቦርሳ tinish borisa
poultry *n.* የወፍ ዘሮች yewef zeroch
pounce *v.i.* ዘሎ ተከመረ zelo tekemere
pounce *n* ዘሎ መከመር zelo mekemer
pound *n.* የእንግሊዝ ብር yeeinigiliz bir
pound *v.t.* ደበደበ debedebe
pour *v.i.* ቀዳ qeda
poverty *n.* ድህነት dihinet
powder *n.* ዱቄት duqet
powder *v.t.* ዱቄት ቀባ duqet qeba
power *n.* ኃይል hayil
powerful *a.* ኃይለኛ hayilenya
practicability *n.* ሊደረግ የሚችል ሁኔታ lidereg yemichil huneta
practicable *a.* ተግባራዊ ሊሆን የሚችል tegibarawi lihon yemichil
practical *a.* ተግባራዊ tegibarawi
practice *n.* ልምምድ limimid
practise *v.t.* ተለማመደ telemamede
practitioner *n.* በሙያው የሚሰራ ሰው bemuyaw yemisera sew
pragmatic *a.* ተግባራዊ tegibarawi
pragmatism *n.* መፍትሄ መስጠት mefitihe mesitet
praise *n.* ምስጋና misigana
praise *v.t.* አመሰገነ amesegene
praiseworthy *a.* ምስጋና የሚገባው misigana yemigebaw
prank *n.* ቀልድ qelid
prattle *v.i.* መቀባጠር meqebater
prattle *n.* ቀባጠረ qebatere
pray *v.i.* መፀለይ metseley
prayer *n.* ፀሎት tselot
preach *v.i.* መስበክ mesibek
preacher *n.* ሰባኪ sebaki
preamble *n.* መግቢያ megibiya
precaution *n.* ጥንቃቄ tiniqaqe
precautionary *a.* የጥንቃቄ yetiniqaqe

precede *v.* ቀደመ qedeme
precedence *n.* ቅድሚያ qidimiya
precedent *n.* ቀድሞ የሆነ ክስተት qedimo yehone kisitet
precept *n.* አመለከካከት amelekekaket
preceptor *n.* መምህር memihir
precious *a.* ውድ wid
precis *n.* ማጠቃለያ ፅሁፍ mateqaleya tsihuf
precise *n.* በትክክል የተገለፀ betikikil yetegeletse
precision *n.* ትክክለኛነት tikikilenyanet
precursor *n.* ቀዳሚ ሰው qedami sew
predecessor *n.* የቀድሞ ባለስልጣን yeqedimo balesilitan
predestination *n.* ቀድሞ የተወሰነ qedimo yetewesene
predetermine *v.t.* አስቀድሞ ወሰነ asiqedimo wesene
predicament *n.* አስጊ ሁኔታ asigi huneta
predicate *n.* አመለከተ amelekete
predict *v.t.* ተነበየ tenebeye
prediction *n.* ትንበያ tinibeya
predominance *n.* ተፅእኖ ማድረግ tetsieino madireg
predominant *a.* ተፅእኖ ያለው tetsieino yalew
predominate *v.i.* ተፅእኖ አደረገ tetsieino aderege
pre-eminence *n.* ከሁሉ መብለጥ kehulu mebilet
pre-eminent *a.* ከሁሉ የሚበልጥ kehulu yemibelit
preface *n.* መቅድም meqidim
preface *v.t.* መቅድም አቀረበ meqidim aqerebe
prefect *n.* የክፍል አለቃ yekifil aleqa
prefer *v.t.* መምረጥ memiret
preference *n.* ምርጫ miricha
preferential *a.* አድሎአዊ adiloawi
prefix *n.* የማዕረግ ስም yemaeireg sim
prefix *v.t.* በመጀመሪያው ላይ አከለ bemejemeriyaw lay akele
pregnancy *n.* እርግዝና eirigizina
pregnant *a.* እርጉዝ eiriguz
prehistoric *a.* ከታሪክ በፊት ketarik befit
prejudice *n.* መጉዳት megudat
prelate *n.* ጳጳስ papas
preliminary *a.* የመጀመሪያ yemejemeriya
preliminary *n* ቀዳሚ ድርጊት qedami dirigit
prelude *n.* መግቢያ megibiya
prelude *v.t.* መክፈቻ mekifecha
premarital *a.* ከጋብቻ በፊት kegabicha befit
premature *a.* ያለጊዜው የተከሰተ yalegizew yetekesete
premeditate *v.t.* ቀድሞ አሰበ qedimo asebe
premeditation *n.* ቀድሞ ማሰብ qedimo maseb
premier *a.* የመጀመሪያ yemejemeriya
premier *n* ጠቅላይ ሚኒስተር teqilay minisiter
premiere *n.* የመጀመሪያ ዝግጅት yemejemeriya zigijit
premium *n.* የኢንሹራንስ ክፍያ yeinishuranis kifiya
premonition *n.* መጥፎ ስሜት መሰማት metifo simet mesemat
preoccupation *n.* ሁልጊዜ የሚታሰብ ነገር huligize yemitaseb neger

preoccupy *v.t.* በሀሳብ ተዋጠ behasab tewate
preparation *n.* መዘጋጀት mezegajet
preparatory *a.* የማዘጋጃ yemazegaja
prepare *v.t.* አዘጋጀ azegaje
preponderance *n.* ኃይለኝነት hayilenyinet
preponderate *v.i.* በለጠ belete
preposition *n.* መስዋድድ mesiwadid
prerequisite *a.* ቀድሞ የሚጠየቅ qedimo yemiteyeq
prerequisite *n* አስቀድሞ የሚጠየቅ ነገር asiqedimo yemiteyeq neger
prerogative *n.* የተለየ መብት yeteleye mebit
prescience *n.* ወደፊት ማየት መቻል wedefit mayet mechal
prescribe *v.t.* አዘዘ azeze
prescription *n.* የሀኪም ትዕዛዝ yehakim tieizaz
presence *n.* የሰው አቋም yesew aqwam
present *a.* ሰጠ sete
present *n.* በአሁን ጊዜ beahun gize
present *v.t.* የተገኘው yetegenyew
presentation *n.* ማቅረብ maqireb
presently *adv.* አሁን ahun
preservation *n.* መጠበቅ metebeq
preservative *n.* ምግብ እንዲቆይ የሚያደረግ ንጥረ ነገር migib einidiqoy yemiyadereg nitire neger
preservative *a.* ምግብ እንዲቆይ የሚያደረግ migib einidiqoy yemiyadereg
preserve *v.t.* አቆየ aqoye
preserve *n.* ማቆየት maqoyet
preside *v.i.* ፕሬዘዳንት መሆን pirezedanit mehon
president *n.* ፕሬዘዳንት pirezedanit
presidential *a.* የፕሬዘዳንቱ yepirezedanitu
press *v.t.* ጨመቀ chemeqe
press *n* ጋዜጣ gazeta
pressure *n.* ግፊት gifit
pressurize *v.t.* ግፊት ፈጠረ gifit fetere
prestige *n.* ክብር kibir
prestigious *a.* የተከበረ yetekebere
presume *v.t.* ገመተ gemete
presumption *n.* አንድን ነገር እንደ እውነት መቀበል anidin neger einide eiwinet meqebel
presuppose *v.t.* ቀደም ብሎ እንደ እውነት መቀበል qedem bilo einide eiwinet meqebel
presupposition *n.* አስቀድሞ የተገመተ ነገር asiqedimo yetegemete neger
pretence *n.* ማታለል matalel
prtend *v.t.* አስመሰለ asimesele
pretension *n.* ልታይ ልታይ የሚል ሰው litay litay yemil sew
pretentious *a.* ልታይ ልታይ የሚል litay litay yemil
pretext *n* ሰበብ sebeb
prettiness *n.* ቁንጅና qunijina
pretty *a* ቆንጆ qonijo
pretty *adv.* ውብ wib
prevail *v.i.* ድል ማድረግ dil madireg
prevalance *n.* ስርጭት sirichit
prevalent *a.* ተስፋፍቶ ያለ tesifafito yale
prevent *v.t.* መከልከል mekelikel
prevention *n.* መከላከል mekelakel

preventive *a.* የሚከላከል yemikelakel
previous *a.* የበፊት yebefit
prey *n.* የሚታደኑ እንስሳት yemitadenu einisisat
prey *v.i.* አደነ adene
price *n.* ዋጋ waga
price *v.t.* ዋጋውን ወሰነ wagawin wesene
prick *n.* የመውጋት ህመም yemewigat himem
prick *v.t.* ወጋ wega
pride *n.* ኩራት kurat
pride *v.t.* ኮራ kora
priest *n.* ቄስ qes
priestess *n.* ሴት ቄስ set qes
priesthood *n.* ቅስና qisina
prima facie *adv.* የመጀመሪያ ዕይታ yemejemeriya eiyita
primarily *adv.* በይበልጥ beyibelit
primary *a.* የመጀመሪያ yemejemeriya
prime *a.* በጣም አስፈላጊ betam asifelagi
prime *n.* አንደኛ ደረጃ anidenya dereja
primer *n.* የመጀመሪያ መፅሐፍ yemejemeriya metsihaf
primeval *a.* የጥንት yetinit
primitive *a.* የጥንት yetinit
prince *n.* ልዑል liul
princely *a.* ልዑላዊ liulawi
princess *n.* ልዕልት lieilit
principal *n.* ርእሰ መምህር rieise memihir
principal *a* ዋና wana
principle *n.* መመሪያዎች memeriyawoch
print *v.t.* አተመ ateme
print *n* ህትመት hitimet
printer *n.* አታሚ atami
prior *a.* የበፊት yebefit
prior *n* አለቃ aleqa
prioress *n.* የመነኩሴ አለቃ yemenekuse aleqa
priority *n.* ቅድሚያ qidimiya
prison *n.* እስር ቤት eisir bet
prisoner *n.* እስረኛ eisirenya
privacy *n.* የተደበቀ yetedebeqe
private *a.* የግል yegil
privation *n.* ድህነት dihinet
privilege *n.* ልዩ መብት liyu mebit
prize *n.* ሽልማት shilimat
prize *v.t.* ሸለመ sheleme
probability *n.* እድል eidil
probable *a.* ሊከሰት የሚችል likeset yemichil
probably *adv.* ምናልባት minalibat
probation *n.* በአመክሮ ማቆየት beamekiro maqoyet
probationer *n.* በአመክሮ የተለቀቀ ሰው beamekiro yeteleqeqe sew
probe *v.t.* በጥልቀት መረመረ betiliqet meremere
probe *n* በምርመራ ማግኘት bemirimera maginyet
problem *n.* ችግር chigir
problematic *a.* አጠራጣሪ ateratari
procedure *n.* ቅደም ተከተል qidem teketel
proceed *v.i.* ቀጠለ qetele
proceeding *n.* የፍርድ ቤት ሂደት yefirid bet hidet
proceeds *n.* ትርፍ tirif
process *n.* ሂደት hidet
procession *n.* በሰልፍ መሄድ beselif mehed
proclaim *v.t.* አወጀ aweje
proclamation *n.* አዋጅ awaj
proclivity *n.* ተፈጥሮ ዝንባሌ tefetiro zinibale

procrastinate *v.i.* ሥራን ለሌላ ጊዜ አስተላለፈ siran lelela gize asitelalefe
procrastination *n.* ሥራን ለሌላ ጊዜ ማስተላለፍ siran lelela gize masitelalef
proctor *n.* የተማሪዎች ተቆጣጣሪ yetemariwoch teqotatari
procure *v.t.* አገኘ agenye
procurement *n.* ማግኘት maginyet
prodigal *a.* አባካኝ abakany
prodigality *n.* አባካኝነት abakanyinet
produce *v.t.* አመረተ amerete
produce *n.* ምርት mirit
product *n.* ምርት mirit
production *n.* ማምረት mamiret
productive *a.* ምርታማ miritama
productivity *n.* ምርታማነት miritamanet
profane *a.* ሀይማኖት የሚንቅ hayimanot yeminiq
profane *v.t.* የተቀደሱ ነገሮችን ሰደበ yeteqedesu negerochin sedebe
profess *v.t.* አሳወቀ asaweqe
profession *n.* ሙያ muya
professional *a.* ባለ ሙያ bale muya
professor *n.* የዩኒቨርስቲ መምህር yeyuni□risiti memihir
proficiency *n.* ችሎታ chilota
proficient *a.* የሰለጠነ yeseletene
profile *n.* አጭር ግለታሪክ መግለጫ achir giletarik megilecha
profile *v.t.* አጭር ግለታሪክ ፃፈ achir giletarik tsafe
profit *n.* ትርፍ tirif
profit *v.t.* ማትረፍ matiref
profitable *a.* አትራፊ atirafi
profiteer *n.* ትርፍ የሚያግበሰብስ tirif yemiyagibesebis
profiteer *v.i.* በከፍተኛ መጠን አተረፈ bekefitenya meten aterefe
profligacy *n.* ብኩንነት bikuninet
profligate *a.* አባካኝ abakany
profound *a.* ጠቢብ tebib
profundity *n.* ጠቢብነት tebibinet
profuse *a.* ቅምጥል qimitil
profusion *n.* የተትረፈረፈ yetetireferefe
progeny *n.* ልጅ lij
programme *n.* የስራ ዕቅድ yesira eiqid
programme *v.t.* ዐቀደ aqede
progress *n.* እድገት eidiget
progress *v.i.* ወደፊት ተጓዘ wedefit tegwaze
progressive *a.* የሚያድግ yemiyadig
prohibit *v.t.* መከልከል mekelikel
prohibition *n.* ክልከላ kilikela
prohibitive *a.* የሚከለክል yemikelekil
prohibitory *a.* የሚከለክል yemikelekil
project *n.* የሥራ እቅድ yesira eiqid
project *v.t.* አቀደ aqede
projectile *n.* ተተኳሽ ነገር tetekwashe neger
projectile *a* የሚተኮስ yemitekos
projection *n.* ትንበያ በበፊት ላይ ተመስርቶ tinibeya bebefit lay temesirito
projector *n.* የሲኒማ ማሳያ መሳሪያ yesinima masaya mesariya
proliferate *v.i.* በዛ beza
proliferation *n.* መብዛት mebizat
prolific *a.* ፍሬያማ fireyama
prologue *n.* የድራማ መግቢያ yedirama megibiya
prolong *v.t.* አራዘመ arazeme

prolongation *n.* ማራዘም marazem
prominence *n.* ወጣ ያለ ነገር weta yale neger
prominent *a.* በግልፅ የሚታይ begilits yemitay
promise *n* ቃልኪዳን qalikidan
promise *v.t* ቃል ገባ qal geba
promising *a.* ተስፋ ሰጪ tesifa sechi
promissory *a.* ተስፋ ሰጪ tesifa sechi
promote *v.t.* ከፍ አደረገ kef aderege
promotion *n.* የደረጃ እድገት yedereja eidiget
prompt *a.* አነሳሳ anesasa
prompt *v.t.* ፈጣን fetan
prompter *n.* እንዲሰራ ሀሳብ ማቅረብ einidisera hasab maqireb
prone *a.* የተጋለጠ yetegalete
pronoun *n.* ተውላጠ ስም tewilate sim
pronounce *v.t.* አወጀ aweje
pronunciation *n.* አባባል ababal
proof *n.* ማስረጃ masireja
proof *a* የማያስተላልፍ yemayasitelalif
prop *n.* ደጋፊ degafi
prop *v.t.* ደገፈ degefe
propaganda *n.* ቅስቀሳ qisiqesa
propagandist *n.* ቀስቃሽ qesiqash
propagate *v.t.* አስተላላፈ asitelalafe
propagation *n.* መራባት merabat
propel *v.t.* አበረረ aberere
proper *a.* የተከበረ yetekebere
property *n.* ንብረት nibiret
prophecy *n.* መተበንይ metebeniy
prophesy *v.t.* ተነበየ tenebeye
prophet *n.* ነቢይ nebiy
prophetic *a.* ትንቢታዊ tinibitawi
proportion *n.* ክፋይ kefay
proportion *v.t.* አከፋፈለ akefafele
proportional *a.* ተመጣጣኝ temetatany
proportionate *a.* ማመጣጠን mametaten
proposal *n.* እቅድ eiqid
propose *v.t.* አቀደ aqede
proposition *n.* እቅድ ማቅረብ eiqid maqireb
propound *v.t.* ሀሳቡን አቀረበ hasabun aqerebe
proprietary *a.* በአንድ ድርጅት የሚመረትና የሚሸጥ beanid dirijit yemimeretina yemishet
proprietor *n.* የንግድ ባለቤት yenigid balebet
propriety *n.* ትክክለኛነት tikikilenyanet
prorogue *v.t.* አቆየ aqoye
prosaic *a.* አሰልቺ aselichi
prose *n.* ስድ ጽሁፍ sid tsihuf
prosecute *v.t.* ከሰሰ kesese
prosecution *n.* ክስ kis
prosecutor *n.* አቃቢ-ህግ aqabi-hig
prosody *n.* የቋንቋ ጥናት yeqwaniqwa tinat
prospect *n.* እይታ eiyita
prospective *a.* ይሆናል ተብሎ የሚጠበቅ yihonal tebilo yemitebeq
prospsectus *n.* የሚሆን ነገር yemihon neger
prosper *v.i.* ተሳካለት tesakalet
prosperity *n.* ብልፅግና bilitsigina
prosperous *a.* ሀብታም habitam
prostitute *n.* ሴተኛ አዳሪ setenya adari
prostitute *v.t.* ሰውነትን ሸጠ sewinetin shete

prostitution *n.* ሴተኛ አዳሪነት setenya adarinet
prostrate *a.* የተዘረጋ yetezerega
prostrate *v.t.* ተዘረጋ tezerega
prostration *n.* መዘርጋት mezerigat
protagonist *n.* መሪ meri
protect *v.t.* ተከላከለ tekelakele
protection *n.* ከለላ kelela
protective *a.* የሚከላከል yemikelakel
protector *n.* ተከላካይ tekelakay
protein *n.* ገንቢ ምግብ genibi migib
protest *n.* መቃወም meqawem
protest *v.i.* ተቃወመ teqaweme
protestation *n.* ተቃውሞ teqawimo
prototype *n.* የመጀመሪያ ውጤጥ yemejemeriya witet
proud *a.* ኩሩ kuru
prove *v.t.* አረጋገጠ aregagete
proverb *n.* ምሳሌ misale
proverbial *a.* ምሳሌያዊ misaleyawi
provide *v.i.* አቀረበ aqerebe
providence *n.* የአምላክ አቅርቦት yeamilak aqiribot
provident *a.* ጥንቁቅ tiniquq
providential *a.* እድለኛ eidilenya
province *n.* ክፍለ ሀገር kifile hager
provincial *a.* የክፍለ ሀገር yekifile hager
provincialism *n.* ለተወሰነ አካባቢ ማድላት letewesene akababi madilat
provision *n.* መስጠት mesitet
provisional *a.* ጊዜያዊ gizeyawi
proviso *n.* ቅድመ ሁኔታ qidime huneta
provocation *n.* ትንኮሳ tinikosa
provocative *a.* ተንኳሽ tenikwash
provoke *v.t.* ተነኮሰ tenekose
prowess *n.* ልዩ ችሎታ liyu chilota
proximate *a.* የቅርብ yeqirib
proximity *n.* ቅርበት qiribet
proxy *n.* ወኪል wekil
prude *n.* ስነ-ስርአት ያለው sine-siriat yalew
prudence *n.* ጥንቃቄ tiniqaqe
prudent *a.* ጠንቃቃ teniqaqa
prudential *a.* የመጠንቀቅ yemeteniqeq
prune *v.t.* ዛፍ ከረከመ zaf kerekeme
pry *v.i.* መሰሰ mesese
psalm *n.* መዝሙረ ዳዊት mezimure dawit
pseudonym *n.* የብዕር ስም yebieir sim
psyche *n.* ስነ አእምሮ sine aeimiro
psychiatrist *n.* የአእምሮ ሀኪም yeaeimiro hakim
psychiatry *n.* የአእምሮ ህክምና yeaeimiro hikimina
psychic *a.* ከተፈጥሮ የላቀ ጥበብ ketefetiro yelaqe tibeb
psychological *a.* ስነ አእምሮአዊ sine aeimiroawi
psychologist *n.* ስነ አእምሮ ተመራማሪ sine aeimiro temeramari
psychology *n.* ስነ አእምሮ ጥናት sine aeimiro tinat
psychopath *n.* አእምሮው የተነካ ሰው aeimirow yeteneka sew
psychosis *n.* ከፍተኛ የአእምሮ በሽታ kefitenya yeaeimiro beshita
psychotherapy *n.* የአእምሮ በሽታ ህክምና yeaeimiro beshita hikimina

puberty *n.* ጉርምስና gurimisina
public *a.* የህዝብ yehizib
public *n.* ህዝብ hizib
publication *n.* ህትመት hitimet
publicity *n.* እውቅና eiwiqina
publicize *v.t.* ለህዝብ አሳወቀ lehizib asaweqe
publish *v.t.* አሳተመ asateme
publisher *n.* አሳታሚ asatami
pudding *n.* ጣፋጭ ምግብ tafach migib
puddle *n.* አረንቋ areniqwa
puddle *v.t.* አረንቋ ውስጥ ገባ areniqwa wisit geba
puerile *a.* ቂላቂል qilaqil
puff *n.* የደከመ ትንፋሽ yedekeme tinifash
puff *v.i.* አለከለከ alekeleke
pull *v.t.* ጎተተ gotete
pull *n.* መጎተት megotet
pulley *n.* መዘውር mezewir
pullover *n.* የሚጠለቅ ሹራብ yemiteleq shurab
pulp *n.* ለስላሳ አካል lesilasa akal
pulp *v.t.* ላጠ late
pulpit *a.* መስበኪያ መድረክ mesibekiya medirek
pulpy *a.* በጣም የበሰለ betam yebesele
pulsate *v.i.* ተርገበገበ terigebegebe
pulsation *n.* መርገብገብ merigebigeb
pulse *n.* ትርታ tirita
pulse *v.i.* ትር ትር አለ tir tir ale
pulse *n* የቅባት እህል yeqibat eihil
pump *n.* መንፊያ menifiya
pump *v.t.* ነፋ nefa
pumpkin *n.* ዱባ duba
pun *n.* የቃላት ጨዋታ yeqalat chewata
pun *v.i.* በቃላት ተጫወተ beqalat techawete
punch *n.* ቡጢ ምት buti mit
punch *v.t.* በቡጢ መምታት bebuti memitat
punctual *a.* ቀጠሮ አክባሪ qetero akibari
punctuality *n.* ቀጠሮ አክባሪነት qetero akibarinet
punctuate *v.t.* ስርዐተ ነጥብ ተጠቀመ siriate netib teteqeme
punctuation *n.* ስርዐተ ነጥብ siriate netib
puncture *n.* ቀዳዳ qedada
puncture *v.t.* መብሳት mebisat
pungency *n.* ሀይለኛ ሽታ hayilenya shita
pungent *a.* ሀይለኛ ሽታ ያለው hayilenya shita yalew
punish *v.t.* ቀጣ qeta
punishment *n.* ቅጣት qitat
punitive *a.* ለቅጣት የታለመ leqitat yetaleme
puny *a.* ትንሽና ደካማ tinishina dekama
pupil *n.* ተማሪ temari
puppet *n.* አሻንጉሊት ashanigulit
puppy *n.* ቡችላ buchila
purblind *n.* አንድ አይና anid ayina
purchase *n.* ግዥ gizh
purchase *v.t.* ገዛ geza
pure *a* ንጹህ nitsuh
purgation *n.* ማንጻት manitsat
purgative *n.* ማንጻት manitsat
purgative *a* የማንጻት yemanitsat
purgatory *n.* ፍትሐት fitihat
purge *v.t.* ቆሻሻ አፀዳ qoshasha atseda
purification *n.* ማጣራት matarat
purify *v.t.* አጠራ atera
purist *n.* ጥራት ፈላጊ tirat felagi
puritan *n.* አክራሪ ሰው akirari sew

puritanical *a.* ጥብቅ ስነስርአት tibiq sinesiriat
purity *n.* ንጽህና nitsihina
purple *adj./n.* ሀምራዊ hamirawi
purport *n.* ፍቺ fichi
purport *v.t.* ማስመሰል masimesel
purpose *n.* አላማ alama
purpose *v.t.* አቀደ aqede
purposely *adv.* ሆን ብሎ hon bilo
purr *n.* የድመት ኩርፊያ yedimet kurifiya
purr *v.i.* እንደ ድመት አንኮራፋ einide dimet anikorafa
purse *n.* የገንዘብ ቦርሳ yegenizeb borisa
purse *v.t.* አፉን አሞጠሞጠ afun amotemote
pursuance *n.* አማራጭ ፍለጋ amarach filega
pursue *v.t.* ተከታተለ teketatele
pursuit *n.* ክትትል kititil
purview *n.* መጠን meten
pus *n.* መግል megil
push *v.t.* ገፋ gefa
push *n.* መግፋት megifat
put *v.t.* አስቀመጠ asiqemete
puzzle *n.* አስቸጋሪ ነገር asichegari neger
puzzle *v.t.* አስቸገረ asichegere
pygmy *n.* በጣም አጭር ሰው betam achir sew
pyorrhoea *n.* የድድ በሽታ yedid beshita
pyramid *n.* ፒራሚድ piramid
pyre *n.* አስክሬን የሚቃጠልበት የእንጨት ክምር asikiren yemiqatelibet yeeinichet kimir
python *n.* ዘንዶ zenido

Q

quack *v.i.* አስካካ asikaka
quack *n* ማስካካት masikakat
quackery *n.* ሀኪም ነኝ ብሎ ማጭበርበር hakim neny bilo machiberiber
quadrangle *n.* አራት ማእዘን arat maeizen
quadrangular *a.* አራት ማእዘን ያለው arat maeizen yalew
quadrilateral *a. & n.* ባለአራት ማእዘን balearat maeizen
quadruped *n.* አራት እግር ያለው እንስሳ arat eigir yalew einisesa
quadruple *a.* አራት ክፍል ያለው arat kifil yalew
quadruple *v.t.* አራት እጥፍ ጨመረ arat eitif chemere
quail *n.* ጅግራ jigira
quaint *a.* ለየት ያለ leyet yale
quake *v.i.* ተንቀጠቀጠ teniqeteqete
quake *n* መንቀጥቀጥ meniqetiqet
qualification *n.* ብቃት biqat
qualify *v.i.* ብቃት አሳየ biqat asaye
qualitative *a.* የጥራት ልዩነት yetirat liyunet
quality *n.* ጥራት tirat
quandary *n.* ግራ መጋባት gira megabat
quantitative *a.* ከብዛት ጋር የተያያዘ kebizat gar yeteyayaze
quantity *n.* ብዛት bizat
quantum *n.* ኳንተም kwanitem
quarrel *n.* ጠብ teb
quarrel *v.i.* ተጣላ tetala
quarrelsome *a.* ጠበኛ tebenya

quarry *n.* ድንጋይ ካብ dinigay kab
quarry *v.i.* ቆፍሮ አወጣ qofiro aweta
quarter *n.* ሩብ rub
quarter *v.t.* ለአራት ከፈለ learat kefele
quarterly *a.* የሩብ yerub
queen *n.* ንግስት nigisit
queer *a.* የሚገርም yemigerim
quell *v.t.* አጠፋ atefa
quench *v.t.* አረካ areka
query *n.* ጥያቄ tiyaqe
query *v.t* ጠየቀ teyeqe
quest *n.* ፍለጋ filega
quest *v.t.* ፈለገ felege
question *n.* ጥያቄ tiyaqe
question *v.t.* ጠየቀ teyeqe
questionable *a.* አጠያያቂ ateyayaqi
questionnaire *n.* መጠይቅ meteyiq
queue *n.* ሰልፍ selif
quibble *n.* መከራከር mekeraker
quibble *v.i.* ተከራከረ tekerakere
quick *a.* ፈጣን fetan
quick *n* ፍጥነት fitinet
quicksand *n.* ሲረግጡት የሚያሰጥም መሬት siregitut yemiyasetim meret
quicksilver *n.* ሜርኩሪ merikuri
quiet *a.* ፀጥ ያለ tset yale
quiet *n.* ፀጥታ tsetita
quiet *v.t.* ፀጥ አለ tset ale
quilt *n.* ድሪቶ dirito
quinine *n.* የወባ መድሀኒት yeweba medihanit
quintessence *n.* መልካም አርአያ melikam ariaya
quit *v.t.* ተወ tewe
quite *adv.* ሙሉ በሙሉ mulu bemulu
quiver *n.* መንቀጥቀጥ meniqetiqet
quiver *v.i.* ተንቀጠቀጠ teniqeteqete
quixotic *a.* በተጨባጭ ነገር የማያምን betechebach neger yemayamin
quiz *n.* አጭር ጥያቄ achir tiyaqe
quiz *v.t.* ጠያየቀ teyayeqe
quorum *n.* ምልአተ ጉባኤ miliate gubae
quota *n.* ድርሻ dirisha
quotation *n.* ጥቅስ tiqis
quote *v.t.* ጠቀሰ teqese
quotient *n.* የማካፈል ውጤት yemakafel witet

R

rabbit *n.* ጥንቸል tinichel
rabies *n.* የእብድ ውሻ በሽታ yeeibid wisha beshita
race *n.* ውድድር wididir
race *v.i* ተወዳደረ tewedadere
racial *a.* የዘር yezer
racialism *n.* ዘረኝነት zerenyinet
rack *v.t.* አሰቃየ aseqaye
rack *n.* የእቃ ማስቀመጫ yeeiqa masiqemecha
racket *n.* ሁካታ hukata
radiance *n.* ድምቀት dimiqet
radiant *a.* ደማቅ demaq
radiate *v.t.* ተፈነጠቀ tefeneteqe
radiation *n.* መፈንጠቅ mefeniteq
radical *a.* መሰረታዊ meseretawi
radio *n.* ራድዮ radiyo
radio *v.t.* በራድዮ መልእክት ላከ beradiyo melieikit lake
radish *n.* ቀይ ስር qey sir

radium *n.* ራድየም radiyem
radius *n.* ሬድየስ rediyes
rag *n.* ቁራጭ ጨርቅ qurach cheriq
rag *v.t.* ተንኮል ሰራ tenikol sera
rage *n.* ቁጣ quta
rage *v.i.* በጣም ተቆጣ betam teqota
raid *n.* ወረራ werera
raid *v.t.* ወረረ werere
rail *n.* ሀዲድ hadid
rail *v.t.* ተማረረ temarere
raling *n.* ከብረት የተሰራ አጥር kebiret yetesera atir
raillery *n.* ቀልድ qelid
railway *n.* የባቡር ሀዲድ yebabur hadid
rain *v.i.* ዘነበ zenebe
rain *n* ዝናብ zinab
rainy *a.* ዝናባማ zinabama
raise *v.t.* ከፍ አደረገ kef aderege
raisin *n.* ዘቢብ zebib
rally *v.t.* ሰበሰበ sebesebe
rally *n* ስብሰባ sibiseba
ram *n.* ወጠጤ በግ wetete beg
ram *v.t.* በኃይል ገፋ behayil gefa
ramble *v.t.* ዘባረቀ zebareqe
ramble *n* ረጅም የእግር ጉዞ rejim yeeigir guzo
rampage *v.i.* ረበሸ rebeshe
rampage *n.* ረብሻ rebisha
rampant *a.* ተዛማች tezamach
rampart *n.* የምሽግ ግድግዳ yemishig gidigida
rancour *n.* ከፍ ያለ ጥላቻ kef yale tilacha
random *a.* በዘፈቀደ የተሰራ bezefeqede yetesera
range *v.t.* ደረደረ deredere
range *n.* መጠን meten
ranger *n.* የደን ጠባቂ yeden tebaqi
rank *n.* ማዕረግ maeireg
rank *v.t.* በደረጃ አስቀመጠ bedereja asiqemete
rank *a* የሸተተ yeshetete
ransack *v.t.* በረበረ berebere
ransom *n.* ማስለቀቂያ ገንዘብ masileqeqiya genizeb
ransom *v.t.* ገንዘብ ከፍሎ አስለቀቀ genizeb kefilo asileqeqe
rape *n.* መኖ meno
rape *v.t.* አስገድዶ ደፈረ asigedido defere
rapid *a.* ፈጣን fetan
rapidity *n.* ፍጥነት fitinet
rapier *n.* ባለ ሁለት ስለት ጎራዴ bale hulet silet gorade
rapport *n.* የወዳጅነት ግንኙነት yewedajinet gininyunet
rapt *a.* በሀሳብ የተመሰጠ behasab yetemesete
rapture *n.* ተመስጦ temesito
rare *a.* ብርቅ biriq
rascal *n.* ተንኮለኛ tenikolenya
rash *a.* ቶሎ tolo
rat *n.* አይጥ ayit
rate *v.t.* ገመተ gemete
rate *n.* ዋጋ waga
rather *adv.* ይልቁንም yiliqunim
ratify *v.t.* አፀደቀ atsedeqe
ratio *n.* ማመዛዘን mamezazen
ration *n.* ራሽን rashin
rational *a.* ምክንያታዊ mikiniyatawi
rationale *n.* በቂ ምክንያት beqi mikiniyat
rationality *n.* ምክንያታዊነት mikiniyatawinet
rationalize *v.t.* ምክንያታዊ አደረገ mikiniyatawi aderege
rattle *v.i.* አንኳኳ anikwakwa
rattle *n* መንኳኳት menikwakwat
ravage *n.* ማውደም mawidem

ravage *v.t.* አወደመ awedeme
rave *v.i.* አድንቆ ተናገረ adiniqo tenagere
raven *n.* ቁራ qura
ravine *n.* ጠባብ ሸለቆ tebab sheleqo
raw *a.* ጥሬ tire
ray *n.* ጨረር cherer
raze *v.t.* ድምጥማጡን አጠፋ dimitimatun atefa
razor *n.* ምላጭ milach
reach *v.t.* ደረሰ derese
react *v.i.* አፀፋ መለሰ atsefa melese
reaction *n.* አስተያየት asiteyayet
reactinary *a.* የለውጥ ተጠቃሚ ሰው yelewit teteqami sew
read *v.t.* አነበበ anebebe
reader *n.* አንባቢ anibabi
readily *adv.* በቀላሉ beqelalu
readiness *n.* ዝግጁነት zigijunet
ready *a.* የተዘጋጀ yetezegaje
real *a.* እውነተኛ eiwinetenya
realism *n.* ነገሮችን እንዳሉ ማየት negerochin einidalu mayet
realist *n.* ነገሮችን እንዳሉ የሚያይ ሰው negerochin einidalu yemiyay sew
realistic *a.* ትክክለኛ tikikilenya
reality *n.* እውነት eiwinet
realization *n.* መገንዘብ megenizeb
realize *v.t.* ተገነዘበ tegenezebe
really *adv.* በእውነት beeiwinet
realm *a.* ግዛት gizat
ream *n.* ብዙ ገፆች ያሉት ፅሁፍ bizu getsoch yalut tsihuf
reap *v.t.* አጨደ achede
reaper *n.* አጫጅ achaj
rear *n.* የኋለኛ ክፍል yehwalenya kifil
rear *v.t.* ከፍ አደረገ kef aderege
reason *n.* ምክንያት mikiniyat
reason *v.i.* ምክንያት ሰጠ mikiniyat sete
reasonable *a.* ተገቢ tegebi
reassure *v.t.* አረጋገጠ aregagete
rabate *n.* ቅናሽ qinash
rebel *v.i.* ዐመፀ ametse
rebel *n.* ዐማፂ amatsi
rebellion *n.* ዐመፅ amets
rebellious *a.* ዐመፀኛ ametsenya
rebirth *n.* ዳግመኛ መወለድ dagimenya meweled
rebound *v.i.* ነጥሮ ተመለሰ netiro temelese
rebound *n.* ነጥሮ መመለስ netiro memeles
rebuff *n.* ማሳፈር masafer
rebuff *v.t.* አሳፈረ asafere
rebuke *v.t.* ገሰፀ gesetse
rebuke *n.* መገሰፅ megesets
recall *v.t.* አስታወሰ asitawese
recall *n.* ማስታወስ masitawes
recede *v.i.* ወደ ኋላ ሸሸ wede hwala sheshe
receipt *n.* ደረሰኝ dereseny
receive *v.t.* ተረከበ terekebe
receiver *n.* ተቀባይ teqebay
recent *a.* የቅርብ yeqirib
recently *adv.* በቅርቡ beqiribu
reception *n.* አቀባበል aqebabel
receptive *a.* የሚቀበል yemiqebel
recess *n.* ትንሽ እረፍት tinish eirefit
recession *n.* የኢኮኖሚ ድቀት yeikonomi diqet
recipe *n.* የምግብ አዘገጃጀት yemigib azegejajet
recipient *n.* ተቀባይ teqebay
reciprocal *a.* የጋራ yegara
reciprocate *v.t.* ተለዋወጠ telewawete
recital *n.* የሙዚቃ ትእይንት yemuziqa tieiyinit

recitation *n.* መድገም medigem
recite *v.t.* ደገመ degeme
reckless *a.* ግዴለሽ gidelesh
reckon *v.t.* አሰበ asebe
reclaim *v.t.* መብትን ጠየቀ mebitin teyeqe
reclamation *n* መልሶ መጠቀም meliso meteqem
recluse *n.* ብቸኛ ሰው bichenya sew
recognition *n.* እውቅና ማግኘት eiwiqina maginyet
recognize *v.t.* አወቀ aweqe
recoil *v.i.* አፈገፈገ afegefege
recoil *adv.* በማፈግፈግ bemafegifeg
recollect *v.t.* አስታወሰ asitawese
recollection *n.* ትዝታ tizita
recommend *v.t.* አሳሰበ asasebe
recommendation *n.* አስተያየት asiteyayet
recompense *v.t.* ካሰ kase
recompense *n.* ካሳ kasa
reconcile *v.t.* አስታረቀ asitareqe
reconciliation *n.* ዕርቅ eiriq
record *v.t.* መዘገበ mezegebe
record *n.* የተመዘገበ መረጃ yetemezegebe mereja
recorder *n.* የሙዚቃ መቅጃ yemuziqa meqija
recount *v.t.* እንደገና ቆጠረ einidegena qotere
recoup *v.t.* የጠፋ ንብረት ተካ yetefa nibiret teka
recourse *n.* የእርዳታ ምንጭ yeeiridata minich
recover *v.t.* አገገመ agegeme
recovery *n.* ማገገም magegem
recreation *n.* መዝናናት mezinanat
recruit *n.* ምልምል ወታደር milimil wetader
recruit *v.t.* መለመለ melemele
rectangle *n.* አራት ማእዘን arat maeizen
rectangular *a.* አራት ማእዘን ያለው arat maeizen yalew
rectification *n.* ማስተካከል masitekakel
rectify *v.i.* አስተካከለ asitekakele
rectum *n.* ትልቁ አንጀት tiliqu anijet
recur *v.i.* በድጋሚ ተከሰተ bedigami tekesete
recurrence *n.* በድጋሚ መከሰት bedigami mekeset
recurrent *a.* በተደጋጋሚ የሚከሰት betedegagami yemikeset
red *a.* የደም yedem
red *n.* ቀይ qey
redden *v.t.* ቀይ ሆነ qey hone
reddish *a.* የቀይ ዳማ yeqey dama
redeem *v.t.* ነፃ አወጣ netsa aweta
redemption *n.* ነፃ መውጣት netsa mewitat
redouble *v.t.* እጥፍ አደረገ eitif aderege
redress *v.t.* አረመ areme
redress *n* ማስተካከል masitekakel
reduce *v.t.* ቀነሰ qenese
reduction *n.* መቀነስ meqenes
redundance *n.* መደጋገም medegagem
redundant *a.* ተደጋጋሚ tedegagami
reel *n.* ጥቅል እቃ tiqil eiqa
reel *v.i.* ተንገዳገደ tenigedagede
refer *v.t.* አስተላለፈ asitelalefe
referee *n.* አጫዋች ዳኛ achawach danya
reference *n.* ማጣቀሻ መፅሀፍት mataqesha metsihafit
referendum *n.* ህዝበ ውሳኔ hizibe wisane

refine *v.t.* አጣራ atara
refinement *n.* ማጣራት matarat
refinery *n.* ማጣሪያ matariya
reflect *v.t.* ገለፀ geletse
reflection *n.* አሳብ asab
reflective *a.* አሳቢ asabi
reflector *n.* አንፀባራቂ anitsebaraqi
reflex *n.* ደመነፍስ demenefis
reflex *a* የደመነፍስ yedemenefis
reflexive *a* የደመነፍስ yedemenefis
reform *v.t.* አሻሻለ ashashale
reform *n.* መሻሻል meshashal
reformation *n.* መሻሻል meshashal
reformatory *n.* ፀባይ ማረሚያ tsebay maremiya
reformatory *a* የሚያሻሽል yemiyashashil
reformer *n.* ለውጥ ፈላጊ lewit felagi
refrain *v.i.* ታቀበ taqebe
refrain *n* አዝማች azimach
refresh *v.t.* አነቃቃ aneqaqa
refreshment *n.* ቀለል ያለ ምግብ qelel yale migib
refrigerate *v.t.* አቀዘቀዘ aqezeqeze
refrigeration *n.* ማቀዝቀዝ maqeziqez
refrigerator *n.* ማቀዝቀዣ maqeziqezha
refuge *n.* መሸሸጊያ ቦታ mesheshegiya bota
refugee *n.* ስደተኛ sidetenya
refulgence *n.* መፈንጠቅ mefeniteq
refulgent *a.* የሚፈነጠቅ yemifeneteq
refund *v.t.* አስመለሰ asimelese
refund *n.* ተመላሽ ገንዘብ temelash genizeb
refusal *n.* እንቢ ማለት einibi malet
refuse *v.t.* እንቢ አለ einibi ale
refuse *n.* ቆሻሻ qoshasha
refutation *n.* ማስተባበል masitebabel
refute *v.t.* አስተባበለ asitebabele
regal *a.* ንጉሳዊ nigusawi
regard *v.t.* ተመለከተ temelekete
regard *n.* ክብር kibir
regenerate *v.t.* አሻሻለ ashashale
regeneration *n.* ማሻሻል mashashal
regicide *n.* ንጉስን የመግደል ወንጀል nigusin yemegidel wenijel
regime *n.* መንግስት menigisit
regiment *n.* የሰራዊት ክፍል yeserawit kifil
regiment *v.t.* ሰራዊት ከፈለ serawit kefele
region *n.* ክፍለ ሀገር kifile hager
regional *a.* የክፍለ ሀገር yekifile hager
register *n.* መመዝገብ memezigeb
register *v.t.* መዘገበ mezegebe
registrar *n.* መዝጋቢ mezigabi
registration *n.* መመዝገብ memezigeb
registry *n.* መዝገብ ቤት mezigeb bet
regret *v.i.* ተፀፀተ tetsetsete
regret *n* ፀፀት tsetset
regular *a.* የተለመደ yetelemede
regularity *n.* ልማድ limad
regulate *v.t.* ቁጥጥር አደረገ qutitir aderege
regulation *n.* መቆጣጠር meqotater
regulator *n.* ተቆጣጣሪ teqotatari
rehabilitate *v.t.* አደሰ adese
rehabilitation *n.* እድሳት eidisat

rehearsal *n.* መለማመድ melemamed
rehearse *v.t.* አለማመደ alemamede
reign *v.i.* ነገሰ negese
reign *n* ዘመነ መንግስት zemene menigisit
reimburse *v.t.* ተካለት tekalet
rein *n.* ልጓም ligwam
rein *v.t.* በልጓም ተቆጣጠረ beligwam teqotatere
reinforce *v.t.* አጠነከረ atenekere
reinforcement *n.* ማጠናከር matenaker
reinstate *v.t.* ወደቀድሞ ቦታ ተመለሰ wedeqedimo bota temelese
reinstatement *n.* ወደቀድሞ ቦታ መመለስ wedeqedimo bota memeles
reiterate *v.t.* ደጋገመ degageme
reiteration *n.* መደጋገም medegagem
reject *v.t.* አልተቀበለም aliteqebelem
rejection *n.* አለመቀበል alemeqebel
rejoice *v.i.* ተደሰተ tedesete
rejoin *v.t.* እንደገና ተገናኘ einidegena tegenanye
rejoinder *n.* መልስ melis
rejuvenate *v.t.* እንደገና ወጣት አደረገ einidegena wetat aderege
rejuvenation *n.* እንደገና ወጣት መሆን einidegena wetat mehon
relapse *v.i.* ወደቀድሞ ሁኔታ ተመለሰ wedeqedimo huneta temelese
relapse *n.* ወደቀድሞ ሁኔታ መመለስ wedeqedimo huneta memeles
relate *v.t.* አገናኘ agenanye

relation *n.* ግንኙነት gininyunet
relative *a.* የተያያዘ yeteyayaze
relative *n.* ዘመድ zemed
relax *v.t.* አዝናና azinana
relaxation *n.* መዝናናት mezinanat
relay *n.* ማስተላለፍ masitelalef
relay *v.t.* አስተላለፈ asitelalefe
release *v.t.* ለቀቀ leqeqe
release *n* መልቀቅ meliqeq
relent *v.i.* ላላ lala
relentless *a.* ምህረት የሌለው mihiret yelelew
relevance *n.* አግባብ agibab
relevant *a.* አግባብ ያለው agibab yalew
reliable *a.* የሚታመን yemitamen
reliance *n.* መታመን metamen
relic *n.* ቅርስ qiris
relief *n.* እርዳታ eiridata
relieve *v.t.* አስታገሰ asitagese
religion *n.* ሀይማኖት hayimanot
religious *a.* ሀይማኖተኛ hayimanotenya
relinquish *v.t.* ተወ tewe
relish *v.t.* ወደደ wedede
relish *n* ደስታ desita
reluctance *n.* ፈቃደኛ አለመሆን feqadenya alemehon
reluctant *a.* ፈቃደኛ ያልሆነ feqadenya yalihone
rely *v.i.* ተማመነ temamene
remain *v.i.* ቀረ qere
remainder *n.* ቀሪ qeri
remains *n.* ትራፊ tirafi
remand *v.t.* እስር ቤት በቀጠሮ አቆየ eisir bet beqetero aqoye
remand *n* እስር ቤት መቆየት eisir bet meqoyet
remark *n.* አስተያየት asiteyayet
remark *v.t.* አስተያየት ተናገረ asiteyayet tenagere

remarkable *a.* የሚደነቅ yemideneq
remedial *a.* የመፍትሄ yemefitihe
remedy *n.* መፍትሄ mefitihe
remedy *v.t* መፍትሄ ሰጠ mefitihe sete
remember *v.t.* አስታወሰ asitawese
remembrance *n.* ማስታወስ masitawes
remind *v.t.* አሳሰበ asasebe
reminder *n.* ማስታወሻ masitawesha
reminiscence *n.* ትዝታ tizita
reminiscent *a.* የትዝታ yetizita
remission *n.* ምህረት mihiret
remit *v.t.* ከፈለ kefele
remittance *n.* ክፍያ kifiya
remorse *n.* ፀፀት tsetset
remote *a.* የራቀ yeraqe
removable *a.* ከቢሮ የሚባረር kebiro yemibarer
removal *n.* ማስወገድ masiweged
remove *v.t.* አስወገደ asiwegede
remunerate *v.t.* ከፈለ kefele
remuneration *n.* ክፍያ kifiya
remunerative *a.* አትራፊ atirafi
renaissance *n.* ህዳሴ hidase
render *v.t.* አደረገ aderege
rendezvous *n.* መገናኛ ቦታ megenanya bota
renew *v.t.* አደሰ adese
renewal *n.* ማደስ mades
renounce *v.t.* ተወ tewe
renovate *v.t.* አደሰ adese
renovation *n.* እድሳት eidisat
renown *n.* ዝና zina
renowned *a.* የታወቀ yetaweqe
rent *n.* ኪራይ kiray
rent *v.t.* ተከራየ tekeraye
renunciation *n.* ነገሮችን በይፋ መተው negerochin beyifa metew
repair *v.t.* ጠገነ tegene
repair *n.* ጥገና tigena
raparable *a.* የሚጠገን yemitegen
repartee *n.* ቀልድ qelid
repatriate *v.t.* ወደ አገሩ ተመለሰ wede ageru temelese
repatriate *n* ወደ አገሩ የተመለሰ ሰው wede ageru yetemelese sew
repatriation *n.* ወደ አገር መመለስ wede ager memeles
repay *v.t.* ከፈለ kefele
repayment *n.* ዕዳ መክፈል eida mekifel
repeal *v.t.* ሻረ share
repeal *n* ሽረት shiret
repeat *v.t.* ደገመ degeme
repel *v.t.* ገፋ gefa
repellent *a.* የማይስብ yemayisib
repellent *n* የሚገፋ ነገር yemigefa neger
repent *v.i.* ንስሐ ገባ nisiha geba
repentance *n.* ንስሐ nisiha
repentant *a.* የሚያዝን yemiyazin
repercussion *n.* ሰንክ senik
repetition *n.* መድገም medigem
replace *v.t.* ተካ teka
replacement *n.* ምትክ mitik
replenish *v.t.* እንደገና ሞላ einidegena mola
replete *a.* ሙሉ ዝግጅት mulu zigijit
replica *n.* አምሳያ amisaya
reply *v.i.* መለሰ melese
reply *n* መልስ melis
report *v.t.* አስታወቀ asitaweqe
report *n.* መግለጫ megilecha
reporter *n.* ዜና ዘጋቢ zena zegabi
repose *n.* ዕረፍት eirefit
repose *v.i.* ጋደም አለ gadem ale
repository *n.* መጋዘን megazen

represent *v.t.* ወክሎ ተናገረ wekilo tenagere
representation *n.* መወከል mewekel
representative *n.* ተወካይ tewekay
representative *a.* የተወካይ yetewekay
repress *v.t.* ጨቆነ cheqone
repression *n.* ጭቆና chiqona
reprimand *n.* ወቀሳ weqesa
reprimand *v.t.* ወቀሰ weqese
reprint *v.t.* ደግሞ አተመ degimo ateme
reprint *n.* ድጋሚ እትም digami eitim
reproach *v.t.* ዘለፈ zelefe
reproach *n.* ዘለፋ zelefa
reproduce *v.t.* ተራባ teraba
reproduction *n* መራባት merabat
reproductive *a.* የመራባት ሂደት yemerabat hidet
reproof *n.* ዘለፋ zelefa
reptile *n.* በደረቱ የሚሳብ ፍጡር bederetu yemisab fitur
republic *n.* ህዝባዊ መንግስት hizibawi menigisit
republican *a.* በህዝብ የሚመረጥን መንግስት ደጋፊ behizib yemimeretin menigisit degafi
republican *n* በህዝብ ምርጫ የሚያምን ሰው behizib miricha yemiyamin sew
repudiate *v.t.* ተቃወመ teqaweme
repudiation *n.* ተቃውሞ teqawimo
repugnance *n.* መቃወም meqawem
repugnant *a.* የሚጠላ yemitela
repulse *v.t.* አራቀ araqe
repulse *n.* በጦርነት ማሸነፍ betorinet mashenef
repulsion *n.* መቅፈፍ meqifef
repulsive *a.* አስቀያሚ asiqeyami
reputation *n.* ዝና zina
repute *v.t.* መታየት metayet
repute *n.* ዝና zina
request *v.t.* ጠየቀ teyeqe
request *n* መጠየቅ meteyeq
requiem *n.* ፍታት fitat
require *v.t.* ፈለገ felege
requirement *n.* አስፈላጊ ነገር asifelagi neger
requisite *a.* የሚፈለግ yemifeleg
requiste *n* ተፈላጊ tefelagi
rquisition *n.* መጠየቂያ meteyeqiya
requisition *v.t.* በህጋዊ መንገድ ጠየቀ behigawi meniged teyeqe
requite *v.t.* የሚገባውን ከፈለ yemigebawin kefele
rescue *v.t.* አዳነ adane
rescue *n* ማዳን madan
research *v.i.* መረመረ meremere
research *n* ምርመራ mirimera
resemblance *n.* መመሳሰል memesasel
resemble *v.t.* መሰለ mesele
resent *v.t.* ቅር አሰኘ qir asenye
resentment *n.* ቂም qim
reservation *n.* የተያዘ ቦታ yeteyaze bota
reserve *v.t.* ያዘ yaze
rservoir *n.* ማጠራቀሚያ materaqemiya
reside *v.i.* ኖረ nore
residence *n.* መኖሪያ ቤት menoriya bet
resident *a.* የሚኖር yeminor
resident *n* ነዋሪ newari
residual *a.* የተረፈ yeterefe
residue *n.* ትርፍ tirif
resign *v.t.* ስራውን ለቀቀ sirawin leqeqe

resignation *n.* የመሰናበቻ ጥያቄ yemesenabecha tiyaqe
resist *v.t.* ተቃወመ teqaweme
resistance *n.* መቃወም meqawem
resistant *a.* በሽታ የሚቋቋም beshita yemiqwaqwam
resolute *a.* ቆራጥ qorat
resolution *n.* ውሳኔ wisane
resolve *v.t.* ወሰነ wesene
resonance *n.* መተሳሰብ metesaseb
resonant *a.* የሚያስተጋባ yemiyasitegaba
resort *v.i.* መንገድ ቀየረ meniged qeyere
resort *n* የመዝናኛ ቦታ yemezinanya bota
resound *v.i.* አስተጋባ asitegaba
resource *n.* ሀብት habit
resourceful *a.* ዘዴኛ zedenya
respect *v.t.* አከበረ akebere
respect *n.* ክብር kibir
respectful *a.* የሚያከብር yemiyakebir
respective *a.* እያንዳንዱ eiyanidanidu
respiration *n.* ትንፋሽ tinifash
respire *v.i.* ተነፈሰ tenefese
resplendent *a.* የሚያንፀባርቅ yemiyanitsebariq
respond *v.i.* መለሰ melese
respondent *n.* መልስ ሰጪ melis sechi
response *n.* መልስ melis
responsibility *n.* ሀላፊነት halafinet
responsible *a.* ተጠያቂ teteyaqi
rest *v.i.* አረፈ arefe
rest *n* እረፍት eirefit
restaurant *n.* ምግብ ቤት migib bet
restive *a.* የማይታዘዝ yemayitazez
restoration *n.* እድሳት eidisat
restore *v.t.* ተመለሰ temelese
restrain *v.t.* አገደ agede
restrict *v.t.* ወሰነ wesene
restriction *n.* ገደብ gedeb
restrictive *a.* የሚገድብ yemigedib
result *v.i.* ውጤት አመጣ witet ameta
result *n.* ውጤት witet
resume *v.t.* እንደገና ጀመረ einidegena jemere
resume *n.* የትምህርትና የስራ ልምድ yetimihiritina yesira limid
resumption *n.* እንደገና መጀመር einidegena mejemer
resurgence *n.* እንደገና ማንሰራራት einidegena maniserarat
resurgent *a.* የሚያንሰራራ yemiyaniserara
retail *v.t.* ቸረቸረ cherechere
retail *n.* ችርቻሮ chiricharo
retail *adv.* በችርቻሮ ዋጋ bechiricharo waga
retail *a* ቸርቻሪ cherichari
retailer *n.* ነጋዴ negade
retain *v.t.* ያዘ yaze
retaliate *v.i.* ተበቀለ tebeqele
retaliation *n.* በቀል beqel
retard *v.t.* አዘገየ azegeye
retardation *n.* መዘግየት mezegiyet
retention *n.* ማስቀረት masiqeret
retentive *a.* የመያዝ አቅም ያለው yemeyaz aqim yalew
reticence *n.* አለመግባባት alemegibabat
reticent *a.* ዝምተኛ zimitenya
retina *n.* የአይን አካል yeayin akal
retinue *n.* አጃቢዎች ajabiwoch
retire *v.i.* ጡረታ ወጣ tureta weta

retirement *n.* ጡረታ tureta
retort *v.t.* መለሰ melese
retort *n.* ፈጣን መልስ fetan melis
retouch *v.t.* አስተካከለ asitekakele
retrace *v.t.* በመጣበት ተመለሰ bemetabet temelese
retread *v.t.* ጎማ ለጠፈ goma letefe
retread *n.* የተለጠፈ ጎማ yeteletefe goma
retreat *v.i.* አፈገፈገ afegefege
retrench *v.t.* ወጪ ቀነሰ wechi qenese
retrenchment *n.* ወጪ መቀነስ wechi meqenes
retrieve *v.t.* መመለስ memeles
retrospect *n.* ወደአለፈ ነገር ማየት wedealefe neger mayet
retrospection *n.* ወደ ኋላ ማየት wede hwala mayet
retrospective *a.* ወደ ኋላ የሚያይ wede hwala yemiyay
return *v.i.* ተመለሰ temelese
return *n.* መመለስ memeles
revel *v.i.* ፈነጠዘ feneteze
revel *n.* ፈንጠዝያ feniteziya
revelation *n.* መግለጽ megilets
revelry *n.* የትእይንት ተካፋይ yetieiyinit tekafay
revenge *v.t.* ተበቀለ tebeqele
revenge *n.* በቀል beqel
revengeful *a.* በቀለኛ beqelenya
revenue *n.* ገቢ gebi
revere *v.t.* አከበረ akebere
reverence *n.* ክብር kibir
reverend *a.* የሚከበር yemikeber
reverent *a.* አክባሪ akibari
reverential *a.* የክብር yekibir
reverie *n.* የቀን ህልም yeqen hilim
reversal *n.* የሁኔታ መለዋወጥ yehuneta melewawet
reverse *a.* ተቃራኒ teqarani
reverse *n* ወደኋላ መንዳት wedehwala menidat
reverse *v.t.* ገለበጠ gelebete
reversible *a.* የሚመለስ yemimeles
revert *v.i.* ተመለሰ temelese
review *v.t.* ገመገመ gemegeme
review *n* ግምገማ gimigema
revise *v.t.* አሻሻለ ashashale
revision *n.* መሻሻል meshashal
revival *n.* ማንሰራራት maniserarat
revive *v.i.* ድጋሚ ተንሰራራ digami teniserara
revocable *a.* የሚሻር yemishar
revocation *n.* መሻር meshar
revoke *v.t.* ሻረ share
revolt *v.i.* ዐመፀ ametse
revolt *n.* ዐመፅ amets
revolution *n.* ስር-ነቀል ለውጥ siri-neqel lewit
revolutionary *a.* አብዮተኛ abiyotenya
revolutionary *n* አብዮተኛ ሰው abiyotenya sew
revolve *v.i.* ተሽከረከረ teshekerekere
revolver *n.* ሽጉጥ shigut
reward *n.* ሽልማት shilimat
reward *v.t.* ሸለመ sheleme
rhetoric *n.* አሳማኝ ንግግር asamany nigigir
rhetorical *a.* የሽንገላ yeshinigela
rheumatic *a.* ሪህ በሽታ የተጠቃ ሰው rih beshita yeteteqa sew
rheumatism *n.* ቁርጥማት quritimat
rhinoceros *n.* አውራሪስ awiraris
rhyme *n.* ቤት መምቻ bet memicha
rhyme *v.i.* ቤት መታ bet meta
rhymester *n.* ገጣሚ getami

rhythm *b.* ተደጋጋሚ tedegagami
rhythmic *a.* የሚደጋገም yemidegagem
rib *n.* ጎድን godin
ribbon *n.* ሪባን riban
rice *n.* ሩዝ ruz
rich *a.* ሀብታም habitam
riches *n.* ሀብት habit
richness *a.* ባለጠግነት baleteginet
rick *n.* የሳር ክምር yesar kimir
rickets *n.* አጥንት የሚያጣምም የህፃን በሽታ atinit yemiyatamim yehitsan beshita
rickety *a.* አሮጌ aroge
rickshaw *n.* በሰው የሚጎተት ባለጎማ ወንበር besew yemigotet balegoma weniber
rid *v.t.* አስወገደ asiwegede
riddle *n.* እንቆቅልሽ einiqoqilish
riddle *v.i.* በሳሳ besasa
ride *v.t.* ጋለበ galebe
ride *n* ጉዞ guzo
rider *n.* ፈረሰኛ feresenya
ridge *n.* ጉብታ gubita
ridicule *v.t.* ተሳለቀ tesaleqe
ridicule *n.* ማሞኘት mamonyet
ridiculous *a.* የሚያስቅ yemiyasiq
rifle *v.t.* በዘበዘ bezebeze
rifle *n* ጠብመንጃ tebimenija
rift *n.* ስንጥቅ sinitiq
right *a.* ተስማሚ tesimami
right *adv* በትክክል betikikil
right *n* መብት mebit
right *v.t.* አስተካከለ asitekakele
righteous *a.* ፃድቅ tsadiq
rigid *a.* የማይለወጥ yemayilewet
rigorous *a.* ጥብቅ tibiq
rigour *n.* ፍፁምነት fitsuminet
rim *n.* ጠርዝ teriz
ring *n.* ቀለበት qelebet
ring *v.t.* ደወለ dewele
ringlet *n.* የተጠቀለለ ፀጉር yeteteqelele tsegur
ringworm *n.* የቆዳ ቁስል yeqoda qusil
rinse *v.t.* አለቀለቀ aleqeleqe
riot *n.* ሽብር shibir
riot *v.t.* አሸበረ ashebere
rip *v.t.* ቀደደ qedede
ripe *a* የበሰለ yebesele
ripen *v.i.* በሰለ besele
ripple *n.* መንቦጫረቅ menibochareq
ripple *v.t.* አንቦጫረቀ anibochareqe
rise *v.* ተነሳ tenesa
rise *n.* መነሳት menesat
risk *v.t.* አደጋ ላይ ጣለ adega lay tale
risk *n.* አደጋ adega
risky *a.* አስጊ asigi
rite *n.* ስርአተ በአል siriate beal
ritual *n.* ስርአተ በአል siriate beal
ritual *a.* መንፈሳዊ menifesawi
rival *n.* ተፎካካሪ tefokakari
rival *v.t.* ተፎካከረ tefokakere
rivalry *n.* ፉክክር fukikir
river *n.* ወንዝ weniz
rivet *n.* ብሎን bilon
rivet *v.t.* በብሎን አያያዘ bebilon ayayaze
rivulet *n.* ቀጭን ጅረት qechin jiret
road *n.* መንገድ meniged
roam *v.i.* ተንከራተተ tenikeratete
roar *n.* ማጓራት magwarat
roar *v.i.* አጓራ agwara
roast *v.t.* ጠበሰ tebese
roast *a* የተጠበሰ yetetebese
roast *n* ጥብስ ስጋ tibis siga
rob *v.t.* ዘረፈ zerefe
robber *n.* ዘራፊ zerafi
robbery *n.* ዝርፊያ zirifiya

robe *n.* ካባ kaba
robe *v.t.* ካባ አለበሰ kaba alebese
robot *n.* ሮቦት robot
robust *a.* ጠንካራ tenikara
rock *v.t.* አወዛወዘ awezaweze
rock *n.* ቋጥኝ qwatiny
rocket *n.* መንኮራኩር menikorakur
rod *n.* ዘንግ zenig
rodent *n.* ረጅም የፊት ጥርስ ያላቸው እንስሳት rejim yefit tiris yalachew einisisat
roe *n.* ትንሽ ድብ tinish dib
rogue *n.* አጭበርባሪ achiberibari
roguery *n.* ማጭበርበር machiberiber
roguish *a.* የሚሸነግል yemishenegil
role *n.* ሚና mina
roll *n.* ጥቅልል tiqilil
roll *v.i.* ተንከባለለ tenikebalele
roll-call *n.* ስም መጥራት sim metirat
roller *n.* የሚንከባለል ነገር yeminikebalel neger
romance *n.* አስደሳች ፍቅር asidesach fiqir
romantic *a.* የፍቅር yefiqir
romp *v.i.* ቦረቀ boreqe
romp *n.* መቦረቅ meboreq
rood *n.* የመስቀል ምልክት yemesiqel milikit
roof *n.* ጣራ tara
roof *v.t.* ጣራ ገጠመ tara geteme
rook *n.* ቁራ አይነት ወፍ qura ayinet wef
rook *v.t.* አጭበረበረ achiberebere
room *n.* ክፍል kifil
roomy *a.* ሰፋ ያለ sefa yale
roost *n.* የወፍ ጎጆ yewef gojo
roost *v.i.* አረፈ arefe
root *n.* ስር sir
root *v.i.* ስር ሰደደ sir sedede
rope *n.* ገመድ gemed
rope *v.t.* በገመድ አሰረ begemed asere
rosary *n.* መቁጠሪያ mequteriya
rose *n.* ፅጌረዳ tsigereda
roseate *a.* ሮዝ roz
rostrum *n.* መድረክ medirek
rosy *a.* ተስፋ ያለው tesifa yalew
rot *n.* መበስበስ mebesibes
rot *v.i.* በሰበሰ besebese
rotary *a.* የሚሽከረከር yemishikereker
rotate *v.i.* ተሽከረከረ teshekerekere
rotation *n.* መሽከርከር meshikeriker
rote *n.* በመደጋገም መሸምደድ bemedegagam meshemided
rouble *n.* የሩሲያ ገንዘብ yerusiya genizeb
rough *a.* ሻካራ shakara
round *a.* ክብ kib
round *adv.* በየተራ beyetera
round *n.* ዙር zur
round *v.t.* ክብ አደረገ kib aderege
rouse *v.i.* አነቃ aneqa
rout *v.t.* ደመሰሰ demesese
rout *n* ሽንፈት shinifet
route *n.* መንገድ meniged
routine *n.* ልማድ limad
routine *a* የተለመደ yetelemede
rove *v.i.* ዞረ zore
rover *n.* የዘላን መሪ yezelan meri
row *n.* ተርታ terita
row *v.t.* ቀዘፈ qezefe
row *n* ጥል til
row *n.* ሁካታ hukata
rowdy *a.* የሚረብሽ yemirebish
royal *a.* ንጉሳዊ nigusawi
royalist *n.* የንጉስ ወገን yenigus wegen
royalty *n.* ንጉሳዊያን nigusawiyan

rub *v.t.* ፈተገ fetege
rub *n* መፈተግ mefeteg
rubber *n.* ጎማ goma
rubbish *n.* ቆሻሻ qoshasha
rubble *n.* ፍርስራሽ firisirash
ruby *n.* ቀይ ጌጥ qey get
rude *a.* ትህትና የሌለው tihitina yelelew
rudiment *n.* መሰረታዊ ደንቦች meseretawi deniboch
rudimentary *a.* መጠነኛ metenenya
rue *v.t.* ተፀፀተ tetsetsete
rueful *a.* የፀፀት yetsetset
ruffian *n.* ወሮበላ werobela
ruffle *v.t.* አወከ aweke
rug *n.* ትንሽ ምንጣፍ tinish minitaf
rugged *a.* አባጣ ጎርባጣ abata goribata
ruin *n.* ኪሳራ kisara
ruin *v.t.* አበላሸ abelashe
rule *n.* ትእዛዝ tieizaz
rule *v.t.* ነገሠ negese
ruler *n.* ገዢ gezhi
ruling *n.* ውሳኔ wisane
rum *n.* መጠጥ metet
rum *a* ያልተለመደ yalitelemede
rumble *v.i.* አጉረመረመ aguremereme
rumble *n.* ጉርምርምታ gurimirimita
ruminant *a.* በጥልቀት betiliqet
ruminant *n.* የሚያመነዥክ እንስሳ yemiyamenezhek einisisa
ruminate *v.i.* አመነዠከ amenezheke
rumination *n.* ማመንዠክ mamenizhek
rummage *v.i.* አመሳቀለ amesaqele
rummage *n* መበርበር meberiber
rummy *n.* የካርታ ጨዋታ አይነት yekarita chewata ayinet
rumour *n.* ወሬ were
rumour *v.t.* ወሬ አወራ were awera
run *v.i.* ሮጠ rote
run *n.* ሩጫ rucha
rung *n.* የመሰላል መወጣጫ yemeselal mewetacha
runner *n.* ሯጭ □ch
rupee *n.* የህንድ ገንዘብ yehinid genizeb
rupture *n.* መቃቃር meqaqar
rupture *v.t.* ተፋረሰ tefarese
rural *a.* የገጠር yegeter
ruse *n.* ተንኮል tenikol
rush *n.* ጥድፊያ tidifiya
rush *v.t.* ተጣደፈ tetadefe
rush *n* ግርግር girigir
rust *n.* ዝገት ziget
rust *v.i* ዛገ zage
rustic *a.* የገጠር yegeter
rustic *n* የገጠር ሰው yegeter sew
rusticate *v.t.* በገጠር አኖረ begeter anore
rustication *n.* በገጠር መኖር begeter menor
rusticity *n.* የገጠር ኑሮ yegeter nuro
rusty *a.* የዛገ yezage
rut *n.* የእንስሳት ጊዜያዊ የወሲብ እርካታ yeeinisisat gizeyawi yewesib eirikata
ruthless *a.* የጭካኔ yechikane
rye *n.* አጃ aja

S

sabbath *n.* ሰንበት senibet
sabotage *n.* ሆን ብሎ ማጥፋት hon bilo matifat
sabotage *v.t.* በስውር አፈረሰ besiwir aferese
sabre *n.* ጎራዴ gorade
sabre *v.t.* በጎራዴ ቆረጠ begorade qorete
saccharin *n.* በጣም ጣፋጭ betam tafach
saccharine *a.* ጣፋጭ tafach
sack *n.* ጆንያ joniya
sack *v.t.* ዘረፈ zerefe
sacrament *n.* ቅዱስ ቁርባን qidus quriban
sacred *a.* የተቀደሰ yeteqedese
sacrifice *n.* መስዋዕት mesiwaeit
sacrifice *v.t.* መስዋዕት አቀረበ mesiwaeit aqerebe
sacrificial *a.* የመስዋዕት yemesiwaeit
sacrilege *n.* የረከሰ ተግባር yerekese tegibar
sacrilegious *a.* የረከሰ ተግባር የሚፈፅም yerekese tegibar yemifetsim
sacrosanct *a.* የሚከበር yemikeber
sad *a.* አሳዛኝ asazany
sadden *v.t.* አሳዘነ asazene
saddle *n.* ኮርቻ koricha
saddle *v.t.* ጫና ፈጠረ chana fetere
sadism *n.* የጭካኔ ተግባር በመፈጸም መደሰት yechikane tegibar bemefetsem medeset
sadist *n.* በጭካኔ ተግባር የሚደሰት bechikane tegibar yemideset
safe *a.* ጥንቁቅ tiniquq
safe *n.* ካዝና kazina
safeguard *n.* መከላከያ mekelakeya
safety *n.* ደህንነት dehininet
saffron *n.* ቢጫ ቀለም bicha qelem
saffron *a* ቢጫ bicha
sagacious *a.* አስተዋይ asiteway
sagacity *n.* ማስተዋል masitewal
sage *n.* ጠቢብ ሰው tebib sew
sage *a.* ጠቢብ tebib
sail *n.* የመርከብ ሸራ yemerikeb shera
sail *v.i.* በመርከብ ላይ መጓዝ bemerikeb lay megwaz
sailor *n.* መርከበኛ merikebenya
saint *n.* ቅዱስ qidus
saintly *a.* የተቀደሰ yeteqedese
sake *n.* ምክንያት mikiniyat
salable *a.* የሚሸጥ yemishet
salad *n.* ሰላጣ selata
salary *n.* ደመወዝ demewez
sale *n.* መሸጥ meshet
salesman *n.* ሻጭ shach
salient *a.* ዋናው ፍሬ ነገር wanaw fire neger
saline *a.* ጨዋማ chewama
salinity *n.* ጨውነት chewinet
saliva *n.* ምራቅ miraq
sally *n.* ድንገተኛ ጥቃት dinigetenya tiqat
sally *v.i.* ድንገተኛ ጥቃት ፈፀመ dinigetenya tiqat fetseme
saloon *n.* መጠጥ ቤት metet bet
salt *n.* ጨው chew
salt *v.t* ጨው ጨመረ chew chemere
salty *a.* ጨዋማ chewama
salutary *a.* ጠቃሚ teqami
salutation *n.* ሰላምታ selamita
salute *v.t.* ሰላምታ ሰጠ selamita sete

salute *n* ሰላምታ selamita
salvage *n.* ከአደጋ ማዳን keadega madan
salvage *v.t.* ከአደጋ አዳነ keadega adane
salvation *n.* ደህንነት dehininet
same *a.* አንድ አይነት anid ayinet
sample *n.* ናሙና namuna
sample *v.t.* ናሙና ወሰደ namuna wesede
sanatorium *n.* የህሙማን ማረፊያ ቤት yehimuman marefiya bet
sanctification *n.* ቅዳሴ qidase
sanctify *v.t.* ቀደሰ qedese
sanction *n.* ፈቃድ feqad
sanction *v.t.* ፈቀደ feqede
sanctity *n.* ቅድስና qidisina
sanctuary *n.* መቅደስ meqides
sand *n.* አሸዋ ashewa
sandal *n.* ሰንደል ጫማ senidel chama
sandalwood *n.* መልካም ሽታ ያለው የዛፍ አይነት melikam shita yalew yezaf ayinet
sandwich *n.* ሳንድዊች sanidiwich
sandwich *v.t.* ሳንድዊች ሰራ sanidiwich sera
sandy *a.* አሸዋማ ashewama
sane *a.* ጤነኛ tenenya
sanguine *a.* ተስፋ ያለው tesifa yalew
sanitary *a.* ንፁሕ nitsuh
sanity *n.* የአዕምሮ ጤንነት yeaeimiro teninet
sap *n.* ተክሎች ውስጥ ያለ ፈሳሽ tekiloch wisit yale fesash
sap *v.t.* ቀስ ብሎ አጠፋ qes bilo atefa
sapling *n.* ለጋ ዛፍ lega zaf
sapphire *n.* ሰማያዊ መልክ ያለው ነገር semayawi melik yalew neger
sarcasm *n.* አሽሙር ashimur
sarcastic *a.* የአሽሙር yeashimur
sardonic *a.* ፌዘኛ fezenya
satan *n.* ሰይጣን seyitan
satchel *n.* ትንሽ የመጽሐፍ መያዣ tinish yemetsihaf meyazha
satellite *n.* ሳተላይት satelayit
satiable *a.* የሚረካ yemireka
satiate *v.t.* አጠገበ ategebe
satiety *n.* ጥጋብ tigab
satire *n.* ፌዝ fez
satirical *a.* የፌዝ yefez
satirist *n.* ፌዘኛ fezenya
satirize *v.t.* አፌዘ afeze
satisfaction *n.* እርካታ eirikata
satisfactory *a.* አጥጋቢ atigabi
satisfy *v.t.* አረካ areka
saturate *v.t.* አረሰረሰ areserese
saturation *n.* መረስረስ meresires
Saturday *n.* ቅዳሜ qidame
sauce *n.* ሱጎ sugo
saucer *n.* የሲኒ ማስቀመጫ yesini masiqemecha
saunter *v.t.* ተንሸራሸረ tenisherashere
savage *a.* በጣም ጨካኝ betam chekany
savage *n* አረመኔ aremene
savagery *n.* አውሬነት awirenet
save *v.t.* አዳነ adane
save *prep* ከ … በስተቀር ke … besiteqer
saviour *n.* አዳኝ adany
savour *n.* ጣዕም taeim
savour *v.t.* አጣጣመ atatame
saw *n.* መጋዝ megaz
saw *v.t.* በመጋዝ ቆረጠ bemegaz qorete
say *v.t.* ተናገረ tenagere
say *n.* ማለት malet
scabbard *n.* አፎት afot

scabies *n.* የቆዳ ቁስል yeqoda qusil
scaffold *n.* መሰላል meselal
scale *n.* ሚዛን mizan
scale *v.t.* ወጣ weta
scalp *n* አናት anat
scamper *v.i* አፈተለከ afeteleke
scamper *n* መፈትለክ mefetilek
scan *v.t.* መረመረ meremere
scandal *n* አሳፋሪ ነገር asafari neger
scandalize *v.t.* አስነወረ asinewere
scant *a.* በቂ ያልሆነ beqi yalihone
scanty *a.* በጣም ትንሽ betam tinish
scapwegoat *n.* በሌሎች ጥፋት የሚወገዝ beleloch tifat yemiwegez
scar *n* ጠባሳ tebasa
scar *v.t.* ጠባሳ አስቀረ tebasa asiqere
scarce *a.* በብዛት የማይገኝ bebizat yemayigeny
scarcely *adv.* በችግር bechigir
scarcity *n.* እጥረት eitiret
scare *n.* ፍርሃት firihat
scare *v.t.* አስፈራራ asiferara
scarf *n.* ሻርፕ sharip
scatter *v.t.* በተነ betene
scavenger *n.* ጥንብ አንሳ tinib anisa
scene *n.* ትዕይንት tieiyinit
scenery *n.* የተፈጥሮ ትዕይንት yetefetiro tieiyinit
scenic *a.* ውብ የሆነ የተፈጥሮ ዕይታ wib yehone yetefetiro eiyita
scent *n.* ሽታ shita
scent *v.t.* አሸተተ ashetete
sceptic *n.* ተጠራጣሪ teteratari
sceptical *a.* የሚጠራጠር yemiterater
scepticism *n.* መጠራጠር meterater
sceptre *n.* በትረ መንግስት betire menigisit
schedule *n.* መርሀ ግብር meriha gibir
schedule *v.t.* መርሀ ግብር ወሰነ meriha gibir wesene
scheme *n.* ዕቅድ eiqid
scheme *v.i.* አሴረ asere
schism *n.* መከፋፈል mekefafel
scholar *n.* ምሁር mihur
scholarly *a.* የምሁር yemihur
scholarship *n.* ነፃ የትምህርት ዕድል netsa yetimihirit eidil
scholastic *a.* የትምህርት yetimihirit
school *n.* ትምህርት ቤት timihirit bet
science *n.* ሳይንስ sayinis
scientific *a.* ሳይንሳዊ sayinisawi
scientist *n.* ተመራማሪ temeramari
scintillate *v.i.* አንፀባረቀ anitsebareqe
scintillation *n.* ማንፀባረቅ manitsebareq
scissors *n.* መቀስ meqes
scoff *n.* መሳለቅ mesaleq
scoff *v.i.* ተሳለቀ tesaleqe
scold *v.t.* ነቀፈ neqefe
scooter *n.* ትንሽ ሞተር ብስክሌት tinish moter bisikilet
scope *n.* ክልል kilil
scorch *v.t.* ለበለበ lebelebe
score *n.* ነጥብ netib
score *v.t.* ነጥብ አስቆጠረ netib asiqotere
scorer *n.* ነጥብ አስቆጣሪ netib asiqotari
scorn *n.* መናቅ menaq
scorn *v.t.* ናቀ naqe

scorpion *n.* ጊንጥ ginit
Scot *n.* እስኮትላንዳዊ eisikotilanidawi
scotch *a.* ብክነት ቀናሽ bikinet qenash
scotch *n.* ጭረት chiret
scot-free *a.* ያለቅጣት yaleqitat
scoundrel *n.* ወሮበላ werobela
scourge *n.* አለንጋ aleniga
scourge *v.t.* ቀጣ qeta
scout *n* አሳሽ asash
scout *v.i* አሰሰ asese
scowl *v.i.* ፊቱን አጨፈገገ fitun achefegege
scowl *n.* ፊት ማጨፍገግ fit machefigeg
scramble *v.i.* አሻማ ashama
scramble *n* ሽሚያ shimiya
scrap *n.* ቁርጥራጭ quritirach
scratch *n.* ጭረት chiret
scratch *v.t.* ቧጨረ bwachere
scrawl *v.t.* መቦጫጨር mebochacher
scrawl *n* መጥፎ የእጅ ፅሁፍ metifo yeeij tsihuf
scream *v.i.* ጮኸ chohe
scream *n* ጩኸት chuhet
screen *n.* መጋረጃ megareja
screen *v.t.* ጋረደ garede
screw *n.* ቡሎን bulon
screw *v.t.* በቡሎን አያያዘ bebulon ayayaze
scribble *v.t.* ጫጫረ chachare
scribble *n.* መቦጫጨር mebochacher
script *n.* ፊደል fidel
scripture *n.* መፅሐፍ ቅዱስ metsihaf qidus
scroll *n.* ጥቅል ፅሁፍ tiqil tsihuf
scrutinize *v.t.* በጥንቃቄ መረመረ betiniqaqe meremere
scrutiny *n.* በጥንቃቄ መመርመር betiniqaqe memerimer
scuffle *n.* ግብግብ gibigib
scuffle *v.i.* ግብግብ ፈጠረ gibigib fetere
sculptor *n.* የድንጋይ ቀራጺ yedinigay qeratsi
sculptural *a.* የቅርፃ ቅርፅ yeqiritsa qirits
sculpture *n.* ቅርፃ ቅርፅ qiritsa qirits
scythe *n.* ትልቅ ማጭድ tiliq machid
scythe *v.t.* አጨደ achede
sea *n.* ባሕር bahir
seal *n.* ማህተም mahitem
seal *n.* ማሸጊያ mashegiya
seal *v.t.* አተመ ateme
seam *n.* ስፌት sifet
seam *v.t.* ሰፋ sefa
seamy *a.* አስቀያሚ asiqeyami
search *n.* ፍለጋ filega
search *v.t.* ፈለገ felege
season *n.* ወቅት weqit
season *v.t.* አጣፈጠ atafete
seasonable *a.* ከወቅቱ ጋር የሚሔድ keweqitu gar yemihed
seasonal *a.* ወቅታዊ weqitawi
seat *n.* መቀመጫ meqemecha
seat *v.t.* አስቀመጠ asiqemete
secede *v.i.* ተለየ teleye
secession *n.* መገንጠል megenitel
secessionist *n.* አስገንጣይ asigenitay
seclude *v.t.* ራስን አገለለ rasin agelele
secluded *a.* የተገለለ yetegelele
seclusion *n.* መገለል megelel
second *a.* ሁለተኛ huletenya
second *n* ሰከንድ sekenid
second *v.t.* አገዘ ageze
secondary *a.* ሁለተኛ huletenya

seconder *n.* ደጋፊ degafi
secrecy *n.* ሚስጥር misitir
secret *a.* ሚስጥራዊ misitirawi
secret *n.* ሚስጥር misitir
secretariat (e) *n.* የፅህፈት ቤት yetsihifet bet
secretary *n.* ፀሐፊ tsehafi
secrete *v.t.* አመነጨ ameneche
secretion *n.* ማመንጨት mamenichet
secretive *a.* ሚስጥረኛ misitirenya
sect *n.* ወገን wegen
sectarian *a.* የወገን yewegen
section *n.* ክፍል kifil
sector *n.* የኢኮኖሚ ክፍል yeikonomi kifil
secure *a.* አስተማማኝ asitemamany
secure *v.t.* አስተማማኝ አደረገ asitemamany aderege
security *n.* ደህንነት dehininet
sedan *n.* መኪና mekina
sedate *a.* ረጋ ያለ rega yale
sedate *v.t.* አረጋጋ aregaga
sedative *a.* የሚያረጋጋ yemiyaregaga
sedative *n* የሚያረጋጋ መድሐኒት yemiyaregaga medihanit
sedentary *a.* የተረጋጋ yeteregaga
sediment *n.* ዝቃጭ ziqach
sedition *n.* ህዝብን ማሳመፅ hizibin masamets
seditious *a.* አዋኪ awaki
seduce *n.* መዳራት medarat
seduction *n.* ማሳሳት masasat
seductive *a* የሚያሳሳት yemiyasasat
see *v.t.* አየ aye
seed *n.* ዘር zer
seed *v.t.* ዘራ zera
seek *v.t.* ፈለገ felege
seem *v.i.* መሰለ mesele
seemly *a.* የሚመስል yemimesil
seep *v.i.* ቀስ ብሎ ፈሰሰ qes bilo fesese
seer *n.* ትንቢት ተናጋሪ tinibit tenagari
seethe *v.i.* ፈላ fela
segment *n.* ክፋይ kifay
segment *v.t.* ከፈለ kefele
segregate *v.t.* ለየ leye
segregation *n.* መለያየት meleyayet
seismic *a.* የርእደ መሬት yerieide meret
seize *v.t.* ያዘ yaze
seizure *n.* መያዝ meyaz
seldom *adv.* እምብዛም eimibizam
select *v.t.* መረጠ merete
select *a* የተመረጠ yetemerete
selection *n.* ምርጫ miricha
selective *a.* መራጭ merach
self *n.* ራስ ras
selfish *a.* ራስ ወዳድ ras wedad
selfless *a.* ለራሴ የማይል lerase yemayil
sell *v.t.* ሸጠ shete
seller *n.* ሻጭ shach
semblance *n.* መልክ melik
semen *n.* የወንድ ዘር ፈሳሽ yewenid zer fesash
semester *n.* ወቅት weqit
seminal *a.* የዘር yezer
seminar *n.* ትምህርታዊ ጉባዔ timihiritawi gubae
senate *n.* የሕግ መወሰኛ ምክር ቤት yehig mewesenya mikir bet
senator *n.* የሕግ መወሰኛ ምክር ቤት አባል yehig mewesenya mikir bet abal
senatorial *a.* የሕግ መወሰኛ ምክር ቤት yehig mewesenya mikir bet
send *v.t.* መላክ melak
senile *a.* የጃጀ yejaje

senility *n.* ማርጀት marijet
senior *a.* የበላይነት ያለው yebelayinet yalew
senior *n.* የሚበልጥ ሹም yemibelit shum
seniority *n.* መብለጥ mebilet
sensation *n.* ስሜት simet
sensational *a.* ስሜት የሚቀሰቅስ simet yemiqeseqis
sense *n.* ስሜት simet
sense *v.t.* ተሰማው tesemaw
senseless *a.* የማይረባ yemayireba
sensibility *n.* የስሜት ኃይል yesimet hayil
sensible *a.* የሚረዱት yemiredut
sensitive *a.* ስሜት ያለው simet yalew
sensual *a.* ስጋዊ sigawi
sensualist *n.* ስጋዊ ሰው sigawi sew
sensuality *n.* ስጋዊነት sigawinet
sensuous *a.* ስሜትን የሚያነሳሳ simetin yemiyanesasa
sentence *n.* አረፍተ ነገር arefite neger
sentence *v.t.* ፈረደ ferede
sentience *n.* ቅጣት qitat
sentient *a.* ስሜታዊነት simetawinet
sentiment *n.* ስሜት simet
sentimental *a.* ስሜት የሚነካ simet yemineka
sentinel *n.* ዘብ zeb
sentry *n.* ዘብ zeb
separable *a.* ተገነጣጣይ tegenetatay
separate *v.t.* ለየ leye
separate *a.* የተለየ yeteleye
separation *n.* መለየት meleyet
sepsis *n.* የመበስበስ ሁኔታ yemebesibes huneta
September *n.* መስከረም mesikerem
septic *a.* የበሰበሰ yebesebese
sepulchre *n.* መቃብር meqabir
sepulture *n.* መቅበር meqiber
sequel *n.* የሚከተል ነገር yemiketel neger
sequence *n.* ተከታታይ teketatay
sequester *v.t.* የተከለከለ yetekelekele
serene *a.* ፀጥ ያለ tset yale
serenity *n.* ሰላማዊ selamawi
serf *n.* ገባር gebar
serge *n.* ጠንካራ ጨርቅ tenikara cheriq
sergeant *n.* የአምሳ አለቃ yeamisa aleqa
serial *a.* ተከታታይ teketatay
serial *n.* ተከታታይ ታሪክ teketatay tarik
series *n.* ተራ tera
serious *a* ኮስታራ kositara
sermon *n.* ስብከት sibiket
sermonize *v.i.* ሰበከ sebeke
serpent *n.* እባብ eibab
serpentine *n.* እባብ የመሰለ ነገር eibab yemesele neger
servant *n.* አገልጋይ ageligay
serve *v.t.* አገለገለ agelegele
serve *n.* ማገልገል mageligel
service *n.* አገልግሎት ageligilot
service *v.t* አገለገለ agelegele
serviceable *a.* የሚያገለግል yemiyagelegil
servile *a.* ተለማማጭ telemamach
servility *n.* ተለማማጭነት telemamachinet
session *n.* ስብሰባ sibiseba
set *v.t* አስቀመጠ asiqemete
set *a* የተቀመጠ yeteqemete
set *n* የተመሳሳይ ነገሮች ስብስብ yetemesasay negeroch sibisib

settle *v.i.* ተረጋጋ teregaga
settlement *n.* መኖርያ menoriya
settler *n.* ሰፋሪ sefari
seven *n.* ሰባት sebat
seven *a* ሰባት sebat
seventeen *n., a* አስራ ሰባት asira sebat
seventeenth *a.* አስራ ሰባተኛ asira sebatenya
seventh *a.* ሰባተኛ sebatenya
seventieth *a.* ሰባኛ sebanya
seventy *n., a* ሰባ seba
sever *v.t.* ቆረጠ qorete
several *a* ብዙ bizu
severance *n.* መለየት meleyet
severe *a.* ኃይለኛ hayilenya
severity *n.* ኃይለኝነት hayilenyinet
sew *v.t.* ልብስ ሰፊ libis sefi
sewage *n.* የቆሻሻ እጣቢ yeqoshasha eitabi
sewer *n* የቆሻሻ ቱቦ yeqoshasha tubo
sewerage *n.* ቆሻሻ በቱቦ ማስወገጃ ዘዴ qoshasha betubo masiwegeja zede
sex *n.* ፆታ tsota
sexual *a.* ወሲባዊ wesibawi
sexuality *n.* ወሲባዊነት wesibawinet
sexy *n.* ለወሲብ የሚያነሳሳ lewesib yemiyanesasa
shabby *a.* ያለቀ yaleqe
shackle *n.* የእግር ብረት yeeigir biret
shackle *v.t.* በሰንሰለት አሰረ beseniselet asere
shade *n.* ጥላ tila
shade *v.t.* አጠላ atela
shadow *n.* ጥላ tila
shadow *v.t* ሳይታወቅ ተከተለ sayitaweq teketele
shadowy *a.* ጥላማ tilama
shaft *n.* ዘንግ zenig
shake *v.i.* አነቃነቀ aneqaneqe
shake *n* መነቅነቅ meneqineq
shaky *a.* የሚያረገርግ yemiyaregerig
shallow *a.* ቅርብ qirib
sham *v.i.* አስመሰለ asimesele
sham *n* ማታለል matalel
sham *a* የሚመስል yemimesil
shame *n.* ሀፍረት hafiret
shame *v.t.* አሳፈረ asafere
shameful *a.* አሳፋሪ asafari
shameless *a.* ሀፍረተ ቢስ hafirete bis
shampoo *n.* የፀጉር መታጠቢያ ሳሙና yetsegur metatebiya samuna
shampoo *v.t.* አጠበ atebe
shanty *a.* ደሳሳ ጎጆ desasa gojo
shape *n.* ቅርፅ qirits
shape *v.t* ቅርፅ ሰጠ qirits sete
shapely *a.* ቆንጆ ቅርፅ ያለው qonijo qirits yalew
share *n.* ድርሻ dirisha
share *v.t.* አካፈለ akafele
share *n* ማረሻ maresha
shark *n.* አሳነባሪ asanebari
sharp *a.* ስለታም siletam
sharp *adv.* ልክ lik
sharpen *v.t.* ቀረፀ qeretse
sharpener *n.* መቅረጫ meqirecha
sharper *n.* ሸንጋይ shenigay
shatter *v.t.* ሰባበረ sebabere
shave *v.t.* ላጨ lache
shave *n* መላጨት melachet
shawl *n.* የአንገት ልብስ yeaniget libis
she *pron.* ሴት set
sheaf *n.* ነዶ nedo
shear *v.t.* ሸለተ shelete
shears *n. pl.* ትልቅ መቀስ tiliq meqes

shed *v.t.* ገፈፈ gefefe
shed *n* መጠለያ meteleya
sheep *n.* በግ beg
sheepish *a.* ሞኛሞኝ monyamony
sheer *a.* ገደላማ gedelama
sheet *n.* አንሶላ anisola
sheet *v.t.* ሸፈነ shefene
shelf *n.* መደርደሪያ mederideriya
shell *n.* ቅርፊት qirifit
shell *v.t.* ፈለፈለ felefele
shelter *n.* ቤት bet
shelter *v.t.* መጠጊያ ሰጠ metegiya sete
shelve *v.t.* ዕቃ መደርደሪያ ላይ አስቀመጠ eiqa mederideriya lay asiqemete
shepherd *n.* እረኛ eirenya
shield *n.* ጋሻ gasha
shield *v.t.* ተከላከለ tekelakele
shift *v.t.* ለወጠ lewete
shift *n* መለወጫ melewecha
shifty *a.* ከሀዲ kehadi
shilling *n.* ሽልንግ shilinig
shilly-shally *v.i.* አንገራገረ anigeragere
shilly-shally *n.* ማንገራገር manigerager
shin *n.* ቅልጥም qilitim
shine *v.i.* አበራ abera
shine *n* ማብራት mabirat
shiny *a.* የሚያብረቀርቅ yemiyabireqeriq
ship *n.* መርከብ merikeb
ship *v.t.* ዕቃ አጓጓዘ eiqa agwagwaze
shipment *n.* በመርከብ የተጫነ ዕቃ bemerikeb yetechane eiqa
shire *n.* ገጠር geter
shirk *v.t.* ሸሸ sheshe
shirker *n.* ማፈግፈግ mafegifeg
shirt *n.* ሸሚዝ shemiz
shiver *v.i.* ተንቀጠቀጠ teniqeteqete
shoal *n.* የውሀ ዳር yewiha dar
shoal *n* በብዛት የሚዋኙ አሳዎች bebizat yemiwanyu asawoch
shock *n.* ድንጋጤ dinigate
shock *v.t.* አስደነገጠ asidenegete
shoe *n.* ጫማ chama
shoe *v.t.* አጫማ achama
shoot *v.t.* ገደለ gedele
shoot *n* ቡቃያ buqaya
shop *n.* ሱቅ suq
shop *v.i.* ገበየ gebeye
shore *n.* ዳርቻ daricha
short *a.* አጭር achir
short *adv.* በአጭር beachir
shortage *n.* እጥረት eitiret
shortcoming *n.* ጉድለት gudilet
shorten *v.t.* አሳጠረ asatere
shortly *adv.* በቅርቡ beqiribu
shorts *n. pl.* ቁምጣ qumita
shot *n.* ተኩስ tekus
shoulder *n.* ትከሻ tikesha
shoulder *v.t.* ተሸከመ teshekeme
shout *n.* ጩኸት chuhet
shout *v.i.* ጮኸ chohe
shove *v.t.* በኃይል መግፋት behayil megifat
shove *n.* ግፊያ gifiya
shovel *n.* አካፋ akafa
shovel *v.t.* በአካፋ ዛቀ beakafa zaqe
show *v.t.* አሳየ asaye
show *n.* ትርኢይት tirieiyit
shower *n.* መታጠቢያ metatebiya
shower *v.t.* አጠበ atebe
shrew *n.* ፍልፈል filifel
shrewd *a.* ብልጥ bilit
shriek *n.* ከፍተኛ ጩኸት kefitenya chuhet
shriek *v.i.* ጮኸ chohe

shrill *a.* ቀጭን ጩኸት qechin chuhet
shrine *n.* የተቀደሰ ስፍራ yeteqedese sifira
shrink *v.i* ተኮማተረ te□matere
shrinkage *n.* መጨመታተር mechemetater
shroud *n.* ከፈን kefen
shroud *v.t.* በጨርቅ መጠቅለል becheriq meteqilel
shrub *n.* ቁጥቋጦ qutiqwato
shrug *v.t.* ትከሻን ነቀነቀ tikeshan neqeneqe
shrug *n* ትከሻን መነቅነቅ tikeshan meneqineq
shudder *v.i.* ተንቀተቀጠ teniqeteqete
shudder *n* እንቅጥቃጤ einiqitiqate
shuffle *v.i.* ቀያየረ qeyayere
shuffle *n.* መቀያየር meqeyayer
shun *v.t.* መራቅ meraq
shunt *v.t.* ባቡርን ከአንድ ሀዲድ ወደሌላ መቀየር baburin keanid hadid wedelela meqeyer
shut *v.t.* መዝጋት mezigat
shutter *n.* መስኮት መዝጊያ mesikot mezigiya
shuttle *n.* መወርወሪያ meweriweriya
shuttle *v.t.* አዘዋወረ azewawere
shuttlecock *n.* የባድሚንተን መጫወቻ ኳስ yebadiminiten mechawecha kwas
shy *n.* አይን አፋር ayin afar
shy *v.i.* ደነበረ denebere
sick *a.* በሽተኛ beshitenya
sickle *n.* ማጭድ machid
sickly *a.* የሚያሳምም yemiyasamim
sickness *n.* በሽታ beshita
side *n.* አቅጣጫ aqitacha
side *v.i.* ወገነ wegene
siege *n.* ከበባ kebeba
siesta *n.* የእንቅልፍ ሽልብታ yeeiniqilif shilibita
sieve *n.* ወንፊት wenifit
sieve *v.t.* ለየ leye
sift *v.t.* ነፋ nefa
sigh *n.* በረጅሙ መተንፈስ berejimu metenifes
sigh *v.i.* በረጅሙ ተነፈሰ berejimu tenefese
sight *n.* ማየት mayet
sight *v.t.* አየ aye
sightly *a.* ሲያዩት የሚያምር siyayut yemiyamir
sign *n.* ምልክት milikit
sign *v.t.* ፈረመ fereme
signal *n.* ምልክት milikit
signal *a.* ልዩ liyu
signal *v.t.* አመለከተ amelekete
signatory *n.* ፈራሚ ferami
signature *n.* ፊርማ firima
significance *n.* ቁም ነገር qum neger
significant *a.* አስፈላጊ asifelagi
signification *n.* ማለት malet
signify *v.t.* አመለከተ amelekete
silence *n.* ፀጥታ tsetita
silence *v.t.* ደመሰሰ demesese
silencer *n.* ድምፅ የሚቀንስ መሳሪያ dimits yemiqenis mesariya
silent *a.* ዝም የሚል zim yemil
silhouette *n.* ከወረቀት የተቀረጸ ምስል kewereqet yeteqeretse misil
silk *n.* ሀር har
silken *a.* ከሀር የተሰራ kehar yetesera
silky *a.* ሀር የሚመስል har yemimesil
silly *a.* የማይረባ yemayireba
silt *n.* ደለል delel
silt *v.t.* ደለል ሞላ delel mola

silver *n.* ብር bir
silver *a* የብር yebir
silver *v.t.* ከብር ሰራ kebir sera
similar *a.* ተመሳሳይ temesasay
similarity *n.* መመሳሰል memesasel
simile *n.* መመሳሰልን መግለጽ memesaselin megilets
similitude *n.* ተመሳሳይነት temesasayinet
simmer *v.i.* ተንተከተከ teniteketeke
simple *a.* ቀላል qelal
simpleton *n.* ጅል jil
simplicity *n.* ቅንነት qininet
simplification *n.* ማቃለል maqalel
simplify *v.t.* አቃለለ aqalele
simultaneous *a.* በአንድ ጊዜ የሆነ beanid gize yehone
sin *n.* ሀጢአት hatiat
sin *v.i.* ሀጢአት ሰራ hatiat sera
since *prep.* ከ...ወዲህ ke...wedih
since *conj.* ስለ sile
since *adv.* ከዚህ ወዲህ kezih wedih
sincere *a.* ታማኝ tamany
sincerity *n.* ቅንነት qininet
sinful *a.* ሀጢያተኛ hatiyatenya
sing *v.i.* ዘመረ zemere
singe *v.t.* ለበለበ lebelebe
singe *n* መለብለብ melebileb
singer *n.* ዘማሪ zemari
single *a.* አንድ anid
single *n.* ያላገባ ሰው yalageba sew
single *v.t.* ሲንግል sinigil
singular *a.* ነጠላ netela
singularity *n.* ልዩነት liyunet
singularly *adv.* ተለይቶ teleyito
sinister *a.* አደገኛ adegenya
sink *v.i.* ሰጠመ seteme
sink *n* የዕቃ ማጠቢያ ሳህን yeeiqa matebiya sahin

sinner *n.* ሀጢአተኛ hatiatenya
sinuous *a.* ጠመዝማዛ temezimaza
sip *v.t.* ፉት አለ fut ale
sip *n.* ጥቂት መጠጥ tiqit metet
sir *n.* ጌታዬ getaye
siren *n.* የአደጋ ጩኸት yeadega chuhet
sister *n.* እህት eihit
sisterhood *n.* እህትማማቾች eihitimamachoch
sisterly *a.* የእህትነት yeeihitinet
sit *v.i.* መቀመጥ meqemet
site *n.* ቦታ bota
situation *n.* ሁኔታ huneta
six *n., a* ስድስት sidisit
sixteen *n., a.* አስራ ስድስት asira sidisit
sixteenth *a.* አስራ ስድስተኛ asira sidisitenya
sixth *a.* ስድስተኛ sidisitenya
sixtieth *a.* ስልሳኛ silisanya
sixty *n., a.* ስልሳ silisa
sizable *a.* ትልቅ tiliq
size *n.* መጠን meten
size *v.t.* ገመተ gemete
sizzle *v.i.* ችስ አለ chis ale
sizzle *n.* ችስ ማለት chis malet
skate *n.* በረዶ ላይ መንሸራተት beredo lay menisheratet
skate *v.t.* በረዶ ላይ ተንሸራተተ beredo lay tenisheratete
skein *n.* ልቃቂት liqaqit
skeleton *n.* አፅም atsim
sketch *n.* ንድፍ nidif
sketch *v.t.* በንድፍ አነሳ benidif anesa
sketchy *a.* ጥራዝ ነጠቅ tiraz neteq
skid *v.i.* ተንሸራተተ tenisheratete
skid *n* መንሸራተት menisheratet
skilful *a.* ችሎታ ያለው chilota yalew

skill *n.* ችሎታ chilota
skin *n.* ቆዳ qoda
skin *v.t* ቆዳ ገፈፈ qoda gefefe
skip *v.i.* ዘለለ zelele
skip *n* ገመድ gemed
skipper *n.* የመርከብ አዛዥ yemerikeb azazh
skirmish *n.* ጭቅጭቅ chiqichiq
skirmish *v.t.* ተጨቃጨቀ techeqacheqe
skirt *n.* ጉርድ ቀሚስ gurid qemis
skirt *v.t.* አለፈ alefe
skit *n.* ቀልድ qelid
skull *n.* የራስ ቅል yeras qil
sky *n.* ሰማይ semay
sky *v.t.* ቀስ ብሎ ወረወረ qes bilo werewere
slab *n.* የድንጋይ ቁራጭ yedinigay qurach
slack *a.* የላላ yelala
slacken *v.t.* አላላ alala
slacks *n.* ሱሪ suri
slake *v.t.* ጥምን አረካ timin areka
slam *v.t.* ደረገመ deregeme
slam *n* መደርገም mederigem
slander *n.* ሀሜት hamet
slander *v.t.* አማ ama
slanderous *a.* ስም የሚያጠፋ sim yemiyatefa
slang *n.* የአንድ ቡድን ቋንቋ yeanid budin qwaniqwa
slant *v.t.* አደላ adela
slant *n* ማድላት madilat
slap *n.* ጥፊ tifi
slap *v.t.* በጥፊ መታ betifi meta
slash *v.t.* ቦደሰ bodese
slash *n* ቁስል qusil
slate *n.* ፅላት tsilat
slattern *n.* ዝተት ሴት zitet set
slatternly *a.* ዘማዊት zemawit
slaughter *n.* እልቂት eiliqit
slaughter *v.t.* አረደ arede
slave *n.* ባሪያ bariya
slave *v.i.* ለፋ lefa
slavery *n.* ባርነት barinet
slavish *a.* የባሪያነት yebariyanet
slay *v.t.* ገደለ gedele
sleek *a.* ለስላሳ lesilasa
sleep *v.i.* ተኛ tenya
sleep *n.* እንቅልፍ einiqilif
sleeper *n.* የተኛ ሰው yetenya sew
sleepy *a.* እንቅልፋም einiqilifam
sleeve *n* እጅጌ eijige
sleight *n.* ባለሙያ balemuya
slender *n.* ሸንቃጣ sheniqata
slice *n.* ቁራጭ qurach
slice *v.t.* መተረ metere
slick *a* ለስላሳ lesilasa
slide *v.i.* ተንሸራተተ tenisheratete
slide *n* ሸርተቴ መጫወቻ sheritete mechawecha
slight *a.* ትንሽ tinish
slight *n.* መናቅ menaq
slight *v.t.* ናቀ naqe
slim *a.* ቀጭን qechin
slim *v.i.* ክብደት ቀነሰ kibidet qenese
slime *n.* ጭቃ chiqa
slimy *a.* የሚያሟልጭ yemiyamwalich
sling *n.* ወንጭፍ wenichif
slip *v.i.* አዳለጠው adaletew
slip *n.* መሳሳት mesasat
slipper *n.* የቤት ጫማ yebet chama
slippery *a.* የሚያንሸራትት yemiyanisheratit
slipshod *a.* ደንታ ቢስ denita bis
slit *n.* ስንጥቅ sinitiq
slit *v.t.* መብሳት mebisat
slogan *n.* መፈክር mefekir
slope *n.* ቁልቁለት quliqulet
slope *v.i.* በአግድሞሽ መቀመጥ beagidimosh meqemet

sloth *n.* ስንፍና sinifina
slothful *n.* ሰነፍ senef
slough *n.* ረግረግ ቦታ regireg bota
slough *n.* ቅርፊት qirifit
slough *v.t.* ቀቆዳን መግፈፍ (እንደ እባብ) qeqodan megifef (einide eibabi)
slovenly *a.* ግድ የለሽ gid yelesh
slow *a* ዝግታ zigita
slow *v.i.* ቀስ አለ qes ale
slowly *adv.* በዝግታ bezigita
slowness *n.* መዘገየት mezegeyet
sluggard *n.* ሰነፍ ሰው senef sew
sluggish *a.* ሰነፍ senef
sluice *n.* የመስኖ ማገጃ yemesino mageja
slum *n.* ቆሻሻ ሰፈር qoshasha sefer
slumber *v.i.* አንቀላፋ aniqelafa
slumber *n.* እንቅልፍ einiqilif
slump *n.* ዘጭ ብሎ መቀመጥ zech bilo meqemet
slump *v.i.* የንግድ መቀዝቀዝ yenigid meqeziqez
slur *n.* ዘለፋ zelefa
slush *n.* በመቅለጥ ላይ ያለ በረዶ bemeqilet lay yale beredo
slushy *a.* የሚቀልጥ በረዶ yemiqelit beredo
slut *n.* አመንዝራ amenizira
sly *a.* ተንኮለኛ tenikolenya
smack *n.* ጥፊ tifi
smack *v.i.* በጥፊ መታ betifi meta
smack *n* ጣዕም taeim
smack *n.* መንፈስ menifes
smack *v.t.* ቀመሰ qemese
small *a.* ትንሽ tinish
small *n* የትንሽ ሰው ልብስ yetinish sew libis
smallness *adv.* አነስተኛ anesitenya
smallpox *n.* ፈንጣጣ fenitata
smart *a.* ጐበዝ gobez
smart *v.i* ወጋ wega
smart *n* የቁስል ህመም yequsil himem
smash *v.t.* ሰባበረ sebabere
smash *n* ግጭት gichit
smear *v.t.* ቀባ qeba
smear *n.* መቀባት meqebat
smell *n.* ሽታ shita
smell *v.t.* አሸተተ ashetete
smelt *v.t.* አቀለጠ aqelete
smile *n.* ፈገግታ fegegita
smile *v.i.* ፈገግ አለ fegeg ale
smith *n.* ቀጥቃጭ qetiqach
smock *n.* ረጅም ኮት rejim kot
smog *n.* የጭስና የደመና ድብልቅ yechisina yedemena dibiliq
smoke *n.* ጭስ chis
smoke *v.i.* አጨሰ achese
smoky *a.* ጭስ የበዛበት chis yebezabet
smooth *a.* ለስላሳ lesilasa
smooth *v.t.* አስተካከለ asitekakele
smother *v.t.* አፍኖ ገደለ afino gedele
smoulder *v.i.* ነበልባል ሳይኖረው ቀስ በቀስ ተቃጠለ nebelibal sayinorew qes beqes teqatele
smug *a.* አርኪ ariki
smuggle *v.t.* በድብቅ አስገባ bedibiq asigeba
smuggler *n.* የኮንትሮባንድ ነጋዴ yekonitirobanid negade
snack *n.* ቁርስ quris
snag *n.* እንቅፋት einiqifat
snail *n.* ቀንድ አውጣ qenid awita
snake *n.* እባብ eibab
snake *v.i.* እንደ እባብ ሄደ einide eibab hede
snap *v.t.* ነከሰ nekese
snap *n* በፍጥነት መያዝ befitinet meyaz

snare *n.* ወጥመድ wetimed
snare *v.t.* አጠመደ atemede
snarl *n.* በቁጣ መናገር bequta menager
snarl *v.i.* በቁጣ ተናገረ bequta tenagere
snatch *v.t.* ቀማ qema
snatch *n.* መቀማት meqemat
sneak *v.i.* ሹልክ ብሎ ተጓዘ shulik bilo tegwaze
sneak *n* ሹልክ ብሎ መጓዝ shulik bilo megwaz
sneer *v.i* አፌዘ afeze
sneer *n* ማፌዝ mafez
sneeze *v.i.* አነጠሰ anetese
sneeze *n* ንጥሳት nitisat
sniff *v.i.* አነፈነፈ anefenefe
sniff *n* ማነፍነፍ manefinef
snob *n.* ኩራተኛ kuratenya
snobbery *n.* ንቀት niqet
snobbish *v* ትእቢተኛ tieibitenya
snore *v.i.* አንኮራፋ anikorafa
snore *n* ማንኮራፋት manikorafat
snort *v.i.* አሸካካ ashikaka
snort *n.* ማሸካካት mashikakat
snout *n.* አፍንጫ afinicha
snow *n.* በረዶ beredo
snow *v.i.* በረዶ ጣለ beredo tale
snowy *a.* በረዶዋማ beredowama
snub *v.t.* ችላ አለ chila ale
snub *n.* ችላ ማለት chila malet
snuff *n.* ሱረት suret
snug *n.* ምቹ michu
so *adv.* እንዲህ einidih
so *conj.* ስለዚህ silezih
soak *v.t.* በውሃ ዘፈዘፈ bewiha zefezefe
soak *n.* በውሃ መዘፍዘፍ bewiha mezefizef
soap *n.* ሳሙና samuna
soap *v.t.* ሳሙና መታ samuna meta
soapy *a.* ሳሙናነት ያለው samunanet yalew
soar *v.i.* መጠቀ meteqe
sob *v.i.* ተንሰቀሰቀ teniseqeseqe
sob *n* ሲቃ siqa
sober *a.* ያልሰከረ yalisekere
sobriety *n.* አለመስከር alemesiker
sociability *n.* ተግባቢነት tegibabinet
sociable *a.* ተግባቢ tegibabi
social *n.* ማሕበራዊ mahiberawi
socialism *n* ሶሻሊዝምን soshalizimin
socialist *n,a* ሶሻሊዝምን የሚደግፍ soshalizimin yemidegif
society *n.* ሕብረተሰብ hibireteseb
sociology *n.* የሕብረተሰብ ጥናት yehibireteseb tinat
sock *n.* የእግር ሹራብ yeeigir shurab
socket *n.* የኤሌትሪክ መሰኪያ yeeletirik mesekiya
sod *n.* ተደፍቶ የሚመጣ አፈር tedefito yemimeta afer
sodomite *n.* ከወንድ ጋር ወሲብ የሚፈፅም ወንድ kewenid gar wesib yemifetsim wenid
sodomy *n.* ከወንድ ጋር ወሲብ የሚፈፅም ወንድ kewenid gar wesib yemifetsim wenid
sofa *n.* ሶፋ sofa
soft *n.* ለስላሳ lesilasa
soften *v.t.* ማለስለስ malesiles
soil *n.* አፈር afer
soil *v.t.* አቆሸሸ aqosheshe
sojourn *v.i.* ተቀመጠ teqemete
sojourn *n* መቀመጥ meqemet
solace *v.t.* አጽናና atsinana
solace *n.* መጽናናት metsinanat
solar *a.* የፀሐይ yetsehay
solder *n.* የብረት ማያያዥያ yebiret mayayazhiya

solder *v.t.* በየደ beyede
soldier *n.* ወታደር wetader
soldier *v.i.* በውትድርና አገለገለ bewitidirina agelegele
sole *n.* ሶል sol
sole *v.t* ተረከዝ አስገባ terekez asigeba
sole *a* ብቸኛ bichenya
solemn *a.* የተከበረና የረጋ yetekeberena yerega
solemnity *n.* ፀጥ ያለ መሆን tset yale mehon
solemnize *v.t.* በዓል አከበረ beal akebere
solicit *v.t.* ጠየቀ teyeqe
solicitation *n.* መጠየቅ meteyeq
solicitor *n.* ጠበቃ tebeqa
solicitious *a.* ደግ deg
solicitude *n.* ማሰብ maseb
solid *a.* ጠንካራ tenikara
solid *n* ጠጣር tetar
solidarity *n.* ሕብረት hibiret
soliloquy *n.* ለራሱ የሚናገር ሰው lerasu yeminager sew
solitary *a.* ብቸኛ የሆነ bichenya yehone
solitude *n.* ብቸኛ መሆን bichenya mehon
solo *n* ለብቻ የሚከናወን ዘፈን lebicha yemikenawen zefen
solo *a.* ብቻውን bichawin
solo *adv.* ብቻ bicha
soloist *n.* ብቻውን የሚጫወት bichawin yemichawet
solubility *n.* መሟሟት memwamwat
soluble *a.* የሚሟሟ yemimwamwa
solution *n.* መፍትሄ mefitihe
solve *v.t.* መልስ አገኘ melis agenye
solvency *n.* ለሁኔታዎች የተዘጋጀ ሰው lehunetawoch yetezegaje sew
solvent *a.* ዕዳውን ለመክፈል የሚችል eidawin lemekifel yemichil
solvent *n* ማሟሟያ mamwamuya
sombre *a.* ደብዘዝ ያለ debizez yale
some *a.* ጥቂት tiqit
some *pron.* አንዳንድ anidanid
somebody *pron.* አንድ ሰው anid sew
somebody *n.* እገሌ eigele
somehow *adv.* እንደምንም einideminim
someone *pron.* አንድ ሰው anid sew
somersault *n.* መሬት ሳይረግጡ መገለባበጥ meret sayiregitu megelebabet
somersault *v.i.* መሬት ሳይረግጥ ተገለባበጠ meret sayiregit tegelebabete
something *pron.* አንድ ነገር anid neger
something *adv.* እንደነገሩ einidenegeru
sometime *adv.* አንድ ጊዜ anid gize
sometimes *adv.* አንዳንድ ጊዜ anidanid gize
somewhat *adv.* በመጠኑ bemetenu
somewhere *adv.* አንድ ቦታ anid bota
somnambulism *n.* በእንቅልፍ ልብ መራመድ beeiniqilif lib meramed
somnambulist *n.* በእንቅልፍ ልብ የሚራመድ ሰው beeiniqilif lib yemiramed sew

somnolence *n.* ማንቀላፋት maniqelafat
somnolent *n.* የሚያንቀላፋ የሚመስል yemiyaniqelafa yemimesil
son *n.* ወንድ ልጅ wenid lij
song *n.* ዘፈን zefen
songster *n.* ዘፋኝ zefany
sonic *a.* ድምፅን የሚመለከት dimitsin yemimeleket
sonnet *n.* አሥራ አራት መስመር ያለው ግጥም asira arat mesimer yalew gitim
sonority *n.* ወፍራም ድምጽ ያለው ሰው wefiram dimits yalew sew
soon *adv.* በቅርቡ beqiribu
soot *n.* ጥቀርሻ tiqerisha
soot *v.t.* ጥቀርሻ ሆነ tiqerisha hone
soothe *v.t.* አስታገሰ asitagese
sophism *n.* እውነት የሚመስል ነገር ግን የውሸት ክርክር eiwinet yemimesil neger gin yewishet kirikir
sophist *n.* የማይገመት ሰው yemayigemet sew
sophisticate *v.t.* የተማረ yetemare
sophisticated *a.* ውስብስብ wisibisib
sophistication *n.* መወሳሰብ mewesaseb
sorcerer *n.* አስማተኛ asimatenya
sorcery *n.* አስማት asimat
sordid *a.* አስነዋሪ asinewari
sore *a.* የቆሰለ yeqosele
sore *n* ቁስል qusil
sorrow *n.* ሀዘን hazen
sorrow *v.i.* የዘነ yezene
sorry *a.* ይቅርታ yiqirita
sort *n.* መለየት meleyet
sort *v.t* ለየ leye
soul *n.* ነፍስ nefis
sound *a.* ጤናማ tenama
sound *v.i.* ድምጽ አሰማ dimits asema
sound *n* ድምፅ dimits
soup *n.* ሾርባ shoriba
sour *a.* ጐምዛዛ gomizaza
sour *v.t.* ጐመዘዘ gomezeze
source *n.* ምንጭ minich
south *n.* ደቡብ debub
south *n.* ደቡብ debub
south *adv* በደቡብ bedebub
southerly *a.* ደቡባዊ debubawi
southern *a.* የደቡብ yedebub
souvenir *n.* የማስታወሻ ዕቃ yemasitawesha eiqa
sovereign *n.* ንጉሠ ነገሥታት niguse negesitat
sovereign *a* ራሱን በራሱ የሚያስተዳድር rasun berasu yemiyasitedadir
sovereignty *n.* ነፃነት netsanet
sow *v.t.* እንስት አሣማ einisit asama
sow *n.* መዝራት mezirat
space *n.* ቦታ bota
space *v.t.* ክፍተት ሰጠ kifitet sete
spacious *a.* ሰፊ sefi
spade *n.* አካፋ akafa
spade *v.t.* ቆፈረ qofere
span *n.* ስንዝር sinizir
span *v.t.* ሰነዘረ senezere
Spaniard *n.* ስፔናዊ sipenawi
spaniel *n.* የውሻ ዓይነት yewisha ayinet
Spanish *a.* የስፔን yesipen
Spanish *n.* የስፓኝ ቋንቋ yesipany qwaniqwa
spanner *n.* መፍቻ meficha
spare *v.t.* መተው metew
spare *a* የተረፈ yeterefe
spare *n.* ማትረፍ matiref
spark *n.* ፍንጣሪ finitari

spark *v.i.* አነሳሳ anesasa
spark *n.* ጭላንጭል chilanichil
sparkle *v.i.* አብለጨለጨ abilecheleche
sparkle *n.* ነፀብራቅ netsebiraq
sparrow *n.* ድምቢጥ dimibit
sparse *a.* የሳሳ yesasa
spasm *n.* የጡንቻ መኮማተር yetunicha mekomater
spasmodic *a.* አልፎ አልፎ የሚሆን ግጭት alifo alifo yemihon gichit
spate *n.* ተራ ግጭት tera gichit
spatial *a.* የጠፈር yetefer
spawn *n.* የዐሳ እንቁላል yeasa einiqulal
spawn *v.i.* እንቁላል መጣል einiqulal metal
speak *v.i.* ተናገረ tenagere
speaker *n.* ተናጋሪ tenagari
spear *n.* ጦር tor
spear *v.t.* በጦር ወጋ betor wega
spearhead *n.* ግንባር ቀደም የሆነ ginibar qedem yehone
spearhead *v.t.* ግንባር ቀደም ሆነ ginibar qedem hone
special *a.* የተለየ yeteleye
specialist *n.* ልዩ ባለሞያ liyu balemoya
speciality *n.* የተለየ ሙያ yeteleye muya
specialization *n.* በተለየ ሙያ መሰልጠን beteleye muya meseliten
specialize *v.i.* በተለየ ሙያ ሰለጠነ beteleye muya seletene
species *n.* ዝርያ ziriya
specific *a.* የተወሰነ yetewesene
specification *n.* ዝርዝር ስምምነት zirizir simiminet
specify *v.t.* በስም መለየት besim meleyet
specimen *n.* ንጉሠ ነገሥታት niguse negesitat
speck *n.* ጠብታ tebita
spectacle *n.* ማየት mayet
spectacular *a.* አስደናቂ asidenaqi
spectator *n.* ተመልካች temelikach
spectre *n.* የሞት መንፈስ yemot menifes
speculate *v.i.* አሰበ asebe
speculation *n.* ግምት gimit
speech *n.* ንግግር nigigir
speed *n.* ፍጥነት fitinet
speed *v.i.* ፈጠነ fetene
speedily *adv.* በከፍተኛ ፍጥነት bekefitenya fitinet
speedy *a.* ፈጣን fetan
spell *n.* ድግምት digimit
spell *v.t.* ፃፈ tsafe
spell *n* የተወሰነ ጊዜ yetewesene gize
spend *v.t.* አወጣ aweta
spendthrift *n.* አባካኝ ሰው abakany sew
sperm *n.* የወንድ ዘር ፈሳሽ yewenid zer fesash
sphere *n.* ሉል lul
spherical *a.* ክብ kib
spice *n.* ቅመም qimem
spice *v.t.* ቅመም ጨመረ qimem chemere
spicy *a.* ቅመም የበዛበት qimem yebezabet
spider *n.* ሸረሪት shererit
spike *n.* የሾለ ብረት yeshole biret
spike *v.t.* በሳ besa
spill *v.i.* ሞልቶ ፈሰሰ molito fesese
spill *n* የፈሰሰ ነገር yefesese neger
spin *v.i.* ፈተለ fetele
spin *n.* መፍተል mefitel
spinach *n.* ጥቅል ጐመን tiqil gomen

spinal *a.* የጀርባ አጥንት yejeriba atinit
spindle *n.* እንዝርት einizirit
spine *n.* አከርካሪ akerikari
spinner *n.* ፈታይ fetay
spinster *n.* ያላገባች ሴት yalagebach set
spiral *n.* ሞላላ ቅርጽ ያለው molala qirits yalew
spiral *a.* ጠምዛዛ temizaza
spirit *n.* መንፈስ menifes
spirited *a.* ወኔ ያለው wene yalew
spiritual *a.* መንፈሳዊ menifesawi
spiritualism *n.* ሙታን ከሕያዋን ጋር ይነጋገራሉ የሚል እምነት mutan kehiyawan gar yinegageralu yemil eiminet
spiritualist *n.* ሙታን ከሕያዋን የሚያገናኝ mutan kehiyawan yemiyagenany
spirituality *n.* መንፈሳዊነት menifesawinet
spit *v.i.* መትፋት metifat
spit *n* ምራቅ miraq
spite *n.* ክፋት kifat
spittle *n* አክታ akita
spittoon *n.* መትፊያ metifiya
splash *v.i.* ውሃ ተረጨ wiha tereche
splash *n* ውሃ መርጨት wiha merichet
spleen *n.* ጣፊያ tafiya
splendid *a.* የደመቀ yedemeqe
splendour *n.* ድምቀት dimiqet
splinter *n.* ስንጥር sinitir
splinter *v.t.* ተለየ teleye
split *v.i.* ሰነጠቀ seneteqe
split *n* ስንጥቅ sinitiq
spoil *v.t.* አበላሸ abelashe
spoil *n* ምርኮ miriko
spoke *n.* መደገፊያ ሽቦ medegefiya shibo
spokesman *n.* ቃል አቀባይ qal aqebay
sponge *n.* ሰፍነግ sefineg
sponge *v.t.* በሰፍነግ ወለወለ besefineg welewele
sponsor *n.* ደጋፊ degafi
sponsor *v.t.* ድጋፍ አደረገ digaf aderege
spontaneity *n.* ድንገተኛ dinigetenya
spontaneous *a.* ድንገት የሆነ diniget yehone
spoon *n.* ማንኪያ manikiya
spoon *v.t.* በማንኪያ ለካ bemanikiya leka
spoonful *n.* አንድ ማንኪያ ሙሉ anid manikiya mulu
sporadic *a.* አልፎ አልፎ የሚደረግ alifo alifo yemidereg
sport *n.* ስፖርት siporit
sport *v.i.* ተጫወተ techawete
sportive *a.* ተጫዋች techawach
sportsman *n.* ስፖርተኛ siporitenya
spot *n.* ምልክት milikit
spot *v.t.* አበላሸ abelashe
spotless *a.* ንፁሕ nitsuh
spousal *n.* የባለቤት yebalebet
spouse *n.* ባለቤት balebet
spout *n.* ፈሳሽ ማስወጫ fesash masiwecha
spout *v.i.* ረጨ reche
sprain *n.* ወለምታ welemita
sprain *v.t.* ወለም አለው welem alew
spray *n.* የአበባ ግንጣይ yeabeba ginitay
spray *n* የሚረጭ ውሃ yemirech wiha
spray *v.t.* አርከፈከፈ arikefekefe
spread *v.i.* ተዛመተ tezamete
spread *n.* መዘርጋት mezerigat

spree *n.* አጭር የእረፍት ጊዜ achir yeeirefit gize
sprig *n.* የዛፍ ቅርንጫፍ yezaf qirinichaf
sprightly *a.* ቀልጣፋ qelitafa
spring *v.i.* ዘሎ ተነሳ zelo tenesa
spring *n* ምንጭ minich
sprinkle *v. t.* አርከፈከፈ arikefekefe
sprint *v.i.* በፍጥነት ሮጠ befitinet rote
sprint *n* ፈጣን ሩጫ fetan rucha
sprout *v.i.* አጎነቆለ agoneqole
sprout *n* በቆልት beqolit
spur *n.* በፈረሰኛ ጫማ ላይ ያለ የፈረስ መኰርኰሪየ ብረት beferesenya chama lay yale yeferes me□rikoriye
spur *v.t.* አጎነቆለ agoneqole
spurious *a.* በቆልት beqolit
spurn *v.t.* አባረረ abarere
spurt *v.i.* ፈለቀ feleqe
spurt *n* መፍለቅ mefileq
sputnik *n.* የራሽያ ሳተላይት yerashiya satelayit
sputum *n.* አክታ akita
spy *n.* ሰላይ selay
spy *v.i.* ሰለለ selele
squad *n.* አነስተኛ የወታደሮች ቡድን anesitenya yewetaderoch budin
squadron *n.* የአየር ኃይል ቡድን yeayer hayil budin
squalid *a.* ቆሻሻ qoshasha
squalor *n.* መቆሸሽ meqoshesh
squander *v.t.* አባከነ abakene
square *n.* አደባባይ adebabay
square *a* አራቱም ጎን እኩል የሆነ aratum gon eikul yehone
square *v.t.* ተመሳሰለ temesasele
squash *v.t.* ጨፈለቀ chefeleqe
squash *n* ዱባ duba
squat *v.i.* ቁጢጥ አለ qutit ale
squeak *v.i.* ሲጢጥ አለ sitit ale
squeak *n* ሲጢጥ ማለት sitit malet
squeeze *v.t.* ጨመቀ chemeqe
squint *v.i.* ተንሸዋረረ tenishewarere
squint *n* ሸውራራ shewirara
squire *n.* የመሬት ባላባት yemeret balabat
squirrel *n.* ሽኮኮ shikoko
stab *v.t.* ወጋ wega
stab *n.* መውጋት mewigat
stability *n.* ፅናት tsinat
stabilization *n.* መፅናት metsinat
stabilize *v.t.* አረጋጋ aregaga
stable *a.* የረጋ yerega
stable *n* ጋጣ gata
stable *v.t.* በጋጣ አስጠለለ begata asitelele
stadium *n.* እስታዲየም eisitadiyem
staff *n.* ሠራተኞች seratenyoch
staff *v.t.* ሠራተኛ ቀጠረ seratenya qetere
stag *n.* ወንድ አጋዘን wenid agazen
stage *n.* መድረክ medirek
stage *v.t.* መድረክ መራ medirek mera
stagger *v.i.* ተንገዳገደ tenigedagede
stagger *n.* መንገዳገድ menigedaged
stagnant *a.* የማይንቀሳቀስ yemayiniqesaqes
stagnate *v.i.* ዕድገት አቆመ eidiget aqome
stagnation *n.* ዕድገት ማቆም eidiget maqom
staid *a.* ጨዋና የተከበረ chewana yetekebere

stain *n.* ዕድፍ eidif
stain *v.t.* አቆሸሸ aqosheshe
stainless *a.* የማይዝግ yemayizig
stair *n.* ደረጃ dereja
stake *n* ችካል chikal
stake *v.t.* ቸከለ chekele
stale *a.* የሻገተ yeshagete
stale *v.t.* ከብት ማሸናት kebit mashenat
stalemate *n.* ያለመግባባት ደረጃ yalemegibabat dereja
stalk *n.* አገዳ ageda
stalk *v.i.* አደባ adeba
stalk *n* ማድባት madibat
stall *n.* በረት beret
stall *v.t.* ዛሬ ነገ አለ zare nege ale
stallion *n.* ድንጉላ dinigula
stalwart *a.* ጠንካራ tenikara
stalwart *n* ታማኝ ሰው tamany sew
stamina *n.* ድፍረት difiret
stammer *v.i.* ተንተባተበ tenitebatebe
stammer *n* መንተባተብ menitebateb
stamp *n.* ማኅተም mahatem
stamp *v.i.* ረገጠ regete
stampede *n.* ድንገተኛ ሩጫ dinigetenya rucha
stampede *v.i* በረገገ beregege
stand *v.i.* ቆመ qome
stand *n.* አቋም aqwam
standard *n.* ደረጃ dereja
standard *a* መደበኛ medebenya
standardization *n.* ደረጃ ማውጣት dereja mawitat
standardize *v.t.* አንድ ዓይነት አደረገ anid ayinet aderege
standing *n.* ደረጃ dereja
standpoint *n.* አቋም aqwam
standstill *n.* ተቋረጠ teqwarete
stanza *n.* ግጥም gitim
staple *n.* ወረቀት ማያያዣ ሽቦ wereqet mayayazha shebo
staple *a* መሠረታዊ meseretawi
star *n.* ኮከብ kokeb
star *v.t.* የኮከብ ምልክት አደረገ yekokeb milikit aderege
starch *n.* የልብስ ማጠንከሪያ ዱቄት yelibis matenikeriya duqet
starch *v.t.* ልብስ አጠነከረ libis atenekere
stare *v.i.* ፍጥጥ ብሎ አየ fitit bilo aye
stare *n.* ፍጥጥ ብሎ ማየት fitit bilo mayet
stark *n.* እጅግ eijig
stark *adv.* ሙሉ ለሙሉ mulu lemulu
starry *a.* ብሩህ biruh
start *v.t.* ጀመረ jemere
start *n* መጀመሪያ mejemeriya
startle *v.t.* አስደነገጠ asidenegete
starvation *n.* ረሃብ rehab
starve *v.i.* ተራበ terabe
state *n.* ግዛት gizat
state *v.t* ተናገረ tenagere
stateliness *n.* ታላቅነት talaqinet
stately *a.* ግርማ ያለው girima yalew
statement *n.* መግለጫ megilecha
statesman *n.* የፖለቲካ ሰው yepoletika sew
static *n.* የማይንቀሳቀስ yemayiniqesaqes
statics *n.* ስታቲክስ sitatikis
station *n.* ጣቢያ tabiya
station *v.t.* መደበ medebe
stationary *a.* የማይንቀሳቀስ yemayiniqesaqes
stationer *n.* የፅሕፈት መሣሪያ ሻጭ yetsihifet mesariya shach

stationery *n.* የፅሕፈት ዕቃዎች መሸጫ yetsihifet eiqawoch meshecha
statistical *a.* የስታስቲክስ yesitasitikis
statistician *n.* የስታስቲክስ ባለሙያ yesitasitikis balemuya
statistics *n.* ስታስቲክስ sitasitikis
statue *n.* ሐውልት hawilit
stature *n.* ቁመት qumet
status *n.* ሁኔታ huneta
statute *n.* ስርአት siriat
statutory *a.* የስርአት yesiriat
staunch *a.* ታማኝ tamany
stay *v.i.* ቆየ qoye
stay *n* መቆየት meqoyet
steadfast *a.* ፅኑ tsinu
steadiness *n.* ፅናት tsinat
steady *a.* የማይንቀሳቀስ yemayiniqesaqes
steady *v.t.* ተረጋጋ teregaga
steal *v.i.* ሰረቀ sereqe
stealthily *adv.* በስርቆሽ besiriqosh
steam *n* እንፋሎት einifalot
steam *v.i.* ፈላ fela
steamer *n.* በእንፋሎት ኃይል የሚሠራ መርከብ beeinifalot hayil yemisera merikeb
steed *n.* ፈረስ feres
steel *n.* ብረት biret
steep *a.* ቀጥ ያለ qet yale
steep *v.t.* ዘፈዘፈ zefezefe
steeple *n.* ጉልላት gulilat
steer *v.t.* መራ mera
stellar *a.* የኮከብ yekokeb
stem *n.* ግንድ ginid
stem *v.i.* አገደ agede
stench *n.* ግማት gimat
stencil *n.* ማባዣ ወረቀት mabazha wereqet
stencil *v.i.* አባዛ abaza
stenographer *n.* ጸሐፊ tsehafi
stenography *n.* አጭር ጽሕፈት achir tsihifet
step *n.* ደረጃ dereja
step *v.i.* ተራመደ teramede
steppe *n.* በሳር የተሸፈነ ሜዳ besar yeteshefene meda
stereotype *n.* የማይለወጥ ሃሣብ yemayilewet hasab
stereotyped *a.* የተለመደ yetelemede
sterile *a.* መካን mekan
sterility *n.* መካንነት mekaninet
sterilization *n.* ከጀርም ነፃ ማድረግ kejerim netsa madireg
sterilize *v.t.* ከጀርም ነፃ አደረገ kejerim netsa aderege
sterling *a.* እጅግ በጣም ጥሩ eijig betam tiru
sterling *n.* የእንግሊዝ ገንዘብ yeeinigiliz genizeb
stern *a.* ጥብቅ tibiq
stern *n.* የመርከብ የኋለኛ ክፍል yemerikeb yehwalenya kifil
stethoscope *n.* የልብ ምት ማዳመጫ መሣሪያ yelib mit madamecha mesariya
stew *n.* ወጥ wet
stew *v.t.* ወጥ መሥራት wet mesirat
steward *n.* መጋቢ megabi
stick *n.* በትር betir
stick *v.t.* አጣበቀ atabeqe
sticker *n.* የሚለጠፍ ምልክት yemiletef milikit
stickler *n.* ሁሉም ነገር ትክክል ካልሆነ ባይ hulum neger tikikil kalihone bay
sticky *n.* የሚጣበቅ yemitabeq
stiff *n.* ጠንካራ tenikara
stiffen *v.t.* አጠነከረ atenekere
stifle *v.t.* አፈነ afene
stigma *n.* መጥፎ ስም metifo sim

still *a.* የረጋ yerega
still *adv.* አሁንም ahunim
still *v.t.* ዝም አሰኘ zim asenye
still *n.* አልኮል መጥመቂያ ዕቃ alikol metimeqiya eiqa
stillness *n.* ፀጥታ tsetita
stilt *n.* ምርኩዝ mirikuz
stimulant *n.* የሚያነቃቃ ነገር yemiyaneqaqa neger
stimulate *v.t.* አነሳሳ anesasa
stimulus *n.* የሚገፋፋ ነገር yemigefafa neger
sting *v.t.* ነንደፈ nenidefe
sting *n.* መነደፍ menedef
stingy *a.* ስስታም sisitam
stink *v.i.* ሸተተ shetete
stink *n* ሽታ shita
stipend *n.* ደመወዝ demewez
stipulate *v.t.* ገደብ አደረገ gedeb aderege
stipulation *n.* አንቀጽ aniqets
stir *v.i.* አማሰለ amasele
stirrup *n.* እርካብ eirikab
stitch *n.* ክር kir
stitch *v.t.* ሰፋ sefa
stock *n.* ለሽያጭ የተዘጋጀና የተከማቸ ዕቃ leshiyach yetezegajena yetekemache eiqa
stock *v.t.* አከማቸ akemache
stock *a.* የተለመደ yetelemede
stocking *n.* የእግር ሹራብ yeeigir shurab
stoic *n.* ትዕግሥተኛ tieigisitenya
stoke *v.t.* ቆሰቆሰ qoseqose
stoker *n.* እሳት የሚያነድ ሰው eisat yemiyaned sew
stomach *n.* ሆድ hod
stomach *v.t.* የሆድ ቁርጠት yehod quritet
stone *n.* ድንጋይ dinigay
stone *v.t.* በድንጋይ ወገረ bedinigay wegere
stony *a.* ድንጋያማ dinigayama
stool *n.* በርጩማ berichuma
stoop *v.i.* አጐነበሰ agonebese
stoop *n* ማጐንበስ magonibes
stop *v.t.* አቆመ aqome
stop *n* መቆም meqom
stoppage *n* ማቋረጥ maqwaret
storage *n.* መጋዘን megazen
store *n.* መደብር medebir
store *v.t.* አከማቸ akemache
storey *n.* ፎቅ foq
stork *n.* እርኩም eirikum
storm *n.* አውሎ ነፋስ awilo nefas
storm *v.i.* አውሎ ነፋስ ተነሳ awilo nefas tenesa
stormy *a.* አውሎ ነፋስ ያለበት awilo nefas yalebet
story *n.* ታሪክ tarik
stout *a.* ጉልበታም gulibetam
stove *n.* ምድጃ midija
stow *v.t.* ጠቀጠቀ teqeteqe
straggle *v.i.* ተበታተነ tebetatene
straggler *n.* ኃላ የቀረ hala yeqere
straight *a.* ቀጥ ያለ qet yale
straight *adv.* በቀጥታ beqetita
straighten *v.t.* አቃና aqana
straightforward *a.* ቀጥተኛ qetitenya
straightway *adv.* በቀና beqena
strain *v.t.* ወጠረ wetere
strain *n* ጭንቀት chiniqet
strait *n.* ችግር chigir
straiten *v.t.* አስቸገረ asichegere
strand *v.i.* መርከብ በአሸዋ ተያዘ merikeb beashewa teyaze
strand *n* ክር kir
strange *a.* የተለየ yeteleye
stranger *n.* እንግዳ einigida
strangle *v.t.* አነቀ aneqe
strangulation *n.* መታነቅ metaneq
strap *n.* ጠፍር tefir

strap *v.t.* አሰረ asere
strategem *n.* የመጨረሻ ግብ yemecheresha gib
strategic *a.* ለጦር ዕቅድ ምቹ letor eiqid michu
strategist *n.* የጦር ስልት አዋቂ yetor silit awaqi
strategy *n.* ዕቅድ eiqid
stratum *n.* ድርብርብ ደረጃ diribirib dereja
straw *n.* ሰንበሌጥ senibelet
strawberry *n.* እንጆሪ einijori
stray *v.i.* ተለየ teleye
stray *a* የጠፋ yetefa
stray *n* የጠፋ እንስሳ yetefa einisisa
stream *n.* ወንዝ weniz
stream *v.i.* ፈሰሰ fesese
streamer *n.* በቀጭኑና በረዥሙ የተሸለመ ወረቀት beqechinuna berezhimu yetesheleme wereqet
streamlet *n.* ትንሽ ወንዝ tinish weniz
street *n.* መንገድ meniged
strength *n.* ጥንካሬ tinikare
strengthen *v.t.* አጠነከረ atenekere
strenuous *a.* አስቸጋሪ asichegari
stress *n.* ጭንቀት chiniqet
stress *v.t* ደጋግሞ አሳሰበ degagimo asasebe
stretch *v.t.* ዘረጋ zerega
stretch *n* መዘረጋት mezeregat
stretcher *n.* ቃሬዛ qareza
strew *v.t.* በተነ betene
strict *a.* ጥብቅ tibiq
stricture *n.* ሂስ his
stride *v.i.* ተራመደ teramede
stride *n* እርምጃ eirimija
strident *a.* ጐርናና gorinana
strife *n.* ጠብ teb
strike *v.t.* አድማ መታ adima meta
strike *n* አድማ adima
striker *n.* አድመኛ adimenya
string *n.* ሲባጐ sibago
string *v.t.* ሲባጐ አሰረ sibago asere
stringency *n.* መቸገር mecheger
stringent *a.* በጣም ጥብቅ betam tibiq
strip *n.* ስንጥር sinitir
strip *v.t.* ገፈፈ gefefe
stripe *n.* መስመር mesimer
stripe *v.t.* መስመር አደረገ mesimer aderege
strive *v.i.* ጥረት አደረገ tiret aderege
stroke *n.* ድንገተኛ ሁኔታ dinigetenya huneta
stroke *v.t.* ማሻሸት mashashet
stroke *n* ምት mit
stroll *v.i.* ተንሸራሸረ tenisherashere
stroll *n* ሽርሽር shirishir
strong *a.* ኃይለኛ hayilenya
stronghold *n.* ጠንካራ ምሽግ tenikara mishig
structural *a.* የመዋቅር yemewaqir
structure *n.* መዋቅር mewaqir
struggle *v.i.* ታገለ tagele
struggle *n* ትግል tigil
strumpet *n.* ሴተኛ አዳሪ setenya adari
strut *v.i.* ተጀናተለ tejenatele
strut *n* የድጋፍ እንጨት yedigaf einichet
stub *n.* ጉራጅ guraj
stubble *n.* ገለባ geleba
stubborn *a.* ግትር gitir
stud *n.* ጌጥ get
stud *v.t.* አልፎ አልፎ አገኘ alifo alifo agenye
student *n.* ተማሪ temari

studio *n.* የመስሪያ ክፍል yemesiriya kifil
studious *a.* ጥናት የሚወድ tinat yemiwed
study *v.i.* አጠና atena
study *n.* ጥናት tinat
stuff *n.* ጨርቅ cheriq
stuff *2 v.t.* አጨቀ acheqe
stuffy *a.* የታፈነ yetafene
stumble *v.i.* ተደናቀፈ tedenaqefe
stumble *n.* መደናቀፍ medenaqef
stump *n.* ጉቶ guto
stump *v.t* ተንደርድሮ ገባ tenideridiro geba
stun *v.t.* አስደነበረ asidenebere
stunt *v.t.* በአጭሩ ቀጨ beachiru qeche
stunt *n* አስደናቂ ትርዒት asidenaqi tiriit
stupefy *v.t.* አስደነበረ asidenebere
stupendous *a.* አስደናቂ asidenaqi
stupid *a* ደደብ dedeb
stupidity *n.* ደደብነት dedebinet
sturdy *a.* ጠንካራ tenikara
sty *n.* የአሳማ ጋጥ yeasama gat
stye *n.* የዓይን በሽታ yeayin beshita
style *n.* ዘይቤ zeyibe
subdue *v.t.* አሸነፈ ashenefe
subject *n.* ርዕስ rieis
subject *a* ጥገኛ tigenya
subject *v.t.* አስገበረ asigebere
subjection *n.* ተገዥነት tegezhinet
subjective *a.* የግል yegil
subjudice *a.* የፍርድ አካሔድ yefirid akahed
subjugate *v.t.* አስገዛ asigeza
subjugation *n.* ማስገዛት masigezat
sublet *v.t.* አከራየ akeraye
sublimate *v.t.* የተቀደሰ ተግባር ፈፀመ yeteqedese tegibar fetseme
sublime *a.* ልብ የሚማርክ lib yemimarik
sublime *n* መማረክ memarek
sublimity *n.* ማራኪ ነገር maraki neger
submarine *n.* ሰርጓጅ መርከብ serigwaj merikeb
submarine *a* ሰርጓጅ serigwaj
submerge *v.i.* ጠለቀ teleqe
submission *n.* ማቅረብ maqireb
submissive *a.* ትሁት tihut
submit *v.t.* አቀረበ aqerebe
subordinate *a.* የበታች yebetach
subordinate *n* የበታች ሰው yebetach sew
subordinate *v.t.* የበታች አደረገ yebetach aderege
subordination *n.* መገዛት megezat
subscribe *v.t.* ሊሰጥ ቃል ገባ liset qal geba
subscription *n.* በተወሰነ ጊዜ የሚከፈል ገንዘብ betewesene gize yemikefel genizeb
subsequent *a.* ተከታይታ teketayita
subservience *n.* አገልጋይነት ageligayinet
subservient *a.* የሚያገለግል yemiyagelegil
subside *v.i.* ፀጥ አለ tset ale
subsidiary *a.* የሚያገግዝ yemiyagegiz
subsidize *v.t.* የገንዘብ ድጋፍ አደረገ yegenizeb digaf aderege
subsidy *n.* የገንዘብ ድጋፍ yegenizeb digaf
subsist *v.i.* በሕይወት ቆየ behiyiwet qoye
subsistence *n.* በሕይወት ማቆያ behiyiwet maqoya
substance *n.* ፍሬ ነገር fire neger

substantial *a.* የተጨበጠ yetechebete
substantially *adv.* በመሠረቱ bemeseretu
substantiate *v.t.* አረጋገጠ aregagete
substantiation *n.* ማረጋገጥ maregaget
substitute *n.* ተተኪ teteki
substitute *v.t.* ተካ teka
substitution *n.* መተካካት metekakat
subterranean *a.* ከመሬት በታች kemeret betach
subtle *n.* ረቂቅ reqiq
subtlety *n.* የረቀቀ yereqeqe
subtract *v.t.* ቀነሰ qenese
subtraction *n.* መቀነስ meqenes
suburb *n.* ከተማ ዳር ketema dar
suburban *a.* የከተማ ዳር yeketema dar
subversion *n.* መገልበጥ megelibet
subversive *a.* የመንግስት ተቃዋሚ yemenigisit teqawami
subvert *v.t.* ገለበጠ gelebete
succeed *v.i.* ተሳካ tesaka
success *n.* የስራ መሳካት yesira mesakat
successful *a* ስኬታማ siketama
succession *n.* መከተል meketel
successive *a.* ተከታታይ teketatay
successor *n.* ተተኪ teteki
succour *n.* እርዳታ eiridata
succour *v.t.* ረዳ reda
succumb *v.i.* ተሸነፈ teshenefe
such *a.* እንደዚህ einidezih
such *pron.* እከሌ eikele
suck *v.t.* ጠባ teba
suck *n.* መጥባት metibat
suckle *v.t.* አጠባ ateba
sudden *n.* ድንገተኛ dinigetenya
suddenly *adv.* በድንገት bediniget
sue *v.t.* ከሰሰ kesese
suffer *v.t.* ተሰቃየ teseqaye
suffice *v.i.* በቃ beqa
sufficiency *n.* መብቃት mebiqat
sufficient *a.* በቂ beqi
suffix *n.* ድህረ ግንድ ቅጥያ dihire ginid qitiya
suffix *v.t.* ድህረ ግንድ ቀጠለ dihire ginid qetele
suffocate *v.t* አነቀ aneqe
suffocation *n.* መታፈን metafen
suffrage *n.* የምርጫ መብት yemiricha mebit
sugar *n.* ስኳር sikwar
sugar *v.t.* በስኳር አጣፈጠ besikwar atafete
suggest *v.t.* ሐሳብን አቀረበ hasabin aqerebe
suggestion *n.* የቀረበ ሀሳብ yeqerebe hasab
suggestive *a.* የሚያሳስብ yemiyasasib
suicidal *a.* አጥፊ atifi
suicide *n.* ራስን መግደል rasin megidel
suit *n.* ሙሉ ልብስ mulu libis
suit *v.t.* ተስማማ tesimama
suitability *n.* ተስማሚነት tesimaminet
suitable *a.* ተስማሚ tesimami
suite *n.* ክፍሎች kifiloch
suitor *n.* የሚያሽኮረምም yemiyashikoremim
sullen *a.* ቁጡ qutu
sulphur *n.* ድኝ diny
sulphuric *a.* የድኝ yediny
sultry *a.* ሞቃታማ moqatama
sum *n.* ድምር dimir
sum *v.t.* ደመረ demere
summarily *adv.* ባስቸኳይ basichekway

summarize *v.t.* ባጭር አጠቃለለ bachir ateqalele
summary *n.* ማጠቃለያ mateqaleya
summary *a* የማጠቃለያ yemateqaleya
summer *n.* በጋ bega
summit *n.* ከፍታ kefita
summon *v.t.* ጠራ tera
summons *n.* መጥሪያ metiriya
sumptuous *a.* ውድ wid
sun *n.* ፀሐይ tsehay
sun *v.t.* ፀሐይ መታው tsehay metaw
Sunday *n.* እሁድ eihud
sunder *v.t.* ለያየ leyaye
sundary *a.* ልዩ ልዩ liyu liyu
sunny *a.* ፀሐያማ tsehayama
sup *v.i.* ቀስ ብሎ በላ qes bilo bela
superabundance *n.* ትርፍ tirif
superabundant *a.* ከበቂ በላይ kebeqi belay
superb *a.* አስደናቂ asidenaqi
superficial *a.* ጥልቀት የሌለው tiliqet yelelew
superficiality *n.* ግልብነት gilibinet
superfine *a.* ጥራቱ በጣም ከፍተኛ የሆነ tiratu betam kefitenya yehone
superfluity *n.* ትርፍ tirif
superfluous *a.* ከሚፈለገው በላይ kemifelegew belay
susperhuman *a.* ከሰው አቅም በላይ kesew aqim belay
superintend *v.t.* ጠበቀ tebeqe
superintendence *n.* ቁጥጥር qutitir
superintendent *n.* ተቆጣጣሪ teqotatari
superior *a.* የበላይ yebelay

superiority *n.* የበላይነት yebelayinet
superlative *a.* ከሁሉ የላቀ kehulu yelaqe
superlative *n.* አክብሮት akibirot
superman *n.* ከሌሎች የላቀ ሰው keleloch yelaqe sew
supernatural *a.* ከተፈጥሮ ሕግ ውጭ የሆነ ketefetiro hig wich yehone
supersede *v.t.* ተካ teka
supersonic *a.* ከድምፅ በላይ የሚፈጥን kedimits belay yemifetin
superstition *n.* በጣኦት ማመን betaot mamen
superstitious *a.* በጣኦት የሚያምን betaot yemiyamin
supertax *n.* ተጨማሪ ቀረጥ techemari qeret
supervise *v.t.* ተቆጣጠረ teqotatere
supervision *n.* ቁጥጥር qutitir
supervisor *n.* ተቆጣጣሪ teqotatari
supper *n.* እራት eirat
supple *a.* በቀላሉ የሚተጣጠፍ beqelalu yemitetatef
supplement *n.* ተጨማሪ techemari
supplement *v.t.* አሟላ amwala
supplementary *a.* በተጨማሪ የሚያገለግል betechemari yemiyagelegil
supplier *n.* አቅራቢ aqirabi
supply *v.t.* አቀረበ aqerebe
supply *n* አቅርቦት aqiribot
support *v.t.* ደገፈ degefe
support *n.* ድጋፍ digaf
suppose *v.t.* መሰለ mesele
supposition *n.* መምሰል memisel
suppress *v.t.* ጨቆነ cheqone
suppression *n.* መጨቆን mecheqon

supremacy *n.* የበላይነት yebelayinet
supreme *a.* ከፍተኛ kefitenya
surcharge *n.* ተጨማሪ ዋጋ techemari waga
surcharge *v.t.* ዋጋ ጨመረ waga chemere
sure *a.* እርግጠኛ eirigitenya
surely *adv.* በእርግጥ beeirigit
surety *n.* ዋስትና wasitina
surf *n.* የማእበል አረፋ yemaeibel arefa
surface *n.* ገፅ gets
surface *v.i* ታየ taye
surfeit *n.* ከመጠን በላይ kemeten belay
surge *n.* ሞገድ moged
surge *v.i.* ተገፋ tegefa
surgeon *n.* ቀዶ ጠጋኝ ሀኪም qedo tegany hakim
surgery *n.* ቀዶ ጥገና qedo tigena
surmise *n.* ግምት gimit
surmise *v.t.* ገመተ gemete
surmount *v.t.* አሸነፈ ashenefe
surname *n.* የአባት ስም yeabat sim
surpass *v.t.* በለጠ belete
surplus *n.* ትርፍ tirif
surprise *n.* አስገራሚ asigerami
surprise *v.t.* አስገረመ asigereme
surrender *v.t.* ማረከ mareke
surrender *n* መማረክ memarek
surround *v.t.* ከበበ kebebe
surroundings *n.* አካባቢ akababi
surtax *n.* ሱር ታክስ sur takis
surveillance *n.* መቆጣጠር meqotater
survey *n.* ጥናት tinat
survey *v.t.* ቀየሰ qeyese
survival *n.* መትረፍ metiref
survive *v.i.* ዳነ dane
suspect *v.t.* ጠረጠረ teretere
suspect *a.* የሚጠረጠር yemitereter
suspect *n* ተጠራጣሪ ሰው teteratari sew
suspend *v.t.* አንጠለጠለ aniteletele
suspense *n.* መንጠልጠል menitelitel
suspension *n.* ለጊዜው ማቆም legizew maqom
suspicion *n.* ጥርጣሬ tiritare
suspicious *a.* አጠራጣሪ ateratari
sustain *v.t.* ደገፈ degefe
sustenance *n.* ምግብ migib
swagger *v.i.* በኩራት ተራመደ bekurat teramede
swagger *n* በኩራት መራመድ bekurat meramed
swallow *v.t.* ዋጠ wate
swallow *n.* መዋጥ mewat
swallow *n.* ትንሽ ወፍ tinish wef
swamp *n.* ረግረግ regireg
swamp *v.t.* አጥለቀለቀ atileqeleqe
swan *n.* ዳክዬ dakiye
swarm *n.* የንብ መንጋ yenib meniga
swarm *v.i.* ጐረፈ gorefe
swarthy *a.* ጥቁር tiqur
sway *v.i.* ተወዛወዘ tewezaweze
sway *n* መወዝወዝ meweziwez
swear *v.t.* ማለ male
sweat *n.* ላብ lab
sweat *v.i.* አላበው alabew
sweater *n.* ሹራብ shurab
sweep *v.i.* ጠረገ terege
sweep *n.* መጥረግ metireg
sweeper *n.* መጥረጊያ metiregiya
sweet *a.* ጣፋጭ tafach
sweet *n* ከረሜላ keremela
sweeten *v.t.* አጣፈጠ atafete
sweetmeat *n.* ጣፋጭ tafach
sweetness *n.* ጣፋጭነት tafachinet
swell *v.i.* አበጠ abete

swell *n* ማበጥ mabet
swift *a.* ፈጣን fetan
swim *v.i.* ዋኘ wanye
swim *n* መዋኘት mewanyet
swimmer *n.* ዋናተኛ wanatenya
swindle *v.t.* አጭበረበረ achiberebere
swindle *n.* ማጭበርበር machiberiber
swindler *n.* አጭበርባሪ achiberibari
swine *n.* አሳማ asama
swing *v.i.* ተወዛወዘ tewezaweze
swing *n* ማወዛወዝ mawezawez
swiss *n.* ሲዊዛዊ siwizawi
swiss *a* የሲዊዝ yesiwiz
switch *n.* ማብሪያ ማጥፊያ mabiriya matifiya
switch *v.t.* ለወጠ lewete
swoon *n.* ራስን መሳት rasin mesat
swoon *v.i* አዙሮት ወደቀ azurot wedeqe
swoop *v.i.* ድንገት ወርዶ ነጠቀ diniget werido neteqe
swoop *n* ድንገት ወርዶ መንጠቅ diniget werido meniteq
sword *n.* ጎራዴ gorade
sycamore *n.* ዋርካ warika
sycophancy *n.* ማስመሰል masimesel
sycophant *n.* ለጥቅም የሚደልል ሰው letiqim yemidelil sew
syllabic *n.* ክፍለ ቃል kifile qal
syllable *n.* ክፍለ ቃል kifile qal
syllabus *n.* ሥርአተ ትምህርት siriate timihirit
sylph *n.* ሸንቃጣ ሴት sheniqata set
sylvan *a.* የእንጨት yeeinichet
symbol *n.* ተምሳሌት temisalet
symbolic *a.* ምሳሌ misale
symbolism *n.* ምሳሌነት misalenet
symbolize *v.t.* ምሳሌ ነው misale new
symmetrical *a.* ተመጣጣኝ temetatany
symmetry *n.* የተመጣጠነ ቅርፅ yetemetatene qirits
sympathetic *a.* አሳዛኝ asazany
sympathize *v.i.* አዘነ azene
sympathy *n.* የሐዘን ተካፋይ መሆን yehazen tekafay mehon
symphony *n.* የኦኬስትራ ሙዚቃ yeokesitira muziqa
symposium *n.* ጉባኤ gubae
symptom *n.* ምልክት milikit
symptomatic *a.* የበሽታ ምልክት yebeshita milikit
synonym *n.* ተመሳሳይ ምልክት temesasay milikit
synonymous *a.* ተመሳሳይ temesasay
synopsis *n.* ዋና ሃሳብ wana hasab
syntax *n.* አግባብ agibab
synthesis *n.* ያዋሃደ yawahade
synthetic *a.* ሰው ሰራሽ sew serash
synthetic *n* ሰው ሰራሽ ነገር sew serash neger
syringe *n.* የሀኪም መርፌ yehakim merife
syringe *v.t.* መርፌ ወጋ merife wega
syrup *n.* ሹሮፕ shurop
system *n.* ሥርዓት siriat
systematic *a.* ሥርዓት ያለው siriat yalew
systematize *v.t.* ሥርዓት አወጣ siriat aweta

T

table *n.* ጠረጴዛ terepeza
table *v.t.* አቆየ aqoye
tablet *n.* ክኒን kinin
taboo *n.* የተከለከለ ነገር yetekelekele neger
taboo *a* የተከለከለ yetekelekele
taboo *v.t.* ከለከለ kelekele
tabular *a.* በሰንጠረዥ የተሰራ beseniterezh yetesera
tabulate *v.t.* በሰንጠረዥ አዘጋጀ beseniterezh azegaje
tabulation *n.* በሰንጠረዥ መመደብ beseniterezh memedeb
tabulator *n.* በሰንጠረዥ መሥሪያ beseniterezh mesiriya
tacit *a.* ዝም የሚል zim yemil
taciturn *a.* ዝምተኛ zimitenya
tackle *n.* የስፖርት መሳሪያ yesiporit mesariya
tackle *v.t.* አስቸጋሬ ነገርን ተወጣ asichegare negerin teweta
tact *n.* ብልሃት bilihat
tactful *a.* የብልሃት yebilihat
tactician *n.* ብልሕ bilih
tactics *n.* ዘዴ zede
tactile *a.* የሚዳስስ yemidasis
tag *n.* የሚለጠፍ ምልክት yemiletef milikit
tag *v.t.* ምልክት አደረገ milikit aderege
tail *n.* ጅራት jirat
tailor *n.* ልብስ ሰፊ libis sefi
tailor *v.t.* ልብስ ሰፋ libis sefa
taint *n.* መበከል mebekel
taint *v.t.* በከለ bekele
take *v.t* ወሰደ wesede
tale *n.* ታሪክ tarik
talent *n.* ተሰጥኦ tesetio
talisman *n.* ክታብ kitab
talk *v.i.* ተናገረ tenagere
talk *n* ንግግር nigigir
talkative *a.* ለፍላፊ lefilafi
tall *a.* ረጅም rejim
tallow *n.* የእንስሳ ሞራ yeeinisisa mora
tally *n.* መቁጠር mequter
tally *v.t.* ተስማማ tesimama
tamarind *n.* የዛፍ አይነት yezaf ayinet
tame *a.* ለማዳ lemada
tame *v.t.* አላመደ alamede
tamper *v.i.* ጣልቃ ገባ taliqa geba
tan *v.i.* ቆዳ አለፋ qoda alefa
tan *n., a.* ፈዛዛ ቡኒ fezaza buni
tangent *n.* ታካኪ መስመር takaki mesimer
tangible *a.* የሚጨበጥ yemichebet
tangle *n.* ጥልፍልፍ tilifilif
tangle *v.t.* አጠላለፈ atelalefe
tank *n.* ታንክ tanik
tanker *n.* ጫኝ መርከብ chany merikeb
tanner *n.* ቆዳ ፋቂ qoda faqi
tannery *n.* ቆዳ ፋብሪካ qoda fabirika
tantalize *v.t.* አሰቃየ aseqaye
tantamount *a.* እኩል eikul
tap *n.* ቧንቧ bwanibwa
tap *v.t.* መታመታ አደረገ metameta aderege
tape *n.* የቴፕ ክር yetep kir
tape *v.t* አጣበቀ atabeqe
taper *v.i.* ሹል አደረገ shul aderege
taper *n* ጧፍ f
tapestry *n.* ስጋጃ sigaja
tar *n.* ሬንጅ renij
tar *v.t.* አስፋልት አለበሰ asifalit alebese

target *n.* ኢላማ ilama
tariff *n.* ቀረጥ qeret
tarnish *v.t.* ወየበ weyebe
task *n.* ተግባር tegibar
task *v.t.* ተግባር ሰጠ tegibar sete
taste *n.* መቅመስ meqimes
taste *v.t.* ቀመሰ qemese
tasteful *a.* ጣፋጭ tafach
tasty *a.* ጣፋጭ tafach
tatter *n.* ዘባተሎ zebatelo
tatter *v.t* ቀደደ qedede
tattoo *n.* ንቅሳት niqisat
tattoo *v.i.* ነቀሰ neqese
taunt *v.t.* አንጓጠጠ anigwatete
taunt *n* ማንጓጠጥ manigwatet
tavern *n.* መጠጥ ቤት metet bet
tax *n.* ቀረጥ qeret
tax *v.t.* ቀረጠ qerete
taxable *a.* የሚቀረጥ yemiqeret
taxation *n.* የቀረጥ አከፋፈል yeqeret akefafel
taxi *n.* ታክሲ takisi
taxi *v.i.* በታክሲ ሄደ betakisi hede
tea *n* ሻይ shay
teach *v.t.* አስተማረ asitemare
teacher *n.* አስተማሪ asitemari
teak *n.* የወይራ ዛፍ yeweyira zaf
team *n.* ቡድን budin
tear *v.t.* ቀደደ qedede
tear *n.* ቀዳዳ qedada
tear *n.* እንባ einiba
tearful *a.* አሳዛኝ asazany
tease *v.t.* አሾፈ ashofe
teat *n.* የጡት ጫፍ yetut chaf
technical *n.* ሙያ muya
technicality *n.* ሙያዊ muyawi
technician *n.* ሙያተኛ muyatenya
technique *n.* ብልሃት bilihat
technological *a.* የቴክኖሎጂ yetekinoloji
technologist *n.* ቴክኖሎጂ አዋቂ tekinoloji awaqi
technology *n.* ቴክኖሎጂ tekinoloji
tedious *a.* አሰልቺ aselichi
tedium *n.* መሰልቸት meselichet
teem *v.i.* ሞላ mola
teenager *n.* ወጣት wetat
teens *n. pl.* ታዳጊ ወጣት tadagi wetat
teethe *v.i.* ጥርስ አወጣ tiris aweta
teetotal *a.* መጠጥ የማይጠጣ metet yemayiteta
teetotaller *n.* መጠጥ የማይጠጣ ሰው metet yemayiteta sew
telecast *n.* የቴሌቭዥን ስርጭት yetele□zhin sirichit
telecast *v.t.* በቴሌቭዥን አሰራጨ betele□zhin aserache
telecommunications *n.* የመገናኛ ስልክ yemegenanya silik
telegram *n.* ቴሌግራም telegiram
telegraph *n.* ቴሌግራም telegiram
telegraph *v.t.* ቴሌግራም አደረገ telegiram aderege
telegraphic *a.* የቴሌግራም yetelegiram
telegraphist *n.* ቴሌግራም የሚልክ ሰው telegiram yemilik sew
telegraphy *n.* ቴሌግራም መላክ telegiram melak
telepathic *a.* የአእምሮ yeaeimiro
telepathist *n.* የአእምሮ የሚረዳ ሰው yeaeimiro yemireda sew
telepathy *n.* የአእምሮ ግንኙነት yeaeimiro gininyunet
telephone *n.* ስልክ silik
telephone *v.t.* ደወለ dewele
telescope *n.* አጉልቶ የሚያሳይ መነፅር agulito yemiyasay menetsir

telescopic *a.* ጎልቶ የሚታይ golito yemitay
televise *v.t.* በቴሌቪዥን አስተላለፈ betelevizhin asitelalefe
television *n.* ቴሌቪዥን televizhin
tell *v.t.* ነገረ negere
teller *n.* ገንዘብ ከፋይ genizeb kefay
temper *n.* ንዴት nidet
temper *v.t.* ማለዘብ malezeb
temperament *n.* አመል amel
temperamental *a.* ግልፍተኛ gilifitenya
temperance *n.* በመጠን ማድረግ bemeten madireg
temperate *a.* መካከለኛ mekakelenya
temperature *n.* የአየር ሁኔታ yeayer huneta
tempest *n.* አውሎ ነፋስ awilo nefas
tempestuous *a.* የከፍተኛ ስሜት yekefitenya simet
temple *n.* ቤተ መቅደስ bete meqides
temporal *a.* ምድራዊ midirawi
temporary *a.* ጊዜያዊ gizeyawi
tempt *v.t.* ገፋፋ gefafa
temptation *n.* ፈታኝ fetany
tempter *n.* ተፈታታኝ ሰው tefetatany sew
ten *n., a* አስር asir
tenable *a.* የማይጋፉት yemayigafut
tenacious *a.* ግትር gitir
tenacity *n.* ጽናት tsinat
tenancy *n.* የኪራይ ጊዜ yekiray gize
tenant *n.* ተከራይ ሰው tekeray sew
tend *v.i.* አዝማሚያ አሳየ azimamiya asaye
tendency *n.* ዝንባሌ zinibale
tender *n* እቃ አቅራቢ ጀልባ eiqa aqirabi jeliba
tender *v.t.* አጫረተ acharete
tender *n* ጨረታ chereta
tender *a* ሆደ ባሻ hode basha
tenet *n.* መሰረታዊ መመሪያ meseretawi memeriya
tennis *n.* የሜዳ ቴኒስ ጨዋታ yemeda tenis chewata
tense *n.* ጊዜያት gizeyat
tense *a.* የአእምሮ ጭንቀት ያለበት yeaeimiro chiniqet yalebet
tension *n.* የአእምሮ ጭንቀት yeaeimiro chiniqet
tent *n.* ድንኳን dinikwan
tentative *a.* የማያስተማምን yemayasitemamin
tenure *n.* የስልጣን ጊዜ yesilitan gize
term *n.* የአንድ ድርጊት መከናወኛ ጊዜ yeanid dirigit mekenawenya gize
term *v.t.* ጠራ tera
terminable *a.* ሊቋረጥ የሚችል liqwaret yemichil
terminal *a.* የመረሻ ደረጃ yemeresha dereja
terminal *n* ጣቢያ tabiya
terminate *v.t.* አቋረጠ aqwarete
termination *n.* ማብቃት mabiqat
terminological *a.* የቃላት yeqalat
terminology *n.* የአንድ ሙያ ተሰያሚ ቃላት yeanid muya teseyami qalat
terminus *n.* አውቶቢስ ተራ awitobis tera
terrace *n.* የቁጠባ ቤቶች yequteba betoch
terrible *a.* መጥፎ metifo
terrier *n.* የአደን ውሻ yeaden wisha

terrific *a.* ድንቅ diniq
terrify *v.t.* አስደነገጠ asidenegete
territorial *a.* የግዛት yegizat
territory *n.* ግዛት gizat
terror *n.* ሽብር shibir
terrarism *n.* ሽብርተኝነት shibiritenyinet
terrorist *n.* አሸባሪ ashebari
terrorize *v.t.* አሸበረ ashebere
terse *a.* እጥር ምጥን ያለ eitir mitin yale
test *v.t.* ፈተነ fetene
test *n* ፈተና fetena
testament *n.* ኪዳን kidan
testicle *n.* ቆለጥ qolet
testify *v.i.* መሰከረ mesekere
testimonial *n.* የምስክር ወረቀት yemisikir wereqet
testimony *n.* የምስክርነት ቃል yemisikirinet qal
tete-a-tete *n.* የሁለት ሰዎች የግል ጨዋታ yehulet sewoch yegil chewata
tether *n.* ሰንሰለት seniselet
tether *v.t.* አሰረ asere
text *n.* ሙሉ ቃል mulu qal
textile *a.* የጨርቃ ጨርቅ yecheriqa cheriq
textile *n* ጨርቃ ጨርቅ cheriqa cheriq
textual *n.* ጽሁፍ tsihuf
texture *n.* የመሻከር ሁኔታ yemeshaker huneta
thank *v.t.* አመሰገነ amesegene
thanks *n.* ምስጋና misigana
thankful *a.* አመስጋኝ amesigany
thankless *a.* ምስጋና ቢስ misigana bis
that *a.* ያ ya
that *dem. pron.* እንደዛ einideza
that *rel. pron.* ያ ya
that *adv.* ያን ያህል yan yahil
that *conj.* እንደ einide
thatch *n.* የሳር ክዳን yesar kidan
thatch *v.t.* ከደነ kedene
thaw *v.i* አቀለጠ aqelete
thaw *n* መቅለጥ meqilet
theatre *n.* ቲያትር tiyatir
theatrical *a.* የቲያትር yetiyatir
theft *n.* ስቆርት siqorit
their *a.* የእነሱ yeeinesu
theirs *pron.* እነርሱ einerisu
theism *n.* እግዚአብሔር እንዳለ ማመን eigiziabiher einidale mamen
theist *n.* በእግዚአብሔር የሚያምን beeigiziabiher yemiyamin
them *pron.* እነሱ einesu
thematic *a.* ጭብጥ chibit
theme *n.* ጭብጥ መልእክት chibit melieikit
then *adv.* በዚያን ጊዜ beziyan gize
then *a* የበፊት yebefit
thence *adv.* ከዚያ keziya
theocracy *n.* በቀሳውስት የሚተዳደር መንግስት beqesawisit yemitedader menigisit
theologian *n.* የሀይማኖት ሊቅ yehayimanot liq
theological *a.* የመንፈሳዊ ትምህርት yemenifesawi timihirit
theology *n.* መንፈሳዊ ትምህርት menifesawi timihirit
theorem *n.* ፎርሙላ forimula
theoretical *a.* በተግባር ያልታየ betegibar yalitaye
theorist *n.* ሀሳብ የሚያመነጭ hasab yemiyamenech
theorize *v.i.* ፅንሰ ሃሳብ አመነጨ tsinise hasab ameneche
theory *n.* ፅንሰ ሃሳብ tsinise hasab

therapy *n.* ህክምና hikimina
there *adv.* እዚያ ቦታ eiziya bota
thereabouts *adv.* እዚያ አካባቢ eiziya akababi
thereafter *adv.* ከዚያ በኋላ keziya behwala
thereby *adv.* በዚያ ምክንያት beziya mikiniyat
therefore *adv.* ስለዚህ silezih
thermal *a.* የሙቀት yemuqet
thermometer *n.* የሙቀት መለኪያ yemuqet melekiya
thermos (flask) *n.* ፔርሙዝ perimuz
thesis *n.* የጥናት ፅሁፍ yetinat tsihuf
thick *a.* ጥቅጥቅ tiqitiq
thick *n.* ጥቅጥቅ ያለ tiqitiq yale
thick *adv.* ወፍራም wefiram
thicken *v.i.* ወፈረ wefere
thicket *n.* ቁጥቋጦ qutiqwato
thief *n.* ሌባ leba
thigh *n.* ጭን chin
thimble *n.* በስፌት ጊዜ ጣት ላይ የሚደረግ besifet gize tat lay yemidereg
thin *a.* ቀጭን qechin
thin *v.t.* አቀጠነ aqetene
thing *n.* ነገር neger
think *v.t.* አሰበ asebe
thinker *n.* ፈላስፋ felasifa
third *a.* ሲሶ siso
third *n.* ሶስተኛ sositenya
thirdly *adv.* በሶስተኛነት besositenyinet
thirst *n.* ውሀ ጥም wiha tim
thirst *v.i.* ተጠማ tetema
thirsty *a.* የሚጠማ yemitema
thirteen *n.* አስራ ሶስት asira sosit
thirteen *a* አስራ ሶስት asira sosit
thirteenth *a.* አስራ ሶስተኛ asira sositenya
thirtieth *a.* ሰላሳኛ selasanya
thirtieth *n* ሰላሳኛ selasanya
thirty *n.* ሰላሳ selasa
thirty *a* ሰላሳኛ selasanya
thistle *n.* ኮሸሽላ kosheshila
thither *adv.* ወደዚያ ቦታ wedeziya bota
thorn *n.* እሾህ eishoh
thorny *a.* እሾህማ eishohima
thorough *a* ጥንቁቅ tiniquq
thoroughfare *n.* ጎዳና godana
though *conj.* ቢሆንም bihonim
though *adv.* ሆኖም honom
thought *n* ሀሳብ hasab
thoughtful *a.* አሳቢ asabi
thousand *n.* ሺህ shih
thousand *a* የሺ yeshi
thrall *n.* ባርያ bariya
thralldom *n.* ባርነት barinet
thrash *v.t.* መታ meta
thread *n.* ክር kir
thread *v.t* ክር አስገባ kir asigeba
threadbare *a.* ያለቀ yaleqe
threat *n.* ማስፈራራት masiferarat
threaten *v.t.* አስፈራራ asiferara
three *n.* ሶስት sosit
three *a* ሶስተኛ sositenya
thresh *v.t.* ወቃ weqa
thresher *n.* ወቂ weqi
threshold *n.* መግቢያ በር megibiya ber
thrice *adv.* ሶስቴ sosite
thrift *n.* መቆጠብ meqoteb
thrifty *a.* ቆጣቢ qotabi
thrill *n.* ጥልቅ ስሜት tiliq simet
thrill *v.t.* አነቃቃ aneqaqa
thrive *v.i.* ዳበረ dabere
throat *n.* ጉሮሮ guroro
throaty *a.* የታፈነ yetafene
throb *v.i.* ትር ትር አለ tir tir ale
throb *n.* ትርታ tirita
throe *n.* ምጥ mit

throne *n.* ዙፋን zufan
throne *v.t.* ነገሰ negese
throng *n.* የተሰበሰበ ሕዝብ yetesebesebe hizib
throng *v.t.* አጥለቀለቀ atileqeleqe
throttle *n.* የፍሰት መቆጣጠሪያ yefiset meqotateriya
throttle *v.t.* ተቆጣጠረ teqotatere
through *prep.* ከዳር እስከዳር kedar eisikedar
through *adv.* በቀጥታ beqetita
through *a* ቀጥታ qetita
throughout *adv.* ሙሉ በሙሉ mulu bemulu
throughout *prep.* በ . . . ጊዜ ሁሉ be . . . gize hulu
throw *v.t.* ወረወረ werewere
throw *n.* መወርወር meweriwer
thrust *v.t.* መውጋት mewigat
thrust *n* መግፋት megifat
thud *n.* ቡፍ አይነት ድምፅ buf ayinet dimits
thud *v.i.* ቡፍ አለ buf ale
thug *n.* አመፀኛ ametsenya
thumb *n.* አውራ ጣት awira tat
thumb *v.t.* በጣቱ ያዘ betatu yaze
thump *n.* ከበሮ መደለቀ kebero medeleqe
thump *v.t.* ከበሮ ደለቀ kebero deleqe
thunder *n.* ነጎድጓድ negodigwad
thunder *v.i.* እያጉረመረመ ሄደ eiyaguremereme hede
thunderous *a.* ከፍተኛ ድምጽ kefitenya dimits
Thursday *n.* ሀሙስ hamus
thus *adv.* ስለዚህ silezih
thwart *v.t.* አገደ agede
tiara *n.* የራስ ጌጥ yeras get
tick *n.* የምልክት ጭረት yemilikit chiret
tick *v.i.* ምልክት አደረገ milikit aderege
ticket *n.* ትኬት tiket
tickle *v.t.* ኮረኮረ korekore
ticklish *a.* የሚኮረኩር yemikorekur
tidal *a.* የማእበል yemaeibel
tide *n.* ማእበል maeibel
tidings *n. pl.* ወሬ were
tidiness *n.* ወሬኛ werenya
tidy *a.* በቦታው አስቀመጠ bebotaw asiqemete
tidy *v.t.* አፀዳ atseda
tie *v.t.* አሰረ asere
tie *n* ከረባት kerebat
tier *n.* ባለደረጃ balederejа
tiger *n.* ነብር nebir
tight *a.* ጠብቆ የታሰረ tebiqo yetasere
tighten *v.t.* አጥብቆ ያዘ atibiqo yaze
tigress *n.* ሴት ነብር set nebir
tile *n.* አራት መአዘን የመሬት ጡብ arat meazen yemeret tub
tile *v.t.* በጡብ ሰራ betub sera
till *prep.* እስከ eisike
till *n. conj.* ካዝና kazina
till *v.t.* አረሰ arese
tilt *v.i.* አዘነበለ azenebele
tilt *n.* ማዝመም mazimem
timber *n.* ሳንቃ saniqa
time *n.* ሰአት seat
time *v.t.* ሰአት ለካ seat leka
timely *a.* የጊዜው yegizew
timid *a.* አይናፋር ayinafar
timidity *n.* ፍርሀት firihat
timorous *a.* ፈሪ feri
tin *n.* ቆርቆሮ qoriqoro
tin *v.t.* በቆርቆሮ ለበጠ beqoriqoro lebete
tincture *n.* ቀለም qelem
tincture *v.t.* ቀባ qeba
tinge *n.* ትንሽ tinish
tinge *v.t.* በስሱ አቀለመ besisu aqeleme

tinker *n.* እቃ አዳሽ eiqa adash
tinsel *n.* ብልጭልጭ ወረቀቶች bilichilich wereqetoch
tint *n.* ስስ ቀለም sis qelem
tint *v.t.* በስሱ ቀባ besisu qeba
tiny *a.* በጣም ትንሽ betam tinish
tip *n.* ጉርሻ gurisha
tip *v.t.* ጉርሻ ሰጠ gurisha sete
tip *n.* ጫፍ chaf
tip *v.t.* ምልክት አደረገ milikit aderege
tip *n.* ጠቃሚ ምክር teqami mikir
tip *v.t.* ምክር ሰጠ mikir sete
tipsy *a.* ሞቅ ያለው moq yalew
tirade *n.* ወቀሳ weqesa
tire *v.t.* አደከመ adekeme
tiresome *a.* አድካሚ adikami
tissue *n.* ለስላሳ ወረቀት lesilasa wereqet
titanic *a.* እጅግ ግዙፍ eijig gizuf
tithe *n.* አስራት asirat
title *n.* ርእስ rieis
titular *a.* የርእስ yerieis
toad *n.* ጉርጥ gurit
toast *n.* ጥብስ tibis
toast *v.t.* ጠበሰ tebese
tobacco *n.* ትምባሆ timibaho
today *adv.* በዛሬ ጊዜ bezare gize
today *n.* ዛሬ zare
toe *n.* የእግር ጣት yeeigir tat
toe *v.t.* በእግር ጣት ነካ beeigir tat neka
toffee *n.* ከወተት የተሰራ ከረሜላ kewetet yetesera keremela
toga *n.* የሮማውያን የወንዶች ካባ yeromawiyan yewenidoch kaba
together *adv.* በጋራ begara
toil *n.* ድካም dikam
toil *v.i.* ለፋ lefa
toilet *n.* መፀዳጃ ቤት metsedaja bet
toils *n. pl.* ድካም dikam
token *n.* ምልክት milikit
tolerable *a.* ሊታገሱት የሚቻል litagesut yemichal
tolerance *n.* ትእግስት tieigisit
tolerant *a.* ቻይ chay
tolerate *v.t.* ታገሰ tagese
toleration *n.* መታገስ metages
toll *n.* ጉዳት gudat
toll *n* የኬላ ቀረጥ yekela qeret
toll *v.t.* የኬላ ቀረጥ ሰበሰበ yekela qeret sebesebe
tomato *n.* ቲማቲም timatim
tomb *n.* መቃብር meqabir
tomboy *n.* ወንዳ ወንድ ሴት wenida wenid set
tomcat *n.* ወንድ ድመት wenid dimet
tome *n.* ከጥራዞች አንዱ ketirazoch anidu
tomorrow *n.* ነገ nege
tomorrow *adv.* በነገው ቀን benegew qen
ton *n.* የክብደት መለኪያ yekibidet melekiya
tone *n.* የድምፅ ቃና yedimits qana
tone *v.t.* የድምፅ ቃና ፈጠረ yedimits qana fetere
tongs *n. pl.* መቆንጠጫ meqonitecha
tongue *n.* ምላስ milas
tonic *a.* ድምጽ የሚቀያይር dimits yemiqeyayir
tonic *n.* የሚያነቃቃ መድሀኒት yemiyaneqaqa medihanit
to-night *n.* ዛሬ ማታ zare mata
tonight *adv.* ዛሬ ማታ zare mata
tonne *n.* አንድ ሺ ኪሎ ግራም anid shi kilo giram
tonsil *n.* እንጥል einitil
tonsure *n.* የመነኮሳት መላጣ yemenekosat melata
too *adv.* ደግሞ degimo

tool *n.* መሳሪያ mesariya
tooth *n.* ጥርስ tiris
toothache *n.* የጥርስ ህመም yetiris himem
toothsome *a.* እጅ የሚያስቆረጥም eij yemiyasiqoretim
top *n.* ራስ ras
top *v.t.* ሸፈነ shefene
top *n.* ክዳን kidan
topaz *n.* ቶጳዝዮን topaziyon
topic *n.* አርእስት arieisit
topical *a.* ወቅታዊ weqitawi
topographer *n.* የመሬት አቀማመጥ ባለሙያ yemeret aqemamet balemuya
topographical *a.* የመሬት አቀማመጥ የሚያሳይ ካርታ yemeret aqemamet yemiyasay karita
topography *n.* የመሬት አቀማመጥ yemeret aqemamet
topple *v.i.* ተገነደሰ tegenedese
topsy turvy *a.* መላቅጡ የጠፋ melaqitu yetefa
topsy turvy *adv* መላቅጡ የጠፋ melaqitu yetefa
torch *n.* ችቦ chibo
torment *n.* ስቃይ siqay
torment *v.t.* አሰቃየ aseqaye
tornado *n.* ዓውሎ ንፋስ awilo nifas
torpedo *n.* ገዳይ geday
torpedo *v.t.* አስገደለ asigedele
torrent *n.* ጐርፍ gorif
torrential *a.* ኀይለኛ hayilenya
torrid *a.* ከፍተኛ ስሜት kefitenya simet
tortoise *n.* ኤሊ eli
tortuous *a.* ጠምዛዛ temizaza
torture *n.* ስቃይ siqay
torture *v.t.* አሰቃየ aseqaye
toss *v.t.* ወረወረ werewere
toss *n* መወርወር meweriwer
total *a.* ጠቅላላ teqilala
total *n.* ድምር dimir
total *v.t.* ደመረ demere
totality *n.* ብዛት bizat
touch *v.t.* ነካ neka
touch *n* መንካት menikat
touchy *a.* የሚያስቆጣ yemiyasiqota
tough *a.* ጠንካራ tenikara
toughen *v.t.* አበረታ abereta
tour *n.* ጉብኝት gubinyit
tour *v.i.* ጎበኘ gobenye
tourism *n.* የቱሪስት ላይ የተመሰረተ ንግድ yeturisit lay yetemeserete nigid
tourist *n.* ሀገር ጎብኚ hager gobinyi
tournament *n.* ውድድር wididir
towards *prep.* ወደ . . . ገደማ wede . . . gedema
towel *n.* ፎጣ fota
towel *v.t.* በፎጣ አደረቀ befota adereqe
tower *n.* ማማ mama
tower *v.i.* እንደ ማማ ከፍ አለ einide mama kef ale
town *n.* ከተማ ketema
township *a.* የከተማ yeketema
toy *n.* አሻንጉሊት ashanigulit
toy *v.i.* ተጫወተ techawete
trace *n.* ምልክት milikit
trace *v.t.* ነደፈ nedefe
traceable *a.* የተያያዘ yeteyayaze
track *n.* ዱካ duka
track *v.t.* ፈለገ felege
tract *n.* በራሪ ወረቀት berari wereqet
tract *n* የሰውነት ክፍሎች ቅንጅት yesewinet kifiloch qinijit
traction *n.* መወጠሪያ meweteriya
tractor *n.* የእርሻ መኪና yeeirisha mekina

trade *n.* መነገድ meneged
trade *v.i* ሸጠ shete
trader *n.* ነጋዴ negade
tradesman *n.* ነጋዴ negade
tradition *n.* ባህል bahil
traditional *a.* የባህል yebahil
traffic *n.* ትራፊክ tirafik
traffic *v.i.* አስተላለፈ asitelalefe
tragedian *n.* አሳዛኝ ተውኔት ተዋናይ asazany tewinet tewanay
tragedy *n.* አሳዛኝ ትያትር asazany tiyatir
tragic *a.* አሳዛኝ asazany
trail *n.* ተከታተለ teketatele
trail *v.t.* ወደ ኃላ ቀረ wede hala qere
trailer *n.* ተሳቢ መኪና tesabi mekina
train *n.* ባቡር babur
train *v.t.* አሰለጠነ aseletene
trainee *n.* ሰልጣኝ selitany
training *n.* ስልጠና silitena
trait *n.* ባህሪ bahiri
traitor *n.* ከዳተኛ kedatenya
tram *n.* የከተማ የኤሌትሪክ ባቡር yeketema yeeletirik babur
trample *v.t.* ረገጠ regete
trance *n.* ራስን አለማወቅ rasin alemaweq
tranquil *a.* ሰላማዊ selamawi
tranquility *n.* ፀጥታ tsetita
tranquillize *v.t.* አረጋጋ aregaga
transact *v.t.* ተገበያየ tegebeyaye
transaction *n.* መገበያየት megebeyayet
transcend *v.t.* ተሻለ teshale
transcendent *a.* የተሻለ yeteshale
transcribe *v.t.* ገለበጠ gelebete
transcription *n.* መገለበጥ megelebet
transfer *n.* ዝውውር ziwiwir
transfer *v.t.* አስተላለፈ asitelalefe
transferable *a.* ሊተላለፍ የሚችል litelalef yemichil
transfiguration *n.* መልክ መቀየር melik meqeyer
transfigure *v.t.* መልኩን ቀየረ melikun qeyere
transform *v.* ለወጠ lewete
transformation *n.* መለወጥ melewet
transgress *v.t.* ድንበር ጣሰ diniber tase
transgression *n.* ደፈረ defere
transit *n.* ማጓጓዝ magwagwaz
transition *n.* መሸጋገር meshegager
transitive *n.* ተሻጋሪ teshagari
transitory *n.* ኀላፊ halafi
translate *v.t.* ተረጎመ teregome
translation *n.* መተርጎም meterigom
transmigration *n.* የነፍስ መሸጋገር yenefis meshegager
transmission *n.* ማስተላለፍ masitelalef
transmit *v.t.* አስተላለፈ asitelalefe
transmitter *n.* አስተላላፊ መሳሪያ asitelalafi mesariya
transparent *a.* በውስጡ የሚያሳይ bewisitu yemiyasay
transplant *v.t.* አዛውሮ ተከለ azawiro tekele
transport *v.t.* አጓጓዘ agwagwaze
transport *n.* ማጓጓዝ magwagwaz
transportation *n.* መጓጓዣ megwagwazha
trap *n.* ወጥመድ wetimed
trap *v.t.* አጠመደ atemede
trash *n.* ቆሻሻ qoshasha
travel *v.i.* ተጓዘ tegwaze
travel *n* ጉዞ guzo
traveller *n.* መንገደኛ menigedenya

tray *n.* ዝርግ ሳህን zirig sahin
treacherous *a.* የክህደት yekihidet
treachery *n.* ክህደት kihidet
tread *v.t.* ረገጠ regete
tread *n* አረማመድ aremamed
treason *n.* የመንግስት ግልበጣ yemenigisit gilibeta
treasure *n.* ሀብት habit
treasure *v.t.* ወደደ wedede
treasurer *n.* ገንዘብ ያዥ genizeb yazh
treasury *n.* ግምጃ ቤት gimija bet
treat *v.t.* አስተናገደ asitenagede
treat *n* ግብዣ gibizha
treatise *n.* ድርሰት diriset
treatment *n.* አያያዝ ayayaz
treaty *n.* ስምምነት simiminet
tree *n.* ዛፍ zaf
trek *v.i.* የእግር ጉዞ አደረገ yeeigir guzo aderege
trek *n.* የእግር ጉዞ yeeigir guzo
tremble *v.i.* ተንቀጠቀጠ teniqeteqete
tremendous *a.* እጅግ ብዙ eijig bizu
tremor *n.* ዝቅተኛ የመሬት መንቀጥቀጥ ziqitenya yemeret meniqetiqet
trench *n.* ቦይ boy
trench *v.t.* ቦይ ቆፈረ boy qofere
trend *n.* አዝማሚያ azimamiya
trespass *v.i.* ሕግ ተላለፈ hig telalafe
trespass *n.* ሕግ መተላለፍ hig metelalef
trial *n.* ሙከራ mukera
triangle *n.* ሶስት ማእዘን sosit maeizen
triangular *a.* ባለ ሶስት ማእዘን bale sosit maeizen
tribal *a.* የጎሳ yegosa
tribe *n.* ጎሳ gosa
tribulation *n.* መከራ mekera
tribunal *n.* ፍርድ ቤት firid bet
tributary *n.* ገባር ወንዝ gebar weniz
tributary *a.* ገባር gebar
trick *n* ማታለል matalel
trick *v.t.* አታለለ atalele
trickery *n.* ተንኮል tenikol
trickle *v.i.* ተንጠባጠበ tenitebatebe
trickster *n.* አሳሳች ሰው asasach sew
tricky *a.* የሚያሳስት yemiyasasit
tricolour *a.* በባለሶስት ቀለም bebalesosit qelem
tricolour *n* በባለሶስት ቀለም ባንዲራ bebalesosit qelem banidira
tricycle *n.* ባለ ሶስት ጎማ ብስኪሌት bale sosit goma bisikilet
trifle *n.* አነስተኛ ነገር anesitenya neger
trifle *v.i* ቀለደ qelede
trigger *n.* የሽጉጥ ምላጭ yeshigut milach
trim *a.* የተስተካከለ yetesitekakele
trim *n* መስተካከል mesitekakel
trim *v.t.* አስተካከለ asitekakele
trinity *n.* ስላሴ silase
trio *n.* ሶስት ነገር የያዘ sosit neger yeyaze
trip *v.t.* አደናቀፈ adenaqefe
trip *n.* ጉዞ guzo
tripartite *a.* የሶስት yesosit
triple *a.* ሶስት እጥፍ sosit eitif
triple *v.t.,* ሶስት ነገር የያዘ sosit neger yeyaze
triplicate *a.* ሶስት እጥፍ የተባዛ sosit eitif yetebaza
triplicate *n* ከሶስቱ አንዱ kesositu anidu
triplicate *v.t.* ሶስት ቅጂ sosit qiji

triplication *n.* ሶስት ቅጂ ማባዛት sosit qiji mabazat
tripod *n.* ባለ ሶስት እግር ማቆሚያ bale sosit eigir maqomiya
triumph *n.* ድል dil
triumph *v.i.* ድል አደረገ dil aderege
triumphal *a.* የድል yedil
triumphant *a.* የድል ስሜት yedil simet
trivial *a.* ዋጋ ቢስ waga bis
troop *n.* ጓድ gwad
troop *v.i* በቡድን ተጓዘ bebudin tegwaze
trooper *n.* ፈረሰኛ feresenya
trophy *n.* ዋንጫ wanicha
tropic *n.* ሀሩር አውራጃ harur awiraja
tropical *a.* የሀሩር አውራጃ yeharur awiraja
trot *v.i.* ሶምሶማ ጋለበ somisoma galebe
trot *n* ሶምሶማ somisoma
trouble *n.* ችግር chigir
trouble *v.t.* አስቸጋሪ asichegari
troublesome *a.* ረባሽ rebash
troupe *n.* የሙዚቃ ባንድ yemuziqa banid
trousers *n. pl* ሱሪ suri
trowel *n.* መንኬሎ menikelo
truce *n.* የተኩስ ማቆም ውሳኔ yetekus maqom wisane
truck *n.* የጭነት መኪና yechinet mekina
true *a.* እውነተኛ eiwinetenya
trump *n.* ጥሩምባ tirumiba
trump *v.t.* ጥሩምባ ነፋ tirumiba nefa
trumpet *n.* ጥሩምባ tirumiba
trumpet *v.i.* ጥሩምባ ነፋ tirumiba nefa
trunk *n.* ግንድ ginid
trust *n.* እምነት eiminet
trust *v.t* አመነ amene
trustee *n.* ባለ አደራ bale adera
trustful *a.* ሁሉን አማኝ hulun amany
trustworthy *a.* ታማኝ tamany
trusty *n.* ታማኝ እስረኛ tamany eisirenya
truth *n.* እውነት eiwinet
truthful *a.* ሀቀኛ haqenya
try *v.i.* ሞከረ mokere
try *n* ሙከራ mukera
trying *a.* ተፈታታኝ tefetatany
tryst *n.* ድብቅ የቀጠሮ ቦታ dibiq yeqetero bota
tub *n.* ሳፋ safa
tube *n.* ቱቦ tubo
tuberculosis *n.* የሳንባ ነቀርሳ yesaniba neqerisa
tubular *a.* የቱቦ ቅርፅ ያለው yetubo qirits yalew
tug *v.t.* መነጨቀ menecheqe
tuition *n.* ማስተማር masitemar
tumble *v.i.* ወደቀ wedeqe
tumble *n.* መውደቅ mewideq
tumbler *n.* ብርጭቆ birichiqo
tumour *n.* እጢ eiti
tumult *n.* ሁካታ hukata
tumultuous *a.* የእረብሻ yeeirebisha
tune *n.* ዜማ zema
tune *v.t.* ቃኘ qanye
tunnel *n.* ዋሻ washa
tunnel *v.i.* እየጣሰ ሄደ eiyetase hede
turban *n.* ጥምጥም timitim
turbine *n.* በፈሳሽ የሚሽከረከር ሞተር befesash yemishikereker moter
turbulence *n.* ሁከት huket
turbulent *a.* ሁከተኛ huketenya
turf *n.* ለምለም ሳር lemilem sar

turkey *n.* የቱርክ ዶሮ yeturik doro
turmeric *n.* እርድ eirid
turmoil *n.* ብጥብጥ bitibit
turn *v.i.* አቅጣጫ ቀየረ aqitacha qeyere
turn *n* መዞር mezor
turner *n.* በመሳሪያ ቅርፅ የሚያወጣ bemesariya qirits yemiyaweta
turnip *n.* ቀይ ስር qey sir
turpentine *n.* አኳራጅ akwaraj
turtle *n.* የባህር ኤሊ yebahir eli
tusk *n.* የዝሆን ጥርስ yezihon tiris
tussle *n.* ትግል tigil
tussle *v.i.* ታገለ tagele
tutor *n.* አስተማሪ asitemari
tutorial *a.* የስልጠና yesilitena
tutorial *n.* ለጥቂት ተማሪዎች የሚሰጥ ስልጠና letiqit temariwoch yemiset silitena
twelfth *a.* አስራ ሁለተኛ asira huletenya
twelfth *n.* አስራ ሁለት asira hulet
twelve *n.* አስራ ሁለት asira hulet
twelve *n* አስራ ሁለት asira hulet
twentieth *a.* ሃያኛ hayanya
twentieth *n* ሃያ haya
twenty *a.* ሃያ haya
twenty *n* ሃያ haya
twice *adv.* ሁለት ጊዜ hulet gize
twig *n.* መረዳት meredat
twilight *n* ደንገዝገዝ ሲል denigezigez sil
twin *n.* መንታ menita
twin *a* አንድ አይነት anid ayinet
twinkle *v.i.* አብረቀረቀ abireqereqe
twinkle *n.* ነፀብራቅ netsebiraq
twist *v.t.* ጠመዘዘ temezeze
twist *n.* መጠምዘዝ metemizez
twitter *n.* መረርበትበት mereribetibet
twitter *v.i.* ተንጫጫ tenichacha
two *n.* ሁለት hulet
two *a.* ሁለት hulet
twofold *a.* እጥፍ eitif
type *n.* አይነት ayinet
type *v.t.* ትየባ tiyeba
typhoid *n.* ተስቦ tesibo
typhoon *n.* አውሎ ንፋስ awilo nifas
typhus *n.* ተስቦ tesibo
typical *a.* የተለመደ yetelemede
typify *v.t.* ምሳሌ ሆነ misale hone
typist *n.* ፀሀፊ tsehafi
tyranny *n.* አምባገነናዊ አስተዳደር amibagenenawi asitedader
tyrant *n.* አምባገነን amibagenen
tyre *n.* የመኪና ጎማ yemekina goma

U

udder *n.* የእንስሳት ጡት yeeinisisat tut
uglify *v.t.* የሚያስጠላ አደረገ yemiyasitela aderege
ugliness *n.* አስቀያሚነት asiqeyaminet
ugly *a.* አስቀያሚ asiqeyami
ulcer *n.* የሚያመረቅዝ ቁስል yemiyamereqiz qusil
ulcerous *a.* የሚያመረቅዝ yemiyamereqiz
ulterior *a.* የተደበቀው ሚስጥር yetedebeqew misitir
ultimate *a.* የመጨረሻው yemechereshaw
ultimately *adv.* በመጨረሻ bemecheresha

ultimatum *n.* የማስጠንቀቂያ የጊዜ ገደብ yemasiteniqeqiya yegize gedeb
umbrella *n.* ዣንጥላ zhanitila
umpire *n.* የስፖርት ዳኛ yesiporit danya
umpire *v.t.,* የስፖርት ጨዋታ ዳኘ yesiporit chewata danye
unable *a.* የማይቻል yemayichal
unanimity *n.* ስምምነት simiminet
unanimous *a.* ስምምነት simiminet
unaware *a.* አለማወቅ alemaweq
unawares *adv.* በድንገት bediniget
unburden *v.t.* ነጻ አወጣ netsa aweta
uncanny *a.* ግራ የሚያጋባ gira yemiyagaba
uncertain *a.* ያልተረጋገጠ yaliteregagete
uncle *n.* አጎት agot
uncouth *a.* ግራ የሚያጋባ ንግግር gira yemiyagaba nigigir
under *prep.* ከ…በታች ke…betach
under *adv* ታች tach
under *a* የበታች yebetach
undercurrent *n.* የተደበቀ ስሜት yetedebeqe simet
underdog *n* መሸነፍ meshenef
undergo *v.t.* ተደረገለት tederegelet
undergraduate *n.* ለመጀመሪያ ዲግሪ የሚማር lemejemeriya digiri yemimar
underhand *a.* የማታለል yematalel
underline *v.t.* ከስር አሰመረበት kesir asemerebet
undermine *v.t.* ሸረሸረ shereshere
underneath *adv.* ከስር kesir
underneath *prep.* ስር sir
understand *v.t.* ተረዳ tereda
undertake *v.t.* ጀመረ jemere
undertone *n.* ሹክሹክታ shukishukita
underwear *n.* የውስጥ ልብስ yewisit libis
underworld *n.* የሙታን አለም yemutan alem
undo *v.t.* ፈታ feta
undue *a.* አላስፈላጊ alasifelagi
undulate *v.i.* ወጣ ገባ አለ weta geba ale
undulation *n.* ወጣ ገባ weta geba
unearth *v.t.* እውነቱን አወጣ eiwinetun aweta
uneasy *a.* የተረበሸ yeterebeshe
unfair *a* ሚዛናዊ ያልሆነ mizanawi yalihone
unfold *v.t.* መዘረጋጋት mezeregagat
unfortunate *a.* እድለ ቢስ eidile bis
ungainly *a.* ከርፋፋ kerifafa
unhappy *a.* የከፋው yekefaw
unification *n.* ውህደት wihidet
union *n.* ሕብረት hibiret
unionist *n.* የሕብረቱ አባል yehibiretu abal
unique *a.* ልዩ liyu
unison *n.* ሙሉ ትብብር mulu tibibir
unit *n.* መለኪያ melekiya
unite *v.t.* አገናኝ agenany
unity *n.* አንድነት anidinet
universal *a.* ዓለም አቀፍ alem aqef
universality *n.* ዓለም አቀፋዊነት alem aqefawinet
universe *n.* ዓለማት alemat
university *n.* ዩንቨርሲቲ yuni□risiti
unjust *a.* የተዛባ yetezaba

unless *conj.* ከ...በስተቀር ke... besiteqer
unlike *a* የማይመሳሰል yemayimesasel
unlike *prep* በተቃራኒው beteqaraniw
unlikely *a.* አጠራጣሪ ateratari
unmanned *a.* ሰው አልባ sew aliba
unmannerly *a* ከስርአት ውጪ kesiriat wichi
unprincipled *a.* ስርአት አልባ siriat aliba
unreliable *a.* የማያስተማምን yemayasitemamin
unrest *n* ሁከት huket
unruly *a.* ዱርዬ duriye
unsettle *v.t.* ማበሳጨት mabesachet
unsheathe *v.t.* ምሽግ አሳጣ mishig asata
until *prep.* እስከ... eisike...
until *conj* እስከ... eisike...
untoward *a.* የማይመች yemayimech
unwell *a.* በሽተኛ beshitenya
unwittingly *adv.* ሳያውቅ sayawiq
up *adv.* ላይ lay
up *prep.* ከፍ ያለ ቦታ kef yale bota
upbraid *v.t* ገሰፀ gesetse
upheaval *n.* አመፅ amets
uphold *v.t* ድጋፍ ሰጠ digaf sete
upkeep *n* መንከባከብ menikebakeb
uplift *v.t.* ተነሳ tenesa
uplift *n* ደስ የሚያሰኝ des yemiyaseny
upon *prep* ላይ lay
upper *a.* የበላይ yebelay
upright *a.* ቀጥ ብሎ ቆመ qet bilo qome
uprising *n.* አመፅ amets
uproar *n.* ሁካታ hukata
uproarious *a.* ጫጫታማ chachatama
uproot *v.t.* ነቀለ neqele
upset *v.t.* አናደደ anadede
upshot *n.* ፍፃሜ fitsame
upstart *n.* ቀን የወጣለት ደደብ qen yewetalet dedeb
up-to-date *a.* የጊዜው yegizew
upward *a.* ወደላይ wedelay
upwards *adv.* ወደላይ ጫፍ wedelay chaf
urban *a.* ከተማ መኖር ketema menor
urbane *a.* ትሁት tihut
urbanity *n.* ጨዋነት chewanet
urchin *n.* ቆሻሻ ልጅ qoshasha lij
urge *v.t* አደፋፈረ adefafere
urge *n* ከፍተኛ ፍላጎት kefitenya filagot
urgency *n.* ችኮላ chikola
urgent *a.* አስቸኳይ asichekway
urinal *n.* ሽንት ቤት shinit bet
urinary *a.* የሽንት ቧንቧ yeshinit bwanibwa
urinate *v.i.* ሸና shena
urination *n.* መሽናት meshinat
urine *n.* ሽንት shinit
urn *n* ሰታቴ setate
usage *n.* አጠቃቀም ateqaqem
use *n.* ጥቅም tiqim
use *v.t.* ተጠቀመበት teteqemebet
useful *a.* ጠቃሚ teqami
usher *n.* አስተናባሪ asitenabari
usher *v.t.* አስተናበረ asitenabere
usual *a.* የተለመደ yetelemede
usually *adv.* እንደ ተለመደው einide telemedew
usurer *n.* አራጣ አበዳሪ arata abedari
usurp *v.t.* ነጠቀ neteqe

usurpation *n.* ነጣቂ netaqi
usury *n.* አራጣ ማበደር arata mabeder
utensil *n.* የቤት እቃዎች yebet eiqawoch
uterus *n.* ማህፀን mahitsen
utilitarian *a.* መገልገያ megeligeya
utility *n.* መጠቀሚያ meteqemiya
utilization *n.* መጠቀም meteqem
utilize *v.t.* ተጠቀመ teteqeme
utmost *a.* የተቻለውን ያህል yetechalewin yahil
utmost *n* ትልቁ ችሎታ tiliqu chilota
utopia *n .* የህልም አለም yehilim alem
utopian *a.* ህልመኛ hilimenya
utter *v.t.* ሙሉ mulu
utter *a* ድምፅ አሰማ dimits asema
utterance *n.* መናገር menager
utterly *adv.* ፈፅሞ fetsimo

V

vacancy *n.* ክፍት ቦታ kifit bota
vacant *a.* ክፍት kifit
vacate *v.t.* ለቀቀ leqeqe
vacation *n.* የረፍት ጊዜ yerefit gize
vaccinate *v.t.* ከተበ ketebe
vaccination *n.* ክትባት kitibat
vaccinator *n.* ክትባት ሰጪ kitibat sechi
vaccine *n.* ክትባት kitibat
vacillate *v.i.* ዋዠቀ wazheqe
vacuum *n.* ፍፁም ባዶ ስፍራ fitsum bado sifira
vagabond *n.* አውደልዳይ awideliday
vagabond *a* የሚያውደለድል yemiyawideledil
vagary *n.* የፀባይ ለውጥ yetsebay lewit
vagina *n.* እምስ eimis
vague *a.* ግልፅ ያልሆነ gilits yalihone
vagueness *n.* ግልፅ አለመሆን gilits alemehon
vain *a.* ግብዝ gibiz
vainglorious *a.* ግብዝ የሆነ gibiz yehone
vainglory *n.* ትእቢት tieibit
vainly *adv.* ዋጋ ቢስ waga bis
vale *n.* ሸለቆ sheleqo
valiant *a.* ደፋር defar
valid *a.* ህጋዊ higawi
validate *v.t.* አረጋገጠ aregagete
validity *n.* ተገቢነት tegebinet
valley *n.* ሸለቆ sheleqo
valour *n.* ጀግንነት jegininet
valuable *a.* ከፍተኛ ዋጋ ያለው kefitenya waga yalew
valuation *n.* ግምት gimit
value *n.* ዋጋ waga
value *v.t.* ዋጋን ገመተ wagan gemete
valve *n.* ማስተንፈሻ masitenifesha
van *n.* የጭነት መኪና yechinet mekina
vanish *v.i.* መሰወር mesewer
vanity *n.* ግብዝነት gibizinet
vanquish *v.t.* ድል አደረገ dil aderege
vaporize *v.t.* ተነነ tenene
vaporous *a.* የሚተን yemiten
vapour *n.* እንፋሎት einifalot
variable *a.* ተለዋዋጭ telewawach
variance *n.* መለዋወጥ melewawet

variation *n.* ልዩነት liyunet
varied *a.* የተለያየ yeteleyaye
variety *n.* መለያየት meleyayet
various *a.* ብዙ አይነት bizu ayinet
varnish *n.* ዘይት መቀባት zeyit meqebat
varnish *v.t.* ዘይት ቀባ zeyit qeba
vary *v.t.* ለዋወጠ lewawete
vasectomy *n.* የወንድ ዘር yewenid zer
vaseline *n.* ቫዝሊን vazilin
vast *a.* ሰፊ sefi
vault *n.* ካዝና kazina
vault *n.* መዝለል mezilel
vault *v.i.* ዘለለ zelele
vegetable *n.* ቅጠላ ቅጠል qitela qitel
vegetable *a.* የቅጠላ ቅጠል yeqitela qitel
vegetarian *n.* አትክልት ብቻ የሚመገብ ሰው atikilit bicha yemimegeb sew
vegetarian *a* አትክልት ብቻ የሚመገብ atikilit bicha yemimegeb
vegetation *n.* ሳር ቅጠል sar qitel
vehemence *n.* ሀይለኝነት hayilenyinet
vehement *a.* ሀይለኛ hayilenya
vehicle *n.* ተሽከርካሪ teshekerikari
vehicular *a.* የተሽከርካሪ yeteshekerikari
veil *n.* አይነ ርግብ ayine rigib
veil *v.t.* በአይነ ርግብ ሸፈነ beayine rigib shefene
vein *n.* የደም ስር yedem sir
velocity *n.* በተወሰነ አቅጣጫ ያለ ፍጥነት betewesene aqitacha yale fitinet
velvet *n.* ከፋይ kefay
velvety *a.* ለስላሳ lesilasa
venal *a.* ጉበኛ gubenya
venality *n.* ጉበኝነት gubenyinet
vendor *n.* ሻጭ ነጋዴ shach negade
venerable *a.* የተቀደሰ yeteqedese
venerate *v.t.* አክብሮት ማሳየት akibirot masayet
veneration *n.* አክብሮት akibirot
vengeance *n.* ቂም በቀል qim beqel
venial *a.* ቀላል ስህተት qelal sihitet
venom *n.* መርዝ meriz
venomous *a.* መርዘኛ merizenya
vent *n.* ያየር ጭስ መውጫ yayer chis mewicha
ventilate *v.t.* አናፈሰ anafese
ventilation *n.* ማናፈሻ manafesha
ventilator *n.* የንፋስ ማስገቢያ yenifas masigebiya
venture *n.* አደጋ adega
venture *v.t.* አደጋ ላይ ጣለ adega lay tale
venturesome *a.* ደፋር defar
venturous *a.* ደፋር defar
venue *n.* ቦታ bota
veracity *n.* ትክክለኛነት tikikilenyanet
verendah *n.* በረንዳ berenida
verb *n.* ግስ gis
verbal *a.* የቃል yeqal
verbally *adv.* በቃል beqal
verbatim *a.* ቃል በቃል qal beqal
verbatim *adv.* ቃል በቃል qal beqal
verbose *a.* ለፍላፊ lefilafi
verbosity *n.* የቃላት ድርደራ yeqalat diridera
verdant *a.* ለምለም lemilem
verdict *n.* ፍርድ ውሳኔ firid wisane
verge *n.* አፋፍ ላይ afaf lay
verification *n.* ማረጋገጫ maregagecha

verify *v.t.* አረጋገጠ aregagete
verisimilitude *n.* እውነተኛ መምሰል eiwinetenya memisel
veritable *a.* እውነተኛ eiwinetenya
vermillion *n.* ብሩህ ቀይ ቀለም biruh qey qelem
vermillion *a.* ብሩህ ቀይ ቀለም biruh qey qelem
vernacular *n.* የአገሬው ቋንቋ yeagerew qwaniqwa
vernacular *a.* የአገሬው ቋንቋ yeagerew qwaniqwa
vernal *a.* የፀደይ yetsedey
versatile *a.* ሁለገብ hulegeb
versatility *n.* ሁለገብነት hulegebinet
verse *n.* ግጥም gitim
versed *a.* በሞያ የሰለጠነ bemoya yeseletene
versification *n.* ግጥም መጻፍ gitim metsaf
versify *v.t.* ግጥም ፃፈ gitim tsafe
version *n.* ሀተታ hateta
versus *prep.* ተቃራኒ teqarani
vertical *a.* ቀጥ ያለ ወደላይ qet yale wedelay
verve *n.* የመደሰት ስሜት yemedeset simet
very *a.* በጣም betam
vessel *n.* ውሀ መያዥያ wiha meyazhiya
vest *n.* የውስጥ ልብስ yewisit libis
vest *v.t.* ስልጣን ሰጠ silitan sete
vestige *n.* ያለፈ ነገር ምልክት yalefe neger milikit
vestment *n.* አልባሳት alibasat
veteran *n.* ያገለገለ ወታደር yagelegele wetader
veteran *a.* ልምድ ያለው limid yalew
veterinary *a.* የእንስሳት ህክምና yeeinisisat hikimina
veto *n.* ድምፅን በድምፅ መሻር dimitsin bedimits meshar
veto *v.t.* ድምፅን በድምፅ ሻረ dimitsin bedimits share
vex *v.t.* አናደደ anadede
vexation *n* ብስጭት bisichit
via *prep.* በ...ውስጥ be...wisit
viable *a.* ሊተገበር የሚችል litegeber yemichil
vial *n.* ብልቃጥ biliqat
vibrate *v.i.* ነዘረ nezere
vibration *n.* ንዝረት niziret
vicar *n.* የደብር አለቃ yedebir aleqa
vicarious *a.* ወኪል wekil
vice *n.* ክፋት kifat
viceroy *n.* በንጉሱ ስም ሀገር የሚያስተዳድር benigusu sim hager yemiyasitedadir
vice-versa *adv.* የተገላቢጦሽ yetegelabitosh
vicinity *n.* ቅርብ qirib
vicious *a.* ተንኮለኛ tenikolenya
vicissitude *n.* ውጣ ውረድ wita wired
victim *n.* የተጠቃ yeteteqa
victimize *v.t.* አሰቃየ aseqaye
victor *n.* አሸናፊ ashenafi
victorious *a.* ባለድል baledil
victory *n.* ድል dil
victuals *n. pl* ምግብ migib
vie *v.i.* ተፎካካሪ tefokakari
view *n.* ትእይንት tieiyinit
view *v.t.* ማየት mayet
vigil *n.* ነቀፋ መጠበቅ neqefa metebeq
vigilance *n.* ንቃት niqat
vigilant *a.* ንቁ niqu
vigorous *a.* ብርቱ ሀያል biritu hayal

vile *a.* ባለጌ balege
vilify *v.t.* ስም አጠፋ sim atefa
villa *n.* ቪላ vila
village *n.* መንደር menider
villager *n.* መንደርተኛ menideritenya
villain *n.* ተንኮለኛ tenikolenya
vindicate *v.t.* ነፃ አወጣ netsa aweta
vindication *n.* ነፃ መውጣት netsa mewitat
vine *n.* ወይን weyin
vinegar *n.* ኮምጣጤ komitate
vintage *n.* ወይኑ የተጠመቀበት አመት weyinu yetetemeqebet amet
violate *v.t.* ደንብ መተላለፍ denib metelalef
violation *n.* ህግ መጣስ hig metas
violence *n.* ሁከት huket
violent *a.* ብርቱ biritu
violet *n.* ሀምራዊ hamirawi
violin *n.* ቫዮሊን vayelin
violinist *n.* ቫዮሊን ተጫዋች vayelin techawach
virgin *n.* ድንግል dinigil
virgin *n* አዲስ adis
virginity *n.* ድንግልና dinigilina
virile *a.* ወንዳወንድ wenidawenid
virility *n.* ወንዳወንድ ሰው wenidawenid sew
virtual *a* የእውነት ያህል yeeiwinet yahil
virtue *n.* ጥሩነት tirunet
virtuous *a.* በጎ አድራጊ bego adiragi
virulence *n.* ከፍተኛ ጥንካሬ kefitenya tinikare
virulent *a.* ገዳይ geday
virus *n.* በሽታ አምጪ ተህዋስ beshita amichi tehiwas
visage *n.* ፊት fit
visibility *n.* መታየት metayet
visible *a.* የሚታይ ግልፅ yemitay gilits
vision *n.* የመገመት ችሎታ yemegemet chilota
visionary *a.* ሩቅ አሳቢ ruq asabi
visionary *n.* ሩቅ አሳቢ ሰው ruq asabi sew
visit *n.* ጉብኝት gubinyit
visit *v.t.* ጎበኘ gobenye
visitor *n.* ጎብኚ gobinyi
vista *n.* ሰፊ እይታ sefi eiyita
visual *a.* የሚታይ yemitay
visualize *v.t.* በምናብ አየ beminab aye
vital *a.* በጣም አስፈላጊ betam asifelagi
vitality *n.* ከፍተኛ ወኔና ጥንካሬ kefitenya wenena tinikare
vitalize *v.t.* ማጎልበት magolibet
vitamin *n.* ቫይታሚን vayitamin
vitiate *v.t.* አበላሸ abelashe
vivacious *a.* ፍልቅልቅ filiqiliq
vivacity *n.* ጨዋነት chewanet
viva-voce *adv.* በቃል beqal
viva-voce *a* የቃል yeqal
viva-voce *n* ንግግር nigigir
vivid *a.* ግልፅ gilits
vixen *n.* ሴት ቀበሮ set qebero
vocabulary *n.* መዝገበ ቃላት mezigebe qalat
vocal *a.* በግልፅ begilits
vocalist *n.* ድምፃዊ dimitsawi
vocation *n.* ሙያ muya
vogue *n.* የጊዜው ፋሽን yegizew fashin
voice *n.* የተሰነዘረ ሀሳብ yetesenezere hasab
voice *v.t.* ሀሳብ ሰነዘረ hasab senezere
void *a.* ባዶ bado
void *v.t.* ባዶ አደረገ bado aderege

void *n.* የጎደለ yegodele
volcanic *a.* የእሳተ ጎመራ yeeisate gomera
volcano *n.* እሳተ ጎመራ eisate gomera
volition *n.* ፍላጎት filagot
volley *n.* እሩምታ eirumita
volley *v.t* እሩምታ ፈጠረ eirumita fetere
volt *n.* የኤሌትሪክ ሀይል yeeletirik hayil
voltage *n.* የኤሌትሪክ መጠን yeeletirik meten
volume *n.* ብዛት bizat
voluminous *a.* ሰፊ sefi
voluntarily *adv.* በፈቃደኝነት befeqadenyinet
voluntary *a.* ፈቃደኛ feqadenya
volunteer *n.* ወዶ ዘማች wedo zemach
volunteer *v.t.* ፈቀደ feqede
voluptuary *n.* አለማዊ ደስታ የሚወድ alemawi desita yemiwed
voluptuous *a.* ስሜት ቀስቃሽ ሴት simet qesiqash set
vomit *v.t.* አስመለሰ asimelese
vomit *n* ማስመለስ masimeles
voracious *a.* ስግብግብ sigibigib
votary *n.* ራሱን ለአንድ ነገር የሰጠ rasun leanid neger yesete
vote *n.* መምረጥ memiret
vote *v.i.* መረጠ merete
voter *n.* መራጭ merach
vouch *v.i.* መተማመን metemamen
voucher *n.* ደረሰኝ dereseny
vouchsafe *v.t.* ፈቀደ feqede
vow *n.* ስለት silet
vow *v.t.* ተሳለ tesale
vowel *n.* አናባቢ ፊደል anababi fidel
voyage *n.* ረጅም ጉዞ rejim guzo
voyage *v.i.* ተጓዘ tegwaze
voyager *n.* የባህር ተጓዥ yebahir tegwazh
vulgar *a.* ያልታረመ yalitareme
vulgarity *n.* ብልግና biligina
vulnerable *a.* በቀላሉ የሚጎዳ beqelalu yemigoda
vulture *n.* ጥንብ አንሳ አሞራ tinib anisa amora

W

wade *v.i.* በዉሃ ዉስጥ በጉልበት መሄድ bewuha wusit begulibet mehed
waddle *v.i.* እየተዉተረተሩ መራመድ eiyetewutereteru meramed
waft *v.t.* በንፋስ ተወሰደ benifas tewesede
waft *n* ደስ የሚል ሽታ des yemil shita
wag *v.i.* ሰዉነትን መነቅነቅ sewunetin meneqineq
wag *n* ተጫዋች techawach
wage *v.t.* ጦርነት ማስነሳት torinet masinesat
wage *n.* ደመወዝ demewez
wager *n.* ዉርርድ wuririd
wager *v.i.* መወራረድ mewerared
wagon *n.* ሰረገላ seregela
wail *v.i.* ማልቀስ maliqes
wail *n* ለቅሶ leqiso
wain *n.* ትልቅ ሰረገላ tiliq seregela
waist *n.* ወገብ wegeb
waistband *n.* መቀነት meqenet
waistcoat *n.* ሰደርያ sederiya
wait *v.i.* መጠበቅ metebeq

wait *n.* መቆየት meqoyet
waiter *n.* ወንድ አስተናጋጅ wenid asitenagaj
waitress *n.* ሴት አስተናጋጅ set asitenagaj
waive *v.t.* ሕጋዊ መብት ቢኖረዉም እያወቀ የሚተዉ higawi mebit binorewum eiyaweqe yemitewu
wake *v.t.* መንቃት meniqat
wake *n* መቀስቀስ meqesiqes
wake *n* ነቃ neqa
wakeful *a.* ሌሊቱን ያልተኛ lelitun yalitenya
walk *v.i.* መራመድ meramed
walk *n* መሄድ mehed
wall *n.* ግድግዳ gidigida
wall *v.t.* ግድግዳ ሰራ gidigida sera
wallet *n.* የገንዘብ ቦርሳ yegenizeb borisa
wallop *v.t.* ድል ማድረግ dil madireg
wallow *v.i.* ተንደባለል tenidebalel
walnut *n.* የለዉዝ አይነት yelewuz ayinet
walrus *n.* ባህር ዉስጥ የሚኖር እንስሳ bahir wusit yeminor einisisa
wan *a.* የገረጣ ሰዉ yegereta sewu
wand *n.* የአስማተኞች በትር yeasimatenyoch betir
wander *v.i.* ተንቀዋለል teniqewalel
wane *v.i.* አነሰ anese
wane *n* ማነሰ manese
want *v.t.* ፈለገ felege
want *n* ፍላጎት filagot
wanton *a.* ስድ sid
war *n.* ጦርነት torinet
war *v.i.* ተዋጋ tewaga
warble *v.i.* ዘመረ zemere
warble *n* መዘመር mezemer
warbler *n.* ዘማሪ zemari
ward *n.* ክፍል kifil
ward *v.t.* ተከላከለ tekelakele
warden *n.* ተቆጣጣሪ teqotatari
warder *n.* ተቆጣጣሪ teqotatari
wardrobe *n.* ቁም ሳጥን qum satin
wardship *n.* ክፍል kifil
ware *n.* ዕቃ eiqa
warehouse *v.t* መጋዘን megazen
warfare *n.* ጦርነት torinet
warlike *a.* ጦርነት ናፋቂ torinet nafaqi
warm *a.* ትኩስ tikus
warm *v.t.* የሞቀ yemoqe
warmth *n.* ሙቀት muqet
warn *v.t.* ማስጠንቀቂያ masiteniqeqiya
warning *n.* ማስጠንቀቅ masiteniqeq
warrant *n.* የፍርድ ቤት ማዘዣ yefirid bet mazezha
warrant *v.t.* በቂ ምክኒያት beqi mikiniyat
warrantee *n.* የፍርድ ቤት ማዘዣ ተቀባይ yefirid bet mazezha teqebay
warrantor *n.* የፍርድ ቤት ማዘዣ ሰጪ yefirid bet mazezha sechi
warranty *n.* የዋስትና ሰነድ yewasitina sened
warren *n.* ዋሻ washa
warrior *n.* ተዋጊ tewagi
wart *n.* ኪንታሮት kinitarot
wary *a.* የሚጠነቀቅ yemiteneqeq
wash *v.t.* ማጠብ mateb
wash *n* መታጠብ metateb
washable *a.* ሊታጠብ የሚችል litateb yemichil
washer *n.* ልብስ ማጠቢያ libis matebiya
wasp *n.* ተርብ terib
waspish *a.* ቁጡ qutu

wassail *n.* ጣፋጭ የሞቀ ወይን tafach yemoqe weyin
wastage *n.* ብክነት bikinet
waste *a.* ማባከን mabaken
waste *n.* ቆሻሻ qoshasha
waste *v.t.* አንድን ነገር በአግባቡ አለመጠቀም anidin neger beagibabu alemeteqem
wasteful *a.* አባካኝ abakany
watch *v.t.* አተኩሮ መመልከት atekuro memeliket
watch *n.* ሰዓት seat
watchful *a.* ጥንቁቅ tiniquq
watchword *n.* መፈክር mefekir
water *n.* ውሃ wuha
water *v.t.* ውሃ አጠጣ wuha ateta
waterfall *n.* ፏፏቴ fwafwate
water-melon *n.* ሀብሀብ habihab
waterproof *a.* ውሃ የማይገባው wuha yemayigebawu
waterproof *n* ውሃ የማይገባው እቃ wuha yemayigebawu eiqa
waterproof *v.t.* ውሃ የማይገባው አደረገ wuha yemayigebawu aderege
watertight *a.* ውሃ እንዳይገባበት ተደርጎ የተሰራ wuha einidayigebabet tederigo yetesera
watery *a.* ውሃ የበዛበት wuha yebezabet
watt *n.* የኤሌክትሪክ ሀይል መለኪያ yeelekitirik hayil melekiya
wave *n.* ማዕበል maeibel
wave *v.t.* እጅ ማወዛወዝ eij mawezawez
waver *v.i.* የሚያመነታ yemiyameneta
wax *n.* ሰም sem
wax *v.t.* ማደግ madeg
way *n.* መንገድ meniged
wayfarer *n.* በእግር ተጓዥ beeigir tegwazh
waylay *v.t.* አደፈጠ adefete
wayward *a.* እምቢተኛ eimibitenya
weak *a.* ደካማ dekama
weaken *v.t. & i* ማድከም madikem
weakling *n.* ልፍስፍስ lifisifis
weakness *n.* ድክመት dikimet
weal *n.* መልካም ዕድል melikam eidil
wealth *n.* ሀብት habit
wealthy *a.* ሀብታም habitam
wean *v.t.* ጡት ማስጣል tut masital
weapon *n.* የጦር መሳሪያ yetor mesariya
wear *v.t.* መልበስ melibes
weary *a.* የዛለ yezale
weary *v.t. & i* መሰላቸት meselachet
weary *a.* አሰልቺ aselichi
weary *v.t.* አሰለቸ aseleche
weather *n* የአየር ሁኔታ yeayer huneta
weather *v.t.* ተቋቋመ teqwaqwame
weave *v.t.* መሸመን meshemen
weaver *n.* ሸማኔ shemane
web *n.* የሸረሪት ድር yeshererit dir
webby *a.* የሸረሪት ድር መሳይ yeshererit dir mesay
wed *v.t.* አገባ ageba
wedding *n.* ሰርግ serig
wedge *n.* ሽብልቅ shibiliq
wedge *v.t.* ሽብልቅ አስገባ shibiliq asigeba
wedlock *n.* ትዳር መመስረት tidar memesiret
Wednesday *n.* ረቡዕ rebue
weed *n.* አረም arem
weed *v.t.* አረመ areme
week *n.* ሳምንት saminit

weekly *a.* ሳምንታዊ saminitawi
weekly *adv.* በየሳምንቱ beyesaminitu
weekly *n.* የሳምንቱ እትም yesaminitu eitim
weep *v.i.* ለቅሶ leqiso
weevil *n.* ነቀዝ neqez
weigh *v.t.* መመዘን memezen
weight *n.* ክብደት kibidet
weightage *n.* የክብደት መጠን yekibidet meten
weighty *a.* ከባድ kebad
weir *n.* በወንዝ ዳር ያለ ግንብ beweniz dar yale ginib
weird *a.* አስፈሪ asiferi
welcome *a.* መልካም አቀባበል melikam aqebabel
welcome *n* በደስታ መቀበል bedesita meqebel
welcome *v.t* እንኳን ደህና ገቡ einikwan dehina gebu
weld *v.t.* በየደ beyede
weld *n* መበየድ mebeyed
welfare *n.* ደህንነት dehininet
well *a.* ደህና dehina
well *adv.* በደንብ bedenib
well *n.* ጉድጓድ gudigwad
well *v.i.* እንደ ውሀ ሞላ einide wiha mola
wellignton *n.* ቦት ጫማ bot chama
well-known *a.* የታወቀ yetaweqe
well-read *a.* ብዙ ያነበበ bizu yanebebe
well-timed *a.* በሚፈለገው ሰአት bemifelegew seat
well-to-do *a.* ሀብታም habitam
welt *n.* ሰንበር seniber
welter *n.* የተደባለቀ ነገር yetedebaleqe neger
wen *n.* እጢ eiti
wench *n.* ወጣት ሴት wetat set
west *n.* ምዕራብ mieirab
west *a.* የምዕራብ yemieirab
west *adv.* በምዕራብ bemieirab
westerly *a.* ወደምዕራብ አቅጣጫ wedemieirab aqitacha
westerly *adv.* በስተምዕራብ besitemieirab
western *a.* ከምዕራብ kemieirab
wet *a.* እርጥብ eiritib
wet *v.t.* ማርጠብ mariteb
wetness *n.* እርጥበት eiritibet
whack *v.t.* በሃይል መምታት behayil memitat
whale *n.* አሳ ነባሪ asa nebari
wharfage *n.* የወደብ ክፍያ yewedeb kifiya
what *a.* ምን min
what *pron.* ምንድነው minidinewu
what *interj.* ምን አልክ min alik
whatever *pron.* ምንም ቢሆን minim bihon
wheat *n.* ስንዴ sinide
wheedle *v.t.* መለማመጥ melemamet
wheel *a.* ተሽከርካሪ teshikerikari
wheel *v.t.* አሽከረከረ ashikerekere
whelm *v.t.* በስሜት ተዋጠ besimet tewate
whelp *n.* ቡችላ buchila
when *adv.* መቼ meche
when *conj.* በዛው ሰአት bezaw seat
whence *adv.* ከየት keyet
whenever *adv. conj* ዬትም yetim
where *adv.* ዬት yet
where *conj.* በሌላ በኩል belela bekul
whereabout *adv.* በየት beyet
whereas *conj.* በሌላ በኩል belela bekul
whereat *conj.* በዚህ ምክንያት bezih mikiniyat

wherein *adv.* የት ላይ yet lay
whereupon *conj.* በምን ላይ bemin lay
wherever *adv.* የትም yetim
whet *v.t.* ስሜት ማነሳሳት simet manesasat
whether *conj.* ቢሆንም ባይሆንም bihonim bayihonim
which *pron.* የትኛዉ yetinyawu
which *a* የቱ yetu
whichever *pron* የትኛዉም ቢሆን yetinyawum bihon
whiff *n.* ሽታ shita
while *n.* ጥቂት ጊዜ tiqit gize
while *conj.* አንድ አፍታ anid afita
while *v.t.* አሳለፈ asalefe
whim *n.* አምሮት amirot
whimper *v.i.* አለቀሰ aleqese
whimsical *a.* ያልተለመደ ነገር yalitelemede neger
whine *v.i.* ተነጫነጨ tenechaneche
whine *n* ለቅሶ leqiso
whip *v.t.* አለንጋ aleniga
whip *n.* መግረፍ megiref
whipcord *n.* ገመድ gemed
whir *n.* ሽውታ shiwita
whirl *n.i.* መሽከርከር meshikeriker
whirl *n* መሽከርከር meshikeriker
whirligig *n.* እሽክርክሮሽ መጫወቻ eishikirikirosh mechawecha
whirlpool *n.* አዙሪት azurit
whirlwind *n.* አዉሎ ነፋስ awulo nefas
whisk *v.t.* በፍጥነት ማንቀሳቀስ befitinet maniqesaqes
whisk *n* የዕንቁላል መምቻ yeeiniqulal memicha
whisker *n.* ፂም tsim
whisky *n.* ውስኪ wisiki
whisper *v.t.* አንሾካሾከ anishokashoke
whisper *n* ሹክሹክታ shukishukita
whistle *v.i.* አፏጨ afwache
whistle *n* ፉጨት fuchet
white *a.* ነጭ nech
white *n* ነጭ nech
whiten *v.t.* አነጣ aneta
whitewash *n.* ኖራ nora
whitewash *v.t.* ኖራ ቀባ nora qeba
whither *adv.* ወደት wedet
whitish *a.* ነጭ nech
whittle *v.t.* በቢላ ፋቀ bebila faqe
whiz *v.i.* ሽው አለ shiw ale
who *pron.* ማን man
whoever *pron.* ማንም manim
whole *a.* ያልተነካካ yalitenekaka
whole *n* ሙሉ mulu
whole-hearted *a.* ከልብ kelib
wholesale *n.* ጅምላ ሽያጭ jimila shiyach
wholesale *a* ያለልዩነት yaleliyinet
wholesale *adv.* በጅምላ bejimila
wholesaler *n.* ጅምላ ነጋዴ jimila negade
wholesome *a.* ጥሩ ነው ተብሎ የሚታመን tiru new tebilo yemitamen
wholly *adv.* ሙሉ ለሙሉ mulu lemulu
whom *pron.* ማንን manin
whore *n.* ሴተኛ አዳሪ setenya adari
whose *pron.* የማን yeman
why *adv.* ለምን lemin
wick *n.* የሻማ ውስጥ ክር yeshama wisit kir
wicked *a.* እርጉም eirigum
wicker *n.* እንቅብ einiqib
wicket *n.* ትንሽ በር tinish ber
wide *a.* ሰፊ sefi
wide *adv.* በሰፊው besefiw

widen *v.t.* አሰፋ asefa

widespread *a.* የተዛመተ yetezamete

widow *n.* ባሏ የሞተባት ba□ yemotebat

widow *v.t.* ያለባል አስቀረ yalebal asiqere

widower *n.* ሚስቱ የሞተችበት misitu yemotechibet

width *n.* የጎን ስፋት yegon sifat

wield *v.t.* ስልጣን መያዝ silitan meyaz

wife *n.* ሚስት misit

wig *n.* ሰው ሰራሽ ፀጉር sew serash tsegur

wight *n.* መንፈስ menifes

wigwam *n.* ጎጆ gojo

wild *a.* ሰው ያልሰፈረበት sew yaliseferebet

wilderness *n.* በረሀ bereha

wile *n.* የማጭበርበሪያ መሳሪያ yemachiberiberiya mesariya

will *n.* መልካም ፈቃድ melikam feqad

will *v.t.* ፈቀደ feqede

willing *a.* ፍቃደኛ fiqadenya

willingness *n.* ፍቃደኝነት fiqadenyinet

willow *n.* ዛፍ zaf

wily *a.* አጭበርባሪ achiberibari

wimble *n.* ጉድጓድ መቆፈሪያ gudigwad meqoferiya

wimple *n.* ሻሽ shash

win *v.t.* ረታ reta

win *n* ማሸነፍ mashenef

wince *v.i.* ተሸማቀቀ teshemaqeqe

winch *n.* የከባድ እቃ ማንሻ yekebad eiqa manisha

wind *n.* ነፋስ nefas

wind *v.t.* ትንፋሽ አሳጠረ tinifash asatere

wind *v.t.* ጠመጠመ temeteme

windbag *n.* ለፍላፊ lefilafi

winder *n.* ጠምጣሚ temitami

windlass *v.t.* የከባድ እቃ ማንሻ yekebad eiqa manisha

windmill *n.* የንፋስ ወፍጮ yenifas weficho

window *n.* መስኮት mesikot

windy *a.* ነፋስ የበዛበት nefas yebezabet

wine *n.* የወይን ጠጅ yeweyin tej

wing *n.* ክንፍ kinif

wink *v.i.* ጠቀሰ teqese

wink *n* መጥቀስ metiqes

winner *n.* አሸናፊ ashenafi

winnow *v.t.* ፍሬውን ከገለባ ለየ firewin kegeleba leye

winsome *a.* ቆንጆ qonijo

winter *n.* ክረምት kiremit

winter *v.i* ክረምትን ቆየ kiremitin qoye

wintry *a.* የክረምት yekiremit

wipe *v.t.* ጠረገ terege

wipe *n.* መጥረግ metireg

wire *n.* ሽቦ shibo

wire *v.t.* ቴሌግራም አደረገ telegiram aderege

wireless *a.* ገመድ አልባ gemed aliba

wireless *n* ራዲዮ radiyo

wiring *n.* የገመድ ዝርጋታ yegemed zirigata

wisdom *n.* ጥበብ tibeb

wisdom-tooth *n.* መንጋጋ menigaga

wise *a.* ብልህ bilih

wish *n.* ምኞት minyot

wish *v.t.* ተመኘ temenye

wishful *a.* የማይሆን ምኞት yemayihon minyot

wisp *n.* ዘለላ zelela

wistful *a.* ማዘን mazen

wit *n.* ለዛ ያለው ጨዋታ leza yalew chewata
witch *n.* ጠንቋይ teniqway
witchcraft *n.* ጥንቆላ tiniqola
witchery *n.* ጥንቆላ tiniqola
with *prep.* ከ…ጋር ke…gar
withal *adv.* ቢሆንም bihonim
withdraw *v.t.* አወጣ aweta
withdrawal *n.* መልቀቅ meliqeq
withe *n.* ገመድ gemed
wither *v.i.* ደረቀ dereqe
withhold *v.t.* ከለከለ kelekele
within *prep.* ውስጥ wisit
within *adv.* በውስጥ bewisit
within *n.* በውስጥ ያለ ነገር bewisit yale neger
without *prep.* ያለ yale
without *adv.* በለሌ belele
without *n* የሌለው yelelew
withstand *v.t.* ተቋቋመ teqwaqwame
witless *a.* ለዛ ቢስ leza bis
witness *n.* ምስክር misikir
witness *v.i.* እማኝ ሆነ eimany hone
witticism *n.* ለዛ leza
witty *a.* ቀልደኛ qelidenya
wizard *n.* ጥላ ወጊ tila wegi
wobble *v.i* ተቁነጠነጠ tequnetenete
woe *n.* ከፍተኛ ሀዘን kefitenya hazen
woebegone *a.* ያረጀ yareje
woeful *n.* ሀዘንተኛ ሰው hazenitenya sew
wolf *n.* ተኩላ tekula
woman *n.* ሴት set
womanhood *n.* ሴትነት setinet
womanish *n.* ሴታሴት setaset
womanise *v.t.* ሴት የሚወድ set yemiwed
womb *n.* ማህፀን mahitsen
wonder *n* አስገራሚ asigerami
wonder *v.i.* ድማም dimam
wonderful *a.* አስደሳች asidesach
wondrous *a.* ድንቅ diniq
wont *a.* አዝሚያ azimiya
wont *n* ልማድ limad
wonted *a.* ልማዳዊ limadawi
woo *v.t.* አባበለ ababele
wood *n.* እንጨት einichet
woods *n.* ደን den
wooden *a.* ከእንጨት የተሰራ keeinichet yetesera
woodland *n.* ደን den
woof *n.* ጩኸት chuhet
wool *n.* ሱፍ suf
woollen *a.* በሱፍ የተሰራ besuf yetesera
woollen *n* በሱፍ የተሰራ ጨርቅ besuf yetesera cheriq
word *n.* ቃል qal
word *v.t* በቃል ገለፀ beqal geletse
wordy *a.* ብዙ ቃላት መጠቀም bizu qalat meteqem
work *n.* ተግባር tegibar
work *v.t.* ሰራ sera
workable *a.* ሊተገበር የሚችል litegeber yemichil
workaday *a.* የማያስብ yemayasib
worker *n.* ሰራተኛ seratenya
workman *n.* በጉልበቱ ሰርቶ የሚኖር ሰው begulibetu serito yeminor sew
workmanship *n.* የሰለጠነ የሰው ሐይል yeseletene yesew hayil
workshop *n.* ወርክ ሾፕ werik shop
world *n.* አለም alem
worldling *n.* አለማዊ ሰው alemawi sew
worldly *a.* አለማዊ alemawi
worm *n.* ትል til
wormwood *n.* ጎምዛዛ ተክል gomizaza tekil

worn *a.* አገልግሎቱን የጨረሰ ageligilotun yecherese
worry *n.* መጨነቅ mecheneq
worry *v.i.* ተጨነቀ techeneqe
worsen *v.t.* ተባባሰ tebabase
worship *n.* አምልኮ amiliko
worship *v.t.* ማምለክ mamilek
worshipper *n.* አምላኪ amilaki
worst *n.* የከፋ ሁኔታ yekefa huneta
worst *a* እጅግ የከፋ eijig yekefa
worst *v.t.* ተሸነፈ teshenefe
worsted *n.* ጥሩ የሆነ የጥጥ/የሱፍ ልብስ tiru yehone yetiti/yesuf libis
worth *n.* ጥቅም tiqim
worth *a* ጠቃሚ teqami
worthless *a.* ከንቱ kenitu
worthy *a.* ክብር የሚገባው kibir yemigebaw
would-be *a.* ተብዬ tebiye
wound *n.* ቁስል qusil
wound *v.t.* ማቁሰል maqusel
wrack *n.* የባህር ተክል yebahir tekil
wraith *n.* የሙት መንፈስ yemut menifes
wrangle *v.i.* ተጨቃጨቀ techeqacheqe
wrangle *n.* ጭቅጭቅ chiqichiq
wrap *v.t.* ጠቀለለ teqelele
wrap *n* የአንገት ልብስ yeaniget libis
wrapper *n.* መጠቅለያ ወረቀት meteqileya wereqet
wrath *n.* ከፍተኛ ቁጣ kefitenya quta
wreath *n.* ክብ አበባ kib abeba
wreathe *v.t.* ጎነጎነ gonegone
wreck *n.* በሽታ የጣለው beshita yetalew
wreck *v.t.* ሰባበረ sebabere
wreckage *n.* የመኪና ስብርባሪ yemekina sibiribari
wrecker *n.* የተበላሹ መኪኖች የሚያነሳ መኪና yetebelashu mekinoch yemiyanesa mekina
wren *n.* የወፍ ዓይነት yewef ayinet
wrench *n.* ወለምታ welemita
wrench *v.t.* በሃይል ማወዛወዝ behayil mawezawez
wrest *v.t.* መንጠቅ meniteq
wrestle *v.i.* መታገል metagel
wrestler *n.* የነጻ ትግል ስፖርተኛ yenetsa tigil siporitenya
wretch *n.* ደሃ deha
wretched *a.* መከረኛ mekerenya
wrick *n* የጢንቻ መሸምቀቅ yetinicha meshemiqeq
wriggle *v.i.* ተንፈራገጠ teniferagete
wriggle *n* መንፈራገጥ meniferaget
wring *v.t* መጭመቅ mechimeq
wrinkle *n.* የቆዳ መሸብሸብ yeqoda meshibisheb
wrinkle *v.t.* መጨማተር mechemater
wrist *n.* የእጅ አንጓ yeeij anigwa
writ *n.* የፍርድ ቤት ማዘዣ yefirid bet mazezha
write *v.t.* መጻፍ metsaf
writer *n.* ፀሐፊ tsehafi
writhe *v.i.* መጥመልመል metimelimel
wrong *a.* ትክክል ያልሆነ tikikil yalihone
wrong *adv.* በስህተት besihitet
wrong *v.t.* በደለ bedele
wrongful *a.* ህገወጥ higewet
wry *a.* መራራ ንግግር merara nigigir

X

xerox *n.* ፎቶ ኮፒ ማንሻ መሳሪያ foto kopi manisha mesariya
xerox *v.t.* ፎቶ ኮፒ አነሳ foto kopi anesa
Xmas *n.* የክርስቶስ ልደት yekirisitos lidet
x-ray *n.* ራጅ raj
x-ray *a.* የራጅ yeraj
x-ray *v.t.* ራጅ ተነሳ raj tenesa
xylophone *n.* የሙዚቃ መሳሪያ yemuziqa mesariya

Y

yacht *n.* ትንሽ መርከብ tinish merikeb
yacht *v.i* በትንሽ መርከብ ተጓዘ betinish merikeb tegwaze
yak *n.* በሬ መሳይ እንስሳ bere mesay einisisa
yap *v.i.* ጮኸ chohe
yap *n* የቡችላ ጩሀት yebuchila chuhit
yard *n.* ግቢ ውስጥ ያለ ባዶ ቦታ gibi wisit yale bado bota
yarn *n.* ማግ mag
yawn *v.i.* አዛጋ azaga
yawn *n.* ማዛጋት mazagat
year *n.* ዓመት amet
yearly *a.* በየዓመቱ beyeametu
yearly *adv.* የዓመቱ yeametu
yearn *v.i.* መናፈቅ menafeq
yearning *n.* ናፍቆት nafiqot
yeast *n.* እርሾ eirisho
yell *v.i.* መጮህ mechoh
yell *n* ጩኸት chuhet
yellow *a.* ቢጫ bicha
yellow *n* ቢጫ ቀለም bicha qelem
yellow *v.t.* ቢጫ ሆነ bicha hone
yellowish *a.* ቢጫ bicha
Yen *n.* ፍላጎት filagot
yeoman *n.* የግሉን መሬት የሚያርስ ገበሬ yegilun meret yemiyaris gebere
yes *adv.* አቤት abet
yesterday *n.* ትላንት tilanit
yesterday *adv.* በትላንት ዕለት betilanit eilet
yet *adv.* እስካሁን eisikahun
yet *conj.* ቢሆንም bihonim
yield *v.t.* አመረተ amerete
yield *n* ምርት mirit
yoke *n.* ቀንበር qeniber
yoke *v.t.* ቀንበር ጫነ qeniber chane
yolk *n.* አስኳል asikwal
young *a.* ወጣት wetat
young *n* ግልገል giligel
youngster *n.* ጋሜዎች gamewoch
youth *n.* ወጣት wetat
youthful *a.* ወጣትነት wetatinet

Z

zany *a.* ወፈፌ wefefe
zeal *n.* ጉጉት gugut
zealot *n.* ለእምነቱ ተቆርቋሪ leeiminetu teqoriqwari
zealous *a.* ትልቅ ፍላጎት ያለዉ tiliq filagot yalewu
zebra *n.* የሜዳ አህያ yemeda ahiya
zenith *n.* አናት anat

zephyr *n.* ዝግ ያለ መጠነኛ ነፋስ zig yale metenenya nefas
zero *n.* ባዶ bado
zest *n.* ደስታ desita
zigzag *n.* ጠመዝማዛ temezimaza
zigzag *a.* የተጠማዘዘ yetetemazeze
zigzag *v.i.* ተጠማዘዘ tetemazeze
zinc *n.* ንጥረ ነገር nitire neger
zip *n.* ዚፕ zip
zip *v.t.* በዚፕ ዘጋ bezip zega
zodiac *n* የሰማይ ክፍፍል yesemay kififil
zonal *a.* በቀጥታ የተከፈለ beqetita yetekefele
zone *n.* ቀጠና qetena
zoo *n.* መካነ አራዊት mekane arawit
zoological *a.* የስነ-እንስሳት yesine-einisisat
zoologist *n.* የስነ-እንስሳት ተመራማሪ yesine-einisisat temeramari
zoology *n.* ስነ እንሰሳት sine einisesat
zoom *n.* ዋጋ ጨመረ waga chemere
zoom *v.i.* በፍጥነት ተነሳ befitinet tenesa

Amharic - English

A

aba chegware *n* አባ ጨጓሬ caterpillar
ababal *n* አባባል aphorism
ababal *n.* አባባል expression
ababal *n.* አባባል pronunciation
ababase *v.t.* አባባሰ aggravate
ababase *v.t.* አባባሰ intensify
ababele *v. t.* አባበለ entice
ababele *v.t.* አባበለ woo
abakany *a.* አባካኝ lavish
abakany *a.* አባካኝ prodigal
abakany *a.* አባካኝ profligate
abakany *a.* አባካኝ wasteful
abakany sew *n.* አባካኝ ሰው spendthrift
abakanyinet *n.* አባካኝነት prodigality
abakene *v.t.* አባከነ lavish
abakene *v.t.* አባከነ squander
abal *n.* አባል member
abal yalihone sew *n.* አባል ያልሆነ ሰው outsider
abalinet *n.* አባልነት membership
abarere *v.t.* አባረረ spurn
abat *n* አባት father
abata goribata *adj* አባጣ ጎርባጣ bumpy
abata goribata *a.* አባጣ ጎርባጣ rugged
abate *n* አባቴ dad, daddy
abatina einatun yegedele wenijelenya *n.* አባትና እናቱን የገደለ ወንጀለኛ parricide
abatoch *n* አባቶች forefather
abatun yegedele sew *n.* አባቱን የገደለ ሰው patricide
abaza *v.t.* አባዛ multiply
abaza *v.i.* አባዛ stencil
abeba *n* አበባ blossom
abeba *n* አበባ flower
abeba gomen *n.* አበባ ጎመን broccoli
abeba gomen *n.* አበባ ጎመን cauliflower
abeba shach *n* አበባ ሻጭ florist
abebama *a* አበባማ flowery
abebe *v.i.* አበበ bloom
abebe *v.i* አበበ blossom
abedari *n* አበዳሪ creditor
abedari *n* አበዳሪ debtor
abedere *v.t.* አበደረ lend
abel *n.* አበል allowance
abelashe *v. t* አበላሸ botch
abelashe *v. t.* አበላሸ corrupt
abelashe *v. t.* አበላሸ damage
abelashe *v. t.* አበላሸ debauch
abelashe *v.t.* አበላሸ mar
abelashe *v.t.* አበላሸ ruin
abelashe *v.t.* አበላሸ spoil
abelashe *v.t.* አበላሸ spot
abelashe *v.t.* አበላሸ vitiate
abeletsege *v. t* አበለፀገ enrich
abera *v. t* አበራ brighten
abera *v.t* አበራ flash
abera *v.i.* አበራ glow
abera *v.t.* አበራ illuminate
abera *v.i.* አበራ lighten
abera *v.i.* አበራ shine
aberere *v.t.* አበረረ propel
abereta *v.t.* አበረታ abet
abereta *v.t.* አበረታ toughen
aberetata *v. t* አበረታታ encourage
abesache *v.t* አበሳጨ dement
abesache *v.t.* አበሳጨ irritate
abesebese *v. i* አበሰበሰ decay
abesebese *v. t* አበሰበሰ drench
abesele *v. t* አበሰለ cook
abesere *v.t* አበሰረ herald
abet *adv.* አቤት yes
abete *v.t.* አበጠ leach
abete *v.i.* አበጠ swell

abetuta *n.* አቤቱታ petition
abetuta aqerebe *v.t.* አቤቱታ አቀረበ petition
abetuta aqirabi *n.* አቤቱታ አቅራቢ petitioner
abeza *v. t* አበዛ duplicate
abilecheleche *v.i.* አብለጨለጨ sparkle
abilitew yemiwedut *n* አብልጠው የሚወዱት favourite
abirara *v. t* አብራራ clarify
abirara *v. t* አብራራ elaborate
abirara *v. t* አብራራ elucidate
abirara *v. t.* አብራራ explain
abireqereqe *v.i.* አብረቀረቀ twinkle
abiro adege *v.t.* አብሮ አደገ accrete
abiro hone *v.t.* አብሮ ሆነ accompany
abiro menor *n* አብሮ መኖር co-existence
abiro mesirat *n.* አብሮ መስራት partnership
abiro nore *v. i* አብሮ ኖረ co-exist
abiro sera *v.t* አብሮ ሰራ mesh
abiro yemifes *adj.* አብሮ የሚፈስ confluent
abiro yemisera *n.* አብሮ የሚሰራ partner
abisari *n.* አብሳሪ herald
abiwelid menifes qidus *n.* አብወልድ መንፈስ ቅዱስ godhead
abiy *a.* አብይ cardinal
abiyotenya *a.* አብዮተኛ revolutionary
abiyotenya sew *n* አብዮተኛ ሰው revolutionary
abizanyaw *n.* አብዛኛው plurality
abizanyawin gize *adv.* አብዛኛውን ግዜ mainly
abizanyoch *n.* አብዛኞች majority
abo shemane *n.* አቦ ሸማኔ leopard
abwara *n* አቧራ dust
acha *n.* አቻ parity
acha yelelew *a.* አቻ የሌለው matchless
achaj *n.* አጫጅ reaper
achama *v.t.* አጫማ shoe
acharete *v.t.* አጫረተ tender
achawach danya *n.* አጫዋች ዳኛ referee
ache *v. t* አጨ betroth
achebechebe *v.t.* አጨበጨበ applaud
achebechebe *v. i.* አጨበጨበ clap
achede *v.t.* አጨደ reap
achede *v.t.* አጨደ scythe
acheleme *v. t* አጨለመ benight
acheleme *v.i.* አጨለመ darkle
achenagefe *v.t.* አጨናገፈ intercept
achenaneqe *v.t.* አጨናነቀ jam
acheqe *v. t* አጨቀ cram
acheqe *2 v.t.* አጨቀ stuff
achese *v.i.* አጨሰ smoke
achiberebere *v. t.* አጭበረበረ dazzle
achiberebere *v.t.* አጭበረበረ rook
achiberebere *v.t.* አጭበረበረ swindle
achiberibari *n.* አጭበርባሪ impostor
achiberibari *n.* አጭበርባሪ rogue
achiberibari *n.* አጭበርባሪ swindler
achiberibari *a.* አጭበርባሪ wily
achir *a.* አጭር short
achir eirefit *n.* አጭር እረፍት interlude
achir eirefit *n.* አጭር እረፍት pause
achir giletarik megilecha *n.* አጭር ግለታሪክ መግለጫ profile
achir giletarik tsafe *v.t.* አጭር ግለታሪክ ፃፈ profile

achir megilecha *n.* አጭር መግለጫ digest
achir mezigebe qalat *n.* አጭር መዝገበ ቃላት glossary
achir sew *n.* አጭር ሰው midget
achir tiyaqe *n.* አጭር ጥያቄ quiz
achir tsihifet *n.* አጭር ጽሕፈት stenography
achir yeeirefit gize *n.* አጭር የእረፍት ጊዜ spree
achir yeqome tsegur *n* አጭር የቆመ ፀጉር bristle
achirina qurit yale *n.* አጭርና ቁርጥ ያለ monosyllable
adabere *v.t* አዳበረ fertilize
adagach *a* አዳጋች formidable
adaletew *v.i.* አዳለጠው slip
adamete *v.i.* አዳመጠ listen
adane *v. t.* አዳነ cure
adane *v.t.* አዳነ physic
adane *v.t.* አዳነ rescue
adane *v.t.* አዳነ save
adany *n.* አዳኝ hunter
adany *n.* አዳኝ saviour
adany amora *n* አዳኝ አሞራ falcon
adany wisha *n.* አዳኝ ውሻ hound
adaqele *v.t* አዳቀለ graft
adarash *n.* አዳራሽ hall
adarash *n.* አዳራሽ mansion
adeba *v.i.* አደባ lurk
adeba *v.i.* አደባ stalk
adebabay *n.* አደባባይ square
adebaleqe *v.t.* አደባለቀ adulterate
adebaleqe *v.t.* አደባለቀ intermingle
adebezeze *v. t* አደበዘዘ dim
adebezeze *v.t.* አደበዘዘ overshadow
adefafere *v. t.* አደፋፈረ embolden
adefafere *v.t* አደፋፈረ urge
adefete *v. i.* አደፈጠ crouch
adefete *v.t.* አደፈጠ waylay
adega *n* አደጋ accident
adega *n.* አደጋ calamity
adega *n.* አደጋ danger
adega *n.* አደጋ hazard
adega *n.* አደጋ jeopardy
adega *n.* አደጋ mishap
adega *n.* አደጋ risk
adega *n.* አደጋ venture
adega lay tale *v. t.* አደጋ ላይ ጣለ endanger
adega lay tale *v.t* አደጋ ላይ ጣለ hazard
adega lay tale *v.t.* አደጋ ላይ ጣለ imperil
adega lay tale *v.t.* አደጋ ላይ ጣለ jeopardize
adega lay tale *v.t.* አደጋ ላይ ጣለ risk
adega lay tale *v.t.* አደጋ ላይ ጣለ venture
adega yemayichil *a* አደጋ የማይችል delicate
adege *v.i.* አደገ accrue
adege *v. t.* አደገ develop
adege *v.t.* አደገ outgrow
adegenya *a* አደገኛ dangerous
adegenya *a.* አደገኛ malignant
adegenya *n.* አደገኛ peril
adegenya *a.* አደገኛ sinister
adegenya bota lay asiqemete *v.i.* አደገኛ ቦታ ላይ አስቀመጠ perch
adeheye *v.t.* አደኸየ depauperate
adeheye *v.t.* አደኸየ impoverish
adekeme *v. t.* አደከመ enfeeble
adekeme *v.t* አደከመ fatigue
adekeme *v.t.* አደከመ tire
adela *v. t* አደላ bias
adela *v. t.* አደላ discriminate
adela *v.t.* አደላ slant
adele *v.t.* ዐደለ allocate
adeliwo *n* አደልዎ bias

ademeqe *v. t.* አደመቀ enliven
ademete *v.t.* አደመጠ heed
aden *n* አደን hunt
adenagari *adj* አደናጋሪ addle
adenagere *v. t* አደናገረ bemuse
adenagere *v.t.* አደናገረ mystify
adenaqefe *v.t.* አደናቀፈ hinder
adenaqefe *v.t.* አደናቀፈ obstruct
adenaqefe *v.t.* አደናቀፈ trip
adene *v.t.* አደነ grow
adene *v.t.* አደነ hunt
adene *v.i.* አደነ prey
adeneqe *v.t.* አደነቀ appreciate
adeneqe *v. t.* አደነቀ cheer
adeneze *v. t.* አደነዘ dull
adenizazh *n* አደንዛዥ chloroform
adenizazh eits *n* አደንዛዥ ዕፅ cocaine
adenizazh eits *n.* አደንዛዥ እፅ heroine
adenizazh eits *n.* አደንዛዥ እፅ narcotic
adenizh eits *n.* አደንዥ ዕፅ opium
adeqeqe *v. t* አደቀቀ crush
adera *v* አደራ custody
adera sete *v.t.* አደራ ሰጠ consign
adera sete *v. t* አደራ ሰጠ entrust
aderadari *n.* አደራዳሪ negotiator
aderaje *v.t.* አደራጀ organize
aderege *v.t.* አደረገ render
adereqe *v. i.* አደረቀ dry
adereqe *v.t.* አደረቀ parch
adese *v.t.* አደሰ rehabilitate
adese *v.t.* አደሰ renew
adese *v.t.* አደሰ renovate
adey abeba *n.* አደይ አበባ dandelion
adey abeba *n* አደይ አበባ narcissus
adibesibiso sera *v. t* አድበስብሶ ሰራ bungle
adikami *a.* አድካሚ arduous
adikami *a.* አድካሚ laborious
adikami *a.* አድካሚ tiresome
adiloawi *a.* አድሎአዊ preferential
adiloawinet *n.* አድሎአዊነት partiality
adima *n* አድማ strike
adima memitat *n* አድማ መምታት boycott
adima meta *v. t.* አድማ መታ boycott
adima meta *v.t.* አድማ መታ strike
adimach *n.* አድማጭ listener
adimas *n.* አድማስ horizon
adimenya *n.* አድመኛ striker
adinaqot *n.* አድናቆት admiration
adinaqot *n.* አድናቆት appreciation
adinaqot yemigebaw *a* አድናቆት የሚገባው creditable
adiniqo tenagere *v.i.* አድንቆ ተናገረ rave
adiragot *n.* አድራጎት dealing
adirasha *n.* አድራሻ address
adis *a* አዲስ daring
adis *a.* አዲስ new
adis *a.* አዲስ novel
adis *n* አዲስ virgin
adis neger fetere *v.t.* አዲስ ነገር ፈጠረ innovate
adis qalat mefiter *n* አዲስ ቃላት መፍጠር coinage
adisinet *n.* አዲስነት novelty
aeimiro *n.* አእምሮ mind
aeimirow yeteneka sew *n.* አእምሮው የተነካ ሰው psychopath
aeiwaf *n.* አዕዋፍ fowl
af *n* አፍ brim
af *n.* አፍ mouth
af *n.* አፍ muzzle
afaf lay *n.* አፋፍ ላይ verge
afatany *a* አፋጣኝ immediate
afatene *v. t.* አፋጠነ expedite

afatene *v.i.* አፋጠነ hasten
afe tarik *n.* አፈ ታሪክ myth
afe tarikawi *a.* አፈ ታሪካዊ mythological
afegefege *v.i.* አፈገፈገ cower
afegefege *v.i.* አፈገፈገ recoil
afegefege *v.i.* አፈገፈገ retreat
afela *v.i.* አፈላ boil
afenaqele *v. t* አፈናቀለ displace
afene *v.t.* አፈነ gag
afene *v.t.* አፈነ muffle
afene *v.t.* አፈነ stifle
afeneda *v.i* አፈነዳ blast
afeneda *v. t.* አፈነዳ explode
afer *n.* አፈር marl
afer *n.* አፈር soil
afera *v.t* አፈራ breed
aferareqe *v.t.* አፈራረቀ alternate
afesese *v. t* አፈሰሰ drain
afetarik *n.* አፈታሪክ legend
afetarik wisit yale *n* አፈታሪክ ውስጥ ያለ elf
afetarikawi *a.* አፈታሪካዊ legendary
afetater *n* አፈጣጠር formation
afeteleke *v.i* አፈተለከ scamper
afetsatsem *n.* አፈፃፀም performance
afeze *v.t.* አፌዘ satirize
afeze *v.i* አፌዘ sneer
afinicha *n.* አፍንጫ nose
afinicha *n.* አፍንጫ snout
afino gedele *v.t.* አፍኖ ገደለ smother
afitata *v.t.* አፍታታ limber
afot *n.* አፎት scabbard
afun amotemote *v.t.* አፉን አሞጠሞጠ purse
afun asere *v.t* አፉን አሰረ muzzle
afun kefete *v.i.* አፉን ከፈተ gape
afwache *v.i* አፏጨ hiss
afwache *v.i.* አፏጨ whistle
agache *v.t.* አጋጨ bang
agache *v. t.* አጋጨ clash
agafari *n.* አጋፋሪ beadle
agagenene *v. t.* አጋገነነ exaggerate
agalete *v. t* አጋለጠ disclose
agamash *a.* አጋማሽ mid
agano gemete *v.t.* አጋኖ ገመተ overrate
agatami *n.* አጋጣሚ chance
agatamin meteqem *n.* አጋጣሚን መጠቀም leverage
agatamiyawi teret mesay tireka *n.* አጋጣሚያዊ ተረት መሳይ ትረካ anecdote
agateme *v. t* አጋጠመ befall
agatemew *v. t* አጋጠመው encounter
agatemew *v. t.* አጋጠመው experience
agazen *n* አጋዘን deer
ageba *v.t.* አገባ marry
ageba *v.t.* አገባ wed
agebab *n* አገባብ entry
agech *n.* አገጭ chin
ageda *n.* አገዳ stalk
agede *v.t.* አገደ impede
agede *v.t.* አገደ restrain
agede *v.i.* አገደ stem
agede *v.t.* አገደ thwart
agegeme *v.t.* አገገመ recover
agegidami weniber *n* አገግዳሚ ወንበር bench
agelegele *v.i.* አገለገለ minister
agelegele *v.t.* አገለገለ serve
agelegele *v.t* አገለገለ service
agelele *v.t.* አገለለ ostracize
ageligay *n.* አገልጋይ servant
ageligayinet *n.* አገልጋይነት subservience
ageligilot *n.* አገልግሎት ministry
ageligilot *n.* አገልግሎት service

ageligilotun yecherese *a.* አገልግሎቱን የጨረሰ worn
agenany *n.* አገናኝ liaison
agenany *v.t.* አገናኝ piece
agenany *v.t.* አገናኝ unite
agenanye *v. t.* አገናኘ connect
agenanye *v.t.* አገናኘ mate
agenanye *v.t.* አገናኘ relate
agenye *v.t.* አገኘ acquire
agenye *v. t.* አገኘ derive
agenye *v. t* አገኘ discover
agenye *v. t* አገኘ earn
agenye *v.t* አገኘ find
agenye *v.t.* አገኘ gain
agenye *v.t.* አገኘ get
agenye *v.t.* አገኘ obtain
agenye *v.t.* አገኘ procure
ager *n.* አገር nation
agere gezhi *n.* አገረ ገዢ governor
agesa *v. t* አገሣ belch
agete *n* አጌጠ festoon
agezaz *n* አገዛዝ domination
agezaz *n.* አገዛዝ governance
ageze *v.t.* አገዘ second
agibab *n.* አግባብ relevance
agibab *n.* አግባብ syntax
agibab yalew *a.* አግባብ ያለው relevant
agibaba *v.t.* አግባባ lure
agober *n.* አጎበር canopy
agober *n.* አጎበር lintel
agobete *v. t* አጎበጠ bend
agobete *v. t* አጎበጠ curve
agola *v.t* አጎላ accent
agola *v.t.* አጎላ amplify
agola *v.t.* አጎላ magnify
agonebese *v.i.* አጎነበሰ duck
agonebese *v.i.* አጐነበሰ stoop
agoneqole *v.i.* አጐነቆለ sprout
agoneqole *v.t.* አጐነቆለ spur
agosaqole *v.t.* አጐሳቆለ abuse
agosaqole *v.t.* አጎሳቆለ manhandle
agoseqole *v.t.* አጎሰቆለ misuse
agot *n.* አጎት uncle
agul limad *n.* አጉል ልማድ mannerism
agulito yemiyasay menetsir *n.* አጉልቶ የሚያሳይ መነፅር telescope
agulito yemiyasay mesariya *n.* አጉልቶ የሚያሳይ መሳሪያ microscope
agumama *v.t.* አጉማማ backbite
aguremereme *v.i.* አጉረመረመ growl
aguremereme *v.i.* አጉረመረመ mumble
aguremereme *v.t.* አጉረመረመ murmur
aguremereme *v.i.* አጉረመረመ mutter
aguremereme *v.i.* አጉረመረመ rumble
agutemeteme *v.i.* አጉተመተመ grunt
agwagul tsebay *n.* አጓጉል ፀባይ misbehaviour
agwagwaze *v.t* አጓጓዘ ferry
agwagwaze *v.t.* አጓጓዘ transport
agwara *v. i* አጓራ bellow
agwara *v.i.* አጓራ roar
ahaz *a.* አሀዝ numeral
ahigur *n* አህጉር continent
ahiya *n.* አህያ ass
ahiya *n* አህያ donkey
ahun *adv.* አሁን now
ahun *adv.* አሁን presently
ahunim *adv.* አሁንም still
aja *n.* አጃ oat
aja *n.* አጃ rye
ajabi *n.* ዐጃቢ bodyguard
ajabiwoch *n.* አጃቢዎች retinue
ajeb *n* አጀብ escort
ajebe *v. t* አጀበ escort

ajenida *n.* አጀንዳ agenda
akababi *adv* አካባቢ around
akababi *n.* አካባቢ environment
akababi *n.* አካባቢ milieu
akababi *n.* አካባቢ neighbourhood
akababi *n.* አካባቢ norm
akababi *n.* አካባቢ surroundings
akababi tebaqi *n.* አካባቢ ጠባቂ picket
akababi tebeqe *v.t.* አካባቢ ጠበቀ picket
akababin bekele *v.t.* አካባቢን በከለ pollute
akadami *n* አካዳሚ academy
akafa *v. i* አካፋ drizzle
akafa *n.* አካፋ shovel
akafa *n.* አካፋ spade
akafele *v.t.* አካፈለ impart
akafele *v.t.* አካፈለ share
akahede *v. t* አካሄደ conduct
akal *n* አካል body
akal *adj.* አካል component
akal *n* አካል entity
akal yelelew *a.* አካል የሌለው impersonal
akalawi *a.* አካላዊ physical
akale sinikul *a.* አካለ ስንኩል invalid
akale sinikul aderege *v. t* አካለ ስንኩል አደረገ disable
akale sinikul sew *n* አካለ ስንኩል ሰው invalid
akatete *v. i* አካተተ consist
akatete *v.t.* አካተተ incorporate
akebere *v. t. & i.* አከበረ celebrate
akebere *v. t* አከበረ esteem
akebere *v. t* አከበረ honour
akebere *v.t.* አከበረ respect
akebere *v.t.* አከበረ revere
akefafele *v.t.* አከፋፈለ allot
akefafele *v.t.* አከፋፈለ apportion
akefafele *v. t* አከፋፈለ distribute
akefafele *v.t.* አከፋፈለ proportion
akeke *v.i.* አከከ itch
akele *v.i* አከለ amount
akemache *v.t.* አከማቸ accumulate
akemache *v.t.* አከማቸ amass
akemache *v.t.* አከማቸ stock
akemache *v.t.* አከማቸ store
akenawene *v.t.* አከናወነ accomplish
akenawene *v.t.* አከናወነ achieve
akerakari *n.* አከራካሪ moot
akeraye *v.t.* አከራየ let
akeraye *v.t.* አከራየ sublet
akerikari *n.* አከርካሪ backbone
akerikari *n.* አከርካሪ spine
akeshefe *v.t* አከሸፈ foil
akibari *a.* አክባሪ chivalrous
akibari *a.* አክባሪ reverent
akibirot *n.* አክብሮት awe
akibirot *n.* አክብሮት chivalry
akibirot *n* አክብሮት deference
akibirot *n.* አክብሮት homage
akibirot *n.* አክብሮት superlative
akibirot *n.* አክብሮት veneration
akibirot masayet *v.t.* አክብሮት ማሳየት venerate
akirari *n* አክራሪ bigot
akirari *n* አክራሪ extremist
akirari *a* አክራሪ fanatic
akirari *n.* አክራሪ martinet
akirari sew *n.* አክራሪ ሰው puritan
akirarinet *n* አክራሪነት bigotry
akirobat *n.* አክሮባት acrobat
akisiperit *a.* አክስፐርት adept
akisit *n.* አክስት aunt
akita *n* አክታ spittle
akita *n.* አክታ sputum
akolashe *v.t.* አኮላሸ geld
akomatere *v. t* አኮማተረ contract
akwaraj *n.* አኳራጅ turpentine
akwariyes *n.* አኳሪየስ aquarius
alabew *v.i.* አላበው sweat

alagete *v.i.* አላገጠ loaf
alagete *v.i.* አላገጠ mock
alagibab meteqem *n.* አላግባብ መጠቀም malpractice
alala *v.t.* አላላ slacken
alama *n.* ዓላማ goal
alama *n.* ዓላማ intent
alama *n.* ዓላማ motif
alama *n.* አላማ object
alama *n.* ዓላማ objective
alama *n.* አላማ purpose
alamede *v.t.* አላመደ tame
alamete *v. t* አላመጠ chew
alamete *v.t.* አላመጠ masticate
alarekam *v. t.* አላረካም dissatisfy
alasifelagi *a.* አላስፈላጊ undue
alawaqi *a.* አላዋቂ ignorant
alawaqinet *n.* አላዋቂነት ignorance
alebe *v.t.* አለበ milk
alebeleziya *conj.* አለበለዚያ otherwise
alebese *v.t.* አለበሰ apparel
alebese *v. t* አለበሰ clothe
alefe *v. t* አለፈ elapse
alefe *v.i.* አለፈ pass
alefe *v.t.* አለፈ skirt
alekeleke *v.i.* አለከለከ pant
alekeleke *v.i.* አለከለከ puff
alela *v.t.* አለላ loose
alem *n.* አለም globe
alem *n.* አለም world
alem aqef *a.* አለም አቀፍ global
alem aqef *a.* አለም አቀፍ international
alem aqef *a.* ዓለም አቀፍ universal
alem aqefawinet *n.* ዓለም አቀፋዊነት universality
alemakiber *n* አለማክበር disrespect
alemamede *v.t.* አለማመደ rehearse
alemamen *n.* አለማመን misbelief
alemat *n.* ዓለማት universe
alemaweq *n.* አለማወቅ nescience
alemaweq *a.* አለማወቅ unaware
alemawi *a.* አለማዊ worldly
alemawi desita yemiwed *n.* አለማዊ ደስታ የሚወድ voluptuary
alemawi sew *n.* አለማዊ ሰው worldling
aleme *v. i.* አለመ dream
alemebisel *n.* አለመብሰል immaturity
alemechal *n* አለመቻል disqualification
alemechal *n.* አለመቻል impossibility
alemechal *n.* አለመቻል impotence
alemechal *n.* አለመቻል inability
alemechal *n.* አለመቻል incapacity
alemechal *n.* አለመቻል intolerance
alemegibabat *n.* አለመግባባት reticence
alememetaten *n* አለመመጣጠን disparity
alememot *n.* አለመሞት immortality
alemeqebel *interj* አለመቀበል fie
alemeqebel *n.* አለመቀበል rejection
alemeqetat *n.* አለመቀጣት impunity
alemeredat *n* አለመረዳት misapprehension
alemeredat *n.* አለመረዳት misunderstanding
alemeregagat *n.* አለመረጋጋት instability
alemerikat *n* አለመርካት discontent
alemerikat *n* አለመርካት dissatisfaction

alemesiker *n.* አለመስከር sobriety
alemesimamat *n.* አለመስማማት disagreement
alemesimamat *n* አለመስማማት discord
alemetazez *n.* አለመታዘዝ insubordination
alemetemamen *n.* አለመተማመን insecurity
alemeteniqeq *n.* አለመጠንቀቅ indiscretion
alemin yemiqotater amilak *n.* አለምን የሚቆጣጠር አምላክ deity
aleniga *n.* አለንጋ scourge
aleniga *v.t.* አለንጋ whip
aleqa *n* አለቃ boss
aleqa *n.* አለቃ chieftain
aleqa *n.* አለቃ monitor
aleqa *n* አለቃ prior
aleqeleqe *v.t.* አለቀለቀ rinse
aleqese *v. i* አለቀሰ cry
aleqese *v.i.* አለቀሰ lament
aleqese *v.i.* አለቀሰ whimper
alesalese *v.t.* አለሳለሰ moderate
alew *v.t.* አለው have
alibasat *n.* አልባሳት clothes
alibasat *n.* አልባሳት vestment
alibo *n* አልቦ anklet
alichebet ale *a* አልጨበጥ አለ elusive
alifo alifo *a.* አልፎ አልፎ occasional
alifo alifo *adv.* አልፎ አልፎ occasionally
alifo alifo agenye *v.t.* አልፎ አልፎ አገኘ stud
alifo alifo yemidereg *a.* አልፎ አልፎ የሚደረግ sporadic
alifo alifo yemihon gichit *a.* አልፎ አልፎ የሚሆን ግጭት spasmodic
aliga *n* አልጋ bed
alijebira *n.* አልጀብራ algebra
alikali *n* አልካሊ alkali
alikol metimeqiya eiqa *n.* አልኮል መጥመቂያ ዕቃ still
alimaz *n* አልማዝ diamond
aliminet *a.* አልሚነት nutritive
aliminet yalew migib *a.* አልሚነት ያለው ምግብ nutritious
alimuniyem *n.* አልሙኒየም aluminium
aliqit *n.* አልቅት leech
aliteqebelem *v. t.* አልተቀበለም decline
aliteqebelem *v.t.* አልተቀበለም reject
aliteredam *v.t.* አልተረዳም misapprehend
aliteredam *v.t.* አልተረዳም misunderstand
alitesimamam *v. i* አልተስማማም disagree
alitetatamem *v.t.* አልተጣጣመም mismatch
alitetazezim alu *v. t* አልተታዘዝም አሉ disobey
alubalita *n.* አሉባልታ gossip
aluta *n.* አሉታ negative
ama *v.t.* አማ malign
ama *v.t.* አማ slander
amachoch *n.* አማቾች in-laws
amakari *n.* አማካሪ counsellor
amakay *a.* አማካይ average
amakay *n.* አማካይ mean
amakay agenye *v.t.* አማካይ አገኘ average
amakere *v. t* አማከረ consult
amalaj *n.* አማላጅ mediator
amalede *v.i.* አማለደ mediate
amarach *n.* አማራጭ alternative
amarach *a.* አማራጭ alternative
amarach *n.* አማራጭ option

amarach filega *n.* አማራጭ ፍለጋ pursuance
amarere *v. t* አማረረ cavil
amarere *v. i* አማረረ complain
amasele *v.i.* አማሰለ stir
amatsi *a.* አማፂ militant
amatsi *n.* ዐማፂ rebel
amechache *v.t* አመቻቸ facilitate
amechi *a* አመቺ favourable
amed *n.* አመድ ash
amedima *n.* አመድማ pale
amel *n.* አመል temperament
amelekaket *n.* አመለካከት modality
amelekaket *n.* አመለካከት outlook
amelekekakat *n.* አመለከካከት precept
amelekete *v. i* አመለከተ denote
amelekete *v.i* አመለከተ hint
amelekete *v.t.* አመለከተ imply
amelekete *v.t.* አመለከተ indicate
amelekete *v.t.* አመለከተ infer
amelekete *v.t.* አመለከተ orient
amelekete *v.t.* አመለከተ point
amelekete *n.* አመለከተ predicate
amelekete *v.t.* አመለከተ signal
amelekete *v.t.* አመለከተ signify
amelete *v.i* አመለጠ abscond
amelete *v. t* አመለጠ dodge
amelete *v. t* አመለጠ elude
amelete *v.i* አመለጠ escape
amelete *v. t* አመለጠ evade
amelikach *n.* አመልካች applicant
amelikach *n.* አመልካች indicator
amen *interj.* አሜን amen
amene *v.t.* አመነ admit
amene *v. t* አመነ believe
amene *v.t.* አመነ concede
amene *v.t* አመነ trust
ameneche *v.t.* አመነጨ generate
ameneche *v.t.* አመነጨ originate
ameneche *v.t.* አመነጨ secrete
ameneta *v.i.* አመነታ hesitate
amenezheke *v.i.* አመነዠከ ruminate
amenichi *n.* አመንጪ originator
amenizira *n.* አመንዝራ slut
ameqe *v. t.* አመቀ compress
amerete *v.t.* አመረተ produce
amerete *v.t.* አመረተ yield
amesaqele *v.i.* አመሳቀለ rummage
amesasele *v. t* አመሳሰለ compare
amesasele *v.t.* አመሳሰለ liken
amesegene *v. t* አመሰገነ commend
amesegene *v. t* አመሰገነ compliment
amesegene *v.t.* አመሰገነ glorify
amesegene *v.t.* አመሰገነ laud
amesegene *v.t.* አመሰገነ praise
amesegene *v.t.* አመሰገነ thank
amesigany *a.* አመስጋኝ thankful
amet *n.* ዓመት year
ameta *v. t* አመጣ bring
ameta *v. t* አመጣ extract
ameta *v.t.* አመጣ incur
ametatene *v.t.* አመጣጠነ balance
ametawi *a.* አመታዊ annual
ametawi kifiya *n.* አመታዊ ክፍያ annuity
ametawi kifiya yemiqebel sew *n* አመታዊ ክፍያ የሚቀበል ሰው annuitant
amets *n.* አመፅ insurrection
amets *n.* አመፅ mutiny
amets *n.* ዐመፅ rebellion
amets *n.* ዐመፅ revolt
amets *n.* አመፅ upheaval
amets *n.* አመፅ uprising
ametse *v. i* አመፀ mutiny
ametse *v.i.* ዐመፀ rebel
ametse *v.i.* ዐመፀ revolt
ametsenya *a.* አመፀኛ insurgent
ametsenya *n* አመፀኛ militant

ametsenya *a.* ዐመፀኛ rebellious
ametsenya *n.* አመፀኛ thug
ametun mulu yemiyafera *a* አመቱን ሙሉ የሚያፈራ evergreen
ametun mulu yemiyafera tekil *n* አመቱን ሙሉ የሚያፈራ ተክል evergreen
amezazany *a.* አመዛዛኝ judicious
amezazene *v.t.* አመዛዘነ offset
amibagenen *n* አምባገነን autocrat
amibagenen *n* አምባገነን dictator
amibagenen *n.* አምባገነን tyrant
amibagenen meri *n* አምባገነን መሪ despot
amibagenenawi asitedader *n.* አምባገነናዊ አስተዳደር tyranny
amibar *n.* አምባር bangle
amibasader *n.* አምባሳደር ambassador
amibulanis *n.* አምቡላንስ ambulance
amid *n* አምድ column
amilak *n.* አምላክ god
amilaki *n.* አምላኪ worshipper
amiliko *n* አምልኮ cult
amiliko *n.* አምልኮ worship
amino teqebele *v.* አምኖ ተቀበለ acknowledge
aminye *v.t* አምኘ hoax
amipul *n.* አምፑል bulb
amirach *n* አምራች manufacturer
amirot *n.* አምሮት whim
amisaya *n.* አምሳያ replica
amisit *n* አምስት five
amisit gonoch yalut qirits *n.* አምስት ጎኖች ያሉት ቅርፅ pentagon
amogese *v. t.* አሞገሰ extol
amolaqeqe *v.t.* አሞላቀቀ pamper
amonye *v.t* አሞኘ gull
amoqe *v.t* አሞቀ heat
amwala *v.t.* አሟላ perfect
amwala *v.t.* አሟላ supplement
amwamwa *v.t* አሟሟ dissolve
anababi fidel *n.* አናባቢ ፊደል vowel
anadaj *n.* አናዳጅ nuisance
anadaj *n.* አናዳጅ offender
anadede *v.t.* አናደደ inflame
anadede *v.t.* አናደደ infuriate
anadede *v.t.* አናደደ offend
anadede *v.t.* አናደደ upset
anadede *v.t.* አናደደ vex
anafa *v. i* አናፋ bray
anafese *v.t.* አናፈሰ ventilate
ananas *n.* አናናስ pineapple
anasa *a.* አናሳ paltry
anat *n* አናት scalp
anat *n.* አናት zenith
anati *n.* አናጢ carpenter
anati *n.* አናጢ joiner
anatinet *n.* አናጢነት carpentry
anebebe *v.t.* አነበበ read
anedede *v.t.* አነደደ kindle
anefenefe *v.i.* አነፈነፈ sniff
anegager tibeb *n.* አነጋገር ጥበብ phraseology
anenore *v.t* አነኖረ house
aneqa *v.i.* አነቃ rouse
aneqaneqe *v. i. & n* አነቃነቀ budge
aneqaneqe *v.i.* አነቃነቀ shake
aneqaqa *v.t.* አነቃቃ refresh
aneqaqa *v.t.* አነቃቃ thrill
aneqe *v. t.* አነቀ choke
aneqe *v.t.* አነቀ strangle
aneqe *v.t* አነቀ suffocate
anesa *v.t.* አነሳ hoist
anesa *v.t.* አነሳ lift
anesasa *v.t* አነሳሳ foment
anesasa *v.t.* አነሳሳ incite
anesasa *v.t.* አነሳሳ inspire
anesasa *v.t.* አነሳሳ instigate

anesasa v አነሳሳ motivate
anesasa a. አነሳሳ prompt
anesasa v.i. አነሳሳ spark
anesasa v.t. አነሳሳ stimulate
anese v.i. አነሰ wane
anesitenya a. አነስተኛ insignificant
anesitenya a. አነስተኛ lesser
anesitenya a. አነስተኛ minor
anesitenya adv. አነስተኛ smallness
anesitenya bet n አነስተኛ ቤት bungalow
anesitenya mehon n. አነስተኛ መሆን insignificance
anesitenya neger n. አነስተኛ ነገር trifle
anesitenya yewetaderoch budin n. አነስተኛ የወታደሮች ቡድን squad
aneta v.t. አነጣ whiten
anetatere v.i. አነጣጠረ aim
anetatere v.t አነጣጠረ focus
anetese v.i. አነጠሰ sneeze
anetsa v. t አነጻ cleanse
anetsatsere v. t አነጻጸረ contrast
anibabi n. አንባቢ reader
anibar n አንባር bracelet
anibesa n አንበሳ lion
anibeta n. አንበጣ locust
anibochareqe v.t. አንቦጫረቀ ripple
anid a. አንድ a
anid art አንድ an
anid a. አንድ one
anid a. አንድ single
anid afita conj. አንድ አፍታ while
anid amilak bicha yemiyamelik n. አንድ አምላክ ብቻ የሚያመልክ monolatry
anid ayina n. አንድ አይና purblind
anid ayinet a. አንድ አይነት identical
anid ayinet a. አንድ አይነት same
anid ayinet a አንድ አይነት twin
anid ayinet aderege v.t. አንድ ዓይነት አደረገ standardize
anid bota adv. አንድ ቦታ somewhere
anid dirigit yetefetsemebet bota n. አንድ ድርጊት የተፈፀመበት ቦታ locus
anid eirimija n አንድ እርምጃ pace
anid gize adv. አንድ ጊዜ sometime
anid manikiya mulu n. አንድ ማንኪያ ሙሉ spoonful
anid misit bicha yalew a. አንድ ሚስት ብቻ ያለው monogynous
anid neger pron. አንድ ነገር something
anid set magibat n. አንድ ሴት ማግባት monogamy
anid sew pron. አንድ ሰው somebody
anid sew pron. አንድ ሰው someone
anid shi kilo giram n. አንድ ሺ ኪሎ ግራም tonne
anid shih n. አንድ ሺህ chiliad
anid shih amet n. አንድ ሺህ አመት millennium
anidanid pron. አንዳንድ some
anidanid gize adv. አንዳንድ ጊዜ sometimes
anide prep አንደ like
anidebete ritue a. አንደበተ ርቱዕ articulate
anidebete ritue a አንደበተ ርቱእ eloquent
anidebete ritue a አንደበተ ርቱዕ fluent
anidebete ritueinet n አንደበተ ርቱእነት eloquence
anidenya n አንደኛ first
anidenya dereja n. አንደኛ ደረጃ prime

anidin neger beagibabu alemeteqem *v.t.* አንድን ነገር በአግባቡ አለመጠቀም waste
anidin neger einide eiwinet meqebel *n.* አንድን ነገር እንደ እውነት መቀበል presumption
anidin neger geletse *v.t.* አንድን ነገር ገለፀ portray
anidinet *n.* አንድነት integrity
anidinet *n.* አንድነት oneness
anidinet *n.* አንድነት unity
anigeragere *v.i.* አንገራገረ shilly-shally
aniget *n.* አንገት neck
anigetin ziq madireg *n.* አንገትን ዝቅ ማድረግ obeisance
anigol *n* አንጎል brain
anigoragore *v. i* አንጎራጎረ hum
anigwatete *v.t.* አንጓጠጠ taunt
anijet *n.* አንጀት bowel
anijet *n.* አንጀት intestine
anikasa *a.* አንካሳ lame
anikorafa *v.i.* አንኮራፋ snore
anikwakwa *v.t.* አንኳኳ knock
anikwakwa *v.i.* አንኳኳ rattle
anikwar *n.* አንኳር lump
aniqelafa *v.i.* አንቀላፋ slumber
aniqesaqash hayil *n.* አንቀሳቃሽ ሀይል momentum
aniqesaqese *v.t.* አንቀሳቀሰ lever
aniqesaqese *v.t.* አንቀሳቀሰ move
aniqets *n* አንቀጽ clause
aniqets *n.* አንቀጽ gerund
aniqets *n.* አንቀፅ paragraph
aniqets *n.* አንቀጽ stipulation
aniqwaqwa *v. t* አንቋቋ brustle
aniqwaqwa *v.t.* አንቋቋ crackle
anishokashoke *v.t.* አንሾካሾከ whisper
anisola *n.* አንሶላ sheet
anitaritik *a.* አንታርቲክ antarctic
anitebatebe *v. t* አንጠባጠበ blot
aniteletele *v.t.* አንጠለጠለ hang
aniteletele *v.t.* አንጠለጠለ suspend
anitena *n.* አንቴና aerial
anitena *n.* አንቴና antennae
anitirenya *n* አንጥረኛ blacksmith
anitsebaraqi *n* አንፀባራቂ glitter
anitsebaraqi *n.* አንፀባራቂ reflector
anitsebareqe *v.i* አንፀባረቀ glare
anitsebareqe *v.i.* አንፀባረቀ glitter
anitsebareqe *v.i.* አንፀባረቀ scintillate
anore *v.t.* አኖረ populate
anwanwar *n* አኗኗር living
apositirof *n.* አፖስትሮፍ apostrophe
aqabe hig *n.* አቃቤ ህግ attorney
aqabi *n* አቃቢ custodian
aqabi-hig *n.* አቃቢ-ህግ prosecutor
aqalele *v.i.* አቃለለ gibe
aqalele *v.t.* አቃለለ simplify
aqana *v.t.* አቃና straighten
aqasate *v.i.* አቃሳተ moan
aqatele *v. t* አቃጠለ burn
aqatele *v.t* አቃጠለ fire
aqatete *v.i* አቃተተ gasp
aqatete *v.i.* አቃተተ groan
aqebabel *n.* አቀባበል reception
aqebele *v.t* አቀበለ hand
aqede *v. t.* አቀደ design
aqede *v.t.* ዐቀደ programme
aqede *v.t.* አቀደ project
aqede *v.t.* አቀደ propose
aqede *v.t.* አቀደ purpose
aqefe *v. t.* አቀፈ embrace
aqefech *v.i.* አቀፈች incubate
aqelete *v.t.* አቀለጠ liquefy
aqelete *v.t.* አቀለጠ smelt
aqelete *v.i* አቀለጠ thaw
aqenaje *v. t* አቀናጀ co-ordinate
aqerareb *n.* አቀራረብ approach
aqerebe *v.i.* አቀረበ provide

aqerebe *v.t.* አቀረበ submit
aqerebe *v.t.* አቀረበ supply
aqetatele *v.t.* አቀጣጠለ light
aqetater *n.* አቀጣጠር computation
aqetene *v. t* አቀጠነ dilute
aqetene *v.t.* አቀጠነ thin
aqezeqeze *v.t.* አቀዘቀዘ refrigerate
aqilito ayayaze *v.t.* አቅልጦ አያያዘ fuse
aqim yalew *a.* አቅም ያለው capacious
aqirabi *n.* አቅራቢ supplier
aqirabi menetsir *n.* አቅራቢ መነጽር binocular
aqiribot *n* አቅርቦት supply
aqitacha *n* አቅጣጫ direction
aqitacha *n.* አቅጣጫ side
aqitacha lewete *v. t* አቅጣጫ ለወጠ divert
aqitacha mera *n.* አቅጣጫ መራ navigation
aqitacha meri *n.* አቅጣጫ መሪ navigator
aqitacha qeyere *v.i.* አቅጣጫ ቀየረ turn
aqitachan mera *v.i.* አቅጣጫን መራ navigate
aqome *v. i.* አቆመ cease
aqome *v. t* አቆመ erect
aqome *v.t* አቆመ forfeit
aqome *v.t.* አቆመ stop
aqosele *v.t.* አቆሰለ lacerate
aqosheshe *v.t.* አቆሸሸ litter
aqosheshe *v.t.* አቆሸሸ soil
aqosheshe *v.t.* አቆሸሸ stain
aqoye *v.t. & i.* አቆየ delay
aqoye *v. t* አቆየ detain
aqoye *v.t.* አቆየ preserve
aqoye *v.t.* አቆየ prorogue
aqoye *v.t.* አቆየ table
aqwam *n.* አቋም stand
aqwam *n.* አቋም standpoint
aqwarete *v. t* አቋረጠ discontinue
aqwarete *v. t.* አቋረጠ halt
aqwarete *v.t.* አቋረጠ interrupt
aqwarete *v.t.* አቋረጠ terminate
arada *a.* አራዳ artful
arakese *v. t.* አራከሰ cheapen
araqe *v.t.* አራቀ repulse
arara *n* አራራ buttermilk
arash *n.* አራሽ ploughman
arat *n.* አራት four
arat eigir yalew einisesa *n.* አራት እግር ያለው እንሰሳ quadruped
arat eitif chemere *v.t.* አራት እጥፍ ጨመረ quadruple
arat kifil yalew *a.* አራት ክፍል ያለው quadruple
arat maeizen *n.* አራት ማእዘን quadrangle
arat maeizen *n.* አራት ማእዘን rectangle
arat maeizen yalew *a.* አራት ማእዘን ያለው quadrangular
arat maeizen yalew *a.* አራት ማእዘን ያለው rectangular
arat meazen yemeret tub *n.* አራት መአዘን የመሬት ጡብ tile
arat sewoch yemishekemut satin *n.* አራት ሰዎች የሚሸከሙት ሳጥን palanquin
arata abedari *n.* አራጣ አበዳሪ usurer
arata mabeder *n.* አራጣ ማበደር usury
aratum gon eikul yehone *a* አራቱም ጎን እኩል የሆነ square
arazeme *v.t.* አራዘመ prolong
areba *v.t. & i.* አረባ conjugate
arede *v.t.* አረደ slaughter
arefa *n* አረፋ bubble
arefa *n* አረፋ foam
arefa aweta *v.t* አረፋ አወጣ foam
arefe *v.i.* አረፈ alight

arefe *v.i.* አረፈ land
arefe *v.i.* አረፈ nestle
arefe *v.i.* አረፈ pause
arefe *v.i.* አረፈ rest
arefe *v.i.* አረፈ roost
arefite neger *n.* አረፍተ ነገር sentence
aregaga *v.t.* አረጋጋ assuage
aregaga *v. t.* አረጋጋ calm
aregaga *v.t.* አረጋጋ sedate
aregaga *v.t.* አረጋጋ stabilize
aregaga *v.t.* አረጋጋ tranquillize
aregagete *v.t.* አረጋገጠ affirm
aregagete *v.t.* አረጋገጠ ascertain
aregagete *v.t.* አረጋገጠ assert
aregagete *v.t.* አረጋገጠ assure
aregagete *v.t.* አረጋገጠ attest
aregagete *v. t.* አረጋገጠ certify
aregagete *v. t* አረጋገጠ confirm
aregagete *v.t.* አረጋገጠ corroborate
aregagete *v. t* አረጋገጠ ensure
aregagete *v.t.* አረጋገጠ justify
aregagete *v.t.* አረጋገጠ prove
aregagete *v.t.* አረጋገጠ reassure
aregagete *v.t.* አረጋገጠ substantiate
aregagete *v.t.* አረጋገጠ validate
aregagete *v.t.* አረጋገጠ verify
aregezech *v. t* አረገዘች conceive
areka *v.t.* አረካ quench
areka *v.t.* አረካ satisfy
arekese *v. t.* አረከሰ debase
arem *n.* አረም weed
aremamed *n.* አረማመድ gait
aremamed *n* አረማመድ tread
areme *v. t* አረመ correct
areme *v.t.* አረመ redress
areme *v.t.* አረመ weed
aremene *a.* አረመኔ barbarian
aremene *a.* አረመኔ barbarous
aremene *n* አረመኔ savage
aremene sew *n.* አረመኔ ሰው barbarian
aremenenet *n.* አረመኔነት barbarism
aremenenet *n* አረመኔነት barbarity
arenigwade *a.* አረንጓዴ green
arenigwade *n* አረንጓዴ green
arenigwade eitsiwat *n.* አረንጓዴ እፅዋት greenery
arenigwade yekebere dinigay *n* አረንጓዴ የከበረ ድንጋይ emerald
areniqwa *n.* አረንቋ puddle
areniqwa wisit geba *v.t.* አረንቋ ውስጥ ገባ puddle
areqeqe *v. t* አረቀቀ draft
aresa *v. t* አረሳ cultivate
arese *v.t.* አረሰ till
areserese *v.t.* አረሰረሰ saturate
aretebe *v. t.* አረጠበ damp
aretebe *v.t.* አረጠበ moisten
arezeme *v.t.* አረዘመ lengthen
ariaya *n.* አርአያ loadstar
ariaya *n.* አርአያ model
ariayanet *n* አርአያነት embodiment
arib *n.* አርብ Friday
ariba *n.* አርባ forty
arieisit *n.* አርእስት topic
arikefekefe *v.t.* አርከፈከፈ spray
arikefekefe *v. t.* አርከፈከፈ sprinkle
ariki *a.* አርኪ smug
arikitik *n* አርክቲክ Arctic
arima *n.* አርማ badge
arima *n* አርማ emblem
arimonika *n.* አርሞኒካ harmonium
ariqo asitewayinet *n* አርቆ አስተዋይነት foresight
aris *n* አሪስ aries
aritisit *n.* አርቲስት artist

aroge *a.* አሮጌ old
aroge *a.* አሮጌ rickety
asa *n* አሳ fish
asa adany einisesa *n.* አሳ አዳኝ እንስሳ otter
asa atemede *v.i* አሳ አጠመደ fish
asa atimaj *n* አሳ አጥማጅ fisherman
asa nebari *n.* አሳ ነባሪ whale
asab *n.* አሳብ reflection
asabebe *v.t.* አሳበበ impute
asabi *a.* አሳቢ reflective
asabi *a.* አሳቢ thoughtful
asabinet *n* አሳቢነት consideration
asadede *v. t.* አሳደደ chase1
asadege *v.t.* አሳደገ foster
asadege *v.t.* አሳደገ nurture
asafari *a.* አሳፋሪ shameful
asafari neger *n* አሳፋሪ ነገር scandal
asafere *v.t.* አሳፈረ abash
asafere *v.t.* አሳፈረ attaint
asafere *v. t* አሳፈረ embarrass
asafere *v.t.* አሳፈረ rebuff
asafere *v.t.* አሳፈረ shame
asalefe *v. t* አሳለፈ enact
asalefe *v.t.* አሳለፈ while
asalifo mesitet *n.* አሳልፎ መስጠት consignment
asama *n.* አሳማ pig
asama *n.* አሳማ swine
asamany *n.* አሳማኝ persuasion
asamany nigigir *n.* አሳማኝ ንግግር rhetoric
asamany yehone mikiniyat *n.* አሳማኝ የሆነ ምክንያት justification
asameme *v.t.* አሳመመ pain
asamene *v. t* አሳመነ coax
asamene *v. t* አሳመነ convince
asamene *v.t.* አሳመነ persuade
asamere *v.t.* አሳመረ grace

asanebari *n.* አሳነባሪ shark
asanese *v. t* አሳነሰ diminish
asaniser *n.* አሳንሰር lift
asasabi *a* አሳሳቢ. dire
asasach sew *n.* አሳሳች ሰው trickster
asasate *v.t.* አሳሳተ misguide
asasate *v.t.* አሳሳተ mislead
asasebe *v. t* አሳሰበ concern
asasebe *v.t.* አሳሰበ recommend
asasebe *v.t.* አሳሰበ remind
asash *n* አሳሽ scout
asasito asela *v.t.* አሳስቶ አሰላ miscalculate
asasito mera *v.t.* አሳስቶ መራ misdirect
asatami *n.* አሳታሚ. publisher
asatefe *v. t* አሳተፈ engage
asatefe *v.t.* አሳተፈ involve
asateme *v.t.* አሳተመ publish
asatere *v.t* አሳጠረ abstract
asatere *v. t* አሳጠረ condense
asatere *v.t.* አሳጠረ shorten
asaweqe *v.t.* አሳወቀ acquaint
asaweqe *v.t.* አሳወቀ apprise
asaweqe *v.t.* አሳወቀ inform
asaweqe *v.t.* አሳወቀ profess
asaye *v. t* አሳየ demonstrate
asaye *v. t* አሳየ display
asaye *v. t* አሳየ expose
asaye *v.t.* አሳየ show
asazany *a* አሳዛኝ deplorable
asazany *a.* አሳዛኝ grievous
asazany *a.* አሳዛኝ melancholic
asazany *a.* አሳዛኝ piteous
asazany *a.* አሳዛኝ pitiful
asazany *a.* አሳዛኝ poignant
asazany *a.* አሳዛኝ sad
asazany *a.* አሳዛኝ sympathetic
asazany *a.* አሳዛኝ tearful
asazany *a.* አሳዛኝ tragic

asazany tewinet tewanay *n.* አሳዛኝ ተውኔት ተዋናይ tragedian
asazany tiyatir *n.* አሳዛኝ ትያትር tragedy
asazany tsihuf *n.* አሳዛኝ ፅሁፍ pathos
asazene *v.t.* አሳዘነ aggrieve
asazene *v. t* አሳዘነ deject
asazene *v.t.* አሳዘነ grieve
asazene *n.* አሳዘነ mournful
asazene *v.t.* አሳዘነ sadden
asebe *v. t* አሰበ consider
asebe *v.i.* አሰበ deem
asebe *v.t.* አሰበ idealize
asebe *v.t.* አሰበ intend
asebe *v.t.* አሰበ reckon
asebe *v.i.* አሰበ speculate
asebe *v.t.* አሰበ think
asefa *v. t* አሰፋ enlarge
asefa *v.t.* አሰፋ widen
asega *v.t* አሰጋ menace
asekere *v.t.* አሰከረ intoxicate
asela *v. t.* አሰላ calculate
asela *v.t* አሰላ figure
aselasele *v. t* አሰላሰለ contemplate
aselasele *v.t.* አሰላሰለ mull
aseleche *v. t* አሰለቸ bore
aseleche *v.t.* አሰለቸ weary
aselefe *v.t.* አሰለፈ align
aselefe *v.t.* አሰለፈ deploy
aselefe *v.t.* አሰለፈ line
aseletene *v. t* አሰለጠነ civilize
aseletene *v.t* አሰለጠነ groom
aseletene *v.t.* አሰለጠነ train
aselichi *n* አሰልቺ bore
aselichi *a.* አሰልቺ humdrum
aselichi *a.* አሰልቺ monotonous
aselichi *a.* አሰልቺ prosaic
aselichi *a.* አሰልቺ tedious
aselichi *a.* አሰልቺ weary
aselitany *n* አሰልጣኝ coachman
asemere *v.t.* አሰመረ line
asenakele *v.t* አሰናከለ forestall
asenakele *v.t.* አሰናከለ frustrate
aseqaqi *a.* አሰቃቂ atrocious
aseqaqi *a* አሰቃቂ disastrous
aseqaqi *a.* አሰቃቂ heinous
aseqaqi *a.* አሰቃቂ miserable
aseqaqi *a.* አሰቃቂ nefarious
aseqaqi dirigit *n* አሰቃቂ ድርጊት atrocity
aseqay *v. t* አሰቃይ distress
aseqaye *v.t.* አሰቃየ agonize
aseqaye *v.t.* አሰቃየ inflict
aseqaye *v.t.* አሰቃየ mutilate
aseqaye *v.t.* አሰቃየ persecute
aseqaye *v.t.* አሰቃየ rack
aseqaye *v.t.* አሰቃየ tantalize
aseqaye *v.t.* አሰቃየ torment
aseqaye *v.t.* አሰቃየ torture
aseqaye *v.t.* አሰቃየ victimize
asere *v.t.* አሰረ arrest
asere *v.t.* አሰረ bale
asere *v.t.* አሰረ begird
asere *v.t* አሰረ bind
asere *v. i.* አሴረ conspire
asere *v.t* አሰረ fasten
asere *v.t.* አሰረ imprison
asere *v.t.* አሴረ intrigue
asere *v.i.* አሴረ scheme
asere *v.t.* አሰረ strap
asere *v.t.* አሰረ tether
asere *v.t.* አሰረ tie
aseri *n* አሰሪ foreman
asese *v. t.* አሰሰ canvass
asese *v.i* አሰሰ scout
asesiferi *a.* አሰስፈሪ fearful
asesitateqe *v. t* አሰስታጠቀ equip
ashama *v.i.* አሻማ scramble
ashami *a.* አሻሚ ambiguous
ashaminet *n.* አሻሚነት ambiguity
ashanigulit *n* አሻንጉሊት doll
ashanigulit *n.* አሻንጉሊት mannequin

ashanigulit *n.* አሻንጉሊት puppet
ashanigulit *n.* አሻንጉሊት toy
ashashale *v.t.* አሻሻለ amend
ashashale *v. t* አሻሻለ better
ashashale *v.t.* አሻሻለ improve
ashashale *v.t.* አሻሻለ meliorate
ashashale *v.t.* አሻሻለ mitigate
ashashale *v.t.* አሻሻለ reform
ashashale *v.t.* አሻሻለ regenerate
ashashale *v.t.* አሻሻለ revise
ashebari *n.* አሸባሪ terrorist
ashebere *v.t.* አሸበረ riot
ashebere *v.t.* አሸበረ terrorize
ashebereqe *v.i* አሸበረቀ blaze
ashege *v.t.* አሸገ pack
ashelebe *v. i* አሸለበ doze
ashenafi *n.* አሸናፊ champion
ashenafi *n.* አሸናፊ victor
ashenafi *n.* አሸናፊ winner
ashenefe *v. t* አሸነፈ conquer
ashenefe *v.t.* አሸነፈ overcome
ashenefe *v.t.* አሸነፈ subdue
ashenefe *v.t.* አሸነፈ surmount
ashenefe/begulibet *v.t.* አሸነፈ/ በጉልበት overpower
ashenida *n.* አሸንዳ gutter
asheshe *v.t.* አሸሸ avert
ashetete *v.t.* አሸተተ scent
ashetete *v.t.* አሸተተ smell
ashewa *n.* አሸዋ sand
ashewama *a.* አሸዋማ sandy
ashikaka *v.i.* አሽካካ neigh
ashikaka *v.i.* አሽካካ snort
ashikerekere *v.t.* አሽከረከረ pivot
ashikerekere *v.t.* አሽከረከረ wheel
ashikorememe *v. t.* አሽኮረመመ court
ashimur *n.* አሽሙር sarcasm
ashimurawi *a.* አሽሙራዊ ironical
ashofe *v.t.* አሾፈ tease
asibelete *v.t.* አስበለጠ out-balance
asibesitos *n.* አስቤስቶስ asbestos
asichale *v. t* አስቻለ enable
asichegare negerin teweta *v.t.* አስቸጋሬ ነገርን ተወጣ tackle
asichegari *a.* አስቸጋሪ awkward
asichegari *a* አስቸጋሪ difficult
asichegari *a.* አስቸጋሪ harsh
asichegari *a.* አስቸጋሪ onerous
asichegari *a.* አስቸጋሪ strenuous
asichegari *v.t.* አስቸጋሪ trouble
asichegari neger *n.* አስቸጋሪ ነገር puzzle
asichegere *v. t* አስቸገረ bother
asichegere *v. t.* አስቸገረ encumber
asichegere *v.t.* አስቸገረ puzzle
asichegere *v.t.* አስቸገረ straiten
asichegere(leguzo) *a.* አስቸገረ(ለጉዞ) jerky
asichekway *a.* አስቸኳይ urgent
asichekway huneta *n* አስቸኳይ ሁኔታ emergency
asicheneqe *v.t.* አስጨነቀ afflict
asicheneqe *v.t.* አስጨነቀ harass
asicheneqe *v.t.* አስጨነቀ molest
asicheneqe *v.t.* አስጨነቀ plague
asid *a* አሲድ acid
asid *n* አሲድ acid
asidenaqi *a.* አስደናቂ admirable
asidenaqi *a.* አስደናቂ grotesque
asidenaqi *a.* አስደናቂ spectacular
asidenaqi *a.* አስደናቂ stupendous
asidenaqi *a.* አስደናቂ superb
asidenaqi tiriit *n* አስደናቂ ትርዒት stunt
asidenebere *v.t.* አስደነበረ stun
asidenebere *v.t.* አስደነበረ stupefy
asidenegete *v.t.* አስደነገጠ galvanize
asidenegete *v.t.* አስደነገጠ shock
asidenegete *v.t.* አስደነገጠ startle
asidenegete *v.t.* አስደነገጠ terrify
asideneqe *v.t.* አስደነቀ amaze
asideneqe *v.t* አስደነቀ astound

asideneqe *v.t.* አስደነቀ impress
asidenigach *n.* አስደንጋጭ monostrous
asidesach *a.* አስደሳች cheerful
asidesach *a.* አስደሳች lovely
asidesach *a.* አስደሳች pleasant
asidesach *a.* አስደሳች wonderful
asidesach fiqir *n.* አስደሳች ፍቅር romance
asidesete *v.t.* አስደሰተ amuse
asidesete *v.t.* አስደሰተ appease
asidesete *v. t.* አስደሰተ delight
asidesete *v. t* አስደሰተ enchant
asidesete *v. t* አስደሰተ excite
asidin yemiqenis *adj.* አሲድን የሚቀንስ antacid
asidinet *n.* አሲድነት acidity
asifafa *v.t.* አስፋፋ expand
asifalit alebese *v.t.* አስፋልት አለበሰ tar
asifelagi *n.* አስፈላጊ importance
asifelagi *a.* አስፈላጊ important
asifelagi *a.* አስፈላጊ indispensable
asifelagi *a.* አስፈላጊ integral
asifelagi *v.i.* አስፈላጊ matter
asifelagi *a.* አስፈላጊ needful
asifelagi *a.* አስፈላጊ significant
asifelagi giligalot *n* አስፈላጊ ግልጋሎት facility
asifelagi neger *n* አስፈላጊ ነገር must
asifelagi neger *n.* አስፈላጊ ነገር necessity
asifelagi neger *n.* አስፈላጊ ነገር requirement
asifelagi yehone weqit *n.* አስፈላጊ የሆነ ወቅት juncture
asifelege *v.t.* አስፈለገ need
asifera *v. t* አስፈራ daunt
asiferara *v. t.* አስፈራራ bully
asiferara *v. t.* አስፈራራ cow
asiferara *v.t.* አስፈራራ frighten
asiferara *v.t.* አስፈራራ horrify
asiferara *v.t.* አስፈራራ intimidate
asiferara *v.t.* አስፈራራ peril
asiferara *v.t.* አስፈራራ scare
asiferara *v.t.* አስፈራራ threaten
asiferarito meteqem *n* አስፈራርቶ መጠቀም blackmail
asiferarito teteqeme *v.t* አስፈራርቶ ተጠቀመ blackmail
asiferi *a* አስፈሪ ferocious
asiferi *a.* አስፈሪ ghastly
asiferi *a.* አስፈሪ ominous
asiferi *a.* አስፈሪ weird
asiferi bota tilo hede *v.t* አስፈሪ ቦታ ጥሎ ሄደ maroon
asigeba *v.t.* አስገባ induct
asigeba *v.t.* አስገባ insert
asigebere *v.t.* አስገበረ subject
asigedaj *a.* አስገዳጅ obligatory
asigedaj yalihone *a.* አስገዳጅ ያልሆነ optional
asigedede *v. t* አስገደደ compel
asigedede *v.t* አስገደደ force
asigedede *v.t.* አስገደደ necessitate
asigedede *v.t.* አስገደደ oblige
asigedele *v.t.* አስገደለ torpedo
asigedido defere *v.t.* አስገድዶ ደፈረ rape
asigenitay *n.* አስገንጣይ secessionist
asigerami *a.* አስገራሚ magnificent
asigerami *n.* አስገራሚ surprise
asigerami *n* አስገራሚ wonder
asigereme *v.t.* አስገረመ surprise
asigete *v. t* አስጌጠ beautify
asigete *v.t.* አስጌጠ bedight
asigete *v. t* አስጌጠ decorate
asigete *v.t.* አስጌጠ ornament
asigeza *v.t.* አስገዛ subjugate
asigi *a* አስጊ critical
asigi *a.* አስጊ risky

asigi huneta *n.* አስጊ ሁኔታ predicament
asikaka *v. i* አስካካ cackle
asikaka *v.i.* አስካካ quack
asikari kemikal *n* አስካሪ ኬሚካል alcohol
asikebere *v.t* አስከበረ dignify
asikebere *v. t.* አስከበረ ennoble
asikefa *v.t.* አስከፋ annoy
asikefa *v. t* አስከፋ displease
asikefele *v. t.* አስከፈለ charge
asikefi *a.* አስከፊ horrible
asikefi *a.* አስከፊ infamous
asikeren *n.* አስከሬን mummy
asikeren maqoya *n.* አስከሬን ማቆያ mortuary
asiketele *v. t* አስከተለ effect
asiketete *v.t.* አስከተተ mobilize
asikiren yemiqatelibet yeeinichet kimir *n.* አስክሬን የሚቃጠልበት የእንጨት ክምር pyre
asikwal *n.* አስኳል yolk
asileqeqe *v. t* አስለቀቀ evacuate
asim *n* አስም angina
asim *n.* አስም asthma
asimama *v.t.* አስማማ consent3
asimat *n.* አስማት sorcery
asimatawi *a.* አስማታዊ magical
asimatenya *n.* አስማተኛ magician
asimatenya *n.* አስማተኛ sorcerer
asimelese *v.i.* አስመለሰ pose
asimelese *v.t.* አስመለሰ refund
asimelese *v.t.* አስመለሰ vomit
asimesay *n.* አስመሳይ counterfeiter
asimesele *v.t* አስመሰለ feign
asimesele *v.t.* አስመሰለ imitate
asimesele *v.t.* አስመሰለ impersonate
asimesele *v.t.* አስመሰለ prtend
asimesele *v.i.* አስመሰለ sham

asimesilo mesirat *n* አስመስሎ መስራት forgery
asimesilo yemisera *n.* አስመስሎ የሚሰራ imitator
asimeta *v.t.* አስመጣ import
asinekese *v.t.* አስነከሰ lame
asinewari *a.* አስነዋሪ sordid
asinewere *v.t.* አስነወረ scandalize
asiqedimo *adv.* አስቀድሞ beforehand
asiqedimo aweqe *v.t* አስቀድሞ አወቀ foresee
asiqedimo maweq *n.* አስቀድሞ ማወቅ foreknowledge
asiqedimo wesene *v.t.* አስቀድሞ ወሰነ predetermine
asiqedimo yemiteyeq neger *n* አስቀድሞ የሚጠየቅ ነገር prerequisite
asiqedimo yetegemete neger *n.* አስቀድሞ የተገመተ ነገር presupposition
asiqemete *v. t* አስቀመጠ deposit
asiqemete *v.t.* አስቀመጠ lay
asiqemete *v.t.* አስቀመጠ place
asiqemete *v.t.* አስቀመጠ position
asiqemete *v.t.* አስቀመጠ put
asiqemete *v.t.* አስቀመጠ seat
asiqemete *v.t* አስቀመጠ set
asiqere *v. t* አስቀረ exclude
asiqeyami *a.* አስቀያሚ nasty
asiqeyami *a.* አስቀያሚ repulsive
asiqeyami *a.* አስቀያሚ seamy
asiqeyami *a.* አስቀያሚ ugly
asiqeyaminet *n.* አስቀያሚነት ugliness
asiqeyeme *v.t.* አስቀየመ affront
asiqiny *a* አስቂኝ comic
asiqiny *a* አስቂኝ comical
asiqiny *n.* አስቂኝ funny
asiqiny *a.* አስቂኝ humorous
asiqiny misil *n.* አስቂኝ ምስል caricature

asiqiny sieil *n.* አስቂኝ ስዕል cartoon
asiqiny tewanany *n* አስቂኝ ተዋናኝ clown
asiqota *v. t* አስቆጣ enrage
asiqota *v.t.* አስቆጣ mortify
asiqota *v.t.* አስቆጣ nettle
asir *n., a* አስር ten
asir amet *n* አስር አመት decade
asira amisit *n* አስራ አምስት fifteen
asira amisit qen *n.* አስራ አምስት ቀን fort-night
asira anid *n* አስራ አንድ eleven
asira arat *n.* አስራ አራት fourteen
asira arat mesimer yalew gitim *n.* አሥራ አራት መስመር ያለው ግጥም sonnet
asira hulet *n.* አስራ ሁለት twelfth
asira hulet *n.* አስራ ሁለት twelve
asira hulet *n* አስራ ሁለት twelve
asira hulet derizen *n.* አስራ ሁለት ደርዘን gross
asira huletenya *a.* አስራ ሁለተኛ twelfth
asira sebat *n., a* አስራ ሰባት seventeen
asira sebatenya *a.* አስራ ሰባተኛ seventeenth
asira sidisit *n., a.* አስራ ስድስት sixteen
asira sidisitenya *a.* አስራ ስድስተኛ sixteenth
asira siminit *a* አስራ ስምንት eighteen
asira sosit *n.* አስራ ሶስት thirteen
asira sosit *a* አስራ ሶስት thirteen
asira sositenya *a.* አስራ ሶስተኛ thirteenth
asira zetenenya *a.* አስራ ዘጠነኛ nineteenth
asira zeteny *n.* አስራ ዘጠኝ nineteen
asirat *n.* አስራት tithe
asireda *v. t* አስረዳ describe
asireda *v. t.* አስረዳ enlighten
asirekebe *v. t* አስረከበ deliver
asitagese *v.t.* አስታገሰ allay
asitagese *v.t.* አስታገሰ alleviate
asitagese *v. t* አስታገሰ ease
asitagese *v.t.* አስታገሰ relieve
asitagese *v.t.* አስታገሰ soothe
asitaraqi *n.* አስታራቂ arbitrator
asitaraqi *n.* አስታራቂ intermediary
asitareqe *v.t.* አስታረቀ arbitrate
asitareqe *v.t.* አስታረቀ conciliate
asitareqe *v.t.* አስታረቀ reconcile
asitateqe *v.t.* አስታጠቀ arm
asitateqe *v.t* አስታጠቀ outfit
asitaweqe *v.t.* አስታወቀ announce
asitaweqe *v.t.* አስታወቀ notify
asitaweqe *v.t.* አስታወቀ report
asitawese *v. t.* አስታወሰ commemorate
asitawese *v. t* አስታወሰ evoke
asitawese *v.t.* አስታወሰ recall
asitawese *v.t.* አስታወሰ recollect
asitawese *v.t.* አስታወሰ remember
asitebabele *v.t.* አስተባበለ refute
asitebeqe *v.t.* አስጠበቀ intern
asitedadari *n.* አስተዳዳሪ administrator
asitedadari *n.* አስተዳዳሪ manager
asitedader *n.* አስተዳደር administration
asitedader *n.* አስተዳደር management
asitedadere *v.t.* አስተዳደረ manage
asitegaba *v. t* አስተጋባ echo
asitegaba *v.i.* አስተጋባ resound
asitekakele *v. t.* አስተካከለ equalize
asitekakele *v.t* አስተካከለ fit

asitekakele *v.t.* አስተካከለ level
asitekakele *v.i.* አስተካከለ rectify
asitekakele *v.t.* አስተካከለ retouch
asitekakele *v.t.* አስተካከለ right
asitekakele *v.t.* አስተካከለ smooth
asitekakele *v.t.* አስተካከለ trim
asitelalafe *v.t.* አስተላላፊ propagate
asitelalafi mesariya *n.* አስተላላፊ መሳሪያ transmitter
asitelalefe *v. t* አስተላለፈ broadcast
asitelalefe *v. t* አስተላለፈ communicate
asitelalefe *v. t.* አስተላለፈ convey
asitelalefe *v.t* አስተላለፈ forward
asitelalefe *v.t.* አስተላለፈ postpone
asitelalefe *v.t.* አስተላለፈ refer
asitelalefe *v.t.* አስተላለፈ relay
asitelalefe *v.i.* አስተላለፈ traffic
asitelalefe *v.t.* አስተላለፈ transfer
asitelalefe *v.t.* አስተላለፈ transmit
asitemamany *a.* አስተማማኝ secure
asitemamany aderege *v.t.* አስተማማኝ አደረገ secure
asitemare *v.t.* አስተማረ instruct
asitemare *v.t.* አስተማረ teach
asitemari *v. t* አስተማሪ educate
asitemari *n.* አስተማሪ instructor
asitemari *n.* አስተማሪ lecturer
asitemari *n.* አስተማሪ moralist
asitemari *n.* አስተማሪ teacher
asitemari *n.* አስተማሪ tutor
asitenabari *n.* አስተናባሪ usher
asitenabere *v.t.* አስተናበረ usher
asitenagaj *n.* አስተናጋጅ host
asitenagede *v. t* አስተናገደ entertain
asitenagede *v.t.* አስተናገደ treat
asiteneqeqe *v.t* አስጠነቀቀ alarm
asiteneqeqe *v. t.* አስጠነቀቀ caution
asiteregome *v.t.* አስተረጎመ interpret
asiterigwami *n.* አስተርጓሚ interpreter
asitesaseb *n.* አስተሳሰብ mentality
asitesasebe qena sew *n.* አስተሳሰበ ቀና ሰው optimist
asitewale *v.t.* አስተዋለ notice
asitewale *v.t.* አስተዋለ observe
asitewawaqi *a.* አስተዋዋቂ informative
asitewaweqe *v.t.* አስተዋወቀ advertise
asitewaweqe *v.t.* አስተዋወቀ introduce
asiteway *a.* አስተዋይ sagacious
asitewayinet *n.* አስተዋይነት insight
asiteyayet *n* አስተያየት comment
asiteyayet *n.* አስተያየት opinion
asiteyayet *n.* አስተያየት reaction
asiteyayet *n.* አስተያየት recommendation
asiteyayet *n.* አስተያየት remark
asiteyayet sete *v. i* አስተያየት ሰጠ comment
asiteyayet tenagere *v.t.* አስተያየት ተናገረ remark
asitiroyid *adj.* አስትሮይድ asteroid
asiwedede *v.t.* አስወደደ overcharge
asiwegede *v. t* አስወገደ clear
asiwegede *v. t* አስወገደ discard
asiwegede *v. t.* አስወገደ dismiss
asiwegede *v. t* አስወገደ dispose
asiwegede *v. t* አስወገደ eliminate
asiwegede *v. t* አስወገደ eradicate
asiwegede *v.t.* አስወገደ oust
asiwegede *v.t.* አስወገደ remove
asiwegede *v.t.* አስወገደ rid
asiweredech *v.i.* አስወረደች miscarry

asiweta *v.t.* አስወጣ cost
asiweta *v. t.* አስወጣ eject
asiweta *v. t* አስወጣ evict
asiweta *v. t.* አስወጣ expel
ata *v.t.* አጣ lack
atabeqe *v. t.* አጣበቀ cement
atabeqe *v.t.* አጣበቀ paste
atabeqe *v.t.* አጣበቀ pin
atabeqe *v.t.* አጣበቀ stick
atabeqe *v.t* አጣበቀ tape
atabiqiny *n* አጣብቂኝ dilemma
atafach *n* አጣፋጭ confectioner
atafete *v.t.* አጣፈጠ season
atafete *v.t.* አጣፈጠ sweeten
atala *v.t.* አጣላ alienate
atalay *a* አታላይ bastard
atalay *a* አታላይ dishonest
atalay *n* አታላይ duplicity
atalele *v. t* አታለለ beguile
atalele *v. t.* አታለለ bilk
atalele *v. t* አታለለ bluff
atalele *v. t.* አታለለ cheat
atalele *v. t* አታለለ deceive
atalele *n.t.* አታለለ delude
atalele *v.t.* አታለለ hoodwink
atalele *v.t.* አታለለ trick
atameme *v. t* አጣመመ distort
atameme *v.t.* አጣመመ pervert
atamere *v. t* አጣመረ combine
atami *n.* አታሚ printer
atara *v. t.* አጣራ check
atara *v. t* አጣራ distil
atara *v.t* አጣራ filter
atara *v.t.* አጣራ net
atara *v.t.* አጣራ refine
atatame *v.t.* አጣጣመ savour
ateba *v.t.* አጠባ suckle
atebach *v. t* አጠባች ablactate
atebe *v.t.* አጠበ launder
atebe *v.t.* አጠበ shampoo
atebe *v.t.* አጠበ shower
atebebe *v.t.* አጠበበ constrict
atebebe *v.t.* አጠበበ narrow
atefa *v.t* አጠፋ abolish
atefa *v.t.* አጠፋ depredate
atefa *v. t* አጠፋ efface
atefa *v. t* አጠፋ erase
atefa *v.t* አጠፋ extinguish
atefa *v.t.* አጠፋ lose
atefa *v.t.* አጠፋ quell
atefe *v.t.* አጠፈ crankle
atefe *v.t.* አጠፈ crimple
ategebe *v.t.* አጠገበ satiate
atekore *v. t* አተኮረ concentrate
atekore *v.t.* አተኮረ gaze
atekuro memeliket *n.* አተኩሮ መመልከት gander
atekuro memeliket *v.t.* አተኩሮ መመልከት watch
atela *v.t.* አጠላ shade
atelalefe *v.t.* አጠላለፈ tangle
ateleqe *v.t.* አተለቀ maximize
atem *n.* አተም atom
ateme *v.t.* አተመ imprint
ateme *v.t.* አተመ print
ateme *v.t.* አተመ seal
atemede *v. t.* አጠመደ entrap
atemede *v.t.* አጠመደ snare
atemede *v.t.* አጠመደ trap
atemeqe +*v.t.* አጠመቀ baptize
atena *v.i.* አጠና study
atenaqari አጠናቃሪ compositor
atenaqere *v. t* አጠናቀረ compose
atene *v. t* አጠነ cense
atene *v.t.* አጠነ incense
atenekere *v. t.* አጠነከረ consolidate
atenekere *v. t.* አጠነከረ enforce
atenekere *v.t.* አጠነከረ harden
atenekere *v.t.* አጠነከረ mercerise
atenekere *v.t.* አጠነከረ reinforce
atenekere *v.t.* አጠነከረ stiffen
atenekere *v.t.* አጠነከረ strengthen
ateqa *v.* አጠቃ assail

ateqa *v.t.* አጠቃ attack
ateqa *v. t* አጠቃ belabour
ateqalay *a* አጠቃላይ comprehensive
ateqalay *a.* አጠቃላይ general
ateqalay dimir *v.t.* አጠቃላይ ድምር aggregate
ateqalele *v.t.* አጠቃለለ include
ateqalele *v.t.* አጠቃለለ lump
ateqalele *v.t.* አጠቃለለ monopolize
ateqaqem *n* አጠቃቀም consumption
ateqaqem *n.* አጠቃቀም usage
ateqese *v. t* አጠቀሰ dip
ateqore *v. t.* አጠቆረ blacken
ater *n.* አተር pea
atera *v.t.* አጠራ purify
ateratari *a* አጠራጣሪ equivocal
ateratari *a.* አጠራጣሪ problematic
ateratari *a.* አጠራጣሪ suspicious
ateratari *a.* አጠራጣሪ unlikely
ateratere *v.t.* አጠራጠረ misgive
atere *v.t* አጠረ fence
atere *v.t* አጠረ hedge
ateyayaqi *a.* አጠያያቂ questionable
atibiqo yaze *v.i.* አጥብቆ ያዘ grapple
atibiqo yaze *v.t.* አጥብቆ ያዘ grip
atibiqo yaze *v.t.* አጥብቆ ያዘ tighten
atifi *a.* አጥፊ suicidal
atigabi *a* አጥጋቢ effective
atigabi *a.* አጥጋቢ satisfactory
atigabi mikiniyat *adj.* አጥጋቢ ምክንያት cogent
atikilit bicha yemimegeb *a* አትክልት ብቻ የሚመገብ vegetarian
atikilit bicha yemimegeb sew *n.* አትክልት ብቻ የሚመገብ ሰው vegetarian
atikilitenya *n.* አትክልተኛ gardener
atileqeleqe *v.t.* አጥለቀለቀ swamp
atileqeleqe *v.t.* አጥለቀለቀ throng
atilet *n.* አትሌት athlete
atiletikis *n.* አትሌቲክስ athletics
atinit *n.* አጥንት bone
atinit yemiyatamim yehitsan beshita *n.* አጥንት የሚያጣምም የህፃን በሽታ rickets
atir *n* አጥር fence
atir *n.* አጥር hedge
atir gibi *n* አጥር ጊቢ compound
atir mitin yale *a.* አጥር ምጥን ያለ laconic
atirafi *a.* አትራፊ profitable
atirafi *a.* አትራፊ remunerative
atireferefe *v.t.* አትረፈረፈ glut
ato *n.* አቶ Messrs
ato *n.* አቶ mister
atsafe *v. t* አፃፈ dictate
atseda *v. t* አጸዳ clean
atseda *v.t.* አፀዳ tidy
atsedeqe *v.t.* አፀደቀ approve
atsedeqe *v. t.* አፀደቀ endorse
atsedeqe *v.t.* አፀደቀ ratify
atsefa melese *v.i.* አፀፋ መለሰ react
atsefawin melese *v. t* አፀፋውን መለሰ counter
atseyafi *a.* አፀያፊ obscene
atseyafi dirigit *n.* አፀያፊ ድርጊት obscenity
atsim *n.* አፅም skeleton
atsinana *v. t* አጽናና comfort
atsinana *v. i.* አጽናና condole
atsinana *v. t* አፅናና console
atsinana *v.t.* አጽናና solace
atsiniot mesitet *n* አፅንኦት መስጠት emphasis
awahade *v.t.* አዋሀደ amalgamate
awahade *v.* አዋሀደ assimilate

awahade *v. t.* **አዋሐደ** digest
awaj *n* **አዋጅ** declaration
awaj *n* **አዋጅ** decree
awaj *n.* **አዋጅ** proclamation
awakebe *v.t* **አዋከበ** fling
awaki *a.* **አዋኪ** seditious
awalaj *n.* **አዋላጅ** midwife
awale *v. t.* **አዋለ** dedicate
awale *v. t* **አዋለ** devote
awale *v.t.* **አዋለ** invest
awaqi *a* **ዐዋቂ** adult
awaqi *n* **አዋቂ** expert
awaqi sew *n.* **ዐዋቂ ሰው** adult
awarede *v.t.* **አዋረደ** abase
awarede *v. t* **አዋረደ** degrade
awarede *v. t* **አዋረደ** dishonour
awarede *v.t.* **አዋረደ** humiliate
awasene *v.t* **አዋሰነ** border
awata *v. t* **አዋጣ** contribute
awedeme *v. t.* **አወደመ** demolish
awedeme *v. t* **አወደመ** destroy
awedeme *v.t.* **አወደመ** ravage
awedese *v.t* **አወደሰ** acclaim
awedese *v. t* **አወደሰ** exalt
awedese *v.t* **አወደሰ** flatter
awegeze *v. t.* **አወገዘ** condemn
awegeze *v. t* **አወገዘ** denounce
awegeze *v. t.* **አወገዘ** excommunicate
aweje *v. i* **አወጀ** decree
aweje *v.t.* **አወጀ** proclaim
aweje *v.t.* **አወጀ** pronounce
aweke *v.t.* **አወከ** ruffle
aweqe *v.t.* **ዐወቀ** know
aweqe *v.t.* **አወቀ** recognize
awera *v. t. & i* **አወራ** blab
awerese *v. t.* **አወረሰ** bequeath
awesasebe *v. t* **አወሳሰበ** complicate
aweta *v.t.* **አወጣ** afford
aweta *v. t* **አወጣ** emit
aweta *v.i.* **አወጣ** issue
aweta *v.t.* **አወጣ** spend
aweta *v.t.* **አወጣ** withdraw
awezaweze *v.t.* **አወዛወዘ** dandle
awezaweze *v. t* **አወዛወዘ** dangle
awezaweze *v.t.* **አወዛወዘ** rock
awide tibeb *n.* **አውደ ጥበብ** encyclopaedia
awideliday *n.* **አውደልዳይ** vagabond
awilo nefas *n.* **አውሎ ነፋስ** cyclone
awilo nefas *n.* **አውሎ ነፋስ** hurricane
awilo nefas *n.* **አውሎ ነፋስ** storm
awilo nefas *n.* **አውሎ ነፋስ** tempest
awilo nefas tenesa *v.i.* **አውሎ ነፋስ ተነሳ** storm
awilo nefas yalebet *a.* **አውሎ ነፋስ ያለበት** stormy
awilo nifas *n.* **አውሎ ንፋስ** gale
awilo nifas *n.* **ዓውሎ ንፋስ** tornado
awilo nifas *n.* **አውሎ ንፋስ** typhoon
awira doro *n* **አውራ ዶሮ** cock
awira godana *n.* **አውራ ጎዳና** highway
awira tat *n.* **አውራ ጣት** thumb
awiraris *n.* **አውራሪስ** rhinoceros
awire *n* **አውሬ** beast
awirenet *a* **አውሬነት** beastly
awirenet *n.* **አውሬነት** savagery
awiropana amerika *n.* **አውሮፓና አሜሪካ** occident
awiropilan *n.* **አውሮፕላን** aeroplane
awiropilan *n.* **አውሮፕላን** aircraft
awiropilan aberere *v.t.* **አውሮፕላን አበረረ** pilot
awiropilan abirari *n.* **አውሮፕላን አብራሪ** pilot

awiropilan lay yetesaferu *adv* አውሮፕላን ላይ የተሳፈሩ aboard
awitar *n* አውታር beam
awitar *n.* አውታር network
awitobis tera *n.* አውቶቢስ ተራ terminus
awitobus *n* አውቶቡስ bus
awitomatik *a.* አውቶማቲክ automatic
awonita *a* አዎንታ affirmative
awulo nefas *n.* አውሎ ነፋስ whirlwind
ay *a.* አይ no
ayale *a.* አያሌ numerous
ayale kisitetoch *n.pl.* አያሌ ክስተቶች annals
ayayaz *v. t* አያያዝ couple
ayayaz *n* አያያዝ grip
ayayaz *n.* አያያዝ treatment
ayayaze *v.t.* አያያዘ append
ayayaze *v.t.* አያያዘ attach
ayayaze *v.t.* አያያዘ peg
ayayazh *v.t* አያያዥ link
ayayizo lake *v. t* አያይዞ ላከ enclose
aye *v.t.* አየ see
aye *v.t.* አየ sight
ayer *n* አየር air
ayer wede wisit sabe *v.i.* አየር ወደ ውስጥ ሳበ inhale
ayerilanid *n.* አየርላንድ Irish
ayet madireg *n.* አየት ማድረግ glimpse
ayib *n.* አይብ cheese
ayidelem *adv.* አይደለም nay
ayidelem *adv.* አይደለም not
ayihonim *n* አይሆንም no
ayihud *n.* አይሁድ Jew
ayin *n* አይን eye
ayin afar *n.* አይን አፋር shy
ayin becheriq shefene *v. t* ዓይን በጨርቅ ሸፈነ blindfold
ayin kase *n* አይን ካሰ eyeball
ayinafar *a.* አይናፋር bashful
ayinafar *a.* አይናፋር timid
ayine hilina *n.* ዓይነ ህሊና imagination
ayine rigib *n.* አይነ ርግብ veil
ayine siwir *a* ዓይነ ስውር blind
ayinesiwirinet *n* አይነስውርነት ablepsy
ayinet *n* ዓይነት brand
ayinet *n.* አይነት type
ayinetenya *a.* ዓይነተኛ ideal
ayinetenya ariaya *n* ዓይነተኛ አርአያ ideal
ayiqere *a.* አይቀሬ imminent
ayisobar *n.* አይሶባር isobar
ayit *n.* አይጥ mouse
ayit *n.* አይጥ rat
azaga *v.i.* አዛጋ yawn
azamede *v.t.* አዛመደ correlate
azawiro tekele *v.t.* አዛውሮ ተከለ transplant
azazh *n.* አዛዥ captain
azazh *n* አዛዥ commander
azebareqe *v.i* አዘባረቀ mess
azegaj *n.* አዘጋጅ director
azegaj *n* አዘጋጅ editor
azegaje *v.t.* አዘጋጀ arrange
azegaje *v. t* አዘጋጀ compile
azegaje *v. t* አዘጋጀ concoct
azegaje *v. t* አዘጋጀ edit
azegaje *v.t* አዘጋጀ formulate
azegaje *v.t.* አዘጋጀ prepare
azegeye *v.t.* አዘገየ retard
azeme *n* አዜመ chant
azene *v.i.* አዘነ mourn
azene *v.i.* አዘነ sympathize
azenebe *v.i.* አዘነበ lean
azenebele *v.i.* አዘነበለ incline
azenebele *v.i.* አዘነበለ tilt
azenelet *v.t.* አዘነለት pity
azewawere *v.t.* አዘዋወረ shuttle

azewetere *v.t.* አዘወተረ haunt
azeze *v. t* አዘዘ command
azeze *v. t* አዘዘ commiserate
azeze *v.t.* አዘዘ prescribe
azimach *n* አዝማች refrain
azimamiya *n.* አዝማሚያ trend
azimamiya asaye *v.i.* አዝማሚያ አሳየ tend
azimera *n* አዝመራ crop
azimera mesebiseb *n.* አዝመራ መሰብሰብ harvest
azimera sebisabi *n.* አዝመራ ሰብሳቢ haverster
azimiya *a.* አዝሚያ wont
azinana *v.t.* አዝናና relax
azo *n* አዞ crocodile
azurit *n.* አዙሪት whirlpool
azurot wedeqe *v.i* አዙሮት ወደቀ swoon

B

ba yemotebat *n.* ባሏ የሞተባት widow
babur *n.* ባቡር locomotive
babur *n.* ባቡር train
baburin keanid hadid wedelela meqeyer *v.t.* ባቡርን ከአንድ ሀዲድ ወደሌላ መቀየር shunt
bachir ateqalele *v.t.* ባጭር አጠቃለለ summarize
badegaw yetegoda *n.* ባደጋው የተጎዳ casualty
bado *a* ባዶ blank
bado *a* ባዶ devoid
bado *a* ባዶ empty
bado *a.* ባዶ hollow
bado *n.* ባዶ nil
bado *a.* ባዶ void
bado *n.* ባዶ zero
bado aderege *v* ባዶ አደረገ empty
bado aderege *v.t.* ባዶ አደረገ void
bado bota *n* ባዶ ቦታ blank
bahil *n* ባህል culture
bahil *n.* ባህል tradition
bahir *n* ባህር bay
bahir *n.* ባሕር sea
bahir wusit yeminor einisisa *n.* ባህር ዉስጥ የሚኖር እንስሳ walrus
bahire selate *n.* ባህረ ሰላጤ gulf
bahiri *n.* ባህሪ character
bahiri *n.* ባህሪ trait
bahiriy *n.* ባህሪይ attribute
bahitawi *n.* ባህታዊ ascetic
bal *n* ባል husband
balabat *n.* ባላባት aristocrat
bale adera *n.* ባለ አደራ trustee
bale banik *n.* ባለ ባንክ banker
bale bicha abeba tekil *n.* ባለ ቢጫ አበባ ተክል marigold
bale eida hone *v.t* ባለ እዳ ሆነ owe
bale habit *n* ባለ ሀብት financier
bale hulet fidel qal *adj* ባለ ሁለት ፊደል ቃል biliteral
bale hulet silet gorade *n.* ባለ ሁለት ስለት ጎራዴ rapier
bale muya *a.* ባለ ሙያ professional
bale rejim chira zemari wef *n.* ባለ ረጅም ጭራ ዘማሪ ወፍ lark
bale sidisit gon *n* ባለ ስድስት ጎን cube
bale silitan *n.* ባለ ስልጣን commissioner
bale siminit maeizen qirits *n.* ባለ ስምንት ማዕዘን ቅርፅ octagon
bale siminit maeizen qirits yalew *a.* ባለ ስምንት ማዕዘን ቅርፅ ያለው octangular

bale sosit eigir maqomiya *n.* ባለ ሶስት እግር ማቆሚያ tripod
bale sosit goma bisikilet *n.* ባለ ሶስት ጎማ ብስኪሌት tricycle
bale sosit maeizen *a.* ባለ ሶስት ማእዘን triangular
balearat maeizen *a. & n.* ባለአራት ማእዘን quadrilateral
balebet *n.* ባለቤት owner
balebet *n.* ባለቤት spouse
balebet hone *v.t.* ባለቤት ሆነ own
balebetinet *n.* ባለቤትነት ownership
balebetinet *n.* ባለቤትነት possession
baledereja *n.* ባለደረጃ tier
baledil *a.* ባለድል victorious
baleeida *a.* ባለዕዳ indebted
balege *a* ባለጌ discourteous
balege *a.* ባለጌ immoral
balege *a.* ባለጌ indecent
balege *a.* ባለጌ insolent
balege *n.* ባለጌ libertine
balege *v.i.* ባለገ misbehave
balege *a.* ባለጌ naughty
balege *a.* ባለጌ vile
balege sew *n* ባለጌ ሰው boor
balegirima *a.* ባለግርማ majestic
balehulet chaf *adj.* ባለሁለት ጫፍ biangular
balehulet eigir einisesat *n* ባለሁለት እግር እንሰሳት biped
balehulet silet *adj* ባለሁለት ስለት biaxial
balekorojo einisisat *n.* ባለኮሮጆ እንስሳት marsupial
balemuya *n.* ባለሙያ adept
balemuya *n.* ባለሙያ artisan
balemuya *n* ባለሙያ craftsman
balemuya *a.* ባለሙያ handy
balemuya *n.* ባለሙያ sleight
balemwal *n.* ባለሟል courtier
baleqelem temene *n.* ባለቀለም ጠመኔ pastel
baleqine *n.* ባለቅኔ bard
balesilitan *n.* ባለስልጣን incumbent
balesilitan *n.* ባለስልጣን magistrate
balesilitan *n* ባለስልጣን official
balesilitanat *a.* ባለስልጣናት magisterial
balesilitaninet *n.* ባለስልጣንነት magistracy
balet *sn.* ባሌት ballet
baleteginet *a.* ባለጠግነት richness
baleweficho bet *n.* ባለወፍጮ ቤት miller
balidi *n* ባልዲ bucket
balidi *n.* ባልዲ pail
banidira *n* ባንዲራ flag
banik *n.* ባንክ bank
baqela *n.* ባቄላ bean
bareke *v. t* ባረከ bless
barinet *n* ባርነት bondage
barinet *n.* ባርነት slavery
barinet *n.* ባርነት thralldom
bariya *n.* ባሪያ slave
bariya *n.* ባርያ thrall
bariya aderege *v.t.* ባሪያ አደረገ enslave
baro shinikurit *n.* ባሮ ሽንኩርት leek
basichekway *adv.* ባስቸኳይ summarily
batiri dinigay *n* ባትሪ ድንጋይ battery
bayoloji *n* ባዮሎጂ biology
bazira *n.* ባዝራ mare
bazuqa *n.* ባዙቃ mercury
be . . . gize hulu *prep.* በ . . . ጊዜ ሁሉ throughout
be ... *prep.* በ ... at
be … bekul *adv.* በ … በኩል along

be...ategeb *prep.* በ...አጠገብ near
be...gize *prep* በ...ጊዜ during
be...lay *prep.* በ...ላይ on
be...meseret *n.* በ...መሰረት conformity
be...wisit *prep.* በ...ውስጥ via
beabat yemizamed *a.* በአባት የሚዛመድ paternal
beabeba asigete *v.t.* በአበባ አስጌጠ garland
beabizanyaw *adv.* በአብዛኛው nearly
beachir *adv.* በአጭር short
beachiru qeche *v.t.* በአጭሩ ቀጨ stunt
beadirasha lake *v. t.* በአድራሻ ላከ consign
beafinicha takeke *v.* በአፍንጫ ታከከ nuzzle
beafinicha yemifeter dimits *n* በአፍንጫ የሚፈጠር ድምፅ nasal
beagidimosh meqemet *v.i.* በአግድሞሽ መቀመጥ slope
beahun gize *conj.* በአሁን ጊዜ now
beahun gize *n.* በአሁን ጊዜ present
beakafa zaqe *v.t.* በአካፋ ዛቀ shovel
beal *n.* በአል celebration
beal *n* በአል festival
beal *n.* በአል holiday
beal *n.* በዓል occasion
beal akebere *v.t.* በዓል አከበረ solemnize
beal makiber *n* በአል ማክበር festivity
beamekiro maqoyet *n.* በአመክሮ ማቆየት probation
beamekiro yeteleqeqe sew *n.* በአመክሮ የተለቀቀ ሰው probationer

beanid amilak mamen *n.* በአንድ አምላክ ማመን monotheism
beanid amilak yemiyamin *n.* በአንድ አምላክ የሚያምን monotheist
beanid bekul *adv* በአንድ በኩል ex-parte
beanid bekul yale *a* በአንድ በኩል ያለ ex-parte
beanid dirijit yemimeretina yemishet *a.* በአንድ ድርጅት የሚመረትና የሚሸጥ proprietary
beanid gize *adv.* በአንድ ጊዜ once
beanid gize yehone *a.* በአንድ ጊዜ የሆነ simultaneous
beanid hasab tewesede *v.t.* በአንድ ሀሳብ ተወሰደ obsess
beanid menigisit yemitedaderu ageroch *n.* በአንድ መንግስት የሚተዳደሩ አገሮች commonwealth
beanid neger wisit alefe *v.t.* በአንድ ነገር ውስጥ አለፈ penetrate
beanid neger wisit malef *n.* በአንድ ነገር ውስጥ ማለፍ penetration
beanide bizu lij yemiwelid *a.* በአንዴ ብዙ ልጅ የሚወልድ multiparous
beaqwam metsinat *n.* በአቋም መፅናት persistence
bearichume gerefe *v. t.* በአርጩሜ ገረፈ cane
beashimur nigigir *n* በአሽሙር ንግግር allusion
beashimur tenagere *v.i.* በአሽሙር ተናገረ allude
beasiqiny meniged koreje *v.t.* በአስቂኝ መንገድ ኮረጀ parody
beasiqiny meniged mekorej *n.* በአስቂኝ መንገድ መኮረጅ parody

beasitesasebu alutawi yehone *a.* በአስተሳሰቡ አሉታዊ የሆነ pessimistic
beateqalay *adv.* በአጠቃላይ altogether
beateqalay *adv.* በአጠቃላይ generally
beateqalay *n.* በአጠቃላይ overall
beayer lay *adv.* በአየር ላይ aloft
beayin yemayitayu *a.* በአይን የማይታዩ microscopic
beayine hilinaw aye *v.t.* በዓይነ ህሊናው አየ imagine
beayine rigib shefene *v.t.* በአይነ ርግብ ሸፈነ veil
bebahir daricha *adv.* በባህር ዳርቻ ashore
bebalesosit qelem *a.* በባለሶስት ቀለም tricolour
bebalesosit qelem banidira *n* በባለሶስት ቀለም ባንዲራ tricolour
bebeqi *adv* በበቂ enough
bebet wisit *adv.* በቤት ውስጥ indoors
bebila faqe *v.t.* በቢላ ፋቀ whittle
bebilon ayayaze *v.t.* በብሎን አያያዘ rivet
bebiret shefene *v.t.* በብረት ሸፈነ plate
bebizat *adv.* በብዛት galore
bebizat *a.* በብዛት most
bebizat megibat *n.* በብዛት መግባት influx
bebizat yemayigeny *a.* በብዛት የማይገኝ scarce
bebizat yemiwanyu asawoch *n* በብዛት የሚዋኙ አሳዎች shoal
bebotaw asiqemete *a.* በቦታው አስቀመጠ tidy
bebudin tegwaze *v.i* በቡድን ተጓዘ troop
bebulon ayayaze *v.t.* በቡሎን አያያዘ screw
bebuti memitat *v.t.* በቡጢ መምታት punch
becheriq meteqilel *v.t.* በጨርቅ መጠቅለል shroud
becheriq teqelele *v.t.* በጨርቅ ጠቀለለ pad
bechifin *a.* በጭፍን arbitrary
bechigir *adv.* በችግር scarcely
bechigir weta *v. i* በችግር ወጣ clamber
bechikane tegibar yemideset *n.* በጭካኔ ተግባር የሚደሰት sadist
bechikola tenitebatebe *v.t.* በችኮላ ተንተባተበ jabber
bechiqa reche *v. t* በጭቃ ረጨ bemire
bechiqa teyaze *v.t.* በጭቃ ተያዘ mire
bechiricharo waga *adv.* በችርቻሮ ዋጋ retail
bedebidabe *adv.* በደብዳቤ post
bedebub *adv* በደቡብ south
bedel *n.* በደል injustice
bedele *d* በደለ mistreat
bedele *v.t.* በደለ wrong
bedem yetebekele *a* በደም የተበከለ bloody
bedeme nefis maweq *n.* በደመ ነፍስ ማወቅ intuition
bedenib *n.* በደንብ nicety
bedenib *adv.* በደንብ well
bedenib yemichilut sira *n.* በደንብ የሚችሉት ስራ fort
bedereja asiqemete *v.t* በደረጃ አስቀመጠ grade
bedereja asiqemete *v.t.* በደረጃ አስቀመጠ rank
bederetu yemisab fitur *n.* በደረቱ የሚሳብ ፍጡር reptile

bedesita mefenideq *n.* በደስታ መፈንደቅ gaiety
bedesita meqebel *n* በደስታ መቀበል acclaim
bedesita meqebel *n* በደስታ መቀበል welcome
bedesita tenagere *v.i* በደስታ ተናገረ exclaim
bedesita yetemola *a* በደስታ የተሞላ overjoyed
bedibiq asigeba *v.t.* በድብቅ አስገባ smuggle
bedifiret *adv.* በድፍረት bodily
bedigami mekeset *n.* በድጋሚ መከሰት recurrence
bedigami tekesete *v.i.* በድጋሚ ተከሰተ recur
bedimits maguya tera *v.t.* በድምፅ ማጉያ ጠራ page
bedin aqatele *v. t* በድን አቃጠለ cremate
bedin einidayibesebis aderege *v. t* በድን እንዳይበሰብስ አደረገ embalm
bedin maqatel *n* በድን ማቃጠል cremation
bedinigay wegere *v.t.* በድንጋይ ወገረ stone
bediniget *adv.* በድንገት headlong
bediniget *a* በድንገት overnight
bediniget *adv.* በድንገት suddenly
bediniget *adv.* በድንገት unawares
bedirigit yetemola dirama *n.* በድርጊት የተሞላ ድራማ melodrama
bedula gedele *v.t.* በዱላ ገደለ lynch
bedula meta *v.t.* በዱላ መታ lambaste
beeidime yegefa *a* በእድሜ የገፋ elderly
beeidimew 80-90 yehone sew *a.* በእድሜው 80-90 የሆነ ሰው octogenarian
beeifiret meqilat *n* በእፍረት መቅላት blush
beeifiret qela *v.i* በእፍረት ቀላ blush
beeigir tat neka *v.t.* በእግር ጣት ነካ toe
beeigir tegwazh *n.* በእግር ተጓዥ wayfarer
beeigir yemisera maresha *n.* በእግር የሚሰራ ማረሻ pedal
beeigiziabiher menor alemamen *n* በእግዚአብሄር መኖር አለማመን atheism
beeigiziabiher menor yemayamin *n* በእግዚአብሔር መኖር የማያምን antitheist
beeigiziabiher menor yemayamin sew *n* በእግዚአብሄር መኖር የማያምን ሰው atheist
beeigiziabiher yemiyamin *n.* በእግዚአብሔር የሚያምን theist
beeikul *adv* በእኩል alike
beeikul yale *a.* በእኩል ያለ co-ordinate
beeiminet *adv* በእምነት bonafide
beeinifalot hayil yemisera merikeb *n.* በእንፋሎት ኃይል የሚሠራ መርከብ steamer
beeiniqilif lib meramed *n.* በእንቅልፍ ልብ መራመድ somnambulism
beeiniqilif lib yemiramed sew *n.* በእንቅልፍ ልብ የሚራመድ ሰው somnambulist
beeiniqisiqase asaye *v.i* በእንቅስቃሴ አሳየ mime
beeiniqisiqase yemisera tiyatir *n.* በእንቅስቃሴ የሚሰራ ቲያትር mime

beeinitilititil yale *a* በእንጥልጥል ያለ pending
beeirigit *adv.* በእርግጥ certainly
beeirigit *adv.* በእርግጥ justly
beeirigit *adv.* በእርግጥ surely
beeirimija *adv.* በእርምጃ afoot
beeirisas sale *v.t.* በእርሳስ ሳለ pencil
beeirisha akababi yale bota *n.* በእርሻ አካባቢ ያለ ቦታ barton
beeisat metifat *n.* በእሳት መጥፋት holocaust
beeiwinet *adv.* በእውነት actually
beeiwinet *adv.* በእውነት indeed
beeiwinet *adv.* በእውነት really
beelekitirik asera *v. t* በኤሌክትሪክ አሰራ electrify
befeniji debedebe *v. t* በፈንጂ ደበደበ bomb
befeniji debedebe *v. t* በፈንጂ ደበደበ bombard
befeqadenyinet *adv.* በፈቃደኝነት voluntarily
beferes lay hono yegena chewata *n.* በፈረስ ላይ ሆኖ የገና ጨዋታ polo
beferesenya chama lay yale yeferes me□rikoriye *n.* በፈረሰኛ ጫማ ላይ ያለ የፈረስ መኰርኰሪየ ብረት spur
befesash yemishikereker moter *n.* በፈሳሽ የሚሽከረከር ሞተር turbine
befiqir ayin memeliket *v.t.* በፍቅር አይን መመልከት ogle
befirihat memolat *a.* በፍርሃት መሞላት aghast
befirihat yetemola *a.* በፍርሃት የተሞላ afraid
befit *prep.* በፊት afore
befitinet *adv.* በፍጥነት apace
befitinet *adv* በፍጥነት fast
befitinet maniqesaqes *v.t.* በፍጥነት ማንቀሳቀስ whisk
befitinet mesam *n.* በፍጥነት መሳም peck
befitinet meyaz *n* በፍጥነት መያዝ snap
befitinet nedede *v.t* በፍጥነት ነደደ flicker
befitinet rote *v.t.* በፍጥነት ሮጠ outrun
befitinet rote *v.i.* በፍጥነት ሮጠ sprint
befitinet same *v.i.* በፍጥነት ሳመ peck
befitinet tenesa *v.i.* በፍጥነት ተነሳ zoom
befota adereqe *v.t.* በፎጣ አደረቀ towel
beg *n.* በግ sheep
bega *n.* በጋ summer
begara *adv.* በጋራ jointly
begara *adv.* በጋራ together
begara yemineger qwaniqwa *n.* በጋራ የሚነገር ቋንቋ lingua franca
begari wesido medifat *n.* በጋሪ ወስዶ መድፋት cartage
begata asitelele *v.t.* በጋጣ አስጠለለ stable
begemed asere *v.t.* በገመድ አሰረ rope
begena *n.* በገና harp
begenizeb reda *v.t* በገንዘብ ረዳ finance
begeter anore *v.t.* በገጠር አኖረ rusticate
begeter menor *n.* በገጠር መኖር rustication
begilats meqawem *n* በግላፅ መቃወም defiance
begilibachu *adv.* በግልባጩ overleaf

begilits *adv* በግልጽ clearly
begilits *adv.* በግልፅ openly
begilits *a* በግልፅ outright
begilits *a.* በግልፅ vocal
begilits tenagere *v.t.* በግልፅ ተናገረ opine
begilits yemitay *a.* በግልፅ የሚታይ prominent
begimit yehone *a.* በግምት የሆነ approximate
begira bekul *n.* በግራ በኩል left
bego adiragi *a* በጎ አድራጊ benevolent
bego adiragi *a.* በጎ አድራጊ charitable
bego adiragi *a* በጎ አድራጊ humanitarian
bego adiragi *a.* በጎ አድራጊ philanthropic
bego adiragi *a.* በጎ አድራጊ virtuous
bego adiraginet *n.* በጎ አድራጊነት philanthropy
bego adiragot *n.* በጎ አድራጎት philanthropist
bego alefe *n* በጎ አለፈ bypass
bego feqad *n.* በጎ ፈቃድ goodwill
begorade qorete *v.t.* በጎራዴ ቆረጠ sabre
begugut *adv* በጉጉት avidly
begugutina befitinet *n.* በጉጉትና በፍጥነት alacrity
begulibetu serito yeminor sew *n.* በጉልበቱ ሰርቶ የሚኖር ሰው workman
behala *prep.* በኃላ past
beharaj shete *v.t.* በሀራጅ ሸጠ auction
behasab tewate *v.t.* በሀሳብ ተዋጠ preoccupy
behasab yetemesete *a.* በሀሳብ የተመሰጠ rapt
behaset memesiker *n.* በሀሰት መመስከር perjury
behayil *a* በሀይል forcible
behayil anitsebareqe *v.t.* በኃይል አንፀባረቀ outshine
behayil gefa *v.t.* በኃይል ገፋ ram
behayil mawezawez *v.t.* በሃይል ማወዛወዝ wrench
behayil megifat *v.t.* በኃይል መግፋት shove
behayil memitat *v.t.* በሃይል መምታት whack
behayil werewere *v.t.* በሀይል ወረወረ pitch
behidag yetetsafe *a.* በሕዳግ የተፃፈ marginal
behigawi meniged teyeqe *v.t.* በህጋዊ መንገድ ጠየቀ requisition
behige wet meniged teteqeme *v.t* በህገ ወጥ መንገድ ተጠቀመ pirate
behiyiwet maqoya *n.* በሕይወት ማቆያ subsistence
behiyiwet qoye *v.i.* በሕይወት ቆየ subsist
behiyiwet yale *a* በሕይወት ያለ alive
behizib miricha yemiyamin sew *n* በህዝብ ምርጫ የሚያምን ሰው republican
behizib yemimeretin menigisit degafi *a.* በህዝብ የሚመረጥን መንግስት ደጋፊ republican
behizibu zenid asitaweqe *v.t.* በሕዝቡ ዘንድ አስታወቀ popularize
behotel wisit mezinanat *n.* በሆቴል ውስጥ መዝናናት cabaret
behulet qorete *v. t* በሁለት ቆረጠ bisect
behuletenya timiqet yemiyamin *n* በሁለተኛ ጥምቀት የሚያምን anabaptism

behulum *adv* በሁሉም all
behwala *adv* በኋላ after
behwala *a* በኋላ after
behwala *adv.* በኋላ back
behwala *prep* በኋላ behind
bejeliba tegwaze *v.i* በጀልባ ተጓዘ boat
bejeriba memeles *n.* በጀርባ መመለስ backhand
bejimila *adv.* በጅምላ wholesale
bekatena tasere *v.t* በካቴና ታሰረ handcuff
bekefil *a.* በከፊል partial
bekefitenya fitinet *adv.* በከፍተኛ ፍጥነት speedily
bekefitenya meten aterefe *v.i.* በከፍተኛ መጠን አተረፈ profiteer
bekele *v.t.* በከለ contaminate
bekele *v.t.* በከለ taint
bekeremela shefene *v. t.* በከረሜላ ሸፈነ candy
bekirik anesa *v.t.* በክሪክ አነሳ jack
bekiriket yedula techawach *n.* በክሪኬት የዱላ ተጫዋች batsman
bekod metsaf *n.* በኮድ መፃፍ cryptography
bekomitate yetedebaleqe qitela qitel *n.* በኮምጣጤ የተደባለቀ ቅጠላ ቅጠል pickle
bekurat meramed *n* በኩራት መራመድ swagger
bekurat teramede *v.i.* በኩራት ተራመደ swagger
bela *v. t* በላ consume
bela *v. t* በላ eat
bela *n.* በላ gobble
belay *prep.* በላይ above
belay *adv* በላይ over
belela bekul *conj.* በሌላ በኩል where
belela bekul *conj.* በሌላ በኩል whereas
belela gize *adv.* በሌላ ጊዜ anon
belela sew yemidegef *n* በሌላ ሰው የሚደገፍ anaclisis
belela sifira *adv.* በሌላ ስፍራ alias
belele *adv.* በለሌ without
beleloch tifat yemiwegez *n.* በሌሎች ጥፋት የሚወገዝ scapwegoat
belete *v.t* በለጠ exceed
belete *v.t.* በለጠ outweigh
belete *v.i.* በለጠ preponderate
belete *v.t.* በለጠ surpass
beletsege *v.i* በለፀገ flourish
beligwam teqotatere *v.t.* በልጓም ተቆጣጠረ rein
bemabazha tsihuf abaza *v. t* በማባዣ ጽሁፍ አባዛ cyclostyle
bemabazha yetebaze tsihuf *n* በማባዣ የተባዘ ጽሁፍ cyclostyle
bemafegifeg *adv.* በማፌግፌግ recoil
bemanikiya leka *v.t.* በማንኪያ ለካ spoon
bemaninyawim huneta *prep.* በማንኛውም ሁኔታ notwithstanding
bemaqotiqot lay yale *a.* በማቆጥቆጥ ላይ ያለ nascent
bemaseb *prep.* በማሰብ considering
bemasero tekele *v.t.* በማሰሮ ተከለ pot
bemataleya atemede *v.t.* በማታለያ አጠመደ bait
bemecheresha *adv.* በመጨረሻ eventually
bemecheresha *adv.* በመጨረሻ last
bemecheresha *adv.* በመጨረሻ lastly
bemecheresha *adv.* በመጨረሻ ultimately
bemedaf meta *v.t.* በመዳፍ መታ paw

bemedegagam meshemided *n.* በመደጋጋም መሸምደድ rote
bemedosha meta *v.t* በመዶሻ መታ hammer
bemegaz qorete *v.t.* በመጋዝ ቆረጠ saw
bemegerem af mekifet *adv.,* በመገረም አፍ መክፈት agape
bemegerem mayet *adv* በመገረም ማየት agaze
bemehal *prep.* በመሀል amid
bemejemeriya *adv* በመጀመሪያ first
bemejemeriyaw lay akele *v.t.* በመጀመሪያው ላይ አከለ prefix
bemekina yeminiqesaqes bet *n.* በመኪና የሚንቀሳቀስ ቤት caravan
bemeneqaqat *adv.* በመነቃቃት aflame
bemeqilet lay yale beredo *n.* በመቅለጥ ላይ ያለ በረዶ slush
bemeretina bebahir yeminor *adj* በመሬትና በባህር የሚኖር amphibious
bemerikeb lay megwaz *v.i.* በመርከብ ላይ መጓዝ sail
bemerikeb yetechane eiqa *n.* በመርከብ የተጫነ ዕቃ shipment
bemesariya qirits yemiyaweta *n.* በመሳሪያ ቅርፅ የሚያወጣ turner
bemeseretu *adv.* በመሠረቱ substantially
bemesimer besa *v.t.* በመስመር በሳ perforate
bemesimer mesitekakel *n.* በመስመር መስተካከል alignment
bemesino ateta *v.t.* በመስኖ አጠጣ irrigate
bemetabet temelese *v.t.* በመጣበት ተመለሰ retrace
bemeten madireg *n.* በመጠን ማድረግ temperance
bemetenu *adv.* በመጠኑ somewhat
bemetifo huneta *adv.* በመጥፎ ሁኔታ ill
bemewideq lay yale *a* በመውደቅ ላይ ያለ decadent
bemezefizef yetezegaje metet *n.* በመዘፍዘፍ የተዘጋጀ መጠጥ infusion
bemezileya zhanitila yemiwerid sew *n.* በመዝለያ ዣንጥላ የሚወርድ ሰው parachutist
bemidib *a.* በምድብ categorical
bemieirab *adv.* በምዕራብ west
bemifelegew seat *a.* በሚፈለገው ሰአት well-timed
bemigeba *adv* በሚገባ duly
bemigeba adese *v.t.* በሚገባ አደሰ overhaul
bemilikit yemitewin tewanany *n.* በምልክት የሚተውን ተዋናኝ mummer
bemin lay *conj.* በምን ላይ whereupon
beminab aye *v.t.* በምናብ አየ visualize
beminebeb *adv.* በሚነበብ legibly
bemiricha *n* በምርጫ by-election
bemirimera maginyet *n* በምርመራ ማግኘት probe
bemisale asireda *v.t.* በምሳሌ አስረዳ illustrate
bemishitu *adv.* በምሽቱ nightly
bemisitir dimits sete *v.i.* በሚስጥር ድምፅ ሰጠ ballot
bemot qeta *v. t* በሞት ቀጣ execute
bemoya yeseletene *a.* በሞያ የሰለጠነ versed
bemulu *adv.* በሙሉ full

bemuyaw yaliseletene *n.* በሙያው ያልሰለጠነ amateur
bemuyaw yemisera sew *n.* በሙያው የሚሰራ ሰው practitioner
bemuziqa mesariya bicha yeteqenebabere *a.* በሙዚቃ መሳሪያ ብቻ የተቀነባበረ instrumental
benegew qen *adv.* በነገው ቀን tomorrow
benetsa *adv.* በነፃ gratis
benidif anesa *v.t.* በንድፍ አነሳ sketch
benifas tewesede *v.t.* በንፋስ ተወሰደ waft
benigusu sim hager yemiyasitedadir *n.* በንጉሱ ስም ሀገር የሚያስተዳድር viceroy
benizin *n.* ቤንዚን petrol
bepilasitik shefene *v.t.* በፕላስቲክ ሸፈነ laminate
bepoletika mikiniyat gedele *v.t.* በፖለቲካ ምክንያት ገደለ assassinate
bepoletika mikiniyat yemigedil *n* በፖለቲካ ምክንያት የሚገድል assassination
beposita lake *v.t.* በፖስታ ላከ mail
beqa *v.i.* በቃ suffice
beqal *adv.* በቃል verbally
beqal *adv.* በቃል viva-voce
beqal geletse *v.t* በቃል ገለፀ word
beqalat geletse *v.t.* በቃላት ገለፀ phrase
beqalat megilets *n.* በቃላት መግለፅ portrait
beqalat megilets *n.* በቃላት መግለፅ portraiture
beqalat megilets *n.* በቃላት መግለፅ portrayal
beqalat techawete *v.i.* በቃላት ተጫወተ pun
beqalu *adv.* በቃሉ orally
beqechinuna berezhimu yetesheleme wereqet *n.* በቀጭኑና በረዥሙ የተሸለመ ወረቀት streamer
beqel *n.* በቀል retaliation
beqel *n.* በቀል revenge
beqelalu *adv.* በቀላሉ lightly
beqelalu *adv.* በቀላሉ readily
beqelalu yemayifech migib *a.* በቀላሉ የማይፈጭ ምግብ indigestible
beqelalu yemayiley *n.* በቀላሉ የማይለይ nuance
beqelalu yemibelash *a.* በቀላሉ የሚበላሽ perishable
beqelalu yemibesach *a.* በቀላሉ የሚበሳጭ petulant
beqelalu yemigoda *a.* በቀላሉ የሚጎዳ vulnerable
beqelalu yemiseber *a.* በቀላሉ የሚሰበር brittle
beqelalu yemitatef *n* በቀላሉ የሚታጠፍ limber
beqelalu yemitetatef *a.* በቀላሉ የሚተጣጠፍ supple
beqelalu yemiyamin *adj.* በቀላሉ የሚያምን credulity
beqele *v.i.* በቀለ germinate
beqelenya *a.* በቀለኛ revengeful
beqen beqen *adv* በቀን በቀን adays
beqen beqen *adv.* በቀን በቀን daily
beqena *adv.* በቀና straightway
beqeqen *n.* በቀቀን parrot
beqesawisit yemitedader menigisit *n.* በቀሳውስት የሚተዳደር መንግስት theocracy
beqesita wede fit hede *v.t* በቀስታ ወደ ፊት ሄደ nose

beqetita *adv.* በቀጥታ straight
beqetita *adv.* በቀጥታ through
beqetita yetekefele *a.* በቀጥታ
    የተከፈለ zonal
beqi *a.* በቂ adequate
beqi *a* በቂ enough
beqi *a.* በቂ sufficient
beqi mikiniyat *n.* በቂ ምክንያት
    rationale
beqi mikiniyat *v.t.* በቂ ምክኒያት
    warrant
beqi yalihone *a.* በቂ ያልሆነ
    insufficient
beqi yalihone *a.* በቂ ያልሆነ
    meagre
beqi yalihone *a.* በቂ ያልሆነ scant
beqibat malesiles *n.* በቅባት
    ማለስለስ lubrication
beqibat yeteshefene *a.* በቅባት
    የተሸፈነ greasy
beqidimiya asiteneqeqe *v.t*
    በቅድሚያ አስጠነቀቀ forewarn
beqidimiya kefele *v.t.* በቅድሚያ
    ከፈለ advance
beqidus sifira asiqemete *v. t*
    በቅዱስ ስፍራ አስቀመጠ enshrine
beqilitifina lay yetemeserete
    adilio *v.t.* በቅልጥፍና ላይ
    የተመሰረተ አድልኦ agist
beqilo *n.* በቅሎ mule
beqinat yetemola *a* በቅናት
    የተሞላ envious
beqirib *adv* በቅርብ by
beqirib *adv.* በቅርብ near
beqirib *adv.* በቅርብ nigh
beqirib lihon yemichil *n.* በቅርብ
    ሊሆን የሚችል offing
beqiribu በቅርቡ lately
beqiribu *adv.* በቅርቡ recently
beqiribu *adv.* በቅርቡ shortly
beqiribu *adv.* በቅርቡ soon
beqitel yeteshefene *a.* በቅጠል
    የተሸፈነ leafy

beqolit *n* በቆልት sprout
beqolit *a.* በቆልት spurious
beqolo *n* በቆሎ corn
beqolo *n.* በቆሎ maize
beqoriqoro lebete *v.t.* በቆርቆሮ
    ለበጠ tin
bequta menager *n.* በቁጣ መናገር
    snarl
bequta tenagere *v.i.* በቁጣ ተናገረ
    snarl
bequtir anesitenya yehone hizib
    n. በቁጥር አነስተኛ የሆነ ህዝብ
    minority
bequtir yetegeletse *a.* በቁጥር
    የተገለፀ numerical
ber *n* በር door
ber *n.* በር gate
berad *a* በራድ cold
beradiyo melieikit lake *v.t.*
    በራድዮ መልእክት ላከ radio
berari kokeb *n.* በራሪ ኮከብ
    meteor
berari tsihuf *n.* በራሪ ጽሁፍ
    leaflet
berari wereqet *n* በራሪ ወረቀት
    brochure
berari wereqet *n.* በራሪ ወረቀት
    pamphlet
berari wereqet *n.* በራሪ ወረቀት
    tract
berari wereqet yemitsif sew
    n. በራሪ ወረቀት የሚፅፍ ሰው
    pamphleteer
berasu yemitemamen *adj.* በራሱ
    የሚተማመን complacent
bere *n.* በሬ ox
bere mesay einisisa *n.* በሬ መሳይ
    እንስሳ yak
berebere *v.t.* በረበረ ransack
beredo *n.* በረዶ hail
beredo *n.* በረዶ ice
beredo *n.* በረዶ snow

beredo lay menisheratet *n.* በረዶ ላይ መንሸራተት skate
beredo lay tenisheratete *v.t.* በረዶ ላይ ተንሸራተተ skate
beredo tale *v.i* በረዶ ጣለ hail
beredo tale *v.i.* በረዶ ጣለ snow
beredowama *a.* በረዶዋማ snowy
beregege *v.i* በረገገ stampede
bereha *n* በረሃ desert
bereha *n.* በረሀ wilderness
berejimu metenifes *n.* በረጅሙ መተንፈስ sigh
berejimu tenefese *v.i.* በረጅሙ ተነፈሰ sigh
berenida *n.* በረንዳ lobe
berenida *n.* በረንዳ porch
berenida *n.* በረንዳ verendah
bereqiq negeroch yemiyamin *n* በረቂቅ ነገሮች የሚያምን mystic
berera *n* በረራ flight
berere *v.i* በረረ fly
berero *n* በረሮ cockroach
beret *n.* በረት bawn
beret *n* በረት byre
beret *n.* በረት stall
beribere *n.* በርበሬ pepper
beribere mechemer *v.t.* በርበሬ መጨመር pepper
berichuma *n.* በርጩማ ottoman
berichuma *n.* በርጩማ stool
berigata *adv.* በርጋታ leisurely
berimel *n.* በርሜል barrel
berimel *n* በርሜል cask
berin asigete *v.t.* በርን አስጌጠ panel
beriqet *adv.* በርቀት asunder
beriqet *adv.* በርቀት beyond
beruq *adv.* በሩቅ afar
beruq *adv.* በሩቅ away
besa *v.t.* በሳ spike
besal *a.* በሳል mature
besaminit hulet *adj* በሳምንት ሁለት bi-weekly
besaniqa shefene *v. t.* በሳንቃ ሸፈነ board
besar yeteshefene meda *n.* በሳር የተሸፈነ ሜዳ steppe
besasa *v.t.* በሳሳ pit
besasa *v.i.* በሳሳ riddle
besebese *v. t.* በሰበሰ decompose
besebese *v.i.* በሰበሰ rot
besefineg welewele *v.t.* በሰፍነግ ወለወለ sponge
besefiw *adv.* በሰፊው wide
besele *v.i* በሰለ mature
besele *v.i.* በሰለ ripen
beselif mehed *n.* በሰልፍ መሄድ procession
besemaniyawochu eidime kilil yemigeny *a* በሰማኒያዎቹ እድሜ ክልል የሚገኝ octogenarian
beseniselet asere *v.t* በሰንሰለት አሰረ fetter
beseniselet asere *v.t.* በሰንሰለት አሰረ shackle
beseniselet maser *n* በሰንሰለት ማሰር fetter
beseniterezh azegaje *v.t.* በሰንጠረዥ አዘጋጀ tabulate
beseniterezh memedeb *n.* በሰንጠረዥ መመደብ tabulation
beseniterezh mesiriya *n.* በሰንጠረዥ መሥሪያ tabulator
beseniterezh yetesera *a.* በሰንጠረዥ የተሰራ tabular
besew amisal *a.* በሰው አምሳል incarnate
besew yemigotet balegoma weniber *n.* በሰው የሚጎተት ባለጎማ ወንበር rickshaw
beshibo asere *v. t.* በሽቦ አሰረ cable
beshita *n.* በሽታ ailment

beshita *n* በሽታ disease
beshita *n* በሽታ ill
beshita *n.* በሽታ malady
beshita *n.* በሽታ sickness
beshita amichi tehiwas *n.* በሽታ አምጪ ተህዋስ virus
beshita yemayizew *a.* በሽታ የማይዘው immune
beshita yemiqwaqwam *a.* በሽታ የሚቋቋም resistant
beshita yetalew *n.* በሽታ የጣለው wreck
beshitan yemekelakel aqim *n.* በሽታን የመከላከል አቅም immunity
beshitenya *a.* በሽተኛ ill
beshitenya *n* በሽተኛ patient
beshitenya *a.* በሽተኛ sick
beshitenya *a.* በሽተኛ unwell
beshitenyochin tenikebakebe *v.t* በሽተኞችን ተንከባከበ nurse
besifet gize tat lay yemidereg *n.* በስፌት ጊዜ ጣት ላይ የሚደረግ thimble
besihitet *adv.* በስህተት wrong
besihitet ateme *v.t.* በስህተት አተመ misprint
besihitet gemete *v.t.* በስህተት ገመተ misjudge
besihitet teregome *v.t.* በስህተት ተረጎመ misconstrue
besikwar atafete *v.t.* በስኳር አጣፈጠ sugar
besim mejemeriya fidelat yetesera qirits *n.* በስም መጀመሪያ ፊደላት የተሰራ ቅርፅ monogram
besim meleyet *v.t.* በስም መለየት specify
besimet hiwasat yemitay *adj* በስሜት ህዋሳት የሚታይ perceptible
besimet tewate *v.t.* በስሜት ተዋጠ whelm
besimet yemigefafa *a.* በስሜት የሚገፋፋ impulsive
besimet yetemola *n* በስሜት የተሞላ fervour
besimiminet yeminor *a.* በስምምነት የሚኖር harmonious
besiminito merege *v.t.* በሲሚንቶ መረገ mortar
besiminito shefene *v. t* በሲሚንቶ ሸፈነ concrete
besinifina teqemete *v.i.* በስንፍና ተቀመጠ laze
besira lay awale *v.t.* በስራ ላይ አዋለ apply
besira metemamen *n.* በስራ መተማመን morale
besiriqosh *adv.* በስርቆሽ stealthily
besis weriq lebete *v.t.* በስስ ወርቅ ለበጠ gild
besisu aqeleme *v.t.* በስሱ አቀለመ tinge
besisu qeba *v.t.* በስሱ ቀባ tint
besitemieirab *adv.* በስተምዕራብ westerly
besiwir aferese *v.t.* በስውር አፈረሰ sabotage
besiwir azegaje *v. t* በስውር አዘጋጀ concert2
besositenyinet *adv.* በሶስተኛነት thirdly
besuf yetesera *a.* በሱፍ የተሰራ woollen
besuf yetesera cheriq *n* በሱፍ የተሰራ ጨርቅ woollen
bet *n.* ቤት home
bet *n* ቤት house
bet *n.* ቤት shelter
bet memicha *n.* ቤት መምቻ rhyme
bet meta *v.i.* ቤት መታ rhyme

bet serisarinet *n* ቤት ሰርሳሪነት burglary
betakisi hede *v.i.* በታክሲ ሄደ taxi
betam *adv.* በጣም highly
betam *adv* በጣም much
betam *a.* በጣም very
betam achir sew *n.* በጣም አጭር ሰው pygmy
betam adegenya *a.* በጣም አደገኛ perilous
betam asifelagi *a.* በጣም አስፈላጊ momentous
betam asifelagi *a.* በጣም አስፈላጊ prime
betam asifelagi *a.* በጣም አስፈላጊ vital
betam asiferi *a.* በጣም አስፈሪ awful
betam bizu *a* በጣም ብዙ myriad
betam bizu *a.* በጣም ብዙ numberless
betam chekany *a.* በጣም ጨካኝ savage
betam gobez *n* በጣም ጎበዝ dazzle
betam metet teta *v. i* በጣም መጠጥ ጠጣ booze
betam michu *a* በጣም ምቹ optimum
betam qeziqaza *a.* በጣም ቀዝቃዛ icy
betam sera *v.i.* በጣም ሰራ overwork
betam tafach *n.* በጣም ጣፋጭ saccharin
betam teqota *v.i.* በጣም ተቆጣ rage
betam tibiq *a.* በጣም ጥብቅ stringent
betam tiliq *a* በጣም ትልቅ considerable
betam tiliq *a* በጣም ትልቅ enormous
betam tiliq *a.* በጣም ትልቅ hefty
betam tiliq *a.* በጣም ጥልቅ innermost
betam tiliq *a* በጣም ትልቅ mammoth
betam tinish *a.* በጣም ትንሽ minuscule
betam tinish *a.* በጣም ትንሽ nominal
betam tinish *a.* በጣም ትንሽ scanty
betam tinish *a.* በጣም ትንሽ tiny
betam tinishu *adv.* በጣም ትንሹ least
betam wesany *adj.* በጣም ወሳኝ crucial
betam yalihone *adv.* በጣም ያልሆነ none
betam yareje *a.* በጣም ያረጀ ancient
betam yebesele *a.* በጣም የበሰለ pulpy
betam yemimesasel *a* በጣም የሚመሳሰል duplicate
betaot mamen *n.* በጣኦት ማመን superstition
betaot yemiyamin *a.* በጣኦት የሚያምን superstitious
betat neka *v.t* በጣት ነካ finger
betatene *v. t* በታተነ disperse
betatu yaze *v.t.* በጣቱ ያዘ thumb
betawila shefene *v.t.* በጣውላ ሸፈነ plank
bete meqides *n.* ቤተ መቅደስ temple
bete metsihafit *n.* ቤተ መጽሀፍት library
bete mezekir *n.* ቤተ መዘክር museum
bete mukera *n.* ቤተ ሙከራ laboratory

betebete *v. t* በጠበጠ disrupt
betechebach neger yemayamin *a.* በተጨባጭ ነገር የማያምን quixotic
betechemari *adv* በተጨማሪ extra
betechemari *adv.* በተጨማሪ moreover
betechemari yemiyagelegil *a.* በተጨማሪ የሚያገለግል supplementary
betedegagami *adv.* በተደጋጋሚ often
betedegagami yemihedubet bota *n* በተደጋጋሚ የሚሄዱበት ቦታ haunt
betedegagami yemikeset *a.* በተደጋጋሚ የሚከሰት recurrent
betedegagami yemilewawetu *n.* በተደጋጋሚ የሚለዋወጡ panorama
betefetiro *adv.* በተፈጥሮ naturally
betegebi huneta *adv* በተገቢ ሁኔታ appositely
betegebiw gize megenyet *a.* በተገቢው ጊዜ መገኘት opportune
betegenyew agatami meteqem *n.* በተገኘው አጋጣሚ መጠቀም opportunism
betegibar yalitaye *a.* በተግባር ያልታየ theoretical
beteketatay *adv* በተከታታይ consecutively
betekirisitiyan *n.* ቤተክርስቲያን church
betekirisitiyan gibi *n.* ቤተክርስቲያን ግቢ churchyard
betelemido *adv.* በተለምዶ ordinarily
betelevizhin aserache *v.t.* በቴሌቭዥን አሰራጨ telecast
betelevizhin asitelalefe *v.t.* በቴሌቪዥን አስተላለፈ televise
beteleye meniged *adv.* በተለየ መንገድ otherwise
beteleye muya meseliten *n.* በተለየ ሙያ መሰልጠን specialization
beteleye muya seletene *v.i.* በተለየ ሙያ ሰለጠነ specialize
betemenigisit *n.* ቤተመንግስት palace
betemenigisit yemesele *a.* ቤተመንግስት የመሰለ palatial
betemesasay huneta *adv.* በተመሳሳይ ሁኔታ likewise
betenatel *n.* በተናጠል individuality
betene *v.t.* በተነ adjourn
betene *v. t* በተነ bestrew
betene *v.t.* በተነ scatter
betene *v.t.* በተነ strew
beteqarani *a* በተቃራኒ contrary
beteqarani anitsar *pref.* በተቃራኒ አንፃር anti
beteqaraniw *prep* በተቃራኒው unlike
beteqawimo mafwachet *n* በተቃውሞ ማፏጨት hiss
beteret wisit yalu menafisit *n* በተረት ውስጥ ያሉ መናፍስት fairy
betesasate huneta aqerebe *v.t.* በተሳሳተ ሁኔታ አቀረበ misrepresent
beteseb *n* ቤተሰብ family
beteseb *n.* ቤተሰብ kin
beteshale huneta *adv.* በተሻለ ሁኔታ better
betewesene aqitacha yale fitinet *n.* በተወሰነ አቅጣጫ ያለ ፍጥነት velocity
betewesene gize *n.* በተወሰነ ጊዜ periodical
betewesene gize yemikefel genizeb *n.* በተወሰነ ጊዜ የሚከፈል ገንዘብ subscription

betewesene gize yemitatem *a.* በተወሰነ ጊዜ የሚታተም periodical
betezewawari *a.* በተዘዋዋሪ indirect
betifi meta *v.t.* በጥፊ መታ slap
betifi meta *v.i.* በጥፊ መታ smack
betihitina *adv.* በትህትና kindly
betikikil *adv* በትክክል aright
betikikil *adv.* በትክክል aright
betikikil *adv* በትክክል due
betikikil *adv.* በትክክል fairly
betikikil *adv.* በትክክል just
betikikil *adv* በትክክል right
betikikil yetegeletse *n.* በትክክል የተገለፀ precise
betilanit eilet *adv.* በትላንት ዕለት yesterday
betiliqet *a.* በጥልቀት intensive
betiliqet *a.* በጥልቀት ruminant
betiliqet maseb *a.* በጥልቀት ማሰብ pensive
betiliqet meremere *v.t.* በጥልቀት መረመረ probe
betiniqaqe *a* በጥንቃቄ deliberate
betiniqaqe anebebe *v.t.* በጥንቃቄ አነበበ peruse
betiniqaqe asebe *v. i* በጥንቃቄ አሰበ deliberate
betiniqaqe manibeb *n.* በጥንቃቄ ማንበብ perusal
betiniqaqe memerimer *n.* በጥንቃቄ መመርመር scrutiny
betiniqaqe meremere *v.t.* በጥንቃቄ መረመረ scrutinize
betiniqaqe yetesera *adj.* በጥንቃቄ የተሰራ circumspect
betinish *adv.* በትንሽ less
betinish merikeb tegwaze *v.i* በትንሽ መርከብ ተጓዘ yacht
betinishu *adv.* በትንሹ little
betiqim lay awale *v. t* በጥቅም ላይ አዋለ exploit
betiqit *adv.* በጥቂት barely
betir *n* በትር baton
betir *n* በትር cudgel
betir *n.* በትር stick
betire menigisit *n.* በትረ መንግስት sceptre
betirimis *adv.* በትርምስ chaotic
betor wega *v.t.* በጦር ወጋ spear
betorinet mashenef *n.* በጦርነት ማሸነፍ repulse
betsehay yedereqe tub *n.* በፀሃይ የደረቀ ጡብ adobe
betsinat meqetel *v.i.* በፅናት መቀጠል persist
betsinat mesirat *v.i.* በፅናት መስራት persevere
betub sera *v.t.* በጡብ ሰራ tile
betubo asitelalefe *v.i* በቱቦ አስተላለፈ pipe
bewasitina meleqeq *v. t.* በዋስትና መለቀቅ bail
bewef beshita tameme *v.t.* በወፍ በሽታ ታመመ jaundice
beweniz dar yale ginib *n.* በወንዝ ዳር ያለ ግንብ weir
bewer hulete yemizegaj *adj.* በወር ሁለቴ የሚዘጋጅ bimonthly
bewetader yemitebeq bota *n.* በወታደር የሚጠበቅ ቦታ citadel
bewich *adv* በውጭ outside
bewiha mezefizef *n.* በውሃ መዘፍዘፍ soak
bewiha tenibochareqe *v. i.* በውሀ ተንቦጫረቀ dabble
bewiha tetileqeleqe *v.t* በውሃ ተጥለቀለቀ flood
bewiha zefezefe *v.t.* በውሃ ዘፈዘፈ soak
bewisit *adv.* በውስጥ within
bewisit tawaqinet *a.* በውስጥ ታዋቂነት implicit

bewisit yale neger *n.* በውስጥ ያለ ነገር within
bewisitu asalifo yemiyasay *a.* በውስጡ አሳልፎ የሚያሳይ opaque
bewisitu yemiyasay *a.* በውስጡ የሚያሳይ transparent
bewitidirina agelegele *v.i.* በውትድርና አገለገለ soldier
bewuha wusit begulibet mehed *v.i.* በዉሃ ዉስጥ በጉልበት መሄድ wade
beyeametu *a.* በየዓመቱ yearly
beyede *v.t.* በየደ solder
beyede *v.t.* በየደ weld
beyehulet ametu yemikeset *adj* በየሁለት አመቱ የሚከሰት biennial
beyeqenu yemitatem gazeta *n.* በየቀኑ የሚታተም ጋዜጣ daily
beyesaminitu *adv.* በየሳምንቱ weekly
beyet *adv.* በየት whereabout
beyetera *adv.* በየተራ round
beyeweru *adv* በየወሩ monthly
beyibelit *adv* በይበልጥ more
beyibelit *adv.* በይበልጥ primarily
beyifa *adv.* በይፋ officially
beyifa aweje *v. t.* በይፋ አወጀ declare
beza *n.* ቤዛ atonement
beza *v.i.* በዛ proliferate
bezare gize *adv.* በዛሬ ጊዜ today
bezaw seat *conj.* በዛው ሰአት when
bezebeze *v.t.* በዘበዘ manipulate
bezebeze *v.t.* በዘበዘ rifle
bezefen gitim *n* በዘፈን ግጥም lay
bezefeqede *v.t.* በዘፈቀደ hack
bezefeqede yetesera *a.* በዘፈቀደ የተሰራ random
bezigita *v.t.* በዝግታ pat
bezigita *adv.* በዝግታ slowly
bezigita fesese *v.i.* በዝግታ ፈሰሰ ooze
bezih mikiniyat *conj.* በዚህ ምክንያት whereat
bezip zega *v.t.* በዚፕ ዘጋ zip
beziqita tenagere *v.i.* በዝቅታ ተናገረ low
beziqitenya meten *adv.* በዝቅተኛ መጠን low
bezirizir *adv.* በዝርዝር minutely
beziya mikiniyat *adv.* በዚያ ምክንያት thereby
beziyan gize *adv.* በዚያን ጊዜ then
bicha *prep* ብቻ but
bicha *conj.* ብቻ only
bicha *a* ቢጫ saffron
bicha *adv.* ብቻ solo
bicha *a.* ቢጫ yellow
bicha *a.* ቢጫ yellowish
bicha abeba *n.* ቢጫ አበባ daffodil
bicha hone *v.t.* ቢጫ ሆነ yellow
bicha qelem *n* ቢጫ ቀለም buff
bicha qelem *n.* ቢጫ ቀለም saffron
bicha qelem *n* ቢጫ ቀለም yellow
bichawin *a.* ብቻውን solo
bichawin yemichawet *n.* ብቻውን የሚጫወት soloist
bichenya *a.* ብቸኛ lone
bichenya *a.* ብቸኛ lonesome
bichenya *a* ብቸኛ sole
bichenya mehon *n.* ብቸኛ መሆን solitude
bichenya sew *n.* ብቸኛ ሰው recluse
bichenya yehone *a.* ብቸኛ የሆነ solitary
bichenyanet *n.* ብቸኛነት loneliness
bidir *n* ብድር debt
bidir *n.* ብድር loan

biherawi *a.* ብሔራዊ national
biherawi aderege *v.t.* ብሔራዊ አደረገ nationalize
biherawi mehon *n.* ብሔራዊ መሆን nationalization
biherawi simet *n.* ብሔራዊ ስሜት nationalism
biherawi simet yalew sew *n.* ብሔራዊ ስሜት ያለው ሰው nationalist
bihon *conj.* ቢሆን if
bihonim *conj.* ቢሆንም notwithstanding
bihonim *conj.* ቢሆንም though
bihonim *adv.* ቢሆንም withal
bihonim *conj.* ቢሆንም yet
bihonim bayihonim *conj.* ቢሆንም ባይሆንም whether
bikilet *n.* ብክለት pollution
bikinet *n.* ብክነት wastage
bikinet qenash *a.* ብክነት ቀናሽ scotch
bikuninet *n.* ብኩንነት profligacy
bilawa *n.* ቢላዋ knife
bilich dirigim malet *n* ብልጭ ድርግም ማለት flicker
bilichilich *a.* ብልጭልጭ gaudy
bilichilich ale *v. t. & i* ብልጭልጭ አለ blink
bilichilich wereqetoch *n.* ብልጭልጭ ወረቀቶች tinsel
bilichita *n* ብልጭታ flare
bilichita *n* ብልጭታ flash
biligina *n.* ብልግና indecency
biligina *n.* ብልግና insolence
biligina *n.* ብልግና vulgarity
bilih *a* ብልህ brilliant
bilih *a.* ብልህ clever
bilih *a* ብልህ cunning
bilih *a.* ብልህ intelligent
bilih *n.* ብልሕ tactician
bilih *a.* ብልህ wise

bilihat *n* ብልሀት cunning
bilihat *n.* ብልሃት tact
bilihat *n.* ብልሃት technique
bilihinet *n* ብልህነት brilliance
biliqat *n.* ብልቃጥ phenomenon
biliqat *n.* ብልቃጥ vial
bilishit *n.* ብልሽት corruption
bilishit *n* ብልሽት defect
bilishu amerar *n.* ብልሹ አመራር misrule
bilit *a* ብልጥ crafty
bilit *a.* ብልጥ shrewd
bilitsigina *n.* ብልፅግና affluence
bilitsigina *n.* ብልፅግና prosperity
biliyon *n* ቢሊዮን billion
bilon *n* ብሎን bolt
bilon *n.* ብሎን rivet
biq ale *v.i.* ብቅ አለ appear
biq ale *v. i* ብቅ አለ emerge
biqat *n.* ብቃት adequacy
biqat *n.* ብቃት qualification
biqat asaye *v.i.* ብቃት አሳየ qualify
biqat yelelew *a.* ብቃት የሌለው incompetent
biqil *n.* ብቅል malt
biqu *a.* ብቁ competent
biqu *a.* ብቁ nimble
biqu yehone *a* ብቁ የሆነ eligible
biqunet *n* ብቁነት competence
bir *n.* ብር silver
bira *n* ቢራ ale
bira *n* ቢራ beer
birabiro *n* ቢራቢሮ butterfly
biret *n.* ብረት iron
biret *n.* ብረት metal
biret *n.* ብረት steel
biret mesariya *n* ብረት መሳሪያ forge
biret qeteqete *v.t* ብረት ቀጠቀጠ forge
biret yemiwetabet alet *n.* ብረት የሚወጣበት አለት ore

biribera *a.* ብርበራ nosey
birichiqo *n.* ብርጭቆ tumbler
birid *n.* ብርድ chill
birid *n* ብርድ cold
birid libis *n* ብርድ ልብስ blanket
biridama *n.* ብርዳማ glacier
birihan *n* ብርሃን glow
birihan *n.* ብርሀን light
birinijal *n* ብሪንጃል brinjal
biriq *a.* ብርቅ rare
biritat *n.* ብርታት fortitude
biritat *n* ብርታት pluck
biritu *adj.* ብርቱ hardy
biritu *a.* ብርቱ violent
biritu hayal *a.* ብርቱ ሀያል vigorous
biritukan *n.* ብርቱካን orange
biritukanima *a* ብርቱካንማ orange
biro *n.* ቢሮ bureau
biro *n.* ቢሮ office
birokirasi *n.* ቢሮክራሲ Bureacuracy
birokirasi yemiwed *n* ቢሮክራሲ የሚወድ bureaucrat
biruh *a* ብሩህ bright
biruh *a.* ብሩህ starry
biruh qey *n* ብሩህ ቀይ crimson
biruh qey qelem *n.* ብሩህ ቀይ ቀለም vermillion
biruh qey qelem *a.* ብሩህ ቀይ ቀለም vermillion
birush *n* ብሩሽ brush
bisichit *n* ብስጭት vexation
bisichu *a* ብስጩ cross
bisikilet *n.* ብስኪሌት bicycle
bisikilet *n* ብስኪሌት cycle
bisikilet neda *v.t.* ቢስክሌት ነዳ pedal
bisikilet yemineda sew *n* ብስኪሌት የሚነዳ ሰው cyclist
bisikut *n* ብስኩት biscuit
bisirat *n.* ብስራት fracture
bitibit *n* ብጥብጥ affray
bitibit *n* ብጥብጥ crisis
bitibit *n.* ብጥብጥ turmoil
bizat *n.* ብዛት mass
bizat *n.* ብዛት multitude
bizat *n.* ብዛት piles
bizat *n.* ብዛት quantity
bizat *n.* ብዛት totality
bizat *n.* ብዛት volume
bizet *n* ብዜት multiple
bizibeza *n.* ብዝበዛ manipulation
bizu *a.* ብዙ many
bizu *adv.* ብዙ most
bizu *a* ብዙ much
bizu *a.* ብዙ multiple
bizu *n.* ብዙ plenty
bizu *a* ብዙ several
bizu amalikit yemimelik sew *n.* ብዙ አማልክት የሚመልክ ሰው polytheist
bizu ayinet *a.* ብዙ አይነት various
bizu eigir yalew *n.* ብዙ እግር ያለው multiped
bizu einidishekem aderege *v.t.* ብዙ እንዲሸከም አደረገ overburden
bizu fesash yalebet *a.* ብዙ ፈሳሽ ያለበት juicy
bizu getsoch yalut tsihuf *n.* ብዙ ገፆች ያሉት ፅሁፍ ream
bizu gize *adv.* ብዙ ጊዜ oft
bizu hizib yeminoribet *a.* ብዙ ሕዝብ የሚኖርበት populous
bizu qalat meteqem *a.* ብዙ ቃላት መጠቀም wordy
bizu qutir *a.* ብዙ ቁጥር plural
bizu qwaniqwawoch yemichil *a.* ብዙ ቋንቋዎች የሚችል polyglot2
bizu qwaniqwawoch yemichil sew *n.* ብዙ ቋንቋዎች የሚችል ሰው polyglot1

bizu sira mesirat *n.* ብዙ ስራ መስራት overwork
bizu teteqeme *v.t.* ብዙ ተጠቀመ overdo
bizu yanebebe *a.* ብዙ ያነበበ well-read
bochacheqe *v.t* ቦጫጨቀ maul
bodese *v.t.* ቦደሰ slash
bog ale *v.i* ቦግ አለ flare
boka *v.t* ቦካ ferment
bonib tay *n* ቦንብ ጣይ bomber
borebore *v.t* ቦረቦረ groove
borebore *v.t* ቦረቦረ hollow
boreqe *v.i.* ቦረቀ romp
boriqaqa *a.* ቦርቃቃ outsize
borisa *n.* ቦርሳ bag
bot chama *n* ቦት ጫማ boot
bot chama *n.* ቦት ጫማ wellignton
bota *n.* ቦታ location
bota *n.* ቦታ place
bota *n.* ቦታ position
bota *n.* ቦታ site
bota *n.* ቦታ space
bota *n.* ቦታ venue
bota leye *v.t.* ቦታ ለየ localize
bota masileqeq *n* ቦታ ማስለቀቅ evacuation
bowilinig mechawet *v.i* ቦውሊንግ መጫወት bowl
boy *n.* ቦይ trench
boy qofere *v.t.* ቦይ ቆፈረ trench
buchila *n.* ቡችላ puppy
buchila *n.* ቡችላ whelp
budin *n.* ቡድን gang
budin *n.* ቡድን group
budin *n.* ቡድን team
buf ale *v.i.* ቡፍ አለ thud
buf ayinet dimits *n.* ቡፍ አይነት ድምፅ thud
bulon *n.* ቡሎን screw
buna *n* ቡና coffee
buna ayinet *n* ቡና አይነት brown
buna bet *n.* ቡና ቤት bar
buna bet *n.* ቡና ቤት cafe
bunama *a* ቡናማ brown
buqa *n.* ቡቃ hernia
buqaya *n* ቡቃያ shoot
buribur *n.* ቡርቡር groove
bush *n.* ቡሽ cork
buti *n* ቡጢ fist
buti mit *n.* ቡጢ ምት punch
bwachere *v.t.* ቧጨረ scratch
bwalit *n.* ቧልት levity
bwanibwa *n.* ቧንቧ hose
bwanibwa *n.* ቧንቧ tap
bwanibwa seratenya *n.* ቧንቧ ሠራተኛ plumber

C

ch *n.* ሯጭ runner
chachare *v.t.* ጫጫረ scribble
chachata *n* ጫጫታ chirp
chachatama *a.* ጫጫታማ uproarious
chachut *n* ጫጩት brood
chaf *n.* ጫፍ peak
chaf *n.* ጫፍ tip
chaka *n* ጫካ forest
chaka *n.* ጫካ jungle
chale *v. t.* ቻለ can
chama *n* ጫማ cobbler
chama *n.* ጫማ shoe
chama asere *v.t.* ጫማ አሰረ lace
chama maseriya *n.* ጫማ ማሰሪያ lace
chana fetere *v.t.* ጫና ፈጠረ saddle
chane *v. t* ጫነ burden
chane *v.t.* ጫነ lade

chane *v.t.* ጫነ load
chany merikeb *n.* ጫኝ መርከብ tanker
chay *a* ቻይ able
chay *a.* ቻይ tolerant
chayina *n.* ቻይና china
cheb sidereg yemisema dimits *n* ቸብ ሲደረግ የሚሰማ ድምጽ pat
chebete *v. t* ጨበጠ clutter
chefechefe *v.t.* ጨፈጨፈ massacre
chefeleqe *v.t.* ጨፈለቀ mob
chefeleqe *v.t.* ጨፈለቀ squash
chefere *v. t.* ጨፈረ dance
chek *n.* ቼክ cheque
chekany *a* ጨካኝ brutal
chekany *a* ጨካኝ cruel
chekany *adj.* ጨካኝ merciless
chekany *a.* ጨካኝ oppressive
chekany sew *n* ጨካኝ ሰው brute
chekany sew *n* ጨካኝ ሰው fiend
chekanyinet *n* ጨካኝነት cruelty
chekele *v.t.* ቸከለ stake
chekolata *n* ቸኮላታ chocolate
chel ale *v. t* ቸል አለ disregard
chel ale *v.t.* ቸል አለ neglect
chel ale *v.t.* ቸል አለ overlook
chel malet *n* ቸል ማለት disregard
chelefe *v.t.* ጨለፈ ladle
chelema *n* ጨለማ dark
chelemalem malet *n.* ጨለማለም ማለት gloom
chelita *n* ቸልታ neglect
chelitenya *a.* ቸልተኛ careless
chelitenya *a* ቸልተኛ curt
chelitenya *a.* ቸልተኛ negligent
chelitenyinet *n.* ቸልተኝነት negligence
chemeqe *v.t.* ጨመቀ mangle
chemeqe *v.t.* ጨመቀ press
chemeqe *v.t.* ጨመቀ squeeze
chemere *v.t.* ጨመረ augment
chemere *v. t* ጨመረ boost
chemere *v.t.* ጨመረ heighten
chemere *v.t.* ጨመረ increase
chenegefe *v.i* ጨነገፈ abort
cheqecheqe *v.t.* ጨቀጨቀ nag
cheqichaqa *n.* ጨቅጫቃ nag
cheqila *n.* ጨቅላ bantling
cheqone *v.t.* ጨቆነ oppress
cheqone *v.t.* ጨቆነ repress
cheqone *v.t.* ጨቆነ suppress
cheqwany *n.* ጨቋኝ oppressor
cher *n* ቸር boon
cherechere *v.t.* ቸረቸረ retail
chereqa *n.* ጨረቃ moon
cherer *n.* ጨረር ray
cherese *v. t* ጨረሰ complete
cherese *v.t* ጨረሰ finish
chereta *n* ጨረታ tender
cherichari *a* ቸርቻሪ retail
cherinet *n* ቸርነት bounty
cheriq *n* ጨርቅ fabric
cheriq *n* ጨርቅ material
cheriq *n.* ጨርቅ stuff
cheriq tafe *v.t.* ጨርቅ ጣፈ patch
cheriqa cheriq *n* ጨርቃ ጨርቅ textile
chew *n.* ጨው salt
chew chemere *v.t* ጨው ጨመረ salt
chewa *a* ጨዋ decent
chewa *a.* ጨዋ gallant
chewa *a.* ጨዋ gentle
chewa *a.* ጨዋ mannerly
chewa sew *n* ጨዋ ሰው gallant
chewa sew *n.* ጨዋ ሰው gentleman
chewama *a.* ጨዋማ saline
chewama *a.* ጨዋማ salty
chewama wiha *n* ጨዋማ ውሃ brine
chewana yetekebere *a.* ጨዋና የተከበረ staid

chewanet *n.* ጨዋነት urbanity
chewanet *n.* ጨዋነት vivacity
chewata *n* ጨዋታ amusement
chewata *n.* ጨዋታ game
chewata *n.* ጨዋታ play
chewinet *n.* ጨውነት salinity
chibicheba *n.* ጭብጨባ applause
chibit *a.* ጭብጥ thematic
chibit melieikit *n.* ጭብጥ መልእክት theme
chibo *n.* ችቦ torch
chifera *n* ጭፈራ dance
chifichefa *n.* ጭፍጨፋ massacre
chifichefa *n.* ጭፍጨፋ persecution
chigag *n.* ጭጋግ haze
chigagama *a.* ጭጋጋማ hazy
chigagima *a.* ጭጋግማ misty
chigir *n.* ችግር adversity
chigir *n* ችግር difficulty
chigir *n* ችግር discomfort
chigir *n* ችግር drawback
chigir *n.* ችግር hardship
chigir *n.* ችግር problem
chigir *n.* ችግር strait
chigir *n.* ችግር trouble
chigirenya *a.* ችግረኛ needy
chik malet *n.* ችክ ማለት insistence
chikal *n* ችካል stake
chikola *n.* ችኮላ haste
chikola *n.* ችኮላ urgency
chikul *a* ችኩል cursory
chikul *a.* ችኩል impatient
chikul *a.* ችኩል impetuous
chila ale *v.t.* ችላ አለ ignore
chila ale *v.t.* ችላ አለ snub
chila malet *n.* ችላ ማለት snub
chilanichil *n.* ጭላንጭል spark
chilifa *n.* ጭልፋ ladle
chilifit *n* ጭልፊት hawk
chilifit *n.* ጭልፊት kite
chilota *n* ችሎታ ability
chilota *n.* ችሎታ aptitude
chilota *n.* ችሎታ capability
chilota *n.* ችሎታ capacity
chilota *n.* ችሎታ mastery
chilota *n.* ችሎታ proficiency
chilota *n.* ችሎታ skill
chilota yalew *a.* ችሎታ ያለው capable
chilota yalew *a.* ችሎታ ያለው skilful
chimaqi *n* ጭማቂ juice
chimaqi *n.* ጭማቂ must
chimari *n* ጭማሪ bonus
chimari *n* ጭማሪ boost
chimari *n* ጭማሪ increase
chimari *n.* ጭማሪ increment
chin *n.* ጭን lap
chin *n.* ጭን thigh
chinet *n.* ጭነት cargo
chinet *n.* ጭነት freight
chinet *n.* ጭነት load
chiniq *n.* ጭንቅ panic
chiniqet *n.* ጭንቀት anguish
chiniqet *a* ጭንቀት anxiety
chiniqet *n.* ጭንቀት apprehension
chiniqet *n* ጭንቀት strain
chiniqet *n.* ጭንቀት stress
chiniqetam *a.* ጭንቀታም anxious
chiniqilat yelelew *adj.* ጭንቅላት የሌለው acephalous
chiniqilat yelelew einisesa *n.* ጭንቅላት የሌለው እንሰሳ acephalus
chiqa *n.* ጭቃ muck
chiqa *n.* ጭቃ mud
chiqa *n.* ጭቃ slime
chiqa mesiriya *n.* ጭቃ መስሪያ daub
chiqichiq *n.* ጭቅጭቅ altercation
chiqichiq *n.* ጭቅጭቅ argument
chiqichiq *n.* ጭቅጭቅ skirmish

chiqichiq *n.* ጭቅጭቅ wrangle
chiqona *n.* ጭቆና repression
chiret *n* ጭረት dash
chiret *n.* ጭረት nick
chiret *n.* ጭረት scotch
chiret *n.* ጭረት scratch
chiricharo *n.* ችርቻሮ retail
chirota *n* ችሮታ benefice
chirota aderege *v. t* ችሮታ አደረገ endow
chis *n.* ጭስ smoke
chis ale *v.i.* ችስ አለ sizzle
chis malet *n.* ችስ ማለት sizzle
chis yebezabet *a.* ጭስ የበዛበት smoky
chiw chiw ale *v.i.* ጭው ጭው አለ chirp
chiwiwit *n.* ጭውውት chat1
chiwiwit *n* ጭውውት conversation
chohe *v.t.* ጮኸ bark
chohe *n.i.* ጮኸ bawl
chohe *n.* ጮኸ croak
chohe *v. i* ጮኸ crow
chohe *v.i* ጮኸ hoot
chohe *v.t.* ጮኸ howl
chohe *v.i.* ጮኸ scream
chohe *v.i.* ጮኸ shout
chohe *v.i.* ጮኸ shriek
chohe *v.i.* ጮኸ yap
chok bilo *adv.* ጮክ ብሎ aloud
chole *n.* ጮሌ minx
chube *n.* ጩቤ dagger
chuhet *n.* ጩኸት bark
chuhet *v. t* ጩኸት blare
chuhet *n* ጩኸት clamour
chuhet *n* ጩኸት cry
chuhet *n* ጩኸት howl
chuhet *n* ጩኸት scream
chuhet *n.* ጩኸት shout
chuhet *n.* ጩኸት woof
chuhet *n* ጩኸት yell
chuhet asema *v. i.* ጩኸት አሰማ clamour
cwahi *a.* ጯሂ noisy

D

dabere *v.i.* ዳበረ thrive
dabese *v. t.* ዳበሰ caress
dabese *v.i.* ዳበሰ fumble
dabese *v.t.* ዳበሰ grope
dabo *n* ዳቦ bread
dabo *n.* ዳቦ loaf
dabo bet *n* ዳቦ ቤት bakery
dabo gagere *v. t. & i* ዳቦ ጋገረ breaden
dagimenya meweled *n.* ዳግመኛ መወለድ rebirth
dakiye *n.* ዳክዬ duck
dakiye *n.* ዳክዬ swan
dale *n* ዳሌ hip
dane *v.i.* ዳነ heal
dane *v.i.* ዳነ survive
danya *n.* ዳኛ arbiter
danya *n.* ዳኛ judge
danya yalihone *v.t.* ዳኛ ያልሆነ adjudge
daricha *n.pl.* ዳርቻ outskirts
daricha *n.* ዳርቻ shore
daru gin *adv.* ዳሩ ግን nonetheless
das *n* ዳስ booth
das *n* ዳስ bower
dasese *v.t* ዳሰሰ feel
day *n.* ዳይ dice
day werewere *v. i.* ዳይ ወረወረ dice
debabese *v.t* ደባበሰ fondle
debaleqe *v. i* ደባለቀ compound
debedebe *v. t.* ደበደበ beat
debedebe *v.t.* ደበደበ pound

debeqe *v. t* ደበቀ disguise
debeqe *v.t* ደበቀ harbour
debeqe *v.t* ደበቀ hide
debidabe *n* ደብዳቤ letter
debidabe *n.* ደብዳቤ missive
debidabe *n* ደብዳቤ post
debidabe keferemu behala melikit mechemer *n.* ደብዳቤ ከፈረሙ በኋላ መልክት መጨመር postscript
debidabe lemelak yemikefel genizeb *n.* ደብዳቤ ለመላክ የሚከፈል ገንዘብ postage
debidabe melak *v.t.* ደብዳቤ መላክ post
debidabewoch *n.* ደብዳቤዎች mail
debizaza *n* ደብዛዛ blur
debizaza *a* ደብዛዛ dim
debizez yale *a.* ደብዘዝ ያለ sombre
debub *n.* ደቡብ south
debub *n.* ደቡብ south
debubawi *a.* ደቡባዊ southerly
dedeb *n.* ደደብ idiot
dedeb *a.* ደደብ idiotic
dedeb *n.* ደደብ moron
dedeb *a* ደደብ stupid
dedeb sew *n* ደደብ ሰው blockhead
dedebinet *n.* ደደብነት stupidity
defar *a.* ደፋር adventurous
defar *n.* ደፋር bayard
defar *a.* ደፋር bold
defar *a* ደፋር brave
defar *a* ደፋር flagrant
defar *a.* ደፋር interpid
defar *a.* ደፋር valiant
defar *a.* ደፋር venturesome
defar *a.* ደፋር venturous
defarinet *n* ደፋርነት boldness
defere *v. i.* ደፈረ dare
defere *n.* ደፈረ transgression
defeta *n.* ደፈጣ ambush
deg *a.* ደግ gracious
deg *a* ደግ kind
deg *a.* ደግ magnanimous
deg *a.* ደግ solicitious
degafi *a.* ደጋፊ partisan
degafi *n.* ደጋፊ prop
degafi *n.* ደጋፊ seconder
degafi *n.* ደጋፊ sponsor
degafinet *n.* ደጋፊነት adherence
degageme *v.t.* ደጋገመ reiterate
degagimo asasebe *v.t* ደጋግሞ አሳሰበ stress
degan *n* ደጋን bow
degefe *v.t.* ደገፈ patronize
degefe *v.t.* ደገፈ prop
degefe *v.t.* ደገፈ support
degefe *v.t.* ደገፈ sustain
degeme *v.t.* ደገመ recite
degeme *v.t.* ደገመ repeat
degese *v. i* ደገሰ cater
degifo tenagere *v.t.* ደግፎ ተናገረ advocate
degimo *adv.* ደግሞ also
degimo *adv.* ደግሞ too
degimo ateme *v.t.* ደግሞ አተመ reprint
deginet *n.* ደግነት kind
deginet *n.* ደግነት magnanimity
deginetu *adv.* ደግነቱ luckily
deha *a.* ደሀ poor
deha *n.* ደሃ wretch
deha sew *n.* ደሃ ሰው pauper
dehina *a* ደህና fair
dehina *a.* ደህና well
dehina hun *interj.* ደህና ሁን good-bye
dehina wal *interj.* ደህና ዋል bye-bye
dehininet *n.* ደህንነት safety
dehininet *n.* ደህንነት salvation
dehininet *n.* ደህንነት security
dehininet *n.* ደህንነት welfare
dejaf *n.* ደጃፍ front

dekama a. ደካማ frail
dekama a. ደካማ infirm
dekama a. ደካማ weak
dekama maeibel a. ደካማ ማዕበል neap
dekamochin yemiyasiferara n ደካሞችን የሚያስፈራራ bully
dekekama a ደከካማ feeble
dekeme v.i ደከመ falter
delala n ደላላ broker
delala n. ደላላ middleman
delel n. ደለል silt
delel mola v.t. ደለል ሞላ silt
dem n ደም blood
dem mefises n ደም መፍሰስ bloodshed
dema v. i ደማ bleed
demaq a. ደማቅ radiant
deme nefisawi a. ደመ ነፍሳዊ instinctive
demedeme v. t ደመደመ conclude
demedeme v.i. ደመደመ culminate
demedeme v. t ደመደመ end
demena n. ደመና cloud
demenama a ደመናማ cloudy
demenama a. ደመናማ overcast
demenefis n. ደመነፍስ instinct
demenefis n. ደመነፍስ reflex
demera n ደመራ bonfire
demere v.t. ደመረ sum
demere v.t. ደመረ total
demesese v.t. ደመሰሰ rout
demesese v.t. ደመሰሰ silence
demewez n ደመወዝ emolument
demewez n. ደመወዝ salary
demewez n. ደመወዝ stipend
demewez n. ደመወዝ wage
demibejan n. ደምበጃን jug
demiqida n. ደምቅዳ artery
den n. ደን woods
den n. ደን woodland

den alebese v.t. ደን አለበሰ afforest
den tebaqi n ደን ጠባቂ forester
denebere v.i. ደነበረ shy
denib metelalef v.t. ደንብ መተላለፍ violate
denibenya n.. ደንበኛ client
denibenya n ደንበኛ customer
denibenya n. ደንበኛ patron
denigezigez sil n ደንገዝገዝ ሲል twilight
denisiti n ዴንሲቲ density
denita bis a. ደንታ ቢስ slipshod
denita bisinet n. ደንታ ቢስነት apathy
deqaq a ደቃቅ flimsy
deqaq negeroch yemilekabet n. ደቃቅ ነገሮች የሚለካበት micrometer
deqemezimur n ደቀመዝሙር disciple
deqiqa a. ደቂቃ minute
deqiqa n. ደቂቃ minute
derasi n. ደራሲ author
derasi n ደራሲ. essayist
derasi n. ደራሲ. litterateur
deredere v.t. ደረደረ array
deredere v.t. ደረደረ range
deregeme v.t. ደረገመ slam
dereja n ደረጃ degree
dereja n. ደረጃ grade
dereja n. ደረጃ level
dereja n. ደረጃ stair
dereja n. ደረጃ standard
dereja n. ደረጃ standing
dereja n. ደረጃ step
dereja mawitat n. ደረጃ ማውጣት standardization
dereq adj. ደረቅ arid
dereq a ደረቅ dry
dereq bisikut n ደረቅ ብስኩት cracker
dereqe v.t. ደረቀ ossify

dereqe *v.i.* ደረቀ wither
derese *v.i.* ደረሰ arrive
derese *v.t.* ደረሰ attain
derese *v.t.* ደረሰ reach
dereseny *n.* ደረሰኝ receipt
dereseny *n.* ደረሰኝ voucher
deret *n* ደረት chest
derizen *n* ደርዘን dozen
des alew *v. t* ደስ አለው content
des asenye *v.t.* ደስ አሰኘ gladden
des masenyet *n.* ደስ ማሰኘት complaisance
des yemayil *a* ደስ የማይል cheerless
des yemayil *a.* ደስ የማይል disagreeable
des yemil *a.* ደስ የሚል lusty
des yemil shita *n* ደስ የሚል ሽታ waft
des yemiyaseny *adj.* ደስ የሚያሰኝ complaisant
des yemiyaseny *n* ደስ የሚያሰኝ uplift
desasa gojo *a.* ደሳሳ ጎጆ shanty
deset *n.* ደሴት island
desik *n* ዴስክ desk
desita *n.* ደስታ cheer
desita *n* ደስታ delight
desita *n* ደስታ enjoyment
desita *n* ደስታ felicity
desita *n.* ደስታ fun
desita *n.* ደስታ joy
desita *n.* ደስታ merriment
desita *n* ደስታ relish
desita *n.* ደስታ zest
desitenya *a.* ደስተኛ content
desitenya *adj.* ደስተኛ convivial
desitenya *a.* ደስተኛ happy
desitenya *n.* ደስተኛ joyful, joyous
desitenya *a* ደስተኛ merry
desitenyinet *n.* ደስተኝነት happiness
desitenyinet *n.* ደስተኝነት hilarity
desitenyinet *n.* ደስተኝነት jollity
dewel *n* ደወል bell
dewel *n.* ደወል gong
dewele *v.t.* ደወለ ring
dewele *v.t.* ደወለ telephone
dib *n* ድብ bear
dibiliq *n* ድብልቅ compound
dibiliq biret *n.* ድብልቅ ብረት alloy
dibiliqiliq *n.* ድብልቅልቅ hotchpotch
dibiq fiqir *n* ድብቅ ፍቅር amour
dibiq yeqetero bota *n.* ድብቅ የቀጠሮ ቦታ tryst
dibulibul tiras *n* ድቡልቡል ትራስ faggot
dida *a* ዲዳ dumb
difidif zeyit *n.* ድፍድፍ ዘይት petroleum
difiret *n.* ድፍረት daring
difiret *n.* ድፍረት hardihood
difiret *n.* ድፍረት immodesty
difiret *n.* ድፍረት intrepidity
difiret *n.* ድፍረት mettle
difiret *n.* ድፍረት stamina
digaf *n.* ድጋፍ support
digaf aderege *v.t.* ድጋፍ አደረገ sponsor
digaf mesitet *n.* ድጋፍ መስጠት advocacy
digaf sete *v.t* ድጋፍ ሰጠ uphold
digami eitim *n.* ድጋሚ እትም reprint
digami teniserara *v.i.* ድጋሚ ተንሰራራ revive
digigimosh *n.* ድግግሞሽ frequency
digimigimosh *n* ድግምግሞሽ monotony
digimit *n.* ድግምት spell
digis *n.* ድግስ banquet

digis *n* ድግስ feast
digis abela *v.i* ድግስ አበላ feast
digis degese *v.t.* ድግስ ደገሰ banquet
dihinet *n.* ድህነት poverty
dihinet *n.* ድህነት privation
dihire ginid qetele *v.t.* ድህረ ግንድ ቀጠለ suffix
dihire ginid qitiya *n.* ድህረ ግንድ ቅጥያ suffix
dikam *n.* ድካም ado
dikam *n* ድካም debility
dikam *n* ድካም fatigue
dikam *n.* ድካም infirmity
dikam *n.* ድካም toil
dikam *n. pl.* ድካም toils
dikimet *n.* ድክመት weakness
dikula *n.* ድኩላ antelope
dil *n* ድል buffoon
dil *n.* ድል triumph
dil *n.* ድል victory
dil aderege *v.i.* ድል አደረገ triumph
dil aderege *v.t.* ድል አደረገ vanquish
dil madireg *n* ድል ማድረግ conquest
dil madireg *v.i.* ድል ማድረግ prevail
dil madireg *v.t.* ድል ማድረግ wallop
dil meta *v. t.* ድል መታ defeat
dilidela *n.* ድልደላ allocation
dilidil *n* ድልድል classification
dilidiy *n* ድልድይ bridge
dilita *n* ዲልታ delta
dilot *n.* ድሎት luxury
dimam *v.i.* ድማም wonder
dimamit *n* ድማሚት dynamite
dimet *n.* ድመት cat
dimibit *n.* ድምቢጥ sparrow
dimidimat *n.* ድምድማት apex

dimiqet *n.* ድምቀት radiance
dimiqet *n.* ድምቀት splendour
dimir *n.* ድምር sum
dimir *n.* ድምር total
dimitimatun atefa *v.t.* ድምጥማጡን አጠፋ raze
dimits *n.* ድምጽ buzz
dimits *n.* ድምጽ noise
dimits *n* ድምፅ sound
dimits aliba *n.* ድምፅ አልባ pantomime
dimits asema *v.i.* ድምጽ አሰማ sound
dimits asema *a* ድምፅ አሰማ utter
dimits asitekakele *v.t.* ድምፅ አስተካከለ modulate
dimits kemesitet teqotebe *v.i.* ድምፅ ከመስጠት ተቆጠበ abstain
dimits maguya *n* ድምፅ ማጉያ amplifier
dimits maguya *n.* ድምፅ ማጉያ megaphone
dimits maguya *n.* ድምፅ ማጉያ microphone
dimits mesitet *n.* ድምፅ መስጠት plebiscite
dimits yemiqenis mesariya *n.* ድምፅ የሚቀንስ መሳሪያ silencer
dimits yemiqeyayir *a.* ድምጽ የሚቀያይር tonic
dimitsawi *n.* ድምፃዊ vocalist
dimitsin bedimits meshar *n.* ድምፅን በድምፅ መሻር veto
dimitsin bedimits share *v.t.* ድምፅን በድምፅ ሻረ veto
dimitsin yemimeleket *a.* ድምፅን የሚመለከት sonic
dimitsu yemayisema *a.* ድምፁ የማይሰማ inaudible
dimokirasi *n* ዲሞክራሲ democracy
dinamo *n* ዲናሞ dynamo

diniber *n* ድንበር border
diniber *n* ድንበር boundary
diniber tase *v.t.* ድንበር ጣሰ transgress
dinibilal *n.* ድንብላል coriander
dinich *n.* ድንች potato
dinigage *n.* ድንጋጌ imposition
dinigate *n.* ድንጋጤ horror
dinigate *n.* ድንጋጤ shock
dinigay *n.* ድንጋይ stone
dinigay kab *n.* ድንጋይ ካብ quarry
dinigay yetenetefebet yeeigirenya meniged *n.* ድንጋይ የተነጠፈበት የእግረኛ መንገድ pavement
dinigayama *a.* ድንጋያማ stony
diniget megibabat *n.* ድንገት መግባባት irruption
diniget werido meniteq *n* ድንገት ወርዶ መንጠቅ swoop
diniget werido neteqe *v.i.* ድንገት ወርዶ ነጠቀ swoop
diniget yehone *a.* ድንገት የሆነ spontaneous
dinigetenya *a* ድንገተኛ abrupt
dinigetenya *a* ድንገተኛ accidental
dinigetenya *a.* ድንገተኛ casual
dinigetenya *n.* ድንገተኛ spontaneity
dinigetenya *n.* ድንገተኛ sudden
dinigetenya dimits *n.* ድንገተኛ ድምፅ bam
dinigetenya eidil *n.* ድንገተኛ እድል godsend
dinigetenya huneta *n.* ድንገተኛ ሁኔታ stroke
dinigetenya meqwaret *n* ድንገተኛ መቋረጥ abruption
dinigetenya neger *n.* ድንገተኛ ነገር contingency
dinigetenya rucha *n.* ድንገተኛ ሩጫ stampede
dinigetenya tiqat *n.* ድንገተኛ ጥቃት onslaught
dinigetenya tiqat *n.* ድንገተኛ ጥቃት sally
dinigetenya tiqat fetseme *v.i.* ድንገተኛ ጥቃት ፈፀመ sally
dinigil *a.* ድንግል chaste
dinigil *n.* ድንግል virgin
dinigilina *n.* ድንግልና chastity
dinigilina *n.* ድንግልና virginity
dinigula *n.* ድንጉላ stallion
dinigut *a.* ድንጉጥ nervous
dinik *n* ድንክ dwarf
dinikwan *n.* ድንኳን pavilion
dinikwan *n.* ድንኳን tent
diniq *a* ድንቅ fabulous
diniq *a.* ድንቅ marvellous
diniq *a.* ድንቅ outstanding
diniq *a.* ድንቅ terrific
diniq *a.* ድንቅ wondrous
diny *n.* ድኝ phosphorus
diny *n.* ድኝ sulphur
dipilomasi *n* ዲፕሎማሲ diplomacy
dipilomat *n.* ዲፕሎማት attache
dipilomat *n* ዲፕሎማት diplomat
diqala *n.* ዲቃላ bastard
diqala *n* ዲቃላ hybrid
diragon *n* ድራጎን dragon
dirib serez *n* ድርብ ሰረዝ colon
diribirib dereja *n.* ድርብርብ ደረጃ stratum
dirigit *n.* ድርጊት happening
dirigit *n.* ድርጊት incident
dirijit *n.* ድርጅት agency
dirijit *n.* ድርጅት organization
dirijitin mezigat *n.* ድርጅትን መዝጋት liquidation
diriq *n* ድርቅ drought
diriq *n* ድርቅ famine
diriq ale *v.t.* ድርቅ አለ insist
diriqosh *n* ድርቆሽ fodder

diriset *n* ድርሰት composition
diriset *n.* ድርሰት essay
diriset *n.* ድርሰት treatise
dirisha *n* ድርሻ due
dirisha *n.* ድርሻ quota
dirisha *n.* ድርሻ share
dirito *n.* ድሪቶ quilt
diro *n.* ድሮ past
disik *n.* ዲስክ disc
disiliyon *n.* ዲሲሊዮን decillion
diyaqon *n.* ዲያቆን deacon
dokitiret *n* ዶክትሬት doctorate
dolar *n* ዶላር dollar
doma *n.* ዶማ mattock
doqa *n* ዶቃ bead
doro *n.* ዶሮ chicken
doro *n.* ዶሮ hen
dose *n* ዶሴ file
dose wisit asiqemete *v.t* ዶሴ ውስጥ አስቀመጠ file
duba *n.* ዱባ pumpkin
duba *n* ዱባ squash
dube *n* ዱቤ credit
duka *n.* ዱካ track
duqet *n* ዱቄት flour
duqet *n.* ዱቄት powder
duqet qeba *v.t.* ዱቄት ቀባ powder
duriye *a.* ዱርዬ unruly

E

eibab *n.* እባብ serpent
eibab *n.* እባብ snake
eibab yemesele neger *n.* እባብ የመሰለ ነገር serpentine
eibach *n.* እባጭ pimple
eibakih *v.t.* እባክህ please
eibet *n* እበት dung
eibid *a* እብድ crazy
eibid *a.* እብድ insane
eibid *n.* እብድ lunatic
eibid *n.* እብድ maniac
eibidet *n.* እብደት insanity
eibidet *n.* እብደት lunacy
eibirit *n.* እብሪት arrogance
eibiritenya *a.* እብሪተኛ arrogant
eibitet *n* እብጠት bleb
eibitet *n.* እብጠት inflammation
eibitet *n.* እብጠት meningitis
eichu *n.* እጩ candidate
eichu mekonin *n.* እጩ መኮንን cadet
eida *n* እዳ debit
eida mekifel *n.* ዕዳ መክፈል repayment
eidari *n* እዳሪ fallow
eidawin kefele *v.t.* ዕዳውን ከፈለ liquidate
eidawin lemekifel yemichil *a.* ዕዳውን ለመክፈል የሚችል solvent
eidawin mekifel alemechal *n.* እዳውን መክፈል አለመቻል insolvency
eidawin mekifel yemayichil *a.* እዳውን መክፈል የማይችል insolvent
eidif *n.* ዕድፍ stain
eidiget *n.* እድገት development
eidiget *n.* እድገት gradation
eidiget *n.* እድገት growth
eidiget *n.* እድገት progress
eidiget aqome *v.i.* ዕድገት አቆመ stagnate
eidiget maqom *n.* ዕድገት ማቆም stagnation
eidil *n* እድል fate
eidil *n.* እድል fortune
eidil *n.* እድል luck
eidil *n.* እድል probability

eidile bis *a.* እድለ ቢስ inauspicious
eidile bis *a.* እድለ ቢስ luckless
eidile bis *a.* እድለ ቢስ unfortunate
eidilenya *a.* እድለኛ auspicious
eidilenya *a.* እድለኛ fortunate
eidilenya *a.* እድለኛ lucky
eidilenya *a.* እድለኛ providential
eidime *n.* እድሜ age
eidisat *n.* እድሳት overhaul
eidisat *n.* እድሳት rehabilitation
eidisat *n.* እድሳት renovation
eidisat *n.* እድሳት restoration
eifiny *n.* እፍኝ handful
eigeda *n.* እገዳ abeyance
eigele *n.* እገሌ somebody
eigir *n* እግር foot
eigir *n.* እግር leg
eigirenya *n.* እግረኛ pedestrian
eigiziabiher einidale mamen *n.* እግዚአብሔር እንዳለ ማመን theism
eigiziabiher fetiro einidetewew yemiyamin *n.* እግዚአብሄር ፈጥሮ እንደተወው የሚያምን deist
eihil *n.* እህል grain
eihit *n.* እህት sister
eihitimamachoch *n.* እህትማማቾች sisterhood
eihud *n.* እሁድ Sunday
eij *n* እጅ hand
eij mawezawez *v.t.* እጅ ማወዛወዝ wave
eij menisat *n* እጅ መንሳት bow
eij nesa *v. t* እጅ ነሳ bow
eij yemiyasiqoretim *a.* እጅ የሚያስቆረጥም toothsome
eijeta *n.* እጀታ handle
eijeta yelelew sini *n* እጀታ የሌለው ሲኒ beaker
eijig *n.* እጅግ stark
eijig betam tiru *a.* እጅግ በጣም ጥሩ excellent
eijig betam tiru *a.* እጅግ በጣም ጥሩ sterling
eijig bizu *a.* እጅግ ብዙ tremendous
eijig gizuf *a.* እጅግ ግዙፍ titanic
eijig melikam *a.* እጅግ መልካም capital
eijig talaq *a.* እጅግ ታላቅ immense
eijig yekebere *a.* እጅግ የከበረ invaluable
eijig yekefa *a* እጅግ የከፋ worst
eijig yetewarede *a.* እጅግ የተዋረደ abject
eijige *n* እጅጌ cuff
eijige *n* እጅጌ sleeve
eijige sera *v. t* እጅጌ ሰራ cuff
eikek *n.* እከክ itch
eikele *pron.* እከሌ such
eikul *a* እኩል equal
eikul *a.* እኩል tantamount
eikul aderege *v. t* እኩል አደረገ equate
eikul aderege *v. t* እኩል አደረገ even
eikul gonoch yalut *a* እኩል ጎኖች ያሉት equilateral
eikul hone *v. t* እኩል ሆነ equal
eikul kefele *v.t.* እኩል ከፈለ halve
eikul yehone *a.* እኩል የሆነ parallel
eikule lelit *n.* እኩለ ለሊት midnight
eikule qen *n.* እኩለ ቀን midday
eikulinet *n* እኩልነት equality
eikuya *n* እኩያ equal
eikuya yelelew *a.* እኩያ የሌለው peerless

eilifiny asikelikay *n* እልፍኝ አስከልካይ chamberlain
eiliqit *n.* እልቂት slaughter
eimama *n.* እማማ mamma
eimany hone *v.i.* እማኝ ሆነ witness
eimebet *n.* እመቤት mistress
eimibitenya *a.* እምቢተኛ wayward
eimibizam *a.* እምብዛም negligible
eimibizam *adv.* እምብዛም seldom
eimibut *n* እምቡጥ bloom
eimine bered *n.* እምነ በረድ marble
eiminet *n* እምነት belief
eiminet *n* እምነት confidence
eiminet *n* እምነት conviction
eiminet *n.* እምነት creed
eiminet *n* እምነት faith
eiminet *n.* እምነት trust
eimis *n.* እምስ vagina
eina *conj.* እና and
einat *n.* እናት moth
einat *n* እናት mum
einat *n* እናት mummy
einat geday *a.* እናት ገዳይ matricidal
einatin megidel *n.* እናትን መግደል matricide
einatina abatun ata *v.t* እናትና አባቱን አጣ orphan
einatinet *n.* እናትነት maternity
einatinet *v.t.* እናትነት mother
einatinet *n.* እናትነት motherhood
eine *pron.* እኔ I
eine *pron.* እኔ me
eineho *v. t* እነሆ behold
einerisu *pron.* እነርሱ theirs
einesu *pron.* እነሱ them
einiba *n.* እንባ tear
einibi ale *v.t.* እንቢ አለ refuse
einibi asenye *v. t* እንቢ አሰኘ dissuade

einibi malet *n.* እንቢ ማለት refusal
einibitenya *a.* እንቢተኛ mutinous
einichet *n.* እንጨት wood
einichet lage *v.t.* እንጨት ላገ plane
einidatihon *conj.* እንዳጥሆን lest
einide *adv.* እንደ as
einide *pron.* እንደ as
einide *conj.* እንደ that
einide abari yemichemer *n.* እንደ አባሪ የሚጨመር adjunct
einide beg chohe *v. i* እንደ በግ ጮኸ bleat
einide dimet anikorafa *v.i.* እንደ ድመት አንኮራፋ purr
einide dimet chohe *v.i.* እንደ ድመት ጮኸ mew
einide eibab hede *v.i.* እንደ እባብ ሄደ snake
einide einat *a.* እንደ እናት motherlike
einide eirigib aleqese *v. i* እንደ እርግብ አለቀሰ coo
einide hitsan *a.* እንደ ህፃን childish
einide lam chohe *v.i* እንደ ላም ጮኸ moo
einide mama kef ale *v.i.* እንደ ማማ ከፍ አለ tower
einide mesitawet yale maeidin *n* እንደ መስታወት ያለ ማዕድን crystal
einide qura chohe *v. i.* እንደ ቁራ ጮኸ caw
einide set lij *a.* እንደ ሴት ልጅ girlish
einide telemedew *adv.* እንደ ተለመደው usually
einide weba yale besheta *n.* እንደ ወባ ያለ በሽታ dengue
einide wiha mola *v.i.* እንደ ውሀ ሞላ well

einidegena *adv.* እንደገና again
einidegena *adv.* እንደገና anew
einidegena jemere *v.t.* እንደገና ጀመረ resume
einidegena maniserarat *n.* እንደገና ማንሰራራት resurgence
einidegena mejemer *adv.* እንደገና መጀመር afresh
einidegena mejemer *n.* እንደገና መጀመር resumption
einidegena mola *v.t.* እንደገና ሞላ replenish
einidegena qotere *v.t.* እንደገና ቆጠረ recount
einidegena tegenanye *v.t.* እንደገና ተገናኘ rejoin
einidegena wetat aderege *v.t.* እንደገና ወጣት አደረገ rejuvenate
einidegena wetat mehon *n.* እንደገና ወጣት መሆን rejuvenation
einideminim *adv.* እንደምንም somehow
einidenegeru *adv.* እንደነገሩ something
einidet *adv.* እንዴት how
einideza *dem. pron.* እንደዛ that
einidezaw *adv.* እንደዛው either
einidezih *a.* እንደዚህ such
einidih *adv.* እንዲህ so
einidikefafa aderege *v.t* እንዲከፋፋ አደረገ further
einidisera hasab maqireb *n.* እንዲሰራ ሀሳብ ማቅረብ prompter
einifalot *n* እንፋሎት steam
einifalot *n.* እንፋሎት vapour
einigida *a* እንግዳ anomalous
einigida *n.* እንግዳ guest
einigida *n.* እንግዳ stranger
einigida meqebeya *n.* እንግዳ መቀበያ parlour

einigida neger *a* እንግዳ ነገር abnormal
einigida neger *adj* እንግዳ ነገር bizarre
einigida teqebay *a.* እንግዳ ተቀባይ hospitable
einigida teqebayinet *n.* እንግዳ ተቀባይነት hospitality
einigilizinya qwaniqwa *n* እንግሊዝኛ ቋንቋ English
einiguday *n.* እንጉዳይ mushroom
einiguriguro *a.* እንጉርጉሮ odious
einijori *n.* እንጆሪ strawberry
einiken *n* እንከን flaw
einiken yelelebet *a* እንከን የሌለበት absolute
einikwan *adv* እንኳን even
einikwan dehina gebu *v.t* እንኳን ደህና ገቡ welcome
einikwan des yaleh *n* እንኳን ደስ ያለህ congratulation
einiqib *n.* እንቅብ wicker
einiqifat *n.* እንቅፋት inhibition
einiqifat *n.* እንቅፋት obstacle
einiqifat *n.* እንቅፋት pitfall
einiqifat *n.* እንቅፋት snag
einiqilif *n.* እንቅልፍ sleep
einiqilif *n.* እንቅልፍ slumber
einiqilifam *a.* እንቅልፋም sleepy
einiqisiqase *n.* እንቅስቃሴ activity
einiqisiqase *n.* እንቅስቃሴ dynamics
einiqisiqase *n.* እንቅስቃሴ motion
einiqisiqase *n.* እንቅስቃሴ movement
einiqitiqate *n* እንቅጥቃጤ shudder
einiqoqilish *n.* እንቆቅልሽ conundrum
einiqoqilish *n.* እንቆቅልሽ riddle
einiqu *n.* እንቁ jewel
einiqu *v.t.* እንቁ jewel
einiqulal *n* እንቁላል egg

einiqulal metal *v.i.* እንቁላል መጣል spawn
einiqulal yemiyamenech yeset akal *n.* እንቁላል የሚያመነጭ የሴት አካል ovary
einiqurarit *n.* እንቁራሪት frog
einisesa *n.* እንስሳ animal
einishilalit *n.* እንሽላሊት lizard
einisira *n.* እንስራ pitcher
einisisat *n* እንስሳት fauna
einisit amilak *n.* እንስት አምላክ goddess
einisit asama *v.t.* እንስት አሣማ sow
einitil *n.* እንጥል tonsil
einizirit *n.* እንዝርት axis
einizirit *n.* እንዝርት spindle
eiqa *n.* እቃ apparatus
eiqa *n.* እቃ item
eiqa *n.* ዕቃ ware
eiqa adash *n.* እቃ አዳሽ tinker
eiqa agwagwaze *v.t.* ዕቃ አጓጓዘ ship
eiqa amelalash *n.* እቃ አመላላሽ mover
eiqa aqirabi jeliba *n* እቃ አቅራቢ ጀልባ tender
eiqa asigeba *v.t.* እቃ አስገባ furnish
eiqa mashekem *n.* ዕቃ ማሸከም portage
eiqa mederideriya lay asiqemete *v.t.* ዕቃ መደርደሪያ ላይ አስቀመጠ shelve
eiqid *n* እቅድ forethought
eiqid *n.* እቅድ proposal
eiqid *n.* ዕቅድ scheme
eiqid *n.* ዕቅድ strategy
eiqid maqireb *n.* እቅድ ማቅረብ proposition
eiqif abeba *n* እቅፍ አበባ bouquet
eiqubat *n* ዕቁባት concubine
eiraqut *a.* እራቁት bare
eiraqut *a.* እራቁት naked
eirasun asitewaweqe *v.t.* እራሱን አስተዋወቀ insinuate
eirasun yemiyasitewawiq sew *n.* እራሱን የሚያስተዋውቅ ሰው insinuation
eirat *n* እራት dinner
eirat *n.* እራት supper
eirat bela *v. t.* እራት በላ dine
eirefit *n.* ዕረፍት interval
eirefit *n.* ዕረፍት repose
eirefit *n* እረፍት rest
eirenya *n.* እረኛ herdsman
eirenya *n.* እረኛ shepherd
eirid *n.* እርድ turmeric
eiridata *n* እርዳታ aid
eiridata *n.* እርዳታ assistance
eiridata *n.* እርዳታ donation
eiridata *n* እርዳታ grant
eiridata *n* እርዳታ help
eiridata *n.* እርዳታ relief
eiridata *n.* እርዳታ succour
eiridata lemesitet zigiju yehone *a.* እርዳታ ለመስጠት ዝግጁ የሆነ officious
eirigata *n.* እርጋታ calm
eirigata *n.* እርጋታ composure
eirigib *n.* እርግብ pigeon
eirigiman *n* እርግማን curse
eirigiman *n.* እርግማን malediction
eirigitenya *a* እርግጠኛ certain
eirigitenya *a.* እርግጠኛ confident
eirigitenya *a* እርግጠኛ definite
eirigitenya *a.* እርግጠኛ positive
eirigitenya *a.* እርግጠኛ sure
eirigitenyinet *n.* እርግጠኝነት certainty
eirigizina *n.* እርግዝና pregnancy
eirigizina mekelakel *n.* እርግዝና መከላከል contraception
eirigo *n* እርጎ curd

eirigum *a.* እርጉም wicked
eiriguz *a.* እርጉዝ pregnant
eirikab *n.* እርካብ stirrup
eirikata *n.* እርካታ satisfaction
eirikum *n.* እርኩም stork
eirimat *n* እርማት correction
eirimija *n.* እርምጃ advance
eirimija *n* እርምጃ stride
eiriq *n.* እርቅ arbitration
eiriq *n.* ዕርቅ reconciliation
eiriqan *a.* እርቃን nude
eiriqan yehone yesew sieil *n* እርቃን የሆነ የሰው ስዕል nude
eiriqaninet *n.* እርቃንነት nudity
eiris beris medegagef *n.* እርስ በርስ መደጋገፍ interdependence
eiris berisu yemidegagef *a.* እርስ በርሱ የሚደጋገፍ interdependent
eirisas *n.* እርሳስ pencil
eirisha *n.* እርሻ husbandry
eirisha bota *n* እርሻ ቦታ farm
eirisho *n.* እርሾ yeast
eiritib *a.* እርጥብ moist
eiritib *a.* እርጥብ wet
eiritibet *n.* እርጥበት humidity
eiritibet *n.* እርጥበት wetness
eiritibet yalew *a.* እርጥበት ያለው humid
eirumita *n.* እሩምታ volley
eirumita fetere *v.t* እሩምታ ፈጠረ volley
eisat *n* እሳት fire
eisat yemiyaned sew *n.* እሳት የሚያነድ ሰው stoker
eisate gomera *n.* እሳተ ጎመራ volcano
eishikirikirosh mechawecha *n.* እሽክርክሮሽ መጫወቻ whirligig
eishoh *n.* እሾህ thorn
eishoh yalew *a.* እሾህ ያለው barbed
eishohima *a.* እሾህማ thorny
eishururu malet *n.* እሹሩሩ ማለት lullaby
eisikahun *adv.* እስካሁን yet
eisikahun dires *adv.* እስካሁን ድረስ hitherto
eisike *prep.* እስከ till
eisike... *prep.* እስከ... until
eisike... *conj* እስከ... until
eisikezaw *adv.* እስከዛው meanwhile
eisikiribito *n.* እስኪሪቢቶ pen
eisikotilanidawi *n.* እስኮትላንዳዊ Scot
eisir *n.* እስር bale
eisir *n* እስር bunch
eisir bet *n.* እስር ቤት jail
eisir bet *n.* እስር ቤት prison
eisir bet beqetero aqoye *v.t.* እስር ቤት በቀጠሮ አቆየ remand
eisir bet meqoyet *n* እስር ቤት መቆየት remand
eisir bet tebaqi *n.* እስር ቤት ጠባቂ jailer
eisirenya *n.* እስረኛ inmate
eisirenya *n.* እስረኛ prisoner
eisitadiyem *n.* እስታዲየም stadium
eisu *pron.* እሱ he
eisun *pron.* እሱን him
eita *n.* ዕጣ lot
eita fenita *n* እጣ ፈንታ destiny
eitan *n.* እጣን incense
eiti *n.* እጢ gland
eiti *n.* እጢ tumour
eiti *n.* እጢ wen
eitif *a* እጥፍ double
eitif *a.* እጥፍ twofold
eitif aderege *v. t.* እጥፍ አደረገ double
eitif aderege *v.t.* እጥፍ አደረገ redouble
eitifat *n* እጥፋት fold

eitim *n* እትም edition
eitir mitin yale *a* እጥር ምጥን ያለ concise
eitir mitin yale *a.* እጥር ምጥን ያለ terse
eitiret *n* እጥረት dearth
eitiret *n* እጥረት deficit
eitiret *n.* እጥረት scarcity
eitiret *n.* እጥረት shortage
eitot *n* እጦት lac, lakh
eitot *n.* እጦት lack
eits *n.* እፅ herb
eitsiwat *n* እፅዋት flora
eitsiwatin yemiyasadig *n.* እፅዋትን የሚያሳድግ grower
eitsub diniq *a* እፁብ ድንቅ fantastic
eiwaqi *adj.* አዋቂ conversant
eiwinet *n.* እውነት reality
eiwinet *n.* እውነት truth
eiwinet aderege *v.t.* እውነት አደረገ incarnate
eiwinet yemimesil neger gin yewishet kirikir *n.* እውነት የሚመስል ነገር ግን የውሸት ክርክር sophism
eiwinetenya *a.* እውነተኛ actual
eiwinetenya *a.* እውነተኛ authentic
eiwinetenya *a.* እውነተኛ genuine
eiwinetenya *a.* እውነተኛ real
eiwinetenya *a.* እውነተኛ true
eiwinetenya *a.* እውነተኛ veritable
eiwinetenya memisel *n.* እውነተኛ መምሰል verisimilitude
eiwinetun aweta *v.t.* እውነቱን አወጣ unearth
eiwiqet *n.* ዕውቀት knowledge
eiwiqet maginyet *n.* እውቀት ማግኘት acquirement
eiwiqet yelelew *a.* እውቀት የሌለው lacklustre
eiwiqetin yemiyatena *a.* እውቀትን የሚያጠና metaphysical
eiwiqetin yemiyatena yefilisifina zerif *n.* እውቀትን የሚያጠና የፍልስፍና ዘርፍ metaphysics
eiwiqina *n.* እውቅና publicity
eiwiqina maginyet *n.* እውቅና ማግኘት recognition
eiwiqiya *n.* እውቂያ acquaintance
eiwirinet *n* ዕውርነት blindness
eiyaguremereme hede *v.i.* እያጉረመረመ ሄደ thunder
eiyanidadu *a* እያንዳዱ every
eiyanidanidu *a* እያንዳንዱ each
eiyanidanidu *pron.* እያንዳንዱ each
eiyanidanidu *a.* እያንዳንዱ respective
eiyetase hede *v.i.* እየጣሰ ሄደ tunnel
eiyeteferarequ mezemer *n.* እየተፈራረቁ መዘመር antiphony
eiyetenigedagede hede *v.i.* እየተንገዳገደ ሄደ lurch
eiyetewutereteru meramed *v.i.* እየተዉተረተሩ መራመድ waddle
eiyetezewawere tebeqe *v.i.* እየተዘዋወረ ጠበቀ patrol
eiyita *n* እይታ angle
eiyita *n.* እይታ aspect
eiyita *n.* እይታ prospect
eizih *adv.* እዚህ here
eizih bota *adv.* እዚህ ቦታ hither
eizih gedema *adv.* እዚህ ገደማ hereabouts
eiziya akababi *adv.* እዚያ አካባቢ thereabouts
eiziya bota *adv.* እዚያ ቦታ there
elekitirik *a* ኤሌክትሪክ electric
eletirik yemayasitelalif neger *n.* ኤሌትሪክ የማያስተላልፍ ነገር insulator

eli *n.* ኤሊ tortoise
emibasi *n* ኤምባሲ embassy
English to Amharic Dictionary

F

fabirika *n* ፋብሪካ factory
fadet mesay *n.* ፋደት መሳይ badger
fakitur *n.* ፋክቱር invoice
fakuliti *n* ፋኩልቲ faculty
fanos *n.* ፋኖስ lamp
fanos *n.* ፋኖስ lantern
fasha ~*n.* ፋሻ bandage
fashin *n* ፋሽን fashion
fashinu yalefe *a.* ፋሽኑ ያለፈ outmoded
fasika *n* ፋሲካ easter
feche *v.i.* ፈጨ grind
feche *v.t* ፈጨ mash
feche *v.t.* ፈጨ mill
federalawi *a* ፌደራላዊ federal
fegeg ale *v. i* ፈገግ አለ chuckle
fegeg ale *v.i.* ፈገግ አለ smile
fegegita *v. i* ፈገግታ beam
fegegita *n.* ፈገግታ smile
fela *n* ፈላ ferment
fela *v.i.* ፈላ seethe
fela *v.i.* ፈላ steam
felasifa *n.* ፈላስፋ thinker
felefele *v.t.* ፈለፈለ shell
felege *v.t* ፈለገ desire
felege *v.t.* ፈለገ quest
felege *v.t.* ፈለገ require
felege *v.t.* ፈለገ search
felege *v.t.* ፈለገ seek
felege *v.t.* ፈለገ track
felege *v.t.* ፈለገ want
feleqe *v.i.* ፈለቀ spurt
felesefe *n.* ፈለሰፈ philology
feligo agenye *v.t.* ፈልጎ አገኘ locate
felitawi *a.* ፈሊጣዊ idiomatic
felitawi anegager *n.* ፈሊጣዊ አነጋገር idiom
feneda *v. i.* ፈነዳ burst
feneda *v. i* ፈነዳ erupt
fenedeqe *v. i* ፈነደቀ exult
feneteqe *v.i.* ፈነጠቀ irradiate
feneteze *v.i.* ፈነጠዘ frolic
feneteze *a.* ፈነጠዘ jubilant
feneteze *v.i.* ፈነጠዘ revel
feniji *n* ፈንጂ bomb
feniji *n.* ፈንጂ explosive
fenitata *n.* ፈንጣጣ smallpox
feniteziya *n* ፈንጠዝያ bliss
feniteziya *n.* ፈንጠዝያ revel
feqad *n.* ፈቃድ leave
feqad *n.* ፈቃድ licence
feqad *n.* ፈቃድ permission
feqad *n.* ፈቃድ sanction
feqad mesitet *v.t.* ፈቃድ መስጠት license
feqad yalew *n.* ፈቃድ ያለው licensee
feqadenya *a.* ፈቃደኛ voluntary
feqadenya alemehon *n.* ፈቃደኛ አለመሆን reluctance
feqadenya yalihone *a.* ፈቃደኛ ያልሆነ reluctant
feqede *v.t.* ፈቀደ allow
feqede *v.t.* ፈቀደ indulge
feqede *v.t.* ፈቀደ permit
feqede *v.t.* ፈቀደ sanction
feqede *v.t.* ፈቀደ volunteer
feqede *v.t.* ፈቀደ vouchsafe
feqede *v.t.* ፈቀደ will
feqefeqe *v.t* ፈቀፈቀ grate
fer qedaj *n.* ፈር ቀዳጅ pioneer
fera *v.t* ፈራ dread
fera *v.i* ፈራ fear

ferami *n.* ፈራሚ signatory
ferede *v. t.* ፈረደ doom
ferede *v.t.* ፈረደ sentence
feredebet *v. t.* ፈረደበት convict
ferefanigo *n.* ፈረፋንጎ bumper
ferefere *v. t* ፈረፈረ crumble
fereme *v.t* ፈረመ initial
fereme *v.t.* ፈረመ sign
ferenisay *n* ፈረንሳይ French
feres *n.* ፈረስ horse
feres *n.* ፈረስ steed
feres megalebiya *n.* ፈረስ መጋለቢያ mount
ferese *v. i* ፈረሰ collapse
feresenya *n.* ፈረሰኛ cavalry
feresenya *n.* ፈረሰኛ knight
feresenya *n.* ፈረሰኛ rider
feresenya *n.* ፈረሰኛ trooper
feresenya hone *v.t.* ፈረሰኛ ሆነ knight
feri *n.* ፈሪ coward
feri *a* ፈሪ dread
feri *a.* ፈሪ timorous
ferinet *n.* ፈሪነት cowardice
fesash *n* ፈሳሽ fluid
fesash *a.* ፈሳሽ liquid
fesash masiwecha *n.* ፈሳሽ ማስወጫ spout
fesash neger *n* ፈሳሽ ነገር liquid
fesese *v.i* ፈሰሰ flow
fesese *v.i.* ፈሰሰ leak
fesese *v.i.* ፈሰሰ stream
feta *v. t* ፈታ divorce
feta *v.t.* ፈታ loosen
feta *v.t.* ፈታ undo
fetan *a* ፈጣን fast
fetan *a.* ፈጣን instant
fetan *v.t.* ፈጣን prompt
fetan *a.* ፈጣን quick
fetan *a.* ፈጣን rapid
fetan *a.* ፈጣን speedy
fetan *a.* ፈጣን swift
fetan babur *n* ፈጣን ባቡር express
fetan eiyita *n* ፈጣን እይታ peep
fetan melis *n.* ፈጣን መልስ retort
fetan rucha *n* ፈጣን ሩጫ sprint
fetany *n* ፈታኝ examiner
fetany *n.* ፈታኝ temptation
fetari *n* ፈጣሪ creator
fetari *a.* ፈጣሪ inventive
fetay *n.* ፈታይ spinner
fetege *v.t.* ፈተገ rub
fetele *v.i.* ፈተለ spin
feten yale *adj* ፈጠን ያለ brisk
fetena *n.* ፈተና examination
fetena *n* ፈተና test
fetena malef *n* ፈተና ማለፍ pass
fetena teqotatari *n.* ፈተና ተቆጣጣሪ invigilator
fetene *v. t* ፈተነ examine
fetene *v.i.* ፈጠነ speed
fetene *v.t.* ፈተነ test
fetera *n* ፈጠራ fabrication
fetera *n.* ፈጠራ innovation
fetera *n.* ፈጠራ invention
fetere *v. t* ፈጠረ create
fetere *v. t* ፈጠረ devise
fetere *v.t* ፈጠረ evolve
fetere *v.t* ፈጠረ fabricate
fetere *v.t.* ፈጠረ invent
fetseme *v. t.* ፈፀመ commit
fetseme *v.t.* ፈፀመ fulfil
fetsimo *adv* ፈፅሞ absolutely
fetsimo *adv.* ፈጽሞ never
fetsimo *adv.* ፈፅሞ utterly
fetsimo demesese *v.t.* ፈፅሞ ደመሰሰ annihilate
fetsimo medemises *n* ፈፅሞ መደምሰስ annihilation
fez *n.* ፌዝ satire
fezaza *a.* ፈዛዛ obtuse
fezaza buni *n., a.* ፈዛዛ ቡኒ tan
fezenya *a.* ፌዘኛ sardonic
fezenya *n.* ፌዘኛ satirist

fich sete *v. t* ፍች ሰጠ define
fichi *n* ፍቺ divorce
fichi *n.* ፍቺ purport
fidel *n.* ፊደል alphabet
fidel *n.* ፊደል script
fig *n.* ፍግ manure
fig *v.t.* ፍግ manure
filagot *n.* ፍላጎት ambition
filagot *n.* ፍላጎት appetence
filagot *n.* ፍላጎት appetite
filagot *n* ፍላጎት craze
filagot *n* ፍላጎት desire
filagot *n.* ፍላጎት interest
filagot *n.* ፍላጎት need
filagot *n.* ፍላጎት volition
filagot *n* ፍላጎት want
filagot *n.* ፍላጎት Yen
filagot yalew *a.* ፍላጎት ያለው loath
filatsa *n* ፍላፃ arrow
filega *n.* ፍለጋ quest
filega *n.* ፍለጋ search
filifel *n.* ፍልፈል mink
filifel *n.* ፍልፈል shrew
filifil *n.* ፍልፍል mole
filim *n* ፊልም film
filim *n.* ፊልም movies
filim anesa *v.t* ፊልም አነሳ film
filiqiliq *a.* ፍልቅልቅ vivacious
filisifina *n.* ፍልስፍና philosophy
finich *n* ፍንጭ clue
finich *n.* ፍንጭ inkling
finich *n.* ፍንጭ lead
finidata *n* ፍንዳታ blast
finidata *n* ፍንዳታ burst
finidata *n* ፍንዳታ eruption
finidata *n.* ፍንዳታ explosion
finitari *n.* ፍንጣሪ spark
finitita *n.* ፊንጢጣ anus
finya *n.* ፊኛ balloon
finya *n* ፊኛ bladder
fiqadenya *a.* ፍቃደኛ willing
fiqadenyinet *n.* ፍቃደኝነት willingness
fiqir *n.* ፍቅር affection
fiqir *n* ፍቅር love
firanik *n* ፍራንክ coin
firash *n.* ፍራሽ mattress
fire *n.* ፍሬ fruit
fire *n.* ፍሬ kernel
fire neger *n.* ፍሬ ነገር content
fire neger *n.* ፍሬ ነገር substance
fire yemayafera *adj.* ፍሬ የማያፈራ acarpous
firen *n* ፍሬን brake
firen yaze *v. t* ፍሬን ያዘ brake
firewin kegeleba leye *v.t.* ፍሬውን ከገለባ ለየ winnow
fireyama *a.* ፍሬያማ fruitful
fireyama *a.* ፍሬያማ prolific
firid *n* ፍርድ doom
firid *n.* ፍርድ judgement
firid asifetsami *n.* ፍርድ አስፈፃሚ bailiff
firid bet *n.* ፍርድ ቤት court
firid bet *n.* ፍርድ ቤት tribunal
firid bet behaset mesekere *v.i.* ፍርድ ቤት በሀሰት መሰከረ perjure
firid wisane *n.* ፍርድ ውሳኔ verdict
firifari *n* ፍርፋሪ crumb
firihat *n* ፍርሃት fear
firihat *n.* ፍርሃት fright
firihat *n.* ፍርሃት scare
firihat *n.* ፍርሀት timidity
firihat yelelew *a* ፍርሀት የሌለው dauntless
firima *n.* ፊርማ signature
firisirash *n* ፍርስራሽ debris
firisirash *n.* ፍርስራሽ rubble
fisash *n* ፍሳሽ drainage
fisash *n.* ፍሳሽ leakage
fiset *n* ፍሰት flow

fit *n* ፊት face
fit *n.* ፊት visage
fit lefit hone *v.t* ፊት ለፊት ሆነ front
fit machefigeg *n.* ፊት ማጨፍገግ scowl
fit nesa *n* ፊት ነሳ disquiet
fitat *n.* ፍታት requiem
fitenya *a* ፊተኛ front
fitih *n.* ፍትህ justice
fitihat *n.* ፍትሐት purgatory
fitin meshefen *n.* ፊትን መሸፈን mask
fitin shefene *v.t.* ፊትን ሸፈነ mask
fitinet *n* ፍጥነት acceleration
fitinet *n* ፍጥነት quick
fitinet *n.* ፍጥነት rapidity
fitinet *n.* ፍጥነት speed
fitinet chemere *v.t* ፍጥነት ጨመረ accelerate
fitiret *n* ፍጥረት being
fitiret *n* ፍጥረት creature
fitiretat *n* ፍጥረታት creation
fitit bilo aye *v.i.* ፍጥጥ ብሎ አየ stare
fitit bilo mayet *n.* ፍጥጥ ብሎ ማየት stare
fitsame *n.* ፍፃሜ accomplishment
fitsame *n.* ፍፃሜ closure
fitsame ፍፃሜ completion
fitsame *n.* ፍፃሜ fulfilment
fitsame *n.* ፍፃሜ upshot
fitsum *adj.* ፍፁም crass
fitsum *a.* ፍፁም infallible
fitsum bado sifira *n.* ፍፁም ባዶ ስፍራ vacuum
fitsum yalemehon *n.* ፍፁም ያለመሆን imperfection
fitsuminet *n.* ፍፁምነት rigour
fitu qela *v.i* ፊቱ ቀላ flush
fitun achefegege *v.i.* ፊቱን አጨፈገገ scowl
fiyel *n.* ፍየል goat
fizikis *n.* ፊዚክስ physics
foq *n.* ፎቅ storey
forefor *n* ፎረፎር dandruff
forimula *n* ፎርሙላ formula
forimula *n.* ፎርሙላ theorem
fota *n.* ፎጣ towel
foto *n.* ፎቶ microfilm
foto *n* ፎቶ photo
foto anishi *n.* ፎቶ አንሺ photographer
foto giraf *n* ፎቶ ግራፍ photograph
foto giraf anesa *v.t.* ፎቶ ግራፍ አነሳ photograph
foto giraf anesas tibeb *n.* ፎቶ ግራፍ አነሳስ ጥበብ photography
foto kopi anesa *v.t.* ፎቶ ኮፒ አነሳ xerox
foto kopi manisha mesariya *n.* ፎቶ ኮፒ ማንሻ መሳሪያ xerox
foto manisha *n.* ፎቶ ማንሻ camera
fuchet *n* ፉጨት whistle
fukikir *n* ፉክክር contention
fukikir *n.* ፉክክር rivalry
fut ale *v.t.* ፉት አለ sip
fwafwate *n.* ፏፏቴ cascade
fwafwate *n* ፏፏቴ fall
fwafwate *n.* ፏፏቴ waterfall

G

gabeze *v.t.* ጋበዘ invite
gabicha *n.* ጋብቻ marriage
gabicha *n.* ጋብቻ matrimony
gabichan yemiqawem yalageba sew *n* ጋብቻን የሚቃወም ያላገባ ሰው agamist

gadem ale *v.i.* ጋደም አለ repose
gagari *n.* ጋጋሪ baker
gagere *v.t.* ጋገረ bake
galebe *v.t.* ጋለበ ride
galemota *n.* ጋለሞታ courtesan
galon *n.* ጋሎን gallon
gama *n.* ጋማ mane
gama *n.* ጋማ manes
gamewoch *n.* ጋሜዎች youngster
garazh *n.* ጋራዥ garage
garede *v.t.* ጋረደ screen
gari *n.* ጋሪ barouche
gari *n.* ጋሪ cart
gasha *n.* ጋሻ shield
gasiket *n.* ጋስኬት gasket
gata *n* ጋጣ stable
gate *v.i.* ጋጠ graze
gaz *n.* ጋዝ gas
gaz yemolaw *a.* ጋዝ የሞላው gassy
gazeta *n.* ጋዜጣ gazette
gazeta *n* ጋዜጣ press
gazetenya *n.* ጋዜጠኛ journalist
gazetenyinet *n.* ጋዜጠኝነት journalism
geba *v. t* ገባ enter
geba *v.t.* ገባ plunge
gebar *n.* ገባር serf
gebar *a.* ገባር tributary
gebar weniz *n.* ገባር ወንዝ tributary
geber *n* ገበር lining
gebere *n* ገበሬ farmer
gebere *n.* ገበሬ peasant
geberewoch *n.* ገበሬዎች peasantry
gebeya *n* ገበያ market
gebeya *n.* ገበያ mart
gebeye *v.i.* ገበየ shop
gebi *n.* ገቢ income
gebi *n.* ገቢ livelihood
gebi *n.* ገቢ revenue
gebis *n.* ገብስ barley

gedam *n.* ገዳም abbey
gedam *n.* ገዳም cloister
gedam *n* ገዳም convent
gedam *n.* ገዳም hermitage
gedam *n.* ገዳም monastery
geday *n.* ገዳይ torpedo
geday *a.* ገዳይ virulent
gedayinet *n.* ገዳይነት murder
gedeb *n.* ገደብ barrier
gedeb *n.* ገደብ limit
gedeb *n.* ገደብ limitation
gedeb *n.* ገደብ restriction
gedeb aderege *v.t.* ገደብ አደረገ stipulate
gedeb yelesh *a.* ገደብ የለሽ limitless
gedebe *v.t.* ገደበ limit
gedel *n* ገደል abyss
gedel *n.* ገደል cliff
gedelama *a.* ገደላማ sheer
gedele *v. t* ገደለ butcher
gedele *v.t.* ገደለ kill
gedele *v.t.* ገደለ murder
gedele *v.t.* ገደለ shoot
gedele *v.t.* ገደለ slay
gefa *v.t.* ገፋ push
gefa *v.t.* ገፋ repel
gefafa *v.t* ገፋፋ goad
gefafa *v.t.* ገፋፋ induce
gefafa *v.t.* ገፋፋ tempt
gefefe *v.t.* ገፈፈ shed
gefefe *v.t.* ገፈፈ strip
gelach *a* ገላጭ descriptive
geleba *n.* ገለባ husk
geleba *n.* ገለባ stubble
gelebete *v. t* ገለበጠ copy
gelebete *v.t.* ገለበጠ invert
gelebete *v.t.* ገለበጠ reverse
gelebete *v.t.* ገለበጠ subvert
gelebete *v.t.* ገለበጠ transcribe
gelefet *n.* ገለፈት membrane
gelelitenya *adv.* ገለልተኛ aloof

gelelitenya *a.* ገለልተኛ impartial
gelelitenya *a.* ገለልተኛ neutral
gelelitenyinet *n* ገለልተኝነት detachment
geletse *v. t.* ገለጸ depict
geletse *v.t.* ገለጸ manifest
geletse *v.t.* ገለፀ reflect
gemed *n* ገመድ cord
gemed *n.* ገመድ rope
gemed *n* ገመድ skip
gemed *n.* ገመድ whipcord
gemed *n.* ገመድ withe
gemed aliba *a.* ገመድ አልባ wireless
gemegeme *v. t* ገመገመ evaluate
gemegeme *v.t.* ገመገመ review
gemete *v.t.* ገመተ anticipate
gemete *v.t.* ገመተ appraise
gemete *v.t.* ገመተ assume
gemete *v. t* ገመተ conjecture
gemete *v. t* ገመተ estimate
gemete *v.i* ገመተ guess
gemete *v.t.* ገመተ presume
gemete *v.t.* ገመተ rate
gemete *v.t.* ገመተ size
gemete *v.t.* ገመተ surmise
gena *n* ገና Christmas
geneba *v. t* ገነባ build
genet *n.* ገነት paradise
genibi migib *n.* ገንቢ ምግብ protein
genibo *n.* ገንቦ jar
genifo *n.* ገንፎ mush
genifo *n.* ገንፎ porridge
genizeb *n* ገንዘብ currency
genizeb *n* ገንዘብ finance
genizeb *n.* ገንዘብ mammon
genizeb *n.* ገንዘብ money
genizeb *n.* ገንዘብ pelf
genizeb abakany *a* ገንዘብ አባካኝ extravagant
genizeb abakanyinet *n* ገንዘብ አባካኝነት extravagance
genizeb asiqemete *v.t.* ገንዘብ አስቀመጠ bank
genizeb kefay *n.* ገንዘብ ከፋይ teller
genizeb kefilo asileqeqe *v.t.* ገንዘብ ከፍሎ አስለቀቀ ransom
genizeb leras mawal *n.* ገንዘብ ለራስ ማዋል investment
genizeb qenese *v. t* ገንዘብ ቀነሰ debit
genizeb teqebay *n.* ገንዘብ ተቀባይ cashier
genizeb yazh *n.* ገንዘብ ያዥ treasurer
ger *a.* ገር mild
gerager *a.* ገራገር naive
geragerinet *n.* ገራገርነት naivety
gered *n.* ገረድ maid
gerefe *v.t* ገረፈ flog
gereta *v.i.* ገረጣ pale
geribeb yale *adv.* ገርበብ ያለ ajar
gerinet *n.* ገርነት naivete
gesetse *v.t.* ገሠጸ admonish
gesetse *v. t.* ገሰፀ censure
gesetse *v. t.* ገሰፀ chide
gesetse *v.t.* ገሰፀ rebuke
gesetse *v.t* ገሰፀ upbraid
get *n* ጌጥ decoration
get *n.* ጌጥ stud
geta *v. t* ገታ curb
geta *n.* ጌታ lord
geta *n.* ጌታ master
getaget *n.* ጌጣጌጥ jewellery
getaget negade *n.* ጌጣጌጥ ነጋዴ jeweller
getami *n.* ገጣሚ lyricist
getami *n.* ገጣሚ poet
getami *n.* ገጣሚ rhymester
getatami *n* ገጣጣሚ fitter
getaye *n.* ጌታዬ sir

geteme *v.t* ገጠመ face
geteme *v.t* ገጠመ fix
geteme *v.t.* ገጠመ install
getemeny *n.* ገጠመኝ narrative
geter *n.* ገጠር shire
getinet *n.* ጌትነት lordship
gets *n.* ገፅ page
gets *n.* ገፅ surface
getse midir *n.* ገፀ ምድር landscape
getsita *n.* ገፅታ perspective
geza *v. t* ገዛ dominate
geza *v.t.* ገዛ govern
geza *v.t.* ገዛ purchase
gezhi *v. t.* ገዢ buy
gezhi *n.* ገዢ buyer
gezhi *n.* ገዢ ruler
gezhi yelelebet ager *n.* ገዢ የሌለበት አገር anarchism
gezhi yelelebet ager *n* ገዢ የሌለበት አገር anarchist
gib *n.* ግብ aim
giba ale *v. t* ግባ አለ beckon
gibi wisit yale bado bota *n.* ግቢ ውስጥ ያለ ባዶ ቦታ yard
gibigib *n.* ግብግብ scuffle
gibigib fetere *v.i.* ግብግብ ፈጠረ scuffle
gibire sedomawi *a.* ግብረ ሰዶማዊ gay
gibiresiga gininyunet fetseme *v.i.* ግብረስጋ ግንኙነት ፈፀመ copulate
gibirina *n* ግብርና agriculture
gibiz *n.* ግብዝ hypocrite
gibiz *a.* ግብዝ vain
gibiz yehone *a.* ግብዝ የሆነ vainglorious
gibizha *v.* ግብዣ invitation
gibizha *n.* ግብዣ party
gibizha *n* ግብዣ treat
gibizinet *n.* ግብዝነት hypocrisy
gibizinet *n.* ግብዝነት vanity
gichit *n.* ግጭት bang
gichit *n.* ግጭት clash
gichit *n* ግጭት collision
gichit *n* ግጭት crash
gichit *n* ግጭት smash
gid yelesh *a.* ግድ የለሽ maladroit
gid yelesh *a.* ግድ የለሽ mindless
gid yelesh *a.* ግድ የለሽ slovenly
gid yemayiset *a.* ግድ የማይሰጥ immaterial
gidaj *n* ግዳጅ compulsion
gidelesh *a.* ግዴለሽ imprudent
gidelesh *a.* ግዴለሽ reckless
gideleshinet *n.* ግዴለሽነት imprudence
gideleshinet *n.* ግዴለሽነት nonchalance
gideta *n.* ግዴታ obligation
gidib *n.* ግድብ barrage
gidib *n* ግድብ bulwark
gidifet *n.* ግድፈት oversight
gidigida *n.* ግድግዳ wall
gidigida sera *v.t.* ግድግዳ ሰራ wall
gidiyelesh *a.* ግድየለሽ indifferent
gidiyelesh *a.* ግድየለሽ lax
gidiyelesh *a.* ግድየለሽ nonchalant
gidiyeleshinet *n.* ግድየለሽነት indifference
gifit *n.* ግፊት impulse
gifit *n.* ግፊት pressure
gifit fetere *v.t.* ግፊት ፈጠረ pressurize
gifitenya *a.* ግፍተኛ irritable
gifiya *n.* ግፊያ shove
gile tarik *n.* ግለ ታሪክ autobiography
gilenyinet *n.* ግለኝነት individualism
gilibach *n* ግልባጭ duplicate
gilibinet *n.* ግልብነት superficiality
gilifitenya *a.* ግልፍተኛ temperamental

giligel *n* ግልገል cub
giligel *n* ግልገል young
giligil *n.* ግልግል kid
giligil *n.* ግልግል offspring
gilits *a* ግልጽ clear
gilits *a.* ግልጽ evident
gilits *a.* ግልጽ explicit
gilits *a* ግልጽ express
gilits *a.* ግልፅ frank
gilits *a.* ግልፅ lucid
gilits *a.* ግልፅ obvious
gilits *adv.* ግልፅ outright
gilits *a.* ግልፅ plain
gilits *a.* ግልፅ vivid
gilits alemehon *n.* ግልፅ አለመሆን vagueness
gilits yalihone *a.* ግልፅ ያልሆነ indistinct
gilits yalihone *a.* ግልፅ ያልሆነ obscure
gilits yalihone *n.* ግልፅ ያልሆነ obscurity
gilits yalihone *a.* ግልፅ ያልሆነ vague
gilits yehone *a.* ግልፅ የሆነ apparent
gilits yehone *a.* ግልፅ የሆነ overt
gilitsinet *n* ግልጽነት clarity
gilitsinet *n.* ግልፅነት lucidity
gimash *n.* ግማሽ half
gimash kib *n.* ግማሽ ክብ arc
gimash set gimash asa *n.* ግማሽ ሴት ግማሽ አሳ mermaid
gimash wenid gimash asa *n.* ግማሽ ወንድ ግማሽ አሳ merman
gimat *n.* ግማት stench
gimel *n.* ግመል camel
gimigema *n* ግምገማ review
gimija bet *n.* ግምጃ ቤት godown
gimija bet *n.* ግምጃ ቤት treasury
gimit *n* ግምት conjecture
gimit *n.* ግምት estimate
gimit *n* ግምት estimation
gimit *n.* ግምት expectation
gimit *n.* ግምት guess
gimit *n.* ግምት hunch
gimit *n.* ግምት speculation
gimit *n.* ግምት surmise
gimit *n.* ግምት valuation
gimitawi *a.* ግምታዊ notional
ginib *n.* ግንብ castle
ginib *n* ግንብ embankment
ginibar *n* ግንባር forehead
ginibar lay yetenya tsegur *n* ግንባር ላይ የተኛ ፀጉር forelock
ginibar qedem *a* ግንባር ቀደም foremost
ginibar qedem hone *v.t.* ግንባር ቀደም ሆነ spearhead
ginibar qedem yehone *n.* ግንባር ቀደም የሆነ spearhead
ginibata *n* ግንባታ construction
ginibenya *n.* ግንበኛ mason
ginibenyinet *n.* ግንበኝነት masonry
ginibot *n.* ግንቦት May
ginid *n* ግንድ block
ginid *n.* ግንድ log
ginid *n.* ግንድ stem
ginid *n.* ግንድ trunk
gininyunet *n.* ግንኙነት affiliation
gininyunet *n* ግንኙነት connection
gininyunet *n.* ግንኙነት contact
gininyunet *n.* ግንኙነት relation
gininyunet alew *v. t* ግንኙነት አለው commune
ginit *n.* ጊንጥ scorpion
ginizabe *n.* ግንዛቤ impression
ginyit *n.* ግኝት discovery
gira *a.* ግራ left
gira agaba *v. t* ግራ አጋባ bewilder
gira agaba *v. t* ግራ አጋባ confuse
gira agaba *v.t.* ግራ አጋባ obscure
gira ageba *v. t.* ግራ አገባ baffle

gira megabat *n* ግራ መጋባት confusion
gira megabat *n* ግራ መጋባት daze
gira megabat *n.* ግራ መጋባት quandary
gira tegaba *v.t.* ግራ ተጋባ nonplus
gira tegaba *v.t.* ግራ ተጋባ perplex
gira yemiyagaba *a.* ግራ የሚያጋባ uncanny
gira yemiyagaba nigigir *a.* ግራ የሚያጋባ ንግግር uncouth
giracha *a.* ግራጫ grey
giraf *n.* ግራፍ graph
giridosh *n* ግርዶሽ eclipse
girigim *n.* ግርግም manger
girigir *n* ግርግር rush
girik *n.* ግሪክ Greek
girima yalew *a.* ግርማ ያለው stately
girimawi *n.* ግርማዊ majesty
girum taeim yalew *a.* ግሩም ጣእም ያለው piquant
gis *n.* ግስ verb
gitar *n.* ጊታር guitar
gitim *v.* ግጥም alliterate
gitim *a.* ግጥም metrical
gitim *n.* ግጥም poem
gitim *n.* ግጥም poesy
gitim *n.* ግጥም poetry
gitim *n.* ግጥም stanza
gitim *n.* ግጥም verse
gitim metsaf *n.* ግጥም መጻፍ versification
gitim tsafe *v.t.* ግጥም ጻፈ versify
gitir *a.* ግትር adamant
gitir *a.* ግትር mulish
gitir *a.* ግትር obdurate
gitir *a.* ግትር obstinate
gitir *a.* ግትር stubborn
gitir *a.* ግትር tenacious
gitir sew *n.* ግትር ሰው adamant
gitir sew *n.* ግትር ሰው crotchet
gitirinet *n.* ግትርነት obduracy
gitirinet *n.* ግትርነት obstinacy
giuz *a.* ግዑዝ inanimate
giuz *a.* ግኡዝ neuter
gizat *n* ግዛት domain
gizat *n* ግዛት dominion
gizat *a.* ግዛት realm
gizat *n.* ግዛት state
gizat *n.* ግዛት territory
gize aleqe *v.i.* ጊዜ አለቀ expire
gize atefa *v.i.* ጊዜ አጠፋ lounge
gize masalefiya *n.* ጊዜ ማሳለፊያ pastime
gize yalefebet *a.* ጊዜ ያለፈበት obsolete
gizeawi *n.* ጊዜአዊ interim
gizeawi *a.* ጊዜአዊ momentary
gizeyat *n.* ጊዜያት tense
gizeyawi *a.* ጊዜያዊ provisional
gizeyawi *a.* ጊዜያዊ temporary
gizeyawi marefiya *n.* ጊዜያዊ ማረፊያ lodge
gizh *n.* ግዥ purchase
gizuf *a.* ግዙፍ gigantic
gizuf *a.* ግዙፍ huge
gizuf *a.* ግዙፍ massive
gizuf *a.* ግዙፍ massy
gobata *n* ጎባጣ bend
gobenye *v.i.* ጐበኘ tour
gobenye *v.t.* ጎበኘ visit
gobez *adj* ጎበዝ argute
gobez *a.* ጐበዝ smart
gobinyi *n.* ጎብኚ visitor
goda *v.t* ጎዳ harm
goda *v.t.* ጎዳ hurt
goda *v.t.* ጎዳ injure
godana *n.* ጎዳና avenue
godana *n.* ጎዳና thoroughfare
godigwada sahin *n.* ጎድጓዳ ሳህን basin
godigwada sahin *n* ጎድጓዳ ሳህን bowl

godin *n.* ጎድን rib
goji *a.* ጎጂ maleficent
goji yehone *a.* ጎጂ የሆነ pernicious
gojo *n* ጎጆ cottage
gojo *n.* ጎጆ hut
gojo *n.* ጎጆ wigwam
golif *n.* ጎልፍ golf
golito yemitay *a* ጎልቶ የሚታይ dominant
golito yemitay *a.* ጎልቶ የሚታይ telescopic
goma *n.* ጎማ rubber
goma letefe *v.t.* ጎማ ለጠፈ retread
gomeje *v.t.* ጎመጀ crave
gomezeze *v.t.* ጐመዘዘ sour
gomizaza *a.* ጐምዛዛ sour
gomizaza tekil *n.* ጎምዛዛ ተክል wormwood
gon legon *adv* ጐን ለጐን abreast
gon legon *a.* ጎን ለጎን adjacent
gonegone *v.t.* ጎነጎነ wreathe
gonetele *v.t.* ጎነተለ nudge
gorade *n.* ጎራዴ sabre
gorade *n.* ጎራዴ sword
gore *n.* ጎሬ lair
gorebet *v* ጐረቤት abutted
gorebet *n.* ጎረቤት neighbour
gorefe *v.i* ጎረፈ flock
gorefe *v.i.* ጐረፈ swarm
gorere *v.i* ጎረረ boast
gorif *n* ጎርፍ flood
gorif *n.* ጐርፍ torrent
gorinana *a.* ጎርናና hoarse
gorinana *a.* ጎርናና husky
gorinana *a.* ጐርናና strident
gosa *n.* ጎሳ tribe
gosegose *v. t* ጎሰጎሰ devour
gosh *n* ጎሽ bison
gosh *n.* ጎሽ buffalo
gotera *n.* ጎተራ barn
gotera *n.* ጎተራ crib
gotete *v.t.* ጎተተ pull
guava *n.* ጉአቫ guava
gubae *n* ጉባኤ congress
gubae *n.* ጉባኤ symposium
gubenya *ns.* ጉበኛ barrator
gubenya *a.* ጉበኛ venal
gubenyinet *n.* ጉበኝነት venality
gubet *n.* ጉበት liver
gubinyit *n.* ጉብኝት tour
gubinyit *n.* ጉብኝት visit
gubita *n.* ጉብታ hillock
gubita *n.* ጉብታ ridge
gubo *n* ጉቦ bribe
gubo *n.* ጉቦ graft
gubo sete *v. t.* ጉቦ ሰጠ bribe
gudat *n.* ጉዳት damage
gudat *n* ጉዳት disadvantage
gudat *n.* ጉዳት harm
gudat *n* ጉዳት hurt
gudat *n.* ጉዳት injury
gudat *n.* ጉዳት toll
guday *n.* ጉዳይ affair
guday *n.* ጉዳይ case
guday *n.* ጉዳይ issue
gudigwad *n* ጉድጓድ bunker
gudigwad *n* ጉድጓድ burrow
gudigwad *n.* ጉድጓድ cavity
gudigwad *n* ጉድጓድ ditch
gudigwad *n.* ጉድጓድ hollow
gudigwad *n.* ጉድጓድ manhole
gudigwad *n.* ጉድጓድ pit
gudigwad *n.* ጉድጓድ well
gudigwad meqoferiya *n.* ጉድጓድ መቆፈሪያ wimble
gudigwad qofere *v.t* ጉድጓድ ቆፈረ hole
gudilet *n* ጉድለት blemish
gudilet *n* ጉድለት disability
gudilet *n.* ጉድለት shortcoming
gugu *adj.* ጉጉ agog
gugu *a.* ጉጉ ambitious
gugu *a* ጉጉ curious

gugu *a* ጉጉ eager
gugu *a.* ጉጉ keen
gugut *adv.* ጉጉት avidity
gugut *n* ጉጉት curiosity
gugut *n.* ጉጉት longing
gugut *n.* ጉጉት owl
gugut *n.* ጉጉት zeal
gulibet *n.* ጉልበት knee
gulibetam *a.* ጉልበታም stout
gulih *a.* ጉልህ conspicuous
gulilat *n* ጉልላት dome
gulilat *n.* ጉልላት steeple
gulitet *n.* ጉልጠት energy
gum *n* ጉም fog
gum *n.* ጉም mist
gunich *n* ጉንጭ cheek
gunidan *n* ጉንዳን ant
gunigun abeba *n* ጉንጉን አበባ anadem
gura *n* ጉራ boast
gura *n* ጉራ brag
guraj *n.* ጉራጅ stub
gurid qemis *n.* ጉርድ ቀሚስ skirt
gurid yewisit libis *n.* ጉርድ የውስጥ ልብስ petticoat
gurimirimita *n.* ጉርምርምታ rumble
gurimisina *a.* ጉርምስና adolescent
gurimisina *n.* ጉርምስና puberty
gurisha *n.* ጉርሻ gratuity
gurisha *n.* ጉርሻ honorarium
gurisha *n.* ጉርሻ mouthful
gurisha *n.* ጉርሻ tip
gurisha sete *v.t.* ጉርሻ ሰጠ tip
gurit *n.* ጉርጥ toad
guroro *n.* ጉሮሮ throat
gusiberi *n.* ጉስቤሪ gooseberry
gutigota *a.* ጉትጎታ henpecked
gutiyo *n* ጉትዮ crest
guto *n.* ጉቶ stump
guzo *n.* ጉዞ march
guzo *n* ጉዞ ride
guzo *n* ጉዞ travel
guzo *n.* ጉዞ trip
gwad *n.* ጓድ troop
gwada *n.* ጓዳ pantry
gwadenya *n.* ጓደኛ companion
gwadenya *n.* ጓደኛ comrade
gwadenya *n* ጓደኛ fellow
gwadenya *n.* ጓደኛ friend
gwagwa *v.i* ጓጓ long
gwanit *n.* ጓንት gauntlet
gwanit *n.* ጓንት mitten
gwaz *n.* ጓዝ baggage
gwaz *n.* ጓዝ luggage

H

habihab *n.* ሀብሀብ melon
habihab *n.* ሀብሀብ water-melon
habire kokeb *n.* ኅብረ ኮከብ constellation
habit *n.* ሀብት resource
habit *n.* ሀብት riches
habit *n.* ሀብት treasure
habit *n.* ሀብት wealth
habitam *a.* ሀብታም affluent
habitam *n.* ሀብታም millionaire
habitam *a.* ሀብታም prosperous
habitam *a.* ሀብታም rich
habitam *a.* ሀብታም wealthy
habitam *a.* ሀብታም well-to-do
habitam negade *n.* ሀብታም ነጋዴ magnate
habitam sew *n.* ሀብታም ሰው croesus
habitam sew *n.* ሀብታም ሰው nabob
hadid *n.* ሀዲድ rail
hafiret *n.* ሀፍረት shame
hafirete bis *a.* ሀፍረተ ቢስ shameless
hager *n.* ሀገር country

hager gobinyi *n.* ሀገር ጐብኚ tourist
hakim *n* ሀኪም doctor
hakim *n.* ሀኪም medico
hakim *n.* ሀኪም physician
hakim bet *n.* ሀኪም ቤት hospital
hakim neny bilo machiberiber *n.* ሀኪም ነኝ ብሎ ማጭበርበር quackery
hala qer *adv.* ኋላ ቀር backward
hala yeqere *n.* ኃላ የቀረ straggler
halafi *n.* ኀላፊ transitory
halafinet *n.* ሐላፊነት mandate
halafinet *n.* ኃላፊነት onus
halafinet *n.* ሀላፊነት responsibility
halafinet yemayisemaw *a.* ሀላፊነት የማይሰማው irresponsible
halina *n* ኀሊና conscience
halum bota megenyet *n.* ሀሉም ቦታ መገኘት omnipresence
halum bota yemigeny *a.* ሀሉም ቦታ የሚገኝ omnipresent
hamet *a* ሀሜት malign
hamet *n.* ሀሜት slander
hamirawi *adj./n.* ሀምራዊ purple
hamirawi *n.* ሀምራዊ violet
hamisa *n.* ሀምሳ fifty
hamot *n* ሀሞት bile
hamus *n.* ሀሙስ Thursday
haqenya *a.* ሀቀኛ truthful
har *n.* ሀር silk
har yemimesil *a.* ሀር የሚመስል silky
haraj *n* ሀራጅ auction
hareg *n* ሀረግ ivy
harur awiraja *n.* ሀሩር አውራጃ tropic
hasab *n* ሀሳብ concept
hasab *n.* ሀሳብ idea
hasab *n.* ሀሳብ intention
hasab *n* ሀሳብ thought
hasab ameneche *v.t.* ሀሳብ አመነጨ initiate
hasab amenichinet *n.* ሀሳብ አመንጭነት initiative
hasab senezere *v.t.* ሀሳብ ሰነዘረ voice
hasab yemiyamenech *n.* ሀሳብ የሚያመነጭ theorist
hasabawi negeroch *n.* ሀሳባዊ ነገሮች nonentity
hasabe gitir *a.* ሐሳበ ግትር headstrong
hasabin aqerebe *v.t.* ሐሳብን አቀረበ suggest
hasabin aseretse *v.t.* ሀሳብን አሰረፀ inculcate
hasabu yetebetatene *a.* ሀሳቡ የተበታተነ inattentive
hasabun aqerebe *v.t.* ሀሳቡን አቀረበ propound
hasabun qeyere *v.t. & i.* ሀሳቡን ቀየረ deflect
haset mehonun asireda *v. t* ሐሰት መሆኑን አስረዳ disprove
hasetenyan agalete *v.t.* ሀሰተኛን አጋለጠ confute
hateta *n* ሀተታ commentary
hateta *n.* ሀተታ version
hateta sechi *n* ሀተታ ሰጪ commentator
hatiat *n.* ሀጢአት sin
hatiat sera *v.i.* ሀጢአት ሰራ sin
hatiatenya *n.* ሀጢአተኛ sinner
hatiyatenya *a.* ሀጢያተኛ sinful
hawariya *n.* ሐዋርያ apostle
hawilit *n.* ሀውልት monument
hawilit *n.* ሐውልት statue
haya *n* ሃያ twentieth
haya *a.* ሃያ twenty
haya *n* ሃያ twenty
hayal *a.* ሐያል almighty

hayal *adj.* ሀያል mighty
hayanya *a.* ሃያኛ twentieth
hayidirojin *n.* ሀይድሮጅን hydrogen
hayil *n* ሀይል force
hayil *n.* ኃይል might
hayil *n.* ኃይል power
hayil yalew *a.* ሃይል ያለው potent
hayil yelelew *a.* ሐይል የሌለው impotent
hayilenya *a* ኃይለኛ extreme
hayilenya *a.* ሀይለኛ intense
hayilenya *a.* ኃይለኛ powerful
hayilenya *a.* ኃይለኛ severe
hayilenya *a.* ኃይለኛ strong
hayilenya *a.* ኀይለኛ torrential
hayilenya *a.* ሀይለኛ vehement
hayilenya nefas *n* ኃይለኛ ነፋስ blizzard
hayilenya nefas *n.* ኃይለኛ ነፋስ gust
hayilenya shita *n.* ሀይለኛ ሽታ pungency
hayilenya shita yalew *a.* ሀይለኛ ሽታ ያለው pungent
hayilenya simet *n.* ሀይለኛ ስሜት frenzy
hayilenyinet *n.* ኃይለኛነት preponderance
hayilenyinet *n.* ኃይለኛነት severity
hayilenyinet *n.* ሀይለኛነት vehemence
hayimanot *n.* ሀይማኖት mysticism
hayimanot *n.* ሀይማኖት religion
hayimanot atibaqi *n.* ሃይማኖት አጥባቂ piety
hayimanot yeminiq *a.* ሀይማኖት የሚንቅ profane
hayimanotenya *a.* ሀይማኖተኛ pious
hayimanotenya *a.* ሀይማኖተኛ religious
hayiq *n.* ሀይቅ lake
hazen *n* ሀዘን bereavement
hazen *n* ሀዘን dejection
hazen *n.* ሀዘን sorrow
hazenitenya *n.* ሀዘንተኛ mourner
hazenitenya sew *n.* ሀዘንተኛ ሰው woeful
hede *v.i.* ሄደ go
hedo ameta *v.t* ሄዶ አመጣ fetch
hibiret *n.* ህብረት alliance
hibiret *n* ህብረት coalition
hibiret *n.* ህብረት concrescence
hibiret *n.* ህብረት incorporation
hibiret *n.* ሕብረት solidarity
hibiret *n.* ሕብረት union
hibiret aderege *v.i* ህብረት አደረገ mass
hibireteseb *n.* ሕብረተሰብ society
hidag *n.* ሕዳግ margin
hidar *n.* ሕዳር november
hidase *n.* ህዳሴ renaissance
hidet *n.* ሂደት course
hidet *n.* ሂደት process
hig *n* ህግ canon
hig *n* ህግ code
hig *n* ህግ doctrine
hig *n* ህግ dogma
hig *n.* ህግ law
hig *n.* ህግ legislation
hig aweta *v.i.* ህግ አወጣ legislate
hig awich kifil *n.* ህግ አውጭ ክፍል legislator
hig metas *n.* ህግ መጣስ default
hig metas *n.* ሕግ መጣስ offence
hig metas *n.* ህግ መጣስ violation
hig metelalef *n.* ሕግ መተላለፍ trespass
hig telalafe *v.i.* ሕግ ተላላፈ trespass
higawi *a.* ሕጋዊ judicial
higawi *a.* ህጋዊ lawful
higawi *a.* ህጋዊ legal

higawi *a.* ህጋዊ legitimate
higawi *a.* ህጋዊ valid
higawi aderege *v.t.* ህጋዊ አደረገ legalize
higawi mebit binorewum eiyaweqe yemitewu *v.t.* ሕጋዊ መብት ቢኖረውም እያወቀ የሚተው waive
higawi sira makenawen *v.i.* ሕጋዊ ሥራ ማከናወን officiate
higawinet *n.* ህጋዊነት legality
higawinet *n.* ህጋዊነት legitimacy
hige menigisit *n* ሕገ መንግስት charter
hige menigisit *n* ሕገ መንግስት constitution
hige wet *a.* ህገ ወጥ illegal
hige wet *a.* ህገ ወጥ illegitimate
hige wet einidehone tenagere *v.t* ሕገ ወጥ እንደሆነ ተናገረ outlaw
higewet *a.* ህገወጥ lawless
higewet *a.* ህገወጥ wrongful
hikimina *n.* ህክምና therapy
hilim *n* ህልም dream
hilimenya *a.* ህልመኛ utopian
hilina mesat *n.* ህሊና መሳት coma
hilina mesat *a* ህሊና መሳት faint
hilinawin sate *v.i* ህሊናውን ሳተ faint
himem *n.* ህመም illness
himem *n.* ህመም pain
hinitsa *n* ህንጻ edifice
his *n.* ሂስ stricture
hisab *n.* ሒሳብ arithmetic
hisab *n.* ሂሳብ calculation
hisab asebe *v.t.* ሂሳብ አሰበ compute
hisab meteyeqiya *n* ሒሳብ መጠየቂያ bill
hitimet *n* ህትመት print
hitimet *n.* ህትመት publication
hitsan *n.* ህፃን babe
hitsan *n.* ህፃን baby
hitsan *n* ሕፃን building
hitsan *n* ህፃን child
hitsan *n.* ህፃን infant
hitsan geday *n.* ህፃን ገዳይ infanticide
hiwas *n.* ሕዋስ cell
hiyiwet *n* ህይወት life
hiyiwet aliba *a.* ህይወት አልባ lifeless
hiyiwet mesitet *n* ሕይወት መስጠት animation
hiyiwet sete *v.t.* ሕይወት ሰጠ animate
hiyiwet yalew *a.* ሕይወት ያለው animate
hiyiwet yalew *a.* ሕይወት ያለው live
hiyiwet yalew *a.* ሕይወት ያለው organic
hiyiwet yalew neger *n.* ሕይወት ያለው ነገር organism
hiyiwet yalew neger megenibatina mefires *n.* ህይወት ያለው ነገር መገንባትና መፍረስ metabolism
hizib *n* ሕዝብ crowd
hizib *n.* ህዝብ people
hizib *n.* ህዝብ public
hizib mola *v.t.* ህዝብ ሞላ people
hizibawi *a* ሕዝባዊ civil
hizibawi beal *n* ህዝባዊ በአል carnival
hizibawi menigisit *n.* ህዝባዊ መንግስት republic
hizibe wisane *n.* ህዝበ ውሳኔ referendum
hizibin masamets *n.* ህዝብን ማሳመፅ sedition
hod *n* ሆድ abdomen
hod *n* ሆድ belly
hod *n.* ሆድ midriff

hod *n.* ሆድ stomach
hod eiqa *n.* ሆድ እቃ entrails
hodam *n.* ሆዳም glutton
hodaminet *n.* ሆዳምነት gluttony
hode basha *a* ሆደ ባሻ tender
hon bilo *adv.* ሆን ብሎ purposely
hon bilo matifat *n.* ሆን ብሎ ማጥፋት sabotage
hone *v.t.* ሆነ be
hone *v. i* ሆነ become
hone *v.t.* ሆነ happen
honom *adv.* ሆኖም anyhow
honom *adv.* ሆኖም though
hotel *n.* ሆቴል mote
hotel bet *n.* ሆቴል ቤት hotel
hukata *n* ሁካታ babel
hukata *n* ሁካታ commotion
hukata *n* ሁካታ din
hukata *n.* ሁካታ hubbub
hukata *n.* ሁካታ racket
hukata *n.* ሁካታ row
hukata *n.* ሁካታ tumult
hukata *n.* ሁካታ uproar
hukata fetere *v. t* ሁካታ ፈጠረ commove
huket *n.* ሁከት pandemonium
huket *n.* ሁከት turbulence
huket *n* ሁከት unrest
huket *n.* ሁከት violence
huketenya *a.* ሁከተኛ turbulent
hulegeb *a.* ሁለገብ versatile
hulegebinet *n.* ሁለገብነት versatility
hulet *pref* ሁለት bi
hulet *n.* ሁለት two
hulet *a.* ሁለት two
hulet eitif *n* ሁለት እጥፍ double
hulet gize *adv.* ሁለት ጊዜ twice
hulet qwaniqwa yemichil *a* ሁለት ቋንቋ የሚችል bilingual
huletenya *a.* ሁለተኛ second
huletenya *a.* ሁለተኛ secondary
huletu *conj* ሁለቱ both
huletum *pron* ሁለቱም both
huligize *adv* ሁልጊዜ always
huligize *adv* ሁልጊዜ forever
huligize yemitaseb neger *n.* ሁልጊዜ የሚታሰብ ነገር preoccupation
hulu *a.* ሁሉ all
hulu sew *n* ሁሉ ሰው all
hulum neger tikikil kalihone bay *n.* ሁሉም ነገር ትክክል ካልሆነ ባይ stickler
hulum sew *pron* ሁሉም ሰው all
hulun amany *a.* ሁሉን አማኝ trustful
hulun awaqi *a.* ሁሉን አዋቂ omniscient
hulun beshita yemiyadin *n.* ሁሉን በሽታ የሚያድን panacea
hulun chay *a.* ሁሉን ቻይ omnipotent
hulun chayinet *n.* ሁሉን ቻይነት omnipotence
hulun maweq *n.* ሁሉን ማወቅ omniscience
hulun neger mamilek *n.* ሁሉን ነገር ማምለክ pantheism
hulun neger yemiyakatit *a* ሁሉን ነገር የሚያካትት overall
hulun neger yemiyamelik *n.* ሁሉን ነገር የሚያመልክ pantheist
hulunim yakatete *a.* ሁሉንም ያካተተ inclusive
huneta *n* ሁኔታ circumstance
huneta *n* ሁኔታ condition
huneta *n* ሁኔታ event
huneta *n.* ሁኔታ mood
huneta *n.* ሁኔታ situation
huneta *n.* ሁኔታ status
hunetawi *a* ሁኔታዊ conditional
hwala *adv.* ኋላ afterwards

I

ikonomikis *n.* ኢኮኖሚክስ economics
ilama *n.* ኢላማ target
imiperiyalizim *n.* ኢምፔሪያሊዝም imperialism
inich *n.* ኢንች inch
inidusitiri *n.* ኢንዱስትሪ industry
inifiluweniza *n.* ኢንፍሉዌንዛ influenza
iyobeliyu *n.* ኢዮቤልዩ jubilee

J

jaket *n.* ጃኬት jacket
jebena *n.* ጀበና porcelain
jebid yetemola *n* ጀብድ የተሞላ epic
jebidu *n* ጀብዱ adventure
jebidu *n* ጀብዱ exploit
jebidu *n* ጀብዱ feat
jegina *a.* ጀግና courageous
jegina *n.* ጀግና hero
jegina *a.* ጀግና mettlesome
jegina *n.* ጀግና patriot
jegininet *n* ጀግንነት bravery
jegininet *n.* ጀግንነት courage
jegininet *n.* ጀግንነት heroism
jegininet *n.* ጀግንነት partiotism
jegininet *n.* ጀግንነት valour
jeliba *n* ጀልባ boat
jeliba weniz dar asere *v.t* ጀልባ ወንዝ ዳር አሰረ moor
jemari *n.* ጀማሪ learner
jemari *n.* ጀማሪ novice
jemere *n* ጀመረ begin
jemere *v. t* ጀመረ commence
jemere *v.t.* ጀመረ launch
jemere *v.t.* ጀመረ pioneer
jemere *v.t.* ጀመረ start
jemere *v.t.* ጀመረ undertake
jemiro *adv.* ጀምሮ forth
jenereter *n.* ጀኔሬተር generator
jenidereba *n* ጀንደረባ eunuch
jeriba *n.* ጀርባ back
jet ayiropilan *n.* ጀት አይሮፕላን jet
jib *n.* ጅብ hyaena, hyena
jigira *n.* ጅግራ quail
jil *adj.* ጅል asinine
jil *n.* ጅል clod
jil *n* ጅል dunce
jil *n.* ጅል simpleton
jilajil *adj.* ጅላጅል+ daft
jimila negade *n.* ጅምላ ነጋዴ jobber
jimila negade *n.* ጅምላ ነጋዴ wholesaler
jimila shiyach *n.* ጅምላ ሽያጭ wholesale
jinis *n.* ጂንስ jean
jiogirafi *n.* ጂኦግራፊ geography
jiogirafikawi *a.* ጂኦግራፊካዊ geographical
jiometiri *n.* ጂኦሜትሪ geometry
jiraf *n* ጅራፍ lash
jirat *n.* ጅራት tail
jiratam kokeb *n* ጅራታም ኮከብ comet
jiret *n.* ጅረት brook
jiret *n.* ጅረት creek
joniya *n.* ጆንያ sack
joro *n* ጆሮ ear
joro degif *n.* ጆሮ ደግፍ mumps
joro yemimesil *adj.* ጆሮ የሚመስል auriform
jupiter *n.* ጁፒተር jupiter

K

kaba *n.* ካባ cape
kaba *n.* ካባ cloak
kaba *n.* ካባ robe
kaba alebese *v.t.* ካባ አለበሰ robe
kade *v. t* ካደ abnegate
kade *v. t.* ካደ deny
kadimiyem *n* ካድሚየም cadmium
kafiya *n* ካፊያ drizzle
kager asiweta *v.t.* ካገር አስወጣ deport
kalihone *a* ካልሆነ else
kalisi *n.* ካልሲ hosiery
kalisiyem *n* ካልሲየም calcium
kalori *n.* ካሎሪ calorie
kapirikorin *n* ካፕሪኮርን Capricorn
kapitalizim *n.* ካፒታሊዝም capitalist
kaporit *n.* ካፖርት overcoat
karibon *n.* ካርቦን carbon
karid *n.* ካርድ card
karita *n.* ካርታ chart
karita *n* ካርታ map
karita sera *v.t.* ካርታ ሰራ map
karitawoch yeyaze metsihaf *n.* ካርታዎች የያዘ መጽሐፍ atlas
kariton *n.* ካርቶን cardboard
kariton *n* ካርቶን carton
karot *n.* ካሮት carrot
kasa *n.pl.* ካሳ amends
kasa *n* ካሳ compensation
kasa *n.* ካሳ indemnity
kasa *n.* ካሳ recompense
kasa kifiya *n* ካሳ ክፍያ forfeit
kasa kifiya *n* ካሳ ክፍያ forfeiture
kase *n.* ካሰ ball
kase *v.t* ካሰ compensate
kase *v.t.* ካሰ recompense
kaset *n.* ካሴት cassette
katediral *n.* ካቴድራል cathedral
katena *n.* ካቴና handcuff
katolikawi *a.* ካቶሊካዊ catholic
kazina *n.* ካዝና safe
kazina *n. conj.* ካዝና till
kazina *n.* ካዝና vault
ke *conj* ከ before
ke . . . bashager *prep.* ከ . . . ባሻገር across
ke . . . befit *adv.* ከ . . . በፊት ago
ke . . . behwala *prep.* ከ . . . በኋላ after
ke . . . behwala *conj.* ከ . . . በኋላ after
ke . . . mehakel *prep.* ከ . . . መሀከል among
ke . . . mehakel *prep.* ከ . . . መሀከል amongst
ke … besiteqer *prep* ከ … በስተቀር save
ke...besiteqer *conj.* ከ...በስተቀር unless
ke...betach *prep* ከ...በታች below
ke...hwala *adv* ከ...ኋላ behind
ke… *prep.* ከ… from
ke…bashager *prep.* ከ…ባሻገር beyond
ke…befit *prep* ከ…በፊት before
ke…behwala *adv.* ከ…በኋላ hence
ke…besiteqer *prep* ከ…በስተቀር except
ke…betach *prep.* ከ…በታች under
ke…gar *prep.* ከ…ጋር with
ke…gon *prep.* ከ…ጎን beside
ke…lela *prep* ከ…ሌላ besides
ke…sir *prep* ከ…ስር beneath
ke…wedih *prep.* ከ…ወዲህ since
ke…wichi *prep* ከ…ውጪ outside
keadega adane *v.t.* ከአደጋ አዳነ salvage

keadega madan *n.* ከአደጋ ማዳን salvage
keageligilot wich yehone *a.* ከአገልግሎት ውጭ የሆነ inoperative
keahun behwala *adv.* ከአሁን በኋላ henceforth
keahun behwala *adv.* ከአሁን በኋላ henceforward
keakababiw alemesimamat *n.* ከአካባቢው አለመስማማት mal adjustment
keanid belay misit yalew *a.* ከአንድ በላይ ሚስት ያለው polygamous
keanid belay misit yemagibat limad *n.* ከአንድ በላይ ሚስት የማግባት ልማድ polygamy
keanid dinigay yetesera hawilit *n.* ከአንድ ድንጋይ የተሰራ ሀውልት monolith
keanidu wede lelaw eiyabete yemihed *n.* ከአንዱ ወደ ሌላው እያበጠ የሚሄድ cone
keasa yemisera shoriba *n* ከአሳ የሚሰራ ሾርባ bisque
keayer lay *a.* ከአየር ላይ aerial
kebabi *adj.* ከባቢ ambient
kebabi ayer *n.* ከባቢ አየር atmosphere
kebad *a* ከባድ burdensome
kebad *a.* ከባድ grave
kebad *a.* ከባድ weighty
kebad eiqa manisha *n* ከባድ እቃ ማንሻ crane
kebad zinab *n* ከባድ ዝናብ downpour
kebadina asichegari huneta *n.* ከባድና አስቸጋሪ ሁኔታ plight
kebahir mehakel wiha yekebebe alet *n.* ከባህር መሀከል ውሀ የከበበ አለት atoll
kebarinet netsa aweta *v.t.* ከባርነት ነጻ አወጣ manumit
kebarinet netsa mawitat *n.* ከባርነት ነጻ ማውጣት manumission
kebeba *v. t.* ከበባ encircle
kebeba *n.* ከበባ siege
kebebe *v. t* ከበበ besiege
kebebe *v. t* ከበበ encompass
kebebe *v.t.* ከበበ gird
kebebe *v.t.* ከበበ surround
kebebit menija arichume *n.* ከበብት መንጃ አርጩሜ goad
kebeqi belay *a.* ከበቂ በላይ ample
kebeqi belay *a.* ከበቂ በላይ superabundant
kebero *n* ከበሮ drum
kebero deleqe *v.t.* ከበሮ ደለቀ thump
kebero medeleqe *n.* ከበሮ መደለቀ thump
kebero meta *v.i.* ከበሮ መታ drum
kebero meta *v.i.* ከበሮ መታ palpitate
kebet wich yetesera *a.* ከቤት ውጭ የተሰራ outdoor
kebir sera *v.t.* ከብር ሰራ silver
kebiret yetesera atir *n.* ከብረት የተሰራ አጥር raling
kebiro yemibarer *a.* ከቢሮ የሚባረር removable
kebisibash yemisera madaberiya *n* ከብስባሽ የሚሰራ ማዳበሪያ compost
kebit *n.* ከብት cattle
kebit mashenat *v.t.* ከብት ማሸናት stale
kebizat gar yeteyayaze *a.* ከብዛት ጋር የተያያዘ quantitative
kebizu getsitawoch anidu *n* ከብዙ ገጽታዎች አንዱ facet
keda *v.t.* ከዳ betray

kedanyoch anidu abal *n.* ከዳኞች አንዱ አባል juror
kedar eisikedar *adv.* ከዳር እስከዳር across
kedar eisikedar *prep.* ከዳር እስከዳር through
kedatenya *n.* ከዳተኛ traitor
kedene *v. t.* ከደነ cover
kedene *v.t.* ከደነ thatch
kedimits belay yemifetin *a.* ከድምፅ በላይ የሚፈጥን supersonic
kedimits gar yeteyayaze *a* ከድምፅ ጋር የተያያዘ acoustic
keeinichet yetesera *a.* ከእንጨት የተሰራ wooden
keeinigidih *adv.* ከእንግዲህ hereafter
keeiniqulalina kewetet yemisera migib *n* ከእንቁላልና ከወተት የሚሰራ ምግብ custard
keeirisas yetesera *a.* ከእርሳስ የተሰራ leaden
keeirisha gar yeteyayaze *a.* ከእርሻ ጋር የተያያዘ agrarian
keeisir teleqeqe *v.t.* ከእስር ተለቀቀ parole
keeiwineta yeraqe neger asaye *v.t.* ከእውነታ የራቀ ነገር አሳየ overact
kef aderege *v. t* ከፍ አደረገ elevate
kef aderege *v.t.* ከፍ አደረገ promote
kef aderege *v.t.* ከፍ አደረገ raise
kef aderege *v.t.* ከፍ አደረገ rear
kef yale bota *prep.* ከፍ ያለ ቦታ up
kef yale chilota yalew sew *n* ከፍ ያለ ችሎታ ያለው ሰው ace
kef yale tefitafa bota *n.* ከፍ ያለ ጠፍጣፋ ቦታ plateau
kef yale tilacha *n.* ከፍ ያለ ጥላቻ rancour

kefay *n.* ከፋይ payee
kefay *n.* ከፋይ proportion
kefay *n.* ከፋይ velvet
kefele *v. t* ከፈለ divide
kefele *v.t.* ከፈለ pay
kefele *v.t.* ከፈለ remit
kefele *v.t.* ከፈለ remunerate
kefele *v.t.* ከፈለ repay
kefele *v.t.* ከፈለ segment
kefen *n.* ከፈን shroud
kefete *v.t.* ከፈተ open
kefich behwala anidu lelelaw yemikefilew genizeb *n.* ከፍች በኋላ አንዱ ለሌላው የሚከፍለው ገንዘብ alimony
kefit yetelake melikitenya *n* ከፊት የተላከ መልክተኛ forerunner
kefita *n.* ከፍታ altitude
kefita *n* ከፍታ elevation
kefita *n.* ከፍታ height
kefita *n.* ከፍታ summit
kefitenya *a.* ከፍተኛ high
kefitenya *a.* ከፍተኛ lofty
kefitenya *a.* ከፍተኛ maximum
kefitenya *a.* ከፍተኛ supreme
kefitenya chilota *n.* ከፍተኛ ችሎታ excellence
kefitenya chuhet *n.* ከፍተኛ ጩኸት shriek
kefitenya dereja meyaz *v.t.* ከፍተኛ ደረጃ መያዝ accede
kefitenya dimits *a.* ከፍተኛ ድምጽ thunderous
kefitenya filagot *adj.* ከፍተኛ ፍላጎት appetent
kefitenya filagot *adj.* ከፍተኛ ፍላጎት athirst
kefitenya filagot *n* ከፍተኛ ፍላጎት urge
kefitenya filagot yalew sew *n* ከፍተኛ ፍላጎት ያለው ሰው devotee

kefitenya fitinet *n* ከፍተኛ ፍጥነት breakneck
kefitenya gugut yalew *adj.* ከፍተኛ ጉጉት ያለው avid
kefitenya hazen *n.* ከፍተኛ ሀዘን woe
kefitenya quta *n.* ከፍተኛ ቁጣ wrath
kefitenya qutir *n.* ከፍተኛ ቁጥር myriad
kefitenya simet *n.* ከፍተኛ ስሜት aspiration
kefitenya simet *a.* ከፍተኛ ስሜት torrid
kefitenya simet yalew *n.* ከፍተኛ ስሜት ያለው aspirant
kefitenya taeim *n* ከፍተኛ ጣእም esteem
kefitenya tebeqa *n.* ከፍተኛ ጠበቃ barrister
kefitenya teqaminet yalew *n.* ከፍተኛ ጠቃሚነት ያለው paramount
kefitenya tilacha *n* ከፍተኛ ጥላቻ animosity
kefitenya tilacha *n.* ከፍተኛ ጥላቻ odium
kefitenya tinikare *n.* ከፍተኛ ጥንካሬ virulence
kefitenya waga maqireb *v.t.* ከፍተኛ ዋጋ ማቅረብ outbid
kefitenya waga yalew *a.* ከፍተኛ ዋጋ ያለው valuable
kefitenya wenena tinikare *n.* ከፍተኛ ወኔና ጥንካሬ vitality
kefitenya wifiret *n.* ከፍተኛ ውፍረት obesity
kefitenya yeaeimiro beshita *n.* ከፍተኛ የአእምሮ በሽታ psychosis
kefitenya yelib mit *n.* ከፍተኛ የልብ ምት palpitation
kefitenya yewesib filagot *n.* ከፍተኛ የወሲብ ፍላጎት lust
kefitenya yewesib filagot yalew *a.* ከፍተኛ የወሲብ ፍላጎት ያለው lustful
kefitsame aderese *v.t.* ከፍፃሜ አደረሰ materialize
kegabicha befit *a.* ከጋብቻ በፊት premarital
kegichit tekelakele *v. t* ከግጭት ተከላከለ cushion
kegudayu gar yeteyayaze *a.* ከጉዳዩ ጋር የተያያዘ pertinent
kegudayu yaliteyayaze *a.* ከጉዳዩ ያልተያያዘ irrelevant
kehadi *a.* ከሀዲ shifty
kehar yetesera *a.* ከሀር የተሰራ silken
keharina kegimel tsegur yemisera cheriq *n* ከሀርና ከግመል ፀጉር የሚሰራ ጨርቅ camlet
kehulet anidum yalihone *conj.* ከሁለት አንዱም ያልሆነ neither
kehulet mehakel *prep* ከሁለት መሀከል between
kehuletu anidu *a.,* ከሁለቱ አንዱ either
kehulu mebilet *n.* ከሁሉ መብለጥ pre-eminence
kehulu yelaqe *a.* ከሁሉ የላቀ superlative
kehulu yemibelit *a.* ከሁሉ የሚበልጥ pre-eminent
kejeliba mewideq *adv.* ከጀልባ መውደቅ overboard
kejerim netsa aderege *v.t.* ከጀርም ነፃ አደረገ sterilize
kejerim netsa madireg *n.* ከጀርም ነፃ ማድረግ sterilization
kek *n.* ኬክ cake

kekaki wereqet *n* ከካኪ ወረቀት mania
keketema yeraqe yetor sefer *n.* ከከተማ የራቀ የጦር ሰፈር outpost
kekinid *n* ክክንድ forearm
kekiros *n.* ኬክሮስ longitude
kelay *prep.* ከላይ over
kelekele *v.t* ከለከለ bar
kelekele *v.t.* ከለከለ counteract
kelekele *v. t.* ከለከለ debar
kelekele *v.t.* ከለከለ delibate
kelekele *v. t* ከለከለ deprive
kelekele *v.t* ከለከለ forbid
kelekele *v.t.* ከለከለ inhibit
kelekele *v.i.* ከለከለ militate
kelekele *v.t.* ከለከለ taboo
kelekele *v.t.* ከለከለ withhold
kelela *n.* ከለላ protection
keleloch yelaqe sew *n.* ከሌሎች የላቀ ሰው superman
keler yemeleyet chigir *a.* ከለር የመለየት ችግር monochromatic
kelib *a* ከልብ fervent
kelib *adv.* ከልብ heartily
kelib *a.* ከልብ whole-hearted
kelib yalihone *a.* ከልብ ያልሆነ insincere
kelib yalihone dirigit *n.* ከልብ ያልሆነ ድርጊት insincerity
kelib yalihone simet *a* ከልብ ያልሆነ ስሜት maudlin
kelomi yemisera *n.* ከሎሚ የሚሰራ lemonade
kemahiberesebu megelel *n.* ከማህበረሰቡ መገለል parish
kemehal yemishesh *adj.* ከመሃል የሚሸሽ centrifugal
kemejemeriyaw eisike mechereshaw *prep.* ከመጀመሪያው እስከ መጨረሻው along
kemere *v.t* ከመረ heap
kemerejawoch bemenesat mewesen *n.* ከመረጃዎች በመነሳት መወሰን inference
kemeret betach *a.* ከመሬት በታች subterranean
kemeten belay *n* ከመጠን በላይ excess
kemeten belay *n.* ከመጠን በላይ surfeit
kemeten belay chane *v.t.* ከመጠን በላይ ጫነ overload
kemeten belay mechan *n* ከመጠን በላይ መጫን overload
kemeten belay medihanit mewised *n.* ከመጠን በላይ መድሃኒት መውሰድ overdose
kemeten belay medihanit wesede *v.t.* ከመጠን በላይ መድሃኒት ወሰደ overdose
kemeto amet belay yehone *n* ከመቶ አመት በላይ የሆነ centenarian
kemetonya *n.* ከመቶኛ percentage
kemieirab *a.* ከምዕራብ western
kemifelegew belay *a.* ከሚፈለገው በላይ superfluous
kemikal *n.* ኬሚካል chemical
kemisiraq *adv* ከምስራቅ east
kemisitiri *n.* ኬሚስትሪ chemistry
kemot behala yemisera *a.* ከሞት በኃላ የሚሰራ post-mortem
kenedaj yemigeny lamiba *n.* ከነዳጅ የሚገኝ ላምባ paraffin
kenifer *n.* ከንፈር lip
keniferin yaledimats aniqesaqese *v.t.* ከንፈርን ያለድማፅ አንቀሳቀሰ mouth
kenitiba *n.* ከንቲባ mayor
kenitiros *n.* ኬንትሮስ latitude
kenitu *a.* ከንቱ futile
kenitu *a.* ከንቱ worthless

kenitunet *n.* ከንቱነት futility
keqibat eihiloch yemisera fesash *n.* ከቅባት እህሎች የሚሰራ ፈሳሽ glycerine
keqin libona yemeneche *a* ከቅን ልቦና የመነጨ bonafide
kequtir belete *v.t.* ከቁጥር በለጠ outnumber
kequtitir wich *adv.* ከቁጥጥር ውጭ amuck
kerebat *n* ከረባት tie
keremela *n.* ከረሜላ candy
keremela *n* ከረሜላ sweet
keribe *n.* ከርቤ myrrh
kerifafa *a.* ከርፋፋ ungainly
keruq wiha yale yemimesil *n.* ከሩቅ ውሀ ያለ የሚመስል mirage
kesash *n.* ከሳሽ plaintiff
kesekese *v. i.* ከሰከሰ dash
kesese *v.t* ከሰሰ file
kesese *v.t.* ከሰሰ impeach
kesese *v.t.* ከሰሰ incriminate
kesese *v.t.* ከሰሰ indict
kesese *v.t.* ከሰሰ prosecute
kesese *v.t.* ከሰሰ sue
kesew aqim belay *a.* ከሰው አቅም በላይ susperhuman
keshefe *v.i.* ከሸፈ misfire
kesilitan awerede *v.t.* ከስልጣን አወረደ overthrow
kesilitan mawired *n* ከስልጣን ማውረድ overthrow
kesilitan werede *v. t* ከስልጣን ወረደ dethrone
kesir *adv.* ከስር underneath
kesir asemerebet *v.t.* ከስር አሰመረበት underline
kesira seat belay *adv.* ከስራ ሰአት በላይ overtime
kesiriat wichi *a* ከስርአት ውጪ unmannerly
kesosit belay kwasoch qibibilosh *v.t.* ከሶስት በላይ ኳሶች ቅብብሎሽ juggle
kesosit belay kwasoch qibibilosh mechawet *n.* ከሶስት በላይ ኳሶች ቅብብሎሽ መጫወት juggler
kesositu anidu *n* ከሶስቱ አንዱ triplicate
ketarik befit *a.* ከታሪክ በፊት prehistoric
ketebe *v.t.* ከተበ immunize
ketebe *v.t.* ከተበ inoculate
ketebe *v.t.* ከተበ vaccinate
ketefe *v.t.* ከተፈ mince
ketefetiro hig wich yehone *a.* ከተፈጥሮ ሕግ ውጭ የሆነ supernatural
ketefetiro yelaqe tibeb *a.* ከተፈጥሮ የላቀ ጥበብ psychic
ketelat gar tederadere *v.i* ከጠላት ጋር ተደራደረ parley
ketelat gar yemidereg diridir *n.* ከጠላት ጋር የሚደረግ ድርድር parley
ketelemedew weta malet *n* ከተለመደው ወጣ ማለት deviation
ketema *n* ከተማ city
ketema *n.* ከተማ town
ketema dar *n.* ከተማ ዳር suburb
ketema menor *a.* ከተማ መኖር urban
ketemedebubet bota meraq *adv.* ከተመደበበት ቦታ መራቅ afield
keteqemach genizeb belay mawitat *v.t.* ከተቀማጭ ገንዘብ በላይ ማውጣት overdraw
ketidar befit yale gize *adj.* ከትዳር በፊት ያለ ጊዜ antenuptial
ketifat netsa weta *v.t* ከጥፋት ነፃ ወጣ absolve

ketiliq bet qetila yalech tinish bet *n.* ከትልቅ ቤት ቀጥላ ያለች ትንሽ ቤት outhouse
ketiliq dinigay yetesera *a.* ከትልቅ ድንጋይ የተሰራ megalithic
ketiqurina nech welajoch yetewelede lij *n.* ከጥቁርና ነጭ ወላጆች የተወለደ ልጅ mulatto
ketirazoch anidu *n.* ከጥራዞች አንዱ tome
ketorinet netsa hone *v.t.* ከጦርነት ነፃ ሆነ neutralize
kewakibit *n.* ከዋክብት galaxy
kewenid gar wesib yemifetsim wenid *n.* ከወንድ ጋር ወሲብ የሚፈፅም ወንድ sodomite
kewenid gar wesib yemifetsim wenid *n.* ከወንድ ጋር ወሲብ የሚፈፅም ወንድ sodomy
kewenijel netsa mehonun masaweq *v.t.* ከወንጀል ነፃ መሆኑን ማሳወቅ acquit
kewenijel netsa mehonun yemiyaregagit firid *n.* ከወንጀል ነፃ መሆኑን የሚያረጋግጥ ፍርድ acquittal
keweqitu gar yemihed *a.* ከወቅቱ ጋር የሚሔድ seasonable
kewereqet yeteqeretse misil *n.* ከወረቀት የተቀረጸ ምስል silhouette
kewetet yetesera keremela *n.* ከወተት የተሰራ ከረሜላ toffee
kewich yemetu eiqawoch *n.* ከውጭ የመጡ እቃዎች import
kewiha kefiyale meniged *n* ከውሀ ከፍያለ መንገድ causeway
keyet *adv.* ከየት whence
kezer telalefe *n.* ከዘር ተላለፈ hereditary
kezer yetesewere *n.* ከዘር የተሰወረ heredity
kezera *n.* ከዘራ cane
kezero betach *a* ከዜሮ በታች minus
kezih befit *adv.* ከዚህ በፊት before
kezih betach *adv* ከዚህ በታች below
kezih wedih *adv.* ከዚህ ወዲህ since
keziya *adv.* ከዚያ thence
keziya behwala *adv.* ከዚያ በኋላ thereafter
keziya wediya *adv.* ከዚያ ወዲያ further
keziyam lela *adv* ከዚያም ሌላ besides
kezufan awerede *v. t* ከዙፋን አወረደ depose
kib *n.* ክብ circle
kib *a* ክብ circular
kib *n.* ክብ circular
kib *a.* ክብ round
kib *a.* ክብ spherical
kib abeba *n.* ክብ አበባ wreath
kib aderege *v.t.* ክብ አደረገ round
kib ayinet *n.* ክብ ዓይነት orb
kib tara aliba adarash *n* ክብ ጣራ አልባ አዳራሽ amphitheatre
kib yebiret satin *n.* ክብ የብረት ሳጥን canister
kibeb *n* ክበብ club
kibidet *n.* ክብደት weight
kibidet qenese *v.i.* ክብደት ቀነሰ slim
kibir *n* ክብር dignity
kibir *n.* ክብር glory
kibir *n.* ክብር honour
kibir *n.* ክብር prestige
kibir *n.* ክብር regard
kibir *n.* ክብር respect
kibir *n.* ክብር reverence
kibir yemigebaw *a.* ክብር የሚገባው laureate

kibir yemigebaw *a.* ክብር የሚገባው worthy
kibirit *n.* ክብሪት match
kibur *n* ክቡር excellency
kidan *n.* ኪዳን testament
kidan *n.* ክዳን top
kidet *n* ክደት betrayal
kifat *n.* ክፋት malice
kifat *n.* ክፋት spite
kifat *n.* ክፋት vice
kifay *n.* ክፋይ segment
kifef *n* ክፈፍ frame
kififil *n* ክፍፍል division
kifil *n.* ክፍል chamber
kifil *n.* ክፍል compartment
kifil *n* ክፍል department
kifil *n.* ክፍል loft
kifil *n.* ክፍል part
kifil *n* ክፍል portion
kifil *n.* ክፍል room
kifil *n.* ክፍል section
kifil *n.* ክፍል ward
kifil *n.* ክፍል wardship
kifile alem *n.* ክፍለ አለም hemisphere
kifile hager *n* ክፍለ ሀገር canton
kifile hager *n.* ክፍለ ሀገር province
kifile hager *n.* ክፍለ ሀገር region
kifile qal *n.* ክፍለ ቃል syllabic
kifile qal *n.* ክፍለ ቃል syllable
kifile tor *n.* ክፍለ ጦር legion
kifilifay *n.* ክፍልፋይ fraction
kifilo sete *v.t.* ክፍሎ ሰጠ portion
kifiloch *n.* ክፍሎች suite
kifilochin yemileyay gidigida *n.* ክፍሎችን የሚለያይ ግድግዳ partition
kifit *a.* ክፍት vacant
kifit bota *n* ክፍት ቦታ gap
kifit bota *n.* ክፍት ቦታ vacancy
kifit korider *n.* ክፍት ኮሪደር portico
kifitet *n.* ክፍተት lacuna
kifitet *n.* ክፍተት opening
kifitet sete *v.t.* ክፍተት ሰጠ space
kifiya *n* ክፍያ fee
kifiya *n* ክፍያ pay
kifiya *n.* ክፍያ payment
kifiya *n.* ክፍያ remittance
kifiya *n.* ክፍያ remuneration
kifu *a.* ክፉ bad
kifu *a* ክፉ evil
kifu arogit *n.* ክፉ አሮጊት hag
kifu asabi sew *n.* ክፉ አሳቢ ሰው pessimist
kifu mehon *n.* ክፉ መሆን meanness
kifu sew *n* ክፉ ሰው churl
kifu yihonal bilo maseb *n.* ክፉ ይሆናል ብሎ ማሰብ pessimism
kihidet *n.* ክህደት treachery
kilariyon *n.* ክላሪዮን clarion
kilikela *n.* ክልከላ prohibition
kilil *n.* ክልል scope
kilinik *n.* ክሊኒክ clinic
kilorin *n* ክሎሪን chlorine
kimichit *n* ክምችት batch
kimir *n.* ክምር heap
kine-tibeb *n.* ኪነ-ጥበብ art
kinid *n.* ክንድ arm
kinid *n.* ክንድ limb
kinif *n* ክንፍ fin
kinif *n.* ክንፍ wing
kinif yalaweta wef *n.* ክንፍ ያላወጣ ወፍ nestling
kinif yalew *adj.* ክንፍ ያለው aliferous
kinin *n.* ክኒን pill
kinin *n.* ክኒን tablet
kinitarot *n.* ኪንታሮት wart
kir *n* ክር fibre
kir *n.* ክር stitch

kir *n* ክር strand
kir *n*. ክር thread
kir asigeba *v.t* ክር አስገባ thread
kirar *n*. ክራር lyre
kirar mesel *n*. ክራር መሰል lute
kiray *n*. ኪራይ lease
kiray *n*. ኪራይ rent
kiremit *n*. ክረምት winter
kiremitin beeiniqilif masalef *n*. ክረምትን በእንቅልፍ ማሳለፍ hibernation
kiremitin qoye *v.i* ክረምትን ቆየ winter
kirik *n*. ክሪክ jack
kiriket *n* ክሪኬት cricket
kirikir *n* ክርክር controversy
kirikir *n*. ክርክር debate
kirikir *n* ክርክር dispute
kirin *n* ክርን elbow
kirisitina *n*. ክርስትና Christianity
kirisitiyan *n* ክርስቲያን Christian
kirisitiyan *a*. ክርስቲያን Christian
kirisitos *n*. ክርስቶስ Christ
kis *n* ክስ accusation
kis *n*. ክስ impeachment
kis *n*. ክስ indictment
kis *n*. ኪስ pocket
kis *n*. ክስ prosecution
kis geba *v.t.* ኪስ ገባ pocket
kis mekelakeya *n*. ክስ መከላከያ countercharge
kisara *n* ኪሳራ fiasco
kisara *n*. ኪሳራ loss
kisara *n*. ኪሳራ ruin
kisitet *n*. ክስተት occurrence
kisun sema *v*. ክሱን ሰማ arraign
kitab *n*. ክታብ amulet
kitab *n*. ክታብ talisman
kitibat *n*. ክትባት injection
kitibat *n*. ክትባት inoculation
kitibat *n*. ክትባት vaccination
kitibat *n*. ክትባት vaccine

kitibat sechi *n*. ክትባት ሰጪ vaccinator
kititil *n*. ክትትል pursuit
kobelele *v. i* ኮበለለ elope
kobilay *n*. ኮብላይ fugitive
koda *n*. ኮዳ canteen
koda *n* ኮዳ flask
kofiya *n*. ኮፍያ cap
kofiya *n*. ኮፍያ hat
kofiya *n*. ኮፍያ leghorn
kok *n*. ኮክ apricot
kokeb *n*. ኮከብ star
kokeb qotari *n*. ኮከብ ቆጣሪ astrologer
kokeb qotera *n*. ኮከብ ቆጠራ astrology
kokonat *n* ኮኮናት coconut
kolej *n* ኮሌጅ college
kolej geba *v.t*. ኮሌጅ ገባ matriculate
kolej megibat *n*. ኮሌጅ መግባት matriculation
kolera *n*. ኮሌራ cholera
kolonel *n*. ኮሎኔል colonel
kominizim *n* ኮሚኒዝም communism
komipas *n* ኮምፓስ compass
komitate *n*. ኮምጣጤ vinegar
komite *n* ኮሚቴ committee
konene *v. t*. ኮነነ damn
konijekitiva *n*. ኮንጀክቲቫ conjunctiva
kora *v.t*. ኮራ pride
korebita *n*. ኮረብታ hill
korekore *v.t*. ኮረኮረ tickle
koreniti *n* ኮረንቲ current
koricha *n*. ኮርቻ saddle
korima bere *n* ኮርማ በሬ bull
korima bere betigil yegedele *n*. ኮርማ በሬ በትግል የገደለ matador
korinis *n*. ኮርኒስ ceiling
koriniz *n*. ኮርንዝ Corinth

koroyid *n* ኮሮይድ choroid
kosheshila *n.* ኮሸሽላ thistle
kositara *a* ኮስታራ serious
kot *n* ኮት coat
kote *n.* ኮቴ hoof
kubaniya *n.* ኩባንያ company
kubaniya *n* ኩባንያ corporation
kubaya *n.* ኩባያ mug
kufiny *n* ኩፍኝ measles
kukemiber *n* ኩከምበር cucumber
kulalit *n.* ኩላሊት kidney
kunene *n.* ኩነኔ damnation
kurat *n.* ኩራት pride
kuratenya *n.* ኩራተኛ snob
kure *n.* ኩሬ lagoon
kure *a.* ኩሬ mere
kure *n.* ኩሬ pond
kuriba *n* ኩርባ curve
kurishim yemil *a* ኩርሽም የሚል crisp
kuru *a.* ኩሩ proud
kwanitem *n.* ኳንተም quantum
kwas bemedaf meta *v.t.* ኳስ በመዳፍ መታ palm

L

lab *n.* ላብ perspiration
lab *n.* ላብ sweat
lab mawitat *v.i.* ላብ ማውጣት perspire
laba *n* ላባ aigrette
laba *n* ላባ feather
laba neche *v.t.* ላባ ነጨ pluck
lache *v.t.* ላጨ shave
lala *v.i.* ላላ relent
lalemesirat yewesene *a.* ላለመስራት የወሰነ perverse
lam *n.* ላም cow
lama *n.* ላማ lama
laniqa *n.* ላንቃ palate
laqe *v.i* ላቀ excel
laqe *v.t.* ላቀ outwit
lase *v.t.* ላሰ lick
late *v.t.* ላጠ peel
late *v.t.* ላጠ pulp
latenet *n.* ላጤነት celibacy
latenet *n.* ላጤነት celibacy
lay *adv* ላይ above
lay *adv.* ላይ up
lay *prep* ላይ upon
lay layin mayet *n* ላይ ላዩን ማየት browse
lay yale neger *n* ላይ ያለ ነገር over
layin siyiz *n* ላይን ሲይዝ dusk
layinen *n.* ላይነን linen
layinen *n.* ላይነን nylon
leachir gize *adv.* ለአጭር ጊዜ awhile
leachir gize *a* ለአጭር ጊዜ fitful
leakale meten yaliderese sew *n* ለአካለ መጠን ያልደረሰ ሰው minor
leakalemeten yederese wenid *n.* ለአካለመጠን የደረሰ ወንድ manhood
lealama mesewat *n* ለአላማ መሰዋት dedication
lealama tegito mesirat *n.* ለዓላማ ተግቶ መስራት perseverance
lealama yemiteqim *a* ለአላማ የሚጠቅም expedient
lealebabes yemicheneq *n* ለአለባበስ የሚጨነቅ chevalier
lealeqa yemimech *a.* ለአለቃ የሚመች lordly
leanid alama asitekakele *v.t.* ለአንድ አላማ አስተካከለ orientate
leanid alama yetesimama *adj.* ለአንድ አላማ የተስማማ corporate

leanid muya yetezegaje metsihaf *n.* ለአንድ ሙያ የተዘጋጀ መጽሐፍ monograph
leanid sira memedeb *n.* ለአንድ ስራ መመደብ assessment
learat kefele *v.t.* ለአራት ከፈለ quarter
leb yale *a.* ለብ ያለ lukewarm
leba *n.* ሌባ thief
leba tat *n* ሌባ ጣት forefinger
lebego adiragot yetenesasa *n.* ለበጎ አድራጎት የተነሳሳ phial
lebelebe *v.t.* ለበለበ scorch
lebelebe *v.t.* ለበለበ singe
lebese *v.t.* ለበሰ attire
lebese *v. t* ለበሰ dress
lebese *v.t* ለበሰ mantle
lebicha *a.* ለብቻ alone
lebicha *n* ለብቻ alveary
lebicha *adv.* ለብቻ only
lebicha mehon *n.* ለብቻ መሆን isolation
lebicha netele *v.t.* ለብቻ ነጠለ isolate
lebicha yemikenawen zefen *n* ለብቻ የሚከናወን ዘፈን solo
lebotaw tesimami sew *n.* ለቦታው ተስማሚ ሰው niche
leeichunet aqerebe *v.t.* ለእጩነት አቀረበ nominate
leeiminetu teqoriqwari *n.* ለእምነቱ ተቆርቋሪ zealot
leeiyanidanidu *prep.* ለእያንዳንዱ per
lefa *v.i.* ለፋ slave
lefa *v.i.* ለፋ toil
lefelefe *v. t.* ለፈለፈ chatter
lefewis yemiqeba shito *n.* ለፈውስ የሚቀባ ሽቶ balm
lefilafi *a.* ለፍላፊ talkative
lefilafi *a.* ለፍላፊ verbose
lefilafi *n.* ለፍላፊ windbag
lefirid bet yeqerebe yemehala qal *n* ለፍርድ ቤት የቀረበ የመሃላ ቃል affidavit
lega *v. i* ለጋ bat
lega zaf *n.* ለጋ ዛፍ sapling
legabicha yederesech *a.* ለጋብቻ የደረሰች nubile
legas *a* ለጋስ bountiful
legas *a.* ለጋስ generous
legas *a.* ለጋስ liberal
legas *a.* ለጋስ munificent
legash *n* ለጋሽ donor
legasinet *n.* ለጋስነት liberality
legebeya aqerebe *v.t* ለገበያ አቀረበ market
legese *v. t* ለገሰ donate
legitimiya tera *v. t.* ለግጥሚያ ጠራ challenge
legizew maqom *n.* ለጊዜው ማቆም suspension
leguzo yetezegaje eiqa *n.* ለጉዞ የተዘጋጀ እቃ kit
lehizib asaweqe *v.t.* ለህዝብ አሳወቀ publicize
lehizib asaye *v. t* ለህዝብ አሳየ exhibit
lehizib masayet *n.* ለህዝብ ማሳየት exhibit
lehulum beshita yemihon medihanit *n.* ለሁሉም በሽታ የሚሆን መድሀኒት nostrum
lehunetawoch yetezegaje sew *n.* ለሁኔታዎች የተዘጋጀ ሰው solvency
leka *v.t* ለካ measure
leka *v.t* ለካ mete
lela *a* ሌላ another
lela *a.* ሌላ other
lelawin yemiwekil *n.* ሌላውን የሚወክል like
lelib weled *n* ለልብ ወለድ novel

lelibis atabi set *n.* ለልብስ አጣቢ ሴት laundress
lelitun bemulu *adv.* ሌሊቱን በሙሉ overnight
lelitun yalitenya *a.* ሌሊቱን ያልተኛ wakeful
leloch sewoch yeminegagerutin ademete *v.t.* ሌሎች ሰዎች የሚነጋገሩትን አደመጠ overhear
lem *a* ለም fertile
lemada *a.* ለማዳ tame
lemada achawach einisesa *n.* ለማዳ አጫዋች እንሰሳ pet
lemalet felege *v.t* ለማለት ፈለገ mean
lemaninyawim *adv.* ለማንኛውም notwithstanding
lemany *n* ለማኝ beggar
lemayireba neger mekeraker *v. t* ለማይረባ ነገር መከራከር bicker
lemede *v.t* ለመደ acclimatise
lemede *v. t.* ለመደ habituate
lemegwaz yemichil *a.* ለመጓዝ የሚችል navigable
lemehon aqim yalew *n.* ለመሆን አቅም ያለው pontentiality
lemejemeriya digiri yemimar *n.* ለመጀመሪያ ዲግሪ የሚማር undergraduate
lemeleyayet mesimamat *n.* ለመለያየት መስማማት conge
lemene *v. t.* ለመነ beg
lemene *v. i* ለመነ cadge
lemene *v.i.* ለመነ conjure
lemene *v. t.* ለመነ entreat
lemene *v.t.* ለመነ invoke
lemenoriya yemimech *a.* ለመኖሪያ የሚመች habitable
lemeredat yemichal *a.* ለመረዳት የሚቻል intelligible
lemesariyanet yemireda *adj.* ለመሳሪያነት የሚረዳ constituent
lemetarem qal megibat *n.* ለመታረም ቃል መግባት parole
lemeyaz rote *v. t* ለመያዝ ሮጠ dog
lemilem *a.* ለምለም verdant
lemilem sar *n.* ለምለም ሳር laurel
lemilem sar *n.* ለምለም ሳር turf
lemilikit yemiwerewer *n.* ለምልክት የሚወረወር marksman
lemin *adv.* ለምን why
lemot yemiyaderis *a* ለሞት የሚያደርስ fatal
lemusina yemayimech *a.* ለሙስና የማይመች incorruptible
leqeqe *v. t* ለቀቀ discharge
leqeqe *v.i* ለቀቀ fade
leqeqe *v.t.* ለቀቀ leave
leqeqe *v.t.* ለቀቀ release
leqeqe *v.t.* ለቀቀ vacate
leqiso *n* ለቅሶ lament
leqiso *n.* ለቅሶ lamentation
leqiso *n.* ለቅሶ mourning
leqiso *n* ለቅሶ wail
leqiso *v.i.* ለቅሶ weep
leqiso *n* ለቅሶ whine
leqitat yetaleme *a.* ለቅጣት የታለመ punitive
leqo hede *v. i* ለቆ ሔደ decamp
leqotera tesebesebe *v.t.* ለቆጠራ ተሰበሰበ parade
leras yale kefitenya gimit *n* ለራስ ያለ ከፍተኛ ግምት ego
lerase yemayil *a.* ለራሴ የማይል selfless
lerasu yeminager sew *n.* ለራሱ የሚናገር ሰው soliloquy
lerejim gize *adv* ለረጅም ግዜ long
lerejim gize nore *v.i.* ለረጅም ጊዜ ኖረ outlive
lerejim gize yemikefel kifiya *n.* ለረጅም ግዜ የሚከፈል ክፍያ instalment

lerejim gize yemiqoy *a.* ለረጅም ጊዜ የሚቆይ perennial
leseka yemayichil *a.* ለሰካ የማይችል incalculable
lesew asabi *a.* ለሰው አሳቢ considerate
lesew sete *v.t.* ለሰው ሰጠ man
leshilimat beqa *v.t* ለሽልማት በቃ merit
leshiyach yetezegajena yetekemache eiqa *n.* ለሽያጭ የተዘጋጀና የተከማቸ ዕቃ stock
lesilasa *a.* ለስላሳ malleable
lesilasa *a.* ለስላሳ sleek
lesilasa *a* ለስላሳ slick
lesilasa *a.* ለስላሳ smooth
lesilasa *n.* ለስላሳ soft
lesilasa *a.* ለስላሳ velvety
lesilasa afer *n* ለስላሳ አፈር mould
lesilasa akal *n.* ለስላሳ አካል pulp
lesilasa wereqet *n.* ለስላሳ ወረቀት tissue
lesira yemigefafa *n.* ለስራ የሚገፋፋ inducement
let yale sefi meda *n.* ለጥ ያለ ሰፊ ሜዳ plain
letefe *v.t.* ለጠፈ affix
letewesene akababi madilat *n.* ለተወሰነ አካባቢ ማድላት provincialism
letewesene alama yemiwil meret *n.* ለተወሰነ አላማ የሚውል መሬት acreage
letidar yederesech *a.* ለትዳር የደረሰች marriageable
letiqaqin neger mecheneq *n.* ለጥቃቅን ነገር መጨነቅ pedantry
letiqaqin neger yemicheneq *n.* ለጥቃቅን ነገር የሚጨነቅ pedantic
letiqim yemidelil sew *n.* ለጥቅም የሚደልል ሰው sycophant
letiqit temariwoch yemiset silitena *n.* ለጥቂት ተማሪዎች የሚሰጥ ስልጠና tutorial
letiyale *a* ለጥያለ flat
letor eiqid michu *a.* ለጦር ዕቅድ ምቹ strategic
letorinet yetezageje *a* ለጦርነት የተዛገጀ bellicose
lewawete *v.t.* ለዋወጠ vary
lewesib yemiyanesasa *n.* ለወሲብ የሚያነሳሳ sexy
lewete *v.t.* ለወጠ alter
lewete *v.t.* ለወጠ barter1
lewete *v. t.* ለወጠ change
lewete *v. t* ለወጠ convert
lewete *v. t* ለወጠ exchange
lewete *v.t.* ለወጠ modify
lewete *v.t.* ለወጠ shift
lewete *v.t.* ለወጠ switch
lewete *v.* ለወጠ transform
lewididir yetache sew *n* ለውድድር የታጨ ሰው nominee
lewit *n* ለውጥ alteration
lewit *n.* ለውጥ change
lewit *n* ለውጥ exchange
lewit *n.* ለውጥ mutation
lewit felagi *n.* ለውጥ ፈላጊ reformer
lewiz *n.* ለውዝ almond
lewiz *n* ለውዝ nut
leyaye *v. t* ለያየ classify
leyaye *v. t* ለያየ detach
leyaye *v.t.* ለያየ sunder
leye *v.t.* ለየ assort
leye *v. i* ለየ distinguish
leye *v.t.* ለየ identify
leye *v.t.* ለየ segregate
leye *v.t.* ለየ separate
leye *v.t.* ለየ sieve
leye *v.t* ለየ sort
leyet yale *a.* ለየት ያለ odd
leyet yale *a.* ለየት ያለ quaint

leza *n.* ለዛ witticism
leza bis *a.* ለዛ ቢስ witless
leza yalew *a.* ለዛ ያለው mellow
leza yalew chewata *n.* ለዛ ያለው ጨዋታ wit
lezemed yemidereg adilio *n.* ለዘመድ የሚደረግ አድልኦ nepotism
lezimut yemiyanesasa *a.* ለዝሙት የሚያነሳሳ lascivious
lib *n.* ልብ heart
lib mesay qiritsiyalew *adj.* ልብ መሳይ ቅርጽያለው cordate
lib weled *n* ልብ ወለድ fiction
lib weled derasi *n.* ልብ ወለድ ደራሲ novelist
lib yemimarik *a.* ልብ የሚማርክ sublime
libawi *a* ልባዊ cordial
libiralizim *n.* ሊብራሊዝም liberalism
libirara yemayichil *a.* ሊብራራ የማይችል inexplicable
libis *n.* ልብስ attire
libis *n* ልብስ cloth
libis *n* ልብስ clothing
libis *n.* ልብስ costume
libis *n.* ልብስ garment
libis *n.* ልብስ gown
libis atenekere *v.t.* ልብስ አጠነከረ starch
libis lebese *v.t* ልብስ ለበሰ garb
libis matebiya *n.* ልብስ ማጠቢያ washer
libis matebiya bota *n.* ልብስ ማጠቢያ ቦታ laundry
libis sefa *v.t.* ልብስ ሰፋ tailor
libis sefi *v.t.* ልብስ ሰፊ sew
libis sefi *n.* ልብስ ሰፊ tailor
lidereg yemayichal *n.* ሊደረግ የማይቻል impracticability
lidereg yemichil huneta *n.* ሊደረግ የሚችል ሁኔታ practicability
lidet *n.* ልደት birth
lidin yemichil *a* ሊድን የሚችል curable
lieilit *n.* ልእልት dame
lieilit *n.* ልዕልት princess
lifisifis *a* ልፍስፍስ flabby
lifisifis *a.* ልፍስፍስ lethargic
lifisifis *n.* ልፍስፍስ weakling
lig *n.* ሊግ league
ligedil yemichil *a.* ሊገድል የሚችል murderous
ligelets yemayichal *a.* ሊገለፅ የማይቻል indescribable
ligesa *n.* ልገሳ generosity
liginayit *n.* ሊግናይት lignite
ligisina *n.* ልግስና benefaction
ligisina *n.* ልግስና charity
ligwam *n* ልጓም bridle
ligwam *n.* ልጓም harness
ligwam *n.* ልጓም rein
lihon yemichil *a.* ሊሆን የሚችል possible
lihon yemichil *a.* ሊሆን የሚችል potential
lihon yemichil kisitet *n.* ሊሆን የሚችል ክስተት possibility
lij *n.* ልጅ progeny
lijagered *n.* ልጃገረድ damsel
lijagered *n.* ልጃገረድ maiden
lijinet *n* ልጅነት boyhood
lijinet *n.* ልጅነት childhood
lijinet *n.* ልጅነት infancy
lik *adv.* ልክ sharp
lik alemenor *n.* ልክ አለመኖር immensity
lik yelelew misale *n.* ልክ የሌለው ምሳሌ nonpareil
likefel yemayichil *a.* ሊከፈል የማይችል indivisible

likelakelut yemayichil *a.* ሊከላከሉት የማይችል indefensible
likeset yemichil *a.* ሊከሰት የሚችል probable
likifit *n* ልክፍት morbidity
likorej yemayichil *a.* ሊኮረጅ የማይችል inimitable
lil *a.* ልል indulgent
lil *a.* ልል lenient
lil *a.* ልል loose
lilinet *n.* ልልነት lenience, leniency
limad *n.* ልማድ custom
limad *n.* ልማድ norm
limad *n.* ልማድ regularity
limad *n.* ልማድ routine
limad *n* ልማድ wont
limadawi *a.* ልማዳዊ wonted
limena *n.* ልመና entreaty
limich *n.* ልምጭ birch
limid *n* ልምድ experience
limid *n.* ልምድ habit
limid yalew *a.* ልምድ ያለው veteran
limid yelelew *adj* ልምድ የሌለው callow
limid yelelew *n.* ልምድ የሌለው inexperience
limimid *n.* ልምምድ exercise
limimid *n.* ልምምድ practice
limimid aderege *v. t* ልምምድ አደረገ exercise
limut *a.* ልሙጥ austere
liqaqit *n.* ልቃቂት skein
liqe papas *n.* ሊቀ ጳጳስ archbishop
liqebelut yemigeba *a.* ሊቀበሉት የሚገባ admissible
liqemeniber *n* ሊቀመንበር chairman
liqwaret yemichil *a.* ሊቋረጥ የሚችል terminable
lisera yemichil *a.* ሊሰራ የሚችል applicable
lisera yemichil *a.* ሊሰራ የሚችል manageable
liset qal geba *v.t.* ሊሰጥ ቃል ገባ subscribe
lisimamubet yemichal *a.* ሊስማሙበት የሚቻል agreeable
lit *n* ሊጥ dough
litach *n.* ልጣጭ peel
litagesut yemichal *a.* ሊታገሱት የሚቻል tolerable
litareq yemayichil *a.* ሊታረቅ የማይችል irreconcilable
litateb yemichil *a.* ሊታጠብ የሚችል washable
litay litay yemil *a.* ልታይ ልታይ የሚል pretentious
litay litay yemil sew *n.* ልታይ ልታይ የሚል ሰው pretension
litegeber yemichil *a* ሊተገበር የሚችል feasible
litegeber yemichil *a.* ሊተገበር የሚችል viable
litegeber yemichil *a.* ሊተገበር የሚችል workable
litelalef yemichil *a.* ሊተላለፍ የሚችል transferable
liul *n.* ልዑል prince
liulawi *a.* ልዑላዊ princely
liulinet *n.* ልኡልነት Highness
liyasamin yemichil *a.* ሊያሳምን የሚችል justifiable
liyo *n.* ሊዮ Leo
liyu *a.* ልዩ incidental
liyu *a.* ልዩ signal
liyu *a.* ልዩ unique
liyu balemoya *n.* ልዩ ባለሞያ specialist
liyu chilota *n.* ልዩ ችሎታ prowess
liyu feqad *n.* ልዩ ፈቃድ frachise

liyu liyu *a.* ልዩ ልዩ miscellaneous
liyu liyu *a.* ልዩ ልዩ sundary
liyu mebit *n.* ልዩ መብት privilege
liyu milikit *n* ልዩ ምልክት cachet
liyu tsebay *n.* ልዩ ፀባይ peculiarity
liyu yeayimiro chilota *n.* ልዩ የአይምሮ ችሎታ genius
liyunet *n* ልዩነት difference
liyunet *n* ልዩነት distinction
liyunet *n.* ልዩነት singularity
liyunet *n.* ልዩነት variation
logarizim *n.* ሎጋሪዝም logarithim
lolipop *n.* ሎሊፖፕ lollipop
lomi *n.* ሎሚ lemon
lomi *n.* ሎሚ lime
loret *n* ሎሬት laureate
loteri *n.* ሎተሪ lottery
lul *n.* ሉል pearl
lul *n.* ሉል sphere

M

mababas *n.* ማባባስ intensity
mabaken *a.* ማባከን waste
mabazat *n.* ማባዛት multiplication
mabazha wereqet *n.* ማባዥ ወረቀት stencil
maberetacha *n.* ማበረታቻ incentive
maberetacha *n.* ማበረታቻ motivation
maberetatat *n.* ማበረታታት nurture
mabesachet *n.* ማበሳጨት irritation
mabesachet *v.t.* ማበሳጨት unsettle
mabet *n* ማበጥ swell
mabeteriya *n* ማበጠሪያ comb
mabilechilech *adv.* ማብለጭለጭ ablaze
mabiqat *n.* ማብቃት termination
mabirarat *n* ማብራራት clarification
mabirariya *n* ማብራሪያ explanation
mabirariya *n.* ማብራሪያ illustration
mabirariya sete *v.t.* ማብራሪያ ሰጠ account
mabirat *n.* ማብራት illumination
mabirat *n* ማብራት shine
mabiriya matifiya *n.* ማብሪያ ማጥፊያ switch
mabiseya *n.* ማብሰያ microwave
mabizat *n* ማብዛት amplification
machebicheb *n* ማጨብጨብ clap
machenagef *n.* ማጨናገፍ interception
machet *n.* ማጨት betrothal
machiberiber *n* ማጭበርበር deception
machiberiber *n* ማጭበርበር fiddle
machiberiber *n.* ማጭበርበር fraud
machiberiber *n.* ማጭበርበር roguery
machiberiber *n.* ማጭበርበር swindle
machiberiber agenye *v.i* ማጭበርበር አገኘ fiddle
machid *n.* ማጭድ sickle
madaliya teshelami *n.* ማዳሊያ ተሸላሚ medallist
madan *n* ማዳን rescue
madebaleq *n.* ማደባለቅ adulteration
madeg *adj.* ማደግ adnascent
madeg *v.t.* ማደግ wax
madego mewised *n* ማደጎ መውሰድ adoption

madego wesede *v.t.* ማደጎ ወሰደ adopt
madenaqef *n.* ማደናቀፍ obstruction
madenizezha *n.* ማደንዘዣ anaesthetic
madenizezha medihanit *n* ማደንዘዣ መድሀኒት ether
mades *n.* ማደስ renewal
madibat *n* ማድባት stalk
madibesibes *n* ማድበስበስ evasion
madikem *v.t. & i* ማድከም weaken
madilat *n* ማድላት slant
madineq *n* ማድነቅ adulation
madireg *v. t* ማድረግ do
maeibel *n* ማእበል billow
maeibel *n.* ማእበል tide
maeibel *n.* ማዕበል wave
maeikelawi *a.* ማእከላዊ central
maeikelawi kifil *n.* ማዕከላዊ ክፍል nucleus
maeireg *n* ማዕረግ class
maeireg *n* ማዕረግ mine
maeireg *n.* ማዕረግ rank
maeireg awichi *n.* ማዕረግ አውጪ miner
maeireg sete *v.t* ማዕረግ ሰጠ marshal
maeizen *n.* ማእዘን angle
maeizen *n* ማዕዘን corner
maeizenawi *a.* ማእዘናዊ angular
mafegifeg *n.* ማፈግፈግ shirker
mafenya *n.* ማፈኛ muffler
mafer *a.* ማፈር ashamed
mafez *v.i.* ማፌዝ jeer
mafez *n* ማፌዝ sneer
mag *n.* ማግ yarn
maganen *n.* ማጋነን hyperbole
maged *n.* ማገድ ban
magegem *n.* ማገገም recovery
mageligel *n.* ማገልገል serve
maget *v.t.* ማጌጥ adorn
magilel *n* ማግለል ban
maginen *n.* ማግነን exaggeration
maginetinet yalew biret *n.* ማግኔትነት ያለው ብረት loadstone
maginyet *n.* ማግኘት acquisition
maginyet *n* ማግኘት gain
maginyet *n.* ማግኘት procurement
magisat *n* ማግሳት belch
magolibet *v.t.* ማጎልበት vitalize
magonibes *n* ማጐንበስ stoop
magosaqol *n* ማጐሳቆል abuse
maguremirem *n* ማጉረምረም growl
maguremirem *n.* ማጉረምረም murmur
magwagwaz *n.* ማጓጓዝ transit
magwagwaz *n.* ማጓጓዝ transport
magwarat *n.* ማጓራት roar
mahatem *n.* ማኅተም stamp
mahiber *n.* ማህበር association
mahiber *n.* ማህበር guild
mahiberawi *n.* ማሕበራዊ social
mahibereseb *n.* ማህበረሰብ community
mahitem *n.* ማህተም seal
mahitsen *n.* ማህፀን uterus
mahitsen *n.* ማህፀን womb
majirat *n.* ማጅራት nape
makefafel *n.* ማከፋፈል allotment
makefafel *n* ማከፋፈል distribution
makemacha *n.* ማከማቻ arsenal
makemachet *n* ማከማቸት accumulation
makitemiya *n.* ማክተሚያ climax
malamed *v.t.* ማላመድ adapt
male *v.t.* ማለ swear
malekilek *n.* ማለክለክ pant
malesiles *v.t.* ማለስለስ soften
malet *n.* ማለት say
malet *n.* ማለት signification
malezeb *v.t.* ማለዘብ temper

maliqes *v.i.* ማልቀስ wail
mama *n.* ማማ tower
mamaker *n* ማማከር consultation
mamelikecha *n.* ማመልከቻ application
mameliket *n.* ማመልከት indication
mamenichet *n* ማመንጨት conception
mamenichet *n.* ማመንጨት secretion
mamenitat *n.* ማመንታት hesitation
mamenizhek *n.* ማመንዠክ rumination
mamesasel *n.* ማመሳሰል analogy
mamesigen *n* ማመስገን commendation
mamesigen *n.* ማመስገን glorification
mametaten *a.* ማመጣጠን proportionate
mamezazen *n.* ማመዛዘን ratio
mamilecha *n* ማምለጫ escape
mamilecha meniged *n.* ማምለጫ መንገድ loop-hole
mamilek *v.t.* ማምለክ worship
mamilet *n* ማምለጥ dodge
mamilet *n* ማምለጥ elusion
mamiret *n* ማምረት manufacture
mamiret *n.* ማምረት production
mamolaqeq *n.* ማሞላቀቅ indulgence
mamonyet *n* ማሞኘት gull
mamonyet *n.* ማሞኘት hoax
mamonyet *n.* ማሞኘት ridicule
mamwamuya *n* ማሟሟያ solvent
mamwaya *n* ማሟያ complement
man *pron.* ማን who
manaded *n* ማናደድ offensive
manafat *n* ማናፋት bray
manafesha *n.* ማናፈሻ ventilation
manefinef *n* ማነፍነፍ sniff
maneqaqat *v.t.* ማነቃቃት activate
manesasat *n.* ማነሳሳት instigation
manese *n* ማነሰ wane
manetsatser *n* ማነጻጸር contrast
manibeb *n.* ማንበብ monologue
manibebina metsaf *n.* ማንበብና መፃፍ literacy
maniganiz *n.* ማንጋኒዝ manganese
manigerager *n.* ማንገራገር shilly-shally
manigo *n* ማንጎ mango
manigoragor *n* ማንጎራጎር hum
manigwatet *n* ማንጓጠጥ taunt
manikiya *n.* ማንኪያ spoon
manikorafat *n* ማንኮራፋት snore
manikwakwat *n.* ማንኳኳት peer
manim *adv.* ማንም any
manim *pron.* ማንም none
manim *pron.* ማንም whoever
manim sew *pron.* ማንም ሰው nobody
manin *pron.* ማንን whom
maninyawim *a.* ማንኛውም any
maninyawim chew *n.* ማንኛውም ጨው phosphate
maniqachel *n.* ማንቃጨል jingle
maniqelafat *n.* ማንቀላፋት somnolence
maniserarat *n.* ማንሰራራት revival
manisha *n.* ማንሻ lever
manitel *n.* ማንቴል mantel
maniteliteya *n.* ማንጠልጠያ peg
manitsat *n.* ማንጻት purgation
manitsat *n.* ማንጻት purgative
manitsebareq *n.* ማንፀባረቅ lustre
manitsebareq *n.* ማንፀባረቅ scintillation
maqachel *n.* ማቃጨል click
maqachel *n.* ማቃጨል clink

maqalel *n* ማቃለል gibe
maqalel *n.* ማቃለል simplification
maqaset *n* ማቃሰት groan
maqaset *n.* ማቃሰት moan
maqatet *n.* ማቃተት gasp
maqef *n* ማቀፍ embrace
maqeqe *v.i.* ማቀቀ languish
maqetateya *n* ማቀጣጠያ fuse
maqetateya *n.* ማቀጣጠያ lighter
maqeziqez *n.* ማቀዝቀዝ refrigeration
maqeziqezha *n* ማቀዝቀዣ cooler
maqeziqezha *n.* ማቀዝቀዣ fridge
maqeziqezha *n.* ማቀዝቀዣ refrigerator
maqilel *n.* ማቅለል mitigation
maqileshilesh *n.* ማቅለሽለሽ nausea
maqireb *n.* ማቅረብ presentation
maqireb *n.* ማቅረብ submission
maqoyet *n.* ማቆየት preserve
maqusel *v.t.* ማቁሰል wound
maqwaret *n.* ማቋረጥ crossing
maqwaret *n* ማቋረጥ stoppage
mar *n.* ማር honey
maragebiya *n* ማራገቢያ fan
maraki *a.* ማራኪ attractive
maraki *a.* ማራኪ imposing
maraki neger *n.* ማራኪ ነገር sublimity
maraton *n.* ማራቶን marathon
marazem *n.* ማራዘም prolongation
marefiya *n.* ማረፊያ haven
marefiya *n.* ማረፊያ hostel
marefiya *n.* ማረፊያ landing
marefiya *n.* ማረፊያ lodging
marefiya kifil *n.* ማረፊያ ክፍል lounge
marefiya sete *v.t.* ማረፊያ ሰጠ lodge
maregagat *n.* ማረጋጋት moderation

maregagecha *n.* ማረጋገጫ assurance
maregagecha *n* ማረጋገጫ confirmation
maregagecha *n.* ማረጋገጫ verification
maregaget *n* ማረጋገጥ affirmation
maregaget *n.* ማረጋገጥ substantiation
mareke *v.t.* ማረከ allure
mareke *v. t.* ማረከ captivate
mareke *v. t.* ማረከ charm2
mareke *v.t* ማረከ fascinate
mareke *v.t.* ማረከ infatuate
mareke *v.t.* ማረከ mesmerize
mareke *v.t.* ማረከ surrender
mares *n.* ማረስ plough
maresha *v.i* ማረሻ plough
maresha *n* ማረሻ share
maret *n.* ማረጥ menopause
marijet *n.* ማርጀት senility
marikesha *n.* ማርከሻ antidote
marikesha *n.* ማርከሻ mithridate
marimalat *n.* ማርማላት marmalade
maris *n* ማርስ Mars
marish *n.* ማርሽ gear
mariteb *v.t.* ማርጠብ wet
masaded *n.* ማሳደድ chase2
masafer *n.* ማሳፈር rebuff
masalefiya *n* ማሳለፊያ conveyance
masasat *n.* ማሳሳት seduction
masater *v.t* ማሳጠር abridge
masayet *n.* ማሳየት demonstration
maseb *n.* ማሰብ solicitude
maselasel *n* ማሰላሰል contemplation
maseliten *n* ማሰልጠን coach
masenabet *interj.* ማሰናበት farewell
maser *n.* ማሰር arrest

maser *n.* ማሰር moorings
masero *n.* ማሰሮ pot
mashashal *v.t.* ማሻሻል ameliorate
mashashal *n.* ማሻሻል regeneration
mashashet *v.t.* ማሻሸት stroke
masheg *n.* ማሸግ pack
masheg *n.* ማሸግ packing
mashegiya *n.* ማሸግያ seal
masheleb *n.* ማሸለብ doze
mashenef *n* ማሸነፍ checkmate
mashenef *n* ማሸነፍ win
mashikakat *n.* ማሽካካት snort
mashila *n.* ማሽላ millet
mashin yemiyaniqesaqis *n.* ማሽን የሚያንቀሳቅስ operator
masicheger *n* ማስቸገር botheration
masicheneq *n.* ማስጨነቅ harassment
masicheneq *n.* ማስጨነቅ molestation
masidegefiya *n* ማስደገፊያ brace
masiferarat *n.* ማስፈራራት intimidation
masiferarat *n.* ማስፈራራት threat
masigebat *n.* ማስገባት insertion
masiget *n* ማስጌጥ embroidery
masigezat *n.* ማስገዛት subjugation
masikakat *n* ማስካካት quack
masileqeqiya genizeb *n.* ማስለቀቂያ ገንዘብ ransom
masimeles *n* ማስመለስ vomit
masimesel *n.* ማስመሰል guise
masimesel *n.* ማስመሰል imitation
masimesel *n.* ማስመሰል impersonation
masimesel *n.* ማስመሰል pose
masimesel *v.t.* ማስመሰል purport
masimesel *n.* ማስመሰል sycophancy
masiqeret *n.* ማስቀረት retention
masireja *n.* ማስረጃ instance
masireja *n.* ማስረጃ proof
masitages *n.* ማስታገስ alleviation
masitagesha *n.* ማስታገሻ morphia
masitareq *n.* ማስታረቅ mediation
masitaweq *n.* ማስታወቅ notification
masitaweqiya *n* ማስታወቂያ advertisement
masitaweqiya *n.* ማስታወቂያ announcement
masitawes *n* ማስታወስ anamnesis
masitawes *n.* ማስታወስ commemoration
masitawes *n.* ማስታወስ recall
masitawes *n.* ማስታወስ remembrance
masitawesha *n.* ማስታወሻ keepsake
masitawesha *n.* ማስታወሻ note
masitawesha *n.* ማስታወሻ reminder
masitawesha yaze *v.t.* ማስታወሻ ያዘ note
masitebabel *n.* ማስተባበል refutation
masitedader *v.t.* ማስተዳደር administer
masitekakel *v.t.* ማስተካከል adjust
masitekakel *n.* ማስተካከል rectification
masitekakel *n* ማስተካከል redress
masitekakeya *n.* ማስተካከያ adjustment
masitelalef *n* ማስተላለፍ broadcast
masitelalef *n.* ማስተላለፍ postponement
masitelalef *n.* ማስተላለፍ relay
masitelalef *n.* ማስተላለፍ transmission
masitemar *n.* ማስተማር tuition

masitenifesha *n.* ማስተንፈሻ valve
masiteniqeq *n.* ማስጠንቀቅ warning
masiteniqeqiya *n* ማስጠንቀቂያ alarm
masiteniqeqiya *v.t.* ማስጠንቀቂያ warn
masitewal *n* ማስተዋል comprehension
masitewal *n.* ማስተዋል sagacity
masitewal yegodelew *a.* ማስተዋል የጎደለው injudicious
masitewaweq *v.* ማስተዋወቅ advert
masitika *n.* ማስቲካ gum
masiwabiya *n.* ማስዋቢያ ornament
masiweged *n* ማስወገድ clearance
masiweged *n* ማስወገድ disposal
masiweged *n* ማስወገድ elimination
masiweged *n.* ማስወገድ removal
masiwered *n.* ማስወረድ miscarriage
masiwetat *n* ማስወጣት eviction
masiyazhiya *n.* ማስያዥያ lien
mata *n.* ማታ night
matabeqiya *n.* ማጣበቂያ adhesive
matabeqiya *n.* ማጣበቂያ glue
matabeqiya *n.* ማጣበቂያ mucilage
matabeqiya *n.* ማጣበቂያ paste
matalel *n* ማታለል bluff
matalel *n* ማታለል canard
matalel *n.* ማታለል cheat
matalel *n.* ማታለል delusion
matalel *n.* ማታለል dishonesty
matalel *n.* ማታለል masquerade
matalel *n.* ማታለል pretence
matalel *n* ማታለል sham
matalel *n* ማታለል trick
mataleya neger *n* ማታለያ ነገር bait

matamem *n.* ማጣመም perversion
mataqesha metsihafit *n.* ማጣቀሻ መፅሀፍት reference
matarat *n* ማጣራት check
matarat *n.* ማጣራት purification
matarat *n.* ማጣራት refinement
matariya *n* ማጣሪያ filter
matariya *n.* ማጣሪያ refinery
matariya bota *n* ማጣሪያ ቦታ distillery
mateb *v.t.* ማጠብ wash
matekor *n* ማተኮር gaze
matenaker *n* ማጠናከር consolidation
matenaker *n.* ማጠናከር reinforcement
matenit *n* ማጠንት censer
mateqalel *n.* ማጠቃለል inclusion
mateqalel *n.* ማጠቃለል monopolist
mateqaleya *n.* ማጠቃለያ conspectus
mateqaleya *n.* ማጠቃለያ summary
mateqaleya tsihuf *n.* ማጠቃለያ ፅሁፍ precis
materaqemiya *n.* ማጠራቀሚያ rservoir
matifat *v* ማጥፋት abolition
matifat *v.t.* ማጥፋት obliterate
matiqat *n.* ማጥቃት attack
matiref *v.t.* ማትረፍ profit
matiref *n.* ማትረፍ spare
matsideq *n.* ማፅደቅ approval
matsinanya *n* ማፅናኛ consolation
matsinat *n* ማጽናት anchorage
mawahad *n* ማዋሀድ amalgamation
mawahad *n.* ማዋሃድ fusion
mawedader *n* ማወዳደር comparison
mawedes *v.t.* ማወደስ admire

mawedes *v.t.* ማወደስ adore
maweq *n* ማወቅ cognizance
mawezawez *n* ማወዛወዝ swing
mawicha *n* ማውጫ directory
mawicha *n.* ማውጫ index
mawidem *n.* ማውደም ravage
mayayaz *n* ማያያዝ clamp
mayayazha *n.* ማያያዣ link
mayet *n.* ማየት sight
mayet *n.* ማየት spectacle
mayet *v.t.* ማየት view
mayika *n.* ማይካ mica
mayil *n.* ማይል mile
mayinebeb *a.* ማይነበብ illegible
mazagat *n.* ማዛጋት yawn
mazegaja bet *n.* ማዘጋጃ ቤት municipality
mazegajet *n.* ማዘጋጀት concoction
mazen *a.* ማዘን wistful
mazimem *n.* ማዝመም tilt
meat *n* መአት disaster
mebabas *n.* መባባስ aggravation
mebarer *n.* መባረር expulsion
mebedel *n.* መበደል mal-treatment
mebekel *n.* መበከል defile
mebekel *n.* መበከል taint
mebelashet *n* መበላሸት breakdown
mebelet *n* መበለት dissection
meberiber *n* መበርበር rummage
meberitat *n.* መበርታት abetment
mebesachet *n* መበሳጨት acrimony
mebesibes መበስበስ decay
mebesibes *n.* መበስበስ decomposition
mebesibes *n.* መበስበስ rot
mebeyed *n* መበየድ weld
mebilalat *n* መብላላት fermentation
mebilet *n.* መብለጥ seniority
mebiqat *n.* መብቃት sufficiency
mebiqel *n* መብቀል accrementition
mebiqel *n.* መብቀል germination
mebirat *n.* መብራት luminary
mebireq *n.* መብረቅ lightening
mebisat *v.t.* መብሳት puncture
mebisat *v.t.* መብሳት slit
mebisel *n.* መብሰል maturity
mebit *n.* መብት habeas corpus
mebit *n* መብት right
mebit agenye *a.* መብት አገኘ patent
mebit sete *v. t.* መብት ሰጠ entitle
mebit yalew *v.t.* መብት ያለው patent
mebitin teyeqe *v.t.* መብትን ጠየቀ reclaim
mebizat *n.* መብዛት proliferation
mebochacher *v.t.* መቦጫጨር scrawl
mebochacher *n.* መቦጫጨር scribble
meboreq *n* መቦረቅ antic
meboreq *n.* መቦረቅ romp
mechal *v.* መቻል can
mechawet *v.i.* መጫወት play
meche *adv.* መቼ when
mechebet *n* መጨበጥ clutch
mecheger *n.* መቸገር stringency
mechem *adv* መቼም ever
mechemater *v.t.* መጨማተር wrinkle
mechemer *v.t.* መጨመር add
mechemer *n.* መጨመር augmentation
mechemetater *n.* መጨመታተር shrinkage
mechenaneq *n.* መጨናነቅ jam
mecheneq *n.* መጨነቅ fret
mecheneq *n.* መጨነቅ worry
mecheqon *n.* መጨቆን oppression

mecheqon *n.* መጨቆን suppression
mecheres *n* መጨረስ finish
mecheresha *n.* መጨረሻ end
mecheresha *n* መጨረሻ expiry
mecheresha *n* መጨረሻ last
mecheresha *n* መጨረሻ maximum
mecheresha yelelew *n.* መጨረሻ የሌለው infinity
mechimeq *v.t* መጭመቅ wring
mechoh *v.i.* መጮህ yell
meda *n* ሜዳ field
medab *n* መዳብ copper
medaf *n.* መዳፍ paw
medakem *n* መዳከም decline
medaliya *n.* ሜዳሊያ medal
medanyet *v.i.* መዳኘት judge
medarat *n* መዳራት flirt
medarat *n.* መዳራት seduce
medebe *v.t.* መደበ assign
medebe *v.t.* መደበ group
medebe *v.t.* መደበ station
medebenya *n* መደበኛ beat
medebenya *a* መደበኛ formal
medebenya *a* መደበኛ standard
medebenya alemehon *n.* መደበኛ አለመሆን irregularity
medebenya yalihone *a.* መደበኛ ያልሆነ irregular
medebeqiya *n* መደበቂያ disguise
medebir *n.* መደብር store
medegagem *n.* መደጋገም redundance
medegagem *n.* መደጋገም reiteration
medegef *n.* መደገፍ approbation
medegef *n.* መደገፍ patronage
medegefiya shibo *n.* መደገፊያ ሽቦ spoke
medemer *n.* መደመር addition
medemidemiya *a* መደምደሚያ conclusive
medemidemiya hasab *n.* መደምደሚያ ሀሳብ conclusion
medenaqef *n.* መደናቀፍ stumble
medeneq *n.* መደነቅ amazement
medeneq *n.* መደነቅ astonishment
medeniget *adv.* መደንገጥ aback
medeniget *adv* መደንገጥ ablush
mederader *n.* መደራደር nagotiation
mederaderiya *a.* መደራደሪያ negotiable
mederareb *n* መደራረብ overlap
medereb *n* መደረብ bigamy
mederideriya *n.* መደርደሪያ shelf
mederigem *n* መደርገም slam
medeset *n.* መደሰት gratification
medeset *n.* መደሰት mirth
medeset *v.t.* መደሰት plot
medif *n.* መድፍ cannon
medigem *n.* መድገም recitation
medigem *n.* መድገም repetition
medihanit *n* መድሃኒት cure
medihanit *n* መድሀኒት drug
medihanit *n.* መድሀኒት medicament
medihanit *n.* መድሀኒት medicine
medihanit bet *n.* መድሃኒት ቤት phantom
medihanit qemami *n* መድሀኒት ቀማሚ druggist
medirek *n.* መድረክ platform
medirek *n.* መድረክ rostrum
medirek *n.* መድረክ stage
medirek mera *v.t.* መድረክ መራ stage
medireq *n* መድረቅ arefaction
medires *n.* መድረስ advent
medires *n.* መድረስ arrival
medires *n.* መድረስ attainment
medires̈ha *n* መድረሻ destination
medosha *n.* መዶሻ hammer
mefekir *n.* መፈክር slogan

mefekir *n.* መፈክር watchword
mefeleg *v.i.* መፈለግ hanker
mefenideq *n.* መፈንደቅ glee
mefeniteq *n.* መፈንጠቅ radiation
mefeniteq *n.* መፈንጠቅ refulgence
mefenitez *n.* መፈንጠዝ frolic
mefeteg *n* መፈተግ rub
mefetesh *n* መፈተሽ exploration
mefetilek *n* መፈትለክ scamper
meficha *n.* መፍጫ grinder
meficha *n.* መፍቻ spanner
mefilat *n* መፍላት boil
mefileq *n* መፍለቅ spurt
mefises *n* መፍሰስ ebb
mefitel *n.* መፍተል spin
mefitihe *n.* መፍትሄ remedy
mefitihe *n.* መፍትሄ solution
mefitihe mesitet *n.* መፍትሄ መስጠት pragmatism
mefitihe sete *v.t* መፍትሄ ሰጠ remedy
megabi *n.* መጋቢ steward
megabit *n* መጋቢት march
megafat *n.* መጋፋት jostle
megafet *n.* መጋፈጥ confrontation
megared *n.* መጋረድ opacity
megareja *n* መጋረጃ curtain
megareja *n* መጋረጃ draper
megareja *n.* መጋረጃ screen
megat *n* መጋጥ graze
megatemiya *n.* መጋጠሚያ commissure
megatemiya *n.* መጋጠሚያ node
megaz *n.* መጋዝ saw
megazen *n* መጋዘን depot
megazen *n.* መጋዘን repository
megazen *n.* መጋዘን storage
megazen *v.t* መጋዘን warehouse
megebe *v.t* መገበ feed
megebe *v.t* መገበ nourish
megebeyayet *n.* መገበያየት transaction
megefater *n.* መገፋተር jerk
megelebet *n.* መገለበጥ transcription
megelel *n.* መገለል outcast
megelel *n.* መገለል seclusion
megelibet *n.* መገልበጥ subversion
megeligeya *a.* መገልገያ utilitarian
megemet *n.* መገመት assumption
megenanya *n.* መገናኛ communication
megenanya bota *n* መገናኛ ቦታ confluence
megenanya bota *n.* መገናኛ ቦታ rendezvous
megenanyet *n.* መገናኘት encounter
megenanyet *v.t.* መገናኘት join
megenifel *n.* መገንፈል outburst
megenitel *n.* መገንጠል secession
megenizeb *n.* መገንዘብ realization
megenyet *n.* መገኘት attendance
megesets *n.* መገሰፅ rebuke
megetatem *n* መገጣጠም fix
megetatem *n.* መገጣጠም installation
megetatemiya *n.* መገጣጠሚያ joint
megetatemiya *n.* መገጣጠሚያ junction
megezat *n.* መገዛት subordination
megibabat *n.* መግባባት joviality
megibat *n* መግባት plunge
megibiya *n.* መግቢያ admission
megibiya *n* መግቢያ entrance
megibiya *n.* መግቢያ induction
megibiya *n.* መግቢያ introduction
megibiya *n.* መግቢያ preamble
megibiya *n.* መግቢያ prelude
megibiya ber *n.* መግቢያ በር threshold
megidel *n.* መግደል kill
megifat *n.* መግፋት push

megifat *n* መግፋት thrust
megil *n.* መግል pus
megil yeqwatere eibach *n* መግል የቋጠረ ዕባጭ abscess
megilecha *n.* መግለጫ communiqué
megilecha *n* መግለጫ description
megilecha *n.* መግለጫ manifestation
megilecha *n.* መግለጫ report
megilecha *n.* መግለጫ statement
megilets *n.* መግለጽ revelation
meginetis *n.* መግነጢስ magnet
meginetisawi *a.* መግነጢሳዊ magnetic
megiref *n.* መግረፍ whip
megitelitel *v.t.* መግተልተል jumble
megitem *n.* መግጠም alliteration
megizat *n* መግዛት acquest
megomijet *n* መጎምጀት ogle
megosaqol *n.* መጎሳቆል misuse
megotet *n.* መጎተት pull
megudat *n.* መጉዳት prejudice
megwagwat *n.* መጓጓት keenness
megwagwazha *n.* መጓጓዣ transportation
mehakel መሀከል midst
mehakelenya *a.* መሀከለኛ median
mehakelenya *a.* መሀከለኛ moderate
mehal *n* መሃል center
mehal *n* መሃል centre
mehal ager *n.* መሀል አገር midland
mehala *n.* መሐላ oath
mehalun borebore *v.i* መሀሉን ቦረቦረ flute
mehanidis *n* መሀንዲስ engineer
mehareb *n.* መሀረብ handkerchief
mehari *a.* መሐሪ merciful
mehayim *a.* መሀይም illiterate
mehayiminet *n.* መሀይምነት illiteracy
mehed *adv.* መሄድ astir
mehed *n* መሄድ departure
mehed *n* መሄድ walk
mehon *pref.* መሆን be
mehon yalebet *v.* መሆን ያለበት must
mehonu yemayiqer *adv.* መሆኑ የማይቀር perforce
mejemer *n* መጀመር commencement
mejemer *n.* መጀመር launch
mejemeriya *n.* መጀመሪያ beginning
mejemeriya *n.* መጀመሪያ onset
mejemeriya *n* መጀመሪያ start
mejemeriya seat *n.* መጀመሪያ ሰአት outset
mekad *n* መካድ abnegation
mekad *n* መካድ denial
mekakel *n* መካከል middle
mekakel yalihone *adj* መካከል ያልሆነ acentric
mekakelenya *n.* መካከለኛ average
mekakelenya *a.* መካከለኛ intermediate
mekakelenya *a.* መካከለኛ mean
mekakelenya *a.* መካከለኛ mediocre
mekakelenya *a* መካከለኛ medium
mekakelenya *a.* መካከለኛ middle
mekakelenya *a.* መካከለኛ middling
mekakelenya *a.* መካከለኛ temperate
mekakelenya lib weled *n.* መካከለኛ ልብ ወለድ novelette
mekakelenyinet *n.* መካከለኛነት mediocrity
mekan *n* መካን barren
mekan *a.* መካን sterile

mekane arawit *n.* መካነ አራዊት zoo
mekane meqabir *n.* መካነ መቃብር cemetery
mekanik *n.* መካኒክ mechanic
mekaninet *n.* መካንነት sterility
mekari *n.* መካሪ mentor
mekefafel *n.* መከፋፈል schism
mekefat *n* መከፋት depression
mekelakel *n.* መከላከል insulation
mekelakel *n.* መከላከል parry
mekelakel *n.* መከላከል prevention
mekelakeya *n* መከላከያ defence
mekelakeya *n.* መከላከያ safeguard
mekelikel *v.t.* መከልከል prevent
mekelikel *v.t.* መከልከል prohibit
meker *n.* መከር autumn
mekera *n.* መከራ misery
mekera *n.* መከራ ordeal
mekera *n.* መከራ tribulation
mekeraker *n.* መከራከር quibble
mekere *v.t.* መከረ advise
mekere *v. t.* መከረ counsel
mekerenya *a.* መከረኛ wretched
meketel *n.* መከተል succession
mekibeb *n.* መክበብ circumfluence
mekidenya *n.* መክደኛ lid
mekifecha *v.t.* መክፈቻ prelude
mekina *n.* መኪና automobile
mekina *n.* መኪና car
mekina *n.* መኪና sedan
mekina aqome *v.t.* መኪና አቆመ park
mekiser *n.* መክሰር bankruptcy
mekises *n* መክሰስ file
mekolatef *n* መኮላተፍ lisp
mekonin *n.* መኮንን officer
mekorej *v.t.* መኮረጅ ape
mekwaninit *n.* መኳንንት aristocracy
mekwaninit *n.* መኳንንት gentry
mekwaninit *n.* መኳንንት noble
mekwaninit *n.* መኳንንት nobleman
melachet *n* መላጨት shave
melak *v.t.* መላክ send
melalat *n.* መላላት laxity
melamed *n.* መላመድ adaptation
melamit *n.* መላምት hypothesis
melamitawi *a.* መላምታዊ hypothetical
melaqitu yetefa *a.* መላቅጡ የጠፋ topsy turvy
melaqitu yetefa *adv* መላቅጡ የጠፋ topsy turvy
melas *n* መላስ lick
melebileb *n* መለብለብ singe
melekiya *n.* መለኪያ gauge
melekiya *n.* መለኪያ measurement
melekiya *n.* መለኪያ unit
melekot *n* መለኮት divinity
melekotawi *a* መለኮታዊ divine
melemamed *n.* መለማመድ rehearsal
melemamet *v.t.* መለማመጥ wheedle
melemed *n.* መለመድ orthodoxy
melemele *v. t* መለመለ enlist
melemele *v.t.* መለመለ recruit
melemen *n.* መለመን invocation
melese *v.t* መለሰ answer
melese *v.i.* መለሰ reply
melese *v.i.* መለሰ respond
melese *v.t.* መለሰ retort
melesen *v.t.* መለሰን plaster
melewawecha *n* መለዋወጫ accessory
melewawet *n.* መለዋወጥ variance
melewecha *n* መለወጫ shift
melewet *n.* መለወጥ barter2
melewet *n* መለወጥ conversion
melewet *n* መለወጥ convert
melewet *n.* መለወጥ interchange
melewet *n.* መለወጥ modification

melewet *n.* መለወጥ transformation
meleya libis *n.* መለያ ልብስ livery
meleyayet *n.* መለያየት segregation
meleyayet *n.* መለያየት variety
meleyet *n* መለየት discretion
meleyet *n.* መለየት identity
meleyet *n.* መለየት separation
meleyet *n.* መለየት severance
meleyet *n.* መለየት sort
meleyo *n.* መለዮ hallmark
meliak *n* መልአክ angel
melibes *v.t.* መልበስ wear
melieikit *n* መልእክት errand
melieikit *n.* መልእክት message
melieikitenya *n.* መልእክተኛ courier
melieikitenya *n* መልእክተኛ deligate1
melieikitenya *n.* መልእክተኛ messenger
melifesifes *n.* መልፈስፈስ lethargy
melihiq *n.* መልህቅ anchor
melik *n* መልክ complexion
melik *n* መልክ feature
melik *a* መልክ look
melik *n.* መልክ semblance
melik meqeyer *n.* መልክ መቀየር transfiguration
melikam abeba *n.* መልካም አበባ petal
melikam aqebabel *a.* መልካም አቀባበል welcome
melikam ariaya *n.* መልካም አርአያ quintessence
melikam eidil *n.* መልካም ዕድል weal
melikam feqad *n.* መልካም ፈቃድ will
melikam guribitina *a.* መልካም ጉርብትና neighbourly
melikam migibar aderege *v. i.* መልካም ምግባር አደረገ behave
melikam minyotun geletse *v. t* መልካም ምኞቱን ገለፀ congratulate
melikam neger metebeq *n.* መልካም ነገር መጠበቅ optimism
melikam shita yalew yezaf ayinet *n.* መልካም ሽታ ያለው የዛፍ አይነት sandalwood
melikam sira *n.* መልካም ስራ merit
melike melikam *a.* መልከ መልካም handsome
melike tifu *a.* መልከ ጥፉ hideous
meliket madireg *n.* መልከት ማድረግ glance
melikia midir *n* መልክአ ምድር contour
melikun qeyere *v.t.* መልኩን ቀየረ transfigure
melimed *v.t.* መልመድ accustom
meliqeq *n.* መልቀቅ discharge
meliqeq *n* መልቀቅ release
meliqeq *n.* መልቀቅ withdrawal
melis *n* መልስ answer
melis *n.* መልስ rejoinder
melis *n* መልስ reply
melis *n.* መልስ response
melis agenye *v.t.* መልስ አገኘ solve
melis sechi *n.* መልስ ሰጪ respondent
meliso meteqem *n* መልሶ መጠቀም reclamation
meliso metsaf *n.* መልሶ መፃፍ paraphrase
meliso tsafe *v.t.* መልሶ ፃፈ paraphrase
memarek *n.* መማረክ fascination
memarek *n.* መማረክ mesmerism
memarek *n* መማረክ sublime

memarek *n* መማረክ surrender
memareke *n* መማረክ allurement
memekiya *n* መመኪያ dependence
memelales *v.t.* መመላለስ ply
memeles *v.t.* መመለስ retrieve
memeles *n.* መመለስ return
memeliket *n.* መመልከት observance
memeliket *n.* መመልከት obsession
memerimer *n.* መመርመር inquiry
memeriya *n.* መመሪያ guidance
memeriya *n.* መመሪያ instruction
memeriya *n* መመሪያ manual
memeriya *n.* መመሪያ policy
memeriyawoch *n.* መመሪያዎች principle
memesasel *n.* መመሳሰል likeness
memesasel *n* መመሳሰል mimicry
memesasel *n.* መመሳሰል resemblance
memesasel *n.* መመሳሰል similarity
memesaselin megilets *n.* መመሳሰልን መግለጽ simile
memeseret *n* መመሰረት establishment
memeset *n.* መመሰጥ mediation
memezen *v.t.* መመዘን weigh
memezenya *n* መመዘኛ criterion
memezigeb *n.* መመዝገብ register
memezigeb *n.* መመዝገብ registration
memihir *n.* መምህር pedagogue
memihir *n.* መምህር preceptor
memiret *v.t.* መምረጥ prefer
memiret *n.* መምረጥ vote
memiriya *n.* መምሪያ motto
memisel *n.* መምሰል likelihood
memisel *n.* መምሰል supposition
memwaget *n.* መሟገት litigation
memwamwat *n.* መሟሟት solubility
mena *n.* መና manna
menacha *n.* መናጫ churn
menaded *n* መናደድ flush
menafeq *v.i.* መናፈቅ yearn
menafesha bota *n.* መናፈሻ ቦታ park
menager *n.* መናገር mention
menager *n.* መናገር utterance
menany *n.* መናኝ hermit
menaq *n.* መናቅ scorn
menaq *n.* መናቅ slight
menazez *n* መናዘዝ confession
menecheqe *v.t.* መነጨቀ tug
menedef *n.* መነደፍ sting
meneged *n.* መነገድ trade
menekuse *n.* መነኩሴ monk
menekusit *n.* መነኩሲት nun
menemene *v. t* መነመነ dwindle
meneqineq *n* መነቅነቅ shake
menesat *n.* መነሳት rise
menesha *n.* መነሻ background
menezere *v. t.* መነዘረ cash
menibochareq *n.* መንቦጫረቅ ripple
menidat *n* መንዳት drive
menider *n.* መንደር village
menideritenya *n.* መንደርተኛ villager
meniferaget *n* መንፈራገጥ wriggle
menifes *n.* መንፈስ smack
menifes *n.* መንፈስ spirit
menifes *n.* መንፈስ wight
menifesawi *a.* መንፈሳዊ ritual
menifesawi *a.* መንፈሳዊ spiritual
menifesawi timihirit *n.* መንፈሳዊ ትምህርት theology
menifesawinet *n.* መንፈሳዊነት spirituality
menifesin yemikid eiminet *n.* መንፈስን የሚክድ እምነት materialism

menifiya *n.* መንፊያ pump
meniga *n* መንጋ flock
meniga *n.* መንጋ herd
menigaga *n.* መንጋጋ jaw
menigaga *n.* መንጋጋ maxilla
menigaga *n.* መንጋጋ molar
menigaga *n.* መንጋጋ wisdom-tooth
menigagat *adv.* መንጋጋት pell-mell
meniged *n.* መንገድ path
meniged *n.* መንገድ road
meniged *n.* መንገድ route
meniged *n.* መንገድ street
meniged *n.* መንገድ way
meniged asitekakele *v.t.* መንገድ አስተካከለ pave
meniged mezigiya *n.* መንገድ መዝጊያ barricade
meniged qeyere *v.i.* መንገድ ቀየረ resort
meniged zega *v.t* መንገድ ዘጋ block
menigedaged *n.* መንገዳገድ lurch
menigedaged *n.* መንገዳገድ stagger
menigedenya *n.* መንገደኛ passenger
menigedenya *n.* መንገደኛ traveller
menigisit *n.* መንግስት government
menigisit *n.* መንግስት kingdom
menigisit *n.* መንግስት regime
menigisit gilibeta *n.* መንግስት ግልበጣ coup
menikat *n* መንካት touch
menikebakeb *n* መንከባከብ upkeep
menikelo *n.* መንኬሎ trowel
meniker *n.* መንከር dip
meniker *n.* መንከር immersion
menikeriya *n* መንከሪያ dye
menikorakur *n.* መንኮራኩር rocket
menikwakwat *n* መንኳኳት rattle
meniqat *v.t.* መንቃት awake
meniqat *v.t.* መንቃት wake
meniqesaqes *n.* መንቀሳቀስ mobility
meniqesaqes *n.* መንቀሳቀስ move
meniqesaqes aqatew *v.t.* መንቀሳቀስ አቃተው paralyse
meniqetiqet *n* መንቀጥቀጥ quake
meniqetiqet *n.* መንቀጥቀጥ quiver
menisheratet *n* መንሸራተት skid
menita *n.* መንታ twin
menitebateb *n.* መንተባተብ babble
menitebateb *n* መንተባተብ stammer
menitelitel *n.* መንጠልጠል suspense
meniteq *v.t.* መንጠቅ wrest
meniteqo *n.* መንጠቆ hook
menizefizef *n.* መንዘፍዘፍ jolt
meno *n.* መኖ rape
menor *n* መኖር existence
menor *n.* መኖር occupancy
menoriya *n* መኖርያ abode
menoriya *n* መኖሪያ domicile
menoriya *n.* መኖሪያ habitation
menoriya *n.* መኖርያ settlement
menoriya bet *n.* መኖሪያ ቤት accommodation
menoriya bet *n* መኖሪያ ቤት dwelling
menoriya bet *n.* መኖሪያ ቤት residence
meqabir *n.* መቃብር grave
meqabir *n.* መቃብር necropolis
meqabir *n.* መቃብር sepulchre
meqabir *n.* መቃብር tomb
meqaqar *n.* መቃቃር rupture
meqawem *n* መቃወም disapproval
meqawem *n.* መቃወም negation
meqawem *n.* መቃወም opposition
meqawem *n.* መቃወም protest

meqawem *n.* መቃወም repugnance
meqawem *n.* መቃወም resistance
meqebat *v.t* መቀባት grease
meqebat *n.* መቀባት smear
meqebater *v.i.* መቀባጠር prattle
meqebel *&* መቀበል accept
meqebel መቀበል acquiesce
meqecha *n* መቀጫ fine
meqelaqel *n* መቀላቀል annexation
meqeled *v.i.* መቀለድ joke
meqemat *n.* መቀማት snatch
meqemecha *n.* መቀመጫ seat
meqemet *v.i.* መቀመጥ sit
meqemet *n* መቀመጥ sojourn
meqenajet *n* መቀናጀት co-ordination
meqenajet *n* መቀናጀት federation
meqenes *n.* መቀነስ abatement
meqenes *n* መቀነስ decrease
meqenes *n.* መቀነስ decrement
meqenes *n* መቀነስ minus
meqenes *n.* መቀነስ reduction
meqenes *n.* መቀነስ subtraction
meqenet *n.* መቀነት waistband
meqeniteb *n.* መቀንጠብ notch
meqes *n.* መቀስ scissors
meqesiqes *v.t.* መቀስቀስ agitate
meqesiqes *n* መቀስቀስ wake
meqeyayer *n.* መቀያየር shuffle
meqiber *n.* መቅበር sepulture
meqidat *n* መቅዳት mimic
meqidem *n* መቅደም foreword
meqides *n.* መቅደስ nave
meqides *n.* መቅደስ sanctuary
meqidim *n.* መቅድም preface
meqidim aqerebe *v.t.* መቅድም አቀረበ preface
meqifef *n.* መቅፈፍ repulsion
meqilet *n* መቅለጥ thaw
meqimes *n.* መቅመስ taste
meqinat *a.* መቅናት jealous
meqinat *n.* መቂናጥ piston
meqirecha *n.* መቅረጫ sharpener
meqiret *n* መቅረት absence
meqiter *n* መቅጠር employment
meqiter *n.* መቅጠር hire
meqizefiya *n* መቅዘፊያ paddle
meqofer *n* መቆፈር dig
meqolefiya *n.* መቆለፍያ lock
meqolel *v.t.* መቆለል pile
meqom *n* መቆም erection
meqom *n* መቆም stop
meqonitecha *n.* መቆንጠጫ grapple
meqonitecha *n. pl.* መቆንጠጫ tongs
meqoshesh *n.* መቆሸሽ squalor
meqotat *n.* መቆጣት frown
meqotater *n.* መቆጣጠር monopoly
meqotater *n.* መቆጣጠር regulation
meqotater *n.* መቆጣጠር surveillance
meqoteb *n.* መቆጠብ thrift
meqoyet *n* መቆየት stay
meqoyet *n.* መቆየት wait
mequret *n.* መቁረጥ lop
mequter *n.* መቁጠር tally
mequteriya *n.* መቁጠሪያ rosary
meqwaret *n* መቋረጥ halt
meqwaret *n.* መቋረጥ interruption
mera *v. t* መራ direct
mera *v.t.* መራ guide
mera *v.t* መራ head
mera *v.t.* መራ lead
mera *v.t.* መራ steer
merabat *n.* መራባት propagation
merabat *n* መራባት reproduction
merach *a.* መራጭ selective
merach *n.* መራጭ voter
merachoch *n* መራጮች electorate
meramed *adj* መራመድ ambulant

meramed *v.i.* መራመድ walk
meraq *v.t.* መራቅ shun
merara *a* መራራ bitter
merara *a.* መራራ caustic
merara hone *v.* መራራ ሆነ acetify
merara nigigir *a.* መራራ ንግግር wry
mereb *n.* መረብ mesh
mereb *n.* መረብ net
mereb sera *v.t.* መረብ ሰራ net
meredadat *n* መረዳዳት collaboration
meredat *n* መረዳት grasp
meredat *n.* መረዳት twig
merege *v. t.* መረገ daub
mereja *n* መረጃ evidence
mereja *n.* መረጃ information
mereja *n.* መረጃ particular
meremere *v.t.* መረመረ assess
meremere *v.t.* መረመረ audit
meremere *v. t* መረመረ detect
meremere *v. t* መረመረ diagnose
meremere *v.t* መረመረ explore
meremere *v.t.* መረመረ inspect
meremere *v.t.* መረመረ investigate
meremere *v.i.* መረመረ research
meremere *v.t.* መረመረ scan
mereq *n* መረቅ broth
mereribetibet *n.* መረርብትብት twitter
meresires *n.* መረስረስ saturation
meret *n* መሬት earth
meret *n.* መሬት ground
meret *n.* መሬት land
meret *n* መሬት lot
meret *n.* መሬት manor
meret sayiregit tegelebabete *v.i.* መሬት ሳይረግጥ ተገለባበጠ somersault
meret sayiregitu megelebabet *n.* መሬት ሳይረግጡ መገለባበጥ somersault
merete *v. t.* መረጠ choose
merete *v. t* መረጠ elect
merete *v.i.* መረጠ opt
merete *v.t.* መረጠ pick
merete *v.t.* መረጠ select
mereze *v.t.* መረዘ infect
mereze *v.t.* መረዘ poison
meri *n* መሪ conductor
meri *n.* መሪ guide
meri *n.* መሪ leader
meri *n.* መሪ protagonist
meridiyan *a.* መሪዲያን meridian
merife *n.* መርፌ needle
merife wega *v.t.* መርፌ ወጋ inject
merife wega *v.t.* መርፌ ወጋ syringe
merigebigeb *n* መርገብገብ flutter
merigebigeb *n.* መርገብገብ pulsation
meriget *n.* መርገጥ kick
meriha gibir *n.* መርሀ ግብር schedule
meriha gibir wesene *v.t.* መርሀ ግብር ወሰነ schedule
merikeb *n.* መርከብ ship
merikeb beashewa teyaze *v.i.* መርከብ በአሸዋ ተያዘ strand
merikebenya *n.* መርከበኛ mariner
merikebenya *n.* መርከበኛ sailor
merikuri *n.* ሜርኩሪ quicksilver
merimari *n.* መርማሪ inspector
merinet *n.* መሪነት leadership
meriz *n* መርዝ arsenic
meriz *n.* መርዝ poison
meriz *n.* መርዝ venom
merizama *a.* መርዛማ poisonous
merizenya *a.* መርዘኛ venomous
merizenya eibab *n* መርዘኛ እባብ cobra
mero *n* መሮ chisel
mesab *n.* መሳብ attraction
mesab *n* መሳብ crawl

mesab *n* መሳብ drag
mesab *n* መሳብ draught
mesabiya *n* መሳቢያ drawer
mesaleq *n.* መሳለቅ scoff
mesam *n.* መሳም kiss
mesaq *n.* መሳቅ laugh
mesariya *n.* መሳሪያ appliance
mesariya *n* መሳሪያ device
mesariya *n* መሳሪያ equipment
mesariya *n.* መሳሪያ instrument
mesariya *n.* መሳሪያ tool
mesasat *n.* መሳሳት slip
mesebiseb *n.* መሰብሰብ meet
meseded *n.* መሰደድ migration
mesekere *v.i.* መሰከረ testify
meselachet *v.t. & i* መሰላቸት weary
meselal *n.* መሰላል ladder
meselal *n.* መሰላል scaffold
mesele *v.t.* መሰለ mirror
mesele *v.t.* መሰለ resemble
mesele *v.i.* መሰለ seem
mesele *v.t.* መሰለ suppose
meselef *n* መሰለፍ file
meselichet *n.* መሰልቸት tedium
mesenakil *n* መሰናክል handicap
mesenakil *n.* መሰናክል hindrance
mesenakil *n.* መሰናክል hitch
mesenakil *n.* መሰናክል huntsman
mesenakil *n.* መሰናክል hurdle1
mesenakil *n.* መሰናክል impediment
mesenakil hone *v.t.* መሰናክል ሆነ handicap
mesenakil zelele *v.t* መሰናክል ዘለለ hurdle2
meseret *n.* መሠረት base
meseret *n.* መሠረት basial
meseret *n.* መሠረት basis
meseret *n* መሰረት essence
meseret *v. t.* መሰረት establish
meseretawi *adj.* መሠረታዊ basal
meseretawi *a.* መሠረታዊ basic
meseretawi *a.* መሰረታዊ fundamental
meseretawi *a.* መሰረታዊ radical
meseretawi *a* መሠረታዊ staple
meseretawi deniboch *n.* መሰረታዊ ደንቦች rudiment
meseretawi memeriya *n.* መሰረታዊ መመሪያ tenet
meserete *v.t.* መሠረተ base
meserete *v.t.* መሰረተ form
meserete *v.t.* መሰረተ found
meserete *n.* መሰረተ foundation
meserete bis *a.* መሠረተ ቢስ baseless
meserete bis *a.* መሰረተ ቢስ irrational
meserez *n* መሰረዝ annulet
meserez *n* መሰረዝ cancellation
meseriseriya *n.* መሰርሰሪያ auger
meseriseriya mesariya *n* መሰርሰሪያ መሳሪያ drill
mesese *v.i.* መሰሰ pry
mesewer *n* መሰወር disappearance
mesewer *v.i.* መሰወር vanish
mesewiya *n.* መሰዊያ altar
meshar *n.* መሻር revocation
meshashal *n.* መሻሻል advancement
meshashal *n.* መሻሻል amelioration
meshashal *n* መሻሻል betterment
meshashal *n.* መሻሻል improvement
meshashal *n.* መሻሻል reform
meshashal *n.* መሻሻል reformation
meshashal *n.* መሻሻል revision
meshefenya *n* መሸፈኛ cist
meshegager *n.* መሸጋገር transition
meshege *v.t.* መሸገ fortify
meshekem *n* መሸከም bearing
meshemen *v.t.* መሸመን weave

meshenef *n* መሸነፍ defeat
meshenef *n* መሸነፍ underdog
mesherisher *n* መሸርሸር erosion
meshesh *n.* መሸሽ avoidance
mesheshegiya bota *n.* መሸሸጊያ ቦታ refuge
meshet *n.* መሸጥ sale
meshikeriker *n.* መሽከርከር rotation
meshikeriker *n.i.* መሽከርከር whirl
meshikeriker *n* መሽከርከር whirl
meshikerikeriya *n.* መሽከርከሪያ pivot
meshinat *n.* መሽናት urination
mesibek *v.i.* መስበክ preach
mesibekiya medirek *a.* መስበኪያ መድረክ pulpit
mesiber *n* መስበር break
mesiber *n* መስበር breakage
mesifafat *n.* መስፋፋት expansion
mesifin *n* መስፍን duke
mesigat *n* መስጋት menace
mesih *n.* መሲህ messiah
mesik *n.* መስክ meadow
mesikerem *n.* መስከረም September
mesikid *n.* መስኪድ mosque
mesikot *n.* መስኮት window
mesikot mezigiya *n.* መስኮት መዝጊያ shutter
mesimamat *v.i.* መስማማት agree
mesimamat *n.* መስማማት compliance
mesimamat *n* መስማማት compromise
mesimamat *n.* መስማማት conformity
mesimamat *n.* መስማማት connivance
mesimamat *n.* መስማማት consent
mesimamat alemechal *n* መስማማት አለመቻል deadlock
mesimat *n* መስማት heed
mesimat yetesanew *a* መስማት የተሳነው deaf
mesimer *n.* መስመር line
mesimer *n.* መስመር stripe
mesimer aderege *v.t.* መስመር አደረገ stripe
mesino *n.* መስኖ canal
mesino *n.* መስኖ irrigation
mesiqel *n* መስቀል cross
mesiqelenya meniged *n.* መስቀለኛ መንገድ intersection
mesirach *n.* መስራች founder
mesitawet *n.* መስታወት glass
mesitawet *n* መስታወት glaze
mesitawet *n* መስታወት mirror
mesitawet *n.* መስታወት pane
mesitawet asigeba *v.t.* መስታወት አስገባ glaze
mesitawet seratenya *n.* መስታወት ሰራተኛ glazier
mesitawet wisit asigeba *v.t.* መስታወት ውስጥ አስገባ frame
mesitekakel *n* መስተካከል trim
mesitet *n* መስጠት offer
mesitet *n.* መስጠት provision
mesiwadid *n.* መስዋድድ preposition
mesiwaeit *n.* መስዋዕት sacrifice
mesiwaeit aqerebe *v.t.* መስዋዕት አቀረበ sacrifice
meta *v. i.* መጣ come
meta *v.t.* መታ hit
meta *v.t.* መታ thrash
metabeq *n.* መጣበቅ attachment
metach *adv* መታች beneath
metadef *n* መጣደፍ hurry
metafen *n.* መታፈን suffocation
metafiya cheriq *n* መጣፊያ ጨርቅ patch

metagel *v.i.* መታገል wrestle
metages *a* መታገስ abiding
metages *n.* መታገስ toleration
metages yemayichal *a.* መታገስ የማይቻል intolerable
metamem *v.t.* መታመም ail
metamen *n.* መታመን reliance
metameta aderege *v.t.* መታመታ አደረገ tap
metaneq *n.* መታነቅ strangulation
metas *n* መጣስ breach
metas *n.* መጣስ infringement
metasebiya *n.* መታሰቢያ anniversary
metasebiya *n.* መታሰቢያ memento
metasebiya *n.* መታሰቢያ memorial
metasebiya aderege *v.t.* መታሰቢያ አደረገ immortalize
metaser *n.* መታሰር captivity
metasha qibat *n.* መታሻ ቅባት ointment
metashet *n.* መታሸት massage
metateb *n* መታጠብ ablution
metateb *n* መታጠብ wash
metatebiya *n.* መታጠቢያ shower
metaweqiya wereqet *n.* መታወቂያ ወረቀት indentification
metayet *n* መታየት appearance
metayet *v.t.* መታየት repute
metayet *n.* መታየት visibility
metazeb *n.* መታዘብ observation
metazez *n.* መታዘዝ obedience
metebeniy *n.* መተበንይ prophecy
metebeq *n.* መጠበቅ preservation
metebeq *v.i.* መጠበቅ wait
metechachet *n.* መተጫጨት engagement
metegiber *n.* መተግበር act
metegiber *n.* መተግበር implement
metegiya sete *v.t.* መጠጊያ ሰጠ shelter
metekakat *n.* መተካካት substitution
metelalefiya *n* መተላለፊያ arcade
metelalefiya *n.* መተላለፊያ corridor
metelalefiya *n.* መተላለፊያ lobby
meteleya *n.* መጠለያ lee
meteleya *n* መጠለያ shed
metemamen *n* መተማመን adjuration
metemamen *v.i.* መተማመን vouch
metemizez *n.* መጠምዘዝ twist
meten *n* መጠን amount
meten *n* መጠን build
meten *n.* መጠን extent
meten *n.* መጠን magnitude
meten *n.* መጠን measure
meten *n.* መጠን purview
meten *n.* መጠን range
meten *n.* መጠን size
meten yelelew *a.* መጠን የሌለው infinite
metene *v.i.* መጠነ match
metenenya *a.* መጠነኛ rudimentary
metenezuriya *n.* መጠነዙሪያ circumference
meteqe *v.i.* መጠቀ soar
meteqem *n* መጠቀም consumption
meteqem *n.* መጠቀም utilization
meteqemiya *n.* መጠቀሚያ utility
meteqileya wereqet *n.* መጠቅለያ ወረቀት wrapper
meterater *n* መጠራጠር demur
meterater *n* መጠራጠር doubt
meterater *n.* መጠራጠር misgiving
meterater *n.* መጠራጠር mistrust
meterater *n.* መጠራጠር scepticism
metere *v.t.* መተረ slice

meterigom *n.* መተርጎም translation
metesaseb *n.* መተሳሰብ resonance
metet *n* መጠጥ beverage
metet *n* መጠጥ drink
metet *n.* መጠጥ rum
metet aderege *v.t* መተት አደረገ bewitch
metet bet *n.* መጠጥ ቤት saloon
metet bet *n.* መጠጥ ቤት tavern
metet yemayiteta *a.* መጠጥ የማይጠጣ teetotal
metet yemayiteta sew *n.* መጠጥ የማይጠጣ ሰው teetotaller
metete *v.t* መጠጠ absorb
metew *n* መተው concession
metew *v.t.* መተው spare
meteyeq *n* መጠየቅ demand
meteyeq *n* መጠየቅ request
meteyeq *n.* መጠየቅ solicitation
meteyeqiya *n.* መጠየቂያ rquisition
meteyiq *n.* መጠይቅ questionnaire
metibat *n* መጥባት ablactation
metibat *n.* መጥባት suck
metibeb *n* መጥበብ fry
metifat *n.* መጥፋት obliteration
metifat *v.i.* መትፋት spit
metifiya *n.* መትፊያ spittoon
metifo *n* መጥፎ evil
metifo *a.* መጥፎ terrible
metifo agatami *n.* መጥፎ አጋጣሚ misadventure
metifo eidil *n.* መጥፎ እድል mischance
metifo eidil *n.* መጥፎ እድል misfortune
metifo limadin tewe *v.t.* መጥፎ ልማድን ተወ forswear
metifo sim *n.* መጥፎ ስም notoriety
metifo sim *n.* መጥፎ ስም stigma
metifo simet mesemat *n.* መጥፎ ስሜት መሰማት premonition
metifo simet yemiyanesasa *a.* መጥፎ ስሜት የሚያነሳሳ melodramatic
metifo yeeij tsihuf *n* መጥፎ የእጅ ፅሁፍ scrawl
metimelimel *v.i.* መጥመልመል writhe
metimem *n.* መጥመም perversity
metiqes *n* መጥቀስ wink
metir *n.* ሜትር meter
metir *n.* ሜትር metre
metirat *n.* መጥራት calling
metirebiya *n.* መጥረቢያ axe
metirebiya *n.* መጥረቢያ hatchet
metiref *n.* መትረፍ survival
metirefiref *v.i.* መትረፍረፍ abound
metirefiref *n* መትረፍረፍ abundance
metirefiref *n* መትረፍረፍ glut
metireg *n.* መጥረግ sweep
metireg *n.* መጥረግ wipe
metiregiya *n* መጥረጊያ broom
metiregiya *n.* መጥረጊያ sweeper
metiriya *n.* መጥሪያ summons
meto *n.* መቶ hundred
meto aleqa *n.* መቶ አለቃ lieutenant
meto amet *n.* መቶ አመት century
meto eigir *n.* መቶ እግር millipede
meto eigir yalew til *n.* መቶ እግር ያለው ትል centipede
meto eitif *n. & adj* መቶ እጥፍ centuple
metonya *adv.* መቶኛ per cent
metonya amet *adj.* መቶኛ አመት centennial
metonya amet beal *n.* መቶኛ አመት በአል centenary
metsaf *v.t.* መጻፍ write
metsedaja *n.* መፀዳጃ latrine

metsedaja bet *n.* መፀዳጃ ቤት lavatory
metsedaja bet *n.* መፀዳጃ ቤት toilet
metseley *v.i.* መፀለይ pray
metsetset *n.* መፀፀት compunction
metsihaf *n* መጽሐፍ book
metsihaf anibabinet *n.* መጽሐፍ አንባቢነት bookish
metsihaf qidus *n* መፅሐፍ ቅዱስ bible
metsihaf qidus *n.* መፅሐፍ ቅዱስ scripture
metsihaf shach *n* መጽሐፍ ሻጭ book-seller
metsihaf yemibela til *n* መጽሐፍ የሚበላ ትል book-worm
metsihet *n* መጽሔት bulletin
metsinanat *n.* መጽናናት solace
metsinat *n.* መፅናት stabilization
mewab *n.* መዋብ ornamentation
mewabiya qibatoch *n.* መዋቢያ ቅባቶች cosmetic
mewacho *n* መዋጮ contribution
mewacho *n.* መዋጮ fund
mewahad *n* መዋሀድ assimilation
mewahad *n.* መዋሀድ merger
mewanyet *a.* መዋኘት natant
mewanyet *n* መዋኘት swim
mewaqir *n.* መዋቅር structure
mewashet *n* መዋሸት deceit
mewat *n.* መዋጥ swallow
meweged *n* መወገድ dismissal
mewegeze *n* መወገዘ condemnation
mewekel *n* መወከል delegation
mewekel *n.* መወከል representation
meweliwel *n* መወልወል polish
meweliweya *n.* መወልወያ mop
mewenijel *v.t.* መወንጀል accuse
mewenijel *n.* መወንጀል denunciation
mewerared *v.i.* መወራረድ wager
meweriwer *n.* መወርወር cast
meweriwer *n.* መወርወር pitch
meweriwer *n.* መወርወር throw
meweriwer *n* መወርወር toss
meweriweriya *n.* መወርወሪያ latch
meweriweriya *n.* መወርወሪያ shuttle
mewesaseb *n.* መወሳሰብ perplexity
mewesaseb *n.* መወሳሰብ sophistication
mewesen *n.* መወሰን confinement
mewesen amechal *n.* መወሰን አመቻል indecision
meweteriya *n.* መወጠሪያ traction
mewezawez *n.* መወዛወዝ oscillation
meweziwez *n* መወዝወዝ sway
mewicha *n.* መውጫ exit
mewicha meniged yelebet *n.* መውጫ መንገድ የሌበት impasse
mewided *n.* መውደድ liking
mewideq *n.* መውደቅ tumble
mewigat *v.t.* መውጋት pierce
mewigat *n.* መውጋት poke
mewigat *n.* መውጋት stab
mewigat *v.t.* መውጋት thrust
mewiled mechal *n* መውለድ መቻል fertility
mewires *n* መውረስ confiscation
mewitat *n.* መውጣት climb1
meyaz *n.* መያዝ capture
meyaz *n.* መያዝ seizure
meyaze *n.* መያዘ catch
meyazha *n* መያዣ clasp
meyazha *n.* መያዣ hostage
mezamed *n.* መዛመድ correlation

mezegajet *n.* መዘጋጀት preparation
mezegebe *v. t.* መዘገበ book
mezegebe *v. t* መዘገበ enrol
mezegebe *v.t.* መዘገበ record
mezegebe *v.t.* መዘገበ register
mezegeyet *n.* መዘገየት slowness
mezegiyet *n.* መዘግየት retardation
mezemer *n* መዘመር warble
mezemiran *n* መዘምራን choir
mezene *n* መዘነ offset
mezenigat *n.* መዘንጋት oblivion
mezeregagat *v.t.* መዘረጋጋት unfold
mezeregat *n* መዘረጋት stretch
mezerigat *n.* መዘርጋት prostration
mezerigat *n.* መዘርጋት spread
mezerizeriya *n.* መዘርዘሪያ catalogue
mezeweriya *n.* መዘወሪያ axle
mezewir *n.* መዘውር pulley
mezigabi *n.* መዝጋቢ registrar
mezigat *n* መዝጋት blockade
mezigat *n.* መዝጋት close
mezigat *v.t.* መዝጋት shut
mezigeb *n.* መዝገብ ledger
mezigeb bet *n.* መዝገብ ቤት registry
mezigebe qalat *n* መዝገበ ቃላት dictionary
mezigebe qalat *n.* መዝገበ ቃላት lexicon
mezigebe qalat *n.* መዝገበ ቃላት vocabulary
mezigebe qalat mazegajet *n.* መዝገበ ቃላት ማዘጋጀት lexicography
mezilel *n.* መዝለል jump
mezilel *n* መዝለል leap
mezilel *n.* መዝለል vault
mezileya zhanitila *n.* መዝለያ ዣንጥላ parachute
mezimur *n.* መዝሙር hymn
mezimure dawit *n.* መዝሙረ ዳዊት psalm
mezinanat *n.* መዝናናት recreation
mezinanat *n.* መዝናናት relaxation
mezirat *n.* መዝራት sow
meziref *v.t.* መዝረፍ plunder
mezor *n* መዞር turn
michot *n.* ምቾት comfort1
michot *n.* ምቾት convenience
michot *n.* ምቾት pleasure
michu *a* ምቹ comfortable
michu *a* ምቹ convenient
michu *n.* ምቹ snug
michu huneta *n.* ምቹ ሁኔታ opportunity
michu huneta *n.* ምቹ ሁኔታ optimum
midib *n.* ምድብ category
midija *n.* ምድጃ furnace
midija *n.* ምድጃ hearth
midija *n.* ምድጃ oven
midija *n.* ምድጃ stove
midi-of *n.* ሚድ-ኦፍ mid-off
midi-on *n.* ሚድ-ኦን mid-on
midir bet *n.* ምድር ቤት basement
midir bet *n* ምድር ቤት cellar
midirawi *a* ምድራዊ earthly
midirawi *a.* ምድራዊ temporal
mieirab *n.* ምዕራብ west
mieiraf *n.* ምዕራፍ chapter
mieiraf *n* ምዕራፍ episode
mieiraf *n.* ምዕራፍ pharmacy
migib *n* ምግብ diet
migib *n* ምግብ feed
migib *n* ምግብ food
migib *n.* ምግብ meal
migib *n.* ምግብ nourishment
migib *n.* ምግብ sustenance
migib *n. pl* ምግብ victuals
migib abisay *n* ምግብ አብሳይ cooker

migib bet *n.* ምግብ ቤት restaurant
migib einidiqoy yemiyadereg *a.* ምግብ እንዲቆይ የሚያደረግ preservative
migib einidiqoy yemiyadereg nitire neger *n.* ምግብ እንዲቆይ የሚያደረግ ንጥረ ነገር preservative
migib shach *n.* ምግብ ሻጭ grocer
migibar *n* ምግባር conduct
migibare bilishu *a.* ምግባረ ብልሹ corrupt
migibinet yalew *n.* ምግብነት ያለው aliment
mihiret *n.* ምሕረት amnesty
mihiret *n.* ምህረት mercy
mihiret *n.* ምህረት remission
mihiret yelelew *a.* ምህረት የሌለው relentless
mihitsare qal *n* ምህፃረ ቃል abbreviation
mihiwar *n.* ምህዋር orbit
mihur *n.* ምሁር intellectual
mihur *n.* ምሁር scholar
mihuran *n.* ምሁራን intelligentsia
mikiniyat *n.* ምክንያት cause
mikiniyat *n* ምክንያት factor
mikiniyat *n.* ምክንያት motive
mikiniyat *n.* ምክንያት reason
mikiniyat *n.* ምክንያት sake
mikiniyat hone *v.t* ምክንያት ሆነ cause
mikiniyat hone *v.t* ምክንያት ሆነ occasion
mikiniyat sete *v.i.* ምክንያት ሰጠ reason
mikiniyatawi *adj.* ምክንያታዊ causal
mikiniyatawi *a.* ምክንያታዊ rational
mikiniyatawi aderege *v.t.* ምክንያታዊ አደረገ rationalize
mikiniyatawinet *n* ምክንያታዊነት causality
mikiniyatawinet *n.* ምክንያታዊነት rationality
mikiniyatum *conj.* ምክንያቱም because
mikir *n* ምክር advice
mikir *n.* ምክር counsel
mikir *n.* ምክር hint
mikir *n.* ምክር lentil
mikir bet *n* ምክር ቤት chancery
mikir bet *n.* ምክር ቤት council
mikir bet *n.* ምክር ቤት parliament
mikir sete *v.t.* ምክር ሰጠ tip
mikitil *n* ምክትል deputy
milach *n.* ምላጭ razor
milas *n.* ምላስ tongue
miliate gubae *n.* ምልአተ ጉባኤ quorum
milikit *n* ምልክት cue
milikit *n.* ምልክት gesture
milikit *n.* ምልክት imprint
milikit *n.* ምልክት intimation
milikit *n.* ምልክት label
milikit *n.* ምልክት mark
milikit *n.* ምልክት marker
milikit *n.* ምልክት mascot
milikit *n.* ምልክት notation
milikit *n.* ምልክት omen
milikit *n.* ምልክት sign
milikit *n.* ምልክት signal
milikit *n.* ምልክት spot
milikit *n.* ምልክት symptom
milikit *n.* ምልክት token
milikit *n.* ምልክት trace
milikit aderege *v.t.* ምልክት አደረገ label
milikit aderege *v.t* ምልክት አደረገ mark
milikit aderege *v.t.* ምልክት አደረገ tag
milikit aderege *v.i.* ምልክት አደረገ tick

milikit aderege *v.t.* ምልክት አደረገ tip
milikit mesitet *n.* ምልክት መስጠት auspice
milikit mesitet *n.* ምልክት መስጠት beck
milikit sete *v.t.* ምልክት ሰጠ auspicate
milikit sete *v.t.* ምልክት ሰጠ beckon
milikit sete *v.i.* ምልክት ሰጠ motion
milimil wetader *n.* ምልምል ወታደር recruit
miliyon *n.* ሚሊዮን million
min *a.* ምን what
min alik *interj.* ምን አልክ what
mina *n.* ሚና role
minabawi *a.* ምናባዊ imaginary
minabawi neger *n* ምናባዊ ነገር figment
minalibat *a.* ምናልባት likely
minalibat *v* ምናልባት may
minalibat *adv.* ምናልባት perhaps
minalibat *adv.* ምናልባት probably
minibab *n.* ምንባብ passage
minich *n.* ምንጭ fountain
minich *n.* ምንጭ source
minich *n* ምንጭ spring
minidinewu *pron.* ምንድነው what
minikusina *n* ምንኩስና monasticism
minim *n.* ምንም nought
minim bihon *pron.* ምንም ቢሆን whatever
minim einikwa *conj.* ምንም እንኳ albeit
minim einikwa *conj.* ምንም እንኳ although
minim neger *adv.* ምንም ነገር nothing
minim yahil *adv.* ምንም ያህል almost
minim yahil *adv.* ምንም ያህል hardly
minim yemayiteqim *n.* ምንም የማይጠቅም nothing
minim yemayitimew *n.* ምንም የማይጥመው jade
minisiter *n.* ሚኒስተር minister
minitaf *n.* ምንጣፍ mat
minyot *n* ምኞት fancy
minyot *n.* ምኞት wish
miqenyinet *n.* ምቀኝነት malignancy
miraq *n.* ምራቅ saliva
miraq *n* ምራቅ spit
mireqa *n.* ምረቃ inauguration
miricha *n.* ምርጫ choice
miricha *n* ምርጫ election
miricha *n.* ምርጫ preference
miricha *n.* ምርጫ selection
miriko *n* ምርኮ booty
miriko *n* ምርኮ spoil
mirikonya *a.* ምርኮኛ captive
mirikuz *n* ምርኩዝ crutch
mirikuz *n.* ምርኩዝ stilt
mirimera *n* ምርመራ diagnosis
mirimera *n.* ምርመራ inquest
mirimera *n.* ምርመራ inquisition
mirimera *n.* ምርመራ inspection
mirimera *n.* ምርመራ interrogation
mirimera *n* ምርመራ interrogative
mirimera *n.* ምርመራ investigation
mirimera *n* ምርመራ research
mirimir *n.* ምርምር logic
miriqat *n* ምርቃት benison
mirit *a.* ምርጥ only
mirit *n.* ምርት produce
mirit *n.* ምርት product
mirit *n* ምርት yield

mirit libis *n.* ምርጥ ልብስ apparel
mirit yeteleyayu derasiyan sirawoch sibisib *n.* ምርጥ የተለያዩ ደራሲያን ስራዎች ስብስብ anthology
miritama *a.* ምርታማ productive
miritamanet *n.* ምርታማነት productivity
miruq *n* ምሩቅ graduate
misa *n.* ምሳ lunch
misa bela *v.i.* ምሳ በላ lunch
misale *n.* ምሳሌ allegory
misale *n* ምሳሌ example
misale *n.* ምሳሌ maxim
misale *n.* ምሳሌ proverb
misale *a.* ምሳሌ symbolic
misale hone *v.t.* ምሳሌ ሆነ typify
misale maqireb *v.t.* ምሳሌ ማቅረብ adduce
misale mehon *n* ምሳሌ መሆን byword
misale new *v.t.* ምሳሌ ነው symbolize
misale yemihon sew *n.* ምሳሌ የሚሆን ሰው notability
misalenet *n.* ምሳሌነት symbolism
misaleyawi *a.* ምሳሌያዊ allegorical
misaleyawi *a* ምሳሌያዊ figurative
misaleyawi *a.* ምሳሌያዊ proverbial
misaleyawi ababal *n.* ምሳሌያዊ አባባል adage
miseso *n.* ምሰሶ girder
miseso *n.* ምሰሶ mainstay
miseso *n.* ምሰሶ pillar
miseso *n.* ምሰሶ pole
mishig *n* ምሽግ blindage
mishig *n.* ምሽግ fort
mishig asata *v.t.* ምሽግ አሳጣ unsheathe
mishit *n* ምሽት evening
misigana *n.* ምስጋና acknowledgement
misigana *n.* ምስጋና compliment
misigana *n.* ምስጋና gratitude
misigana *n* ምስጋና laud
misigana *n.* ምስጋና praise
misigana *n.* ምስጋና thanks
misigana bis *a.* ምስጋና ቢስ thankless
misigana bisinet *n.* ምስጋና ቢስነት ingratitude
misigana yemigebaw *a.* ምስጋና የሚገባው praiseworthy
misikir *n.* ምስክር alibi
misikir *n.* ምስክር witness
misikir hone *v. t.* ምስክር ሆነ countersign
misil *n* ምስል effigy
misil *n.* ምስል image
misil kesach qalat *n.* ምስል ከሳች ቃላት imagery
misimar *n.* ሚስማር nail
misimar meta *v.t.* ሚስማር መታ nail
misiqiliqil *n.* ምስቅልቅል jumble
misiraq *n* ምስራቅ east
misiraqawi *a* ምስራቃዊ east
misiraqawi *a.* ምስራቃዊ oriental
misiraqawi kifil *n* ምስራቃዊ ክፍል oriental
misiret *n.* ምስረት lens
misit *n.* ሚስት wife
misite *n..* ሚስቴ missis, missus
misitir *n* ሚስጢር enigma
misitir *n.* ምስጢር mystery
misitir *n.* ሚስጥር secrecy
misitir *n.* ሚስጥር secret
misitir aweta *v. t* ሚስጥር አወጣ divulge
misitir neger *v. i* ሚስጢር ነገር confide

misitirawi *adj.* ሚስጥራዊ clandestine
misitirawi *a.* ሚስጢራዊ confidential
misitirawi *a.* ምስጢራዊ mysterious
misitirawi *a.* ሚስጥራዊ secret
misitirenya *n* ሚስጥረኛ confidant
misitirenya *a.* ሚስጥረኛ secretive
misitu wedaj yeyazechibet *n.* ሚስቱ ወዳጅ የያዘችበት cuckold
misitu yemotechibet *n.* ሚስቱ የሞተችበት widower
mit *n* ምት blow
mit *n* ምት hit
mit *n* ምት stroke
mit *n.* ምጥ throe
mitane habit *n* ምጣኔ ሀብት economy
mitihat sera *v.t.* ምትሀት ሰራ conjure
mitik *n.* ምትክ replacement
mitimita *n.* ሚጥሚጣ chilli
mitset *n.* ምፀት irony
mitsiwat *n.* ምጽዋት alms
miwale hitsanat *n.* ምዋለ ህፃናት kindergarten ;
mizan *n.* ሚዛን balance
mizan *n.* ሚዛን scale
mizan metebeq *n* ሚዛን መጠበቅ poise
mizan tebeqe *v.t.* ሚዛን ጠበቀ poise
mizanawi yalihone *a* ሚዛናዊ ያልሆነ unfair
mizanawinet *n.* ሚዛናዊነት impartiality
moged *n.* ሞገድ surge
mokere *v.t.* ሞከረ attempt
mokere *v. t.* ሞከረ es+say
mokere *v.i.* ሞከረ try
mokishe *n.* ሞክሼ namesake
mola *v.t* ሞላ fill
mola *v.i.* ሞላ teem
molala *n* ሞላላ oval
molala hulet gonu berizimet yemimesasel *n.* ሞላላ ሁለት ጎኑ በርዝመት የሚመሳሰል oblong
molala qirits yalew *a.* ሞላላ ቅርፅ ያለው oval
molala qirits yalew *n.* ሞላላ ቅርጽ ያለው spiral
molito fesese *v.i.* ሞልቶ ፈሰሰ spill
molokiwil *n.* ሞሎኪውል molecule
mony *n* ሞኝ fool
monyamony *a.* ሞኛሞኝ sheepish
moq yale aqebabel *n* ሞቅ ያለ አቀባበል acclamation
moq yalew *a.* ሞቅ ያለው tipsy
moqatama *a.* ሞቃታማ sultry
mora *n* ሞራ fat
moral sebere *v. t.* ሞራል ሰበረ demoralize
mot *n* ሞት death
mote *v. i* ሞተ decease
mote *v. i* ሞተ die
mote *a.* ሞተ moribund
moter *n* ሞተር engine
moter *n.* ሞተር motor
moter neda *v.i.* ሞተር ነዳ motor
moter neji *n.* ሞተር ነጂ motorist
mugesa *n* ሙገሳ flannel
mugit *n.* ሙግት litigant
mukera *n.* ሙከራ attempt
mukera *n* ሙከራ experiment
mukera *n.* ሙከራ trial
mukera *n* ሙከራ try
mulat *n.* ሙላት fullness
mulu *a* ሙሉ complete
mulu *a.* ሙሉ full
mulu *a.* ሙሉ intact
mulu *v.t.* ሙሉ utter
mulu *n* ሙሉ whole

mulu bemulu *adv* ሙሉ በሙሉ downright
mulu bemulu *adv* ሙሉ በሙሉ entirely
mulu bemulu *adv.* ሙሉ በሙሉ fully
mulu bemulu *adv.* ሙሉ በሙሉ quite
mulu bemulu *adv.* ሙሉ በሙሉ throughout
mulu bemulu cherese *v. t.* ሙሉ በሙሉ ጨረሰ exhaust
mulu bemulu shefene *v. t* ሙሉ በሙሉ ሸፈነ encase
mulu lemulu *adv.* ሙሉ ለሙሉ stark
mulu lemulu *adv.* ሙሉ ለሙሉ wholly
mulu libis *n.* ሙሉ ልብስ suit
mulu qal *n.* ሙሉ ቃል text
mulu tibibir *n.* ሙሉ ትብብር unison
mulu titiq *n.* ሙሉ ትጥቅ outfit
mulu yeqirits lewit *n.* ሙሉ የቅርፅ ለውጥ metamorphosis
mulu zigijit *a.* ሙሉ ዝግጅት replete
muq *a.* ሙቅ hot
muqet *n.* ሙቀት heat
muqet *n.* ሙቀት warmth
muqina michu bota *a.* ሙቅና ምቹ ቦታ cosy
mushira *n.* ሙሽራ groom
musikovayit *n.* ሙስኮቫይት muscovite
musina *n.* ሙስና jobbery
mutan kehiyawan gar yinegageralu yemil eiminet *n.* ሙታን ከሕያዋን ጋር ይነጋገራሉ የሚል እምነት spiritualism
mutan kehiyawan yemiyagenany *n.* ሙታን ከሕያዋን የሚያገናኝ spiritualist
muya *n.* ሙያ profession
muya *n.* ሙያ technical
muya *n.* ሙያ vocation
muya yalew *a* ሙያ ያለው accomplished
muyatenya *n.* ሙያተኛ technician
muyawi *n.* ሙያዊ technicality
muyawi yemegibabiya qalat *n.* ሙያዊ የመግባቢያ ቃላት jargon
muz *n.* ሙዝ banana
muziqa *n.* ሙዚቃ music
muziqa mesariya techawach *n.* ሙዚቃ መሳሪያ ተጫዋች instrumentalist
muziqenya *n.* ሙዚቀኛ musician
mwach *a.* ሟች mortal
mwachinet *adj.* ሟችነት alamort
mwachinet *n.* ሟችነት mortality

N

nafiqot *n.* ናፍቆት nostalgia
nafiqot *n.* ናፍቆት yearning
namuna *n.* ናሙና sample
namuna wesede *v.t.* ናሙና ወሰደ sample
naqe *v. t* ናቀ despise
naqe *v. t.* ናቀ disdain
naqe *v.t.* ናቀ scorn
naqe *v.t.* ናቀ slight
nate *v. t. & i.* ናጠ churn
nayitirojin *n.* ናይትሮጂን nitrogen
nebelibal *n* ነበልባል flame
nebelibal sayinorew qes beqes teqatele *v.i.* ነበልባል ሳይኖረው ቀስ በቀስ ተቃጠለ smoulder
nebir *n.* ነብር tiger
nebiy *n.* ነቢይ prophet
nech *a.* ነጭ white

nech *n* ነጭ white
nech *a.* ነጭ whitish
nech abeba *n* ነጭ አበባ daisy
nech aderege *v. t. & i* ነጭ አደረገ blanch
nech biret *n* ነጭ ብረት cobalt
nech gaz *n.* ነጭ ጋዝ kerosene
nech shinikurit *n.* ነጭ ሽንኩርት garlic
nechina tiqur wef *n.* ነጭና ጥቁር ወፍ magpie
neda *v. t* ነዳ drive
nedaj *n.* ነዳጅ fuel
nedede *v.i* ነደደ flame
nedefe *v.t.* ነደፈ trace
nedo *n.* ነዶ sheaf
nefa *v.t.* ነፋ pump
nefa *v.t.* ነፋ sift
nefas *n.* ነፋስ wind
nefas yebezabet *a.* ነፋስ የበዛበት windy
nefashama *a.* ነፋሻማ airy
nefese *v.i.* ነፈሰ blow
nefis *n.* ነፍስ soul
nefise geday *n.* ነፍሰ ገዳይ assassin
nefise geday *n.* ነፍሰ ገዳይ murderer
nefitenya *n.* ነፍጠኛ musketeer
nega *v. i.* ነጋ dawn
nega *n.* ነጋ morrow
negade *n* ነጋዴ businessman
negade *n* ነጋዴ dealer
negade *n.* ነጋዴ merchant
negade *n.* ነጋዴ monger
negade *n.* ነጋዴ retailer
negade *n.* ነጋዴ trader
negade *n.* ነጋዴ tradesman
nege *n.* ነገ tomorrow
negede *v. i* ነገደ deal
neger *n.* ነገር thing
neger gin *conj.* ነገር ግን but
neger gin *conj* ነገር ግን however
negere *v.t.* ነገረ tell
negerochin beteleyaye meliku eiyaqenaje masiqemet *n.* ነገሮችን በተለያየ መልኩ እያቀናጁ ማስቀመጥ permutation
negerochin beyifa metew *n.* ነገሮችን በይፋ መተው renunciation
negerochin einidalu mayet *n.* ነገሮችን እንዳሉ ማየት realism
negerochin einidalu yemiyay sew *n.* ነገሮችን እንዳሉ የሚያይ ሰው realist
negerochin fetino yemireda *a.* ነገሮችን ፈጥኖ የሚረዳ perceptive
negese *v.i.* ነገሰ reign
negese *v.t.* ነገሠ rule
negese *v.t.* ነገሰ throne
negodigwad *n.* ነጎድጓድ thunder
nehas *n.* ነሃስ brass
nehas *n. & adj* ነሀስ bronze
nehase *n.* ነሀሴ August
neka *v.t.* ነካ touch
nekere *v.i.* ነከረ dap
nekere *v.t.* ነከረ immerse
nekese *v. t.* ነከሰ bite
nekese *v.t.* ነከሰ snap
nenidefe *v.t.* ነንደፈ sting
nepitiyon *n.* ኔፕቲዮን Neptune
neqa *n* ነቃ wake
neqefa metebeq *n.* ነቀፋ መጠበቅ vigil
neqefe *v. t* ነቀፈ criticize
neqefe *v.t.* ነቀፈ lampoon
neqefe *v.t.* ነቀፈ scold
neqele *v.t.* ነቀለ uproot
neqerisa *n.* ነቀርሳ cancer
neqese *v.i.* ነቀሰ tattoo
neqez *n.* ነቀዝ motel
neqez *n.* ነቀዝ weevil

neri *n.* ነርቭ Nerve
neris *n.* ነርስ nurse
netaqi *n.* ነጣቂ usurpation
netebitab *n.* ነጠብጣብ blot
netela *n.* ነጠላ muslin
netela *a.* ነጠላ singular
netela serez *n* ነጠላ ሰረዝ comma
neteqe *v.t.* ነጠቀ usurp
netib *n* ነጥብ dot
netib *n.* ነጥብ point
netib *n.* ነጥብ score
netib aderege *v. t* ነጥብ አደረገ dot
netib asiqotari *n.* ነጥብ አስቆጣሪ scorer
netib asiqotere *v.t.* ነጥብ አስቆጠረ score
netiro memeles *n.* ነጥሮ መመለስ rebound
netiro temelese *v.i.* ነጥሮ ተመለሰ rebound
netsa *v. t* ነፃ bleach
netsa ነፃ exempt
netsa *a.* ነፃ free
netsa *a.* ነፃ independent
netsa aderege *v. t.* ነፃ አደረገ exempt
netsa aweta *v.t.* ነፃ አወጣ liberate
netsa aweta *v.t.* ነፃ አወጣ redeem
netsa aweta *v.t.* ነጻ አወጣ unburden
netsa aweta *v.t.* ነፃ አወጣ vindicate
netsa awich *n.* ነፃ አውጭ liberator
netsa hone *v.t.* ነፃ ሆነ decontrol
netsa leqeqe *v.t.* ነፃ ለቀቀ assoil
netsa mawitat *v.t* ነፃ ማውጣት free
netsa mawitat *n.* ነፃ ማውጣት liberation
netsa mewitat *n.* ነፃ መውጣት emancipation
netsa mewitat *n.* ነፃ መውጣት redemption
netsa mewitat *n.* ነፃ መውጣት vindication
netsa yetimihirit eidil *n.* ነፃ የትምህርት ዕድል scholarship
netsanet *n.* ነፃነት freedom
netsanet *n.* ነፃነት independence
netsanet *n.* ነፃነት liberty
netsanet *n.* ነፃነት sovereignty
netsebiraq *n.* ነፀብራቅ glare
netsebiraq *n.* ነፀብራቅ sparkle
netsebiraq *n.* ነፀብራቅ twinkle
newari *n.* ነዋሪ inhabitant
newari *n.* ነዋሪ occupant
newari *n.* ነዋሪ occupier
newari *n* ነዋሪ resident
newir *n.* ነውር infamy
newir *a.* ነውር nefandous
nezere *v.i.* ነዘረ vibrate
nib *n.* ንብ bee
nibiret *n.* ንብረት asset
nibiret *n.* ንብረት belongings
nibiret *n.* ንብረት property
nibiret asiyaze *v.t.* ንብረት አስያዘ mortgage
nibiret masiyaze *n.* ንብረት ማስያዘ mortgage
nibiret yizo yemiyabedir *n.* ንብረት ይዞ የሚያበድር mortagagee
nibiribir *n.* ንብርብር layer
nid *n* ንድ corps
nidet *n.* ንዴት temper
nidif *n.* ንድፍ design
nidif *n.* ንድፍ pattern
nidif *n.* ንድፍ sketch
nidif aweta *v.t.* ንድፍ አወጣ plan
nidife kifil *n* ንድፈ ክፍል drawing-room
nifas *n.* ንፋስ monsoon
nifit *n.* ንፍጥ mucus

nifug sew *n.* ንፉግ ሰው miser
nifuginet *n.* ንፉግነት avarice
nigat *n* ንጋት dawn
nigid *n* ንግድ business
nigid *n* ንግድ commerce
nigid *n* ንግድ deal
nigigir *n* ንግግር discourse
nigigir *n.* ንግግር lecture
nigigir *n.* ንግግር speech
nigigir *n* ንግግር talk
nigigir *n* ንግግር viva-voce
nigigir aderege *v.t.* ንግግር አደረገ address
nigigir yemaqireb tibeb *n.* ንግግር የማቅረብ ጥበብ oratory
nigigir yemichil *a.* ንግግር የሚችል oratorical
nigigir yemichil sew *n.* ንግግር የሚችል ሰው orator
nigisit *n* ንግስት empress
nigisit *n.* ንግስት queen
nigus *n* ንጉስ emperor
nigus *n.* ንጉስ king
nigusawi *a.* ንጉሳዊ imperial
nigusawi *a.* ንጉሳዊ regal
nigusawi *a.* ንጉሳዊ royal
nigusawi agezaz *n.* ንጉሳዊ አገዛዝ monarchy
nigusawiyan *n.* ንጉሳዊያን royalty
niguse negesit *n.* ንጉሰ ነገስት monarch
niguse negesitat *n.* ንጉሠ ነገሥታት sovereign
niguse negesitat *n.* ንጉሠ ነገሥታት specimen
nigusin yemegidel wenijel *n.* ንጉስን የመግደል ወንጀል regicide
nikel *n.* ኒኬል nickel
nikisha *n* ንክሻ bite
nikotin *n.* ኒኮቲን nicotine
niqaqat *n* ንቃቃት crack
niqat *n.* ንቃት alertness
niqat *n.* ንቃት vigilance
niqet *n* ንቀት contempt
niqet *n* ንቀት disdain
niqet *n.* ንቀት snobbery
niqet yemiyasay *a* ንቀት የሚያሳይ arch
niqiniq yemayil *a.* ንቅንቅ የማይል inflexible
niqisat *n.* ንቅሳት tattoo
niqu *a.* ንቁ agile
niqu *a.* ንቁ alert
niqu *a.* ንቁ apt
niqu *a.* ንቁ lively
niqu *a.* ንቁ vigilant
nisiha *n.* ንስሓ repentance
nisiha geba *v.i.* ንስሀ ገባ atone
nisiha geba *v.i.* ንስሓ ገባ repent
nisir *n* ንስር eagle
nitire neger *n* ንጥረ ነገር element
nitire neger *n.* ንጥረ ነገር mineral
nitire neger *n.* ንጥረ ነገር zinc
nitisat *n* ንጥሳት sneeze
nitsihina *n* ንጽህና cleanliness
nitsihina *n.* ንፅህና innocence
nitsihina *n.* ንጽህና purity
nitsihinawin yetebeqe *a.* ንጽህናውን የጠበቀ hygienic
nitsuh *a.* ንጹህ antiseptic
nitsuh ንጹህ clean
nitsuh *a.* ንፁህ neat
nitsuh *a* ንጹህ pure
nitsuh *a.* ንፁሕ sanitary
nitsuh *a.* ንፁሕ spotless
niwitiron *n.* ኒውትሮን neutron
niyon *n.* ኒዮን neon
niziret *n.* ንዝረት vibration
nora *n* ኖራ argil
nora *n.* ኖራ lime
nora *n.* ኖራ whitewash
nora chemere *v.t* ኖራ ጨመረ lime
nora qeba *v.t.* ኖራ ቀባ whitewash

nore *v. i* ኖረ dwell
nore *v.i* ኖረ exist
nore *v.t.* ኖረ inhabit
nore *v.i.* ኖረ live
nore *v.i.* ኖረ reside
nuro *a.* ኑሮ living

O

okisijin *n.* ኦክስጅን oxygen
opal *n.* ኦፓል opal

P

pako *n.* ፓኮ packet
papas *n* ጳጳስ bishop
papas *n.* ጳጳስ prelate
paralelogiram *n.* ፓራሌሎግራም parallelogram
perimuz *n.* ፔርሙዝ thermos (flask)
pilanet *n.* ፕላኔት planet
piramid *n.* ፒራሚድ pyramid
pirezedanit *n.* ፕሬዘዳንት president
pirezedanit mehon *v.i.* ፕሬዘዳንት መሆን preside
piyano *n.* ፒያኖ piano
piyano yemichawet sew *n.* ፒያኖ የሚጫወት ሰው pianist
poletika *n.* ፖለቲካ politics
polis *n* ፖሊስ constable
polis *n.* ፖሊስ police
pom *n.* ፖም apple
posita *n* ፖስታ mail
posita aday *n.* ፖስታ አዳይ postman
posita bet *n.* ፖስታ ቤት post-office
potash *n.* ፖታሽ potash
potashiyem *n.* ፖታሽየም potassium

Q

qacha *n.* ቃጫ jute
qal *n.* ቃል word
qal aqebay *n.* ቃል አቀባይ correspondent
qal aqebay *n.* ቃል አቀባይ spokesman
qal beqal *a.* ቃል በቃል literal
qal beqal *a.* ቃል በቃል verbatim
qal beqal *adv.* ቃል በቃል verbatim
qal geba *v.t* ቃል ገባ promise
qal kidan *n.* ቃል ኪዳን pledge
qal kidan geba *v.t.* ቃል ኪዳን ገባ pledge
qalat asatere *v.t.* ቃላት አሳጠረ abbreviate
qale agano *n* ቃለ አጋኖ exclamation
qale agano *n.* ቃለ አጋኖ interjection
qalikidan *n.* ቃልኪዳን covenant
qalikidan *n* ቃልኪዳን promise
qanye *v.t.* ቃኘ tune
qareza *n* ቃሬዛ bier
qareza *n.* ቃሬዛ stretcher
qatelo *n* ቃጠሎ blaze
qatelo *n* ቃጠሎ burn
qayel *n* ቃየል cain
qeba *v.t.* ቀባ anoint
qeba *v.t.* ቀባ smear

qeba *v.t.* ቀባ tincture
qebatere *n.* ቀባጠረ prattle
qebere *v. t.* ቀበረ bury
qebero *n.* ቀበሮ fox
qebero *n.* ቀበሮ jackal
qebeto *n* ቀበቶ belt
qebeto *n.* ቀበቶ girdle
qechin *n.* ቀጭን lean
qechin *a.* ቀጭን slim
qechin *a.* ቀጭን thin
qechin chuhet *a.* ቀጭን ጩኸት shrill
qechin jiret *n.* ቀጭን ጅረት rivulet
qechine *n.* ቀጭኔ giraffe
qeda *v.t* ቀዳ mimic
qeda *v.i.* ቀዳ pour
qedada *n.* ቀዳዳ aperture
qedada *n* ቀዳዳ eyelet
qedada *n* ቀዳዳ hole
qedada *n.* ቀዳዳ leak
qedada *n.* ቀዳዳ puncture
qedada *n.* ቀዳዳ tear
qedami *n.* ቀዳሚ lead
qedami dirigit *n* ቀዳሚ ድርጊት preliminary
qedami sew *n.* ቀዳሚ ሰው precursor
qedede *v.t.* ቀደደ rip
qedede *v.t* ቀደደ tatter
qedede *v.t.* ቀደደ tear
qedem bilo *adv* ቀደም ብሎ early
qedem bilo einide eiwinet meqebel *v.t.* ቀደም ብሎ እንደ እውነት መቀበል presuppose
qedem biloyehone *adv.* ቀደም ብሎየሆነ/የተደረገ already
qedeme *v.t.* ቀደመ antecede
qedeme *v.t.* ቀደመ overtake
qedeme *v.* ቀደመ precede
qedese *v.t.* ቀደሰ sanctify
qedimo *adv* ቀድሞ formerly
qedimo asebe *v.t.* ቀድሞ አሰበ premeditate
qedimo maseb *n.* ቀድሞ ማሰብ premeditation
qedimo yehone kisitet *n.* ቀድሞ የሆነ ክስተት precedent
qedimo yemiteyeq *a.* ቀድሞ የሚጠየቅ prerequisite
qedimo yenebere *n.* ቀድሞ የነበረ antecedent
qedimo yenebere *n* ቀድሞ የነበረ antedate
qedimo yetewesene *n.* ቀድሞ የተወሰነ predestination
qedo tegany hakim *n.* ቀዶ ጠጋኝ ሀኪም surgeon
qedo tigena *n.* ቀዶ ጥገና surgery
qela yale *a* ቀላ ያለ pink
qela yale *a.* ቀላ ያለ pinkish
qelal *a* ቀላል easy
qelal *a* ቀላል facile
qelal *a* ቀላል light
qelal *a.* ቀላል simple
qelal gitim *v.i.* ቀላል ግጥም jingle
qelal sihitet *n* ቀላል ስህተት lapse
qelal sihitet *a.* ቀላል ስህተት venial
qelal wenijel *n.* ቀላል ወንጀል misdemeanour
qelaqele *v.t.* ቀላቀለ annex
qelaqele *v.t.* ቀላቀለ merge
qelaqele *v.t.* ቀላቀለ mingle
qelaqele *v.i* ቀላቀለ mix
qelebet *n.* ቀለበት ring
qelede *v.t.* ቀለደ banter
qelede *v.i* ቀለደ trifle
qelel yale migib *n.* ቀለል ያለ ምግብ refreshment
qelem *n* ቀለም colour
qelem *n.* ቀለም ink
qelem *n.* ቀለም paint
qelem *n.* ቀለም tincture

qelem nekere *v. t* ቀለም ነከረ dye
qelem qeba *v. t* ቀለም ቀባ colour
qelete *v.i.* ቀለጠ melt
qelid *n.* ቀልድ banter
qelid *n.* ቀልድ comedy
qelid *n* ቀልድ farce
qelid *n.* ቀልድ humour
qelid *n.* ቀልድ jest
qelid *n.* ቀልድ joke
qelid *n.* ቀልድ mockery
qelid *n.* ቀልድ prank
qelid *n.* ቀልድ raillery
qelid *n.* ቀልድ repartee
qelid *n.* ቀልድ skit
qelidenya *n.* ቀልደኛ comedian
qelidenya *n.* ቀልደኛ humorist
qelidenya *a.* ቀልደኛ jocular
qelidenya *n.* ቀልደኛ joker
qelidenya *a.* ቀልደኛ witty
qelidenya sew *n* ቀልደኛ ሰው comic
qelitaf *adj.* ቀልጣፍ deft
qelitafa *a.* ቀልጣፋ active
qelitafa *a.* ቀልጣፋ athletic
qelitafa *a* ቀልጣፋ efficient
qelitafa *a.* ቀልጣፋ sprightly
qema *v.t.* ቀማ snatch
qemese *v.t.* ቀመሰ smack
qemese *v.t.* ቀመሰ taste
qemis *n.* ቀሚስ frock
qen *n* ቀን date
qen *n* ቀን day
qen mequteriya *n.* ቀን መቁጠሪያ almanac
qen mequteriya *n.* ቀን መቁጠሪያ calendar
qen tsafe *v.t.* ቀን ፃፈ post-date
qen yewetalet dedeb *n.* ቀን የወጣለት ደደብ upstart
qena *v. t* ቀና envy
qena *v.t.* ቀና grudge
qenese *v.t.* ቀነሰ abate
qenese *v. t* ቀነሰ decrease
qenese *v.t.* ቀነሰ deduct
qenese *v.t* ቀነሰ lessen
qenese *v.t.* ቀነሰ lower
qenese *v.t.* ቀነሰ minimize
qenese *v.t.* ቀነሰ reduce
qenese *v.t.* ቀነሰ subtract
qeniber *n.* ቀንበር yoke
qeniber chane *v.t.* ቀንበር ጫነ yoke
qenid *n.* ቀንድ horn
qenid awita *n.* ቀንድ አውጣ snail
qenun tsafe *v. t* ቀኑን ፃፈ date
qeqodan megifef (einide eibabi) *v.t.* ቀቆዳን መግፈፍ (እንደ እባብ) slough
qere *v.t* ቀረ absent
qere *v.i.* ቀረ remain
qerebe *v.t.* ቀረበ approach
qerefa *n* ቀረፋ cinnamon
qereqere *v. t* ቀረቀረ bolt
qeret *n* ቀረጥ excise
qeret *n.* ቀረጥ levy
qeret *n.* ቀረጥ octroi
qeret *n.* ቀረጥ tariff
qeret *n.* ቀረጥ tax
qerete *v.t.* ቀረጠ levy
qerete *v.t.* ቀረጠ tax
qeretse *v. t.* ቀረጸ chisel
qeretse *v. t* ቀረፀ engrave
qeretse *v.t.* ቀረፀ inscribe
qeretse *v.t.* ቀረፀ mint
qeretse *v.t.* ቀረፀ sharpen
qeri *n.* ቀሪ remainder
qerifafa *a* ቀርፋፋ clumsy
qes *n.* ቄስ cardinal
qes *n.* ቄስ priest
qes ale *v.i.* ቀስ አለ slow
qes beqes *a.* ቀስ በቀስ gradual
qes beqes asitemare *v.t.* ቀስ በቀስ አስተማረ instil

qes bilo atefa *v.t.* ቀስ ብሎ አጠፋ sap
qes bilo bela *v.i.* ቀስ ብሎ በላ sup
qes bilo fesese *v.i.* ቀስ ብሎ ፈሰሰ seep
qes bilo mehed *v.i.* ቀስ ብሎ መሄድ plod
qes bilo werewere *v.t.* ቀስ ብሎ ወረወረ sky
qesawisit *n* ቀሳውስት clergy
qeseqese *v.t.* ቀሰቀሰ arouse
qesiqash *n.* ቀስቃሽ propagandist
qesitenya *n* ቀስተኛ archer
qet bilo qome *a.* ቀጥ ብሎ ቆመ upright
qet yale *a.* ቀጥ ያለ perpendicular
qet yale *a.* ቀጥ ያለ steep
qet yale *a.* ቀጥ ያለ straight
qet yale wedelay *a.* ቀጥ ያለ ወደላይ vertical
qeta *v.t* ቀጣ fine
qeta *v.t.* ቀጣ punish
qeta *v.t.* ቀጣ scourge
qetari *n* ቀጣሪ employer
qetay *a* ቀጣይ continuous
qetay einidihon aderege *v.t.* ቀጣይ እንዲሆን አደረገ perpetuate
qetayinet *n* ቀጣይነት continuity
qetele *v. i.* ቀጠለ continue
qetele *v.i.* ቀጠለ proceed
qetena *n.* ቀጠና zone
qeteqete *v.t.* ቀጠቀጠ contuse
qetere *v. t* ቀጠረ employ
qetere *v.t* ቀጠረ hire
qetero *n.* ቀጠሮ adjournment
qetero *n.* ቀጠሮ appointment
qetero akibari *a.* ቀጠሮ አክባሪ punctual
qetero akibarinet *n.* ቀጠሮ አክባሪነት punctuality
qetilo *adv.* ቀጥሎ next

qetiqach *n.* ቀጥቃጭ smith
qetir *n.* ቀትር noon
qetita *a* ቀጥታ through
qetitenya *a* ቀጥተኛ direct
qetitenya *a.* ቀጥተኛ straightforward
qey *n.* ቀይ red
qey get *n.* ቀይ ጌጥ ruby
qey hone *v.t.* ቀይ ሆነ redden
qey shinikurit *n.* ቀይ ሽንኩርት onion
qey sir *n* ቀይ ስር beet
qey sir *n.* ቀይ ስር radish
qey sir *n.* ቀይ ስር turnip
qeyayere *v.i.* ቀያየረ shuffle
qeyese *v.t.* ቀየሰ survey
qeyete *v. t* ቀየጠ blend
qeyi-buni *a* ቀይ-ቡኒ maroon
qeyi-buni qelem *n.* ቀይ-ቡኒ ቀለም maroon
qezefe *v.i.* ቀዘፈ paddle
qezefe *v.t.* ቀዘፈ row
qezeqeze *v. i.* ቀዘቀዘ cool
qezeqeze *v.i.* ቀዘቀዘ freeze
qezhibara *a.* ቀዥባራ capricious
qeziqaza *a* ቀዝቃዛ chilly
qeziqaza *a* ቀዝቃዛ cool
qeziqaza *adj.* ቀዝቃዛ dank
qibat *n* ቅባት grease
qibat *n.* ቅባት lotion
qibat *n.* ቅባት lubricant
qibat ateta *v.t.* ቅባት አጠጣ lubricate
qibe *n* ቅቤ butter
qibe qeba *v. t* ቅቤ ቀባ butter
qidame *n.* ቅዳሜ Saturday
qidase *n.* ቅዳሴ sanctification
qidem teketel *n.* ቅደም ተከተል procedure
qidime ayatoch *n.* ቅድመ አያቶች ancestry
qidime huneta *n.* ቅድመ ሁኔታ proviso

qidimiya *n.* ቅድሚያ precedence
qidimiya *n.* ቅድሚያ priority
qidisina *n.* ቅድስና sanctity
qidus *a.* ቅዱስ holy
qidus *n.* ቅዱስ saint
qidus quriban *n.* ቅዱስ ቁርባን sacrament
qiji *n* ቅጂ copy
qil *n* ቂል folly
qilaqil *a* ቂላቂል foolish
qilaqil *a.* ቂላቂል puerile
qiliqil *n.* ቅልቅል mixture
qilitifina *n.* ቅልጥፍና agility
qilitifina *n* ቅልጥፍና efficiency
qilitim *n.* ቅልጥም shin
qim *n* ቂም grudge
qim *n.* ቂም resentment
qim beqel *n.* ቂም በቀል vengeance
qimal *n.* ቅማል louse
qimem *n.* ቅመም spice
qimem chemere *v.t.* ቅመም ጨመረ spice
qimem yebezabet *a.* ቅመም የበዛበት spicy
qimem yelelew *adj.* ቅመም የሌለው bland
qimema qimem *n.* ቅመማ ቅመም ingredient
qimitil *a.* ቅምጥል dainty
qimitil *a.* ቅምጥል profuse
qin *a* ቅን earnest
qin *n.* ቅን gourd
qin *a.* ቅን honest
qinash *n.* ቅናሽ rabate
qinat *v* ቅናት envy
qinat *n.* ቅናት jealousy
qinidib *n* ቅንድብ eyelash
qinif *n.* ቅንፍ parenthesis
qinijit *n* ቅንጅት combination
qininet *n* ቅንነት benevolence
qininet *n.* ቅንነት honesty
qininet *n.* ቅንነት morality
qininet *n.* ቅንነት simplicity
qininet *n.* ቅንነት sincerity
qinitabi *n.* ቅንጣቢ piece
qinitat *n.* ቅንጣት jot
qiny gizat *n* ቅኝ ግዛት colony
qinyit yalew *a.* ቅኝት ያለው melodious
qir asenye *v. t* ቅር አሰኘ depress
qir asenye *v. t.* ቅር አሰኘ disappoint
qir asenye *v.t.* ቅር አሰኘ resent
qireta *n* ቅሬታ complaint
qireta *n* ቅሬታ displeasure
qireta *n.* ቅሬታ grievance
qirib *adv.* ቅርብ anigh
qirib *prep* ቅርብ by
qirib *a.* ቅርብ near
qirib *prep.* ቅርብ nigh
qirib *a.* ቅርብ shallow
qirib *n.* ቅርብ vicinity
qiribet *n.* ቅርበት proximity
qirichat *n.* ቅርጫት basket
qirifit *n.* ቅርፊት crust
qirifit *n.* ቅርፊት shell
qirifit *n.* ቅርፊት slough
qirinichaf *n* ቅርንጫፍ bough
qirinichaf *n* ቅርንጫፍ branch
qirinichaf *n.* ቅርንጫፍ offshoot
qirinifud *n* ቅርንፉድ clove
qiris *n.* ቅርስ heritage
qiris *n.* ቅርስ legacy
qiris *n.* ቅርስ relic
qirite akal *n.* ቅሪተ አካል fossil
qirits *n* ቅርፅ form
qirits *n* ቅርፅ format
qirits *n.* ቅርፅ posture
qirits *n.* ቅርፅ shape
qirits ameta *v.t.* ቅርፅ አመጣ mould
qirits aweta *v.t.* ቅርፅ አወጣ model

qirits mawicha *n* ቅርፅ ማውጫ die
qirits mawicha *n* ቅርፅ ማውጫ matrix
qirits mawicha *n* ቅርፅ ማውጫ mould
qirits mawicha mesariya *n.* ቅርጽ ማውጫ መሳሪያ lathe
qirits mawitat *n* ቅርጽ ማውጣት casting
qirits sete *v.t* ቅርፅ ሰጠ shape
qiritsa qirits *n.* ቅርፃ ቅርፅ sculpture
qisina *n.* ቅስና priesthood
qisiqesa *n* ቅስቀሳ agitation
qisiqesa *n.* ቅስቀሳ propaganda
qisit *n.* ቅስት arch
qisit sera *v.t.* ቅስት ሰራ arch
qit *n* ቂጥ buttock
qitat *n.* ቅጣት penalty
qitat *n.* ቅጣት punishment
qitat *n.* ቅጣት sentience
qitat tale *v. t.* ቅጣት ጣለ castigate
qitel *n.* ቅጠል leaf
qitel yemimesil *a.* ቅጠል የሚመስል oblong
qitela qitel *n* ቅጠላ ቅጠል foliage
qitela qitel *n.* ቅጠላ ቅጠል vegetable
qitela qitelun bekomitate bemezefizef aqoye *v.t* ቅጠላ ቅጠሉን በኮምጣጤ በመዘፍዘፍ አቆየ pickle
qitiqit bere *n* ቅጥቅጥ በሬ bullock
qitir *n.* ቅጥር enclosure
qitir wetader *a.* ቅጥር ወታደር mercenary
qitsibet *n.* ቅፅበት moment
qitsil *n.* ቅፅል adjective
qitsil sim aweta *v.t.* ቅጽል ስም አወጣ nickname
qiyit *n* ቅይጥ blend
qizhet *n.* ቅዠት nightmare
qob *n.* ቆብ hood
qob *n.* ቆብ mitre
qoda *n.* ቆዳ hide
qoda *n.* ቆዳ leather
qoda *n.* ቆዳ skin
qoda alefa *v.i.* ቆዳ አለፋ tan
qoda fabirika *n.* ቆዳ ፋብሪካ tannery
qoda faqi *n.* ቆዳ ፋቂ tanner
qoda gefefe *v.t* ቆዳ ገፈፈ skin
qofere *v.t.* ቆፈረ dig
qofere *v. t.* ቆፈረ excavate
qofere *v.t.* ቆፈረ spade
qofiro aweta *v.i.* ቆፍሮ አወጣ quarry
qolefe *v. t.* ቆለፈ button
qolefe *v.t* ቆለፈ key
qolefe *v.t* ቆለፈ lock
qolet *n.* ቆለጥ testicle
qome *v.i.* ቆመ stand
qomere *v.i.* ቆመረ gamble
qonetete *v.t* ቆነጠጠ nip
qonetete *v.t.* ቆነጠጠ pinch
qonijo *a* ቆንጆ beautiful
qonijo *n* ቆንጆ belle
qonijo *a* ቆንጆ pretty
qonijo *a.* ቆንጆ winsome
qonijo qirits yalew *a.* ቆንጆ ቅርፅ ያለው shapely
qoniqwana *a.* ቆንቋና niggardly
qoniqwana sew *n.* ቆንቋና ሰው niggard
qorat *a.* ቆራጥ resolute
qorete *v. t* ቆረጠ chop
qorete *v. t* ቆረጠ curtail
qorete *v. t* ቆረጠ cut
qorete *v. t* ቆረጠ disconnect
qorete *v.t.* ቆረጠ lop
qorete *v.t.* ቆረጠ sever
qoreteme *v.t.* ቆረጠመ munch
qoriqoro *n.* ቆርቆሮ can

qoriqoro *n.* ቆርቆሮ tin
qoseqose *v.t.* ቆሰቆሰ stoke
qoshasha *n* ቆሻሻ dirt
qoshasha *n* ቆሻሻ filth
qoshasha *n.* ቆሻሻ garbage
qoshasha *a.* ቆሻሻ impure
qoshasha *n.* ቆሻሻ litter
qoshasha *n.* ቆሻሻ mess
qoshasha *n.* ቆሻሻ refuse
qoshasha *n.* ቆሻሻ rubbish
qoshasha *a.* ቆሻሻ squalid
qoshasha *n.* ቆሻሻ trash
qoshasha *n.* ቆሻሻ waste
qoshasha atseda *v.t.* ቆሻሻ አፀዳ purge
qoshasha betubo masiwegeja zede *n.* ቆሻሻ በቱቦ ማስወገጃ ዘዴ sewerage
qoshasha lij *n.* ቆሻሻ ልጅ urchin
qoshasha neger *n.* ቆሻሻ ነገር impurity
qoshasha sefer *n.* ቆሻሻ ሰፈር slum
qot *n* ቆጥ berth
qotabi *a* ቆጣቢ economical
qotabi *a.* ቆጣቢ frugal
qotabi *a.* ቆጣቢ thrifty
qotera *n.* ቆጠራ count
qotere *v. t.* ቆጠረ count
qoye *v.i.* ቆየ last
qoye *v.i.* ቆየ stay
qufaro *n.* ቁፋሮ excavation
qula *n.* ቁላ penis
qulif *n* ቁልፍ button
qulif *n.* ቁልፍ key
qulil *n.* ቁልል pile
quliqulet *adj.* ቁልቁለት declivous
quliqulet *n.* ቁልቁለት slope
quliqwal *n.* ቁልቋል cactus
qum neger *n.* ቁም ነገር significance
qum satin *n.* ቁም ሳጥን cabinet
qum satin *n.* ቁም ሳጥን wardrobe
qumar *n* ቁማር gamble
qumaritenya *n.* ቁማርተኛ gambler
qumet *n.* ቁመት stature
qumisatin *n.* ቁምሳጥን closet
qumisatin *n* ቁምሳጥን cupboard
qumita *n. pl.* ቁምጣ shorts
qunicha *n.* ቁንጫ flea
qunijina *n.* ቁንጅና prettiness
qura *n* ቁራ crow
qura *n.* ቁራ raven
qura ayinet wef *n.* ቁራ አይነት ወፍ rook
qurach *n.* ቁራጭ slice
qurach cheriq *n.* ቁራጭ ጨርቅ rag
qurash *n.* ቁራሽ morsel
qurichimichimit *n.* ቁርጭምጭሚት ankle
quris *n* ቁርስ breakfast
quris *n.* ቁርስ snack
qurit hasab *n.* ቁርጥ ሀሳብ determination
quritimat *n.* ቁርጥማት rheumatism
quritirach *n.* ቁርጥራጭ scrap
qus akal *n.* ቁስ አካል matter
qusaqus *n* ቁሳቁስ article
qusil *n* ቁስል blain
qusil *n* ቁስል cut
qusil *n* ቁስል slash
qusil *n* ቁስል sore
qusil *n.* ቁስል wound
quta *n.* ቁጣ anger
quta *a.* ቁጣ angry
quta *n.* ቁጣ indignation
quta *n.* ቁጣ ire
quta *n.* ቁጣ rage
qutiqwato *n* ቁጥቋጦ bush
qutiqwato *n.* ቁጥቋጦ myrtle
qutiqwato *n.* ቁጥቋጦ shrub

qutiqwato *n.* ቁጥቋጦ thicket
qutir *n* ቁጥር digit
qutir *n* ቁጥር figure
qutir *n.* ቁጥር number
qutir sete *v.t.* ቁጥር ሰጠ number
qutir yale *a* ቁጥር ያለ decisive
qutir yelelew *a.* ቁጥር የሌለው countless
qutit ale *v.i.* ቁጢጥ አለ squat
qutitir *n* ቁጥጥር control
qutitir *n* ቁጥጥር patrol
qutitir *n.* ቁጥጥር superintendence
qutitir *n.* ቁጥጥር supervision
qutitir aderege *v.t.* ቁጥጥር አደረገ regulate
qutu *n.* ቁጡ fury
qutu *a.* ቁጡ sullen
qutu *a.* ቁጡ waspish
qwami *a.* ቋሚ permanent
qwami *a.* ቋሚ perpetual
qwami mesimer *n.* ቋሚ መስመር perpendicular
qwaminet *n.* ቋሚነት permanence
qwaniqwa *n.* ቋንቋ language
qwat *n.* ቋት craw
qwatere *v.t.* ቋጠረ knot
qwatero *n.* ቋጠሮ knot
qwatiny *n* ቋጥኝ boulder
qwatiny *n.* ቋጥኝ rock

R

radiyem *n.* ራድየም radium
radiyo *n.* ራድዮ radio
radiyo *n* ራዲዮ wireless
raj *n.* ራጅ x-ray
raj tenesa *v.t.* ራጅ ተነሳ x-ray
raqe *v. i* ራቀ deviate
ras *n.* ራስ head
ras *n.* ራስ self
ras *n.* ራስ top
ras wedad *a.* ራስ ወዳድ selfish
rase *pron.* ራሴ myself
rase bera *a.* ራሰ በራ bald
rashin *n.* ራሽን ration
rasin agelele *v.t.* ራስን አገለለ seclude
rasin alemaweq *n.* ራስን አለማወቅ trance
rasin makiber *n* ራስን ማክበር egotism
rasin mamilek *n.* ራስን ማምለክ narcissism
rasin megidel *n.* ራስን መግደል suicide
rasin mesat *n* ራስን መሳት amnesia
rasin mesat *n* ራስን መሳት anaesthesia
rasin mesat *n.* ራስን መሳት narcosis
rasin mesat *n.* ራስን መሳት swoon
rasin yemegilets zede *n.* ራስን የመግለፅ ዘዴ phrase
rasun aweqe *a* ራሱን አወቀ conscious
rasun berasu yemiyasitedadir *a* ራሱን በራሱ የሚያስተዳድር sovereign
rasun chale *v.t* ራሱን ቻለ fend
rasun leanid neger yesete *n.* ራሱን ለአንድ ነገር የሰጠ votary
rasun memerimer *n.* ራሱን መመርመር introspection
rasun meremere *v.i.* ራሱን መረመረ introspect
rasun neqeneqe *v.i.* ራሱን ነቀነቀ nod
rasun yemiyasitedadir *a* ራሱን የሚያስተዳድር autonomous
rebash *a.* ረባሽ malcontent

rebash *a.* ረባሽ troublesome
rebash sew *n* ረባሽ ሰው malcontent
rebeshe *v. t* ረበሸ disturb
rebeshe *v.t.* ረበሸ perturb
rebeshe *v.i.* ረበሸ rampage
rebisha *v. i. & n* ረብሻ brawl
rebisha *n.* ረብሻ rampage
rebue *n.* ረቡዕ Wednesday
reche *v.i.* ረጨ spout
reda *v.t* ረዳ aid
reda *v.t.* ረዳ assist
reda *v.t.* ረዳ help
reda *v.t.* ረዳ succour
redat *n.* ረዳት assistant
redat *n.* ረዳት auxiliary
redat *a.* ረዳት helpful
redat *n.* ረዳት helpmate
redat *a.* ረዳት ministrant
redat yelelew *a.* ረዳት የሌለው helpless
rediyes *n.* ሬድየስ radius
rega *v. t* ረጋ clot
rega yale *a.* ረጋ ያለ sedate
regeme *v. t* ረገመ curse
regete *v.t.* ረገጠ conculcate
regete *v.t.* ረገጠ kick
regete *v.i.* ረገጠ stamp
regete *v.t.* ረገጠ trample
regete *v.t.* ረገጠ tread
regireg *n* ረግረግ bog
regireg *n.* ረግረግ marsh
regireg *a.* ረግረግ marshy
regireg *n.* ረግረግ mire
regireg *n.* ረግረግ swamp
regireg bota *n.* ረግረግ ቦታ slough
rehab *n* ረሀብ hunger
rehab *n.* ረሃብ starvation
rejim *a.* ረጅም lengthy
rejim *a.* ረጅም tall
rejim eidime *n.* ረጅም እድሜ longevity
rejim guzo *n.* ረጅም ጉዞ journey
rejim guzo *n.* ረጅም ጉዞ voyage
rejim kot *n.* ረጅም ኮት smock
rejim yeeigir guzo *n* ረጅም የእግር ጉዞ ramble
rejim yefit tiris yalachew einisisat *n.* ረጅም የፊት ጥርስ ያላቸው እንስሳት rodent
rejim yemechawecha dula *n* ረጅም የመጫወቻ ዱላ bat
rejimina shotata wisha *n.* ረጅምና ሾጣጣ ውሻ greyhound
renij *n.* ሬንጅ tar
reqiq *a* ረቂቅ abstract
reqiq *a* ረቂቅ elaborate
reqiq *a* ረቂቅ fine
reqiq *a.* ረቂቅ mystic
reqiq *n.* ረቂቅ subtle
reqiq hiwasat *n.* ረቂቅ ህዋሳት germ
reqiq tehiwas *n.* ረቂቅ ተህዋስ bacteria
reqiq tsihuf *n* ረቂቅ ጽሁፍ draft
reqiqinet *n.* ረቂቅነት abstraction
resa *n* ሬሳ corpse
reta *v.t.* ረታ win
rezem yale gitim *n.* ረዘም ያለ ግጥም ode
rezhim *a.* ረዥም long
riban *n.* ሪባን ribbon
rieis *n.* ርእስ heading
rieis *n.* ርዕስ subject
rieis *n.* ርእስ title
rieis aniqets *n* ርእስ አንቀጽ editorial
rieise memihir *n.* ርእሰ መምህር principal
rigib *n* ርግብ dove
rih beshita yeteteqa sew *a.* ሪሀ በሽታ የተጠቃ ሰው rheumatic
rihirahe *n* ርህራሄ compassion
rihirahe *n.* ርህራሄ pity

rihirahe yelelew *a.* ርህራሄ የሌለው callous
rihirahe yelelew *a.* ርህራሄ የሌለው pitiless
rikash *a* ርካሽ cheap
rikash *a.* ርካሽ inexpensive
rikikib *n* ርክክብ delivery
riqet *n* ርቀት distance
risit *n* ርስት estate
ritib *a* ርጥብ damp
ritib webaqam ayer *a.* ርጥብ ወባቃም አየር muggy
ritibet *n* ርጥበት damp
ritibet *n.* ርጥበት moisture
riz *n.* ሪዝ mustache
rizimet *n.* ርዝመት length
robot *n.* ሮቦት robot
rote *v.i.* ሮጠ run
roz *a.* ሮዝ roseate
rub *n.* ሩብ quarter
rucha *n.* ሩጫ run
ruhiruh *a.* ሩህሩህ humane
ruq *adv.* ሩቅ far
ruq asabi *a.* ሩቅ አሳቢ visionary
ruq asabi sew *n.* ሩቅ አሳቢ ሰው visionary
ruq bota *n* ሩቅ ቦታ far
ruq yemayay *a.* ሩቅ የማያይ myopic
ruz *n.* ሩዝ rice

S

sabe *v.t.* ሳበ attract
sabe *v. t* ሳበ drag
safa *n.* ሳፋ tub
sahin *n* ሳህን dish
sahin *n.* ሳህን plate
sal *n.* ሳል cough
sale *v. i.* ሳለ cough
sale *v.t* ሳለ draw
sale *v.t.* ሳለ picture
sama *n.* ሳማ nettle
same *v.t.* ሳመ kiss
samiba *n* ሳምባ lung
saminit *n.* ሳምንት week
saminitawi *a.* ሳምንታዊ weekly
samuna *n.* ሳሙና soap
samuna meta *v.t.* ሳሙና መታ soap
samunanet yalew *a.* ሳሙናነት ያለው soapy
sanidiwich *n.* ሳንድዊች sandwich
sanidiwich sera *v.t.* ሳንድዊች ሰራ sandwich
sanija *n* ሳንጃ bayonet
saniqa *n* ሳንቃ board
saniqa *n.* ሳንቃ lath
saniqa *n.* ሳንቃ timber
sanisur *n.* ሳንሱር censor
sanisur *n.* ሳንሱር censorship
sanisur aderege *v. t.* ሳንሱር አደረገ censor
sanitim *n* ሳንቲም cent
sanitim *n.* ሳንቲም penny
sanitim yemiserabet bota *n.* ሳንቲም የሚሰራበት ቦታ mint
saqe *v.i* ሳቀ laugh
saqe *n.* ሳቀ laughter
sar *n* ሳር grass
sar achede *v.t.* ሳር አጨደ mow
sar qitel *n.* ሳር ቅጠል vegetation
sate *v.t.* ሳተ miss
satelayit *n.* ሳተላይት satellite
satin *n* ሳጥን box
satin *n.* ሳጥን crate
satin *n.* ሳጥን locker
sayawiq *adv.* ሳያውቅ unwittingly
sayigabu abiro menor *v. t* ሳይጋቡ አብሮ መኖር cohabit

sayigabu abiro menor *n.* ሳይጋቡ አብሮ መኖር concubinage
sayiley *a.* ሳይለይ irrespective
sayinis *n.* ሳይንስ science
sayinisawi *a.* ሳይንሳዊ scientific
sayitaweq teketele *v.t* ሳይታወቅ ተከተለ shadow
seali *n.* ሰአሊ painter
seat *n.* ሰዓት clock
seat *n.* ሰአት hour
seat *n.* ሰአት time
seat *n.* ሰዓት watch
seat eilafi *n* ሰአት እላፊ curfew
seat leka *v.t.* ሰአት ለካ time
seba *n., a* ሰባ seventy
sebabere *v.t.* ሰባበረ shatter
sebabere *v.t.* ሰባበረ smash
sebabere *v.t.* ሰባበረ wreck
sebaki *n.* ሰባኪ preacher
sebanya *a.* ሰባኛ seventieth
sebat *n.* ሰባት seven
sebat *a* ሰባት seven
sebatenya *a.* ሰባተኛ seventh
sebeb *n* ሰበብ pretext
sebebisabi *n* ሰብብሳቢ collector
sebeke *v.i.* ሰበከ sermonize
sebeqa *n.* ሰበቃ friction
sebere *v. t* ሰበረ break
sebesebe *v.t.* ሰበሰበ assemble
sebesebe *v. t* ሰበሰበ collect
sebesebe *v. t* ሰበሰበ convene
sebesebe *v.t.* ሰበሰበ gather
sebesebe *v.t.* ሰበሰበ muster
sebesebe *v.t.* ሰበሰበ rally
sebiawi *a.* ሰብአዊ human
sebiawi yalihone *a.* ሰብአዊ ያልሆነ inhuman
sebisari *n* ሰብሳሪ convener
sedebe *v.t.* ሰደበ insult
sedede *v.t.* ሰደደ banish
sedede *v. t* ሰደደ exile
sederiya *n.* ሰደርያ jerkin
sederiya *n.* ሰደርያ waistcoat
sefa *v.t.* ሰፋ seam
sefa *v.t.* ሰፋ stitch
sefa yale *a.* ሰፋ ያለ roomy
sefari *n.* ሰፋሪ settler
sefere *v. i.* ሰፈረ camp
sefi *a* ሰፊ broad
sefi *a.* ሰፊ spacious
sefi *a.* ሰፊ vast
sefi *a.* ሰፊ voluminous
sefi *a.* ሰፊ wide
sefi eiyita *n.* ሰፊ እይታ vista
sefi yeeirisha meret *n.* ሰፊ የእርሻ መሬት plantation
sefineg *n.* ሰፍነግ sponge
sefiw hizib *n.* ሰፊው ሕዝብ populace
sega meta *v.i.* ሴጋ መታ masturbate
segenet *n.* ሰገነት balcony
segon *n.* ሰጎን ostrich
sekaram *n* ሰካራም debauchee
sekaram *n* ሰካራም drunkard
sekaram *a.* ሰካራም paralytic
sekenid *n* ሰከንድ second
selam *n.* ሰላም peace
selam fetere *v.t.* ሰላም ፈጠረ pacify
selamawi *n* ሰላማዊ civilian
selamawi *a.* ሰላማዊ peaceful
selamawi *n.* ሰላማዊ serenity
selamawi *a.* ሰላማዊ tranquil
selamita *n.* ሰላምታ salutation
selamita *n* ሰላምታ salute
selamita sete *v.t.* ሰላምታ ሰጠ greet
selamita sete *v.t.* ሰላምታ ሰጠ salute
selasa *n.* ሰላሳ thirty
selasanya *a.* ሰላሳኛ thirtieth
selasanya *n* ሰላሳኛ thirtieth
selasanya *a* ሰላሳኛ thirty

selata *n.* ሰላጣ salad
selay *n.* ሰላይ spy
sele *n* ሰለ behalf
selele *v.i.* ሰለለ spy
selif *n.* ሰልፍ queue
selitane *n.* ሰልጣኔ civilization
selitany *n.* ሰልጣኝ trainee
sem *n.* ሰም wax
sem yeteqeba *adj.* ሰም የተቀባ cerated
sema *v.t.* ሰማ hear
semaeit *n.* ሰማእት martyr
semaeitinet *n.* ሰማእትነት martyrdom
semaniya *n* ሰማኒያ eighty
semay *n.* ሰማይ heaven
semay *n.* ሰማይ sky
semayawi *n* ሰማያዊ blue
semayawi *a* ሰማያዊ blue
semayawi *adj* ሰማያዊ celestial
semayawi melik yalew neger *n.* ሰማያዊ መልክ ያለው ነገር sapphire
sememen wisit asigeba *v.t.* ሰመመን ውስጥ አስገባ hypnotize
sememenin lehikimina meteqem *n.* ሰመመንን ለህክምና መጠቀም hypnotism
semen *n.* ሰሜን north
semenawi *a.* ሰሜናዊ northern
senafich *n.* ሰናፍጭ mustard
sened *n* ሰነድ document
sened maregaget *n.* ሰነድ ማረጋገጥ notary
senef *a.* ሰነፍ indolent
senef *n.* ሰነፍ lazy
senef *n.* ሰነፍ slothful
senef *a.* ሰነፍ sluggish
senef sew *n.* ሰነፍ ሰው sluggard
seneteqe *v. i* ሰነጠቀ crack
seneteqe *v. t* ሰነጠቀ dissect
seneteqe *v.i.* ሰነጠቀ split

senezere *v.t.* ሰነዘረ span
senibelet *n.* ሰንበሌጥ straw
seniber *n* ሰንበር bruise
seniber *n.* ሰንበር welt
senibet *n.* ሰንበት sabbath
senidel chama *n.* ሰንደል ጫማ sandal
senideq alama *n.* ሰንደቅ ዓላማ banner
senik *n.* ሰንክ repercussion
seniselet *n* ሰንሰለት chain
seniselet *n.* ሰንሰለት tether
senyo *n.* ሰኞ Monday
sera *n.* ሴራ conspiracy
sera *v. t.* ሰራ construct
sera *v.i* ሰራ function
sera *n* ሴራ intrigue
sera *v.i.* ሰራ labour
sera *v.t.* ሰራ make
sera *v.t.* ሰራ manufacture
sera *v.t.* ሰራ perform
sera *n.* ሴራ plot
sera *v.t.* ሰራ work
seratenya *n.* ሠራተኛ crew
seratenya *n.* ሰራተኛ functionary
seratenya *n.* ሰራተኛ labourer
seratenya *n.* ሰራተኛ worker
seratenya asitedadari *n.* ሠራተኛ አስተዳዳሪ personnel
seratenya qetere *v.t.* ሠራተኛ ቀጠረ staff
seratenyoch *n.* ሠራተኞች staff
serawit kefele *v.t.* ሰራዊት ከፈለ regiment
seregela *n.* ሰረገላ carriage
seregela *n* ሰረገላ chariot
seregela *n.* ሰረገላ wagon
serenya *n.* ሴረኛ conspirator
sereqe *v.t.* ሰረቀ pilfer
sereqe *v.i.* ሰረቀ steal
serere *v.t.* ሰረረ mate
seresere *v. t.* ሰረሰረ drill

sereze *v.t.* ሰረዘ annul
sereze *v. t.* ሰረዘ cancel
sereze *v. t* ሰረዘ delete
seri *n.* ሰሪ maker
serig *n.* ሠርግ nuptials
serig *n.* ሰርግ wedding
serigwaj *a* ሰርጓጅ submarine
serigwaj merikeb *n.* ሰርጓጅ መርከብ submarine
serikes *n.* ሰርከስ circus
serisari leba *n* ሰርሳሪ ሌባ burglar
sesenya *a.* ሴሰኛ lewd
sesenya *a.* ሴሰኛ licentious
sesimetin betam goda *v.t.* ሰስሜትን በጣም ጎዳ outrage
set *n* ሴት female
set *n.* ሴት lady
set *pron.* ሴት she
set *n.* ሴት woman
set agazen *n* ሴት አጋዘን doe
set anibesa *n.* ሴት አንበሳ lioness
set asitedadari *n.* ሴት አስተዳዳሪ matriarch
set asitemari *n.* ሴት አስተማሪ governess
set asitenagaj *n.* ሴት አስተናጋጅ waitress
set beg *n* ሴት በግ ewe
set getami *n.* ሴት ገጣሚ poetess
set lij *n* ሴት ልጅ daughter
set lij *n.* ሴት ልጅ girl
set mushira *n* ሴት ሙሽራ bride
set nebir *n.* ሴት ነብር tigress
set qebero *n.* ሴት ቀበሮ vixen
set qes *n.* ሴት ቄስ priestess
set tawos *n.* ሴት ጣዎስ peahen
set wedaj *n.* ሴት ወዳጅ paramour
set wisha *n* ሴት ውሻ bitch
set yale *a* ሰጥ ያለ even
set yemiwed *v.t.* ሴት የሚወድ womanise
setaset *n.* ሴታሴት womanish
setate *n* ሰታቴ urn
sete *v.t.* ሰጠ accord
sete *v.t.* ሰጠ attribute
sete *v. i* ሰጠ confer
sete *v.t.* ሰጠ give
sete *v.t.* ሰጠ grant
sete *a.* ሰጠ present
seteme *v.i* ሰጠመ drown
seteme *v.i.* ሰጠመ sink
setenya adari *n.* ሴተኛ አዳሪ prostitute
setenya adari *n.* ሴተኛ አዳሪ strumpet
setenya adari *n.* ሴተኛ አዳሪ whore
setenya adarinet *n.* ሴተኛ አዳሪነት prostitution
setin letidar magibabat *n.* ሴትን ለትዳር ማግባባት courtship
setinet *n.* ሴትነት womanhood
sew *n.* ሰው man
sew *n* ሰው mortal
sew *n.* ሰው person
sew aliba *a.* ሰው አልባ unmanned
sew bela *n.* ሰው በላ androphagi
sew kemote behwala yemitatem metsihaf *a.* ሰው ከሞተ በኋላ የሚታተም መፅሐፍ posthumous
sew mesel *a.* ሰው መሰል manlike
sew mesiqeya einichet *n.* . ሰው መስቀያ እንጨት gallows
sew serash *a.* ሰው ሰራሽ artificial
sew serash *a.* ሰው ሰራሽ synthetic
sew serash neger *n* ሰው ሰራሽ ነገር synthetic
sew serash tsegur *n.* ሰው ሰራሽ ፀጉር wig
sew yaliseferebet *a.* ሰው ያልሰፈረበት wild
sew yemimesil *adj.* ሰው የሚመስል anthropoid
sew yemimesil zinijero *n.* ሰው የሚመስል ዝንጀሮ chimpanzee

sew yemiyash *n.* ሰው የሚያሽ masseur
sewasew *n.* ሰዋሰው grammar
sewawi aderege *v.t.* ሰዋዊ አደረገ humanize
sewinetin shete *v.t.* ሰውነትን ሸጠ prostitute
sewinya *n.* ሰውኛ mimesis
sewinya *n.* ሰውኛ personification
sewoch belibis yemiyagetubet beal *n.* ሰዎች በልብስ የሚያጌጡበት በአል pageantry
sewunetin meneqineq *v.i.* ሰዉነትን መነቅነቅ wag
seyaf *a.* ሰያፍ oblique
seyeme *v.t.* ሰየመ name
seyitan *n.* ሰይጣን demon
seyitan *n* ሰይጣን devil
seyitan *n.* ሰይጣን satan
seyitanawi *a.* ሰይጣናዊ baleful
shach *n.* ሻጭ salesman
shach *n.* ሻጭ seller
shach negade *n.* ሻጭ ነጋዴ vendor
shagata *n.* ሻጋታ fungus
shagata *n.* ሻጋታ mildew
shagata *n.* ሻጋታ mould
shakara *a.* ሻካራ rough
shaleqa *n* ሻለቃ major
shama *n.* ሻማ candle
share *v. t.* ሻረ abrogate
share *v.t.* ሻረ invalidate
share *v.t.* ሻረ repeal
share *v.t.* ሻረ revoke
sharip *n.* ሻርፐ scarf
shash *n.* ሻሽ kerchief
shash *n.* ሻሽ wimple
shay *n* ሻይ tea
shefene *v. t* ሸፈነ bemask
shefene *v. t.* ሸፈነ cap
shefene *v.t.* ሸፈነ sheet
shefene *v.t.* ሸፈነ top
shefit *n.* ሸፍጥ perfidy
shekara *a* ሸካራ coarse
shekila *n* ሸክላ brick
shekila *n* ሸክላ clay
shekila metibesha *n.* ሸክላ መጥበሻ kiln
shekila seri *n.* ሸክላ ሰሪ potter
shekim *n* ሸክም burden
shekinit *n.* ሸክኒት pear
shelebita *n.* ሸለብታ nap
sheleme *v. t* ሸለመ bestow
sheleme *v.t.* ሸለመ prize
sheleme *v.t.* ሸለመ reward
shelemitimat *n.* ሸለምጥማጥ mongoose
sheleqo *n.* ሸለቆ bamboo
sheleqo *n* ሸለቆ dale
sheleqo *n.* ሸለቆ vale
sheleqo *n.* ሸለቆ valley
shelete *v.t* ሸለተ fleece
shelete *v.t.* ሸለተ shear
shemane *n.* ሸማኔ weaver
shemeqeqe *v.t.* ሸመቀቀ noose
shemibeqo *n.* ሸምበቆ noose
shemiz *n* ሸሚዝ blouse
shemiz *n* ሸሚዝ dress
shemiz *n.* ሸሚዝ shirt
shena *v.i.* ሸና urinate
shenigay *n.* ሸንጋይ sharper
shenigo *n.* ሸንጎ forum
sheniqata *n.* ሸንቃጣ slender
sheniqata set *n.* ሸንቃጣ ሴት sylph
sheqet *n.* ሸቀጥ commodity
sheqeta sheqet *n.* ሸቀጣ ሸቀጥ merchandise
shera *n.* ሸራ canvas
sherarefe *v.t.* ሸራረፈ nibble
shererit *n.* ሸረሪት spider
shereshere *v. t* ሸረሸረ erode
shereshere *v.t.* ሸረሸረ undermine
sherik *n* ሸሪክ co-partner

sheritan *n* ሸርጣን crab
sheritete mechawecha *n* ሸርተቴ መጫወቻ slide
sheshe *v.t.* ሸሸ avoid
sheshe *v. i* ሸሸ ebb
sheshe *v.i* ሸሸ flee
sheshe *v.t.* ሸሸ shirk
sheshege *v. t.* ሸሸገ conceal
shete *v.t.* ሸጠ sell
shete *v.i* ሸጠ trade
shetete *v.i.* ሸተተ stink
shewirara *n* ሸውራራ squint
shibanet *n.* ሽባነት paralysis
shibiliq *n.* ሽብልቅ wedge
shibiliq asigeba *v.t.* ሽብልቅ አስገባ wedge
shibir *n.* ሽብር mob
shibir *n.* ሽብር riot
shibir *n.* ሽብር terror
shibiritenyinet *n.* ሽብርተኝነት terrarism
shibo *n.* ሽቦ wire
shifan *n.* ሽፋን casing
shifan *n* ሽፋን mantle
shifashifit *n* ሽፋሽፍት brow
shifinifin *a.* ሽፍንፍን latent
shifita *n.* ሽፍታ bandit
shifita *n.* ሽፍታ dacoit
shifita *n.* ሽፍታ outlaw
shigut *n.* ሽጉጥ revolver
shih *n.* ሺህ thousand
shikoko *n.* ሽኮኮ squirrel
shilimat *n.* ሽልማት award
shilimat *n.* ሽልማት prize
shilimat *n.* ሽልማት reward
shilimat sete *v.t.* ሽልማት ሰጠ award
shilinig *n.* ሽልንግ shilling
shimagile *n* ሽማግሌ elder
shimit galebe *v.t.* ሽምጥ ጋለበ gallop
shimit megaleb *n.* ሽምጥ መጋለብ gallop
shimiya *n* ሽሚያ scramble
shinifet *n* ሽንፈት rout
shinigela *n* ሽንገላ flattery
shinit *n.* ሽንት urine
shinit bet *n.* ሽንት ቤት urinal
shinyit *n.* ሽኝት adieu
shiqiriq wenid *n* ሽቅርቅ ወንድ dandy
shiret *n* ሽረት repeal
shirishir *n.* ሽርሽር excursion
shirishir *n.* ሽርሽር outing
shirishir *n.* ሽርሽር picnic
shirishir *n* ሽርሽር stroll
shirit *n.* ሽርጥ apron
shita *n.* ሽታ odour
shita *n.* ሽታ scent
shita *n.* ሽታ smell
shita *n* ሽታ stink
shita *n.* ሽታ whiff
shito *n.* ሽቶ perfume
shito qeba *v.t.* ሽቶ ቀባ perfume
shiw ale *v.i.* ሽው አለ whiz
shiwita *n.* ሽውታ whir
shofer *n.* ሾፌር chauffeur
shome *v.t.* ሾመ appoint
shome *v. t* ሾመ constitute
shoriba *n.* ሾርባ soup
shufer *n* ሹፌር driver
shukishukita *n.* ሹክሹክታ aside
shukishukita *n.* ሹክሹክታ undertone
shukishukita *n* ሹክሹክታ whisper
shul aderege *v.i.* ሹል አደረገ taper
shul chaf *adj.* ሹል ጫፍ cultrate
shulik bilo megwaz *n* ሹልክ ብሎ መጓዝ sneak
shulik bilo tegwaze *v.i.* ሹልክ ብሎ ተጓዘ sneak
shurab *n.* ሹራብ sweater
shurab sera *v.t.* ሹራብ ሰራ knit

shurabi(maliya) *n.* ሹራብ(ማልያ) jersey
shurop *n.* ሹሮፕ syrup
sibago *n.* ሲባጎ string
sibago asere *v.t.* ሲባጎ አሰረ string
sibari *n.* ስባሪ fragment
sibet *n.* ስበት gravitation
sibet *n.* ስበት gravity
sibiket *n.* ስብከት sermon
sibiseba *n.* ስብሰባ assembly
sibiseba *n* ስብሰባ conference
sibiseba *n.* ስብሰባ convention
sibiseba *n.* ስብሰባ convocation
sibiseba *n.* ስብሰባ meeting
sibiseba *n* ስብሰባ muster
sibiseba *n* ስብሰባ rally
sibiseba *n.* ስብሰባ session
sibiseba tera *v.t.* ስብሰባ ጠራ convoke
sibisib *n* ስብስብ collection
sid *a.* ስድ impertinent
sid *a.* ስድ wanton
sid tsihuf *n.* ስድ ጽሁፍ prose
sidenet *n.* ስደነት impertinence
sidet *n.* ስደት banishment
sidet *n.* ስደት exile
sidet *n.* ስደት immigration
sidetenya *n.* ስደተኛ immigrant
sidetenya *n.* ስደተኛ migrant
sidetenya *n.* ስደተኛ refugee
sidib *n* ስድብ affront
sidib *n.* ስድብ insult
sidib *n.* ስድብ invective
sidisit *n., a* ስድስት six
sidisitenya *a.* ስድስተኛ sixth
sieil *n* ስዕል drawing
sieil *n.* ስእል painting
sieil *n.* ስዕል picture
sieil mesal *n* ስዕል መሳል draw
sieil sale *v.t.* ስእል ሳለ paint
sieilawi *a.* ስእላዊ graphic
sieilawi *a.* ስዕላዊ pictorical
sieilawi megilecha *n* ስእላዊ መግለጫ diagram
sifat *n* ስፋት breadth
sifet *n.* ስፌት seam
sifira *n* ስፍራ area
sifira *n.* ስፍራ lieu
sifira *n.* ስፍራ locale
sifiran sete *v.t* ስፍራን ሰጠ accommodate
siga *n* ስጋ flesh
siga *n.* ስጋ meat
siga bel tininish awirewoch *n.* ስጋ በል ትንንሽ አውሬዎች marten
siga melibes *n.* ስጋ መልበስ incarnation
siga negade *n* ስጋ ነጋዴ butcher
sigaja *n.* ስጋጃ carpet
sigaja *n.* ስጋጃ tapestry
sigara *n* ሲጋራ cheroot
sigat *n* ስጋት dread
sigawi *a.* ስጋዊ sensual
sigawi feqadin mefetsem *n* ስጋዊ ፈቃድን መፈፀም debauchery
sigawi sew *n.* ስጋዊ ሰው sensualist
sigawinet *n.* ስጋዊነት sensuality
sigibigib *a.* ስግብግብ greedy
sigibigib *a.* ስግብግብ voracious
sigibigibinet *n.* ስግብግብነት greed
sihitet *n* ስህተት blunder
sihitet *n* ስህተት demerit
sihitet *n* ስህተት error
sihitet *n* ስህተት fault
sihitet *n.* ስህተት mistake
sijara *n.* ሲጃራ cigarette
sikar *n* ስካር debauch
sikar *n.* ስካር intoxication
siket *n.* ስኬት achievement
siketama *a* ስኬታማ successful
sikwar *n.* ስኳር glucose
sikwar *n.* ስኳር lactose

sikwar *n.* ስኳር sugar
sikwar dinich *n.* ስኳር ድንች arrowroot
silase *n.* ስላሴ trinity
sile *prep* ስለ about
sile *conj.* ስለ as
sile *prep* ስለ for
sile *conj.* ስለ since
sile jiogirafi yemiyatena *n.* ስለ ጂኦግራፊ የሚያጠና geographer
sile wedefitu asiteneqeqe *v.t.* ስለ ወደፊቱ አስጠነቀቀ portend
silet *n.* ስለት blade
silet *n.* ስለት vow
silet ageba *v.t.* ስለት አገባ consecrate
siletam *a.* ስለታም sharp
silezih *adv.* ስለዚህ accordingly
silezih *conj.* ስለዚህ so
silezih *adv.* ስለዚህ therefore
silezih *adv.* ስለዚህ thus
silibabot *n* ስልባቦት cream
silik *n.* ስልክ phone
silik *n.* ስልክ telephone
silinider *n* ሲሊንደር cylinder
silisa *n., a.* ስልሳ sixty
silisanya *a.* ስልሳኛ sixtieth
silitan *n.* ስልጣን authority
silitan *n.* ስልጣን jurisdiction
silitan *n.* ሥልጣን potency
silitan asitelalefe *v. t* ስልጣን አስተላለፈ depute
silitan leqeqe *v.t,* ስልጣን ለቀቀ abdicate
silitan meliqeq *n* ስልጣን መልቀቅ abdication
silitan meyaz *v.t.* ስልጣን መያዝ wield
silitan sete *v.t.* ስልጣን ሰጠ authorize
silitan sete *v. t* ስልጣን ሰጠ empower
silitan sete *v.t.* ስልጣን ሰጠ vest
silitawi einiqisiqase aderege *v.i.* ስልታዊ እንቅስቃሴ አደረገ manoeuvre
silitena *n.* ስልጠና training
sim *n.* ስም name
sim *n.* ስም noun
sim atefa *v. t.* ስም አጠፋ calumniate
sim atefa *v.t.* ስም አጠፋ libel
sim atefa *v.t.* ስም አጠፋ vilify
sim matifat *n.* ስም ማጥፋት libel
sim metirat *n.* ስም መጥራት roll-call
sim yemiyatefa *a.* ስም የሚያጠፋ slanderous
simet *n* ስሜት emotion
simet *n* ስሜት feeling
simet *n.* ስሜት sensation
simet *n.* ስሜት sense
simet *n.* ስሜት sentiment
simet aliba *a.* ስሜት አልባ insensible
simet alibanet *n.* ስሜት አልባነት insensibility
simet manesasat *v.t.* ስሜት ማነሳሳት whet
simet qesiqash set *a.* ስሜት ቀስቃሽ ሴት voluptuous
simet yalew *a.* ስሜት ያለው sensitive
simet yelesh *a.* ስሜት የለሽ nerveless
simet yemayiset *a* ስሜት የማይሰጥ absurd
simet yemayiset neger *n* ስሜት የማይሰጥ ነገር absurdity
simet yemineka *a.* ስሜት የሚነካ sentimental
simet yemiqeseqis *a.* ስሜት የሚቀሰቅስ sensational
simetawi *a.* ስሜታዊ lyrical

simetawi degafi *n.* ስሜታዊ ደጋፊ partisan
simetawi yehone *a* ስሜታዊ የሆነ emotional
simetawinet *a.* ስሜታዊነት sentient
simetin neka *v.t.* ስሜትን ነካ overwhelm
simetin yemiyanesasa *a.* ስሜትን የሚያነሳሳ sensuous
simetu tolo tolo yemilewawet *a.* ስሜቱ ቶሎ ቶሎ የሚለዋወጥ mercurial
simiminet *n.* ስምምነት accord
simiminet *n.* ስምምነት acquiescence
simiminet *n.* ስምምነት agreement
simiminet *n.* ስምምነት assent
simiminet *n* ስምምነት bond
simiminet *n.* ስምምነት concord
simiminet *n.* ስምምነት consensus
simiminet *n* ስምምነት eight
simiminet *n.* ስምምነት harmony
simiminet *n.* ስምምነት treaty
simiminet *n.* ስምምነት unanimity
simiminet *a.* ስምምነት unanimous
simin atefa *v. t.* ስምን አጠፋ defame
simin medebeq *n.* ስምን መደበቅ anonymity
simin medebeq *n.* ስምን መደበቅ anonymity
siminit sininy yalew gitim *n.* ስምንት ስንኝ ያለው ግጥም octave
siminito *n.* ሲሚንቶ cement
siminito *n* ሲሚንቶ concrete
sinabar *n* ሲናባር cinnabar
sine aeimiro *n.* ስነ አእምሮ psyche
sine aeimiro temeramari *n.* ስነ አእምሮ ተመራማሪ psychologist
sine aeimiro tinat *n.* ስነ አእምሮ ጥናት psychology
sine aeimiroawi *a.* ስነ አእምሮአዊ psychological
sine ayer *n.* ስነ አየር meteorology
sine einiqisiqase hayil *n.* ስነ እንቅስቃሴ ሀይል mechanics
sine einisesat *n.* ስነ እንሰሳት zoology
sine eitsiwat *n* ስነ እፅዋት botany
sine hig *n.* ስነ ህግ jurisprudence
sine maeidin *n.* ስነ ማእድን mineralogy
sine midir *n.* ስነ ምድር geology
sine migibar *n* ስነ ምግባር etiquette
sine migibar *n.* ስነ ምግባር moral
sine migibar asitemare *v.t.* ስነ ምግባር አስተማረ moralize
sine siriat *n.* ስነ ስርአት ceremony
sine siriatawi *a.* ስነ ስርዓታዊ ceremonial
sine siriatawi *a.* ስነ ስርዓታዊ ceremonious
sine tsihuf *n.* ስነ ፅሁፍ literature
sinesiriat *n* ስነስርአት discipline
sine-siriat yalew *n.* ስነ-ስርአት ያለው prude
sine-siriat yegodelew *a.* ስነ-ስርአት የጎደለው amoral
sini *n.* ስኒ cup
sinibit *n* ስንብት farewell
sinide *n.* ስንዴ wheat
sinifina *n.* ስንፍና laziness
sinifina *n.* ስንፍና sloth
sinigil *v.t.* ሲንግል single
sinima bet *n.* ሲኒማ ቤት cinema
sinitiq *n* ስንጥቅ cleft
sinitiq *n* ስንጥቅ fissure
sinitiq *n.* ስንጥቅ rift
sinitiq *n.* ስንጥቅ slit
sinitiq *n* ስንጥቅ split

sinitir *n.* ስንጥር splinter
sinitir *n.* ስንጥር strip
sinizir *n.* ስንዝር span
siol *a.* ሲኦል hell
sipenawi *n.* ስፔናዊ Spaniard
sipil *n.* ስፒል pin
siporit *n.* ስፖርት sport
siporitenya *n.* ስፖርተኛ sportsman
siqa *n* ሲቃ sob
siqay *n.* ስቃይ affliction
siqay *n.* ስቃይ agony
siqay *n* ስቃይ distress
siqay *n.* ስቃይ torment
siqay *n.* ስቃይ torture
siqenis *prep.* ሲቀንስ minus
siqorit *n.* ስቆርት theft
sir *n* ስር bottom
sir *n.* ስር root
sir *prep.* ስር underneath
sir sedede *v.i.* ስር ሰደደ root
sir yesedede *a.* ስር የሰደደ chronic
sir yesedede *a.* ስር የሰደደ ingrained
sira *n.* ስራ career
sira *n.* ስራ job
sira *n.* ስራ labour
sira *n.* ስራ occupation
sira *n.* ስራ operation
sira *n.* ስራ post
sira asera *v.t.* ሥራ አሰራ operate
sira fet *a.* ስራ ፈት idle
sira fet *n.* ስራ ፈት idler
sira fet *n.* ስራ ፈት loafer
sira fet *v.i.* ስራ ፈት loll
sira fetinet *n.* ስራ ፈትነት idleness
sira mefitat *n.* ስራ መፍታት inaction
sira teqwarach *n* ስራ ተቋራጭ contractor
sira yebezabet *a* ስራ የበዛበት busy
sira yemiwed *a.* ስራ የሚወድ painstaking
siran lelela gize asitelalefe *v.i.* ሥራን ለሌላ ጊዜ አስተላለፈ procrastinate
siran lelela gize masitelalef *n.* ሥራን ለሌላ ጊዜ ማስተላለፍ procrastination
sirawin leqeqe *v.t.* ስራውን ለቀቀ resign
sire neger *n.* ስረ ነገር origin
siregitut yemiyasetim meret *n.* ሲረግጡት የሚያሰጥም መሬት quicksand
siriat *n.* ስርአት order
siriat *n.* ስርአት statute
siriat *n.* ሥርዓት system
siriat aliba *n.* ስርአት አልባ indiscipline
siriat aliba *a.* ስርአት አልባ unprincipled
siriat aweta *v.t.* ሥርዓት አወጣ systematize
siriat yalew *a.* ሥርዓት ያለው systematic
siriat yaliteketele *a.* ስርአት ያልተከተለ informal
siriat yelesh *n* ስርአት የለሽ anarchy
siriat yelesh *n* ስርአት የለሽ flippancy
siriate beal *n.* ስርአተ በአል rite
siriate beal *n.* ስርአተ በአል ritual
siriate netib *n.* ስርዐተ ነጥብ punctuation
siriate netib teteqeme *v.t.* ስርዐተ ነጥብ ተጠቀመ punctuate
siriate qebir *n.* ስርአተ ቀብር funeral
siriate timihirit *n* ስርአተ ትምህርት curriculum

siriate timihirit *n.* ሥርአተ ትምህርት syllabus
siricha *n.* ስርቻ nook
sirichit *n.* ስርጭት prevalance
siri-neqel lewit *n.* ስር-ነቀል ለውጥ revolution
siriqita *n.* ስርቅታ hiccup
siriwe menigisit *n* ስርወ መንግስት dynasty
siru yemibela tekil *n.* ስሩ የሚበላ ተክል conch
sis qelem *n.* ስስ ቀለም tint
sisit *n* ስስት cupidity
sisitam *a.* ስስታም miserly
sisitam *a.* ስስታም stingy
siso *a.* ሲሶ third
sitasitikis *n.* ስታስቲክስ statistics
sitatikis *n.* ስታቲክስ statics
sitirik *adj.* ሲትሪክ citric
sitit ale *v. i* ሲጢጥ አለ creak
sitit ale *v.i.* ሲጢጥ አለ squeak
sitit malet *n* ሲጢጥ ማለት squeak
sitota *n.* ስጦታ gift
sitota *n.* ስጦታ oblation
sitota *n.* ስጦታ offering
sitota sete *v.t.* ስጦታ ሰጠ offer
sitota yalew *a.* ስጦታ ያለው gifted
siwir megazen *n* ስውር መጋዘን cache
siwizawi *n.* ሲዊዛዊ swiss
siyayut yemiyamir *v. t* ሲያዩት የሚያምር deck
siyayut yemiyamir *a.* ሲያዩት የሚያምር sightly
sofa *n.* ሶፋ couch
sofa *n.* ሶፋ sofa
sol *n.* ሶል sole
somisoma *n* ሶምሶማ canter
somisoma *n* ሶምሶማ trot
somisoma galebe *v.i.* ሶምሶማ ጋለበ trot
somisoma rote *v.t.* ሶምሶማ ሮጠ jog

soshalizimin *n* ሶሻሊዝምን socialism
soshalizimin yemidegif *n,a* ሶሻሊዝምን የሚደግፍ socialist
sosit *n.* ሶስት three
sosit eitif *a.* ሶስት እጥፍ triple
sosit eitif yetebaza *a.* ሶስት እጥፍ የተባዛ triplicate
sosit maeizen *n.* ሶስት ማእዘን triangle
sosit neger yeyaze *n.* ሶስት ነገር የያዘ trio
sosit neger yeyaze *v.t.,* ሶስት ነገር የያዘ triple
sosit qiji *v.t.* ሶስት ቅጂ triplicate
sosit qiji mabazat *n.* ሶስት ቅጂ ማባዛት triplication
sosite *adv.* ሶስቴ thrice
sositenya *n.* ሶስተኛ third
sositenya *a* ሶስተኛ three
suf *n.* ሱፍ wool
sugo *n.* ሱጎ sauce
suq *n.* ሱቅ lattice
suq *n.* ሱቅ shop
sur takis *n.* ሱር ታክስ surtax
suret *n.* ሱረት snuff
suri *n.* ሱሪ slacks
suri *n. pl* ሱሪ trousers
sus *n.* ሱስ addiction
susenya *v.t.* ሱሰኛ addict
susenya sew *n.* ሱሰኛ ሰው addict

T

tabiya *n.* ጣቢያ station
tabiya *n* ጣቢያ terminal
tabot *n* ታቦት ark
tach *prep* ታች down
tach *adv* ታች under

tadagi wetat *n. pl.* ታዳጊ ወጣት teens
taeim *n* ጣእም flavour
taeim *n.* ጣዕም savour
taeim *n* ጣዕም smack
taeim matat *n.* ጣዕም ማጣት insipidity
taeim yelelew *a.* ጣዕም የሌለው insipid
tafach *a* ጣፋጭ delicious
tafach *a.* ጣፋጭ luscious
tafach *a.* ጣፋጭ saccharine
tafach *a.* ጣፋጭ sweet
tafach *n.* ጣፋጭ sweetmeat
tafach *a.* ጣፋጭ tasteful
tafach *a.* ጣፋጭ tasty
tafach meaza yalew abeba *n.* ጣፋጭ መአዛ ያለው አበባ pink
tafach migib *n.* ጣፋጭ ምግብ pudding
tafach weyin *n.* ጣፋጭ ወይን malmsey
tafach yemishet sew *n* ጣፋጭ የሚሸጥ ሰው confectionery
tafach yemoqe weyin *n.* ጣፋጭ የሞቀ ወይን wassail
tafachinet *n.* ጣፋጭነት sweetness
tafiya *n.* ጣፊያ spleen
tagash *a.* ታጋሽ patient
tagele *v.i.* ታገለ struggle
tagele *v.i.* ታገለ tussle
tagese *v.i* ታገሰ abide
tagese *v.t.* ታገሰ endure
tagese *v.t.* ታገሰ tolerate
tahisas *n* ታህሳስ december
takaki mesimer *n.* ታካኪ መስመር tangent
takisi *n.* ታክሲ cab
takisi *n.* ታክሲ taxi
talaq *a* ታላቅ elder
talaq desita *n.* ታላቅ ደስታ jubilation
talaq fiqir *n.* ታላቅ ፍቅር adoration
talaqinet *n.* ታላቅነት grandeur
talaqinet *n* ታላቅነት main
talaqinet *n.* ታላቅነት stateliness
tale *v. i* ጣለ drop
tale *v.t* ጣለ fell
tale *v.t.* ጣለ forsake
tale *v.t.* ጣለ impose
taliqa geba *v.i.* ጣልቃ ገባ interfere
taliqa geba *v.i.* ጣልቃ ገባ intervene
taliqa geba *v.t.* ጣልቃ ገባ intrude
taliqa geba *v.i.* ጣልቃ ገባ maddle
taliqa geba *v.i.* ጣልቃ ገባ tamper
taliqa gebinet *n.* ጣልቃ ገብነት interference
taliqa megibat *n.* ጣልቃ መግባት intervention
taliqa megibat *n.* ጣልቃ መግባት intrusion
taliyan *n.* ጣሊያን Italian
tamami *a.* ታማሚ indisposed
tamany *a* ታማኝ faithful
tamany *a.* ታማኝ loyal
tamany *a.* ታማኝ sincere
tamany *a.* ታማኝ staunch
tamany *a.* ታማኝ trustworthy
tamany eisirenya *n.* ታማኝ እስረኛ trusty
tamany sew *n.* ታማኝ ሰው loyalist
tamany sew *n* ታማኝ ሰው stalwart
tamany yalihone *n* ታማኝ ያልሆነ cad
tamanyinet *n.* ታማኝነት allegiance
tamanyinet *n* ታማኝነት devotion
tamanyinet *n* ታማኝነት fidelity
tamanyinet *n.* ታማኝነት loyalty

tanash *a.* ታናሽ junior
tanashinet *n.* ታናሽነት miniature
tanik *n.* ታንክ tank
taot *n.* ጣኦት idol
taot amilaki *n.* ጣኦት አምላኪ idolater
taqebe *v.i.* ታቀበ refrain
tara *n.* ጣራ roof
tara geteme *v.t.* ጣራ ገጠመ roof
tare mot *n.* ጣረ ሞት ghost
tarede *v. t.* ታረደ behead
tarik *n.* ታሪክ history
tarik *n.* ታሪክ story
tarik *n.* ታሪክ tale
tarikawi *a .* ታሪካዊ historic
tarikawi *a.* ታሪካዊ historical
tarikawi *a.* ታሪካዊ monumental
tasa *v.t.* ጣሳ infringe
tashe *v.t.* ታሸ massage
tat *n* ጣት finger
tatari *a.* ታታሪ ardent
tatari *a* ታታሪ dynamic
tatari *a* ታታሪ energetic
tatebe *v. t* ታጠበ bathe
tatefe *v.t* ታጠፈ fold
tateqe *v.t* ታጠቀ girdle
tawaqi *a.* ታዋቂ popular
tawaqi sew *n.* ታዋቂ ሰው personage
tawaqinet *n.* ታዋቂነት limelight
tawaqinet *n.* ታዋቂነት popularity
tawila *n.* ጣውላ plank
tawos *n.* ጣዎስ peacock
taye *v.i.* ታየ loom
taye *v.i* ታየ surface
tazabi *a.* ታዛቢ observant
tazazh *adj.* ታዛዥ compliant
tazazh *a* ታዛዥ docile
tazazh *a* ታዛዥ dutiful
tazazh *a.* ታዛዥ obedient
tazeze *v.t.* ታዘዘ obey
teamir *n.* ተአምር marvel
teamir *n.* ተአምር miracle
teamirawi *a.* ተአምራዊ miraculous
teb *n* ጠብ fight
teb *n.* ጠብ quarrel
teb *n.* ጠብ strife
teb wedaj *n* ጠብ ወዳጅ belligerency
teba *v.t.* ጠባ suck
tebab *a.* ጠባብ narrow
tebab asitesaseb *n.* ጠባብ አስተሳሰብ insularity
tebab asitesaseb yalew *a.* ጠባብ አስተሳሰብ ያለው petty
tebab meniged *n.* ጠባብ መንገድ alley
tebab meniged *n.* ጠባብ መንገድ lane
tebab sheleqo *n.* ጠባብ ሸለቆ ravine
tebab suri *n.* ጠባብ ሱሪ breeches
tebabari *n* ተባባሪ accomplice
tebabari *a.* ተባባሪ associate
tebabari gwadenya *n.* ተባባሪ ጓደኛ ally
tebabase *v.t.* ተባባሰ worsen
tebabere *v.t.* ተባበረ ally
tebabere *v.t.* ተባበረ associate
tebabere *v. i* ተባበረ co-operate
tebaqi *n.* ጠባቂ attendant
tebaqi *n.* ጠባቂ guardian
tebaqi *n.* ጠባቂ keeper
tebasa *n* ጠባሳ scar
tebasa asiqere *v.t.* ጠባሳ አስቀረ scar
tebay *n.* ጠባይ attitude
tebay *n.* ተባይ insect
tebay *n.* ተባይ pest
tebay matifiya *n.* ተባይ ማጥፊያ germicide
tebay matifiya *n.* ተባይ ማጥፊያ insecticide

tebedere *v. t* ተበደረ borrow
tebedere *v.t.* ተበደረ loan
tebenija *n.* ጠበንጃ musket
tebenya *a.* ጠበኛ quarrelsome
tebenya sew *n* ጠበኛ ሰው belligerent
tebeq yale gininyunet *n* ጠበቅ ያለ ግንኙነት affinity
tebeqa *n* ጠበቃ advocate
tebeqa *v.i.* ጠበቃ guard
tebeqa *n.* ጠበቃ lawyer
tebeqa *n.* ጠበቃ pleader
tebeqa *n.* ጠበቃ solicitor
tebeqe *v.i.* ጠበቀ adhere
tebeqe *v.t.* ጠበቀ await
tebeqe *v. t* ጠበቀ bide
tebeqe *v.t.* ጠበቀ condite
tebeqe *v. t* ጠበቀ conserve
tebeqe *v. t* ጠበቀ expect
tebeqe *v.t.* ጠበቀ superintend
tebeqele *v.t.* ተበቀለ avenge
tebeqele *v.i.* ተበቀለ retaliate
tebeqele *v.t.* ተበቀለ revenge
tebese *v.t.* ጠበሰ fry
tebese *v.t.* ጠበሰ roast
tebese *v.t.* ጠበሰ toast
tebetatene *v.i.* ተበታተነ straggle
tebib *a.* ጠቢብ profound
tebib *a.* ጠቢብ sage
tebib sew *n.* ጠቢብ ሰው oracle
tebib sew *n.* ጠቢብ ሰው sage
tebibinet *n.* ጠቢብነት profundity
tebimenija *n* ጠብመንጃ rifle
tebiqo yetasere *a.* ጠብቆ የታሰረ tight
tebita *n* ጠብታ drip
tebita *n* ጠብታ drop
tebita *n.* ጠብታ speck
tebiye *a.* ተብዬ would-be
tebot *n.* ጠቦት lamb
techarach *n* ተጫራች bidder
techarete *v.t* ተጫረተ bid

techawach *n.* ተጫዋች performer
techawach *n.* ተጫዋች player
techawach *a.* ተጫዋች sportive
techawach *n* ተጫዋች wag
techawete *v.i.* ተጫወተ act
techawete *v. i.* ተጫወተ chat2
techawete *v.i* ተጫወተ game
techawete *v.i.* ተጫወተ sport
techawete *v.i.* ተጫወተ toy
techemari *a.* ተጨማሪ additional
techemari *n.* ተጨማሪ appendix
techemari *a.* ተጨማሪ auxiliary
techemari *a* ተጨማሪ extra
techemari *a.* ተጨማሪ more
techemari *a.* ተጨማሪ plus
techemari *n.* ተጨማሪ supplement
techemari eiqawoch *n* ተጨማሪ እቃዎች appurtenance
techemari neger *n.* ተጨማሪ ነገር input
techemari qeret *n.* ተጨማሪ ቀረጥ supertax
techemari waga *n.* ተጨማሪ ዋጋ surcharge
techeneqe *v.t.* ተጨነቀ fret
techeneqe *v.i.* ተጨነቀ worry
techeqacheqe *v.t.* ተጨቃጨቀ argue
techeqacheqe *v. t* ተጨቃጨቀ brangle
techeqacheqe *v.t.* ተጨቃጨቀ skirmish
techeqacheqe *v.i.* ተጨቃጨቀ wrangle
techi *n* ተቺ critic
tedara *v.i* ተዳራ flirt
tedebiqo masholeq *v.i.* ተደብቆ ማሾለቅ peep
tedefito yemimeta afer *n.* ተደፍቶ የሚመጣ አፈር sod
tedegagami *a* ተደጋጋሚ cyclic

tedegagami *a.* ተደጋጋሚ redundant
tedegagami *b.* ተደጋጋሚ rhythm
tedemachinet yalew *a.* ተደማጭነት ያለው influential
tedenaqefe *v.i.* ተደናቀፈ stumble
tedeneqe *v.t.* ተደነቀ astonish
tedeneqe *v. t* ተደነቀ daze
tedeneqe *v.i* ተደነቀ marvel
tederadere *v. t* ተደራደረ compromise
tederadere *v.t.* ተደራደረ negotiate
tederarebe *v.t.* ተደራረበ overlap
tederash *n.* ተደራሽ addressee
tederegelet *v.t.* ተደረገለት undergo
tedesete *v.i.* ተደሰተ bask
tedesete *v. t* ተደሰተ enjoy
tedesete *v. t* ተደሰተ enrapture
tedesete *v.i.* ተደሰተ immigrate
tedesete *v.i.* ተደሰተ rejoice
tedibesibiso yetesera sira *n* ተድበስብሶ የተሰራ ስራ bungle
tefa *v.i.* ጠፋ perish
tefarese *v.t.* ተፋረሰ rupture
tefelagi *a* ተፈላጊ desirable
tefelagi *a* ተፈላጊ necessary
tefelagi *n* ተፈላጊ requiste
tefelagi neger *n.* ተፈላጊ ነገር necessary
tefelasafi *n.* ተፈላሳፊ philosopher
tefeneteqe *v.t.* ተፈነጠቀ radiate
teferaraqi *a.* ተፈራራቂ alternate
teferitenya *n.* ጠፈርተኛ astronaut
tefetany *n* ተፈታኝ examinee
tefetany meqotater *n.* ተፈታኝ መቆጣጠር invigilation
tefetany teqotatere *v.t.* ተፈታኝ ተቆጣጠረ invigilate
tefetatany *a.* ተፈታታኝ trying
tefetatany sew *n.* ተፈታታኝ ሰው tempter
tefetiro *n.* ተፈጥሮ nature
tefetiro zinibale *n.* ተፈጥሮ ዝንባሌ proclivity
tefetiroawi *a.* ተፈጥሮአዊ artless
tefir *n.* ጠፍር strap
tefitafa *n* ጠፍጣፋ plane
tefitafa kifil *n* ጠፍጣፋ ክፍል flat
tefitafa welel *n.* ጠፍጣፋ ወለል plane
tefokakari *n* ተፎካካሪ agonist
tefokakari *n.* ተፎካካሪ opponent
tefokakari *n.* ተፎካካሪ rival
tefokakari *v.i.* ተፎካካሪ vie
tefokakere *v. i* ተፎካከረ contend
tefokakere *v.t.* ተፎካከረ rival
tegache *v. i.* ተጋጨ collide
tegache *v. i* ተጋጨ conflict
tegadilo *n* ተጋድሎ crusade
tegafa *v.t.* ተጋፋ jostle
tegateme *v. i* ተጋጠመ coincide
tegeba *v. t.* ተገባ deserve
tegebere *v.t.* ተገበረ implement
tegebeyaye *v.t.* ተገበያየ transact
tegebi *a.* ተገቢ appropriate
tegebi *a* ተገቢ due
tegebi *adv.* ተገቢ needs
tegebi *a.* ተገቢ reasonable
tegebi asitesaseb yalew *a.* ተገቢ አስተሳሰብ ያለው logical
tegebi hone *v.i.* ተገቢ ሆነ pertain
tegebi qitat *n.* ተገቢ ቅጣት nemesis
tegebi yalihone *a.* ተገቢ ያልሆነ illogical
tegebi yalihone *a.* ተገቢ ያልሆነ improper
tegebi yalihone *a.* ተገቢ ያልሆነ needless
tegebina weqitawi *adj* ተገቢና ወቅታዊ apposite
tegebinet *n.* ተገቢነት validity
tegefa *v.i* ተገፋ billow
tegefa *v.i.* ተገፋ surge

tegefefe *v.i.* ተገፈፈ moult
tegenanye *v. t* ተገናኘ contact
tegenanye *v.t.* ተገናኘ intersect
tegenanye *v.t.* ተገናኘ meet
tegene *v.t.* ጠገነ maintain
tegene *v.t.* ጠገነ mend
tegene *v.t.* ጠገነ repair
tegenedese *v.i.* ተገነደሰ topple
tegenetatay *a.* ተገነጣጣይ separable
tegenetele *v.t.* ተገነጠለ part
tegenezebe *v.t.* ተገነዘበ perceive
tegenezebe *v.t.* ተገነዘበ realize
tegenye *v.t.* ተገኘ attend
tegezhinet *n.* ተገዥነት subjection
tegibabi *a.* ተግባቢ jovial
tegibabi *a.* ተግባቢ sociable
tegibabinet *n.* ተግባቢነት sociability
tegibar *n.* ተግባር action
tegibar *n.* ተግባር commission
tegibar *n* ተግባር deed
tegibar *n* ተግባር duty
tegibar *n.* ተግባር function
tegibar *n.* ተግባር task
tegibar *n.* ተግባር work
tegibar sete *v.t.* ተግባር ሰጠ task
tegibarawi *a.* ተግባራዊ operative
tegibarawi *a.* ተግባራዊ practical
tegibarawi *a.* ተግባራዊ pragmatic
tegibarawi lihon yemichil *a.* ተግባራዊ ሊሆን የሚችል practicable
tegibarawi yemayihon *a.* ተግባራዊ የማይሆን impracticable
tegisats *n.* ተግሣጽ admonition
tegisats *n.* ተግሳፅ censure
tegito mesirat *v.i.* ተግቶ መስራት moil
tegumetemete *v.i.* ተጉመጠመጠ gargle
tegwaze *v.i.* ተጓዘ journey
tegwaze *v.i* ተጓዘ march
tegwaze *v.i.* ተጓዘ travel
tegwaze *v.i.* ተጓዘ voyage
tej *n.* ጠጅ mead
tejenatele *v.i.* ተጀናተለ strut
teka *v.t.* ተካ replace
teka *v.t.* ተካ substitute
teka *v.t.* ተካ supersede
tekafay *n.* ተካፋይ numerator
tekafele *v.i.* ተካፈለ partake
tekalet *v.t.* ተካለት reimburse
tekefa *v.i.* ተከፋ mope
tekefafele *v.t.* ተከፋፈለ partition
tekelakay *n.* ተከላካይ protector
tekelakele *v. t* ተከላከለ defend
tekelakele *v.t* ተከላከለ forearm
tekelakele *v.t.* ተከላከለ insulate
tekelakele *v.t.* ተከላከለ parry
tekelakele *v.t.* ተከላከለ protect
tekelakele *v.t.* ተከላከለ shield
tekelakele *v.t.* ተከላከለ ward
tekele *v.t.* ተከለ plant
tekerakere *v.t.* ተከራከረ bargain
tekerakere *v. t.* ተከራከረ champion
tekerakere *v. t* ተከራከረ contest
tekerakere *v. t.* ተከራከረ debate
tekerakere *v. i* ተከራከረ dispute
tekerakere *v.i.* ተከራከረ haggle
tekerakere *v.i.* ተከራከረ quibble
tekeray *n.* ተከራይ lessee
tekeray sew *n.* ተከራይ ሰው tenant
tekeraye *v.t.* ተከራየ lease
tekeraye *v.t.* ተከራየ rent
tekesash *n.* ተከሳሽ accused
tekesash *n* ተከሳሽ defendant
tekesete *v.i.* ተከሰተ arise
tekesete *v.i.* ተከሰተ occur
teketatay *adj.* ተከታታይ consecutive

teketatay *n.* ተከታታይ sequence
teketatay *a.* ተከታታይ serial
teketatay *a.* ተከታታይ successive
teketatay tarik *n.* ተከታታይ ታሪክ serial
teketatele *v.t.* ተከታተለ pursue
teketatele *n.* ተከታተለ trail
teketay *n* ተከታይ accompaniment
teketay *n* ተከታይ follower
teketayita *a.* ተከታይታ subsequent
teketele *v.i* ተከተለ ensue
teketele *v.t* ተከተለ follow
tekil *n.* ተክል plant
tekiloch wisit yale fesash *n.* ተክሎች ውስጥ ያለ ፈሳሽ sap
tekinoloji *n.* ቴክኖሎጂ technology
tekinoloji awaqi *n.* ቴክኖሎጂ አዋቂ technologist
tekolatefe *v.t.* ተኮላተፈ lisp
tekose *v.t.* ተኮሰ iron
tekula *n.* ተኩላ wolf
tekus *n.* ተኩስ shot
tela *v.t.* ጠላ abhor
tela *v.t.* ጠላ antagonize
tela *v. t* ጠላ dislike
tela *v.t.* ጠላ hate
tela *v.t.* ጠላ loathe
telalafi *a* ተላላፊ contagious
telalaki *n.* ተላላኪ. minion
telalefe *v.t.* ጠላለፈ convolve
telalefe *v.t.* ጠላለፈ interlock
telat *n.* ጠላት adversary
telat *n* ጠላት enemy
telat *n* ጠላት foe
telatinet *n* ጠላትነት enmity
telatoch *n.* ጠላቶች antagonist
telefa *n* ጠለፋ abduction
telefe *v.t.* ጠለፈ abduct
telefe *v.t.* ጠለፈ kidnap
telegiram *n.* ቴሌግራም telegram
telegiram *n.* ቴሌግራም telegraph

telegiram aderege *v.t.* ቴሌግራም አደረገ telegraph
telegiram aderege *v.t.* ቴሌግራም አደረገ wire
telegiram melak *n.* ቴሌግራም መላክ telegraphy
telegiram yemilik sew *n.* ቴሌግራም የሚልክ ሰው telegraphist
telemach *a* ተለማጭ flexible
telemamach *a.* ተለማማጭ servile
telemamachinet *n.* ተለማማጭነት servility
telemamede *v.t.* ተለማመደ practise
telemamete *v.t.* ተለማመጠ implore
teleqe *v. i* ጠለቀ dive
teleqe *v.i.* ጠለቀ submerge
televizhin *n.* ቴሌቪዥን television
telewawach *a* ተለዋዋጭ fickle
telewawach *a.* ተለዋዋጭ variable
telewawach simet *a.* ተለዋዋጭ ስሜት moody
telewawete *v.* ተለዋወጠ interchange
telewawete *v.t.* ተለዋወጠ reciprocate
teleyayito *adv.* ተለያይቶ apart
teleye *v. i.* ተለየ depart
teleye *v. i* ተለየ differ
teleye *v.i.* ተለየ secede
teleye *v.t.* ተለየ splinter
teleye *v.i.* ተለየ stray
teleyito *adv.* ተለይቶ singularly
teliba *n.* ተልባ linseed
telieiko *n.* ተልእኮ mission
temamene *v. i.* ተማመነ depend
temamene *v.i.* ተማመነ rely
temare *v.i.* ተማረ learn
temarere *v. t* ተማረረ bedevil
temarere *v. t* ተማረረ embitter

temarere *v.t.* ተማረረ rail
temari *n.* ተማሪ pupil
temari *n.* ተማሪ student
te□matere *v.i* ተኰማተረ shrink
temeka *v. i* ተመካ brag
temelalash takami *n.* ተመላላሽ ታካሚ outpatient
temelalese *v. t* ተመላለሰ commute
temelash genizeb *n.* ተመላሽ ገንዘብ refund
temelekete *v. i* ተመለከተ blether
temelekete *v.i.* ተመለከተ glance
temelekete *v.i* ተመለከተ look
temelekete *v.t.* ተመለከተ regard
temelese *v.t.* ተመለሰ restore
temelese *v.i.* ተመለሰ return
temelese *v.i.* ተመለሰ revert
temelikach *n.* ተመልካች audience
temelikach *n.* ተመልካች on-looker
temelikach *n.* ተመልካች spectator
temeliket ተመልከት cozy
temenija *n.* ጠመንጃ gun
temenye *v.t.* ተመኘ aspire
temenye *v.t.* ተመኘ covet
temenye *v.t* ተመኘ fancy
temenye *v.t.* ተመኘ wish
temeqe *v. t.* ጠመቀ brew
temerach migib *n.* ተመራጭ ምግብ dainty
temeramari *a.* ተመራማሪ inquisitive
temeramari *n.* ተመራማሪ logician
temeramari *n.* ተመራማሪ scientist
temereqe *v.i.* ተመረቀ graduate
temesasay *a.* ተመሳሳይ akin
temesasay *a.* ተመሳሳይ alike
temesasay *a.* ተመሳሳይ analogous
temesasay *n.* ተመሳሳይ counterpart
temesasay *n* ተመሳሳይ fac-simile
temesasay *a.* ተመሳሳይ homogeneous
temesasay *a.* ተመሳሳይ like
temesasay *n* ተመሳሳይ match
temesasay *a.* ተመሳሳይ similar
temesasay *a.* ተመሳሳይ synonymous
temesasay milikit *n.* ተመሳሳይ ምልክት synonym
temesasay negeroch *n.* ተመሳሳይ ነገሮች couplet
temesasay tetsarari yehone *v.t.* ተመሳሳይ ተፃራሪ የሆነ parallel
temesasayinet *n.* ተመሳሳይነት correspondence
temesasayinet *n.* ተመሳሳይነት parallelism
temesasayinet *n.* ተመሳሳይነት similitude
temesasele *v. i* ተመሳሰለ correspond
temesasele *v.t.* ተመሳሰለ square
temesete *v.t.* ተመሰጠ meditate
temesete *v.i.* ተመሰጠ muse
temesete *v.t.* ተመሰጠ ponder
temesito *n.* ተመስጦ rapture
temetatany *a* ተመጣጣኝ equivalent
temetatany *a.* ተመጣጣኝ proportional
temetatany *a.* ተመጣጣኝ symmetrical
temeteme *v.t.* ጠመጠመ wind
temezeze *v.t.* ጠመዘዘ twist
temezimaza *a.* ጠመዝማዛ sinuous
temezimaza *n.* ጠመዝማዛ zigzag
temisalet *n.* ተምሳሌት symbol
temitami *n.* ጠምጣሚ winder
temizaza *adj* ጠምዛዛ anfractuous
temizaza *a.* ጠምዛዛ spiral
temizaza *a.* ጠምዛዛ tortuous

temwagete *v.t.* ተሟገተ litigate
tena *n.* ጤና health
tena atebabeq *n.* ጤና አጠባበቅ hygiene
tena yemigoda *a.* ጤና የሚጎዳ noxious
tenababi *n.* ተናባቢ consonant
tenagari *n.* ተናጋሪ speaker
tenager *v. t.* ተናገር express
tenagere *v.t.* ተናገረ mention
tenagere *v.t.* ተናገረ say
tenagere *v.i.* ተናገረ speak
tenagere *v.t* ተናገረ state
tenagere *v.i.* ተናገረ talk
tenama *a.* ጤናማ hale
tenama *a.* ጤናማ sound
tenazeze *v. t.* ተናዘዘ confess
tenebeye *v.t* ተነበየ forecast
tenebeye *v.t* ተነበየ foretell
tenebeye *v.t.* ተነበየ predict
tenebeye *v.t.* ተነበየ prophesy
tenechaneche *v.t.* ተነጫነጨ maunder
tenechaneche *v.i.* ተነጫነጨ whine
tenefese *v. i.* ተነፈሰ breathe
tenefese *v.i.* ተነፈሰ respire
tenekose *v.t.* ተነኮሰ provoke
tenenazeze *v.t.* ተነናዘዘ avow
tenene *v.t.* ተነነ aerify
tenene *v. i* ተነነ evaporate
tenene *v.t.* ተነነ vaporize
tenenya *a.* ጤነኛ healthy
tenenya *a.* ጤነኛ sane
tenesa *v.i.* ተነሳ heave
tenesa *v.* ተነሳ rise
tenesa *v.t.* ተነሳ uplift
tenetene *v.t.* ተነተነ analyse
tenezaneze *v.i* ተነዛነዘ fuss
teniberekeke *v.i.* ተንበረከከ kneel
tenichacha *v.i.* ተንጫጫ twitter
tenidebalel *v.i.* ተንደባለል wallow
tenideridiro geba *v.t* ተንደርድሮ ገባ stump
teniferagete *v.i.* ተንፈራገጠ wriggle
tenigalele *v.i* ተንጋለለ lie
tenigedagede *v.i.* ተንገዳገደ reel
tenigedagede *v.i.* ተንገዳገደ stagger
tenigoradede *v. t* ተንጎራደደ bustle
tenigoradede *v.i.* ተንጎራደደ pace
tenikara *a* ጠንካራ firm
tenikara *a* ጠንካራ forceful
tenikara *a.* ጠንካራ hard
tenikara *a.* ጠንካራ herculean
tenikara *a.* ጠንካራ robust
tenikara *a.* ጠንካራ solid
tenikara *a.* ጠንካራ stalwart
tenikara *n.* ጠንካራ stiff
tenikara *a.* ጠንካራ sturdy
tenikara *a.* ጠንካራ tough
tenikara cheriq *n.* ጠንካራ ጨርቅ serge
tenikara einiqisiqase *n.* ጠንካራ እንቅስቃሴ onrush
tenikara mishig *n.* ጠንካራ ምሽግ stronghold
tenikara tiqur einichet *n* ጠንካራ ጥቁር እንጨት ebony
tenikebakebe *v. t.* ተንከባከበ cherish
tenikebakebe *n* ተንከባከበ mother
tenikebalele *v.i.* ተንከባለለ roll
tenikeratete *v.i.* ተንከራተተ meander
tenikeratete *v.i.* ተንከራተተ roam
teniketekete *v.i.* ተንከተከተ giggle
tenikol *n.* ተንኮል guile
tenikol *n* ተንኮል mischief
tenikol *n.* ተንኮል ruse
tenikol *n.* ተንኮል trickery
tenikol sera *v.t.* ተንኮል ሰራ rag
tenikolenya *a.* ተንኮለኛ malicious

tenikolenya *n.* ተንኮለኛ rascal
tenikolenya *a.* ተንኮለኛ sly
tenikolenya *a.* ተንኮለኛ vicious
tenikolenya *n.* ተንኮለኛ villain
tenikwash *a.* ተንኳሽ provocative
teniqaqa *a* ጠንቃቃ careful
teniqaqa *a.* ጠንቃቃ cautious
teniqaqa *a.* ጠንቃቃ prudent
teniqaqa sew *n.* ጠንቃቃ ሰው pedant
teniqerafefe *v.i.* ተንቀራፈፈ dawdle
teniqesaqash *a.* ተንቀሳቃሽ movable
teniqesaqash eiqawoch *n.* ተንቀሳቃሽ እቃዎች movables
teniqesash *a.* ተንቀሳሽ portable
teniqeteqete *v.i.* ተንቀጠቀጠ quake
teniqeteqete *v.i.* ተንቀጠቀጠ quiver
teniqeteqete *v.i.* ተንቀጠቀጠ shiver
teniqeteqete *v.i.* ተንቀተቀጠ shudder
teniqeteqete *v.i.* ተንቀጠቀጠ tremble
teniqewalel *v.i.* ተንቀዋለል wander
teniqiqo aweqe *v.t.* ጠንቅቆ አወቀ master
teniqwaqwa *n* ተንቋቋ creak
teniqway *n.* ጠንቋይ necromancer
teniqway *n.* ጠንቋይ witch
tenisafafi milikit *n* ተንሳፋፊ ምልክት buoy
tenisafefe *v.i* ተንሳፈፈ float
teniseqeseqe *v.i.* ተንሰቀሰቀ sob
tenisherashere *n.* ተንሸራሸረ perambulator
tenisherashere *v.i.* ተንሸራሸረ picnic
tenisherashere *v.t.* ተንሸራሸረ saunter
tenisherashere *v.i.* ተንሸራሸረ stroll
tenisheratach *n.* ተንሸራታች glider
tenisheratete *v.t.* ተንሸራተተ glide
tenisheratete *v.i.* ተንሸራተተ skid
tenisheratete *v.i.* ተንሸራተተ slide
tenishewarere *v.i.* ተንሸዋረረ squint
tenitany *n* ተንታኝ analyst
tenitebatebe *v.i.* ተንተባተበ babble
tenitebatebe *v. i* ተንጠባጠበ drip
tenitebatebe *v.i.* ተንተባተበ gabble
tenitebatebe *v.i.* ተንተባተበ stammer
tenitebatebe *v.i.* ተንጠባጠበ trickle
teniteketeke *v.i.* ተንተከተከ simmer
teniterase *v.t.* ተንተራሰ pillow
tenizefezefe *v.t.* ተንዘፈዘፈ jolt
tenya *v.i.* ተኛ nap
tenya *v.i.* ተኛ sleep
tenyito meqoyet *adv.* ተኝቶ መቆየት abed
teq aderege *v.t.* ጠቅ አደረገ jab
teqami *a.* ጠቃሚ advantageous
teqami *a* ጠቃሚ beneficial
teqami *a.* ጠቃሚ material
teqami *a.* ጠቃሚ salutary
teqami *a.* ጠቃሚ useful
teqami *a* ጠቃሚ worth
teqami mikir *n.* ጠቃሚ ምክር tip
teqarani *a* ተቃራኒ adverse
teqarani *n* ተቃራኒ extreme
teqarani *a.* ተቃራኒ opposite
teqarani *a.* ተቃራኒ reverse
teqarani *prep.* ተቃራኒ versus
teqarani botawoch *n.* ተቃራኒ ቦታዎች antipodes
teqarani hasaboch *n.* ተቃራኒ ሐሳቦች antinomy

teqarani hone *v.t.* ተቃራኒ ሆነ contrapose
teqarani qal *n.* ተቃራኒ ቃል antonym
teqaraninet *n* ተቃራኒነት contradiction
teqarebe *v.i.* ተቃረበ near
teqarino *n.* ተቃርኖ antithesis
teqawami *adj* ተቃዋሚ absonant
teqawami *pref.* ተቃዋሚ contra
teqaweme *v. t* ተቃወመ contradict
teqaweme *v. t* ተቃወመ disapprove
teqaweme *v.t.* ተቃወመ gainsay
teqaweme *v.t.* ተቃወመ negative
teqaweme *v.t.* ተቃወመ object
teqaweme *v.t.* ተቃወመ oppose
teqaweme *v.i.* ተቃወመ protest
teqaweme *v.t.* ተቃወመ repudiate
teqaweme *v.t.* ተቃወመ resist
teqawimo *n.* ተቃውሞ objection
teqawimo *n.* ተቃውሞ protestation
teqawimo *n.* ተቃውሞ repudiation
teqebay *n.* ተቀባይ receiver
teqebay *n.* ተቀባይ recipient
teqebayinet *n* ተቀባይነት acceptance
teqebayinet agenye *v.t.* ተቀባይነት አገኘ accredit
teqebayinet maginyet *n.* ተቀባይነት ማግኘት countenance
teqebayinet yalew *a* ተቀባይነት ያለው acceptable
teqebele *v.t.* ተቀበለ adhibit
teqebele *v.t* ተቀበለ approbate
teqedada *v. t* ተቀዳዳ emulate
teqelele *v.t* ጠቀለለ bandage
teqelele *v. t* ጠቀለለ envelop
teqelele *v.t.* ጠቀለለ furl
teqelele *v.t.* ጠቀለለ parcel
teqelele *v.t.* ጠቀለለ wrap

teqemach genizeb *n.* ተቀማጭ ገንዘብ appropriation
teqemach genizeb *n.* ተቀማጭ ገንዘብ deposit
teqemach hisab *n.* ተቀማጭ ሂሳብ account
teqeme *v.t.* ጠቀመ advantage
teqeme *v.t.* ጠቀመ avail
teqeme *v. t.* ጠቀመ benefit
teqemete *v.i.* ተቀመጠ sojourn
teqese *v. t* ጠቀሰ cite
teqese *v.t.* ጠቀሰ quote
teqese *v.i.* ጠቀሰ wink
teqeta *v.t.* ተቀጣ penalize
teqetari *n* ተቀጣሪ employee
teqeteqe *v.t.* ጠቀጠቀ stow
teqilala *a* ጠቅላላ entire
teqilala *a* ጠቅላላ gross
teqilala *a.* ጠቅላላ total
teqilay minisiter *n.* ጠቅላይ ሚኒስተር chancellor
teqilay minisiter *n* ጠቅላይ ሚኒስተር premier
teqimat *n* ተቅማጥ diarrhoea
teqome *v.t.* ጠቆመ implicate
teqome *v.t.* ጠቆመ intimate
teqota *v.i* ተቆጣ frown
teqota *v.i.* ተቆጣ grumble
teqotatari *n.* ተቆጣጣሪ controller
teqotatari *n.* ተቆጣጣሪ overseer
teqotatari *n.* ተቆጣጣሪ regulator
teqotatari *n.* ተቆጣጣሪ superintendent
teqotatari *n.* ተቆጣጣሪ supervisor
teqotatari *n.* ተቆጣጣሪ warden
teqotatari *n.* ተቆጣጣሪ warder
teqotatere *v. t* ተቆጣጠረ control
teqotatere *v.t.* ተቆጣጠረ oversee
teqotatere *v.t.* ተቆጣጠረ supervise
teqotatere *v.t.* ተቆጣጠረ throttle
teqotere *v.* ተቆጠረ amount
tequnetenete *v.i* ተቁነጠነጠ wobble

teqwam *n.* ተቋም institution
teqwaqwame *v. i* ተቋቋመ cope
teqwaqwame *v.t.* ተቋቋመ weather
teqwaqwame *v.t.* ተቋቋመ withstand
teqwarete *n.* ተቋረጠ standstill
tera *v. t.* ጠራ call
tera *v.t* ጠራ hail
tera *n.* ተራ series
tera *v.t.* ጠራ summon
tera *v.t.* ጠራ term
tera gichit *n.* ተራ ግጭት spate
tera sew *n.* ተራ ሰው commoner
teraba *v.t.* ተራባ reproduce
terabe *v.i.* ተራበ starve
teraki *n.* ተራኪ narrator
teramede *v.t* ተራመደ ambulate
teramede *v.i.* ተራመደ step
teramede *v.i.* ተራመደ stride
teraqote *v.t.* ተራቆተ bare
terara *n.* ተራራ alp
terara *n* ተራራ mount
terara *n.* ተራራ mountain
terara wechi *n.* ተራራ ወጪ mountaineer
terara yemiweta sew *n* ተራራ የሚወጣ ሰው alpinist
terarama *a.* ተራራማ mountainous
terasew *n.* ተራሰው layman
tereb *n* ተረብ epigram
terebe *v. t.* ጠረበ carve
terebe *v.t.* ጠረበ hew
tereda *v. t* ተረዳ comprehend
tereda *v.t.* ተረዳ grasp
tereda *v.t.* ተረዳ understand
teredada *v. i* ተረዳዳ collaborate
terefe mirit *n* ተረፈ ምርት by-product
teregaga *v.i.* ተረጋጋ settle
teregaga *v.t.* ተረጋጋ steady
terege *v.t.* ጠረገ dust
terege *v.i.* ጠረገ sweep
terege *v.t.* ጠረገ wipe
teregome *v.t.* ተረጎመ translate
tereke *v.t.* ተረከ narrate
terekebe *v.t.* ተረከበ receive
terekez *n.* ተረከዝ heel
terekez asigeba *v.t* ተረከዝ አስገባ sole
terepeza *n.* ጠረጴዛ table
teresa *v.i.* ተረሳ lapse
teret *n* ተረት apologue
teret *n.* ተረት fable
teret *n.* ተረት gag
teret *n.* ተረት parable
tereta *v. t* ተረታ capitulate
teretere *v.t.* ጠረጠረ suspect
teri *n* ጠሪ caller
terib *n.* ተርብ hornet
terib *n.* ተርብ wasp
terigebegebe *v.t* ተርገበገበ flutter
terigebegebe *v.i.* ተርገበገበ pulsate
terimus *n* ጠርሙስ bottle
terimus amirach *n* ጠርሙስ አምራች bottler
terita *n.* ተርታ row
teriz *n.* ጠርዝ brink
teriz *n* ጠርዝ edge
teriz *n.* ጠርዝ periphery
teriz *n.* ጠርዝ rim
tesabe *v. t* ተሳበ crawl
tesabe *v. i* ተሳበ creep
tesabe *v.i.* ተሳበ gravitate
tesabi *n* ተሳቢ creeper
tesabi mekina *n.* ተሳቢ መኪና trailer
tesadabi *a* ተሳዳቢ abusive
tesafere *v. t* ተሳፈረ embark
tesaka *v.i.* ተሳካ succeed
tesakalet *v.i.* ተሳካለት prosper
tesale *v.t.* ተሳለ vow
tesaleqe *v.t.* ተሳለቀ ridicule
tesaleqe *v.i.* ተሳለቀ scoff

tesasabe *v.t.* ተሳሳበ pet
tesasate *v.i* ተሳሳተ blunder
tesasate *v. i* ተሳሳተ err
tesasate *v.t.* ተሳሳተ mistake
tesatafi *n.* ተሳታፊ participant
tesatefe *v.i.* ተሳተፈ participate
tesatifo *n.* ተሳትፎ participation
tesebebari *a.* ተሰበባሪ fragile
tesebere *v. i* ተሰበረ crash
tesebere *v.t* ተሰበረ fracture
tesebesebe *v. i.* ተሰበሰበ cluster
tesedede *v.i.* ተሰደደ migrate
teselefe *v.i.* ተሰለፈ file
tesemaw *v.t.* ተሰማው sense
teseqaye *v.t.* ተሰቃየ suffer
tesetio *n.* ተሰጥኦ talent
tesetiwo *n* ተሰጥዎ bent
tesewere *v. i* ተሰወረ disappear
teshagari *n.* ተሻጋሪ transitive
teshagere *v. t* ተሻገረ cross
teshagiro *prep.* ተሻግሮ athwart
teshale *v.t.* ተሻለ transcend
teshare *v.t.* ተሻረ overrule
teshekami *n.* ተሸካሚ carrier
teshekami *v. t.* ተሸካሚ carry
teshekeme *v.t* ተሸከመ bear
teshekeme *v.t.* ተሸከመ shoulder
teshekerekere *v.i.* ተሸከረከረ revolve
teshekerekere *v.i.* ተሸከረከረ rotate
teshekerikari *n.* ተሽከርካሪ vehicle
teshemaqeqe *v. i.* ተሸማቀቀ cringe
teshemaqeqe *v.i.* ተሸማቀቀ wince
teshenefe *v.i.* ተሸነፈ succumb
teshenefe *v.t.* ተሸነፈ worst
teshikerikari *a.* ተሽከርካሪ wheel
tesibo *n.* ተስቦ typhoid
tesibo *n.* ተስቦ typhus
tesifa aderege *v.t.* ተስፋ አደረገ hope
tesifa asiqorete *v. t.* ተስፋ አስቆረጠ discourage
tesifa asiqorete *v. t* ተስፋ አስቆረጠ dishearten
tesifa bis *a* ተስፋ ቢስ desperate
tesifa madireg *n.* ተስፋ ማድረግ anticipation
tesifa madireg *n* ተስፋ ማድረግ hope
tesifa mequret *n* ተስፋ መቁረጥ despair
tesifa mequret *n.* ተስፋ መቁረጥ frustration
tesifa mequret *n.* ተስፋ መቁረጥ nadir
tesifa qorete *v. i* ተስፋ ቆረጠ despair
tesifa sechi *a.* ተስፋ ሰጪ promising
tesifa sechi *a.* ተስፋ ሰጪ promissory
tesifa yalew *a.* ተስፋ ያለው hopeful
tesifa yalew *a.* ተስፋ ያለው rosy
tesifa yalew *a.* ተስፋ ያለው sanguine
tesifa yemiyasiqorit *a.* ተስፋ የሚያስቆርጥ hopeless
tesifafa *v.t.* ተስፋፋ pervade
tesifafito yale *a.* ተስፋፍቶ ያለ prevalent
tesigebigibo wate *n.* ተስገብግቦ ዋጠ gulp
tesimamа *v.i.* ተስማማ assent
tesimama *adj* ተስማማ benign
tesimama *v. i* ተስማማ comply
tesimama *v. i* ተስማማ consent
tesimama *v.t.* ተስማማ suit
tesimama *v.t.* ተስማማ tally
tesimami ተስማሚ fit
tesimami *a.* ተስማሚ right
tesimami *a.* ተስማሚ suitable
tesimaminet *n.* ተስማሚነት suitability

teta *v. t* ጠጣ drink
tetabeqe *v. i.* ተጣበቀ cling
tetadefe *v.t.* ተጣደፈ hurry
tetadefe *v.t.* ተጣደፈ rush
tetala *v.t* ተጣላ fight
tetala *v.i.* ተጣላ quarrel
tetar *n* ጠጣር solid
tetatare *v.i* ተጣጣረ endeavour
tetebabaqi *n.* ተጠባባቂ acting
teteki *n.* ተተኪ substitute
teteki *n.* ተተኪ successor
tetekwashe neger *n.* ተተኳሽ ነገር projectile
tetela *v. i* ተጠላ duel
tetema *v.i.* ተጠማ thirst
tetemazeze *v.i.* ተጠማዘዘ zigzag
tetemeteme *v. t* ተጠመጠመ entangle
teteneqeqe *v.i.* ተጠነቀቀ beware
teteneqeqe *v. i.* ተጠነቀቀ care
teteneqeqe *v.t.* ተጠነቀቀ mind
teteqeme *v. t* ተጠቀመ expend
teteqeme *v.t.* ተጠቀመ utilize
teteqemebet *v.t.* ተጠቀመበት use
teteratari *n* ተጠራጣሪ cynic
teteratari *n.* ተጠራጣሪ sceptic
teteratari sew *n* ተጠራጣሪ ሰው suspect
teteratere *v. t.* ተጠራጠረ distrust
teteratere *v. i* ተጠራጠረ doubt
teteratere *v.t.* ተጠራጠረ mistrust
teteyaqi *a* ተጠያቂ accountable
teteyaqi *a.* ተጠያቂ liable
teteyaqi *a.* ተጠያቂ responsible
tetsarari *a.* ተፃራሪ paradoxical
tetsarari hasab *n.* ተፃራሪ ሐሳብ paradox
tetsetsete *v. t* ተፀፀተ bewail
tetsetsete *v.i.* ተፀፀተ regret
tetsetsete *v.t.* ተፀፀተ rue
tetsieino *n.* ተፅእኖ impact
tetsieino aderege *v.t.* ተፅእኖ አደረገ affect
tetsieino aderege *v.i.* ተፅእኖ አደረገ predominate
tetsieino asadere *v.t.* ተፅእኖ አሳደረ influence
tetsieino madireg *n.* ተፅእኖ ማድረግ predominance
tetsieino masadeg *n.* ተፅእኖ ማሳደግ influence
tetsieino masader *n.* ተፅእኖ ማሳደር hold
tetsieino yalew *a.* ተፅእኖ ያለው predominant
tewaga *v. i.* ተዋጋ battle
tewaga *v. t.* ተዋጋ combat
tewaga *v.i.* ተዋጋ war
tewagi *a.* ተዋጊ combatant
tewagi *n.* ተዋጊ warrior
tewagi sew *n* ተዋጊ ሰው combatant1
tewanay *n.* ተዋናይ actor
tewanayit *n.* ተዋናይት actress
tewasene *v.t.* ተዋሰነ adjoin
tewat ጠዋት am
tewat *n* ጠዋት forenoon
tewat *n.* ጠዋት morning
tewe *v.t.* ተወ abandon
tewe *v. t.* ተወ desert
tewe *v.t* ተወ forgo
tewe *v.t.* ተወ omit
tewe *v.t.* ተወ quit
tewe *v.t.* ተወ relinquish
tewe *v.t.* ተወ renounce
tewedadari *a* ተወዳዳሪ competitive
tewedadari yelelew *a.* ተወዳዳሪ የሌለው incomparable
tewedadere *v. i* ተወዳደረ compete
tewedadere *v.i* ተወዳደረ race
tewedaj *a.* ተወዳጅ adorable
tewedaj *a.* ተወዳጅ affable
tewedaj *a.* ተወዳጅ affectionate

tewedaj *a.* ተወዳጅ amiable
tewedaj *n* ተወዳጅ beloved
tewedaj *a* ተወዳጅ darling
tewedaj *a* ተወዳጅ dear
tewedaj *a* ተወዳጅ favourite
tewedaj *a.* ተወዳጅ indigenous
tewedaj *a.* ተወዳጅ lovable
tewedaj aderege *v.t* ተወዳጅ አደረገ endear
tewedajinet *n.* ተወዳጅነት amiability
tewedede *n* ተወደደ overcharge
tewekay *n.* ተወካይ representative
tewekayoch *n* ተወካዮች deputation
tewelaj *n* ተወላጅ native
tewelede *v.* ተወለደ born
tewenichafi yetor mesariya *n.* ተወንጫፊ የጦር መሳሪያ missile
tewerarede *v.i* ተወራረደ bet
teweyaye *v.t.* ተወያየ converse
teweyaye *v. t.* ተወያየ discuss
tewezaweze *v.i.* ተወዛወዘ oscillate
tewezaweze *v.i.* ተወዛወዘ sway
tewezaweze *v.i.* ተወዛወዘ swing
tewilate sim *n.* ተውላጠ ስም pronoun
tewinet *n* ተውኔት drama
tewinet *n* ተውኔት dramatist
tewinetawi *a* ተውኔታዊ dramatic
tewisake gis *n.* ተውሳከ ግስ adverb
teyayeqe *v.t.* ጠያየቀ quiz
teyeq *v. t* ጠየቅ demand
teyeqe *v.t.* ጠየቀ ask
teyeqe *v.t.* ጠየቀ inquire
teyeqe *v.t.* ጠየቀ interrogate
teyeqe *v.t* ጠየቀ query
teyeqe *v.t.* ጠየቀ question
teyeqe *v.t.* ጠየቀ request
teyeqe *v.t.* ጠየቀ solicit
teza *n.* ጤዛ dew
tezamach *a.* ተዛማች rampant
tezamete *v.i.* ተዛመተ spread
tezerega *v.t.* ተዘረጋ prostrate
tezewawari negade *n* ተዘዋዋሪ ነጋዴ hawker
tezewawere *v. i.* ተዘዋወረ circulate
tezewawere *v.i.* ተዘዋወረ cruise
tezinana *n* ተዝናና ease
tibeb *n.* ጥበብ wisdom
tibebawi *a.* ጥበባዊ artistic
tibeqa ጥበቃ guard
tibibir *n.* ትብብር associate
tibibir *n* ትብብር co-operation
tibiq *a* ጥብቅ drastic
tibiq *a.* ጥብቅ rigorous
tibiq *a.* ጥብቅ stern
tibiq *a.* ጥብቅ strict
tibiq sinesiriat *a.* ጥብቅ ስነስርአት puritanical
tibiq yale *a.* ጥብቅ ያለ compact
tibis *n.* ጥብስ toast
tibis siga *n* ጥብስ ስጋ roast
tichit *n* ትችት criticism
tid ጥድ cypress
tid *n.* ጥድ pine
tidar memesiret *n.* ትዳር መመስረት wedlock
tidifiya *n.* ጥድፊያ rush
tieibit *n.* ትዕቢት pomp
tieibit *n.* ትእቢት vainglory
tieibitenya *n* ትዕቢተኛ conceit
tieibitenya *a.* ትዕቢተኛ pompous
tieibitenya *v* ትእቢተኛ snobbish
tieibitenyinet *n.* ትዕቢተኝነት pomposity
tieigisit *n.* ትእግስት endurance
tieigisit *n.* ትእግስት patience
tieigisit *n.* ትእግስት tolerance
tieigisit matat *n.* ትዕግስት ማጣት impatience
tieigisitenya *n.* ትዕግሥተኛ stoic

tieiyinit *n* ትዕይንት display
tieiyinit *n.* ትዕይንት scene
tieiyinit *n.* ትእይንት view
tieizaz *n* ትእዛዝ command
tieizaz *n.* ትዕዛዝ injunction
tieizaz *n.* ትእዛዝ rule
tieizaz sete *v.t* ትዕዛዝ ሰጠ order
tieizaz shiro adis neger azeze *v.t.* ትእዛዝ ሽሮ አዲስ ነገር አዘዘ countermand
tieizaz teqebay *n* ትእዛዝ ተቀባይ commandant
tieizazawi *a.* ትእዛዛዊ authoritative
tieizazawi *a.* ትዕዛዛዊ imperative
tifat *n* ጥፋት destruction
tifat *n.* ጥፋት guilt
tifat *n.* ጥፋት havoc
tifat *n.* ጥፋት misconduct
tifatenya *a* ጥፋተኛ culpable
tifatenya *a.* ጥፋተኛ guilty
tifi *n.* ጥፊ slap
tifi *n.* ጥፊ smack
tifir yemenikebakeb sira *n.* ጥፍር የመንከባከብ ስራ manicure
tigab *n.* ጥጋብ satiety
tigat *n* ትጋት diligence
tigena *n.* ጥገና maintenance
tigena *n.* ጥገና repair
tigenya *n* ጥገኛ dependant
tigenya *a* ጥገኛ dependent
tigenya *a* ጥገኛ subject
tigenya einisisa *n.* ጥገኛ እንስሳ parasite
tigenyinet *n* ጥገኝነት asylum
tigil *n.* ትግል conation
tigil *n.* ትግል conflict
tigil *n* ትግል struggle
tigil *n.* ትግል tussle
tigu *a.* ትጉ attentive
tiguh *a* ትጉህ diligent
tiguh *a.* ትጉህ industrious
tihitina *n.* ትህትና courtesy
tihitina *n.* ትህትና gallantry
tihitina *n.* ትህትና humility
tihitina *n* ትህትና modesty
tihitina *n.* ትህትና politeness
tihitina yegodelew *a.* ትህትና የጎደለው immodest
tihitina yegodelew *a.* ትህትና የጎደለው impolite
tihitina yelelew *a.* ትህትና የሌለው rude
tihut *a.* ትሁት courteous
tihut *a.* ትሁት humble
tihut *a.* ትሁት modest
tihut *a.* ትሁት polite
tihut *a.* ትሁት submissive
tihut *a.* ትሁት urbane
tija *n.* ጥጃ calf
tikesha *n.* ትከሻ shoulder
tikeshan meneqineq *n* ትከሻን መነቅነቅ shrug
tikeshan neqeneqe *v.t.* ትከሻን ነቀነቀ shrug
tiket *n.* ቲኬት coupon
tiket *n.* ትኬት ticket
tiket meshecha *n.* ትኬት መሸጫ counter
tikikil *a.* ትክክል accurate
tikikil *a.* ትክክል just
tikikil *a.* ትክክል perfect
tikikil yalihone *a.* ትክክል ያልሆነ inexact
tikikil yalihone *a.* ትክክል ያልሆነ wrong
tikikil yalihone neger *n.* ትክክል ያልሆነ ነገር impropriety
tikikilenya *a* ትክክለኛ correct
tikikilenya *a* ትክክለኛ equitable
tikikilenya *a* ትክክለኛ exact
tikikilenya *a.* ትክክለኛ realistic
tikikilenya seat *n* ትክክለኛ ሰአት chronograph

tikikilenya yalihone *a.* ትክክለኛ ያልሆነ inaccurate
tikikilenyanet *n.* ትክክለኛነት accuracy
tikikilenyanet *n.* ትክክለኛነት precision
tikikilenyanet *n.* ትክክለኛነት propriety
tikikilenyanet *n.* ትክክለኛነት veracity
tikuret *n.* ትኩረት attention
tikuret *n.* ትኩረት concentration
tikuret *n* ትኩረት focus
tikuret sabe *v.t* ትኩረት ሳበ engross
tikuret sete *v. t* ትኩረት ሰጠ emphasize
tikuret yemiyashaw *a.* ትኩረት የሚያሻው insistent
tikus *a.* ትኩስ fresh
tikus *a.* ትኩስ warm
tikusat *n* ትኩሳት ague
tikusat *n* ትኩሳት fever
til *n* ጥል fray
til *n* ጥል row
til *n.* ትል worm
til yemayisha *a.* ጥል የማይሻ peaceable
til yemiwed *a.* ጥል የሚወድ aggressive
tila *n.* ጥላ shade
tila *n.* ጥላ shadow
tila bota *n* ጥላ ቦታ belvedere
tila wegi *n.* ጥላ ወጊ wizard
tilacha *n.* ጥላቻ abhorrence
tilacha *n* ጥላቻ aggression
tilacha *n* ጥላቻ animus
tilacha *n* ጥላቻ antagonism
tilacha *n.* ጥላቻ antipathy
tilacha *n.* ጥላቻ aversion
tilacha *a* ጥላቻ contemptuous
tilacha *n* ጥላቻ dislike
tilacha *n.* ጥላቻ hate
tilacha *n.* ጥላቻ hostility
tilacha *n.* ጥላቻ misanthrope
tilama *a.* ጥላማ shadowy
tilanit *n.* ትላንት yesterday
tilifilif *n.* ጥልፍልፍ tangle
tilim *n.* ትልም furrow
tiliq *a* ትልቅ big
tiliq *a* ትልቅ bulky
tiliq *a.* ጥልቅ deep
tiliq *a* ጥልቅ expert
tiliq *n.* ትልቅ giant
tiliq *a.* ትልቅ grand
tiliq *a* ትልቅ great
tiliq *a.* ትልቅ large
tiliq *a.* ትልቅ noble
tiliq *a.* ትልቅ sizable
tiliq ber *n.* ትልቅ በር portal
tiliq betekirisitiyan *n.* ትልቅ ቤተክርስቲያን minster
tiliq dinigay *n.* ትልቅ ድንጋይ megalith
tiliq filagot yalewu *a.* ትልቅ ፍላጎት ያለዉ zealous
tiliq fiqir *n.* ጥልቅ ፍቅር passion
tiliq fitur *n.* ትልቅ ፍጡር monster
tiliq hazen *n.* ጥልቅ ሀዘን grief
tiliq hazen *n.* ጥልቅ ሀዘን melancholy
tiliq hazen *n.* ጥልቅ ሀዘን poignancy
tiliq ketema *n.* ትልቅ ከተማ metropolitan
tiliq machid *n.* ትልቅ ማጭድ scythe
tiliq medosha *n.* ትልቅ መዶሻ maul
tiliq meqes *n. pl.* ትልቅ መቀስ shears
tiliq mishig *n.* ትልቅ ምሽግ fortress
tiliq seregela *n.* ትልቅ ሰረገላ wain

tiliq simet *n.* ጥልቅ ስሜት thrill
tiliq simet yemiyasay *a.* ጥልቅ ስሜት የሚያሳይ passionate
tiliq washa *n.* ትልቅ ዋሻ cavern
tiliq wereqet *n* ትልቅ ወረቀት foolscap
tiliq yehone fiqir *a.* ጥልቅ የሆነ ፍቅር platonic
tiliq yeqebir sifira *n.* ትልቅ የቀብር ስፍራ mausoleum
tiliqet *n* ጥልቀት depth
tiliqet yelelew *a.* ጥልቀት የሌለው superficial
tiliqinet *n.* ትልቅነት nobility
tiliqu aniget *n* ትልቁ አንገት colon
tiliqu anijet *n.* ትልቁ አንጀት rectum
tiliqu chilota *n* ትልቁ ችሎታ utmost
tiliqu kifil *n* ትልቁ ክፍል bulk
tilosh *n* ጥሎሽ dowry
timatim *n.* ቲማቲም tomato
timibaho *n.* ትምባሆ tobacco
timihirit *n* ትምህርት education
timihirit *n.* ትምህርት learning
timihirit *n.* ትምህርት lesson
timihirit azel *a* ትምህርት አዘል didactic
timihirit bet *n.* ትምህርት ቤት school
timihirit sete *v* ትምህርት ሰጠ lecture
timihiritawi gubae *n.* ትምህርታዊ ጉባዔ seminar
timin areka *v.t.* ጥምን አረካ slake
timiqet *n.* ጥምቀት baptism
timiret *n.* ጥምረት conjuncture
timitim *n.* ጥምጥም turban
tinat *n.* ጥናት study
tinat *n.* ጥናት survey
tinat yemiwed *a.* ጥናት የሚወድ studious
tinib anisa *n.* ጥንብ አንሳ scavenger
tinib anisa amora *n.* ጥንብ አንሳ አሞራ vulture
tinibeya *n* ትንበያ forecast
tinibeya *n.* ትንበያ prediction
tinibeya bebefit lay temesirito *n.* ትንበያ በበፊት ላይ ተመስርቶ projection
tinibit tenagari *n.* ትንቢት ተናጋሪ seer
tinibitawi *a.* ትንቢታዊ prophetic
tinichel *n.* ጥንቸል hare
tinichel *n.* ጥንቸል rabbit
tinid *n* ጥንድ couple
tinid *a* ጥንድ dual
tinid *n.* ጥንድ pair
tinid hone *v.t.* ጥንድ ሆነ pair
tinifash *n* ትንፋሽ breath
tinifash *n.* ትንፋሽ respiration
tinifash asatere *v.t.* ትንፋሽ አሳጠረ wind
tinifash meqom *n* ትንፋሽ መቆም apnoea
tinikare *n.* ጥንካሬ strength
tinikosa *n.* ትንኮሳ provocation
tininish kib dinigay *n.* ትንንሽ ክብ ድንጋይ pebble
tininish nefisat *n.* ትንንሽ ነፍሳት bug
tininish qedada *n.* ትንንሽ ቀዳዳ pore
tiniqaqe *n.* ጥንቃቄ care
tiniqaqe *n.* ጥንቃቄ caution
tiniqaqe *n.* ጥንቃቄ precaution
tiniqaqe *n.* ጥንቃቄ prudence
tiniqola *n.* ጥንቆላ witchcraft
tiniqola *n.* ጥንቆላ witchery
tiniquq *a.* ጥንቁቅ provident
tiniquq *a.* ጥንቁቅ safe
tiniquq *a* ጥንቁቅ thorough
tiniquq *a.* ጥንቁቅ watchful

tinish *n* ትንሽ bit
tinish *a.* ትንሽ least
tinish *prep.* ትንሽ less
tinish *a.* ትንሽ little
tinish *a.* ትንሽ miniature
tinish *a* ትንሽ minimum
tinish *n.* ትንሽ modicum
tinish *n* ትንሽ most
tinish *a.* ትንሽ slight
tinish *a.* ትንሽ small
tinish *n.* ትንሽ tinge
tinish asitewatsiwo *n* ትንሽ አስተዋፅዎ mite
tinish baleabeba zaf *n.* ትንሽ ባለአበባ ዛፍ hawthorn
tinish ber *n.* ትንሽ በር wicket
tinish borisa *n.* ትንሽ ቦርሳ pouch
tinish deset *n.* ትንሽ ደሴት isle
tinish dib *n.* ትንሽ ድብ roe
tinish eirefit *n.* ትንሽ እረፍት recess
tinish feres *n.* ትንሽ ፈረስ mustang
tinish feres *n.* ትንሽ ፈረስ pony
tinish gurisha *n* ትንሽ ጉርሻ nibble
tinish hotel *n.* ትንሽ ሆቴል inn
tinish masitaweqiya *n.* ትንሽ ማስታወቂያ handbill
tinish menider *n.* ትንሽ መንደር hamlet
tinish merikeb *n.* ትንሽ መርከብ yacht
tinish metsihaf *n* ትንሽ መጽሐፍ booklet
tinish minitaf *n.* ትንሽ ምንጣፍ rug
tinish moter bisikilet *n.* ትንሽ ሞተር ብስኪሌት scooter
tinish neger *n.* ትንሽ ነገር little
tinish neger *n.* ትንሽ ነገር mite
tinish neger *a.* ትንሽ ነገር particle
tinish qesit *n.* ትንሽ ቀስት dart
tinish satin *n* ትንሽ ሳጥን casket
tinish sew *n.* ትንሽ ሰው pigmy
tinish tebot *n.* ትንሽ ጠቦት lambkin
tinish temenija *n.* ትንሽ ጠመንጃ carbide
tinish wef *n.* ትንሽ ወፍ swallow
tinish weniz *n.* ትንሽ ወንዝ streamlet
tinish yebahir asoch *n* ትንሽ የባህር አሶች barnacles
tinish yedoro ziriya *n.* ትንሽ የዶሮ ዝርያ bantam
tinish yeeinichet medirek *n.* ትንሽ የእንጨት መድረክ dais
tinish yemetsihaf meyazha *n.* ትንሽ የመጽሐፍ መያዣ satchel
tinish zewid *n.* ትንሽ ዘውድ coronet
tinishina dekama *a.* ትንሽና ደካማ puny
tinishinet *n.* ትንሽነት junior
tinitane *n.* ትንታኔ analysis
tinitawi *a.* ጥንታዊ antiquated
tinitawi *a.* ጥንታዊ antique
tinitawi newari *a* ጥንታዊ ነዋሪ aboriginal
tinitawi newari *n. pl* ጥንታዊ ነዋሪ aborigines
tiniziza *n* ጢንዚዛ beetle
tiqerisha *n.* ጥቀርሻ soot
tiqerisha hone *v.t.* ጥቀርሻ ሆነ soot
tiqil *n* ጥቅል bundle
tiqil *n.* ጥቅል package
tiqil eiqa *n.* ጥቅል እቃ reel
tiqil gomen *n.* ጥቅል ጎመን cabbage
tiqil gomen *n.* ጥቅል ጉመን spinach
tiqil tsihuf *n.* ጥቅል ፅሁፍ scroll

tiqilil *n.* ጥቅልል roll
tiqilil tsegur *n.* ጥቅልል ፀጉር curl
tiqim *n.* ጥቅም advantage
tiqim *n* ጥቅም benefit
tiqim *n.* ጥቅም use
tiqim *n.* ጥቅም worth
tiqimit *n.* ጥቅምት October
tiqis *n.* ጥቅስ quotation
tiqit *a* ጥቂት few
tiqit *a.* ጥቂት some
tiqit gize *n.* ጥቂት ጊዜ while
tiqit metet *n.* ጥቂት መጠጥ sip
tiqitinet *n.* ጥቂትነት paucity
tiqitiq *a.* ጥቅጥቅ thick
tiqitiq yale *n.* ጥቅጥቅ ያለ thick
tiqoma *n.* ጥቆማ implication
tiqoma *n.* ጥቆማ nomination
tiqur *a* ጥቁር black
tiqur *a* ጥቁር dark
tiqur *n.* ጥቁር negro
tiqur *a.* ጥቁር swarthy
tiqur buni einichet *n.* ጥቁር ቡኒ እንጨት mahogany
tiqur demena *n.* ጥቁር ደመና nimbus
tiqur gisila *n.* ጥቁር ግስላ panther
tiqur semayawi *n.* ጥቁር ሰማያዊ indigo
tiqur set *n.* ጥቁር ሴት negress
tiqur sew *n.* ጥቁር ሰው nigger
tir tir ale *v.i.* ትር ትር አለ pulse
tir tir ale *v.i.* ትር ትር አለ throb
tirafi *n.* ትራፊ remains
tirafik *n.* ትራፊክ traffic
tiras *n* ትራስ cushion
tiras *n* ትራስ pillow
tirat *n.* ጥራት quality
tirat felagi *n.* ጥራት ፈላጊ purist
tiratire *n.* ጥራጥሬ cereal
tiratu betam kefitenya yehone *a.* ጥራቱ በጣም ከፍተኛ የሆነ superfine
tiraz neteq *a.* ጥራዝ ነጠቅ sketchy
tire *a.* ጥሬ raw
tire genizeb *n.* ጥሬ ገንዘብ cash
tireka *n.* ትረካ narration
tiret *n* ጥረት effort
tiret *n* ጥረት endeavour
tiret aderege *v.i.* ጥረት አደረገ strive
tiri *n.* ጥሪ call
tirieiyit *n.* ትርእይት show
tirif *a* ትርፍ excess
tirif *n.* ትርፍ lucre
tirif *n.* ትርፍ proceeds
tirif *n.* ትርፍ profit
tirif *n.* ትርፍ residue
tirif *n.* ትርፍ superabundance
tirif *n.* ትርፍ superfluity
tirif *n.* ትርፍ surplus
tirif anijet *n.* ትርፍ አንጀት appendix
tirif gize *n.* ትርፍ ጊዜ leisure
tirif seat *n* ትርፍ ሰአት overtime
tirif yemiyagibesebis *n.* ትርፍ የሚያግበሰብስ profiteer
tirigum *n* ትርጉም definition
tirigum *n.* ትርጉም meaning
tirigum yalew *a.* ትርጉም ያለው expressive
tirigum yalew *a.* ትርጉም ያለው meaningful
tirigum yelesh *a.* ትርጉም የለሽ nonsensical
tiriit *n.* ትርዒት exhibition
tiriit *n.* ትርኢት fair
tirimis *n.* ትርምስ chaos
tirimis *n.* ትርምስ fuss
tirimis *n.* ትርምስ melee
tirimisimis *n* ትርምስምስ disorder
tiris *n.* ጥርስ tooth
tiris aweta *v.i.* ጥርስ አወጣ teethe
tirita *n.* ትርታ pulse

tirita *n.* ትርታ throb
tiritare *n* ጥርጣሬ distrust
tiritare *n.* ጥርጣሬ suspicion
tiritaren geletse *v. t* ጥርጣሬን ገለፀ demur
tiru *a.* ጥሩ good
tiru *a.* ጥሩ nice
tiru gizhi *n.* ጥሩ ግዢ bargain
tiru meaza *n.* ጥሩ መአዛ fragrance
tiru meaza yalew *a.* ጥሩ መአዛ ያለው fragrant
tiru meaza yalew qimem *n.* ጥሩ መአዛ ያለው ቅመም cardamom
tiru meaza yalew tekil *n.* ጥሩ መአዛ ያለው ተክል basil
tiru meaza yalew tekil *n* ጥሩ መአዛ ያለው ተክል mint
tiru misale *n.* ጥሩ ምሳሌ apotheosis
tiru misale hone *v.t.* ጥሩ ምሳሌ ሆነ personify
tiru neger *n* ጥሩ ነገር good
tiru neger yelem bilo yemiyamin sew *n.* ጥሩ ነገር የለም ብሎ የሚያምን ሰው nihilism
tiru new tebilo yemitamen *a.* ጥሩ ነው ተብሎ የሚታመን wholesome
tiru qana yalew abeba *n.* ጥሩ ቃና ያለው አበባ jasmine, jessamine
tiru tsebay *n* ጥሩ ፀባይ decency
tiru tsebay yalew *n* ጥሩ ፀባይ ያለው decorum
tiru yalihone *a.* ጥሩ ያልሆነ fraught
tiru yehone sew *n.* ጥሩ የሆነ ሰው paragon
tiru yehone yetiti/yesuf libis *n.* ጥሩ የሆነ የጥጥ/የሱፍ ልብስ worsted
tirumiba *n.* ጥሩምባ trump
tirumiba *n.* ጥሩምባ trumpet
tirumiba nefa *v.t.* ጥሩምባ ነፋ trump
tirumiba nefa *v.i.* ጥሩምባ ነፋ trumpet
tirunet *n.* ጥሩነት goodness
tirunet *n.* ጥሩነት virtue
tirur *n.* ጥሩር armour
tisha *n.* ጥሻ moor
tit *n.* ጥጥ cotton
titiqina siniq *n.* ትጥቅና ስንቅ munitions
tiwilid *n.* ትውልድ generation
tiyaqe *n.* ጥያቄ query
tiyaqe *n.* ጥያቄ question
tiyatir *n.* ትያትር matinee
tiyatir *n.* ቲያትር theatre
tiyeba *v.t.* ትየባ type
tiyit *n.* ጥይት ammunition
tiyit *n* ጥይት bullet
tiyit *n.* ጥይት cartridge
tiz ale *v. i* ጥዝ አለ buzz
tizita *n.* ትዝታ recollection
tizita *n.* ትዝታ reminiscence
tolo *a.* ቶሎ rash
tolo yemewesen chilota *n.* ቶሎ የመወሰን ችሎታ acumen
tolo yemiyadig rejim yezaf ayinet *n.* ቶሎ የሚያድግ ረጅም የዛፍ አይነት poplar
tolotolo metsaf *v.t.* ቶሎቶሎ መፃፍ jot
topaziyon *n.* ቶጳዝዮን topaz
tor *n.* ጦር lance
tor *n.* ጦር spear
tor besa *v.t.* ጦር በሳ lance
tor serawit *n.* ጦር ሰራዊት army
tor wiriwera *n.* ጦር ውርወራ javelin
torenya *n.* ጦረኛ lancer
torinet *n* ጦርነት battle

torinet *n.* ጦርነት war
torinet *n.* ጦርነት warfare
torinet masinesat *v.t.* ጦርነት ማስነሳት wage
torinet nafaqi *a.* ጦርነት ናፋቂ warlike
tota *n.* ጦጣ gibbon
tsadiq *a.* ፃድቅ righteous
tsafe *v.t.* ፃፈ pen
tsafe *v.t.* ፃፈ spell
tsebay *n* ፀባይ behaviour
tsebay *n.* ፀባይ manner
tsebay maremiya *n.* ፀባይ ማረሚያ reformatory
tsega *n.* ጸጋ grace
tsegur *n.* ጸጉር fur
tsegur *n* ፀጉር hair
tsegur asitekakay *n.* ፀጉር አስተካካይ barber
tsehafi *n* ፀሀፊ clerk
tsehafi *n.* ፀሐፊ secretary
tsehafi *n.* ጸሐፊ stenographer
tsehafi *n.* ፀሀፊ typist
tsehafi *n.* ፀሐፊ writer
tsehay *n.* ፀሐይ sun
tsehay metaw *v.t.* ፀሐይ መታው sun
tsehayama *a.* ፀሐያማ sunny
tselot *n.* ፀሎት prayer
tselote hayimanot *n* ፀሎተ ሀይማኖት creed
tser *prep.* ፀር against
tsere tebay *n.* ፀረ ተባይ pesticide
tset ale *v.t.* ፀጥ አለ lull
tset ale *v.t.* ፀጥ አለ quiet
tset ale *v.i.* ፀጥ አለ subside
tset asenye *v.t.* ፀጥ አሰኘ overawe
tset yale *a.* ፀጥ ያለ pacific
tset yale *a.* ጸጥ ያለ placid
tset yale *a.* ፀጥ ያለ quiet
tset yale *a.* ፀጥ ያለ serene
tset yale mehon *n.* ፀጥ ያለ መሆን solemnity
tsetita *n.* ፀጥታ calm
tsetita *n* ጸጥታ hush
tsetita *n.* ፀጥታ lull
tsetita *n.* ፀጥታ quiet
tsetita *n.* ፀጥታ silence
tsetita *n.* ፀጥታ stillness
tsetita *n.* ፀጥታ tranquility
tsetset *n* ፀፀት regret
tsetset *n.* ፀፀት remorse
tseyaf *a.* ፀያፍ base
tsigereda *n.* ፅጌረዳ rose
tsihuf *n.* ጽሁፍ inscription
tsihuf *n.* ጽሁፍ textual
tsilat *n.* ፅላት slate
tsim *n* ጺም beard
tsim *n.* ፂም moustache
tsim *n.* ፂም whisker
tsinat *n.* ፅናት stability
tsinat *n.* ፅናት steadiness
tsinat *n.* ጽናት tenacity
tsinis *n* ፅንስ embryo
tsinise hasab *n.* ፅንሰ ሃሳብ theory
tsinise hasab ameneche *v.i.* ፅንሰ ሃሳብ አመነጨ theorize
tsinu *a.* ጽኑ acute
tsinu *a* ጽኑ binding
tsinu *a.* ፅኑ steadfast
tsom *n* ጾም fast
tsome *v.i* ፆመ fast
tsota *n.* ፆታ gender
tsota *n.* ፆታ sex
tsota yelelew *n* ፆታ የሌለው neuter
tub tub ale *v. i* ጡብ ጡብ አለ hop
tub tub malet *n* ጡብ ጡብ ማለት hop
tubo *n.* ቱቦ pipe
tubo *n.* ቱቦ tube
tunicha *n.* ጡንቻ muscle
tunichama *a.* ጡንቻማ muscular
tureta *n.* ጡረታ retirement

tureta kefele *v.t.* ጡረታ ከፈለ pension
tureta weta *v.i.* ጡረታ ወጣ retire
turetenya *n.* ጡረተኛ pensioner
turuniba mesel *n* ጡሩንባ መሰል bugle
tut *n* ጡት bosom
tut *n* ጡት breast
tut atibi einisesa *n.* ጡት አጥቢ እንሰሳ mammal
tut masital *v.t.* ጡት ማስጣል wean
twaf *n* ጧፍ taper

V

vayelin *n.* ቫዬሊን violin
vayelin techawach *n.* ቫዬሊን ተጫዋች violinist
vayitamin *n.* ቫይታሚን vitamin
vazilin *n.* ቫዝሊን vaseline
vila *n.* ቪላ villa

W

wabi metsihafit +*n* ዋቢ መፅሐፍት bibliography
waga *n.* ዋጋ charge
waga *n.* ዋጋ price
waga *n.* ዋጋ rate
waga *n.* ዋጋ value
waga asata *v.t.* ዋጋ አሳጣ nullify
waga bis *a.* ዋጋ ቢስ frivolous
waga bis *a.* ዋጋ ቢስ trivial
waga bis *adv.* ዋጋ ቢስ vainly
waga chemere *v.t.* ዋጋ ጨመረ surcharge
waga chemere *n.* ዋጋ ጨመረ zoom
waga masatat *n.* ዋጋ ማሳጣት nullification
waga yelelew *a.* ዋጋ የሌለው meaningless
wagabis *a.* ዋጋቢስ null
wagan gemete *v.t.* ዋጋን ገመተ value
wagaw qenese *v.t.i.* ዋጋው ቀነሰ depreciate
wagawin wesene *v.t.* ዋጋውን ወሰነ price
walita *n.* ዋልታ polar
wana *a.* ዋና chief
wana *a* ዋና essential
wana *a* ዋና main
wana *a.* ዋና major
wana *a* ዋና principal
wana hasab *n.* ዋና ሃሳብ synopsis
wana hasabun aweta *v.t.* ዋና ሃሳቡን አወጣ outline
wana ketema *n.* ዋና ከተማ capital
wana ketema *n.* ዋና ከተማ metropolis
wana sira *n* ዋና ሥራ original
wana wana hasab *n.* ዋና ዋና ሃሳብ outline
wananet *n.* ዋናነት originality
wanatenya *n.* ዋናተኛ swimmer
wanaw *a.* ዋናው original
wanaw fire neger *a.* ዋናው ፍሬ ነገር salient
wanicha *n.* ዋንጫ goblet
wanicha *n.* ዋንጫ trophy
wanye *v.i.* ዋኘ swim
warika *n.* ዋርካ acorn
warika *n.* ዋርካ sycamore
was hone *v.t* ዋስ ሆነ guarantee
washa *n.* ዋሻ cave
washa *n* ዋሻ den

washa *v.i.* ዋሻ lie
washa *n.* ዋሻ tunnel
washa *n.* ዋሻ warren
washinit *n* ዋሽንት flute
wasitina *n.* ዋስትና bail
wasitina *n.* ዋስትና guarantee
wasitina *n.* ዋስትና insurance
wasitina *n.* ዋስትና surety
wasitina asigeba *v.t.* ዋስትና አስገባ insure
wate *v.t* ዋጠ engulf
wate *v.t.* ዋጠ swallow
wazheqe *v.i.* ዋዠቀ vacillate
weba *n.* ወባ malaria
wechi *n.* ወጪ cost
wechi *n* ወጪ expenditure
wechi *n.* ወጪ expense
wechi meqenes *n.* ወጪ መቀነስ retrenchment
wechi qenese *v.t.* ወጪ ቀነሰ retrench
wechina kisara *n.* ወጪና ኪሳራ liability
wedaj *n.* ወዳጅ lover
wedaj zemed *n.* ወዳጅ ዘመድ kith
wedajinet *n.* ወዳጅነት amity
wedajinet aderege *v. t.* ወዳጅነት አደረገ befriend
wede *prep.* ወደ into
wede . . . gedema *prep.* ወደ . . . ገደማ towards
wede ager memeles *n.* ወደ አገር መመለስ repatriation
wede ageru temelese *v.t.* ወደ አገሩ ተመለሰ repatriate
wede ageru yetemelese sew *n* ወደ አገሩ የተመለሰ ሰው repatriate
wede gitosh asemara *v.t.* ወደ ግጦሽ አሰማራ pasture
wede hala *a.* ወደ ኋላ backward
wede hala qere *v.t.* ወደ ኃላ ቀረ trail
wede hayimanotawi botawoch yemigwaz sew *n.* ወደ ሃይማኖታዊ ቦታዎች የሚጓዝ ሰው pilgrim
wede huletu tsota yemiwesidew *adj.* ወደ ሁለቱ ጾታ የሚወስደው bisexual
wede hwala mayet *n.* ወደ ኋላ ማየት retrospection
wede hwala meqiret *n.* ወደ ኋላ መቅረት laggard
wede hwala qere *v.i.* ወደ ኋላ ቀረ lag
wede hwala sheshe *v.i.* ወደ ኋላ ሸሸ recede
wede hwala yemiyay *a.* ወደ ኋላ የሚያይ retrospective
wede karibon nedajinet telewete *v. t* ወደ ካርቦን ነዳጅነት ተለወጠ coke
wede mehal ager *adv.* ወደ መሀል አገር inland
wede qidus botawoch yemidereg guzo *n.* ወደ ቅዱስ ቦታዎች የሚደረግ ጉዞ pilgrimage
wede semen *adv.* ወደ ሰሜን north
wede semen *adv.* ወደ ሰሜን northerly
wede tach *adv* ወደ ታች down
wede tach *adv* ወደ ታች downward
wede tach *adv* ወደ ታች downwards
wede tach mewired *n.* ወደ ታች መውረድ descent
wede tach yale *a* ወደ ታች ያለ downward
wede wich *adv* ወደ ውጭ outwards
wede wich ager lake *v. t.* ወደ ውጭ አገር ላከ export
wede wich melak *n* ወደ ውጭ መላክ export

wede wich yemihed *adv* ወደ ውጭ የሚሄድ outward
wede wisit *adv.* ወደ ውስጥ inside
wede wisit *adv.* ወደ ውስጥ inwards
wede wisit yegobete *adj.* ወደ ውስጥ የጎበጠ concave
wedealefe neger mayet *n.* ወደአለፈ ነገር ማየት retrospect
wedeb *n.* ወደብ harbour
wedeb *n.* ወደብ port
wedede *v. t* ወደደ enamour
wedede *v.t.* ወደደ like
wedede *v.t.* ወደደ love
wedede *v.t.* ወደደ relish
wedede *v.t.* ወደደ treasure
wedefit *adv.* ወደፊት ahead
wedefit *adv* ወደፊት forward
wedefit *adv.* ወደፊት on
wedefit *a.* ወደፊት onward
wedefit *adv.* ወደፊት onwards
wedefit hede *v.i* ወደፊት ሔደ lunge
wedefit mayet mechal *n.* ወደፊት ማየት መቻል prescience
wedefit mehed *n.* ወደፊት መሔድ lunge
wedefit tegwaze *v.i.* ወደፊት ተጓዘ progress
wedefit yemimeta *a.* ወደፊት የሚመጣ forthcoming
wedehwala menidat *n* ወደኋላ መንዳት reverse
wedehwala qere *v.i* ወደኋላ ቀረ bog
wedehwala tegelebete *v. i.* ወደኋላ ተገለበጠ capsize
wedelay *adv* ወደላይ aheap
wedelay *a.* ወደላይ upward
wedelay chaf *adv.* ወደላይ ጫፍ upwards
wedelay mewitat *n.* ወደላይ መውጣት ascent
wedelay weta *v.t.* ወደላይ ወጣ ascend
wedemieirab aqitacha *a.* ወደምዕራብ አቅጣጫ westerly
wedeqe *v. t* ወደቀ down
wedeqe *v.i* ወደቀ fail
wedeqe *v.i.* ወደቀ fall
wedeqe *v.i.* ወደቀ tumble
wedeqedimo bota memeles *n.* ወደቀድሞ ቦታ መመለስ reinstatement
wedeqedimo bota temelese *v.t.* ወደቀድሞ ቦታ ተመለሰ reinstate
wedeqedimo huneta memeles *n.* ወደቀድሞ ሁኔታ መመለስ relapse
wedeqedimo huneta temelese *v.i.* ወደቀድሞ ሁኔታ ተመለሰ relapse
wedet *adv.* ወዴት whither
wedetifat temelese *v.i.* ወደጥፋት ተመለሰ backslide
wedeziya bota *adv.* ወደዚያ ቦታ thither
wediyaw *n.* ወዲያው instant
wediyawinu *adv.* ወዲያውኑ forthwith
wediyawinu *adv.* ወዲያውኑ instantly
wediyawinu yemihon *a.* ወዲያውኑ የሚሆን instantaneous
wedo zemach *n.* ወዶ ዘማች volunteer
wef *n* ወፍ bird
wef *n* ወፍ cuckoo
wef lematimed yemidereg matabeqiya *n* ወፍ ለማጥመድ የሚደረግ ማጣበቂያ birdlime
wefefe *a.* ወፈፌ zany
wefere *v.i.* ወፈረ thicken
weficho *n.* ወፍጮ mill
wefiram *a* ወፍራም fat
wefiram *adv.* ወፍራም thick

wefiram dimits yalew sew *n.* ወፍራም ድምጽ ያለው ሰው sonority
weg atibaqi *n* ወግ አጥባቂ conservative
weg atibaqi sew *n* ወግ አጥባቂ ሰው fanatic
weg yemitebiq *a* ወግ የሚጠብቅ conservative
wega *v.t.* ወጋ prick
wega *v.i* ወጋ smart
wega *v.t.* ወጋ stab
wegaga *v.t.* ወጋጋ poke
wegeb *n.* ወገብ loin
wegeb *n.* ወገብ waist
wegen *n* ወገን faction
wegen *n.* ወገን sect
wegene *v.i.* ወገነ side
wekele *v. t* ወከለ delegate
wekil *n* ወኪል agent
wekil *n.* ወኪል proxy
wekil *a.* ወኪል vicarious
wekilo tenagere *v.t.* ወክሎ ተናገረ represent
welaj *n.* ወላጅ parent
welaj yatu lijoch masadegiya *n.* ወላጅ ያጡ ልጆች ማሳደጊያ orphanage
welede *v. t* ወለደ beget
welel *n* ወለል floor
welel sera *v.t* ወለል ሰራ floor
welem alew *v.t.* ወለም አለው sprain
welemita *n.* ወለምታ sprain
welemita *n.* ወለምታ wrench
welewele *v.t.* ወለወለ mop
welewele *v.t.* ወለወለ polish
wenaf *n.* ወናፍ bellows
wene yalew *a.* ወኔ ያለው spirited
weniber *n.* ወንበር chair
wenichif *n.* ወንጭፍ sling
wenid *n* ወንድ male

wenid agazen *n.* ወንድ አጋዘን stag
wenid ashiker *n.* ወንድ አሽከር lackey
wenid asitenagaj *n.* ወንድ አስተናጋጅ waiter
wenid dimet *n.* ወንድ ድመት tomcat
wenid lij *n* ወንድ ልጅ boy
wenid lij *n.* ወንድ ልጅ lad
wenid lij *n.* ወንድ ልጅ son
wenid mushira *n.* ወንድ ሙሽራ bridegroom
wenid polis *n.* ወንድ ፖሊስ policeman
wenida wenid set *n.* ወንዳ ወንድ ሴት tomboy
wenidawenid *a.* ወንዳወንድ manful
wenidawenid *a.* ወንዳወንድ manly
wenidawenid *a.* ወንዳወንድ virile
wenidawenid sew *n.* ወንዳወንድ ሰው virility
wenide late *n.* ወንደ ላጤ bachelor
wenidim *n* ወንድም brother
wenidimamachinet *n* ወንድማማችነት brotherhood
wenidimamachinet *n.* ወንድማማችነት fraternity
wenidimi/eihit megidel *n.* ወንድም/እህት መግደል fratricide
wenidinet *n* ወንድነት manliness
wenifit *n.* ወንፊት sieve
wenigel *n.* ወንጌል gospel
wenijel *n* ወንጀል crime
wenijel *n.* ወንጀል misdeed
wenijel merimari *n.* ወንጀል መርማሪ detective
wenijelenya *n* ወንጀለኛ criminal
wenijelenya *n* ወንጀለኛ culprit
wenijelenya *n.* ወንጀለኛ malefactor

weniz *n.* ወንዝ river
weniz *n.* ወንዝ stream
weqa *v.t.* ወቃ thresh
weqesa *n* ወቀሳ blame
weqesa *n.* ወቀሳ reprimand
weqesa *n.* ወቀሳ tirade
weqese *v. t* ወቀሰ blame
weqese *v.t.* ወቀሰ reprimand
weqi *n.* ወቂ thresher
weqit *n.* ወቅት season
weqit *n.* ወቅት semester
weqitawi *a.* ወቅታዊ seasonal
weqitawi *a.* ወቅታዊ topical
wer *n.* ወር month
werada *n* ወራዳ disrepute
werada *a.* ወራዳ ignoble
werari *n.* ወራሪ aggressor
werash *n.* ወራሽ heir
were *n* ወሬ bruit
were *n.* ወሬ rumour
were *n. pl.* ወሬ tidings
were aqebay *n.* ወሬ አቀባይ informer
were awera *v.t.* ወሬ አወራ rumour
were yemiwed *a.* ወሬ የሚወድ nosy
wereda *n* ወረዳ district
wereda *n.* ወረዳ locality
werede *v. i.* ወረደ descend
werenito *a.* ወረንጦ lancet
werenya *n.* ወሬኛ tidiness
wereqet *n.* ወረቀት paper
wereqet mayayazha shebo *n.* ወረቀት ማያያዣ ሽቦ staple
werera *n.* ወረራ assault
werera *n.* ወረራ invasion
werera *n.* ወረራ raid
werere *v.t.* ወረረ assault
werere *v.t.* ወረረ invade
werere *v.t* ወረረ overrun
werere *v.t.* ወረረ raid
wererishiny *n* ወረርሽኝ epidemic
wererishiny *n.* ወረርሽኝ outbreak
wererishiny *n.* ወረርሽኝ pestilence
werese *v. t* ወረሰ confiscate
werese *v.t.* ወረሰ inherit
weret *n* ወረት fad
werewere *v. t.* ወረወረ cast
werewere *v.t.* ወረወረ hurl
werewere *v.t.* ወረወረ throw
werewere *v.t.* ወረወረ toss
weridina sifat *n* ወርድና ስፋት dimension
werihawi *a.* ወርሃዊ monthly
werihawi hitimet *n* ወርሀዊ ህትመት monthly
werik shop *n.* ወርክ ሾፕ workshop
weriq *n.* ወርቅ gold
weriq qib *a.* ወርቅ ቅብ gilt
weriq seri *n.* ወርቅ ሰሪ goldsmith
weriqama *a.* ወርቃማ golden
weriwiro mesat *n.* ወርውሮ መሳት miss
wero bela *n.* ወሮ በላ hooligan
werobela *n.* ወሮበላ gangster
werobela *n.* ወሮበላ miscreant
werobela *n.* ወሮበላ ruffian
werobela *n.* ወሮበላ scoundrel
wesany dirigit *n.* ወሳኝ ድርጊት milestone
wesede *v.t.* ወሰደ denude
wesede *v.t.* ወሰደ grab
wesede *v.t* ወሰደ take
wesen *n.* ወሰን frontier
wesen telalefe *v. i* ወሰን ተላለፈ encroach
wesene *v. t* ወሰነ confine
wesene *v. t* ወሰነ decide
wesene *v. t* ወሰነ determine
wesene *v.t.* ወሰነ resolve
wesene *v.t.* ወሰነ restrict
wesibawi *a.* ወሲባዊ sexual

wesibawi gininyunet *n.* ወሲባዊ ግንኙነት intercourse
wesibawinet *n.* ወሲባዊነት sexuality
wesibin yemiyanesasa *a* ወሲብን የሚያነሳሳ erotic
wet *n.* ወጥ stew
wet bet *n.* ወጥ ቤት kitchen
wet bet seratenya *n* ወጥ ቤት ሰራተኛ cook
wet mesirat *v.t.* ወጥ መሥራት stew
weta *v.i* ወጣ climb
weta *n.* ወጣ lore
weta *v.t.* ወጣ mount
weta *v.t.* ወጣ scale
weta geba *n.* ወጣ ገባ undulation
weta geba ale *v.i.* ወጣ ገባ አለ undulate
weta yale neger *n.* ወጣ ያለ ነገር prominence
wetader *n* ወታደር military
wetader *n.* ወታደር soldier
wetaderawi *a.* ወታደራዊ military
wetaderoch *n.* ወታደሮች militia
wetat *a.* ወጣት juvenile
wetat *n.* ወጣት teenager
wetat *a.* ወጣት young
wetat *n.* ወጣት youth
wetat qonijo set *n.* ወጣት ቆንጆ ሴት nymph
wetat set *n.* ወጣት ሴት lass
wetat set *n.* ወጣት ሴት wench
wetatinet *a.* ወጣትነት youthful
wetere *v.t.* ወጠረ strain
wetet *n.* ወተት milk
wetet agatech *v.i.* ወተት አጋተች lactate
wetete beg *n.* ወጠጤ በግ ram
wetimed *n.* ወጥመድ snare
wetimed *n.* ወጥመድ trap
wewana hasab *n.* ወዋና ሃሳብ gist
weyebe *v.t.* ወየበ tarnish
weyin *n.* ወይን grape
weyin *n.* ወይን vine
weyin tej qelem *n.* ወይን ጠጅ ቀለም lavender
weyine! *interj.* ወይኔ! alas
weyinu yetetemeqebet amet *n.* ወይኑ የተጠመቀበት አመት vintage
weziader *n.* ወዝአደር porter
wib *a.* ውብ gorgeous
wib *n.* ውብ luxuriance
wib *a.* ውብ picturesque
wib *adv.* ውብ pretty
wib yehone yetefetiro eiyita *a.* ውብ የሆነ የተፈጥሮ ዕይታ scenic
wibet *n* ውበት beauty
wibet *n.* ውበት charm1
wibet *n* ውበት elegance
wibet *n.* ውበት glamour
wich *adv.* ውጭ out
wich *n* ውጭ outside
wich aderege *v. t* ውጭ አደረገ except
wich ager *adv* ውጭ አገር abroad
wich mehon *n* ውጭ መሆን exception
wichawi *a.* ውጫዊ outward
wid *a.* ውድ costly
wid *a* ውድ expensive
wid *a.* ውድ precious
wid *a.* ውድ sumptuous
wid maeidinoch *n.* ውድ ማዕድኖች nugget
widaqi neger *n.* ውዳቂ ነገር junk
wididir *n* ውድድር bout
wididir *n.* ውድድር competition
wididir *n.* ውድድር contest
wididir *n.* ውድድር race
wididir *n.* ውድድር tournament
widiq aderege *v. t.* ውድቅ አደረገ disqualify

widiqet *n* ውድቀት downfall
widiqet *n* ውድቀት failure
wigat *n.* ውጋት ache
wigat *v.i.* ውጋት ache
wigat *n.* ውጋት myosis
wigat *n.* ውጋት pang
wigiya *n* ውጊያ combat1
wiha mafiya *n* ውሃ ማፍያ boiler
wiha merichet *n* ውሃ መርጨት splash
wiha meyazhiya *n.* ውሀ መያዥያ vessel
wiha tereche *v.i.* ውሃ ተረጨ splash
wiha tim *n.* ውሀ ጥም thirst
wiha yeqwatere qoda *n* ውሃ የቋጠረ ቆዳ blister
wihidet *n.* ውህደት unification
wil *n* ውል contract
wil *n.* ውል pact
wil wisit soto megibat *n* ውል ውስጥ ሶቶ መግባት dive
wileta *n* ውለታ favour
wileta wale *v.t* ውለታ ዋለ favour
wileta yemayiresa *a.* ውለታ የማይረሳ grateful
winijela *n.* ውንጀላ allegation
wiqiyanos *n.* ውቅያኖስ ocean
wirich *n.* ውርጭ frost
wiridet *n* ውርደት dishonour
wiridet *n.* ውርደት humiliation
wirija *n* ውርጃ abortion
wiririd *n* ውርርድ bet
wiris *n.* ውርስ inheritance
wisane *n* ውሳኔ decision
wisane *n.* ውሳኔ resolution
wisane *n.* ውሳኔ ruling
wisha *n* ውሻ bulldog
wisha *n* ውሻ dog
wishet *n* ውሸት lie
wishetam *n.* ውሸታም liar
wishetam *a.* ውሸታም mendacious
wisibisib *n* ውስብስብ complex
wisibisib *a.* ውስብስብ sophisticated
wisibisib meniged *n.* ውስብስብ መንገድ labyrinth
wisibisib meniged *n.* ውስብስብ መንገድ maze
wisiki *n.* ውስኪ whisky
wisit *n.* ውስጥ core
wisit *prep.* ውስጥ in
wisit *prep.* ውስጥ inside
wisit *n.* ውስጥ interior
wisit *prep.* ውስጥ within
wisit yale neger *n.* ውስጥ ያለ ነገር inside
wisitawi *a.* ውስጣዊ inner
wisitawi *a.* ውስጣዊ inward
wisite denib *n* ውስጠ ደንብ bylaw, bye-law
wisite meret *n.* ውስጠ መሬት physic
wita wired *n.* ውጣ ውረድ vicissitude
witet *n* ውጤት consequence
witet *n* ውጤት effect
witet *n.* ውጤት outcome
witet *n.* ውጤት output
witet *n.* ውጤት result
witet aliba *a.* ውጤት አልባ ineffective
witet ameta *v.i.* ውጤት አመጣ result
witetamanet *n* ውጤታማነት efficacy
witin *n.* ውጥን inception
wiyiyit *n* ውይይት deliberation
wiyiyit *n* ውይይት dialogue
wizif eida *a.* ውዝፍ ዕዳ overdue
wuha *n.* ዉሃ water
wuha ateta *v.t.* ዉሃ አጠጣ water
wuha einidayigebabet tederigo yetesera *a.* ዉሃ እንዳይገባበት ተደርጎ የተሰራ watertight

wuha yebezabet *a.* ውሃ የበዛበት watery
wuha yemayigebawu *a.* ውሃ የማይገባው waterproof
wuha yemayigebawu aderege *v.t.* ውሃ የማይገባው አደረገ waterproof
wuha yemayigebawu eiqa *n* ውሃ የማይገባው እቃ waterproof
wuridet *n* ውርደት abasement
wuririd *n.* ውርርድ wager

Y

ya *a.* ያ that
ya *rel. pron.* ያ that
yabede *a.* ያበደ lunatic
yagara *a* ያጋራ collective
yagelegele wetader *n.* ያገለገለ ወታደር veteran
yagete libis *n* ያጌጠ ልብስ brocade
yahil *adv* ያህል about
yalacha gabicha *n.* ያላቻ ጋብቻ misalliance
yalacha gabicha *a.* ያላቻ ጋብቻ morganatic
yalageba sew *n.* ያላገባ ሰው single
yalagebach set *n.* ያላገባች ሴት spinster
yalagibab *n.* ያላግባብ misapplication
yale *prep.* ያለ without
yale gizew yeminor *n* ያለ ጊዜው የሚኖር anachronism
yale maqwaret *a.* ያለ ማቋረጥ persistent
yale mikiniyat menechanech *n.* ያለ ምክንያት መነጫነጭ petulance
yale sira zore *v.i.* ያለ ስራ ዞረ loiter
yaleagibab wesede *v.t.* ያለአግባብ ወሰደ appropriate
yalebal asiqere *v.t.* ያለባል አስቀረ widow
yalebeleziya *adv* ያለበለዚያ else
yalebotaw asiqemete *v.t.* ያለቦታው አስቀመጠ misplace
yalefe *a.* ያለፈ antecedent
yalefe neger milikit *n.* ያለፈ ነገር ምልክት vestige
yalefebet *a.* ያለፈበት outdated
yalefeqad mewised *v.* ያለፈቃድ መውሰድ pinch
yalegizew yetekesete *a.* ያለጊዜው የተከሰተ premature
yaleliyinet *a* ያለልዩነት wholesale
yalemasireja wenejele *v.t.* ያለማስረጃ ወነጀለ allege
yalemawelawel *adv* ያለማወላወል pat
yalemegibabat dereja *n.* ያለመግባባት ደረጃ stalemate
yalemelewet huneta *n.* ያለመለወጥ ሁኔታ inertia
yaleqe *a.* ያለቀ shabby
yaleqe *a.* ያለቀ threadbare
yaleqitat *a.* ያለቅጣት scot-free
yalibesele *a.* ያልበሰለ immature
yaliga libis *n.* ያልጋ ልብስ bedding
yalisekere *a.* ያልሰከረ sober
yaliseletene getami *n.* ያልሰለጠነ ገጣሚ poetaster
yalitareme *a.* ያልታረመ vulgar
yalitefeqede *a.* ያልተፈቀደ haphazard
yalitelemede *n* ያልተለመደ anomaly
yalitelemede *a.* ያልተለመደ extraordinary

yalitelemede *a.* ያልተለመደ outlandish
yalitelemede *a* ያልተለመደ rum
yalitelemede dirigit *a.* ያልተለመደ ድርጊት phenomenal
yalitelemede neger *a.* ያልተለመደ ነገር whimsical
yaliteleye *a.* ያልተለየ indiscriminate
yalitemare *n.* ያልተማረ arrant
yalitemwala *a.* ያልተሟላ imperfect
yalitemwala *a .* ያልተሟላ incomplete
yalitenekaka *a.* ያልተነካካ whole
yaliteregaga *adj.* ያልተረጋጋ astatic
yaliteregagete *a.* ያልተረጋገጠ uncertain
yalitetara *a* ያልተጣራ crude
yalitewesene *a.* ያልተወሰነ indefinite
yaliteyayaze *a.* ያልተያያዘ incoherent
yaluta *a.* ያሉታ negative
yan yahil *adv.* ያን ያህል that
yanese *a.* ያነሰ less
yanese *n* ያነሰ less
yaniget get *n.* ያንገት ጌጥ locket
yanijet *a.* ያንጀት intestinal
yanin *a* ያንን enthusiastic
yareje *a.* ያረጀ aged
yareje *a.* ያረጀ woebegone
yareje yafeje *a.* ያረጀ ያፈጀ archaic
yashebereqe *adj* ያሸበረቀ elegant
yasiketele *a* ያስከተለ consequent
yata yeneta *a.* ያጣ የነጣ penniless
yatere tihuf *n* ያጠረ ጥሁፍ abridgement
yawahade *n.* ያዋሃደ synthesis
yayer chis mewicha *n.* ያየር ጭስ መውጫ vent
yaze *v.t.* ያዘ apprehend
yaze *v. i.* ያዘ bag
yaze *v. t.* ያዘ capture
yaze *v. t.* ያዘ catch
yaze *v.t.* ያዘ contain
yaze *v. t.* ያዘ embody
yaze *v.t* ያዘ handle
yaze *v.t* ያዘ hold
yaze *v.t.* ያዘ keep
yaze *v.t.* ያዘ nab
yaze *v.t.* ያዘ occupy
yaze *v.t.* ያዘ reserve
yaze *v.t.* ያዘ retain
yaze *v.t.* ያዘ seize
ye□ *a* የሷ her
ye...new *v. i* የ...ነው belong
yeabat sim *n.* የአባት ስም surname
yeabeba ayinet *n.* የአበባ አይነት lily
yeabeba duqet *n.* የአበባ ዱቄት pollen
yeabeba einibut *n* የአበባ እንቡጥ bud
yeabeba ginitay *n.* የአበባ ግንጣይ spray
yeabeba gunigun *adj* የአበባ ጉንጉን alacrious
yeabeba gunigun *n.* የአበባ ጉንጉን garland
yeabeba tafach fesash *n.* የአበባ ጣፋጭ ፈሳሽ nectar
yeabeba tekil *n.* የአበባ ተክል lilac
yeabizanyawin kifil atefa *v.t.* የአብዛኛውን ክፍል አጠፋ decimate
yeachir gize *a.* የአጭር ጊዜ brief
yeadega chuhet *n.* የአደጋ ጩኸት siren
yeaden wisha *n.* የአደን ውሻ terrier
yeaeimiro *a.* የአእምሮ intellectual
yeaeimiro *a.* የአእምሮ mental

yeaeimiro *a.* የአእምሮ telepathic
yeaeimiro beshita hikimina *n.* የአእምሮ በሽታ ህክምና psychotherapy
yeaeimiro chiniqet *n.* የአእምሮ ጭንቀት tension
yeaeimiro chiniqet yalebet *a.* የአእምሮ ጭንቀት ያለበት tense
yeaeimiro gininyunet *n.* የአእምሮ ግንኙነት telepathy
yeaeimiro hakim *n.* የአእምሮ ሀኪም psychiatrist
yeaeimiro hikimina *n.* የአእምሮ ህክምና psychiatry
yeaeimiro merebesh *n.* የአእምሮ መረበሽ melancholia
yeaeimiro teninet *n.* የአዕምሮ ጤንነት sanity
yeaeimiro yemireda sew *n.* የአእምሮ የሚረዳ ሰው telepathist
yeaeimiro zegemitenya sew *n.* የአእምሮ ዘገምተኛ ሰው ideocy
yeafe tarik *a.* የአፈ ታሪክ mythical
yeafe tarik tinat *n.* የአፈ ታሪክ ጥናት mythology
yeafer mederimes *n.* የአፈር መደርመስ avulsion
yeafer qulil *n.* የአፈር ቁልል mound
yeafila gize *n.* የአፍላ ጊዜ heyday
yeafinicha *a.* የአፍንጫ nasal
yeafinicha qedada *n.* የአፍንጫ ቀዳዳ nostril
yeagazen qenid *n.* የአጋዘን ቀንድ antler
yeager wisit *a.* የአገር ውስጥ inland
yeager wisit *a.* የአገር ውስጥ local
yeagerew qwaniqwa *n.* የአገሬው ቋንቋ vernacular
yeagerew qwaniqwa *a.* የአገሬው ቋንቋ vernacular
yeageroch hibiret *n* የአገሮች ህብረት bloc
yeagot lij *n.* የአጎት ልጅ cousin
yeahigur *a* የአህጉር continental
yeahun *a* የአሁን current
yeakal gudat *n.* የአካል ጉዳት mutilation
yeakal gudatenya *n* የአካል ጉዳተኛ cripple
yeakale sinikul *a* የአካለ ስንኩል disabled
yealiga libis *n.* የአልጋ ልብስ coverlet
yealikol metet *n* የአልኮል መጠጥ brandy
yealikol metet *n.* የአልኮል መጠጥ liquor
yeamets tekafay sew *n.* የአመፅ ተካፋይ ሰው insurgent
yeametu *adv.* የዓመቱ yearly
yeamibagenen *a* የአምባገነን autocratic
yeamibageneninet siriat *n* የአምባገነንነት ስርአት autocracy
yeamilak aqiribot *n.* የአምላክ አቅርቦት providence
yeamisa aleqa *n.* የአምሳ አለቃ sergeant
yeanegager zeye *n.* የአነጋገር ዘዬ parlance
yeanegager zeyibe *n* የአነጋገር ዘይቤ diction
yeanibesa *a* የአንበሳ leonine
yeanid *pron.* የአንድ one
yeanid akababi merach hizib *n* የአንድ አካባቢ መራጭ ህዝብ constituency
yeanid ayin *a.* የአንድ ዓይን monocular

yeanid ayin menetsir *n.* የአንድ ዓይን መነፅር monocle
yeanid budin qwaniqwa *n.* የአንድ ቡድን ቋንቋ slang
yeanid dimits zefen *n.* የአንድ ድምፅ ዘፈን monody
yeanid dirigit mekenawenya gize *n.* የአንድ ድርጊት መከናወኛ ጊዜ term
yeanid muya teseyami qalat *n.* የአንድ ሙያ ተሰያሚ ቃላት terminology
yeanid neger kifil *n.* የአንድ ነገር ክፍል constituent
yeanid neger mehal *n.* የአንድ ነገር መሀል hub
yeanid sebeka qes *n.* የአንድ ሰበካ ቄስ parson
yeaniget get *n.* የአንገት ጌጥ necklace
yeaniget get *n.* የአንገት ጌጥ necklet
yeaniget libis *n* የአንገት ልብስ collar
yeaniget libis *n.* የአንገት ልብስ shawl
yeaniget libis *n* የአንገት ልብስ wrap
yeanigol *adj* የአንጎል cerebral
yeanitirenya maqilecha sahin *n.* የአንጥረኛ ማቅለጫ ሳህን crevet
yearimen genizeb *n* የአርመን ገንዘብ dram
yeasa einiqulal *n.* የዐሳ እንቁላል spawn
yeasa genida *n.* የአሳ ገንዳ aquarium
yeasa zer *n.* የአሳ ዘር oyster
yeasama chuhet *n.* የአሳማ ጩኸት grunt
yeasama gat *n.* የአሳማ ጋጥ sty
yeasama qibe *n.* የአሳማ ቅቤ lard
yeasama siga *n.* የአሳማ ስጋ bacon
yeasama siga *n.* የአሳማ ስጋ pork
yeaserar zede *n.* የአሰራር ዘዴ mechanism
yeashimur *a.* የአሽሙር allusive
yeashimur *a.* የአሽሙር sarcastic
yeasikeren kifil *n.* የአስከሬን ክፍል morgue
yeasikeren mirimera *n.* የአስከሬን ምርመራ post-mortem
yeasimatenyoch betir *n.* የአስማተኞች በትር wand
yeasir aleqa *a* የአስር አለቃ corporal
yeasir amet *n.* የአስር አመት decennary
yeasitedader *a.* የአስተዳደር administrative
yeasitedader *a.* የአስተዳደር managerial
yeatem *a.* የአተም atomic
yeatem mehakelenya kifil *a.* የአተም መሀከለኛ ክፍል nuclear
yeatikilit bota *n.* የአትክልት ቦታ garden
yeatikilit sayinis *n.* የአትክልት ሳይንስ horticulture
yeatinit megetatemiya beshita *n* የአጥንት መገጣጠሚያ በሽታ arthritis
yeawiropana amerika ageroch *a.* የአውሮፓና አሜሪካ አገሮች occidental
yeawiropilan abirariw kifil *n.* የአውሮፕላን አብራሪው ክፍል cock-pit
yeayer *adj.* የአየር aeriform
yeayer gifit melekiya *n* የአየር ግፊት መለኪያ barometer
yeayer hayil budin *n.* የአየር ኃይል ቡድን squadron

yeayer huneta *n.* የአየር ሁኔታ temperature
yeayer huneta *n* የአየር ሁኔታ weather
yeayer meqawemiya *a.* የአየር መቃወሚያ anti-aircraft
yeayer tsebay *n.* የዓየር ፀባይ climate
yeayerilanid *a.* የአየርላንድ Irish
yeayimiro merebesh *a.* የአይምሮ መረበሽ hysterical
yeayimiro merebesh beshita *n.* የአይምሮ መረበሽ በሽታ hysteria
yeayin *a.* የአይን ocular
yeayin *a.* የአይን optic
yeayin akal *n.* የአይን አካል retina
yeayin bemora meshefen *n.* የአይን በሞራ መሸፈን cataract
yeayin beshita *n.* የአይን በሽታ glaucoma
yeayin beshita *n.* የዓይን በሽታ stye
yeayin hakim *n.* የአይን ሀኪም oculist
yeayin matebiya *n* የአይን ማጠቢያ eyewash
yeayin menetsir yemisera *n.* የአይን መነፅር የሚሰራ optician
yeayin metifat *n* የዓይን መጥፋት amauriosis
yeayin nech kifil *n* የአይን ነጭ ክፍል cornea
yeayine hilina *a.* የዓይነ ህሊና imaginative
yeayine siwiran siriat tsihifet *n* የአይነ ስውራን ስርአት ፅህፈት braille
yeayiropilan berera sayinisawi timihirit *n.pl.* የአይሮፕላን በረራ ሳይንሳዊ ትምህርት aeronautics
yeayiropilan marefiya *n* የአይሮፕላን ማረፊያ aerodrome
yeayit ziriya *n* የአይጥ ዝርያ beaver
yeazazh silitan *n.* የአዛዥ ስልጣን captaincy
yeazegaju *a* የአዘጋጁ editorial
yeazo ziriya *n* የአዞ ዝርያ alligator
yebabur hadid *n.* የባቡር ሀዲድ railway
yebadiminiten mechawecha kwas *n.* የባድሚንተን መጫወቻ ኳስ shuttlecock
yebahil *a* የባህል cultural
yebahil *a.* የባህል traditional
yebahir *a.* የባህር maritime
yebahir *a.* የባህር naval
yebahir asa *n.* የባህር አሳ herring
yebahir dar *n.* የባህር ዳር mull
yebahir dar abeba *n.* የባህር ዳር አበባ lotus
yebahir daricha *n* የባህር ዳርቻ beach
yebahir daricha *a.* የባህር ዳርቻ littoral
yebahir einisisa *n.* የባህር እንስሳ lobster
yebahir eli *n.* የባሕር ኤሊ loggerhead
yebahir eli *n.* የባህር ኤሊ turtle
yebahir hayil *n.* የባህር ሀይል navy
yebahir hayil kefitenya mekonin *n.* የባህር ሃይል ከፍተኛ መኮንን admiral
yebahir selate *n* የባህር ሰላጤ channel
yebahir tegwazh *n.* የባህር ተጓዥ voyager
yebahir tekil *n.* የባህር ተክል wrack
yebahir teref *n* የባህር ጠረፍ coast
yebahir tiliqet leka *v.t* የባህር ጥልቀት ለካ fathom

yebahir tiliqet melekiya *n* የባህር ጥልቀት መለኪያ fathom
yebahir wef *n.* የባህር ወፍ cormorant
yebahir wef *n.* የባህር ወፍ gull
yebahir wenibedewoch *n.* የባህር ወንበዴዎች pirate
yebahir weshimet *n* የባህር ወሽመጥ bight
yebahirih *a.* የባህርህ marine
yebahitawi hiyiwet *a.* የባህታዊ ሕይወት ascetic
yebalabat *a* የባላባት feudal
yebale sidisit gon *a* የባለ ስድስት ጎን cubical
yebale sidisit gon *adj.* የባለ ስድስት ጎን cubiform
yebalebet *a.* የባለቤት own
yebalebet *n.* የባለቤት spousal
yebalebetinet mebit *n.* የባለቤትነት መብት muniment
yebalesilitan nigigir *n* የባለስልጣን ንግግር dictum
yebariyanet *a.* የባሪያነት slavish
yebeal *a* የበአል festive
yebefit *a.* የበፊት previous
yebefit *a.* የበፊት prior
yebefit *a* የበፊት then
yebeg chuhet *n* የበግ ጩኸት bleat
yebeg siga *n.* የበግ ስጋ mutton
yebeg tsegur *n* የበግ ፀጉር fleece
yebega *adj* የበጋ aestival
yebega eikuleta *n.* የበጋ እኩሌታ midsummer
yebelay *a.* የበላይ superior
yebelay *a.* የበላይ upper
yebelayinet *n.* የበላይነት superiority
yebelayinet *n.* የበላይነት supremacy
yebelayinet yalew *a.* የበላይነት ያለው senior
yeber masiwabiya *n.* የበር ማስዋቢያ panel
yeberari kokeb *a.* የበራሪ ኮከብ meteoric
yeberedo alet *n.* የበረዶ አለት iceberg
yebereha wiha *n.* የበረሀ ውሀ oasis
yeberera tibeb sayinis *n.* የበረራ ጥበብ ሳይንስ aviation
yeberera wisit seratenya *n.* የበረራ ውስጥ ሰራተኛ aviator
yebesebese *a.* የበሰበሰ septic
yebesele *a* የበሰለ ripe
yebeshita *a.* የበሽታ morbid
yebeshita milikit *a.* የበሽታ ምልክት symptomatic
yebet *a* የቤት domestic
yebet chama *n.* የቤት ጫማ slipper
yebet eiqa *n.* የቤት እቃ furniture
yebet eiqawoch *n.* የቤት እቃዎች utensil
yebet fit lefit *n* የቤት ፊት ለፊት facade
yebet seratenya *n* የቤት ሰራተኛ domestic
yebet wisit *a.* የቤት ውስጥ indoor
yebetach *a.* የበታች subordinate
yebetach *a* የበታች under
yebetach aderege *v.t.* የበታች አደረገ subordinate
yebetach sew *n* የበታች ሰው subordinate
yebetachinet simet *n.* የበታችነት ስሜት inferiority
yebete metsihafit balemuya *n.* የቤተ መጽሀፍት ባለሙያ librarian
yebichenyanet *a.* የብቸኛነት lonely
yebieir chaf *n.* የብእር ጫፍ nib

yebieir sim *n.* የብዕር ስም pseudonym
yebilihat *a.* የብልሃት tactful
yebiliqat *adj* የብልቃጥ capsular
yebir *a* የብር silver
yebira metimeqiya *n* የቢራ መጥመቂያ brewery
yebiret *a.* የብረት metallic
yebiret maqilecha *n.* የብረት ማቅለጫ foundry
yebiret mayayazhiya *n.* የብረት ማያያዥያ solder
yebiret mekidenya *n.* የብረት መክደኛ grate
yebiret meqetiqecha *n.* የብረት መቀጥቀጫ anvil
yebireta biret tinat *n.* የብረታ ብረት ጥናት metallurgy
yebiritaniya *adj* የብሪታኒያ british
yebiro *a.* የቢሮ official
yebizu amalikit amilaki *a.* የብዙ አማልክት አምላኪ polytheistic
yebizu amalikit amiliko *n.* የብዙ አማልክት አምልኮ polytheism
yebota firihat *n.* የቦታ ፍርሀት agoraphobia
yebuchila chuhit *n* የቡችላ ጩህት yap
yebuti siporit *n* የቡጢ ስፖርት boxing
yebwanibwa chaf *n.* የቧንቧ ጫፍ nozzle
yechagula shirishir *n.* የጫጉላ ሽርሽር honeymoon
yechebete *a* የጨበጠ concrete
yechegwara *a.* የጨጓራ gastric
yecheleme *a.* የጨለመ gloomy
yechereqa *a.* የጨረቃ lunar
yechereta waga *n* የጨረታ ዋጋ bid
yecheriqa cheriq *a.* የጨርቃ ጨርቅ textile
yechez chewata *n.* የቼዝ ጨዋታ chess
yechikane *a.* የጭካኔ ruthless
yechikane dirigit *n.* የጭካኔ ድርጊት outrage
yechikane tegibar bemefetsem medeset *n.* የጭካኔ ተግባር በመፈጸም መደሰት sadism
yechikola eirimija *n.* የችኮላ እርምጃ impetuosity
yechinet mekina *n.* የጭነት መኪና lorry
yechinet mekina *n.* የጭነት መኪና truck
yechinet mekina *n.* የጭነት መኪና van
yechinet merikeb *n.* የጭነት መርከብ barge
yechiniqet *a.* የጭንቀት frantic
yechis mawicha *n.* የጭስ ማውጫ chimney
yechisina yedemena dibiliq *n.* የጭስና የደመና ድብልቅ smog
yedabo qibe *n.* የዳቦ ቅቤ margarine
yedanitel *a.* የዳንቴል lacy
yedebir aleqa *n.* የደብር አለቃ vicar
yedebub *a.* የደቡብ southern
yedefeta tewagi *n.* የደፈጣ ተዋጊ guerilla
yedekeme tinifash *n.* የደከመ ትንፋሽ puff
yedem *a.* የደም red
yedem manes beshita *n* የደም ማነስ በሽታ anaemia
yedem sir *n.* የደም ስር vein
yedeme nefis eiwiqet *a.* የደመ ነፍስ እውቀት intuitive
yedemenefis *a* የደመነፍስ reflex
yedemenefis *a* የደመነፍስ reflexive

yedemeqe *a.* የደመቀ splendid
yeden sayinis *n* የደን ሳይንስ forestry
yeden tebaqi *n.* የደን ጠባቂ ranger
yedeneze *a* የደነዘ blunt
yedeneze *a* የደነዘ dull
yedenezeze *a.* የደነዘዘ numb
yedeqaq negeroch tinat *n.* የደቃቅ ነገሮች ጥናት micrology
yedereja eidiget *n.* የደረጃ እድገት promotion
yederet mehareb *n* የደረት መሀረብ bibber
yedeset *a.* የደሴት insular
yedesita *a.* የደስታ mirthful
yedesita chuhet *interj.* የደስታ ጩኸት hurrah
yedibirit beshita *n.* የድብርት በሽታ neurosis
yedid beshita *n.* የድድ በሽታ pyorrhoea
yedigaf einichet *n* የድጋፍ እንጨት strut
yedil *a.* የድል triumphal
yedil simet *a.* የድል ስሜት triumphant
yedilot *a.* የድሎት luxurious
yedilot *a.* የድሎት opulent
yedilot nuro *n.* የድሎት ኑሮ opulence
yedimet chuhet *n.* የድመት ጩኸት mew
yedimet giligel *n.* የድመት ግልገል kitten
yedimet kurifiya *n.* የድመት ኩርፊያ purr
yedimits *a.* የድምፅ phonetic
yedimits lisanat tinat *n.* የድምፅ ልሳናት ጥናት phonetics
yedimits mesimamat *n.* የድምጽ መስማማት consonance
yedimits milikit *n* የድምፅ ምልክት plus
yedimits qana *n.* የድምፅ ቃና tone
yedimits qana fetere *v.t.* የድምፅ ቃና ፈጠረ tone
yedimits sayinis *n.* የድምፅ ሳይንስ acoustics
yediniber mesimer *n.* የድንበር መስመር demarcation
yedinigay kesel *n* የድንጋይ ከሰል coal
yedinigay kesel seratenya *n.* የድንጋይ ከሰል ሰራተኛ pitman
yedinigay qeratsi *n.* የድንጋይ ቀራጺ sculptor
yedinigay qurach *n.* የድንጋይ ቁራጭ slab
yedinigay shibet *n.* የድንጋይ ሽበት moss
yedinigay zemen *a.* የድንጋይ ዘመን neolithic
yediny *a.* የድኝ sulphuric
yedipilomasi *a* የዲፕሎማሲ diplomatic
yedirama megibiya *n.* የድራማ መግቢያ prologue
yediro *a.* የድሮ medieval
yediro filim masaya *n* የድሮ ፊልም ማሳያ bioscope
yediro suri *n.* የድሮ ሱሪ pantaloon
yedur asama *n* የዱር አሳማ boar
yedur wef adino yemimegeb sew *n.* የዱር ወፍ አድኖ የሚመገብ ሰው fowler
yeeibid wisha beshita *n.* የእብድ ውሻ በሽታ rabies
yeeidime lik *a.* የእድሜ ልክ lifelong
yeeigir biret *n.* የእግር ብረት shackle
yeeigir guzo *n.* የእግር ጉዞ trek
yeeigir guzo aderege *v.i.* የእግር ጉዞ አደረገ trek

yeeigir shurab *n.* የእግር ሹራብ garter
yeeigir shurab *n.* የእግር ሹራብ sock
yeeigir shurab *n.* የእግር ሹራብ stocking
yeeigir tat *n.* የእግር ጣት toe
yeeigir tat himem *n.* የእግር ጣት ህመም gout
yeeigirenya tor *n.* የእግረኛ ጦር infantry
yeeigiziabiher *a.* የእግዚአብሔር godly
yeeihitinet *a.* የእህትነት sisterly
yeeij *a.* የእጅ manual
yeeij anigwa *n.* የእጅ አንጓ wrist
yeeij bonib *n.* የእጅ ቦንብ grenade
yeeij fota *n.* የእጅ ፎጣ napkin
yeeij get *a* የእጅ ጌጥ armlet
yeeij gwanit *n.* የእጅ ጓንት glove
yeeij medaf *n.* የእጅ መዳፍ palm
yeeij meniqetiqet *n.* የእጅ መንቀጥቀጥ palsy
yeeij muya *n* የእጅ ሙያ craft
yeeij shigut *n.* የእጅ ሽጉጥ pistol
yeeij sira *n.* የእጅ ስራ handicraft
yeeij sira *n.* የእጅ ስራ handiwork
yeeij tsihuf *n.* የእጅ ፅሁፍ manuscript
yeeilet masitawesha *n* የእለት ማስታወሻ diary
yeeinat *a.* የእናት maternal
yeeinatinet *a.* የእናትነት motherly
yeeine *pron.* የእኔ mine
yeeine *a.* የእኔ my
yeeinesu *a.* የእነሱ their
yeeinichet *a.* የእንጨት sylvan
yeeinigiliz bir *n.* የእንግሊዝ ብር pound
yeeinigiliz genizeb *n.* የእንግሊዝ ገንዘብ sterling
yeeinigiliz yediro sim *n* የእንግሊዝ የድሮ ስም albion
yeeinijori zer *n.* የእንጆሪ ዘር mulberry
yeeiniqilif shilibita *n.* የእንቅልፍ ሽልብታ siesta
yeeiniqulal memicha *n* የዕንቁላል መምቻ whisk
yeeiniqulal tibis *n.* የእንቁላል ጥብስ omelette
yeeinisisa leba *n* የእንስሳ ሌባ abactor
yeeinisisa mora *n.* የእንስሳ ሞራ tallow
yeeinisisa tifir *n* የእንስሳ ጥፍር claw
yeeinisisat bet *n.* የእንስሳት ቤት cote
yeeinisisat gizeyawi yewesib eirikata *n.* የእንስሳት ጊዜያዊ የወሲብ እርካታ rut
yeeinisisat hikimina *a.* የእንስሳት ህክምና veterinary
yeeinisisat siriqot *n* የእንስሳት ስርቆት abaction
yeeinisisat tut *n.* የእንስሳት ጡት udder
yeeiqa masiqemecha *n.* የእቃ ማስቀመጫ rack
yeeiqa matebiya sahin *n* የዕቃ ማጠቢያ ሳህን sink
yeeirebisha *a.* የእረብሻ tumultuous
yeeirenyanet *a.* የእረኛነት pastoral
yeeiri□ *pron.* የእርሷ her
yeeiridata minich *n.* የእርዳታ ምንጭ recourse
yeeirigib dimits *n* የእርግብ ድምፅ coo
yeeirigizina *adj.* የእርግዝና antenatal

yeeirisha mekina *n.* የእርሻ መኪና tractor
yeeirisha sayinis *n.* የእርሻ ሳይንስ agronomy
yeeirisu *pron.* የእርሱ his
yeeisat milikit *n* የእሳት ምልክት beacon
yeeisate gomera *a.* የእሳተ ጎመራ volcanic
yeeisir bet *a* የእስር ቤት decimal
yeeisiya qimem *n* የእስያ ቅመም betel
yeeisiya tekil *n.* የእስያ ተክል curcuma
yeeisiyawuyan mikurab *n.* የእስያዉያን ምኩራብ pagoda
yeeitabi mewireja *n* የእጣቢ መውረጃ drain
yeeitim sihitet *n.* የእትም ስህተት misprint
yeeiwinet yahil *a* የእውነት ያህል virtual
yeelekitirik hayil *n* የኤሌክትሪክ ሀይል electricity
yeelekitirik hayil melekiya *n.* የኤሌክትሪክ ሀይል መለኪያ watt
yeeletirik hayil *n.* የኤሌትሪክ ሀይል volt
yeeletirik mesekiya *n.* የኤሌትሪክ መሰኪያ socket
yeeletirik meten *n* የኤሌትሪክ መጠን ampere
yeeletirik meten *n.* የኤሌትሪክ መጠን voltage
yeeletirik shibo *n.* የኤሌትሪክ ሽቦ cable
yeeletirik soket *n.* የኤሌትሪክ ሶኬት plug
yeeletirik soket seka *v.t.* የኤሌትሪክ ሶኬት ሰካ plug
yefeniji dibideba *n* የፈንጂ ድብደባ bombardment
yefeqad wereqet *n.* የፈቃድ ወረቀት permit
yeferenisay *a.* የፈረንሳይ French
yeferes dimits *n.* የፈረስ ድምፅ neigh
yeferes gari *n* የፈረስ ጋሪ chaise
yefesash melekiya *n.* የፈሳሽ መለኪያ litre
yefesash meten melekiya *n.* የፈሳሽ መጠን መለኪያ minim
yefesese neger *n* የፈሰሰ ነገር spill
yefetera *a* የፈጠራ fictitious
yefetera balebetinet maregagecha *n* የፈጠራ ባለቤትነት ማረጋገጫ patent
yefetera chilota *adj.* የፈጠራ ችሎታ creative
yefetera sew *n.* የፈጠራ ሰው innovator
yefetera sew *n.* የፈጠራ ሰው inventor
yefetera sirawoch sibisib *n.* የፈጠራ ስራዎች ስብስብ portfolio
yefetera witet *n.* የፈጠራ ውጤት masterpiece
yefetil kwas *n.* የፈትል ኳስ clew
yefez *a.* የፌዝ satirical
yefezeze *v. t* የፈዘዘ blear
yefezeze *a.* የፈዘዘ listless
yefidel *a.* የፊደል alphabetical
yefilagot *a.* የፍላጎት intent
yefilagot meqeyer *n.* የፍላጎት መቀየር caprice
yefilisifina *a.* የፍልስፍና philosophical
yefinidata chuhet *adj.* የፍንዳታ ጩኸት crump
yefinidata dimits *n* የፍንዳታ ድምፅ pop
yefinidata dimits asema *v.i.* የፍንዳታ ድምፅ አሰማ pop
yefinitita *adj.* የፊንጢጣ anal

yefiqir adj የፍቅር amatory
yefiqir a. የፍቅር amorous
yefiqir a የፍቅር fond
yefiqir a. የፍቅር romantic
yefiqir megilecha n. የፍቅር መግለጫ endearment
yefiqir milikit n የፍቅር ምልክት Cupid
yefiqir zefen n. የፍቅር ዘፈን ballad
yefirafire ayinet n. የፍራፍሬ ዐይነት plum
yefirafire tekil yemiyadigibet bota n. የፍራፍሬ ተክል የሚያድግበት ቦታ orchard
yefirid akahed a. የፍርድ አካሔድ subjudice
yefirid bet hidet n. የፍርድ ቤት ሂደት proceeding
yefirid bet hig asifetsami n. የፍርድ ቤት ሕግ አስፈፃሚ deponent
yefirid bet mazezha n. የፍርድ ቤት ማዘዣ warrant
yefirid bet mazezha n. የፍርድ ቤት ማዘዣ writ
yefirid bet mazezha sechi n. የፍርድ ቤት ማዘዣ ሰጪ warrantor
yefirid bet mazezha teqebay n. የፍርድ ቤት ማዘዣ ተቀባይ warrantee
yefisash masiwegeja gudigwad n. የፍሳሽ ማስወገጃ ጉድጓድ cesspool
yefiset meqotateriya n. የፍሰት መቆጣጠሪያ throttle
yefit a የፊት facial
yefit eigir n የፊት እግር foreleg
yefit lay mesimer n የፊት ላይ መስመር crease

yefitih akalat n. የፍትህ አካላት judicature
yefitih akalat n. የፍትህ አካላት judiciary
yefizikis liq n. የፊዚክስ ሊቅ physicist
yefoto giraf a. የፎቶ ግራፍ photographic
yefoto masiqemecha n. የፎቶ ማስቀመጫ album
yegabicha a. የጋብቻ marital
yegabicha a. የጋብቻ matrimonial
yegale simet n. የጋለ ስሜት ardour
yegale simet n የጋለ ስሜት enthusiasm
yegara a. የጋራ mutual
yegara a. የጋራ reciprocal
yegedel mamito n የገደል ማሚቶ echo
yegehanem a. የገሀነም infernal
yegela metatebiya n የገላ መታጠቢያ bath
yegemed zirigata n. የገመድ ዝርጋታ wiring
yegena chewata n. የገና ጨዋታ hockey
yegena mezimur n የገና መዝሙር carol
yegenizeb a የገንዘብ financial
yegenizeb a. የገንዘብ monetary
yegenizeb a. የገንዘብ pecuniary
yegenizeb borisa n. የገንዘብ ቦርሳ purse
yegenizeb borisa n. የገንዘብ ቦርሳ wallet
yegenizeb digaf n. የገንዘብ ድጋፍ subsidy
yegenizeb digaf aderege v.t. የገንዘብ ድጋፍ አደረገ subsidize
yegenizeb meten n የገንዘብ መጠን budget

yegenizeb sitota *n.* የገንዘብ ስጦታ largesse
yegenizeb waga meqenes *v.t.* የገንዘብ ዋጋ መቀነስ demonetize
yegereta *a* የገረጣ pale
yegereta sewu *a.* የገረጣ ሰዉ wan
yegeter *a.* የገጠር rural
yegeter *a.* የገጠር rustic
yegeter nuro *n.* የገጠር ኑሮ rusticity
yegeter sew *n* የገጠር ሰው rustic
yegets masitawesha *n.* የገጽ ማስታወሻ book-mark
yegibi mesik *n.* የግቢ መስክ lawn
yegibirina *a* የግብርና agricultural
yegibirina temeramari *n.* የግብርና ተመራማሪ agriculturist
yegibiz *a.* የግብዝ hypocritical
yegideta *a* የግዴታ compulsory
yegideta *a.* የግዴታ mandatory
yegidigida *a.* የግድግዳ mural
yegidigida sieil *n.* የግድግዳ ስእል mural
yegil *a.* የግል personal
yegil *a.* የግል private
yegil *a.* የግል subjective
yegileseb *a.* የግለሰብ individual
yegilun meret yemiyaris gebere *n.* የግሉን መሬት የሚያርስ ገበሬ yeoman
yegimash *a* የግማሽ half
yegira kinifenya *n* የግራ ክንፈኛ leftist
yegirik *a* የግሪክ Greek
yegirikoch yemecheresha fidel *n.* የግሪኮች የመጨረሻ ፊደል omega
yegitim tinat *n.* የግጥም ጥናት poetics
yegitim yizet yalew *a.* የግጥም ይዘት ያለው poetic
yegitimiya tiri *n.* የግጥሚያ ጥሪ challenge
yegitosh meret *n.* የግጦሽ መሬት pasture
yegizat *a.* የግዛት territorial
yegizat kifilifay *n.* የግዛት ክፍልፋይ county
yegize eitiret *n* የጊዜ እጥረት brevity
yegize meten *n* የጊዜ መጠን duration
yegize rizimet *n.* የጊዜ ርዝመት period
yegizew *a.* የጊዜው timely
yegizew *a.* የጊዜው up-to-date
yegizew fashin *n.* የጊዜው ፋሽን vogue
yegodele *adj.* የጎደለ deficient
yegodele *n.* የጎደለ void
yegola *a* የጎላ emphatic
yegola dimits *a.* የጎላ ድምፅ loud
yegon *adj.* የጎን costal
yegon sifat *n.* የጎን ስፋት width
yegoniyosh *adv.* የጎንዮሽ aside
yegosa *a.* የጎሳ tribal
yegugut chuhet *n.* የጉጉት ጩኸት hoot
yegulibet *a.* የጉልበት laboured
yegulibet seratenya *n.* የጉልበት ሰራተኛ peon
yegulo zeyit *n.* የጉሎ ዘይት castor oil
yegurimisina gize *n.* የጉርምስና ጊዜ adolescence
yeguroro *a.* የጉሮሮ guttural
yeguzo meten *n.* የጉዞ መጠን mileage
yeguzo waga *n* የጉዞ ዋጋ fare
yegwadenyinet qelid *n.* የጓደኝነት ቀልድ pleasantry
yehadidun aqitacha einidiket aderege *v. t.* የሀዲዱን አቅጣጫ እንዲከት አደረገ derail

yehakim merife *n.* የሀኪም መርፌ syringe
yehakim tieizaz *n.* የሀኪም ትዕዛዝ prescription
yehalafinet gideta *a* የሀላፊነት ግዴታ incumbent
yeharur awiraja *a.* የሀሩር አውራጃ tropical
yehasab *a.* የሐሳብ idealistic
yehasab nuro *n.* የሐሳብ ኑሮ idealism
yehasab sew *n.* የሐሳብ ሰው idealist
yehaset *a.* የሀሰት fraudulent
yehaset kis *v.* የሐሰት ክስ asperse
yehaset sim *n.* የሀሰት ስም alias
yehayimanot liq *n.* የሀይማኖት ሊቅ theologian
yehayimanot sinesiriat akahede *v.t.* የሀይማኖት ስነስርአት አካሄደ hallow
yehayimanot siriat *a.* የሀይማኖት ስርዐት liturgical
yehazen *adj* የሀዘን melancholy
yehazen einiguriguro *n* የሀዘን እንጉርጉሮ elegy
yehazen megilecha *n* የሀዘን መግለጫ condolence
yehazen tekafay mehon *n.* የሐዘን ተካፋይ መሆን sympathy
yehibiret *a* የህብረት communal
yehibiret *a* የህብረት co-operative
yehibireteseb kifil *n* የሕብረተሰብ ክፍል caste
yehibireteseb tinat *n.* የሕብረተሰብ ጥናት sociology
yehibiretu abal *n.* የሕብረቱ አባል unionist
yehig *a.* የህግ legislative
yehig awaqi *n.* የሕግ አዋቂ jurist
yehig awich kifil *n.* የህግ አውጭ ክፍል legislature
yehig mewesenya mikir bet *n.* የሕግ መወሰኛ ምክር ቤት senate
yehig mewesenya mikir bet *a.* የሕግ መወሰኛ ምክር ቤት senatorial
yehig mewesenya mikir bet abal *n.* የሕግ መወሰኛ ምክር ቤት አባል senator
yehikimina *a.* የህክምና medical
yehikimina *a.* የህክምና medicinal
yehikimina kifil *n* የህክምና ክፍል dispensary
yehilim alem *n .* የህልም አለም utopia
yehimuman marefiya bet *n.* የህሙማን ማረፊያ ቤት sanatorium
yehinid *a.* የህንድ Indian
yehinid genizeb *n.* የህንድ ገንዘብ rupee
yehinid zaf *n.* የህንድ ዛፍ banyan
yehinitsa nedafi *n.* የህንፃ ነዳፊ architect
yehinitsa nidif *n.* የሕንፃ ንድፍ plan
yehinitsa tibeb *n.* የህንፃ ጥበብ architecture
yehisab *a.* የሒሳብ arithmetical
yehisab *a.* የሒሳብ mathematical
yehisab mashin *n* የሂሳብ ማሽን calculator
yehisab qemer *n* የሒሳብ ቀመር equation
yehisab qutitir *n.* የሂሳብ ቁጥጥር audit
yehisab seratenya *n.* የሂሳብ ሰራተኛ accountant
yehisab seratenya *n* የሂሳብ ሰራተኛ book-keeper
yehisab sira *n.* የሂሳብ ስራ accountancy

yehisab suq *n.* የሒሳብ ሱቅ mathematician
yehisab teqotatari *n.* የሂሳብ ተቆጣጣሪ auditor
yehisab timihirit *n* የሒሳብ ትምህርት mathematics
yehitsan *a.* የህፃን infantile
yehitsan aliga *n.* የህፃን አልጋ cot
yehitsan aliga *n* የሕፃን አልጋ cradle
yehiwa *adj.* የህዋ cosmic
yehiwas *adj* የሕዋስ cellular
yehiyiwet tarik *n* የህይወት ታሪክ biography
yehizib *a.* የህዝብ public
yehizib bizat *n.* የሕዝብ ብዛት population
yehizib eikulinet yemidegif *a* የህዝብ እኩልነት የሚደግፍ democratic
yehizib mezimur *n* የሕዝብ መዝሙር anthem
yehizib mezinanya beal *n.* የህዝብ መዝናኛ በአል pageant
yehizib nigigir *n.* የሕዝብ ንግግር oration
yehizib qotera *n.* የሕዝብ ቆጠራ census
yehod *a.* የሆድ abdominal
yehod *adj.* የሆድ alvine
yehod diriqet *n.* የሆድ ድርቀት constipation
yehod quritet *v.t.* የሆድ ቁርጠት stomach
yehone hono *adv.* የሆነ ሆኖ however
yehone hono *conj.* የሆነ ሆኖ nevertheless
yehosipital redat *n.* የሆስፒታል ረዳት orderly
yehulet *adj* የሁለት binary
yehulet metonya amet *adj* የሁለት መቶኛ አመት bicentenary
yehulet sewoch yegil chewata *n.* የሁለት ሰዎች የግል ጨዋታ tete-a-tete
yehuletum *a* የሁለቱም both
yehuneta melewawet *n.* የሁኔታ መለዋወጥ reversal
yehwalenya *a.* የኋለኛ latter
yehwalenya kifil *n.* የኋለኛ ክፍል rear
yeikonomi *a* የኢኮኖሚ economic
yeikonomi diqet *n.* የኢኮኖሚ ድቀት recession
yeikonomi kifil *n.* የኢኮኖሚ ክፍል sector
yeilama manetateriya mehakelenya netib *n* የኢላማ ማነጣጠሪያ መሀከለኛ ነጥብ bull's eye
yeinidusitiri *a.* የኢንዱስትሪ industrial
yeinishuranis kifiya *n.* የኢንሹራንስ ክፍያ premium
yejaje *a.* የጃጀ senile
yejegininet *a.* የጀግንነት heroic
yejegininet *a.* የጀግንነት patriotic
yejeliba meqizefiya *n.* የጀልባ መቅዘፊያ oar
yejeliba qezafi *n.* የጀልባ ቀዛፊ oarsman
yejemariwoch *a* የጀማሪዎች elementary
yejeriba atinit *a.* የጀርባ አጥንት spinal
yejimila gidiya *n* የጅምላ ግድያ carnage
yejiometiri *a.* የጂኦሜትሪ geometrical
yejiraf *a.* የጅራፍ lash
yejoro kuk *n* የጆሮ ኩክ cerumen

yejoro kuk mawicha *n.* የጆሮ ኩክ ማውጫ aurilave
yekarita chewata ayinet *n.* የካርታ ጨዋታ አይነት rummy
yekatit *n* የካቲት February
yekebad eiqa manisha *n.* የከባድ እቃ ማንሻ winch
yekebad eiqa manisha *v.t.* የከባድ እቃ ማንሻ windlass
yekebad mesariya tekus *n. v. & t* የከባድ መሳሪያ ተኩስ cannonade
yekebere dinigay *n* የከበረ ድንጋይ gem
yekebit siga *n* የከብት ስጋ beef
yekefa *adv.* የከፋ badly
yekefa huneta *n.* የከፋ ሁኔታ worst
yekefaw *a.* የከፋው morose
yekefaw *a.* የከፋው unhappy
yekefita melekiya mesariya *n* የከፍታ መለኪያ መሳሪያ altimeter
yekefitenya simet *a.* የከፍተኛ ስሜት tempestuous
yekela qeret *n* የኬላ ቀረጥ toll
yekela qeret sebesebe *v.t.* የኬላ ቀረጥ ሰበሰበ toll
yekemikal *a.* የኬሚካል chemical
yekemikal balemuya *n.* የኬሚካል ባለሙያ chemist
yekenifer *a.* የከንፈር labial
yekerere teb *n* የከረረ ጠብ duel
yekerere tseb *n.* የከረረ ፀብ feud
yekesa *a.* የከሳ haggard
yekesa *a.* የከሳ lank
yekesere *n.* የከሰረ bankrupt
yeketema *a.* የከተማ township
yeketema dar *a.* የከተማ ዳር suburban
yeketema yeeletirik babur *n.* የከተማ የኤሌትሪክ ባቡር tram
yekib agamash mesimer *n* የክብ አጋማሽ መስመር diameter
yekibidet melekiya *n.* የክብደት መለኪያ gramme
yekibidet melekiya *n.* የክብደት መለኪያ ton
yekibidet meten *n.* የክብደት መጠን weightage
yekibir *a.* የክብር honorary
yekibir *a.* የክብር reverential
yekifil aleqa *n.* የክፍል አለቃ prefect
yekifil tor abal *n.* የክፍል ጦር አባል legionary
yekifile hager *a.* የክፍለ ሀገር provincial
yekifile hager *a.* የክፍለ ሀገር regional
yekihidet *a.* የክህደት treacherous
yekinid tunicha *n* የክንድ ጡንቻ biceps
yekir ashanigulit *n.* የክር አሻንጉሊት marionette
yekir yemuziqa mesariya *n.* የክር የሙዚቃ መሳሪያ banjo
yekiray gize *n.* የኪራይ ጊዜ tenancy
yekiremit *a.* የክረምት wintry
yekiriket chewata tera *n.* የክሪኬት ጨዋታ ተራ innings
yekirisitiyan ager *n.* የክርስቲያን አገር Christendom
yekirisitos lidet *n.* የክርስቶስ ልደት nativity
yekirisitos lidet *n.* የክርስቶስ ልደት Xmas
yekiromiyem qelem *n* የክሮምየም ቀለም chrome
yekis melis *n.* የክስ መልስ plea
yekis melis sete *v.i.* የክስ መልስ ሰጠ plead
yekisitet *n.* የክስተት phase
yekobelele *a.* የኮበለለ fugitive

yekofiya seratenyana shach *n.* የኮፍያ ሰራተኛና ሻጭ milliner
yekofiya suq *n.* የኮፍያ ሱቅ millinery
yekok zaf *n.* የኮክ ዛፍ peach
yekokeb *a.* የኮከብ stellar
yekokeb milikit *n.* የኮከብ ምልክት asterisk
yekokeb milikit aderege *v.t.* የኮከብ ምልክት አደረገ star
yekokeb sibisib *n.* የኮከብ ስብስብ asterism
yekokonat yewich shifan *n* የኮኮናት የውጭ ሽፋን coir
yekonitirobanid negade *n.* የኮንትሮባንድ ነጋዴ smuggler
yelaba kwas chewata *n.* የላባ ኳስ ጨዋታ badminton
yelabiratori fisash meyazha *n.* የላብራቶሪ ፍሳሽ መያዣ cuvette
yelala *a.* የላላ slack
yelaniqa *a.* የላንቃ palatal
yelaqote chiqa *n.* የላቆጠ ጭቃ ooze
yelefe gize *a.* የለፈ ጊዜ past
yelela *pron.* የሌላ other
yelele sew nafeqe *v.i.* የሌለ ሰው ናፈቀ pine
yelelew *n* የሌለው without
yelelit *a.* የሌሊት nocturnal
yelelit libis *n.* የሌሊት ልብስ nightie
yelelit wef *n* የለሊት ወፍ bat
yelem *adv.* የለም no
yelemeleme *a.* የለመለመ lush
yelewit teteqami sew *a.* የለውጥ ተጠቃሚ ሰው reactinary
yelewuz ayinet *n.* የለውዝ አይነት walnut
yelib *adjs* የልብ cardiacal
yelib gwadenya *n* የልብ ጓደኛ chum
yelib mit madamecha mesariya *n.* የልብ ምት ማዳመጫ መሣሪያ stethoscope
yelib tigab *n* የልብ ጥጋብ contentment
yelibis matenikeriya duqet *n.* የልብስ ማጠንከሪያ ዱቄት starch
yelidet *a.* የልደት natal
yelijoch mechawecha kifil *n.* የልጆች መጫወቻ ክፍል nursery
yelitenesa yesilik tiri *v.t.* የልተነሳ የስልክ ጥሪ miscall
yelitetara biret *n* የልተጣራ ብረት cast-iron
yemachiberiber sira *n.* የማጭበርበር ስራ imposture
yemachiberiberiya mesariya *n.* የማጭበርበሪያ መሳሪያ wile
yemaeibel *a.* የማእበል tidal
yemaeibel arefa *n.* የማእበል አረፋ surf
yemaeidin temeramari *n.* የማእድን ተመራማሪ mineralogist
yemaeireg sim *n.* የማዕረግ ስም prefix
yemakafel witet *n.* የማካፈል ውጤት quotient
yeman *pron.* የማን whose
yemanitsat *a* የማንጻት purgative
yemar einijera *n.* የማር እንጀራ honeycomb
yemaseb chilota *n.* የማሰብ ችሎታ intellect
yemaseb chilota *n.* የማሰብ ችሎታ intelligence
yemashashaya hasab *n.* የማሻሻያ ሐሳብ amendment
yemashegiya guzigwaz *n.* የማሸጊያ ጉዝጓዝ padding
yemasitawes chilota *n.* የማስታወስ ችሎታ memory

yemasitawesha eiqa *n.* የማስታወሻ ዕቃ souvenir
yemasitemar zede sayinis *n.* የማስተማር ዘዴ ሳይንስ pedagogy
yemasiteniqeqiya yegize gedeb *n.* የማስጠንቀቂያ የጊዜ ገደብ ultimatum
yemasitewal *a.* የማስተዋል notice
yematabeq *a.* የማጣበቅ adhesive
yematalel *a.* የማታለል underhand
yemateqaleya *a* የማጠቃለያ summary
yematikeber set *n.* የማትከበር ሴት chit
yemayakerakir *a.* የማያከራክር indisputable
yemayaliq *~a.* የማያልቅ ceaseless
yemayaqwarit *adj.* የማያቋርጥ continual
yemayaqwarit *a.* የማያቋርጥ inexorable
yemayasib *a.* የማያስብ workaday
yemayasitawisut *a.* የማያስታውሱት immemorial
yemayasitelalif *a* የማያስተላልፍ proof
yemayasitemamin *a.* የማያስተማምን tentative
yemayasitemamin *a.* የማያስተማምን unreliable
yemayibeger *a.* የማይበገር immovable
yemayibeger *a.* የማይበገር invincible
yemayibelash *a.* የማይበላሽ imperishable
yemayibeqa kifiya *n.* የማይበቃ ክፍያ pittance
yemayibesa *a.* የማይበሳ impenetrable
yemayichal *a* የማይቻል endurable
yemayichal *a.* የማይቻል impossible
yemayichal *a.* የማይቻል unable
yemayichil *a.* የማይችል incapable
yemayidases *a.* የማይዳሰስ intangible
yemayidegef *a.* የማይደገፍ insupportable
yemayidin *a.* የማይድን incurable
yemayigafut *a.* የማይጋፉት tenable
yemayigemet sew *n.* የማይገመት ሰው sophist
yemayigetim *n.* የማይገጥም misfit
yemayigetim *n.* የማይገጥም non-alignment
yemayihon minyot *a.* የማይሆን ምኞት wishful
yemayikad *a.* የማይካድ irrefutable
yemayileka *a.* የማይለካ immeasurable
yemayileka *a.* የማይለካ measureless
yemayilewet *a.* የማይለወጥ rigid
yemayilewet hasab *n.* የማይለወጥ ሃሣብ stereotype
yemayiley *adj* የማይለይ achromatic
yemayiley *a.* የማይለይ inseparable
yemayimech *a.* የማይመች inconvenient
yemayimech *a.* የማይመች inhospitable
yemayimech *a.* የማይመች inopportune
yemayimech *a.* የማይመች untoward
yemayimeles *a.* የማይመለስ irrecoverable

yemayimesasel *a* የማይመሳሰል unlike
yemayimot *a.* የማይሞት immortal
yemayimwamwa *n.* የማይሟሟ insoluble
yemayinager sew *n.* የማይናገር ሰው mute
yemayinebeb tsihuf *n.* የማይነበብ ፅሁፍ illegibility
yemayiniqesaqes *a.* የማይንቀሳቀስ inactive
yemayiniqesaqes *a.* የማይንቀሳቀስ inert
yemayiniqesaqes *a.* የማይንቀሳቀስ motionless
yemayiniqesaqes *a.* የማይንቀሳቀስ stagnant
yemayiniqesaqes *n.* የማይንቀሳቀስ static
yemayiniqesaqes *a.* የማይንቀሳቀስ stationary
yemayiniqesaqes *a.* የማይንቀሳቀስ steady
yemayiqawem *a* የማይቃወም amenable
yemayiqawem *a.* የማይቃወም passive
yemayiqebelut *a.* የማይቀበሉት inadmissible
yemayiqer *a.* የማይቀር inevitable
yemayiqeyar qutir *n.* የማይቀያር ቁጥር coefficient
yemayiqom *a.* የማይቆም innumerable
yemayiqwaret *a* የማይቋረጥ constant
yemayireba *a.* የማይረባ insatiable
yemayireba *a.* የማይረባ senseless
yemayireba *a.* የማይረባ silly
yemayireba bahiri *n.* የማይረባ ባህሪ knavery
yemayireba neger *n.* የማይረባ ነገር aught
yemayireba neger *n.* የማይረባ ነገር nonsense
yemayireba sew *n* የማይረባ ሰው cypher
yemayishager *a. (verb)* የማይሻገር intransitive
yemayishenef *a.* የማይሸነፍ indomitable
yemayishenef *a.* የማይሸነፍ insurmountable
yemayisib *a.* የማይስብ repellent
yemayisimama *a* የማይስማማ factious
yemayitadef *a.* የማይጣደፍ leisurely
yemayitages *a.* የማይታገስ intolerant
yemayitamen *a* የማይታመን disloyal
yemayitamen *a.* የማይታመን incredible
yemayitarem *a.* የማይታረም incorrigible
yemayitas *a.* የማይጣስ inviolable
yemayitaweq *a.* የማይታወቅ anonymous
yemayitay *a.* የማይታይ invisible
yemayitay *a.* የማይታይ occult
yemayitazez *a.* የማይታዘዝ insubordinate
yemayitazez *a.* የማይታዘዝ restive
yemayitegeber *a.* የማይተገበር inapplicable
yemayiteneqeq *a.* የማይጠነቀቅ indiscreet
yemayiwedader tiliq *a.* የማይወዳደር ትልቅ nonpareil
yemayiweded *a.* የማይወደድ notorious
yemayizig *a.* የማይዝግ stainless

yemazegaja *a.* የማዘጋጃ preparatory
yemazegaja bet *a.* የማዘጋጃ ቤት municipal
yemebesibes huneta *n.* የመበስበስ ሁኔታ sepsis
yemechawecha karid *n.* የመጫወቻ ካርድ playcard
yemecheresha *a* የመጨረሻ final
yemecheresha *a.* የመጨረሻ late
yemecheresha gib *n.* የመጨረሻ ግብ strategem
yemecheresha netib *n.* የመጨረሻ ነጥብ pinnacle
yemechereshaw *a.* የመጨረሻው last1
yemechereshaw *a.* የመጨረሻው ultimate
yemeda ahiya *n.* የሜዳ አህያ zebra
yemeda tenis chewata *n.* የሜዳ ቴኒስ ጨዋታ tennis
yemedaf anibabi *n.* የመዳፍ አንባቢ palmist
yemedaf tiniqola *n.* የመዳፍ ጥንቆላ palmistry
yemedeset simet *n.* የመደሰት ስሜት verve
yemedihanit meten *n* የመድሀኒት መጠን dose
yemefitihe *a.* የመፍትሄ remedial
yemegabat *a* የመጋባት conjugal
yemegemet chilota *n.* የመገመት ችሎታ vision
yemegenanya huneta *n.* የመገናኛ ሁኔታ alchemy
yemegenanya silik *n.* የመገናኛ ስልክ telecommunications
yemegibat feqad *n.* የመግባት ፈቃድ admittance
yemegibiya *a.* የመግቢያ introductory
yemeginetis hayil *n.* የመግነጢስ ሀይል magnetism
yemegizat aqim mechemer *n.* የመግዛት አቅም መጨመር deflation
yemehon weyim yalemehon eidil *n.* የመሆን ወይም ያለመሆን እድል odds
yemejemeriya *n* የመጀመሪያ alpha
yemejemeriya *a* የመጀመሪያ first
yemejemeriya *a.* የመጀመሪያ initial
yemejemeriya *a.* የመጀመሪያ preliminary
yemejemeriya *a.* የመጀመሪያ premier
yemejemeriya *a.* የመጀመሪያ primary
yemejemeriya eiyita *adv.* የመጀመሪያ ዕይታ prima facie
yemejemeriya limid *a* የመጀመሪያ ልምድ maiden
yemejemeriya metsihaf *n.* የመጀመሪያ መፅሐፍ primer
yemejemeriya witet *n.* የመጀመሪያ ውጤጥ prototype
yemejemeriya zigijit *n.* የመጀመሪያ ዝግጅት premiere
yemejemeriyaw foq berenida *n.* የመጀመሪያው ፎቅ በረንዳ mezzanine
yemekakelenya zemen *a.* የመካከለኛ ዘመን medieval
yemekanik *a* የመካኒክ mechanic
yemekanik *a.* የመካኒክ mechanical
yemekelakeya *adv.* የመከላከያ defensive
yemekina goma *n.* የመኪና ጎማ tyre
yemekina sibiribari *n.* የመኪና ስብርባሪ wreckage

yemelaeikit aleqa *n* የመላእክት አለቃ archangel
yememarek zede *n.* የመማረክ ዘዴ lure
yememegebiya eiqawoch *n.* የመመገቢያ እቃዎች crockery
yememelalesha jeliba *n* የመመላለሻ ጀልባ ferry
yememeriya masitaweqiya *n.* የመመሪያ ማስታወቂያ handbook
yemenekosat melata *n.* የመነኮሳት መላጣ tonsure
yemenekuse aleqa *n.* የመነኩሴ አለቃ prioress
yemenifesawi timihirit *a.* የመንፈሳዊ ትምህርት theological
yemenigaga *a* የመንጋጋ molar
yemeniged teriz *n* የመንገድ ጠርዝ curb
yemenigisit *a* የመንግስት fiscal
yemenigisit gilibeta *n.* የመንግስት ግልበጣ treason
yemenigisit melikitenya *n* የመንግስት መልክተኛ emissary
yemenigisit teqawami *a.* የመንግስት ተቃዋሚ subversive
yemenigisit tieizaz *n.* የመንግስት ትዕዛዝ ordinance
yemenisafef hayil *n* የመንሳፈፍ ኃይል buoyancy
yemenoriya hinitsa *n.* የመኖሪያ ህንፃ apartment
yemenyita seat *n.* የመኝታ ሰአት bed-time
yemeqabir *n* የመቃብር epitaph
yemerabat hidet *a.* የመራባት ሂደት reproductive
yemeredat chilota *n.* የመረዳት ችሎታ notion
yemeredat chilota *n.* የመረዳት ችሎታ perception
yemeresha dereja *a.* የመረሻ ደረጃ terminal
yemeret *a.* የመሬት manorial
yemeret aqemamet *n.* የመሬት አቀማመጥ topography
yemeret aqemamet balemuya *n.* የመሬት አቀማመጥ ባለሙያ topographer
yemeret aqemamet yemiyasay karita *a.* የመሬት አቀማመጥ የሚያሳይ ካርታ topographical
yemeret balabat *n.* የመሬት ባላባት squire
yemeret madaberiya *n* የመሬት ማዳበሪያ fertilizer
yemeret meniqetiqet *n* የመሬት መንቀጥቀጥ earthquake
yemeret sifat *n.* የመሬት ስፋት acre
yemerikeb *a.* የመርከብ nautic(al)
yemerikeb azazh *n.* የመርከብ አዛዥ skipper
yemerikeb kifil *n.* የመርከብ ክፍል cabin
yemerikeb maragefiya *n.* የመርከብ ማራገፊያ dock
yemerikeb meri *n.* የመርከብ መሪ helm
yemerikeb miseso *n.* የመርከብ ምሰሶ mast
yemerikeb shera *n.* የመርከብ ሸራ sail
yemerikeb shirishir *n* የመርከብ ሽርሽር cruiser
yemerikeb wekil *n* የመርከብ ወኪል deck
yemerikeb yehwalenya kifil *n.* የመርከብ የኋለኛ ክፍል stern
yemesariya gimija bet *n.* የመሳሪያ ግምጃ ቤት armoury
yemesaselut lelochim የመሳሰሉት ሌሎችም etcetera

yemeselal mewetacha *n.* የመሰላል መወጣጫ rung
yemesenabecha tiyaqe *n.* የመሰናበቻ ጥያቄ resignation
yemeshaker huneta *n.* የመሻከር ሁኔታ texture
yemeshenya nigigir *interj.* የመሸኛ ንግግር adieu
yemeshikerikerit tiris *n* የመሽከርከሪት ጥርስ cog
yemesigid mama *n.* የመስጊድ ማማ minaret
yemesikid halafi *n.* የመስኪድ ሐላፊ mullah
yemesino mageja *n.* የመስኖ ማገጃ sluice
yemesiqel milikit *n.* የመስቀል ምልክት rood
yemesiriya kifil *n.* የመስሪያ ክፍል studio
yemesitawet aqafi *n.* የመስታወት አቃፊ mullion
yemesitawet sibiribari *n.* የመስታወት ስብርባሪ cullet
yemesiwaeit *a.* የመስዋዕት sacrificial
yemetabeq chilota *n.* የመጣበቅ ችሎታ adhesion
yemetasebiya *a* የመታሰቢያ memorial
yemeteniqeq *a.* የመጠንቀቅ prudential
yemetir *a.* የሜትር metric
yemewabiya *a.* የመዋቢያ cosmetic
yemewabiya *a.* የመዋቢያ ornamental
yemewaqir *a.* የመዋቅር structural
yemewigat himem *n.* የመውጋት ህመም prick
yemeyaz aqim yalew *a.* የመያዝ አቅም ያለው retentive
yemezinanya bota *n* የመዝናኛ ቦታ resort
yemibaza qutir *n.* የሚባዛ ቁጥር multiplicand
yemibela *a* የሚበላ eatable
yemibela *a* የሚበላ edible
yemibela dereq fire *n.* የሚበላ ደረቅ ፍሬ chestnut
yemibela migib *n.* የሚበላ ምግብ eatable
yemibela tekil *n.* የሚበላ ተክል artichoke
yemibelit shum *n.* የሚበልጥ ሹም senior
yemichebet *a.* የሚጨበጥ tangible
yemidabir *n.* የሚዳብር cover
yemidases *a.* የሚዳሰስ palpable
yemidasis *a.* የሚዳስስ tactile
yemidegagem *a.* የሚደጋገም rhythmic
yemideneq *a.* የሚደነቅ appreciable
yemideneq *a.* የሚደነቅ impressive
yemideneq *a.* የሚደነቅ noteworthy
yemideneq *a.* የሚደነቅ remarkable
yemidir meqenet *n* የምድር መቀነት equator
yemieirab *a.* የምዕራብ west
yemifeleg *n* የሚፈለግ claimant
yemifeleg *a* የሚፈለግ desirous
yemifeleg *a.* የሚፈለግ requisite
yemifelig *a.* የሚፈልግ interested
yemifeneda *a* የሚፈነዳ explosive
yemifeneteq *a.* የሚፈነጠቅ refulgent
yemifes *a* የሚፈስ fluid
yemigebawin kefele *v.t.* የሚገባውን ከፈለ requite
yemigedib *a.* የሚገድብ restrictive
yemigedil *a* የሚገድል deadly

yemigedil *a.* የሚገድል lethal
yemigefa neger *n* የሚገፋ ነገር repellent
yemigefafa neger *n.* የሚገፋፋ ነገር stimulus
yemigeny *a* የሚገኝ available
yemigeny *a.* የሚገኝ obtainable
yemigerim *a.* የሚገርም queer
yemigib *a.* የምግብ mealy
yemigib alemenisherasher *n.* የምግብ አለመንሸራሸር indigestion
yemigib aserar zede *n.* የምግብ አሰራር ዘዴ cuisine
yemigib azegejajet *n.* የምግብ አዘገጃጀት recipe
yemigib eitiret *n.* የምግብ እጥረት malnutrition
yemigib filagot *n.* የምግብ ፍላጎት appetite
yemigib filagot yemikefit neger *n* የምግብ ፍላጎት የሚከፍት ነገር appetizer
yemigib medebir *n.* የምግብ መደብር grocery
yemigib menisherasher *n* የምግብ መንሸራሸር digestion
yemigib tinat *n.* የምግብ ጥናት nutrition
yemigib zirizir *n.* የምግብ ዝርዝር menu
yemigoda *a.* የሚጎዳ injurious
yemihon *a* የሚሆን becoming
yemihon neger *n.* የሚሆን ነገር potential
yemihon neger *n.* የሚሆን ነገር prospsectus
yemihur *a.* የምሁር scholarly
yemikatet *a.* የሚካተት incorporate
yemikeber *a.* የሚከበር reverend
yemikeber *a.* የሚከበር sacrosanct
yemikefel *a.* የሚከፈል payable
yemikelakel *a.* የሚከላከል preventive
yemikelakel *a.* የሚከላከል protective
yemikelekil *a.* የሚከለክል prohibitive
yemikelekil *a.* የሚከለክል prohibitory
yemiketel neger *n.* የሚከተል ነገር sequel
yemikir *a.* የምክር monitory
yemikir bet *a.* የምክር ቤት parliamentary
yemikir bet abal *n.* የምክር ቤት አባል councillor
yemikir bet abal *n.* የምክር ቤት አባል parliamentarian
yemikorekur *a.* የሚኮረኩር ticklish
yemileka *a.* የሚለካ measurable
yemiletef masitaweqiya *n.* የሚለጠፍ ማስታወቂያ poster
yemiletef milikit *n.* የሚለጠፍ ምልክት sticker
yemiletef milikit *n.* የሚለጠፍ ምልክት tag
yemiletet *a* የሚለጠጥ elastic
yemilewit *a.* የሚለውጥ mutative
yemilikit chiret *n.* የምልክት ጭረት tick
yemimech bota *n.* የሚመች ቦታ cosier
yemimeker *a.* የሚመከር advisable
yemimeker huneta *n* የሚመከር ሁኔታ advisability
yemimeleket *n* የሚመለከት concern
yemimeles *a.* የሚመለስ answerable
yemimeles *a.* የሚመለስ reversible

yemimera menifes *n* የሚመራ መንፈስ muse
yemimesasel *a* የሚመሳሰል comparative
yemimesegen *a.* የሚመሰገን laudable
yemimesigen *a.* የሚመስገን commendable
yemimesil *a.* የሚመስል seemly
yemimesil *a* የሚመስል sham
yemimesit *a.* የሚመስጥ meditative
yemimeta *a.* የሚመጣ next
yemimetaw tiwilid *n.* የሚመጣው ትውልድ posterity
yemimwamwa *a.* የሚሟሟ soluble
yeminaq *a* የሚናቅ despicable
yeminebeb *a.* የሚነበብ legible
yeminibelebel *a* የሚንበለበል fiery
yeminikebalel neger *n.* የሚንከባለል ነገር roller
yeminiqesaqes *a.* የሚንቀሳቀስ mobile
yeminiqesaqes yebanik bidir *n.* የሚንቀሳቀስ የባንክ ብድር overdraft
yeminisafef *adv.* የሚንሳፈፍ afloat
yeminor *a.* የሚኖር resident
yeminoribet *a.* የሚኖርበት inhabitable
yemiqawemut *a.* የሚቃወሙት objectionable
yemiqeba neger *n* የሚቀባ ነገር coating
yemiqebel *a.* የሚቀበል receptive
yemiqelit beredo *a.* የሚቀልጥ በረዶ slushy
yemiqenyinet simet *n.* የምቀኝነት ስሜት malignity
yemiqeret *a.* የሚቀረጥ taxable
yemiqetatel *a.* የሚቀጣጠል inflammable
yemiqota *a.* የሚቆጣ indignant
yemiqoy tekil *n.* የሚቆይ ተክል perennial
yemiqwaqwam *n.* የሚቋቋም coper
yemirebish *a.* የሚረብሽ rowdy
yemirech medihanit *n.* የሚረጭ መድሐኒት nebula
yemirech wiha *n* የሚረጭ ውሃ spray
yemiredut *a.* የሚረዱት sensible
yemireka *a.* የሚረካ satiable
yemireqa *a.* የምረቃ inaugural
yemiresa *a* የሚረሳ forgetful
yemiricha dimits asetat *n.* የምርጫ ድምፅ አሰጣጥ poll
yemiricha dimits sete *v.t.* የምርጫ ድምፅ ሰጠ poll
yemiricha karid *n* የምርጫ ካርድ ballot
yemiricha mebit *n.* የምርጫ መብት suffrage
yemirimera *adj.* የምርመራ auditive
yemirimera *a.* የምርመራ interrogative
yemisema *a* የሚሰማ audible
yemishar *a.* የሚሻር revocable
yemishenegil *a.* የሚሸነግል roguish
yemishet *a.* የሚሸጥ marketable
yemishet *a.* የሚሸት odorous
yemishet *a.* የሚሸጥ salable
yemishig gidigida *n.* የምሽግ ግድግዳ rampart
yemishikereker *a.* የሚሽከረከር rotary
yemishit zemari wef *n.* የምሽት ዘማሪ ወፍ nightingale

yemisikir wereqet *n.* የምስክር
ወረቀት certificate
yemisikir wereqet *n* የምስክር
ወረቀት diploma
yemisikir wereqet *n.* የምስክር
ወረቀት testimonial
yemisikirinet qal *n.* የምስክርነት
ቃል testimony
yemisimama *adv* የሚስማማ
benignly
yemisimama *a* የሚስማማ
congenial
yemisimamawin yemigelits
a. የሚስማማውን የሚገልፅ
outspoken
yemisirach ale *v.t* የምስራች አለ
felicitate
yemisiraq *a* የምስራቅ eastern
yemisiraq kifil *n.* የምስራቅ ክፍል
orient
yemisitir simiminet *n* የሚስጥር
ስምምነት collusion
yemitabeq *adj* የሚጣበቅ cohesive
yemitabeq *n.* የሚጣበቅ sticky
yemitadenu einisisat *n.* የሚታደኑ
እንስሳት prey
yemitaleb *a.* የሚታለብ milch
yemitamen *a* የሚታመን credible
yemitamen *a.* የሚታመን reliable
yemitamen sew *n.* የሚታመን ሰው
knave
yemitares *adj* የሚታረስ arable
yemitawes *a.* የሚታወስ
memorable
yemitay *a.* የሚታይ visual
yemitay gilits *a.* የሚታይ ግልፅ
visible
yemitayew alem *a.* የሚታየው
አለም objective
yemitebabeq *prep.* የሚጠባበቅ
pending
yemitegen *a.* የሚጠገን raparable

yemitekos *a* የሚተኮስ projectile
yemitela *a.* የሚጠላ averse
yemitela *a.* የሚጠላ repugnant
yemitelalef *a.* የሚተላለፍ
infectious
yemiteleq shurab *n.* የሚጠለቅ
ሹራብ pullover
yemitema *a.* የሚጠማ thirsty
yemiten *a.* የሚተን vaporous
yemiteneqeq *a.* የሚጠነቀቅ
mindful
yemiteneqeq *a.* የሚጠነቀቅ wary
yemiterater *a.* የሚጠራጠር
sceptical
yemitereter *a.* የሚጠረጠር
suspect
yemitil beshita *n* የሚጥል በሽታ
epilepsy
yemitil beshita *n* የሚጥል በሽታ
fit
yemitim *a.* የሚጥም palatable
yemiwas *a.* የሚዋስ bailable
yemiwed *a.* የሚወድ loving
yemiweded *a* የሚወደድ beloved
yemiweded sew *n* የሚወደድ ሰው
darling
yemiweres *a.* የሚወረስ heritable
yemiyabera *adv.* የሚያበራ aglow
yemiyabera *a.* የሚያበራ luminous
yemiyabesach *a.* የሚያበሳጭ
irritant
yemiyabesach *a.* የሚያበሳጭ
obnoxious
yemiyabesach neger *n.*
የሚያበሳጭ ነገር irritant
yemiyabireqeriq *a.* የሚያብረቀርቅ
shiny
yemiyadig *a.* የሚያድግ
progressive
yemiyadin *a* የሚያድን curative
yemiyagegiz *a.* የሚያገግዝ
subsidiary

yemiyagelegil *a.* የሚያገለግል serviceable
yemiyagelegil *a.* የሚያገለግል subservient
yemiyakebir *a.* የሚያከብር respectful
yemiyamelekit *a.* የሚያመለክት indicative
yemiyameneta *a.* የሚያመነታ hesitant
yemiyameneta *v.i.* የሚያመነታ waver
yemiyamenezhek einisisa *n.* የሚያመነዠክ እንስሳ ruminant
yemiyamereqiz *a.* የሚያመረቅዝ ulcerous
yemiyamereqiz qusil *n.* የሚያመረቅዝ ቁስል ulcer
yemiyamwala *a* የሚያሟላ complementary
yemiyamwalich *a.* የሚያሟልጭ slimy
yemiyanadid *n* የሚያናድድ blight
yemiyaneqaqa medihanit *n.* የሚያነቃቃ መድሀኒት tonic
yemiyaneqaqa neger *n.* የሚያነቃቃ ነገር stimulant
yemiyanesasa menifes *n.* የሚያነሳሳ መንፈስ inspiration
yemiyaniqelafa yemimesil *n.* የሚያንቀላፋ የሚመስል somnolent
yemiyaniserara *a.* የሚያንሰራራ resurgent
yemiyanisheratit *a.* የሚያንሸራትት slippery
yemiyanitsebariq *a.* የሚያንፀባርቅ glossy
yemiyanitsebariq *a.* የሚያንፀባርቅ lucent
yemiyanitsebariq *a.* የሚያንፀባርቅ lustrous
yemiyanitsebariq *a.* የሚያንፀባርቅ resplendent
yemiyanitsebariq lesilasa neger *n.* የሚያንፀባርቅ ለስላሳ ነገር gloss
yemiyaqileshelish *a.* የሚያቅለሸልሽ loathsome
yemiyaregaga *a.* የሚያረጋጋ sedative
yemiyaregaga medihanit *n* የሚያረጋጋ መድሐኒት sedative
yemiyaregerig *a.* የሚያረገርግ shaky
yemiyasamim *a.* የሚያሳምም sickly
yemiyasasat *a* የሚያሳሳት seductive
yemiyasasib *a.* የሚያሳስብ suggestive
yemiyasasit *a* የሚያሳስት bogus
yemiyasasit *a.* የሚያሳስት tricky
yemiyasazan *a.* የሚያሳዛን pitiable
yemiyasazin *a.* የሚያሳዝን lamentable
yemiyasazin *a.* የሚያሳዝን pathetic
yemiyasekir *n.* የሚያሰክር intoxicant
yemiyaselech *a.* የሚያሰለች irksome
yemiyasenakil *a.* የሚያሰናክል obstructive
yemiyaseqay *a.* የሚያሰቃይ painful
yemiyashashil *a* የሚያሻሽል reformatory
yemiyashelim *a.* የሚያሸልም meritorious
yemiyashikoremim *n.* የሚያሽኮረምም suitor
yemiyasicheniq *a.* የሚያስጨንቅ plague

yemiyasidesit *a.* የሚያስደስት glad
yemiyasidesit *a.* የሚያስደስት interesting
yemiyasifera *a.* የሚያስፈራ monstrous
yemiyasikebir *a.* የሚያስከብር honourable
yemiyasiked *a.* የሚያስኬድ impassable
yemiyasileqis *a.* የሚያስለቅስ lachrymose
yemiyasiq *a.* የሚያስቅ hilarious
yemiyasiq *a.* የሚያስቅ laughable
yemiyasiq *a.* የሚያስቅ ridiculous
yemiyasiqemit *a* የሚያስቀምጥ laxative
yemiyasiqemit medihanit *n.* የሚያስቀምጥ መድሀኒት laxative
yemiyasiqena *a* የሚያስቀና enviable
yemiyasiqeyim *a.* የሚያስቀይም offensive
yemiyasiqota *n.* የሚያስቆጣ annoyance
yemiyasiqota *a.* የሚያስቆጣ inflammatory
yemiyasiqota *a.* የሚያስቆጣ touchy
yemiyasireda sew *n* የሚያስረዳ ሰው exponent
yemiyasitegaba *a.* የሚያስተጋባ resonant
yemiyasitela aderege *v.t.* የሚያስጠላ አደረገ uglify
yemiyasitemamin *a.* የሚያስተማምን insecure
yemiyaterif *a.* የሚያተርፍ lucrative
yemiyawideledil *a* የሚያውደለድል vagabond
yemiyawiq *a.* የሚያውቅ aware
yemiyazin *a.* የሚያዝን repentant
yemiyazinana neger *n.* የሚያዝናና ነገር entertainment
yemizamed *adj* የሚዛመድ cognate
yemizefin *a.* የሚዘፍን lyric
yemizig *adj.* የሚዝግ corrosive
yemolokiwil *a.* የሞሎኪውል molecular
yemoqe *v.t.* የሞቀ warm
yemoqe aqebabel *n.* የሞቀ አቀባበል ovation
yemot menifes *n.* የሞት መንፈስ spectre
yemot qitat *n* የሞት ቅጣት execution
yemot yemiqeta *n.* የሞት የሚቀጣ executioner
yemote *a* የሞተ dead
yemotebet *v. t.* የሞተበት bereave
yemugesa nigigir *n.* የሙገሳ ንግግር panegyric
yemuqet *a.* የሙቀት thermal
yemuqet melekiya *a.* የሙቀት መለኪያ centigrade
yemuqet melekiya *n.* የሙቀት መለኪያ thermometer
yemut lij *n.* የሙት ልጅ orphan
yemut menifes *n.* የሙት መንፈስ wraith
yemutan alem *n.* የሙታን አለም underworld
yemuya metsihet *n.* የሙያ መፅሄት journal
yemuya selitany temari *n.* የሙያ ሰልጣኝ ተማሪ apprentice
yemuz tekil *n.* የሙዝ ተክል plantain
yemuziqa *a.* የሙዚቃ musical
yemuziqa banid *n.* የሙዚቃ ባንድ troupe
yemuziqa budin *n.* የሙዚቃ ቡድን band

yemuziqa budin *n.* የሙዚቃ ቡድን orchestra
yemuziqa budin *a.* የሙዚቃ ቡድን orchestral
yemuziqa megibiya *n.* የሙዚቃ መግቢያ overture
yemuziqa meqija *n.* የሙዚቃ መቅጃ recorder
yemuziqa mesariya *n.* የሙዚቃ መሳሪያ cornet
yemuziqa mesariya *n.* የሙዚቃ መሳሪያ xylophone
yemuziqa mesariya gemed *n.* የሙዚቃ መሳሪያ ገመድ chord
yemuziqa silit *n.* የሙዚቃ ስልት consort
yemuziqa siriqot *n.* የሙዚቃ ስርቆት piracy
yemuziqa tewinet *n.* የሙዚቃ ተውኔት op+A9249era
yemuziqa tieiyinit *n.* የሙዚቃ ትእይንት recital
yemuziqa tiriit *n.* የሙዚቃ ትርኢት concert
yenefas shiwita *n* የነፋስ ሽውታ breeze
yenefis gidiya *n.* የነፍስ ግድያ homicide
yenefis meshegager *n.* የነፍስ መሸጋገር transmigration
yenefisat tinat *n.* የነፍሳት ጥናት entomology
yenegade *a.* የነጋዴ mercantile
yeneger sim *n* የነገር ስም abstract
yenegeru *pron.* የነገሩ it
yenenew ale *v. t* የኔነው አለ claim
yeneqa *a* የነቃ awake
yeneqefa tsihuf *n.* የነቀፋ ጽሁፍ lampoon
yenerisoch aleqa *n.* የነርሶች አለቃ matron
yenerivi hakim *n.* የነርቭ ሀኪም neurologist
yenerivi sayinis *n.* የነርቭ ሳይንስ neurology
yenetsa tigil siporitenya *n.* የነጻ ትግል ስፖርተኛ wrestler
yenib eiribata *n.* የንብ እርባታ apiculture
yenib meniga *n.* የንብ መንጋ swarm
yenib qefo *n.* የንብ ቀፎ apiary
yenib qefo *n.* የንብ ቀፎ beehive
yenib qefo *n.* የንብ ቀፎ hive
yenidif balemuya *a* የንድፍ ባለሙያ draftsman
yenifas gifit meten melekiya *n* የንፋስ ግፊት መጠን መለኪያ anemometer
yenifas masigebiya *n.* የንፋስ ማስገቢያ ventilator
yenifas weficho *n.* የንፋስ ወፍጮ windmill
yenifit *a.* የንፍጥ mucous
yenigid *a* የንግድ commercial
yenigid balebet *n.* የንግድ ባለቤት proprietor
yenigid dirijit *n* የንግድ ድርጅት enterprise
yenigid dirijit *n.* የንግድ ድርጅት firm
yenigid meqeziqez *v.i.* የንግድ መቀዝቀዝ slump
yenigigir zeye *n* የንግግር ዘዬ accent
yenigisina maeireg maginyet *n* የንግስና ማእረግ ማግኘት accession
yenigus gizat *n* የንጉስ ግዛት empire
yenigus wegen *n.* የንጉስ ወገን royalist

yenitire neger *a* የንጥረ ነገር mineral
yenya *pron.* የኛ our
yeocholoni keremela *n.* የኦቾሎኒ ከረሜላ comfit
yeokesitira muziqa *n.* የኦኬስትራ ሙዚቃ symphony
yeolomipik chewata *n.* የኦሎምፒክ ጨዋታ olympiad
yepilanet *a.* የፕላኔት planetary
yepirezedanitu *a.* የፕሬዘዳንቱ presidential
yepirotin ayinet *n* የፕሮቲን አይነት albumen
yepoletika *a.* የፖለቲካ politic
yepoletika *a.* የፖለቲካ political
yepoletika mebit sete *v.t.* የፖለቲካ መብት ሰጠ enfranchise
yepoletika pariti *n.* የፖለቲካ ፓርቲ polity
yepoletika sew *n.* የፖለቲካ ሰው politician
yepoletika sew *n.* የፖለቲካ ሰው statesman
yeporiti megilecha *n.* የፖርቲ መግለጫ manifesto
yeposita *a.* የፖስታ postal
yeposita bet halafi *n.* የፖስታ ቤት ኃላፊ postmaster
yeqacha kir *n* የቃጫ ክር ply
yeqacha tekil *n.* የቃጫ ተክል hemp
yeqal *a.* የቃል monosyllabic
yeqal *a.* የቃል oral
yeqal *a.* የቃል verbal
yeqal *a* የቃል viva-voce
yeqal agebab *n* የቃል አገባብ context
yeqal tiyaqe *n.* የቃል ጥያቄ interview
yeqal tiyaqe aqerebe *v.t.* የቃል ጥያቄ አቀረበ interview
yeqal tsihifet *n* የቃል ፅሁፈት dictation
yeqalat *a.* የቃላት terminological
yeqalat chewata *n.* የቃላት ጨዋታ crambo
yeqalat chewata *n.* የቃላት ጨዋታ pun
yeqalat dimits betsihuf *n.* የቃላት ድምጽ በጽሁፍ onomatopoeia
yeqalat diridera *n.* የቃላት ድርደራ verbosity
yeqalat sine meseret *n.* የቃላት ስነ መሠረት etymology
yeqebir sine siriat *n* የቀብር ስነ ስርአት burial
yeqedimo *a* የቀድሞ early
yeqedimo *a* የቀድሞ former
yeqedimo *pron* የቀድሞ former
yeqedimo balesilitan *n.* የቀድሞ ባለስልጣን predecessor
yeqedimo kefitenya tibeb *a* የቀድሞ ከፍተኛ ጥበብ classical
yeqedimo miruq *n* የቀድሞ ምሩቅ alumna
yeqelebet qirits *n.* የቀለበት ቅርጽ loop
yeqelem burush einichet *n.* የቀለም ቡሩሽ እንጨት maulstick
yeqelete *a.* የቀለጠ molten
yeqelete dinigay *n.* የቀለጠ ድንጋይ lava
yeqelid *v.i.* የቀልድ jest
yeqelid *adj* የቀልድ mock
yeqemis yelayinyaw kifil *n* የቀሚስ የላይኛው ክፍል bodice
yeqen *a* የቀን daily
yeqen hilim *n.* የቀን ህልም reverie
yeqen seratenya *n* የቀን ሰራተኛ coolie
yeqena asitesaseb *a.* የቀና አስተሳሰብ optimistic
yeqere *a* የቀረ absent

yeqerebe hasab *n.* የቀረበ ሀሳብ suggestion
yeqeret akefafel *n.* የቀረጥ አከፋፈል taxation
yeqetele *n.* የቀጠለ continuation
yeqetene *a* የቀጠነ dilute
yeqey dama *a.* የቀይ ዳማ reddish
yeqezeqeze *a.* የቀዘቀዘ frigid
yeqibat eihil *n* የቅባት እህል pulse
yeqidase metsihaf *n.* የቅዳሴ መጽሐፍ breviary
yeqiny gizat *a* የቅኝ ግዛት colonial
yeqirib *a.* የቅርብ intimate
yeqirib *a.* የቅርብ proximate
yeqirib *a.* የቅርብ recent
yeqirib gwadenya *n.* የቅርብ ጓደኛ pal
yeqiritsa qirits *a.* የቅርፃ ቅርፅ sculptural
yeqitat *a.* የቅጣት penal
yeqitela qitel *a.* የቅጠላ ቅጠል vegetable
yeqitsil sim *n.* የቅጽል ስም nickname
yeqoda beshita *n* የቆዳ በሽታ acne
yeqoda lesilasaw kifil *n* የቆዳ ለስላሳው ክፍል nap
yeqoda meshibisheb *n.* የቆዳ መሸብሸብ wrinkle
yeqoda qusil *n.* የቆዳ ቁስል ringworm
yeqoda qusil *n.* የቆዳ ቁስል scabies
yeqome *a* የቆመ erect
yeqosele *a.* የቆሰለ sore
yeqoshasha eitabi *n.* የቆሻሻ እጣቢ sewage
yeqoshasha tubo *n* የቆሻሻ ቱቦ sewer
yeqosheshe *a* የቆሸሸ dirty
yeqosheshe *a* የቆሸሸ filthy
yeqoyu tsihufawi senedoch *n.pl.* የቆዩ ፅሁፋዊ ሰነዶች archives
yequm tsihifet *n* የቁም ጽህፈት calligraphy
yequra chuhet *n.* የቁራ ጩኸት caw
yequra zer *n.* የቁራ ዘር jay
yequsil fasha *n* የቁስል ፋሻ dressing
yequsil himem *n* የቁስል ህመም smart
yequsil mashegiya *n.* የቁስል ማሸጊያ plaster
yequsil memeriqez *n.* የቁስል መመርቀዝ infection
yequteba betoch *n.* የቁጠባ ቤቶች terrace
yequtir milikit *n.* የቁጥር ምልክት cipher, cipher
yeqwami miseso meseret *n.* የቋሚ ምሰሶ መሰረት pedestal
yeqwaniqwa *a.* የቋንቋ lingual
yeqwaniqwa *a.* የቋንቋ linguistic
yeqwaniqwa awaqi *n.* የቋንቋ አዋቂ linguist
yeqwaniqwa mihur *a.* የቋንቋ ምሁር philological
yeqwaniqwa tarikina eidiget tinat *n.* የቋንቋ ታሪክና እድገት ጥናት philologist
yeqwaniqwa tinat *n.* የቋንቋ ጥናት prosody
yeqwaniqwa zeye *n* የቋንቋ ዘዬ dialect
yeqwaniqwawoch tinat *n.* የቋንቋዎች ጥናት linguistics
yeraj *a.* የራጅ x-ray
yeraqe *a* የራቀ further
yeraqe *a.* የራቀ remote
yeras aderege *v.t.* የራስ አደረገ possess
yeras get *n.* የራስ ጌጥ tiara

yeras mitat *a.* የራስ ምታት giddy
yeras mitat *n.* የራስ ምታት headache
yeras mitat beshita *n.* የራስ ምታት በሽታ migraine
yeras qil *n.* የራስ ቅል skull
yeras qur *n.* የራስ ቁር helmet
yerashiya satelayit *n.* የራሽያ ሳተላይት sputnik
yerasin tarik metsaf *n.* የራስን ታሪክ መፃፍ memoir
yerasu aderege *v.t.* የራሱ አደረገ ascribe
yerefit gize *n.* የረፍት ጊዜ vacation
yerega *adj* የረጋ calmative
yerega *n.* የረጋ clot
yerega *a.* የረጋ stable
yerega *a.* የረጋ still
yerekese tegibar *n.* የረከሰ ተግባር sacrilege
yerekese tegibar yemifetsim *a.* የረከሰ ተግባር የሚፈፅም sacrilegious
yereqeqe *n.* የረቀቀ subtlety
yeresa satin *n* የሬሳ ሳጥን coffin
yerieide meret *a.* የርእደ መሬት seismic
yerieis *a.* የርእስ titular
yerizimet melekiya *n.* የርዝመት መለኪያ furlong
yerizimet melekiya *n.* የርዝመት መለኪያ lea
yeroma liqepapas *n.* የሮማ ሊቀጳጳስ pope
yeromawiyan yewenidoch kaba *n.* የሮማውያን የወንዶች ካባ toga
yerub *a.* የሩብ quarterly
yeruq *a* የሩቅ distant
yeruq *a* የሩቅ far
yeruq alemayet *n.* የሩቅ አለማየት myopia
yerusiya genizeb *n.* የሩሲያ ገንዘብ rouble
yeruz masa *n.* የሩዝ ማሳ paddy
ye□□s *a.* የጳጳስ papal
ye□□s silitan *n.* የጳጳስ ስልጣን papacy
yesahin gichit chuhet *n. & v. i* የሳህን ግጭት ጩኸት clack
yesamiba mich የሳምባ ምች pneumonia
yesaminitu eitim *n.* የሳምንቱ እትም weekly
yesamuna arefa *n.* የሳሙና አረፋ lather
yesaniba neqerisa *n.* የሳንባ ነቀርሳ tuberculosis
yesar diriqosh *n.* የሳር ድርቆሽ hay
yesar kidan *n.* የሳር ክዳን thatch
yesar kimir *n.* የሳር ክምር rick
yesasa *a.* የሳሳ sparse
yesealiyan qelem meqebiya seleda *n.* የሰአሊያን ቀለም መቀቢያ ሰሌዳ palette
yeseletene *a.* የሰለጠነ proficient
yeseletene yesew hayil *n.* የሰለጠነ የሰው ሐይል workmanship
yesemay kififil *n* የሰማይ ክፍፍል zodiac
yesemayawi *a.* የሰማያዊ heavenly
yesemen *a* የሰሜን north
yesemen *a.* የሰሜን northerly
yesemi semi *n.* የሰሚ ሰሚ hearsay
yeserawit kifil *n.* የሰራዊት ክፍል regiment
yeserig *a.* የሠርግ nuptial
yeset *a* የሴት effeminate
yeset *a* የሴት female
yeset *a* የሴት feminine
yeset menekosat gedam *n.* የሴት መነኮሳት ገዳም nunnery

yesetenya adariwoch bet tebaqi *n.* የሴተኛ አዳሪዎች ቤት ጠባቂ bawd
yesetoch qob *n* የሴቶች ቆብ bonnet
yesew aqwam *n.* የሰው አቋም presence
yesew fit qirits *n.* የሰው ፊት ቅርፅ physiognomy
yesew hiyiwet tarik *n* የሰው ህይወት ታሪክ biographer
yesew lij *n.* የሰው ልጅ humanity
yesew lij *n.* የሰው ልጅ mankind
yesew maninet *n.* የሰው ማንነት personality
yesew mot *n* የሰው ሞት decease
yesew nibiret maqatel *n* የሰው ንብረት ማቃጠል arson
yesewasew liq *n.* የሰዋሰው ሊቅ grammarian
yesewinet *a* የሰውነት bodily
yesewinet einiqisiqase *a.* የሰውነት እንቅስቃሴ gymnastic
yesewinet einiqisiqase balemuya *n.* የሰውነት እንቅስቃሴ ባለሙያ gymnast
yesewinet kifil *n.* የሰውነት ክፍል organ
yesewinet kifiloch qinijit *n* የሰውነት ክፍሎች ቅንጅት tract
yesewinet kifiloch tinat *n.* የሰውነት ክፍሎች ጥናት anatomy
yesewinet meqotat *n.* የሰውነት መቆጣት allergy
yesewinet qirits *n.* የሰውነት ቅርፅ physique
yesewinet shifan *n.* የሰውነት ሽፋን cutis
yesewinet yalitelemede kifitet *n* የሰውነት ያልተለመደ ክፍተት fistula
yesewoch sibisib *n.* የሰዎች ስብስብ horde
yeshagete *a.* የሻገተ mouldy
yeshagete *a.* የሻገተ musty
yeshagete *a.* የሻገተ stale
yeshaleqa tor *n* የሻለቃ ጦር battalion
yeshama wisit kir *n.* የሻማ ውስጥ ክር wick
yeshay jebena *n.* የሻይ ጀበና kettle
yeshekila *a* የሸክላ earthen
yeshekila sira *n* የሸክላ ስራ ceramics
yeshekila tibeb sira *n.* የሸክላ ጥበብ ሥራ pottery
yeshemane eiqa *n* የሸማኔ እቃ loom
yeshenikora ageda *n* የሸንኮራ አገዳ molasses
yeshererit dir *n* የሸረሪት ድር cobweb
yeshererit dir *n.* የሸረሪት ድር web
yeshererit dir mesay *a.* የሸረሪት ድር መሳይ webby
yeshetete *a* የሸተተ rank
yeshi *a* የሺ thousand
yeshibo bet *n.* የሽቦ ቤት cage
yeshibo tiqil *n.* የሽቦ ጥቅል armature
yeshigut milach *n.* የሽጉጥ ምላጭ trigger
yeshinigela *a.* የሽንገላ rhetorical
yeshinit bwanibwa *a.* የሽንት ቧንቧ urinary
yeshirimutina bet *n* የሽርሙጥና ቤት brothel
yeshito tekil *n.* የሽቶ ተክል balsam
yeshola fire *n* የሾላ ፍሬ fig
yeshole beredo *n.* የሾለ በረዶ icicle

yeshole biret *n.* የሾለ ብረት spike
yesibiseba adarash *n.* የስብሰባ አዳራሽ auditorium
yesibiseba teqotatari *n* የስብሰባ ተቆጣጣሪ bouncer
yesieil adarash *n.* የስዕል አዳራሽ gallery
yesiga dewe *a.* የስጋ ደዌ leprous
yesiga dewe beshita *n.* የስጋ ደዌ በሽታ leprosy
yesiga dewe beshitenya *n.* የስጋ ደዌ በሽተኛ leper
yesigat *a.* የስጋት apprehensive
yesikwar beshita *n* የስኳር በሽታ diabetes
yesilik mazoriya *n.* የስልክ ማዞሪያ dial
yesilitan gize *n.* የስልጣን ጊዜ tenure
yesilitan tewared *n.* የስልጣን ተዋረድ hierarchy
yesilitena *a.* የስልጠና tutorial
yesim awetat *n.* የስም አወጣጥ nomenclature
yesim matifat wenijel *n* የስም ማጥፋት ወንጀል defamation
yesim yemejemeriya fidel *n.* የስም የመጀመሪያ ፊደል initial
yesimet hayil *n.* የስሜት ኃይል sensibility
yesimiminet wil *n* የስምምነት ውል memorandum
yesine ayer liq *n.* የስነ አየር ሊቅ meteorologist
yesine hiyiwet temeramari *n* የስነ ህይወት ተመራማሪ biologist
yesine midir *a.* የስነ ምድር geological
yesine midir temeramari *n.* የስነ ምድር ተመራማሪ geologist
yesine migibar *a* የስነ ምግባር ethical
yesine migibar *a.* የስነ ምግባር moral
yesine migibar gudilet *n.* የስነ ምግባር ጉድለት immorality
yesine migibar timihirit *n.* የስነ ምግባር ትምህርት ethics
yesine tsihuf *a.* የስነ ፅሁፍ literary
yesine-einisisat *a.* የስነ-እንስሳት zoological
yesine-einisisat temeramari *n.* የስነ-እንስሳት ተመራማሪ zoologist
yesini masiqemecha *n.* የሲኒ ማስቀመጫ saucer
yesinima masaya mesariya *n.* የሲኒማ ማሳያ መሳሪያ projector
yesipany qwaniqwa *n.* የስፓኝ ቋንቋ Spanish
yesipen *a.* የስፔን Spanish
yesiporit adarash *n.* የስፖርት አዳራሽ gymnasium
yesiporit chewata danye *v.t.,* የስፖርት ጨዋታ ዳኘ umpire
yesiporit danya *n.* የስፖርት ዳኛ umpire
yesiporit eiqawoch *n. pl* የስፖርት ዕቃዎች paraphernalia
yesiporit mesariya *n.* የስፖርት መሳሪያ tackle
yesiporit wididir bota *n* የስፖርት ውድድር ቦታ arena
yesira balidereba *n* የስራ ባልደረባ colleague
yesira eiqid *n.* የስራ ዕቅድ programme
yesira eiqid *n.* የሥራ እቅድ project
yesira libis *n.* የስራ ልብስ garb
yesira medeb *v.t.* የሥራ መደብ post

yesira mesakat *n.* የስራ መሳካት success
yesira redat *n.* የስራ ረዳት mate
yesiriat *a* የስርአት dogmatic
yesiriat *a.* የስርአት statutory
yesitasitikis *a.* የስታስቲክስ statistical
yesitasitikis balemuya *n.* የስታስቲክስ ባለሙያ statistician
yesitota abeba *n.* የስጦታ አበባ nosegay
yesiwiz *a* የሲዊዝ swiss
yesosit *a.* የሶስት tripartite
yet *adv.* ዬት where
yet lay *adv.* የት ላይ wherein
yetafene *a.* የታፈነ stuffy
yetafene *a.* የታፈነ throaty
yetaliyan *a.* የጣሊያን Italian
yetameme *a* የታመመ crook
yetarik gizeyat timihirit *n.* የታሪክ ጊዜያት ትምህርት chronology
yetarik mihur *n.* የታሪክ ምሁር historian
yetarik tsehafi *n.* የታሪክ ጸሐፊ annalist
yetasebe *a.* የታሰበ intentional
yetatefe qirits *n* የታጠፈ ቅርፅ crimp
yetatere gibi *n.* የታጠረ ጊቢ courtyard
yetaweqe *a.* የታወቀ notable
yetaweqe *a.* የታወቀ renowned
yetaweqe *a.* የታወቀ well-known
yetaweqe sew firima *n.* የታወቀ ሰው ፊርማ autograph
yetazele *adj.* የታዘለ borne
yeteb bahiri yalew *a* የጠብ ባህሪ ያለው belligerent
yetebelashe *a* የተበላሸ faulty
yetebelashe *a.* የተበላሸ foul
yetebelashu mekinoch yemiyanesa mekina *n.* የተበላሹ መኪኖች የሚያነሳ መኪና wrecker
yetebeqe gininyunet *n.* የጠበቀ ግንኙነት intimacy
yetebib *a.* የጠቢብ masterly
yetechakole *a.* የተቻኮለ hasty
yetechalewin yahil *a.* የተቻለውን ያህል utmost
yetechebete *a.* የተጨበጠ substantial
yetechebete neger *n* የተጨበጠ ነገር fact
yetechemere *adj* የተጨመረ adscititious
yetechemere fidel *adj.* የተጨመረ ፊደል adscript
yetechenagefe *adv* የተጨናገፈ abortive
yetedaleqe *a* የተዳለቀ mongrel
yetedebaleqe *a* የተደባለቀ compound
yetedebaleqe *a.* የተደባለቀ hybrid
yetedebaleqe neger *n.* የተደባለቀ ነገር compounder
yetedebaleqe neger *n.* የተደባለቀ ነገር welter
yetedebeqe *n.* የተደበቀ privacy
yetedebeqe simet *n.* የተደበቀ ስሜት undercurrent
yetedebeqew misitir *a.* የተደበቀው ሚስጥር ulterior
yetederarebe aliga *n* የተደራረበ አልጋ bunk
yetederedere *n.* የተደረደረ array
yetederedere *a.* የተደረደረ orderly
yetefa *a* የጠፋ stray
yetefa einisisa *n* የጠፋ እንስሳ stray
yetefa nibiret teka *v.t.* የጠፋ ንብረት ተካ recoup
yetefeche *n.* የተፈጨ mash

yetefeqede *a.* የተፈቀደ permissible
yetefer *a.* የጠፈር spatial
yetefer mirimir tabiya *n.* የጠፈር ምርምር ጣቢያ observatory
yetefer temeramari *n.* የጠፈር ተመራማሪ astronomer
yetefer tinat *n.* የጠፈር ጥናት astronomy
yeteferedebet wenijelenya *n* የተፈረደበት ወንጀለኛ convict
yetefetiro *a.* የተፈጥሮ inborn
yetefetiro *a.* የተፈጥሮ inherent
yetefetiro *a.* የተፈጥሮ innate
yetefetiro *a.* የተፈጥሮ natural
yetefetiro hayilin teteqeme *v.t* የተፈጥሮ ሀይልን ተጠቀመ harness
yetefetiro menoriya *n.* የተፈጥሮ መኖሪያ habitat
yetefetiro sitota *a.* የተፈጥሮ ስጦታ intrinsic
yetefetiro temeramari *n.* የተፈጥሮ ተመራማሪ naturalist
yetefetiro tieiyinit *n.* የተፈጥሮ ትዕይንት scenery
yetegalete *a.* የተጋለጠ prone
yetegelabitosh *adv.* የተገላቢጦሽ vice-versa
yetegelele *a.* የተገለለ secluded
yetegeletse *a.* የተገለጸ manifest
yetegenanye *adj.* የተገናኘ annectant
yetegenyew *v.t.* የተገኘው present
yetekebere *n* የተከበረ august
yetekebere *a.* የተከበረ glorious
yetekebere *a.* የተከበረ prestigious
yetekebere *a.* የተከበረ proper
yetekeberech set *n.* የተከበረች ሴት countess
yetekeberena yerega *a.* የተከበረና የረጋ solemn

yetekefete *a.* የተከፈተ open
yetekelekele *a.* የተከለከለ illicit
yetekelekele *v.t.* የተከለከለ sequester
yetekelekele *a* የተከለከለ taboo
yetekelekele neger *n.* የተከለከለ ነገር taboo
yetekinik *a.* የቴክኒክ polytechnic
yetekinik timihirit bet *n.* የቴክኒክ ትምህርት ቤት polytechnic
yetekinoloji *a.* የቴክኖሎጂ technological
yetekus aqum simiminet *n.* የተኩስ አቁም ስምምነት armistice
yetekus maqom wisane *n.* የተኩስ ማቆም ውሳኔ truce
yetelat *a.* የጠላት hostile
yetelegiram *a.* የቴሌግራም telegraphic
yetelemede *a.* የተለመደ accustomed
yetelemede *a.* የተለመደ banal
yetelemede *a.* የተለመደ common
yetelemede *a* የተለመደ conversant
yetelemede *a* የተለመደ customary
yetelemede *a* የተለመደ familiar
yetelemede *n.* የተለመደ frequent
yetelemede *a.* የተለመደ mundane
yetelemede *a.* የተለመደ normal
yetelemede *a.* የተለመደ ordinary
yetelemede *a.* የተለመደ orthodox
yetelemede *a.* የተለመደ regular
yetelemede *a* የተለመደ routine
yetelemede *a.* የተለመደ stereotyped
yetelemede *a.* የተለመደ stock
yetelemede *a.* የተለመደ typical
yetelemede *a.* የተለመደ usual
yetelemede arieisit *n.* የተለመደ አርዕስት hobby-horse
yetelemede hone *v.t.* የተለመደ ሆነ normalize

yetelemede huneta *a.* የተለመደ ሁኔታ commonplace
yetelemede huneta *n.* የተለመደ ሁኔታ normalcy
yeteletefe goma *n.* የተለጠፈ ጎማ retread
yetelevizhin sirichit *n.* የቴሌቪዥን ስርጭት telecast
yeteleyaye *a* የተለያየ dissimilar
yeteleyaye *a* የተለያየ diverse
yeteleyaye *a.* የተለያየ multiplex
yeteleyaye *a.* የተለያየ varied
yeteleyaye ayinet *a.* የተለያየ አይነት multifarious
yeteleyaye kifil yalew *a.* የተለያየ ክፍል ያለው multilateral
yeteleyaye melik *n.* የተለያየ መልክ multiform
yeteleyayu ayinet *n.* የተለያዩ አይነት multiplicity
yeteleye *a* የተለየ classic
yeteleye *a* የተለየ different
yeteleye *a* የተለየ distinct
yeteleye *a* የተለየ especial
yeteleye *a* የተለየ exclusive
yeteleye *a.* የተለየ particular
yeteleye *a.* የተለየ peculiar
yeteleye *a.* የተለየ separate
yeteleye *a.* የተለየ special
yeteleye *a.* የተለየ strange
yeteleye huneta *n.* የተለየ ሁኔታ aberrance
yeteleye limad *n.* የተለየ ልማድ oddity
yeteleye mebit *n.* የተለየ መብት prerogative
yeteleye muya *n.* የተለየ ሙያ speciality
yeteleye tibeb *n* የተለየ ጥበብ classic
yetemare *a.* የተማረ learned
yetemare *a.* የተማረ literate
yetemare *v.t.* የተማረ sophisticate
yetemareke sew *n.* የተማረከ ሰው captive
yetemariwoch guday halafi *n.* የተማሪዎች ጉዳይ ሐላፊ dean
yetemariwoch teqotatari *n.* የተማሪዎች ተቆጣጣሪ proctor
yetemedebe *n.* የተመደበ assignee
yetemerete *a* የተመረጠ select
yetemerete sew *n.* የተመረጠ ሰው pick
yetemesasay milikit *n.* የተመሳሳይ ምልክት ditto
yetemesasay negeroch sibisib *n* የተመሳሳይ ነገሮች ስብስብ set
yetemetatene qirits *n.* የተመጣጠነ ቅርፅ symmetry
yetemezegebe mereja *n.* የተመዘገበ መረጃ record
yetemwala *a* የተሟላ downright
yetemwala madireg *n.* የተሟላ ማድረግ perfection
yetenadede *a.* የተናደደ furious
yetenikol *a.* የተንኮል mischievous
yetenizaza *a.* የተንዛዛ interminable
yetenya *adv.* የተኛ asleep
yetenya sew *n.* የተኛ ሰው sleeper
yetep kir *n.* የቴፕ ክር tape
yeteqawimo chuhet *a.* የተቃውሞ ጩኸት outcry
yeteqeda *a.* የተቀዳ mimic
yeteqedese *a.* የተቀደሰ sacred
yeteqedese *a.* የተቀደሰ saintly
yeteqedese *a.* የተቀደሰ venerable
yeteqedese sifira *n.* የተቀደሰ ስፍራ shrine
yeteqedese tegibar fetseme *v.t.* የተቀደሰ ተግባር ፈፀመ sublimate
yeteqedesu negerochin sedebe *v.t.* የተቀደሱ ነገሮችን ሰደበ profane

yeteqemete *a* የተቀመጠ set
yeteqetere balemuya *n.* የተቀጠረ ባለሙያ hireling
yeteqimat beshita *n* የተቅማጥ በሽታ dysentery
yeteqota *a* የተቆጣ fierce
yeteqota *a.* የተቆጣ irate
yetera sew *a.* የተራ ሰው lay
yeterabe *a.* የተራበ hungry
yeterebeshe *a.* የተረበሸ uneasy
yeterefe *a.* የተረፈ residual
yeterefe *a* የተረፈ spare
yeteregaga *a.* የተረጋጋ sedentary
yeteregeme *a.* የተረገመ accursed
yetesasate *adv.* የተሳሳተ amiss
yetesasate *a* የተሳሳተ erroneous
yetesasate *a.* የተሳሳተ incorrect
yetesasate amelekaket *n.* የተሳሳተ አመለካከት misconception
yetesasate amerar *n.* የተሳሳተ አመራር mismanagement
yetesasate aqitacha mewesed *adv.*, የተሳሳተ አቅጣጫ መወሰድ astray
yetesasate eiminet *n.* የተሳሳተ እምነት illusion
yetesasate hasab *n* የተሳሳተ ሀሳብ fallacy
yetesasate meniged *n.* የተሳሳተ መንገድ misdirection
yetesasate silet *n.* የተሳሳተ ስሌት miscalculation
yetesasate sim *n.* የተሳሳተ ስም misnomer
yetesasate witin yalew *v.t.* የተሳሳተ ውጥን ያለው misconceive
yetesebesebe hizib *n.* የተሰበሰበ ሕዝብ throng
yetesebesebu *n* የተሰበሰቡ cluster
yetesenezere hasab *n.* የተሰነዘረ ሀሳብ voice
yeteserabet *n* የተሰራበት make
yeteseyeme danya *n.* የተሰየመ ዳኛ juryman
yeteseyemu danyoch *n.* የተሰየሙ ዳኞች jury
yeteshale *a* የተሻለ better
yeteshale *a.* የተሻለ transcendent
yeteshare *a.* የተሻረ invalid
yeteshekerikari *a.* የተሽከርካሪ vehicular
yeteshele sira hone *v.t.* የተሸለ ስራ ሆነ outdo
yetesitekakele *a* የተስተካከለ level
yetesitekakele *a.* የተስተካከለ trim
yetetabeqe neger *n.* የተጣበቀ ነገር appendage
yetetamere *adj.* የተጣመረ conjunct
yetetara *a* የተጣራ coherent
yetetara *a* የተጣራ forlorn
yetetara *a* የተጣራ net
yetetebese *a* የተጠበሰ roast
yetetela *a* የተጠላ outcast
yetetemazeze *a.* የተጠማዘዘ zigzag
yeteteqa *n.* የተጠቃ victim
yeteteqelele eiqa *n.* የተጠቀለለ እቃ parcel
yeteteqelele tsegur *n.* የተጠቀለለ ፀጉር ringlet
yeteteqeteqe *n.* የተጠቀጠቀ compact
yeteteqeteqe *a* የተጠቀጠቀ dense
yeteteqeteqe qutiqwato *n.* የተጠቀጠቀ ቁጥቋጦ coppice
yeteter sieil *n.* የጠጠር ስዕል mosaic
yetetereqaqeme eiqa *n.* የተጠረቃቀመ ዕቃ miscellany
yeteterezu wereqetoch *n.* የተጠረዙ ወረቀቶች pad

yetetewe neger *n.* የተተወ ነገር omission
yetetireferefe *a* የተትረፈረፈ abundant
yetetireferefe *n.* የተትረፈረፈ profusion
yetewabe *a.* የተዋበ luxuriant
yetewahade *n* የተዋሀደ amalgam
yetewarede *a.* የተዋረደ lowly
yetewat jeniber *n* የጠዋት ጀንበር aurora
yetewekay *a.* የተወካይ representative
yeteweledubet *a.* የተወለዱበት native
yetewesasebe *a* የተወሳሰበ complex
yetewesasebe *a.* የተወሳሰበ intricate
yetewesasebe neger *n.* የተወሳሰበ ነገር complication
yetewesene *a* የተወሰነ finite
yetewesene *a.* የተወሰነ limited
yetewesene *a.* የተወሰነ specific
yetewesene gize *n* የተወሰነ ጊዜ spell
yetewesenu sewoch silitan yemiyizubet ayinet *n.* የተወሰኑ ሰዎች ስልጣን የሚይዙበት ዓይነት oligarchy
yetewisake gis *a.* የተውሳከ ግስ adverbial
yetewitata minibab *n* የተውጣጣ ምንባብ extract
yeteyayaze *a.* የተያያዘ relative
yeteyayaze *a.* የተያያዘ traceable
yeteyaze bota *n.* የተያዘ ቦታ reservation
yeteyaze neger *n* የተያዘ ነገር lock
yetezaba *a.* የተዛባ unjust
yetezaba asitedader *n.* የተዛባ አስተዳደር mal administration
yetezamete *a.* የተዛመተ widespread
yetezega *a.* የተዘጋ close
yetezegaje *a.* የተዘጋጀ ready
yetezerefe eiqa *n.* የተዘረፈ እቃ loot
yetezerefe eiqa *n* የተዘረፈ ዕቃ plunder
yetezerega *a.* የተዘረጋ prostrate
yetibeb *a.* የጥበብ oracular
yetid zaf *n.* የጥድ ዛፍ cedar
yetidar gwadenya *n* የትዳር ጓደኛ mate
yetieibit *a.* የትዕቢት haughty
yetieiyinit tekafay *n.* የትእይንት ተካፋይ revelry
yetikuret *a* የትኩረት focal
yetilacha *a.* የጥላቻ inimical
yetiliq ketema *a.* የትልቅ ከተማ metropolitan
yetim *adv. conj* ዬትም whenever
yetim *adv.* የትም wherever
yetim bota *adv.* የትም ቦታ nowhere
yetimatim dilih *n.* የቲማቲም ድልህ ketchup
yetimihirit *a* የትምህርት academic
yetimihirit *a.* የትምህርት scholastic
yetimihirit dirijit *n.* የትምህርት ድርጅት institute
yetimihiritina yesira limid *n.* የትምህርትና የስራ ልምድ resume
yetinat tsihuf *n.* የጥናት ፅሁፍ thesis
yetinibaho qitel *n.* የትንባሆ ቅጠል cigar
yetinicha meshemiqeq *n* የጢንቻ መሸምቀቅ wrick
yetiniqaqe *a.* የጥንቃቄ precautionary

yetinish sew libis *n* የትንሽ ሰው ልብስ small
yetinit *a.* የጥንት primeval
yetinit *a.* የጥንት primitive
yetinit eiqawoch *n* የጥንት እቃዎች antiquarian
yetinit eiqawoch awaqi *n.* የጥንት እቃዎች አዋቂ antiquary
yetinit eiqawoch sebisabi *a.* የጥንት እቃዎች ሰብሳቢ antiquarian
yetinit zemen eiqa *n.* የጥንት ዘመን እቃ antiquity
yetinit zihon *n.* የጥንት ዝሆን mammoth
yetinitane *a* የትንታኔ analytical
yetinyawu *pron.* የትኛው which
yetinyawum bihon *pron* የትኛውም ቢሆን whichever
yetirat liyunet *a.* የጥራት ልዩነት qualitative
yetiratire *a* የጥራጥሬ cereal
yetireka *a.* የትረካ narrative
yetirif anijet himem *n.* የትርፍ አንጀት ህመም appendicitis
yetirif gize *a* የትርፍ ጊዜ leisure
yetirif gize masalefiya *n.* የትርፍ ጊዜ ማሳለፊያ hobby
yetiris bilishit *adj* የጥርስ ብልሽት carious
yetiris hakim *n* የጥርስ ሐኪም dentist
yetiris himem *n.* የጥርስ ህመም toothache
yetiris yelayinyaw tenikara *n* የጥርስ የላይኛው ጠንካራ enamel
yetit cheriq *n.* የጥጥ ጨርቅ poplin
yetiwilid zer *n* የትውልድ ዘር descendant
yetiyatir *a.* የቲያትር theatrical
yetizita *a.* የትዝታ reminiscent
yetor *a.* የጦር martial
yetor balesilitan *n* የጦር ባለስልጣን marshal
yetor biriged *n.* የጦር ብርጌድ brigade
yetor chaf *n.* የጦር ጫፍ barb
yetor mekonin *n* የጦር መኮንን brigadier
yetor merikeboch *n* የጦር መርከቦች fleet
yetor merikeboch fitinet *n.* የጦር መርከቦች ፍጥነት armada
yetor mesariya *n.* የጦር መሳሪያ armament
yetor mesariya *n.* የጦር መሳሪያ artillery
yetor mesariya *n.* የጦር መሳሪያ ordnance
yetor mesariya *n.* የጦር መሳሪያ weapon
yetor mesariya meqenes *n.* የጦር መሳሪያ መቀነስ disarmament
yetor mesariya qenese *v. t* የጦር መሳሪያ ቀነሰ disarm
yetor sefer *n.* የጦር ሰፈር camp
yetor sefer *n.* የጦር ሰፈር cantonment
yetor silit awaqi *n.* የጦር ስልት አዋቂ strategist
yetsebay lewit *n.* የፀባይ ለውጥ vagary
yetsedey *a.* የፀደይ vernal
yetsegur aserar *n* የፀጉር አሰራር coif
yetsegur metatebiya samuna *n.* የፀጉር መታጠቢያ ሳሙና shampoo
yetsehay *a.* የፀሐይ solar
yetselot bet *n.* የፀሎት ቤት chapel
yetsere-hiwasat medihanit *n.* የፀረ-ህዋሳት መድሀኒት antiseptic
yetsetset *a.* የፀፀት rueful

yetsidat libis *n* የጽዳት ልብስ duster
yetsihifet *a* የፅህፈት clerical
yetsihifet bet *n.* የፅህፈት ቤት secretariat (e)
yetsihifet eiqawoch meshecha *n.* የፅሕፈት ዕቃዎች መሸጫ stationery
yetsihifet mesariya shach *n.* የፅሕፈት መሣሪያ ሻጭ stationer
yetsihuf megilecha *n.* የፅሁፍ መግለጫ caption
yetu *a* የቱ which
yetubo qirits yalew *a.* የቱቦ ቅርፅ ያለው tubular
yetunicha himem *n.* የጡንቻ ህመም myalgia
yetunicha mekomater *n.* የጡንቻ መኮማተር spasm
yetureta abel *n.* የጡረታ አበል pension
yeturik doro *n.* የቱርክ ዶሮ turkey
yeturisit lay yetemeserete nigid *n.* የቱሪስት ላይ የተመሰረተ ንግድ tourism
yetut chaf *n.* የጡት ጫፍ nipple
yetut chaf *n.* የጡት ጫፍ teat
yetut einisesa *a.* የጡት እንስሳ mammary
yewabi metsihafit balemuya *n* የዋቢ መፅሐፍት ባለሙያ bibliographer
yewaga gishibet *n.* የዋጋ ግሽበት inflation
yewaga qinash *n* የዋጋ ቅናሽ discount
yewaga temen mesitekakel *n.* የዋጋ ተመን መስተካከል par
yewah *a.* የዋህ candid
yewah *a.* የዋህ innocent
yewah *a.* የዋህ meek
yewahinet *n.* የዋህነት candour
yewana menetsir *n.* የዋና መነፅር goggles
yewasitina sened *n.* የዋስትና ሰነድ warranty
yeweba medihanit *n.* የወባ መድሀኒት quinine
yeweba tininy *n.* የወባ ትንኝ mosquito
yewedajinet *adj.* የወዳጅነት amicable
yewedajinet gininyunet *n.* የወዳጅነት ግንኙነት rapport
yewedeb kifiya *n.* የወደብ ክፍያ wharfage
yewedefit *a.* የወደፊት forward
yewedefit *a.* የወደፊት future
yewedefit gize *n* የወደፊት ጊዜ future
yewef af *n* የወፍ አፍ beak
yewef ayinet *n.* የወፍ ዓይነት wren
yewef beshita *n.* የወፍ በሽታ jaundice
yewef chuhet chohe *v. i* የወፍ ጩኸት ጮኸ cheep
yewef gojo *n.* የወፍ ጎጆ nest
yewef gojo *n.* የወፍ ጎጆ roost
yewef gojo sera *v.t.* የወፍ ጎጆ ሰራ nest
yewef zeroch *n.* የወፍ ዘሮች poultry
yewefoch bet *n.* የወፎች ቤት aviary
yewefoch marefiya *n.* የወፎች ማረፊያ perch
yewegen *a.* የወገን sectarian
yewelaj *a.* የወላጅ parental
yewenid *a.* የወንድ masculine
yewenid zer *n.* የወንድ ዘር vasectomy

yewenid zer fesash *n.* የወንድ ዘር ፈሳሽ semen
yewenid zer fesash *n.* የወንድ ዘር ፈሳሽ sperm
yewenidim lij *n.* የወንድም ልጅ nephew
yewenidim set lij *n.* የወንድም ሴት ልጅ niece
yewenidim yesetim timihirit bet *n.* የወንድም የሴትም ትምህርት ቤት co-education
yewenidiminet *a.* የወንድምነት fraternal
yewenidoch *a.* የወንዶች male
yewenigel sebaki *n.* የወንጌል ሰባኪ missionary
yewenijel *a* የወንጀል criminal
yewenijel mirimera *a* የወንጀል ምርመራ detective
yewenijelenya redat *n.* የወንጀለኛ ረዳት henchman
yeweqitu *a.* የወቅቱ apposite
yewer abeba *n.* የወር አበባ menses
yewer abeba *a.* የወር አበባ menstrual
yewer abeba gize *n.* የወር አበባ ጊዜ menstruation
yewer abeba meqom *n* የወር አበባ መቆም amenorrhoea
yewereqet keretit *n* የወረቀት ከረጢት envelope
yeweret fiqir *n.* የወረት ፍቅር infatuation
yeweriq dereja melekiya *n.* የወርቅ ደረጃ መለኪያ carat
yewetader limimid *n.* የወታደር ልምምድ manoeuvre
yewetader selif *n.* የወታደር ሰልፍ parade
yewetaderoch bet *n.* የወታደሮች ቤት barrack
yewetaderoch budin *n.* የወታደሮች ቡድን platoon
yewetet *a.* የወተት milky
yewetet fabirika *n* የወተት ፋብሪካ dairy
yewetet tirat melekiya *n.* የወተት ጥራት መለኪያ lactometer
yeweyin tej *n.* የወይን ጠጅ wine
yeweyira zaf *n.* የወይራ ዛፍ olive
yeweyira zaf *n.* የወይራ ዛፍ teak
yewibet *a.* የውበት aesthetic
yewibet tinat *n.pl.* የውበት ጥናት aesthetics
yewich *a* የውጭ external
yewich *a.* የውጭ outer
yewich *a.* የውጭ outside
yewich ager *a* የውጭ አገር foreign
yewich ager zega *n* የውጭ አገር ዜጋ foreigner
yewich qwaniqwa *n.* የውጭ ቋንቋ lingo
yewich zega *a.* የውጭ ዜጋ alien
yewichawi *adv.* የውጫዊ outwardly
yewiha bwanibwa *n* የውሃ ቧንቧ aqueduct
yewiha dar *n.* የውሀ ዳር shoal
yewiha doro *n.* የውሃ ዶሮ coot
yewiha gidib *n* የውሃ ግድብ dam
yewiha masitelalefiya *n.* የውሃ ማስተላለፊያ culvert
yewiha tubo mishig *n.* የውሀ ቱቦ ምሽግ moat
yewiha tubo mishig sera *v.t.* የውሀ ቱቦ ምሽግ ሰራ moat
yewihidet witet *n.* የውህደት ውጤት interplay
yewiqiyanos *a.* የውቅያኖስ oceanic
yewiris eiqa *n.* የውርስ እቃ patrimony

yewisha ayinet *n.* የውሻ ዓይነት spaniel
yewisha bet *n.* የውሻ ቤት kennel
yewishet *a.* የውሸት counterfeit
yewishet *a* የውሸት false
yewishet azany *a.* የውሸት አዛኝ mawkish
yewishet bahiri *n* የውሸት ባህሪ affectation
yewisit *a.* የውስጥ inmost
yewisit *a* የውስጥ inside
yewisit *a.* የውስጥ interior
yewisit *a.* የውስጥ internal
yewisit libis *n* የውስጥ ልብስ chemise
yewisit libis *n.* የውስጥ ልብስ underwear
yewisit libis *n.* የውስጥ ልብስ vest
yeyilef wereqet *n.* የይለፍ ወረቀት passport
yeyuniviririsiti memihir *n.* የዩኒቨርስቲ መምህር professor
yezaf ayinet *n* የዛፍ አይነት fir
yezaf ayinet *n.* የዛፍ ዓይነት oak
yezaf ayinet *n.* የዛፍ አይነት tamarind
yezaf qirinichaf *n.* የዛፍ ቅርንጫፍ sprig
yezage *a.* የዛገ rusty
yezale *a.* የዛለ weary
yezefen gitim *n.* የዘፈን ግጥም lyric
yezegeye *adj.* የዘገየ belated
yezegeye kifiya *n.pl.* የዘገየ ክፍያ arrears
yezegeye merikeb meqecho *n.* የዘገየ መርከብ መቀጮ demurrage
yezeginet *a* የዜግነት civic
yezeginet timihirit *n* የዜግነት ትምህርት civics
yezelan *a.* የዘላን nomadic
yezelan meri *n.* የዘላን መሪ rover
yezene *v.i.* የዘነ sorrow
yezenibaba zinitafi *n.* የዘንባባ ዝንጣፊ palm
yezer *a.* የዘር racial
yezer *a.* የዘር seminal
yezer hareg *n.* የዘር ሀረግ ancestor
yezer hareg *n.* የዘር ሀረግ pedigree
yezer haregawi *a.* የዘር ሀረጋዊ ancestral
yezer liyunet *n* የዘር ልዩነት discrimination
yezewid beal *n* የዘውድ በአል coronation
yezihon balebet *n.* የዝሆን ባለቤት mahout
yezihon tiris *n.* የዝሆን ጥርስ ivory
yezihon tiris *n.* የዝሆን ጥርስ tusk
yezimare ziqitenya dimits *n.* የዝማሬ ዝቅተኛ ድምፅ bass
yezimaroch gubae *n.* የዝማሮች ጉባኤ chorus
yigebanyal malet *n* ይገባኛል ማለት claim
yigibany *n.* ይግባኝ appeal
yigibany ale *v.t.* ይግባኝ አለ appeal
yigibany bay *n.* ይግባኝ ባይ appellant
yihewim *adv.* ይኸውም namely
yihonal tebilo yemitebeq *a.* ይሆናል ተብሎ የሚጠበቅ prospective
yiliqunim *adv.* ይልቁንም rather
yilunyita yelelew *a.* ይሉኝታ የሌለው inconsiderate
yiqir ale *v.t* ይቅር አለ forgive
yiqir ale *v.t.* ይቅር አለ pardon
yiqir malet *n.* ይቅር ማለት condonation

yiqirita *n.* ይቅርታ apology
yiqirita *n* ይቅርታ excuse
yiqirita *a.* ይቅርታ sorry
yiqirita aderege *v.t* ይቅርታ አደረገ excuse
yiqirita madireg *n.* ይቅርታ ማድረግ pardon
yiqirita teyeqe *v.i.* ይቅርታ ጠየቀ apologize
yiqirita yemideregilet *a.* ይቅርታ የሚደረግለት pardonable
yizota *n* ይዞታ content
yunivirisiti *n.* ዩንቨርሲቲ university

Z

zaf *n.* ዛፍ tree
zaf *n.* ዛፍ willow
zaf kerekeme *v.t.* ዛፍ ከረከመ prune
zage *v.i* ዛገ rust
zagol *n* ዛጎል coral
zare *n.* ዛሬ today
zare mata *n.* ዛሬ ማታ to-night
zare mata *adv.* ዛሬ ማታ tonight
zare nege ale *v.t.* ዛሬ ነገ አለ stall
zeb *n.* ዘብ sentinel
zeb *n.* ዘብ sentry
zebareqe *v.t.* ዘባረቀ ramble
zebatelo *n.* ዘባተሎ tatter
zeberareqe *v.t.* ዘበራረቀ muddle
zebib *n.* ዘቢብ currant
zebib *n.* ዘቢብ raisin
zech bilo meqemet *n.* ዘጭ ብሎ መቀመጥ slump
zede *n* ዘዴ access
zede *n.* ዘዴ artifice
zede *n* ዘዴ means
zede *n* ዘዴ medium
zede *n.* ዘዴ method
zede *n.* ዘዴ mode
zede *n.* ዘዴ tactics
zede yalew *a.* ዘዴ ያለው methodical
zedenya *a.* ዘዴኛ resourceful
zefany *n.* ዘፋኝ songster
zefen *n.* ዘፈን melody
zefen *n.* ዘፈን song
zefen machawet *n.* ዘፈን ማጫወት gramophone
zefezefe *v.t.* ዘፈዘፈ infuse
zefezefe *v.t.* ዘፈዘፈ steep
zega *n* ዜጋ citizen
zega *v. t* ዘጋ close
zegeye *v.i.* ዘገየ linger
zeginany *a* ዘግናኝ abominable
zeginet *n* ዜግነት citizenship
zeginet *n.* ዜግነት nationality
zeginet sete *v.t.* ዜግነት ሰጠ naturalize
zegiyito *adv.* ዘግይቶ late
zekezeke *v. t* ዘከዘከ blurt
zelalemawi ዘላለማዊ eternal
zelalemawi *a.* ዘላለማዊ everlasting
zelalemawinet *n* ዘላለማዊነት eternity
zelan *n.* ዘላን nomad
zelaqi *a* ዘላቂ consistent
zelaqi *a* ዘላቂ durable
zelaqi *a.* ዘላቂ lasting
zelaqinet *n.* ዘላቂነት consistence,-cy
zelebet *n* ዘለበት buckle
zelefa *n.* ዘለፋ reproach
zelefa *n.* ዘለፋ reproof
zelefa *n.* ዘለፋ slur
zelefe *v.t.* ዘለፈ reproach
zelela *n.* ዘለላ wisp
zelele *v.i* ዘለለ jump

zelele *v.i.* ዘለለ leap
zelele *v.i.* ዘለለ skip
zelele *v.i.* ዘለለ vault
zelo mekemer *n* ዘሎ መከመር pounce
zelo tekemere *v.i.* ዘሎ ተከመረ pounce
zelo tenesa *v.i.* ዘሎ ተነሳ spring
zema *n.* ዜማ tune
zemari *n.* ዘማሪ singer
zemari *n.* ዘማሪ warbler
zemawit *a.* ዘማዊት slatternly
zemecha *n.* ዘመቻ campaign
zemecha *n* ዘመቻ expedition
zemed *n.* ዘመድ relative
zemem yale atsatsaf *a.* ዘመም ያለ አፃፃፍ italic
zemem yale fidel *n.* ዘመም ያለ ፊደል italics
zemen *n* ዘመን epoch
zemen *n* ዘመን era
zemenawi *a* ዘመናዊ contemporary
zemenawi *a* ዘመናዊ fashionable
zemenawi *a.* ዘመናዊ modern
zemenawi aderege *v.t.* ዘመናዊ አደረገ modernize
zemenawinet *n.* ዘመናዊነት modernity
zemene menigisit *n* ዘመነ መንግስት reign
zemere *v.i.* ዘመረ sing
zemere *v.i.* ዘመረ warble
zena *n.* ዜና news
zena eirefit *a.* ዜና እረፍት obituary
zena mewaeil *n.* ዜና መዋዕል chronicle
zena zegabi *n.* ዜና ዘጋቢ reporter
zenach *a.* ዘናጭ jolly
zenebe *v.i.* ዘነበ rain
zeneha *v.t* ዘነሃ forget
zenibaba *n* ዘንባባ areca
zenido *n.* ዘንዶ python
zenig *n.* ዘንግ rod
zenig *n.* ዘንግ shaft
zer *n.* ዘር parentage
zer *n.* ዘር seed
zera *v.t.* ዘራ seed
zerafi *n.* ዘራፊ marauder
zerafi *n.* ዘራፊ robber
zerefa *n.* ዘረፋ misappropriation
zerefe *v.i.* ዘረፈ loot
zerefe *v.i.* ዘረፈ maraud
zerefe *v.t.* ዘረፈ misappropriate
zerefe *v.t.* ዘረፈ rob
zerefe *v.t.* ዘረፈ sack
zerega *v. t* ዘረጋ extend
zerega *v.t.* ዘረጋ stretch
zerenyinet *n.* ዘረኝነት racialism
zerezere *v. t* ዘረዘረ detail
zerezere *v. t.* ዘረዘረ enumerate
zerezere *v.t.* ዘረዘረ list
zerif *n.* ዘርፍ frill
zerif *n.* ዘርፍ fringe
zerif sera *v.t* ዘርፍ ሰራ fringe
zerife bizu *a.* ዘርፈ ብዙ manifold
zetena *n.* ዘጠና ninety
zetenanya *a.* ዘጠናኛ ninetieth
zetenenya *a.* ዘጠነኛ ninth
zeteny *n.* ዘጠኝ nine
zewid *n* ዘውድ crown
zewid chane *v. t* ዘውድ ጫነ crown
zeyibe *n.* ዘይቤ style
zeyibeyawi anegager *n.* ዘይቤያዊ አነጋገር metaphor
zeyibeyawi nigigir *n.* ዘይቤያዊ ንግግር locution
zeyit *n.* ዘይት oil
zeyit meqebat *n.* ዘይት መቀባት varnish
zeyit qeba *v.t* ዘይት ቀባ oil
zeyit qeba *v.t.* ዘይት ቀባ varnish

zeyitama *a.* ዘይታማ oily
zez *n.* ዘዝ lineage
zhanitila *n.* ዣንጥላ umbrella
zhiniguriguur *a.* ዥንጉርጉር motley
zhiniguriguur *n.* ዥንጉርጉር mottle
zhiwazhiwe *n.* ዥዋዥዌ pendulum
zibad *n.* ዝባድ musk
zibiriqiriq *n.* ዝብርቅርቅ muddle
zig yale metenenya nefas *n.* ዝግ ያለ መጠነኛ ነፋስ zephyr
ziget *n.* ዝገት rust
zigijit *n.* ዝግጅት arrangement
zigijunet *n.* ዝግጁነት readiness
zigimetawi lewit *n* ዝግመታዊ ለውጥ evolution
zigita *a* ዝግታ slow
zihon *n* ዝሆን elephant
zikire tarik *n* ዝክረ ታሪክ epilogue
zilay *n.* ዝላይ bound
ziligilig fesash *n.* ዝልግልግ ፈሳሽ jelly
zim *a.* ዝም mum
zim ale *v.i* ዝም አለ hush
zim asenye *v.t.* ዝም አሰኘ still
zim yemil *a.* ዝም የሚል silent
zim yemil *a.* ዝም የሚል tacit
zimib *n* ዝምብ fly
zimidina *n.* ዝምድና confraternity
zimidina *n.* ዝምድና kinship
zimita *a.* ዝምታ mute
zimitenya *a.* ዝምተኛ reticent
zimitenya *a.* ዝምተኛ taciturn
zimut *n.* ዝሙት adultery
zina *n* ዝና fame
zina *n.* ዝና renown
zina *n.* ዝና reputation
zina *n.* ዝና repute
zinab *n* ዝናብ rain
zinabama *a.* ዝናባማ rainy
zinenya *a* ዝነኛ eminent
zinenya *a* ዝነኛ famous
zinenya sew *n* ዝነኛ ሰው celebrity
zinib *n.* ዝንብ gadfly
zinibale *n.* ዝንባሌ inclination
zinibale *n.* ዝንባሌ tendency
zinibut *n.* ዝንቡጥ pod
zinigu *a.* ዝንጉ oblivious
zinijero *n* ዝንጀሮ ape
zinijero *n.* ዝንጀሮ baboon
zinijero *n.* ዝንጀሮ gorilla
zinijero *n.* ዝንጀሮ monkey
zinijero yemimesil *a.* ዝንጀሮ የሚመስል apish
zinijibil *n.* ዝንጅብል ginger
zip *n.* ዚፕ zip
ziq aderege *v.t.* ዝቅ አደረገ avale
ziqach *n.* ዝቃጭ sediment
ziqitenya *a.* ዝቅተኛ inferior
ziqitenya *a.* ዝቅተኛ low
ziqitenya *a.* ዝቅተኛ menial
ziqitenya *a.* ዝቅተኛ minimal
ziqitenya *n.* ዝቅተኛ minimum
ziqitenya *a.* ዝቅተኛ nether
ziqitenya kifiya *n* ዝቅተኛ ክፍያ menial
ziqitenya meten *n.* ዝቅተኛ መጠን low
ziqitenya yemeret meniqetiqet *n.* ዝቅተኛ የመሬት መንቀጥቀጥ tremor
ziqitenya yeset dimits *n* ዝቅተኛ የሴት ድምጽ alto
ziqitenyinet simet *n.* ዝቅተኝነት ስሜት lowliness
zirifiya *n.* ዝርፊያ dacoity
zirifiya *n.* ዝርፊያ robbery
zirig *a.* ዝርግ plane
zirig sahin *n.* ዝርግ ሳህን tray
ziriya *n* ዝርያ breed
ziriya *n.* ዝርያ species

ziriyaw kemidir yetefa *a* ዝርያው ከምድር የጠፋ extinct
zirizir *n* ዝርዝር detail
zirizir *n.* ዝርዝር list
zirizir simiminet *n.* ዝርዝር ስምምነት specification
ziriziroch *n.* ዝርዝሮች lists
zitet set *n.* ዝተት ሴት slattern
ziwiwir *n* ዝውውር circulation
ziwiwir *n.* ዝውውር transfer
ziy *n.* ዝይ goose
zore *v.i.* ዞረ rove
zufan *n.* ዙፋን throne
zufan lay asiqemete *v. t* ዙፋን ላይ አስቀመጠ enthrone
zur *n.* ዙር round
zuriya *prep.* ዙሪያ around
zuriya *n.* ዙሪያ circuit